UKSSSC

पटवारी / लेखपाल परीक्षा

नवीनतम संस्करण
अभ्यास किट

14 टेस्ट्स

08 मॉक टेस्ट्स
06 सेक्शनल टेस्ट्स

वास्तविक परीक्षा प्रारूप पर आधारित टेस्ट

✓ पूर्णतः संशोधित और अद्यतन

✓ सभी बहुविकल्पीय प्रश्नो का विस्तृत विश्लेषण

शीर्षक	: **UKSSSC** पटवारी / लेखपाल परीक्षा
लेखक का नाम	: **Mr. Rohit Manglik**
प्रकाशक	: EduGorilla Community Pvt. Ltd.
प्रकाशक का पता	: 12/651 प्रथम तल, अरविन्दो पार्क के सामने, निकट जामा मस्जिद, इंदिरा नगर लखनऊ, उत्तर प्रदेश, 226016, भारत।

कॉपीराइट EduGorilla

अस्वीकरण EduGorilla

Compiled and created by EduGorilla Community Pvt. Ltd

EduGorilla Community Pvt. Ltd. द्वारा मुद्रित

रोहित मांगलिक
सीईओ, EduGorilla

प्रिय छात्रों,

एक बहुत ही प्रचलित कहावत है कि "सफलता उन्हीं को मिलती है जो उसके लिए कड़ी मेहनत करते हैं।" लेकिन मैंने लोगों को उनकी परीक्षाओं के लिए दिन-रात एक करके मेहनत करते हुए देखा है, पर फिर भी वे सफल नहीं हो पाते। तो वहीं दूसरी ओर, कुछ लोग बस आधी मेहनत करके परीक्षा में सफलता प्राप्त करते हैं। तो, क्या वे किस्मत वाले हैं? नहीं मेरा मानना है, कि ऐसा इसलिए है क्योंकि वे सिर्फ कड़ी नहीं बल्कि कुशल तरीके से अपनी तैयारी करते हैं। इसी तरह आपको भी अपनी परीक्षाओं की तैयारी के लिए अपनी योजना बनानी चाहिए, ताकि आपकी भी सफलता की संभावना बढ़ सके। तो तैयार हो जाइये EduGorilla के साथ अपनी परीक्षा में चयन होने की संभावना को 16 गुना बढ़ाने के लिए।

EduGorilla आपको न केवल कड़ी मेहनत करने में मदद करता है, बल्कि एक स्मार्ट और योजनाबद्ध तरीके से तैयारी करने में भी सहायता प्रदान करता है। EduGorilla की तैयारी पैकेज के साथ आप अपने परीक्षा में चयन होने के रास्ते को सहज और मनोरंजक बना सकते हैं। अपनी तैयारी के लिए सही रास्ता खोजना मुश्किल हो सकता है, यदि आप ये नहीं जानते कि आपको किस दिशा में जाना है। चिंता न करें हम आपके साथ खड़े हैं! EduGorilla आपकी सफलता में आपका मार्गदर्शक बनेगा। हमारे तैयारी पैकेज के साथ आप रणनीतिक रूप से तैयारी कर, अपनी परीक्षा में सिर्फ एक ही प्रयास में सफल हो सकते हैं।

EduGorilla के तैयारी पैकेज में शामिल हैं-

• टेस्ट सीरीज़　　　　　　• किताबें

हमारे तैयारी पैकेज को सभी तरह के नये बदलवों, विशेषज्ञों की राय एवं छात्रों के प्रतिक्रिया के अनुसार तैयार किया गया है। जो आपको परीक्षा के प्रत्येक चरण की चयन प्रक्रिया को पार करने के योग्य बनाता है।

हमारी किताबें शिक्षकों और विशेषज्ञों द्वारा आपकी परीक्षा के लिए तैयार की गई हैं, 150+ वर्षों के अनुभव के साथ; ताकि आपको आसान, कुशल और प्रभावी शिक्षण प्रदान किया जा सके। हमारी स्मार्ट किताबें न सिर्फ आपको प्रश्नों के उत्तर देने की समझ देती हैं, अपितु आपके अभ्यास के लिए समान रूप के प्रश्न भी प्रदान करती हैं।

EduGorilla की सक्षम टेस्ट सीरीज आपको वास्तविक अनुभव और आत्मविश्वास प्रदान करती हैं, जिसके माध्यम से आप केवल एक प्रयास में अपनी ऑफलाइन अथवा ऑनलाइन परीक्षा पास कर सकते हैं। वर्तमान में हम 83,000+ मॉक टेस्ट्स और 1,440+ प्रतियोगी एवं शैक्षणिक परीक्षाओं की तैयारी कराते हैं।

अर्थात, EduGorilla आपकी तैयारी में आपकी सहायता करने का कोई भी मौका नहीं छोड़ता है और परीक्षा के सभी चरणों को कवर करता है, ताकि परीक्षा की तैयारी के लिए आपको कहीं और भटकना ना पड़े।

हम आपको डिफेन्स, बैंकिंग, टीचिंग और अन्य राष्ट्रीय एवं राज्य स्तरीय परीक्षाओं के लिए सम्पूर्ण तैयारी पैकेज प्रदान करते हैं। अतः इससे कोई फर्क नहीं पड़ता कि आप किस परीक्षा के लिए तैयारी कर रहे हैं, क्योंकि आप सफलता हासिल करेंगे।

आपको परीक्षा की शुभकामनाएं!

रोहित मांगलिक,
संस्थापक और मुख्य कार्यकारी अधिकारी, EduGorilla

<h1 style="text-align:center">प्रस्तावना</h1>

EduGorilla छात्रों को उनकी परीक्षा में सफल होने के लिए मार्गदर्शन प्रदान करता है। जिसको ध्यान में रखते हुए हमारे कुल 150+ वर्षों का अनुभव रखने वाले प्रतिष्ठित विशेषज्ञों ने कड़े प्रयासों के द्वारा "UKSSSC : पटवारी / लेखपाल परीक्षा" को तैयार किया है। इस किताब के प्रश्नों को हाल ही में परीक्षा के पाठ्यक्रम और पैटर्न में हुए सभी बदलावों को ध्यान में रखकर बनाया गया है। वो प्रश्न जिनकी UKSSSC पटवारी / लेखपाल परीक्षा परीक्षा में आने कि संभवना काफी प्रबल है, उनको इस किताब मे रखा गया है। आप EduGorilla की "UKSSSC : पटवारी / लेखपाल परीक्षा" के माध्यम से अपनी सफलता की संभावना को 16 गुना बढ़ा सकते हैं।

EduGorilla ये अपनी संपूर्ण तैयारी पैकेज के माध्यम से साकार करता है। इस किट में आपको प्रश्न अच्छी तरह अवधारित एवं संरचित रूप मे मिलेंगे जिन्हे आपकी जरूरतों के अनुसार बनाया गया है। इसके माध्यम से आपको स्मार्ट तरीके से परीक्षा के लिए अभ्यास करने में मदद मिलेगी। साथ ही आपको सहायक, समाधान और स्मार्ट उत्तर पत्रिका भी प्रदान की जायेंगी। जिससे आप अपना मूल्यांकन स्वयं कर सकते हैं। आप स्वयं की समीक्षा कर, उन सभी बिन्दुओं पर खुद को बेहतर तरीके से तैयार कर सकते हैं।

EduGorilla आपको अपनी परीक्षा में सफलता दिलाने और आपके लक्ष्य को हासिल करने में आपकी सहायता करने का वादा करता हैं। हम अपने प्रतिभागियों पर पूरा भरोसा करते हैं और उन्हें मेरिट सूची के शीर्ष पर देखते हैं। शीर्ष स्थान की ओर आपका पहला कदम है हमारे साथ तैयारी शुरू करना। EduGorilla की "UKSSSC : पटवारी / लेखपाल परीक्षा" की विशेषताएं कुछ इस प्रकार हैं।

➤ अच्छी तरह से शोध किया हुआ पाठ्यक्रम

➤ उच्च गुणवत्ता

➤ विस्तृत उत्तर और विश्लेषण

➤ स्मार्ट उत्तर पत्रिका

➤ परीक्षा सुसंगत प्रश्न

इस प्रकार EduGorilla आपकी तैयारी को मजबूत और आपको परीक्षा में सफल होने के योग्य बनाता है।

UKSSSC पटवारी / लेखपाल परीक्षा
परीक्षा की योग्यता, परीक्षा पैटर्न, विषय को जानने
के लिए **QR** कोड को स्कैन करें।

Book ID: 0825

विषय-सूची

General Hindi

Q.1 दिए गए शब्दों में शुद्ध वर्तनी वाले शब्द का चयन कीजिए।

A. मूर्छा B. मूर्च्छा C. मुरछा D. मुच्छा

Q.2 'प्रतिक्षण' में कौन-सा उपसर्ग है?

A. प्र B. प्रति C. प्रत D. पर

Q.3 'स्वतः' में कौन-सा सर्वनाम है?

A. निजवाचक सर्वनाम B. संबंधवाचक सर्वनाम
C. निश्चयवाचक सर्वनाम D. पुरुषवाचक सर्वनाम

Q.4 निम्न में से कौन-सा शब्द जातिवाचक संज्ञा है?

A. सेना B. लड़का C. राम D. सुख

Q.5 'जुगनू' का पर्यायवाची है:

A. चंद्रप्रभा B. खद्योत
C. प्रकाशपुंज D. इनमें से कोई नहीं

Q.6 'मोक्ष' का विलोम क्या है?

A. मुक्ति B. वैराग्य C. विरक्ति D. बंधन

Q.7 दिए गए विकल्पों में से कौन-सा शब्द तत्सम नहीं है?

A. कर्म B. उच्च C. अग्नि D. रात

Q.8 'आँखें खुलना' मुहावरे का उचित अर्थ है:

A. बहुत प्यारा B. सचेत होना
C. बहुत क्रोध करना D. मूर्ख

Q.9 दिए गए विकल्पों में से 'पढ़ाई' शब्द में प्रत्यय है:

A. ढ़ई B. आई C. ई D. ढाई

Q.10 निम्नलिखित में से 'यज्ञशाला' में कौन-सा समास है?

A. तत्पुरुष समास B. द्विगु समास
C. द्वंद्व समास D. बहुब्रीहि समास

Q.11 दिए गए विकल्पों में से कौन-सा शब्द विशेषण नहीं है?

A. निंदक B. लौकिक C. आर्थिक D. अंश

Q.12 'पीताम्बर' का सही संधि-विच्छेद है:

A. पीता + अम्बर B. पीता + आम्बर
C. पीत + अम्बर D. इनमें से कोई नहीं

Q.13 "ब्राम्ही" से किस लिपि की उत्पत्ति हुई है?

A. देवनागरी B. खरोष्ठी C. गुरुमुखी D. कैथी

Q.14 निम्नलिखित विकल्पों में स्त्रीलिंग शब्द की पहचान कीजिए।

A. चचेरा B. सप्ताह C. फारसी D. सोमवार

Q.15 निम्नलिखित में से 'के लिए' किस कारक का चिह्न है?

A. संबंध कारक B. अपादान कारक
C. संप्रदान कारक D. अधिकरण कारक

Q.16 कौन-सा शब्द हमेशा बहुवचन में प्रयुक्त होता है?

A. जनता B. प्राण C. भक्ति D. सोना

Q.17 विदेशी भाषा से आये हुए शब्दों को क्या कहते हैं?

A. देशज B. तत्सम C. विदेशज D. तद्भव

Q.18 निम्नलिखित में से कौन सा चिन्ह अर्द्ध विराम का है?

A. (;) B. (:) C. (।) D. (,)

Q.19 निम्नलिखित पंक्तियों में कौन सा रस है?

तंबूरा ले मंच पर बैठे प्रेम प्रताप, साज मिले पंद्रह मिनट, घंटा भर आलाप।
घंटा भर आलाप, राग में मारा गोता, धीरे-धीरे खिसक चुके थे सारे श्रोता।

A. करुण B. भयानक C. हास्य D. अद्भुत

Q.20 'चिंतामणि' किसकी रचना है?

A. भारतेन्दु हरिश्चंद्र B. रामचंद्र शुक्ल
C. हजारी प्रसाद द्विवेदी D. रामवृक्ष बेनीपुरी

General Knowledge and General Studies

Q.21 निम्नलिखित में से किसे जुलाई 2022 में भारत के 15वें राष्ट्रपति के रूप में चुना गया है?

A. निर्मला सीतारमण B. स्वाति पीरामली
C. हिमा कोहली D. द्रौपदी मुर्मू

Q.22 होयसलेश्वर मंदिर विश्व विरासत स्थल की संभावित सूची में शामिल है, निम्नलिखित में से किस राज्य में स्थित है?

A. हिमाचल प्रदेश B. कर्नाटक
C. उड़ीसा D. महाराष्ट्र

Q.23 अगस्त 2022 में छात्रों के लिए भारत का पहला वर्चुअल स्कूल किसने लॉन्च किया?

A. अरविंद केजरीवाल B. शिवराज सिंह चौहान
C. अमित शाह D. जीतेन्द्र सिंह

Q.24 अगस्त 2022 में श्री अरबिंदो की 150 वीं जयंती के रूप में किस दिन को मनाया गया?

A. 16 अगस्त B. 15 अगस्त C. 13 अगस्त D. 11 अगस्त

Q.25 2022 में संयुक्त राष्ट्र महिला कोर बजट में भारत का क्या योगदान है?

[HSSC Canal Patwari, 2021], [Delhi Forest Guard, 2021]

A. यूएसडी 10,000 B. यूएसडी 50,000
C. यूएसडी 100,000 D. यूएसडी 500,000

Q.26 निम्नलिखित में से किस राष्ट्रीय उद्यान में आठ अफ्रीकी चीतों को स्थानांतरित किया गया है?

[Delhi Forest Guard, 2020]

A. कुनो पालपुर नेशनल पार्क
B. जिम कॉर्बेट नेशनल पार्क
C. रणथंभौर नेशनल पार्क
D. काजीरंगा नेशनल पार्क

Q.27 सिंधु घाटी सभ्यता का कौन सा शहर अपने गोदी बाड़ा के लिए प्रसिद्ध था?

A. मोहनजोदड़ो B. धोलावीरा
C. लोथल D. कालीबंगा

Q.28 गुलाम वंश के किस शासक ने अपनी राजधानी लाहौर से दिल्ली स्थानांतरित कर दी थी?

A. इल्तुतमिश **B.** रजिया सुल्तान
C. अराम शाह **D.** गयासुद्दीन बलबन

Q.29 किस घटना के बाद महात्मा गांधी ने असहयोग आंदोलन वापस ले लिया था?

A. चौरी चौरा कांड
B. रॉलेट एक्ट
C. जलियांवाला बाग हत्याकांड
D. दांडी यात्रा

Q.30 भारत में निम्नलिखित में से किसने पुलिस सेवा शुरू की?

A. वारेन हेस्टिंग्स **B.** लॉर्ड कार्नवालिस
C. लॉर्ड वैलेस्ली **D.** लॉर्ड क्लाइव

Q.31 _____ भारत का एकमात्र सक्रिय ज्वालामुखी है।

A. लॉन्ग द्वीप **B.** रंगत द्वीप **C.** बैरन द्वीप **D.** नील द्वीप

Q.32 निम्नलिखित में से कौन सा देश विश्व में कॉफी का सबसे बड़ा उत्पादक है?

A. भारत **B.** ब्राजील **C.** कोलंबिया **D.** चीन

Q.33 केंद्र में सभी मंत्रियों की नियुक्ति _____ द्वारा की जाती हैं।

A. प्रधानमंत्री **B.** राष्ट्रपति
C. उपराष्ट्रपति **D.** ग्रह मंत्री

Q.34 भारत के संविधान में निहित स्वतंत्रता, समानता और बंधुत्व के आदर्शों को _____ के संविधान से लिया गया है।

A. जापान **B.** संयुक्त राज्य अमेरिका
C. फ्रांस **D.** सोवियत संघ

Q.35 निम्नलिखित करों में से भारत में कौन सा प्रत्यक्ष कर नहीं है?

A. वस्तु एवं सेवा कर **B.** आय कर
C. न्यूनतम वैकल्पिक कर **D.** निगम कर

Q.36 उस प्रक्रिया का नाम बताइए जिसमें ऑक्सीजन निकलती है और कार्बन डाइऑक्साइड की खपत होती है।

A. श्वसन **B.** वाष्पोत्सर्जन
C. प्रकाश संश्लेषण **D.** स्थानान्तरण

Q.37 'ग्रैंड स्लैम' शब्द किससे संबंधित है?

A. फुटबॉल **B.** मुक्केबाज़ी **C.** खो-खो **D.** टेनिस

Q.38 निम्नलिखित में से कौन सही ढंग से मेल नहीं खाता है?

A. हॉकी - सुनील छेत्री
B. भारोत्तोलन- कर्णम मल्लेश्वरी
C. कुश्ती - योगेश्वर दत्त
D. शूटिंग - गगन नारंग

Q.39 चाँदनी पडवो त्यौहार मुख्य रूप से कहाँ मनाया जाता है?

A. महाराष्ट्र **B.** गुजरात **C.** पंजाब **D.** केरल

Q.40 श्वसन-शोथ _________ की बीमारी है।

A. रक्त **B.** यकृत **C.** आंत **D.** श्वसन तंत्र

Q.41 निम्नलिखित में से कौन सा वेब ब्राउज़र नहीं है?

A. फायरफॉक्स **B.** फेसबुक
C. क्रोम **D.** सफारी

Q.42 निम्नलिखित में से कौन एक इनपुट डिवाइस है?

A. स्पीकर **B.** प्रोजेक्टर **C.** लाइट पेन **D.** प्लॉटर

Q.43 निम्नलिखित में से कौन सा कंप्यूटर ऑपरेटिंग सिस्टम नहीं है?

A. एंड्रॉयड **B.** सिम्बियन OS
C. फायरफॉक्स **D.** iOS (आईओएस)

Q.44 निम्न में से कौन सा फर्स्ट इलेक्ट्रॉनिक कंप्यूटर है?

A. ENIAC **B.** UNIVAC
C. ADVAC **D.** इनमें से कोई नहीं

Q.45 MS Excel में 'Cut' फंक्शन निष्पादित करने के लिए, निम्नलिखित में से किस कीबोर्ड शॉर्टकट कुंजी (key) संयोजन का उपयोग किया जाता है?

A. Ctrl + X **B.** Ctrl + C **C.** Alt + C **D.** Ctrl + Z

Q.46 एक निश्चित कूट भाषा में EPIC को DNHA के रूप में लिखा जाता है तो उसी भाषा में MONA को कैसे लिखा जाएगा?

A. LMMY **B.** MYLL **C.** YLMM **D.** MLYL

Q.47 निम्नलिखित में से कौन भारतीय रिजर्व बैंक की मौद्रिक नीति का साधन नहीं है?

A. वस्तु एवं सेवा कर (GST)
B. बैंक दर
C. सांविधिक चलनिधि अनुपात (SLR)
D. आरक्षित नकदी निधि अनुपात (CRR)

Q.48 यदि एक दर्पण को छायांकित रेखा पर रखा जाता है, तब दी गयी आकृति की सही दर्पण छवि होगी:

A.

B.

C.

D.

Q.49 'नेहरू: द इन्वेंशन ऑफ इंडिया' पुस्तक के लेखक कौन हैं?

A. शशि थरूर **B.** अरविंद सुब्रमण्यम
C. चेतन भगत **D.** राजा मोहन गांधी

Q.50 एक निश्चित कूट भाषा में "PENCIL" को "EPCNLI" के रूप में लिखा जाता है और "NINETY" को "INENYT" के रूप में लिखा जाता है, तो उस कूट भाषा में "SHOULD" को किस प्रकार कूटबद्ध किया जायेगा?

A. HSOUDL **B.** HUSODL
C. HSUODL **D.** HSUDOL

Q.51 निम्नलिखित आकृति में कितने वर्ग हैं?

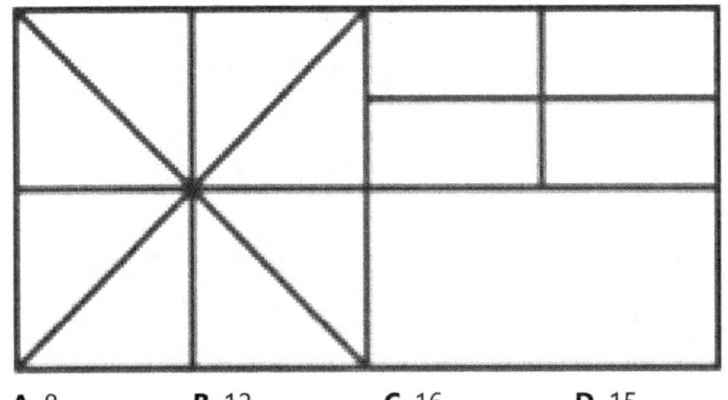

A. 8   **B.** 12   **C.** 16   **D.** 15

Q.52 निम्नलिखित प्रश्न में, दिए गए विकल्पों में से बेमेल संख्या युग्म का चयन करें।

A. 11 - 66   **B.** 13 - 78   **C.** 18 - 118   **D.** 29 - 174

Q.53 निर्देश: कौन सी उत्तर आकृति प्रश्न आकृति के प्रतिरूप को पूरा करेगी?

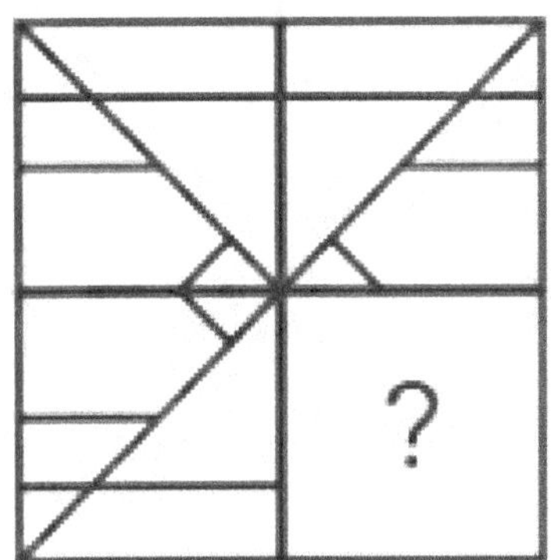

[AFCAT, 2021]

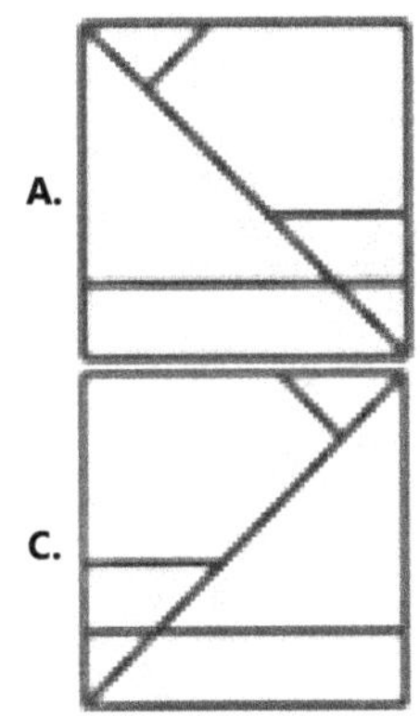

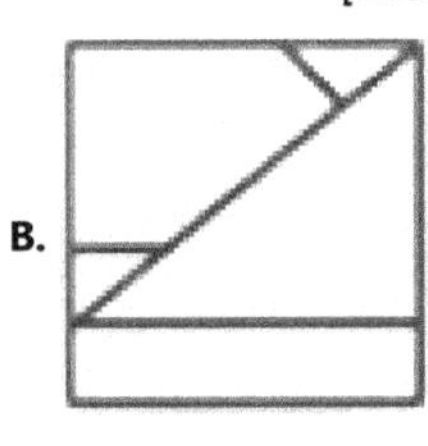

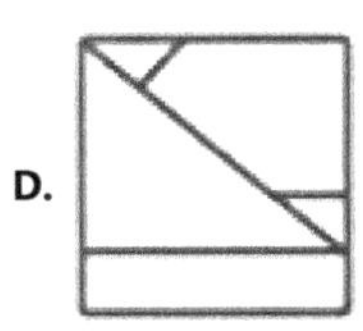

A.   **B.**   **C.**   **D.**

Q.54 निम्नलिखित में से किस ऑस्ट्रेलियाई क्रिकेटर ने 2020-21 की अवधि के लिए ऑस्ट्रेलियाई क्रिकेट पुरस्कार में तीसरा एलन बॉर्डर पदक जीता?

A. स्टीव स्मिथ   **B.** डेविड वार्नर
C. पैट कमिंस   **D.** आरोन फिंच

Q.55 निम्नलिखित में से कौन भारत के राष्ट्रपति का अधिकार नहीं है?

A. राष्ट्रीय आपातकाल की घोषणा करना
B. राज्यों के मुख्यमंत्री की नियुक्ति
C. मुख्य न्यायाधीश की नियुक्ति
D. राज्यों के राज्यपालों की नियुक्ति

Q.56 यदि A, B का भाई है, C, B की माता है, D, C का पिता है। तो D, A से किस प्रकार संबंधित है?

A. दादा   **B.** नाना   **C.** पुत्र   **D.** मामा

Ques (57-58):निर्देश: दिए गए प्रश्नों का उत्तर देने के लिए निम्नलिखित जानकारी का अध्ययन कीजिये।

छह व्यक्ति A, B, C, D, E और F गोलाकार मेज के चारों ओर केंद्रोन्मुख होकर बैठे हैं। B, E के विपरीत बैठा है। D, F के बाएं दूसरे स्थान पर बैठा है। C, न तो B न ही F के निकटस्थ है।

Q.57 D के निकटतम बाएं कौन बैठा है?

A. F   **B.** C   **C.** A   **D.** E

Q.58 F के बाएं से गणना करने पर E और F के बीच में कितने व्यक्ति बैठे हैं?

A. तीन   **B.** दो   **C.** चार   **D.** एक

Q.59 राघव प्रारम्भ से आठवें और अंत से इक्कतीसवें स्थान पर हैं। कक्षा में कितने छात्र हैं?

A. 40   **B.** 38   **C.** 39   **D.** 43

Q.60 भारत का आर्थिक सर्वेक्षण निम्नलिखित द्वारा प्रस्तुत किया गया है:

A. उपाध्यक्ष, नीति आयोग
B. मुख्य आर्थिक सलाहकार
C. वित्त मंत्री
D. अध्यक्ष, नीति आयोग

General Knowledge of Uttarakhand

Q.61 इंटरनेशनल गर्ल्स इन आईसीटी डे 2022 का विषय क्या था जो हर साल अप्रैल में चौथे गुरुवार को मनाया जाता है?

A. पहुंच और सुरक्षा
B. अगली पीढ़ी को प्रेरणा
C. केस फॉर चेंज, कनेक्टेड वीमेन, IoT और टेक 4 गर्ल्स
D. शक्ति परिवर्तन: नवाचार और रचनात्मकता में महिलाएं

Q.62 उत्तराखंड का उच्च न्यायालय ______ में स्थित है।

A. देहरादून   **B.** नैनीताल
C. अल्मोड़ा   **D.** उत्तरकाशी

Q.63 IIM उत्तराखंड _____ में स्थित है।

A. काशीपुर   **B.** खटीमा   **C.** पौड़ी   **D.** ऋषिकेश

Q.64 कैलाश मानसरोवर यात्रा किसके द्वारा संचालित की जाती है?

A. नेहरू पर्वतारोहण संस्थान
B. गढ़वाल मंडल विकास निगम
C. कुमाऊं मंडल विकास निगम
D. पिथौरागढ़ जिला प्रशासन

Q.65 उत्तराखंड में सिंचाई अनुसंधान संस्थान (IRI) कहाँ स्थित है?

A. हरिद्वार   **B.** काशीपुर   **C.** देहरादून   **D.** रुड़की

Q.66 उत्तराखंड के पहले मुख्य न्यायाधीश के रूप में किसे नियुक्त किया गया था?

A. विकास श्रीधर सिरपुरकर
B. प्रकाश चंद्र वर्मा
C. अशोक अभयेंद्र देसाई
D. सरोश होमी कपाड़िया

Q.67 उत्तराखंड के पहले राज्यपाल कौन थे?

A. अजीज कुरैशी   **B.** बेबी रानी मौर्य
C. कृष्णकांत पॉल   **D.** सुरजीत सिंह बरनाला

Q.68 उत्तरकाशी का ऐतिहासिक नाम __________ है।
A. सौम्य काशी
B. श्रीक्षेत्र
C. गंगोत्री
D. बाराहाट

Q.69 __________ पहला ऐतिहासिक राजवंश था, जिसने एकीकृत उत्तराखंड पर शासन किया था।
A. गोरखा
B. परमार
C. कत्यूरी
D. चंद

Q.70 कुमाऊं में चन्द राजवंश का संस्थापक _____ था।
A. राजा ज्ञान चन्द
B. राजा कल्याण चन्द
C. राजा थोहर चन्द
D. राजा सोम चन्द

Q.71 उत्तराखंड के इतिहास में किसे "नाक कटी रानी" कहा जाता था?
A. गुलेरिया रानी
B. कमलेंदुमती
C. कर्णवती
D. नेपालिया रानी

Q.72 अलकनंदा नदी देवप्रयाग में भागीरथी नदी से मिलती है और किस मुख्यधारा की नदी बनाती है?
A. यमुना
B. सरस्वती
C. गंगा
D. मन्दाकिनी

Q.73 उत्तराखंड की किस झील को "मिस्ट्री झील" के नाम से भी जाना जाता है?
A. नैनीताल
B. सत्ताल
C. रूपकुंड
D. नौकुचियाताल

Q.74 वासुकी ताल किसके निकट स्थित है?
A. केदारनाथ
B. गंगोत्री
C. यमुनोत्री
D. बद्रीनाथ

Q.75 उत्तराखंड की उच्चतम पर्वत चोटी कौन सी है?
A. बद्रीनाथ
B. केदारनाथ
C. कामेट
D. नंदा देवी

Q.76 'श्यामला' झील कहाँ स्थित है?
A. नैनीताल
B. उत्तरकाशी
C. चंपावत
D. टिहरी गढ़वाल

Q.77 निम्नलिखित में से कौन सा उपन्यास शैलेश मटियानी द्वारा नहीं लिखा गया है?
A. कबूतरखाना
B. कमीने
C. जयमाला
D. महाभोज

Q.78 निम्नलिखित में से किसे 'उत्तराखंड के गांधी' के रूप में जाना जाता है?
A. गोविंद बल्लभ पंत
B. हेमवती नंदन बहुगुणा
C. इंद्रमणि बडोनी
D. बद्री दत्त पांडे

Q.79 'उत्तराखंड के विश्वकोश' के रूप में किसे जाना जाता है?
A. मंगलेश डबराल
B. शिव प्रसाद डबराल
C. वीरेन डंगवाल
D. गोविंद चातक

Q.80 फूलों की घाटी की खोज का श्रेय किसे जाता है?
A. विलियम स्मिथ
B. मार्गरेट लॉगी
C. रिचर्ड हॉल्ड्सवर्थ
D. फ्रैंक स्मिथे

Q.81 उत्तराखंड से किस 2021 में पद्म श्री से सम्मानित किया गया है?
A. प्रेम चंद शर्मा
B. नरेंद्र सिंह नेगी
C. अनिल बलूनी
D. प्रीतम भरतवाण

Q.82 निम्नलिखित में से कौन 'अल्मोड़ा अखबार' का संपादक नहीं है?
A. बुद्धि बल्लभ पंत
B. मुंशी इम्तियाज अली
C. जीवा नंद जोशी
D. श्री देव सुमन

Q.83 निम्नलिखित में से कौन सा उत्तराखंड का संगीत का उपकरण है?

A. वीणा
B. सितार
C. हुड़का
D. तानपुरा

Q.84 भारत के किस राज्य से 'खुदेड़' लोकगीत सम्बंधित हैं?
A. छत्तीसगढ़
B. ओडिशा
C. झारखण्ड
D. उत्तराखंड

Q.85 उत्तराखंड संस्कृति में "ठुलो दुस्को" (ठुलो खेल) __________ है।
A. परिक्रमण
B. विवाह-संस्कार
C. कुश्ती
D. पहाड़ी रामायण

Q.86 निम्नलिखित में से कौन उत्तराखंड का एक प्रमुख आदिवासी समूह है?
A. जौनसारी जनजाति
B. थारू जनजाति
C. राजी जनजाति
D. उपर्युक्त सभी

Q.87 झोरा लोक नृत्य किस राज्य का है?
A. उत्तराखंड
B. कर्नाटक
C. असम
D. राजस्थान

Q.88 "मैन ईटर्स ऑफ कुमाऊं" नामक पुस्तक के लेखक कौन हैं?
A. थॉमस मान
B. रोमेन रोलैंड
C. जिम कॉर्बेट
D. फिलिप रोथ

Q.89 किस भारतीय लेखक ने पुस्तक 'थिंग्स टू लीव बीहाइंड' में कुमाऊँ की पहाड़ियों में जीवन वृतांत लिखा है?
A. शशि थरूर
B. अनोष ईरानी
C. नमिता गोखले
D. विक्रम सेठ

Q.90 उत्तराखंड विधानसभा अध्यक्ष प्रेमचंद अग्रवाल ने पुस्तक "कामधेनु संहिता" का विमोचन किया। यह किसके द्वारा लिखा गया था?
A. रमेश सेमवाल
B. सतपाल महाराज
C. हरक सिंह राव
D. अजय भट्ट

Q.91 भारत के निम्नलिखित केंद्रीय मंत्रियों में से किसे वर्ष 2020 के लिए वातायन लाइफटाइम अचीवमेंट अवार्ड से सम्मानित किया गया है?
A. रमेश पोखरियाल निशंक
B. राजनाथ सिंह
C. अमित शाह
D. पीयूष गोयल

Q.92 उत्तराखंड की गरिमा चंडी प्रसाद को अंतरराष्ट्रीय पुरस्कार से सम्मानित किया गया, वह पुरस्कार क्या है?
A. नोबेल पुरुस्कार
B. ऑस्कर पुरस्कार
C. रमन मैग्सेसे पुरस्कार
D. इनमें से कोई नहीं

Q.93 भारत के किस राष्ट्रपति की सहमति से उत्तरांचल (उत्तराखंड) राज्य अस्तित्व में आया?
A. आर. वेंकटरमण
B. डॉ. शंकर दयाल शर्मा
C. के. आर. नारायणन
D. डॉ. ए.पी.जे. अब्दुल कलाम

Q.94 निम्नलिखित में से कौन उत्तराखंड के सूक्ष्म, लघु और मध्यम उद्योगों का शीर्ष निकाय है?
A. राज्य औद्योगिक विकास निगम उत्तराखंड लिमिटेड
B. राज्य औद्योगिक क्षेत्र
C. उद्योग संघ उत्तराखंड
D. उत्तराखंड का विशेष आर्थिक क्षेत्र

Q.95 आर्यभट्ट रिसर्च इंस्टीट्यूट ऑफ ऑब्जर्वेशन साइंसेज निम्नलिखित में से किस शहर में स्थित है?
A. रुड़की
B. देहरादून
C. नैनीताल
D. मुक्तेश्वर

Q.96 2011 की जनगणना के अनुसार, जनसंख्या घनत्व की दृष्टि से भारत में उत्तराखंड का स्थान _____ है।
A. 26वां
B. 27वां
C. 28वां
D. 29वां

Q.97 टिहरी राज्य प्रजा मण्डल की स्थापना किसने की थी?

[Uttarakhand Public Service Commission (UKPSC), 2016]

A. श्रीदेव सुमन
B. बद्रीदत्त पाण्डेय
C. वीर चंद्र सिंह गढ़वाली
D. इंद्रमणि बड़ोनी

Q.98 निम्नलिखित में से कौन उत्तराखंड में स्थित हैं?
a. सोनानदी वन्यजीव अभयारण्य
b. बिनसर वन्यजीव अभयारण्य
c. राजाजी राष्ट्रीय उद्यान
d. फूलों की घाटी राष्ट्रीय उद्यान

A. केवल a, c और d
B. केवल b, c और d
C. केवल c और d
D. उपरोक्त सभी

Q.99 निम्नलिखित में से कौन सा दुन उत्तराखंड का हिस्सा नहीं है?
A. कोटा दुन
B. पाटली दुन
C. बाटा दुन
D. हरकी दुन

Q.100 उजली या अनेरी होली संबंधित है:
A. जौनसारी जनजाति
B. भोटिया जनजाति
C. थारू जनजाति
D. राजी जनजाति

// स्मार्ट उत्तर पुस्तिका //

| सही उत्तर | उन छात्रों के प्रतिशत को इंगित करता है जिन्होंने प्रश्नों का सही उत्तर दिया था। |

| छोड़ दिया | उन छात्रों के प्रतिशत को इंगित करता है जिन्होंने प्रश्नों को छोड़ दिया था। |

प्रश्न संख्या	उत्तर	सही उत्तर / छोड़ दिया	प्रश्न संख्या	उत्तर	सही उत्तर / छोड़ दिया	प्रश्न संख्या	उत्तर	सही उत्तर / छोड़ दिया	प्रश्न संख्या	उत्तर	सही उत्तर / छोड़ दिया	प्रश्न संख्या	उत्तर	सही उत्तर / छोड़ दिया
1	B	24.14 % / 13.79 %	17	C	65.52 % / 13.79 %	33	B	34.48 % / 20.69 %	49	A	32.76 % / 20.69 %	65	D	34.48 % / 18.97 %
2	B	62.07 % / 13.79 %	18	A	51.72 % / 12.07 %	34	C	8.62 % / 20.69 %	50	C	55.17 % / 22.42 %	66	C	55.17 % / 18.97 %
3	A	51.72 % / 12.07 %	19	C	51.72 % / 13.8 %	35	A	25.86 % / 18.97 %	51	A	41.38 % / 20.69 %	67	D	67.24 % / 22.42 %
4	B	60.34 % / 13.8 %	20	B	24.14 % / 15.52 %	36	C	60.34 % / 18.97 %	52	C	55.17 % / 20.69 %	68	A	36.21 % / 20.69 %
5	B	10.34 % / 15.52 %	21	D	67.24 % / 20.69 %	37	D	36.21 % / 20.69 %	53	A	60.34 % / 18.97 %	69	C	46.55 % / 20.69 %
6	D	46.55 % / 8.62 %	22	B	20.69 % / 20.69 %	38	A	50.0 % / 18.97 %	54	A	18.97 % / 17.24 %	70	D	44.83 % / 22.41 %
7	D	51.72 % / 13.8 %	23	A	51.72 % / 20.69 %	39	B	13.79 % / 20.69 %	55	B	55.17 % / 20.69 %	71	C	55.17 % / 22.42 %
8	B	75.86 % / 15.52 %	24	B	8.62 % / 17.24 %	40	D	67.24 % / 18.97 %	56	B	48.28 % / 18.96 %	72	C	60.34 % / 20.69 %
9	B	50.0 % / 15.52 %	25	D	10.34 % / 18.97 %	41	B	43.1 % / 20.69 %	57	B	13.79 % / 18.97 %	73	C	46.55 % / 20.69 %
10	A	36.21 % / 15.51 %	26	A	39.66 % / 15.51 %	42	C	25.86 % / 20.69 %	58	A	10.34 % / 18.97 %	74	A	31.03 % / 18.97 %
11	D	32.76 % / 13.79 %	27	C	24.14 % / 18.96 %	43	C	22.41 % / 20.69 %	59	B	41.38 % / 18.96 %	75	D	67.24 % / 22.42 %
12	C	53.45 % / 10.34 %	28	A	51.72 % / 18.97 %	44	A	43.1 % / 20.69 %	60	C	31.03 % / 20.69 %	76	C	41.38 % / 20.69 %
13	A	53.45 % / 12.07 %	29	A	48.28 % / 22.41 %	45	A	44.83 % / 20.69 %	61	A	5.17 % / 20.69 %	77	C	13.79 % / 18.97 %
14	C	63.79 % / 10.35 %	30	B	43.1 % / 20.69 %	46	A	51.72 % / 20.69 %	62	B	77.59 % / 20.69 %	78	C	62.07 % / 20.69 %
15	C	51.72 % / 13.8 %	31	C	51.72 % / 20.69 %	47	A	36.21 % / 20.69 %	63	A	39.66 % / 18.96 %	79	B	39.66 % / 18.96 %
16	B	20.69 % / 3.45 %	32	B	53.45 % / 20.69 %	48	C	51.72 % / 20.69 %	64	C	34.48 % / 20.69 %	80	D	36.21 % / 20.69 %

प्रश्न संख्या	उत्तर	सही उत्तर / छोड़ दिया
81	A	6.9 %
		18.96 %
82	D	27.59 %
		22.41 %
83	C	72.41 %
		18.97 %
84	D	50.0 %
		20.69 %

प्रश्न संख्या	उत्तर	सही उत्तर / छोड़ दिया
85	D	36.21 %
		20.69 %
86	D	50.0 %
		22.41 %
87	A	56.9 %
		18.96 %
88	C	44.83 %
		20.69 %

प्रश्न संख्या	उत्तर	सही उत्तर / छोड़ दिया
89	C	10.34 %
		22.42 %
90	A	18.97 %
		20.69 %
91	A	44.83 %
		22.41 %
92	C	44.83 %
		20.69 %

प्रश्न संख्या	उत्तर	सही उत्तर / छोड़ दिया
93	C	53.45 %
		20.69 %
94	C	5.17 %
		18.97 %
95	C	36.21 %
		18.96 %
96	A	24.14 %
		20.69 %

प्रश्न संख्या	उत्तर	सही उत्तर / छोड़ दिया
97	A	41.38 %
		20.69 %
98	D	34.48 %
		22.42 %
99	C	43.1 %
		18.97 %
100	C	22.41 %
		20.69 %

कार्य विश्लेषण	
औसत अंक (%)	37.0%
टॉपर्स स्कोर (%)	99.0%
आपका स्कोर	

//संकेत और समाधान//

1. 'मूर्च्छा' शब्द का अर्थ बेहोशी है और यह शब्द त्रुटिरहित है। अन्य विकल्प त्रुटिपूर्ण हैं।

अत: विकल्प (B) सही है।

2. उपसर्ग- ऐसे शब्दांश जो किसी शब्द के पूर्व जुड़कर उसके अर्थ में परिवर्तन कर देते हैं। जैसे - 'क्षण' में 'प्रति' शब्द जुड़ जाने से 'प्रतिक्षण' शब्द बना है।

'प्रति' उपसर्ग से बनने वाले अन्य शब्द – 'प्रतिदिन, प्रतिनिधि, प्रतिपक्ष, प्रत्यक्ष, प्रतिकूल' आदि हैं।

अत: विकल्प (B) सही है।

3. निजवाचक सर्वनाम: जहाँ स्वयं के लिए 'आप, अपना, अपने आप' शब्दों का प्रयोग हो।

उदाहरण: आप, अपना, अपने आप, स्वतः

अत: विकल्प (A) सही है।

4. लड़का शब्द जातिवाचक संज्ञा है।

जातिवाचक संज्ञा: जो शब्द किसी प्राणी, वस्तु या स्थान की पूरी जाति का बोध कराते हैं, उन्हें जातिवाचक संज्ञा कहते हैं।

उदाहरण - चिड़िया, पुस्तक, पहाड़, फूल,नदी, लड़की, लड़का आदि।

अत: विकल्प (B) सही है।

5. जो शब्द समान पर्याय में प्रयुक्त होते हैं, वे पर्यायवाची शब्द कहलाते हैं।

जुगनू के पर्यायवाची खद्योत, भगजोगिनी, पटबिजना, सोनकिरवा आदि हैं।

अत: विकल्प (B) सही है।

6. 'मोक्ष' का विलोम बंधन है।

जब किसी शब्द का उल्टा या विपरीत अर्थ दिया जाता है, उस शब्द को विलोम शब्द कहते हैं।

अत: विकल्प (D) सही है।

7. रात तत्सम शब्द नहीं है।

तत्सम	तद्भव
कर्म	काम
उच्च	ऊंचा
अग्नि	आग
रात्रि	रात

अत: विकल्प (D) सही है।

8. 'आँखें खुलना' मुहावरे का उचित अर्थ सचेत होना है।

'आँखें खुलना' मुहावरे का वाक्य प्रयोग - पिताजी ने तो मुझे बहुत समझाया लेकिन मेरी आँख दसवीं में फेल होने के बाद ही खुली।

अत: विकल्प (B) सही है।

9. 'पढ़' क्रिया शब्द में 'आई' प्रत्यय के लग जाने से पढ़ाई शब्द बना है।

प्रत्यय वे शब्द हैं जो दूसरे शब्दों के अन्त में जुड़कर, अपनी प्रकृति के अनुसार, शब्द के अर्थ में परिवर्तन कर देते हैं। जैसे: ता- सफलता, आई- पढ़ाई, ई- अच्छाई आदि।

अत: विकल्प (B) सही है।

10. तत्पुरुष समास: जिस समास में प्रथम पद गौण और उत्तर पद की प्रधानता होती है और समास करते वक्त बीच की विभक्ति का लोप हो जाता है। मन से माना हुआ = मनमाना

यज्ञशाला = यज्ञ की शाला (स्थान)। यहाँ 'की' परसर्ग आने पर सम्बन्ध तत्पुरुष समास है।

अत: विकल्प (A) सही है।

11. विशेषण: जो शब्द संज्ञा या सर्वनाम की विशेषता बताते हैं, विशेषण कहलाते हैं।

संज्ञा	विशेषण
निंदा	निंदक
लोक	लौकिक
अर्थ	आर्थिक
अंश	आंशिक

अत: विकल्प (D) सही है।

12. पीत + अम्बर = पीताम्बर। (अ + अ = आ) अर्थात दीर्घ स्वर संधि।

दीर्घ स्वर संधि - ह्रस्व स्वर या दीर्घ स्वर में अ, आ, इ, ई, उ, ऊ आपस में मिलते हैं, तो वहाँ दीर्घ स्वर संधि होती है।

अत: विकल्प (C) सही है।

13. संसार की सभी भाषाओं को लिखने के लिए किसी न किसी लिपि का प्रयोग किया जाता है। उसी प्रकार देवनागरी भी एक लिपि है जिसका प्रयोग मूलतः हिंदी भाषा को लिखने के लिए किया जाता है। देवनागरी लिपि की उत्पत्ति मूलतः ब्राह्मी लिपि से हुई है।

प्राचीन समय में आर्यों के द्वारा प्रयुक्त की गई ब्राह्मी लिपि, संभवतः दुनिया की सर्वाधिक परिपूर्ण प्राचीन लिपि है। समस्त भारतीय लिपियों का जन्म (उर्दू और सिंधी के अतिरिक्त) ब्राह्मी लिपि से हुआ है। तीसरी-चौथी शताब्दी से ही भारतवर्ष में ब्राह्मी लिपि का प्रचलन था।

अत: विकल्प (A) सही है।

14. स्त्रीलिंग: जिन संज्ञा शब्दों से स्त्री जाति का पता चलता है, स्त्रीलिंग होते हैं। जैसे - लड़की, गाय, आदत आदि।

उपरोक्त विकल्पों में स्त्रीलिंग शब्द 'फारसी' है। अन्य विकल्प पुल्लिंग हैं। भाषाओं को स्त्रीलिंग में प्रयोग किया जाता है।

अत: विकल्प (C) सही है।

15. दिए गए विकल्पों में 'के लिए' 'संप्रदान कारक' का चिह्न है।

सम्प्रदान कारक का अर्थ देना होता है। जिसके लिए कर्ता काम करता है, उसे सम्प्रदान कारक कहते हैं। सम्प्रदान कारक के विभक्ति चिह्न 'के लिए' और 'को' होता है। जैसे- माँ बेटे के लिए खाना लायी।

अत: विकल्प (C) सही है।

16. 'प्राण' का प्रयोग कभी एकवचन में नहीं किया जाता क्योंकि स्वभावतः वह बहुवचन ही है। जैसे:- उसके प्राण निकल गए।

अत: विकल्प (B) सही है।

17. 'विदेशज' शब्द की उत्पत्ति 'विदेश + ज' के योग से हुई है, जिसका अर्थ 'विदेश में जन्मा'। विदेशज उन शब्दों को कहते हैं, जो किसी विदेशी भाषा से आये हैं। विदेशी भाषा से आने के कारण ही उन्हें आगत शब्द की संज्ञा भी दी जाती है।

अत: विकल्प (C) सही है।

18. जहाँ संयुक्त वाक्यों के मुख्य उपवाक्यों में परस्पर विशेष सम्बन्ध नहीं होता है, वहाँ अर्द्ध विराम (;) द्वारा उन्हें अलग किया जाता है।

मिश्र वाक्यों में प्रधान वाक्य के साथ पार्थक्य प्रकट करने के लिए अर्द्ध विराम का प्रयोग किया जाता है।

अनेक उपाधियों को एक साथ लिखने में, उनमें पार्थक्य प्रकट करने के लिए अर्द्ध विराम का प्रयोग होता है।

अतः विकल्प (A) सही है।

19. उक्त पंक्तियाँ हास्य पैदा करती हैं अर्थात यहाँ 'हास्य रस' का प्रयोग हुआ है। 'हास्य रस' अर्थात 'जहां विकृत आकार, वेश-भूषा, चेष्टा आदि के वर्णन से हास्य उत्पन्न हो'।

अतः विकल्प (C) सही है।

20. चिंतामणि सन् 1939 में प्रकाशित आचार्य रामचंद्र शुक्ल द्वारा रचित हिन्दी का निबंधात्मक (समालोचना) ग्रंथ है। इस पुस्तक के तीन भाग हैं। चिंतामणि के प्रमुख निबन्ध भाव या मनोविकार, उत्साह, श्रद्धा और भक्ति, करुणा, लज्जा और ग्लानि, घृणा, ईर्ष्या, भय, क्रोध, कविता क्या है, काव्य में लोक मंगल की साधनावस्था आदि हैं।

अतः विकल्प (B) सही है।

21. झारखंड के पूर्व राज्यपाल और राष्ट्रीय जनतांत्रिक गठबंधन की उम्मीदवार द्रौपदी मुर्मू को 21 जुलाई 2022 को भारत के 15वें राष्ट्रपति के रूप में चुना गया है।

वह इस पद के लिए चुनी जाने वाली पहली आदिवासी महिला हैं और सबसे कम उम्र की भी हैं।

उन्होंने निर्वाचक मंडल के वोटों का 64.03% जीतकर विपक्षी उम्मीदवार यशवंत सिन्हा को हराया।

अतः विकल्प (D) सही है।

22. होयसलेश्वर मंदिर विश्व विरासत स्थल की संभावित सूची में शामिल है, कर्नाटक राज्य में स्थित है।

- स्मारकों और स्थलों पर अंतर्राष्ट्रीय आयोग (ICOMOS) के एक विशेषज्ञ टियोंग कियान बूम ने 14 सितंबर, 2022 को कर्नाटक के हैलेबिडु में होयसलेश्वर मंदिर का दौरा किया।
- होयसल संरचना संयुक्त राष्ट्र शैक्षिक, वैज्ञानिक और सांस्कृतिक संगठन (यूनेस्को) की संभावित सूची में शामिल हैं।
- यह भगवान शिव को समर्पित 12वीं शताब्दी का हिंदू मंदिर है।

अतः विकल्प (B) सही है।

23. दिल्ली के मुख्यमंत्री अरविंद केजरीवाल ने 31 अगस्त 2022 को देश के पहले वर्चुअल स्कूल की शुरुआत की। देश भर के छात्र प्रवेश के लिए पात्र होंगे। स्कूल 9-12वीं कक्षा के लिए है और दिल्ली मॉडल वर्चुअल स्कूल (DMVS) के लिए आवेदन प्रक्रिया उसी दिन शुरू हुई थी। कक्षाएं ऑनलाइन होंगी और रिकॉर्डेड लेक्चर भी ऑनलाइन अपलोड किए जाएंगे।

अतः विकल्प (A) सही है।

24. 15 अगस्त 2022 को श्री अरबिंदो की 150वीं जयंती के रूप में मनाया गया।

- वह एक भारतीय राष्ट्रवादी, दार्शनिक, कवि और योग गुरु थे।
- उनका जन्म 1872 में कोलकाता में हुआ था।
- उन्होंने बॉम्बे स्थित जर्नल इंदु प्रकाश में लेख प्रकाशित किए।
- 5 दिसंबर 1950 को उनका निधन हो गया।
- उनकी मुख्य साहित्यिक कृतियाँ 'द लाइफ डिवाइन', 'सिंथेसिस ऑफ योगा' और 'सावित्री: ए लीजेंड एंड ए सिंबल' हैं।

अतः विकल्प (B) सही है।

25. भारत ने अपने मुख्य बजट के लिए संयुक्त राष्ट्र महिला, लैंगिक समानता और महिला सशक्तिकरण के लिए संयुक्त राष्ट्र एजेंसी के लिए 500,000 अमरीकी डालर का योगदान दिया है।

संयुक्त राष्ट्र में भारत के स्थायी प्रतिनिधि टी.एस.तिरुमूर्ति ने घोषणा की कि भारत ने महिलाओं के नेतृत्व वाले विकास और लैंगिक समानता की अपनी साझेदारी की पुष्टि की है। संयुक्त राष्ट्र महिला कार्यकारी निदेशक, सीमा बहौस ने भारत को इसके योगदान के लिए धन्यवाद दिया।

अतः विकल्प (D) सही है।

26. दक्षिण अफ्रीका के नामीबिया के आठ अफ्रीकी चीतों को मध्य प्रदेश के कुनो पालपुर राष्ट्रीय उद्यान में स्थानांतरित किया गया है।

चीतों के राष्ट्रीय उद्यान में आने के बाद, वे बड़े बाड़ों में स्थानांतरित होने से पहले संगरोध चरण के दौरान छोटे बाड़ों में रहेंगे। 1952 के बाद से भारत में धीरे-धीरे चीते विलुप्त होने शुरू हो गए, उसके बाद तब 2009 में 'अफ्रीकी चीता इंट्रोडक्शन प्रोजेक्ट इन इंडिया' शुरू किया गया था।

अतः विकल्प (A) सही है।

27. गुजरात में लोथल सिंधु घाटी सभ्यता का एक बंदरगाह शहर था और अपने गोदी बाड़ा के लिए प्रसिद्ध है।

- लोथल के दो प्राथमिक क्षेत्र ऊपरी और निचला शहर हैं।
- गढ़ (ऊपरी शहर) के अंदर चौड़ी गलियों, नालियों और स्नान प्लेटफार्मों की पंक्तियों का एक नियोजित नक्शा है।
- निचले शहर के अवशेष से पता चलता है कि इस क्षेत्र में मनके बनाने का कारखाना था।
- पूर्वी तरफ 217 मीटर लंबा और 26 मीटर चौड़ा एक बेसिन है, जिसे ज्वारीय गोदी के रूप में पहचाना जाता है।
- लोथल का उत्खनन स्थल सिंधु घाटी सभ्यता का एकमात्र बंदरगाह शहर है।

अतः विकल्प (C) सही है।

28. इल्तुतमिश कुतुब-उद-दीन ऐबक का दामाद था। उसने उत्तरी भारत के गौरी क्षेत्रों पर शासन किया था।

- इल्तुतमिश दिल्ली के सबसे महान गुलाम शासकों में से एक था, जिसने अपनी राजधानी को लाहौर से दिल्ली स्थानांतरित कर दिया था।
- उन्होंने कुव्वत-उल-इस्लाम मस्जिद और कुतुब मीनार का निर्माण पूरा किया था।
- उन्होंने सल्तनत के दो सिक्कों, चांदी का टांका, और तांबे की जिटल को पेश किया था।
- उन्होंने इक्तादारी प्रणाली की भी शुरुआत की जिसमें राज्य को इक्ता में विभाजित किया गया था जो कि वेतन के बदले में रईसों को दिए जाते थे।

अतः विकल्प (A) सही है।

29. चौरी-चौरा कांड के बाद महात्मा गांधी ने असहयोग आंदोलन वापस ले लिया था।

जलियांवाला बाग हत्याकांड के बाद 1920 में महात्मा गांधी द्वारा असहयोग आंदोलन का आयोजन किया गया था। इसका उद्देश्य अहिंसक तरीकों से भारत में ब्रिटिश शासन का विरोध करना था, ब्रिटिश सामान खरीदने से इनकार करना, स्थानीय हस्तशिल्प का उपयोग करना आदि।

4 फरवरी 1922 को उत्तर प्रदेश के गोरखपुर जिले के एक छोटे से शहर चौरी चौरा में एक नरसंहार हुआ। एक पुलिस अधिकारी ने शराब की दुकान पर धरना दे रहे कुछ स्वयंसेवकों पर हमला किया था। वहां जमा हुई किसानों की पूरी भीड़ पुलिस चौकी (स्टेशन) पर गई। भीड़ ने लगभग 22 पुलिसकर्मियों के साथ पुलिस चौकी में आग लगा दी। स्थिति को नियंत्रण से बाहर होते देख

गांधीजी ने 12 फरवरी 1922 को असहयोग आंदोलन को वापस लेने का फैसला किया।

अत: विकल्प (A) सही है।

30. पुलिस सेवा सिविल सेवाओं और सेना के अलावा ब्रिटिश प्रशासन का तीसरा स्तंभ थी। यह लॉर्ड कॉर्नवालिस द्वारा पेश किया गया था।

- उन्होंने अपने पुलिस कार्यों के जमींदारों को राहत दी और एक नियमित पुलिस बल की स्थापना की।
- उन्होंने थान की पुरानी भारतीय प्रणाली का आधुनिकीकरण किया।
- यह भारतीय को ब्रिटेन से आगे रखता है जहां पुलिस की एक प्रणाली अभी तक विकसित नहीं हुई थी।
- उन्होंने एक दरोगा की अध्यक्षता में मंडलियों या थानों की एक प्रणाली स्थापित की।
- वह भारतीय होना चाहिए।
- जिला पुलिस अधीक्षक के पद के बाद एक जिले में पुलिस का प्रमुख बनाया गया।
- भारतीयों को सभी श्रेष्ठ पदों से बाहर रखा गया था।
- पुलिस धीरे-धीरे डकैती जैसे बड़े अपराधों को कम करने में सफल रही।
- पुलिस राष्ट्रीय आंदोलनों और विद्रोहों को दबाती थी।

अत: विकल्प (B) सही है।

31. बैरन द्वीप भारत का एकमात्र सक्रिय ज्वालामुखी है जो अंडमान और निकोबार द्वीप में स्थित है। अंडमान द्वीप समूह के बाकी हिस्सों के साथ, यह भारतीय केंद्र शासित प्रदेश अंडमान और निकोबार द्वीप समूह का एक हिस्सा है और क्षेत्र की राजधानी पोर्ट ब्लेयर से लगभग 138 किमी (86 मील) उत्तर पूर्व में स्थित है। यह उगलने वाले लावा और राख से बना है।

ज्वालामुखी का पहला विस्फोट 1787 में हुआ था, तब से यह ज्वालामुखी 10 से अधिक बार फट चुका है। हालिया विस्फोट 2017 में हुआ था।

अत: विकल्प (C) सही है।

32. ब्राजील शीर्ष कॉफी उत्पादक देश है जो वैश्विक कॉफी आपूर्ति का 40 प्रतिशत हिस्सा है। वियतनाम दूसरा सबसे बड़ा कॉफी उत्पादक है, जिसका विश्व के कॉफी उत्पादन का लगभग 20 प्रतिशत हिस्सा है। गुणवत्ता के लिहाज से इथियोपियन कॉफी को विश्व की सबसे अच्छी कॉफी माना जाता है।

कॉफी व्यापार ब्राजील के सबसे विपुल उद्योगों में से एक है। वैश्विक कॉफी उत्पादन में ब्राजील की अग्रणी स्थिति मुख्य रूप से दो मुख्य प्रकार की कॉफी बीन्स- अरेबिका और रोबस्टा को उगाने के लिए लाभकारी जलवायु के साथ देश के बड़े वृक्षारोपण क्षेत्र के लिए जिम्मेदार है।

अत: विकल्प (B) सही है।

33. केंद्र में सभी मंत्रियों की नियुक्ति राष्ट्रपति द्वारा की जाती हैं। हालाँकि, राष्ट्रपति प्रधानमंत्री की सलाह पर मंत्रियों की नियुक्ति करता है। परिषद सामूहिक रूप से लोकसभा के प्रति उत्तरदायी है। प्रधानमंत्री का यह कर्तव्य है कि वह राष्ट्रपति के मंत्रिपरिषद के सभी फैसलों को संघ के प्रशासन से संबंधित बताए और उनसे संबंधित कानून और सूचना के प्रस्तावों का राष्ट्रपति से संपर्क करें।

भारत के राष्ट्रपति की नियुक्ति:

- भारत के मुख्य न्यायाधीश
- प्रधानमंत्री
- सर्वोच्च न्यायालय के न्यायाधीश
- दिल्ली के मुख्यमंत्री
- मुख्य चुनाव आयुक्त

- महान्यायवादी

अत: विकल्प (B) सही है।

34. भारत के संविधान में निहित स्वतंत्रता, समानता और बंधुत्व के आदर्शों को फ्रांस के संविधान से लिया गया है।

- स्वतंत्रता: स्वतंत्रता का विचार भारतीय नागरिकों की गतिविधियों की स्वतंत्रता को संदर्भित करता है।
- समानता: यह इसे दर्शाता है कि समाज के किसी भी वर्ग को विशेष सुविधा प्राप्त नहीं है और व्यक्तियों को बिना किसी भेदभाव के पर्याप्त अवसर प्रदान किए जाते हैं।
- बंधुत्व: यह भाईचारे की भावना और अपने व्यक्तियों के बीच देश के साथ संबंधित होने की भावना को दर्शाता है।

भारतीय संविधान ने अन्य राष्ट्रों के गठन से कई विशेषताओं को अनुसरित किया है जो भारतीय समस्याओं और आकांक्षाओं के अनुकूल हैं।

अत: विकल्प (C) सही है।

35. वस्तु एवं सेवा कर भारत में प्रत्यक्ष कर नहीं है। यह एक अप्रत्यक्ष कर है। अप्रत्यक्ष कर सरकार द्वारा वस्तुओं और सेवाओं पर लगाया जाने वाला कर है, न कि किसी व्यक्ति की आय, लाभ या राजस्व पर और इसे एक करदाता से दूसरे करदाता में स्थानांतरित किया जा सकता है।

वह कर जो सीधे सरकार को दिया जाता है, सीधे करदाता पर लगाया जाता है और कर की देनदारी जो अन्य करदाताओं को नहीं दी जा सकती है, प्रत्यक्ष कर कहलाती है।

प्रत्यक्ष करों के कुछ उदाहरण आयकर, कॉर्पोरेट कर, न्यूनतम वैकल्पिक कर, लाभांश वितरण कर, प्रतिभूति लेनदेन कर, पूंजीगत लाभ कर आदि हैं।

अत: विकल्प (A) सही है।

36. प्रकाश संश्लेषण एक प्रक्रिया है जिसका उपयोग पौधों और अन्य जीवों द्वारा प्रकाश ऊर्जा को रासायनिक ऊर्जा में परिवर्तित करने के लिए कोशिकीय श्वसन के माध्यम से किया जाता है, जिसे बाद में जीव की चयापचय गतिविधियों को ईंधन देने के लिए जारी किया जा सकता है।

यह रासायनिक ऊर्जा शर्करा जैसे कार्बोहाइड्रेट अणुओं में संग्रहित होती है, जो कार्बन डाइऑक्साइड और पानी से संश्लेषित होते हैं।

प्रकाश संश्लेषण पृथ्वी के वायुमंडल की ऑक्सीजन सामग्री के उत्पादन और रखरखाव के लिए काफी हद तक जिम्मेदार है और पृथ्वी पर जीवन के लिए आवश्यक अधिकांश ऊर्जा की आपूर्ति करता है।

प्रकाश संश्लेषक जीव प्रकाशस्वपोषित हैं, जिसका अर्थ है कि वे प्रकाश से ऊर्जा का उपयोग करके भोजन को सीधे कार्बन डाइऑक्साइड और पानी से संश्लेषित करने में सक्षम हैं।

अत: विकल्प (C) सही है।

37. 'ग्रैंड स्लैम' शब्द टेनिस खेल से संबंधित है।

ग्रैंड स्लैम एक ही कैलेंडर सत्र में सभी चार प्रमुख टेनिस चैंपियनशिप, ऑस्ट्रेलिया, फ्रांस, ब्रिटेन (विंबलडन), और संयुक्त राज्य अमेरिका जीतने के लिए संदर्भित करता है। प्रत्येक टूर्नामेंट दो सप्ताह की अवधि में खेला जाता है।

ग्रैंड स्लैम में निम्न शामिल हैं:

- ऑस्ट्रेलियन ओपन (मध्य जनवरी)
- फ्रेंच ओपन (मई के अंत से जून की शुरुआत तक)
- विंबलडन (जून के अंत से जुलाई की शुरुआत तक)
- यूएस ओपन (अगस्त-सितंबर)

ग्रैंड स्लैम टूर्नामेंट अंतरराष्ट्रीय टेनिस महासंघ (ITF) द्वारा संचालित किए जाते हैं।

अत: विकल्प (D) सही है।

38. हॉकी - सुनील छेत्री सही ढंग से मेल नहीं खाता है।

- श्री सुनील छेत्री एक पेशेवर फुटबॉलर हैं जो स्ट्राइकर के रूप में खेलते हैं और भारतीय राष्ट्रीय फुटबॉल टीम की कप्तानी करते हैं। उन्हें कैप्टन फैंटास्टिक के नाम से जाना जाता है और क्रिस्टियानो रोनाल्डो के बाद सबसे ज्यादा गोल करने का रिकॉर्ड है। उन्हें 2011 में अर्जुन पुरस्कार और 2019 में पद्म श्री से सम्मानित किया गया था।

- कर्णम मल्लेश्वरी भारोत्तोलन से सेवानिवृत्त हैं। वह पहली भारतीय महिला हैं जिन्होंने ओलंपिक में पदक जीता है। उन्हें 1995 में राजीव गांधी खेल रत्ना और 1999 में पद्म श्री से सम्मानित किया गया था।

- योगेश्वर दत्त ने एक फ्रीस्टाइल पहलवान हैं जिन्होंने 2012 के ग्रीष्मकालीन ओलंपिक में कांस्य पदक जीता था और 2010 और 2014 के राष्ट्रमंडल खेलों में स्वर्ण पदक जीता था। उन्हें 2013 में पद्म श्री से सम्मानित किया गया था।

- गगन नारंग एक भारतीय निशानेबाज हैं जो लंडन ओलंपिक के लिए क्वालीफाई करने वाले पहले व्यक्ति थे। उन्हें 2010 में राजीव गांधी खेल रत्ना और 2011 में पद्म श्री से सम्मानित किया गया था।

अत: विकल्प (A) सही है।

39. चाँदनी पडवो त्यौहार मुख्य रूप से गुजरात में मनाया जाता है।

चांदनी पड़वा या चंडी पड़वो एक ऐसा अवसर है जब सुरती (सूरत के गुजराती लोग) मिठाई घारी, भुशु (नमकीन) की एक लोकप्रिय स्थानीय किस्म का आनंद लेते हैं। यह त्योहार हिंदू कैलेंडर में अंतिम पूर्णिमा, शरद पूर्णिमा के एक दिन बाद आता है।

अत: विकल्प (B) सही है।

40. 'श्वसन-शोथ' रोग फेफड़े से जुड़ा हुआ है। श्वसन-शोथ फेफड़ों की परत की सूजन है। यह फेफड़ों से हवा को अंदर और बाहर ले जाता है। तीव्र श्वसन-शोथ अक्सर एक वायरल श्वसन संक्रमण के कारण होता है। आमतौर पर, तीव्र श्वसन-शोथ अपने आप में सुधार करता है। श्वसन-शोथ के लक्षणों में खांसी, गाढ़ा बलगम और सांस की तकलीफ शामिल हैं। आमतौर पर श्वसन-शोथ के लिए प्रतिजैविक दवाओं की सलाह नहीं दी जाती है।

अत: विकल्प (D) सही है।

41. फेसबुक एक सामाजिक नेटवर्किंग सेवा कंपनी है। इसकी स्थापना 4 फरवरी 2004 को कैंब्रिज, संयुक्त राज्य अमेरिका में हुई थी। संस्थापक मार्क जुकरबर्ग (वर्तमान सीईओ), एडुआर्डो सेवरिन, एंड्रयू मैककोलम, डस्टिन मोस्कोविट्ज़, क्रिस ह्यूज हैं। मुख्यालय मेंलो पार्क, कैलिफोर्निया, संयुक्त राज्य अमेरिका में स्थित है।

वेब ब्राउजर वर्ल्ड वाइड वेब पर सूचनाओं तक पहुंचने के लिए एक सॉफ्टवेयर एप्लीकेशन है। माइक्रोसॉफ्ट इंटरनेट एक्सप्लोरर, गूगल क्रोम, मोज़िला फायरफॉक्स और एप्पल सफारी आदि वेब ब्राउजर के कुछ उदाहरण हैं।

अत: विकल्प (B) सही है।

42. कंप्यूटिंग में एक इनपुट डिवाइस एक कंप्यूटर हार्डवेयर उपकरण है जिसका उपयोग नियंत्रण और डेटा संकेतों के साथ कंप्यूटर या सूचना उपकरण सहित डेटा प्रोसेसिंग सिस्टम की आपूर्ति के लिए किया जाता है।

कीबोर्ड, स्कैनर, माउज़, जॉयस्टिक, लाइट पेन, स्कैनर और डिजिटल कैमरा इनपुट डिवाइस के उदाहरण हैं।

एक लाइट पेन एक कंप्यूटर इनपुट डिवाइस है जो कंप्यूटर के कैथोड-रे ट्यूब (CRT) डिस्प्ले के साथ संयोजन में उपयोग की जाने वाली प्रकाश-संवेदनशील छड़ी के रूप में है।

अत: विकल्प (C) सही है।

43. ऑपरेटिंग सिस्टम सॉफ्टवेयर है जो कंप्यूटर हार्डवेयर घटकों और उपयोगकर्ता के बीच एक इंटरफेस के रूप में कार्य करता है।

- फायरफॉक्स एक ब्राउज़र है जिसे मोज़िला फायरफ़ॉक्स के रूप में भी जाना जाता है या केवल फ़ायरफ़ॉक्स मोज़िला फाउंडेशन और इसकी सहायक कंपनी, मोज़िला कॉर्पोरेशन द्वारा विकसित एक स्वतंत्र और ओपन-सोर्स वेब ब्राउज़र है।

- एंड्रॉयड लिनक्स कर्नेल और अन्य ओपन-सोर्स सॉफ़्टवेयर के संशोधित संस्करण पर आधारित एक मोबाइल ऑपरेटिंग सिस्टम है, जिसे मुख्य रूप से स्मार्टफोन और टैबलेट जैसे टचस्क्रीन मोबाइल उपकरणों के लिए डिज़ाइन किया गया है।

- सिम्बियन एक बंद मोबाइल ऑपरेटिंग सिस्टम और कंप्यूटिंग प्लेटफ़ॉर्म है जिसे स्मार्टफोन के लिए डिज़ाइन किया गया है।

- iOS (आईओएस) दुनिया का सबसे उन्नत मोबाइल ऑपरेटिंग सिस्टम है।

अत: विकल्प (C) सही है।

44. ENIAC (इलेक्ट्रॉनिक न्यूमेरिकल इंटीग्रेटर एंड कंप्यूटर) पहला प्रोग्रामेबल, इलेक्ट्रॉनिक, सामान्य प्रयोजन डिजिटल कंप्यूटर था। यह पूर्ण-ट्यूरिंग था और रीप्रोग्रामिंग के माध्यम से "संख्यात्मक समस्याओं का एक बड़ा वर्ग" हल करने में सक्षम था।

अत: विकल्प (A) सही है।

45. MS Excel में 'Cut' फंक्शन निष्पादित करने के लिए, Ctrl + X कीबोर्ड शॉर्टकट कुंजी (key) संयोजन का उपयोग किया जाता है।

Ctrl + X एक कीबोर्ड शॉर्टकट है जिसका उपयोग टेक्स्ट, इमेज या किसी अन्य वस्तु के चयनित अनुभाग को कट करने के लिए किया जाता है।

अत: विकल्प (A) सही है।

46. कोड के लिए पैटर्न इस प्रकार है,

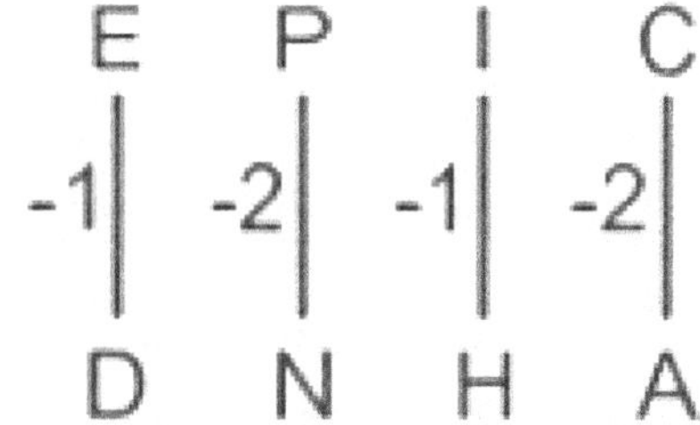

शब्द में विषम स्थान पर प्रत्येक अक्षर कूट के एक पद पीछे है और शब्द में सम स्थान पर प्रत्येक अक्षर कूट के संबंधित अक्षर से दो पद पीछे है।

इसलिए, MONA को LMMY के रूप में कूटबद्ध किया जाएगा।

अत: विकल्प (A) सही है।

47. मौद्रिक नीति के मुख्य साधन नकद आरक्षित अनुपात, वैधानिक तरलता अनुपात, बैंक दर, रेपो दर, रिवर्स रेपो दर और खुले बाजार के संचालन हैं।

वस्तु एवं सेवा कर (GST) भारतीय रिजर्व बैंक की मौद्रिक नीति का एक साधन नहीं है।

GST को वस्तु एवं सेवा पर करारोपण कहा जाता है। यह एक अप्रत्यक्ष कर है जिसने कई भारतीय अप्रत्यक्ष करों की जगह ले ली है, जैसे उत्पाद शुल्क, वैट, उपयोगिताओं पर कर इत्यादि। वस्तु एवं सेवा कर अधिनियम 29 मार्च 2017 को संसद में पारित किया गया था और 1 जुलाई 2017 को लागू हुआ।

अत: विकल्प (A) सही है।

48. यदि एक दर्पण को एक आकृति के दाएं रखा जाता है, तब दी गयी आकृति की सही दर्पण छवि इस प्रकार होगी:

अत: विकल्प (C) सही है।

49. 'नेहरू: द इन्वेंशन ऑफ इंडिया' 2003 में शशि थरूर द्वारा लिखित एक पुस्तक है। यह एक छोटी जीवनी है जो भारत के पहले प्रधान मंत्री के जीवन के बारे में बात करती है। इसमें पंडित नेहरू के समय के भारत के ऐतिहासिक और राजनीतिक पहलुओं के साथ व्यक्तिगत पहलुओं को शामिल किया गया है।

अत: विकल्प (A) सही है।

50.

अक्षर	A	B	C	D	E	F	G	H	I	J	K	L	M
स्थानीय मान	1	2	3	4	5	6	7	8	9	10	11	12	13
स्थानीय मान	26	25	24	23	22	21	20	19	18	17	16	15	14
अक्षर	Z	Y	X	W	V	U	T	S	R	Q	P	O	N

यहाँ अनुसरित स्वरूप निम्न प्रकार है:

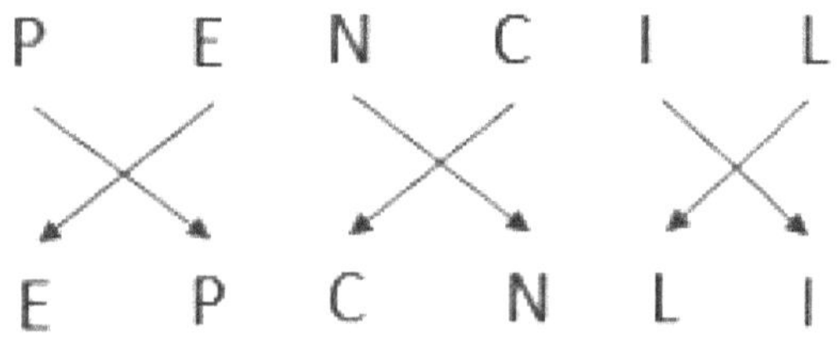

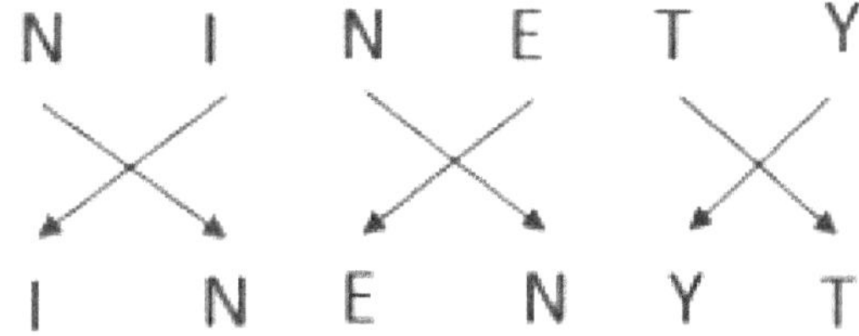

इसी प्रकार,

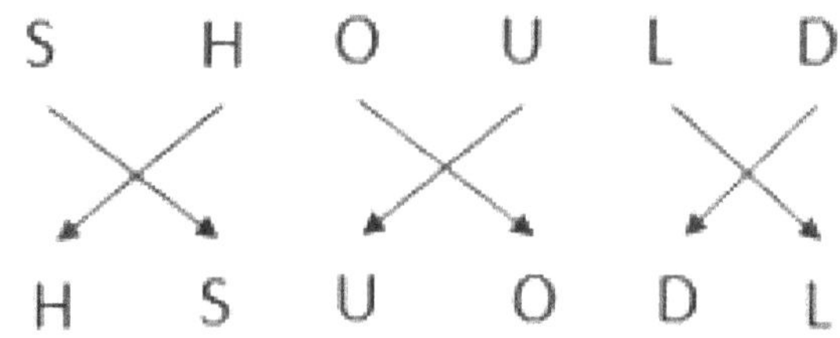

इसलिए, SHOULD को HSUODL के रूप में कूटबद्ध किया जाएगा।

अत: विकल्प (C) सही है।

51.

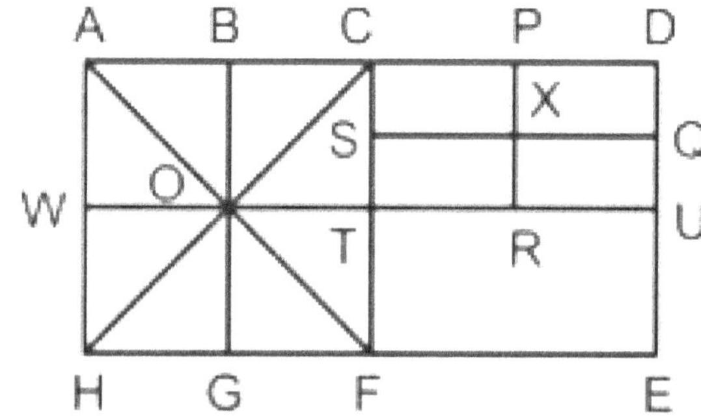

वर्गों के नाम ABOW, BCTO, OTFG, WOGH, CPRT, PDUR, ACFH और CDEF हैं।

इसलिए, आकृति में 8 वर्ग हैं।

अत: विकल्प (A) सही है।

52. यहाँ पालन किया गया स्वरूप है,

11 - 66 → 11 × 6 = 66

13 - 78 → 13 × 6 = 78

18 - 118 → 18 × 6 = 108 ≠ 118

29 - 174 → 29 × 6 = 174

इसलिए, 18 - 118 बेमेल युग्म है।

अत: विकल्प (C) सही है।

53. उत्तर आकृति जो दी गई प्रश्न आकृति में प्रतिरूप को पूरा करेगी, वह इस प्रकार है:

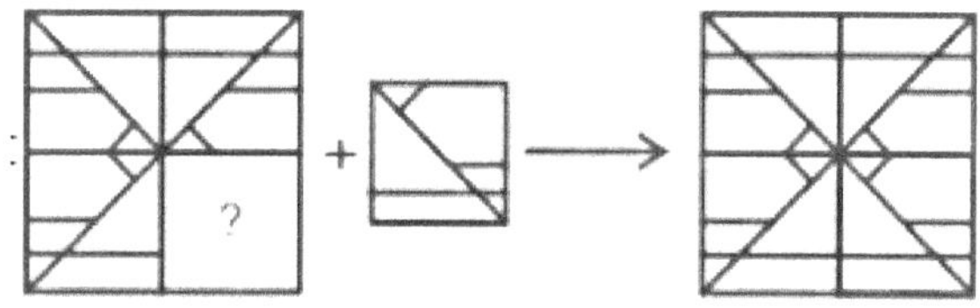

अत: विकल्प (A) सही है।

54. ऑस्ट्रेलियाई क्रिकेटर स्टीव स्मिथ ने 2020-21 की अवधि के लिए ऑस्ट्रेलियाई क्रिकेट पुरस्कार में तीसरा एलन बॉर्डर पदक जीता।

एलन बॉर्डर पदक, अपने सहयोगियों, मीडिया और अंपायरों द्वारा चुने गए पिछले सीज़न के सबसे उत्कृष्ट पुरुष ऑस्ट्रेलियाई क्रिकेटर को दिया जाता है।

इसके अलावा, बेथ मूनी को बेलिंडा क्लार्क पुरस्कार, ऑस्ट्रेलियाई क्रिकेट अवार्ड्स में एक महिला खिलाड़ी को दिया जाने वाला सर्वोच्च सम्मान, मिला। यह मूनी का प्रथम बेलिंडा क्लार्क पुरस्कार है।

अत: विकल्प (A) सही है।

55. राज्यों के मुख्यमंत्री की नियुक्ति भारत के राष्ट्रपति द्वारा नहीं की जाती है। भारत का राष्ट्रपति भारतीय सशस्त्र बलों का प्रमुख होता है। राष्ट्रपति का चुनाव अप्रत्यक्ष रूप से एक निर्वाचक मंडल द्वारा किया जाता है।राष्ट्रपति के पास निम्न लोगों को नियुक्त करने का अधिकार होता है:

- राज्यों के राज्यपाल
- भारत के सर्वोच्च न्यायालय और राज्य/केंद्र शासित प्रदेशों के मुख्य न्यायाधीश और अन्य न्यायाधीश
- राष्ट्रीय राजधानी क्षेत्र दिल्ली के मुख्यमंत्री
- नियंत्रक और महालेखा परीक्षक
- मुख्य चुनाव आयुक्त और अन्य चुनाव आयुक्त
- संघ लोक सेवा आयोग के अध्यक्ष और अन्य सदस्य
- महान्यायवादी आदि

अत: विकल्प (B) सही है।

56. वंश वृक्ष आरेख नीचे दिखाया गया है:

चित्र में प्रतीक	अर्थ
◯	महिला
▢	पुरुष
=	शादीशुदा जोड़ा
—	भाई-बहन
|	एक पीढ़ी का प्रसार

संभावित वृक्ष आरेख होगा:

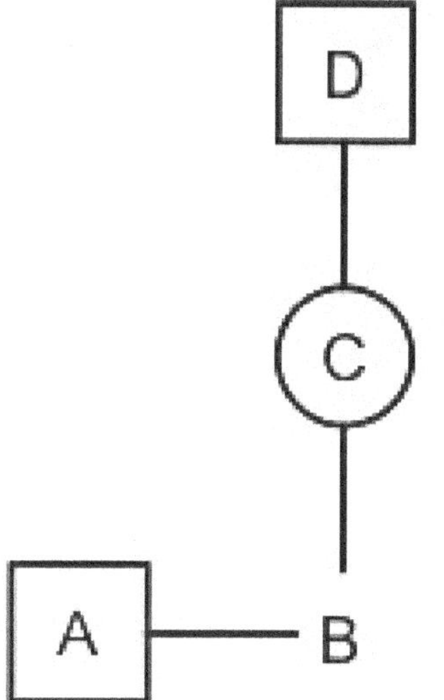

आरेख से यह स्पष्ट रूप से समझा जा सकता है कि D, A का नाना है।

अत: विकल्प (A) सही है।

57. व्यक्ति: A, B, C, D, E और F

1) B, E के विपरीत बैठा है।

2) D, F के बाएं दूसरे स्थान पर बैठा है। इस प्रकार, D, या तो E या B के निकटतम बाएं बैठा है।

3) C, न तो B न ही F के निकटस्थ है। इस प्रकार, D को B के निकटतम बाएं होना चाहिए। इसके अलावा C और A को E का पड़ोसी होना चाहिए।

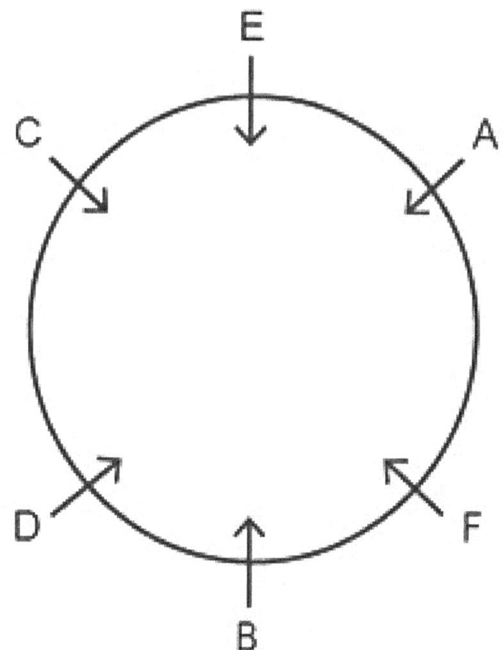

इसलिए, C, D के निकटतम बाएं है।

अत: विकल्प (B) सही है।

58. व्यक्ति: A, B, C, D, E और F

1) B, E के विपरीत बैठा है।

2) D, F के बाएं दूसरे स्थान पर बैठा है। इस प्रकार, D, या तो E या B के निकटतम बाएं बैठा है।

3) C, न तो B न ही F के निकटस्थ है। इस प्रकार, D को B के निकटतम बाएं होना चाहिए। इसके अलावा C और A को E का पड़ोसी होना चाहिए।

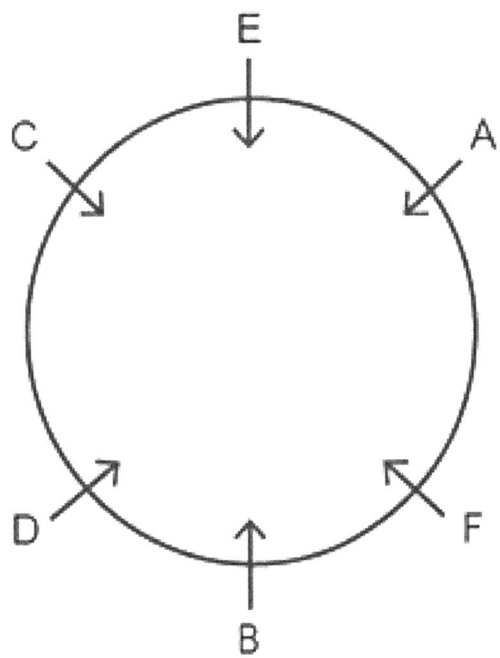

इसलिए, F के बाएं से गणना करने पर E और F के बीच में तीन व्यक्ति बैठे हैं।

अत: विकल्प (A) सही है।

59. राघव प्रारम्भ से आठवें और अंत से इक्कतीसवें स्थान पर हैं।

छात्रों की कुल संख्या = (प्रारम्भ +अंत) – 1

कक्षा में छात्रों की कुल संख्या = (8 + 31) – 1 = 38

अत: विकल्प (B) सही है।

60. भारत का आर्थिक सर्वेक्षण वित्त मंत्री द्वारा प्रस्तुत किया जाता है। आर्थिक सर्वेक्षण में भारत की अर्थव्यवस्था के आंकड़े का एक अद्यतन स्रोत शामिल है। संसद में केंद्रीय बजट पेश किए जाने से एक दिन पहले इसे प्रस्तुत किया जाता है। पहला आर्थिक सर्वेक्षण वर्ष 1950-51 में प्रस्तुत किया गया था। वर्ष 1964 तक इसे केंद्रीय बजट के साथ प्रस्तुत किया गया था।

अत: विकल्प (C) सही है।

61. इंटरनेशनल गर्ल्स इन आईसीटी डे 2022 का विषय पहुंच और सुरक्षा था। यह हर साल अप्रैल में चौथे गुरुवार को मनाया जाता है। इंटरनेशनल गर्ल्स इन आईसीटी डे का उद्देश्य प्रौद्योगिकी में लड़कियों और महिलाओं के प्रतिनिधित्व को बढ़ाने के लिए एक वैश्विक आंदोलन को प्रेरित करना है।

अत: विकल्प (A) सही है।

62. उत्तराखंड राज्य को 9 नवंबर 2000 को तत्कालीन उत्तर प्रदेश राज्य से अलग किया गया था। राज्य के निर्माण के समय, उत्तराखंड उच्च न्यायालय भी उसी दिन नैनीताल में स्थापित किया गया था। उस दिन से उच्च न्यायालय मल्लीताल नैनीताल स्थित एक पुराने भवन में कार्य कर रहा है जिसे पुराना सचिवालय कहा जाता था। उच्च न्यायालय की इमारत बहुत ही शानदार है और इसका निर्माण 1900 ई. में किया गया था।

अत: विकल्प (B) सही है।

63. भारतीय प्रबंधन संस्थान काशीपुर, जिसे ।।M काशीपुर के नाम से भी जाना जाता है, काशीपुर, उत्तराखंड में स्थित एक सार्वजनिक बिजनेस स्कूल है। यह उन 13 भारतीय प्रबंधन संस्थानों में से एक है जिसे सरकार ने ग्यारहवीं पंचवर्षीय योजना के दौरान स्थापित किया है। 29 अप्रैल 2011 को संस्थान की आधारशिला रखी गई थी।

अत: विकल्प (A) सही है।

64. कैलाश मानसरोवर यात्रा का संचालन कुमाऊं मंडल विकास निगम द्वारा किया जाता है।

कैलाश मानसरोवर यात्रा:

- कैलाश मानसरोवर यात्रा भारत के विदेश मंत्रालय और चीनी सरकार द्वारा हर वर्ष जून से सितंबर तक आयोजित की जाती है।

- कैलाश मानसरोवर यात्रा न केवल हिंदुओं के लिए बल्कि जैनियों और बौद्धों के लिए भी आध्यात्मिक तीर्थयात्रा मानी जाती है।

- कैलाश श्रेणी का सर्वोच्च शिखर चीन के कब्जे वाले तिब्बत में स्थित है।

- कैलाश की तीर्थयात्रा और पवित्र मानसरोवर झील, जो इसके दक्षिण में 30 किमी दूर स्थित है, विशेष रूप से एक सरकारी संगठन कुमाऊं मंडल विकास निगम द्वारा संचालित की जाती है।

कुमाऊं मंडल विकास निगम:

- कुमाऊं मंडल विकास निगम कुमाऊं क्षेत्र में विकास के लिए जिम्मेदार है जिसमें रोजगार के अवसर पैदा करना और सतत सामुदायिक विकास शामिल है।

- प्रबंध निदेशक: रोहित मीणा।

- यह 1981 से कैलाश मानसरोवर यात्रा का आयोजन कर रहा है।

- निगम के प्राथमिक कार्य पर्यटन, विपणन और उद्योग और उद्यमिता विकास हैं।

अत: विकल्प (C) सही है।

65. सिंचाई अनुसंधान संस्थान, रुड़की, उत्तराखंड के हरिद्वार जिले का शहर, 1928 में यूपी सिंचाई विभाग के तत्वावधान में अनुसंधान और विकास कार्य करने के लिए स्थापित किया गया था। यह सिंचाई विभाग के प्रशासनिक नियंत्रण के तहत उत्तराखंड सरकार का एक संस्थान है।

अत: विकल्प (D) सही है।

66. अशोक अभयेंद्र देसाई (24 जून 1942 - 9 फरवरी 2006) बॉम्बे उच्च न्यायालय और इलाहाबाद उच्च न्यायालय के पूर्व न्यायाधीश थे। उन्होंने 2000-2003 के बीच उत्तराखंड उच्च न्यायालय के पहले मुख्य न्यायाधीश के रूप में कार्य किया। अशोक देसाई को 8 मार्च 1999 को इलाहाबाद उच्च न्यायालय में स्थानांतरित कर दिया गया था। 9 नवंबर 2000 को उन्हें उत्तराखंड उच्च न्यायालय के कार्यवाहक मुख्य न्यायाधीश के रूप में नियुक्त किया गया था। 6 दिसंबर 2000 को, देसाई जी ने उत्तराखंड उच्च न्यायालय के पहले मुख्य न्यायाधीश के रूप में शपथ ली।

अत: विकल्प (C) सही है।

67. सुरजीत सिंह बरनाला 1985 से 1987 तक पंजाब के मुख्यमंत्री थे। उन्होंने आंध्र प्रदेश और तमिलनाडु के राज्यपाल के रूप में भी कार्य किया है। सुरजीत सिंह बरनाला 9 नवंबर 2000 से 7 जनवरी 2003 तक उत्तराखंड राज्य के पहले राज्यपाल थे।

अत: विकल्प (D) सही है।

68. उत्तरकाशी का ऐतिहासिक नाम सौम्य काशी है।

- उत्तरकाशी, पवार राजाओं के क्षेत्र का एक भाग था। पाल या पवार प्रशासन के प्रवर्तक कनक पाल थे, जो शायद नौवीं शताब्दी ईस्वी में उत्तराखंड आए थे, शायद महाराष्ट्र से।
- उत्तरकाशी, जिसका अर्थ उत्तर की काशी है, भारत के उत्तराखंड का एक शहर है।
- उत्तरकाशी को सौम्य काशी के नाम से भी जाना जाता है। उत्तरकाशी आध्यात्मिक और साहसिक पर्यटन के लिए एक धार्मिक स्थान है। उत्तरकाशी शहर को शिवनगरी भी कहा जाता है।

अत: विकल्प (A) सही है।

69. कुमाऊं का प्रारंभिक मध्ययुगीन इतिहास कत्यूरी राजवंश का इतिहास है।

- कत्यूरी पहला ऐतिहासिक राजवंश था, जिसने एकीकृत उत्तराखंड पर शासन किया और शिलालेखों और मंदिरों के रूप में कुछ महत्वपूर्ण अभिलेख छोड़ दिए।
- कत्यूरी राजाओं ने 7वीं से 11वीं शताब्दी तक शासन किया, जो कुमाऊं, गढ़वाल और पश्चिमी नेपाल के बड़े क्षेत्रों पर अपनी शक्तियों से चरम पर था।
- अल्मोड़ा के पास, बैजनाथ शहर इस राजवंश की राजधानी और कला का एक केंद्र था।
- मंदिर की इमारतें कत्यूरियों के नीचे फली-फूलीं और उनके द्वारा शुरू की गई मुख्य वास्तुशिल्प नवाचार ईंटों को पत्थर से बदलना था।
- पूर्व की ओर (अल्मोड़ा के सामने) एक पहाड़ी पर, कटारमल का मंदिर है।
- 900 साल पुराने इस सूर्य मंदिर का निर्माण कत्यूरी राजवंश के अंतिम वर्षों के दौरान किया गया था।
- कत्यूरी के पतन के बाद की अवधि में, यह माना जाता है कि गढ़वाल क्षेत्र को मुख्यमंत्री द्वारा शासित चौंसठ से अधिक रियासतों में विभाजित किया गया था, एक प्रमुख सरदार चांदपुरगढ़ था, जो कनकपाल के वंशज द्वारा शासित था।

अत: विकल्प (C) सही है।

70. चन्द राजवंश की स्थापना सोम चन्द ने सातवीं शताब्दी में कत्यूरी राजाओं को विस्थापित करके की थी। चन्द राजवंश की राजधानी काली कुमाऊं में चंपावत थी। इस राजवंश को कुमाऊं के सबसे प्रमुख साम्राज्य के रूप में देखा जाता है। इस राजवंश की अवधि के दौरान, अधिगम और चित्रकला (पहाड़ी कला स्कूल) का एक नया रूप विकसित हुआ।

राजा सोम चन्द 700 ईसा पूर्व में चन्द राजवंश का संस्थापक था और उसने 700-721 तक शासन किया था। वह भगवान शिव का अनुयायी था और उसने राजबंगा के किले का निर्माण करवाया था जो आकार में गोल था।

अत: विकल्प (D) सही है।

71. रानी कर्णावती को उत्तराखंड के इतिहास में नाक कटी रानी के रूप में जाना जाता था। रानी कर्णावती राजा महीपति शाह की पत्नी थीं।

- 1631 में अपने युवा पति की मृत्यु के कारण, रानी कर्णावती ने गढ़वाल राज्य पर शासन किया।
- पृथ्वीपति शाह नामक उनके सात वर्षीय पुत्र की ओर से, रानी कर्णावती ने शासन किया।
- रानी कर्णावती ने कई वर्षों तक राज्य पर शासन किया।
- उनके द्वारा आक्रमणकारियों से राज्य का सफलतापूर्वक बचाव किया गया था।
- 1640 में नजबत खान के नेतृत्व में मुगल शासक शाहजहां द्वारा राज्य पर हमला किया गया था।

- वह आक्रमणकारियों की नाक काटने की आदी थी।
- वह समय था जब रानी कर्णावती ने नाक कटी रानी का खिताब हासिल किया।
- राजपुर नहर, जो कि देहरादून की सबसे प्रारंभिक नहरों में से एक है, उनके द्वारा बनवाई गई थी।

अत: विकल्प (C) सही है।

72. देवप्रयाग भारत के उत्तराखंड राज्य में टिहरी गढ़वाल जिले का एक कस्बा और नगर पंचायत है।

- यह अलकनंदा नदी के पंच प्रयाग (पांच संगम) में से अंतिम है जहां अलकनंदा भागीरथी नदी से मिलती है और उसके बाद दोनों नदियां गंगा नदी या गंगा के रूप में बहती हैं।
- "देवप्रयाग" का अर्थ संस्कृत में "ईश्वरीय संगम" है।
- हिंदू शास्त्रों के अनुसार, देवप्रयाग पवित्र गंगा बनाने के लिए दो दृश्यमान स्वर्गीय नदियों, अलकनंदा और भागीरथी के विलय की पवित्र प्रसंग है।

अत: विकल्प (C) सही है।

73. रूपकुंड (स्थानीय रूप से मिस्टी झील या कंकाल झील के रूप में जाना जाता है) भारत के उत्तराखंड राज्य में उच्च ऊंचाई वाली एक हिमनद झील है। यह त्रिशूल मासिफ की गोद में स्थित है। हिमालय में स्थित, झील के आसपास का क्षेत्र निर्जन है और लगभग 16,470 फीट (5,020 मीटर) की ऊंचाई पर है, जो चट्टानों से ढके हिमनद और बर्फ से ढके पहाड़ों से घिरा हुआ है।

अत: विकल्प (C) सही है।

74. वासुकी ताल, उत्तराखंड के केदारनाथ धाम में समुद्र तल से 14,200 फीट की शानदार ऊंचाई पर स्थित एक उच्च हिमनद झील है।

हिंदू पौराणिक कथाओं के अनुसार यह स्थान अत्यंत पवित्र माना जाता है क्योंकि ऐसा माना जाता है कि भगवान विष्णु रक्षा बंधन के शुभ त्योहार के दौरान पवित्र स्नान के लिए इस झील में उतरे थे।

केदारनाथ, भारत में उत्तराखंड के रुद्रप्रयाग जिले में स्थित एक पवित्र हिंदू शहर है। यह हिमालय में स्थित चार धामों में से एक है। यह मंदाकिनी नदी के घाट पर स्थित है।

अत: विकल्प (A) सही है।

75. उत्तराखंड की उच्चतम पर्वत चोटी नंदा देवी है। यह गढ़वाल हिमालय का एक हिस्सा है। यह उत्तराखंड के चमोली जिले में स्थित है। नंदा देवी भारत में सबसे ऊंचा पर्वत है, (यदि हम कंचनजंगा को छोड़ दें जो भारत और नेपाल की सीमा पर स्थित है)। यह 7,816 मीटर की ऊंचाई के साथ उत्तराखंड राज्य का सबसे ऊंचा पर्वत भी है।

अत: विकल्प (D) सही है।

76. श्यामला झील एक प्राकृतिक झील है जो टनकपुर से 30 किमी दूर स्थित है और उत्तराखंड राज्य के चंपावत जिले में एक नगरपालिका बोर्ड है। चंपावत 1997 में गठित उत्तराखंड के कुमाऊं मंडल का जिला है। झील का काला रंग इसके गंदे पानी और घिरी हुई पहाड़ियों के कारण है। 1913 में स्वामी विवेकानंद द्वारा स्थापित प्रसिद्ध स्वामी विवेकानंद आश्रम इसी झील के किनारे स्थित है।

अत: विकल्प (C) सही है।

77. जयमाला लेखक ब्रजकिशोर दीक्षित द्वारा लिखित उपन्यास है। वह बृजेश के रूप में भी जाने जाते हैं।

शैलेश मटियानी एक प्रसिद्ध हिंदी लेखक और भारतीय राज्य उत्तराखंड के कवि हैं। उनका जन्म उत्तराखंड के अल्मोड़ा जिले में हुआ था। उनके नाम पर मध्य प्रदेश में 'शैलेश मटियानी स्मृति कथा पुरस्कार' शुरू किया गया

था। कबूतरखाना, कमीने और महाभोज शैलेश मटियानी द्वारा लिखित उपन्यास हैं।

अत: विकल्प (C) सही है।

78. इंद्रमणि बडोनी एक राजनीतिज्ञ, स्वतंत्रता सेनानी और उत्तराखंड के सामाजिक कार्यकर्ता हैं।

- उनका जन्म 25 दिसंबर 1924 को टिहरी गढ़वाल के अखोड़ी गाँव में हुआ था।
- उन्हें उत्तराखंड राज्य आंदोलन में अग्रणी भूमिका के लिए जाना जाता है।
- वह 1994 के राज्य आंदोलन के वास्तुकार थे।
- अहिंसा और सत्याग्रह के अभ्यास के कारण उन्हें 'उत्तराखंड का गांधी' कहा जाता है।
- वे क्षेत्रीय राजनीतिक दल उत्तराखंड क्रांति दल के संस्थापक सदस्य थे।
- उन्होंने उत्तराखंड को अलग राज्य बनाने के लिए आंदोलन शुरू किया था।
- उन्हें 2016 में उत्तराखंड रत्न पुरस्कार (मरणोपरांत) से सम्मानित किया गया था।

अत: विकल्प (C) सही है।

79. शिव प्रसाद डबराल को 'उत्तराखंड के विश्वकोश' के रूप में जाना जाता है। प्रख्यात इतिहासकार शिव प्रसाद डबराल का जन्म 12 नवंबर 1912 को उत्तराखंड के पौड़ी गढ़वाल जिले में हुआ था। वह 18 संस्करणों, 2 कविता संग्रह, 9 नाटकों तथा हिंदी और गढ़वाली में कई संपादित संस्करणों में उत्तराखंड के स्मारकीय इतिहास के लेखक हैं। उनका उत्तराखंड का इतिहास विद्वानों द्वारा संदर्भ कार्य के रूप में व्यापक रूप से उपयोग किया जाता है।

अत: विकल्प (B) सही है।

80. फूलों की घाटी की खोज का श्रेय ब्रिटिश पर्वतारोही फ्रैंक एस स्मिथे, आर एल होलड्सवर्थ और एरिक शिप्टन को जाता है, जो 1931 में माउंट केमेट के एक सफल अभियान के बाद संयोग से इस घाटी में पहुंच गए थे। स्मिथे ने 1938 में "द वैली ऑफ फ्लावर्स" पुस्तक लिखी।

- फूलों की घाटी समुद्र तल से 3,658 मीटर की ऊंचाई पर भुइंदर घाटी में स्थित है।
- फूलों की घाटी नेशनल पार्क नंदा देवी बायोस्फीयर रिजर्व का दूसरा मुख्य क्षेत्र है।
- फूलों की घाटी नेशनल पार्क एक भारतीय राष्ट्रीय उद्यान है, जो उत्तराखंड राज्य में उत्तरी चमोली और पिथौरागढ़ में स्थित है, और यह स्थानिक अल्पाइन फूलों और वनस्पतियों की विविधता के लिए जाना जाता है।
- फूलों की घाटी को वर्ष 1982 में भारत का राष्ट्रीय उद्यान घोषित किया गया था और अब यह यूनेस्को का विश्व धरोहर स्थल है।

अत: विकल्प (D) सही है।

81. प्रेमचंद शर्मा को 2021 में कृषि में नवाचार के लिए पद्म श्री पुरस्कार मिला।

- वह उच्च गुणवत्ता वाले फल, सब्जियां और अनाज को व्यवस्थित रूप से बढ़ाकर खेती में विविधता लाने पर ध्यान केंद्रित कर रहे हैं।
- उनका फार्म उत्तराखंड के हीआतल-सैंज गांव में है।
- शर्मा ने स्कूल छोड़ दिया और छोटी उम्र से ही खेती में अपनी रुचि का अनुसरण किया।
- 2020 में, उन्होंने उच्च उपज वाले अनार उगाने के लिए एक नर्सरी विकसित की और उन्हें अपने राज्य में 350 किसानों के बीच वितरित किया।

अत: विकल्प (A) सही है।

82. श्री देव सुमन 'अल्मोड़ा अखबार' के संपादक नहीं हैं। वह उत्तराखंड के टिहरी जिले के एक सामाजिक कार्यकर्ता थे। उनका जन्म टिहरी गढ़वाल के जौल गांव पट्टी बामुंड में हुआ था।

- 1871 से 1918 तक लगातार प्रकाशित होने वाला अल्मोड़ा अख़बार कुमाऊं का पहला और एकमात्र पत्र था।
- अल्मोड़ा अखबार प्रमुख अंग्रेजी अखबार 'पायनियर' का समकालीन था।
- अल्मोड़ा समाचार पत्र का संपादन बुद्धि बल्लभ पंत, मुंशी इम्तियाज अली, जीवा नंद जोशी, सदानंद सनवाल, विष्णु दत्त जोशी और 1913 के बाद बद्रीदत्त पांडे ने 48 वर्षों के लंबे जीवनकाल के दौरान किया था।
- सन् 1913 में बद्रीदत्त पाण्डेय के अल्मोड़ा अखबार के संपादक बनने के बाद अखबार का प्रचलन बढ़ा।
- अल्मोड़ा अखबार को स्वतंत्रता आंदोलन से जोड़ने का श्रेय बद्रीदत्त पांडेय को भी जाता है।

अत: विकल्प (D) सही है।

83. उत्तराखंड के पारंपरिक संगीत के उपकरण उत्तराखंड के लोगों के मूल्यों को दर्शाता है। दमामा, हुड़का, तुरतुरी या तुरही, बीनी, मशक बीन या बैगपाइप, और बांसुरी उत्तराखंड में सबसे प्रसिद्ध संगीत उपकरण हैं। उत्तराखंड के पारंपरिक संगीत उपकरण काफी सरल हैं, लेकिन वे भावनाओं में अद्वितीय हैं।

अत: विकल्प (C) सही है।

84. "खुदेड़" उत्तराखंड के प्रसिद्ध लोक गीतों में से एक है। यह गीत एक महिला के दुख और दर्द का वर्णन करता है जो अपने पति से अलग रह रही है। यह गाना बहुत ही दुखदाई और भावनात्मक है। यह उस महिला की पीड़ा को प्रतिध्वनित करता है जो अपने पति के नौकरी की तलाश में दूसरी जगह चले जाने के बाद अकेली रह जाती है। यह गीत एक कम आय वाले परिवार के जीवन को दर्शाता है जहां पति को बेहतर नौकरी की तलाश में बाहर जाना पड़ता है ताकि वह अपने परिवार को चला सके। इस लोकगीत के एक-एक शब्द के साथ बहुत गहरा अर्थ जुड़ा हुआ है।

अत: विकल्प (D) सही है।

85. उत्तराखंड संस्कृति में "ठुलो दुस्को" (ठुलो खेल) पहाड़ी रामायण है। ठुलो दुस्को पूर्वी कुमाऊं, उत्तराखंड में एक लोककथा है। इसका अर्थ राम का खेल है। इस नाटक में राम की कहानी को दर्शाया गया है।

ठुलो खेल के 2 अलग-अलग संस्करण हैं। इसने संस्करण 1 को 15 उपख्यानों में और संस्करण 2 को 11 उपख्यानों में विभाजित किया है। इन दोनों संस्करणों को बखानी नामक प्रमुख गायकों के परिवारों द्वारा पांडुलिपियों में संरक्षित किया जाता है।

ठुलो खेल मुख्य रूप से तीन धुनों में गाया जाता है, प्रमुख को दुस्को कहा जाता है। धुस्का शास्त्रीय संगीत पर आधारित है। अन्य मुख्य धुनों को खेल और चलाली कहा जाता है। ठुलो खेल में साथ में आने वाले संगीत वाद्ययंत्र हुडका और मिजारा (झांझ की जोड़ी) हैं।

अत: विकल्प (D) सही है।

86. उत्तराखंड की जनजातियों में मुख्य रूप से जौनसारी जनजाति, थारू जनजाति, राजी जनजाति, बुक्सा जनजाति और भोटिया नाम के पांच प्रमुख समूह शामिल हैं।

- जनसंख्या की दृष्टि से, जौनसारी जनजाति राज्य का सबसे बड़ा जनजातीय समूह है।
- उत्तराखंड की जनजातियाँ राज्य में रहने वाले जातीय समूहों का प्रतिनिधित्व करती हैं।

- उत्तराखंड के हर जिले में आदिवासियों की आबादी का प्रतिशत कम या ज्यादा है।

- उत्तराखंड राज्य में, आदिवासी आबादी की मुख्य एकाग्रता ग्रामीण क्षेत्रों में है।

- रिकॉर्ड के अनुसार, कुल आदिवासी आबादी का लगभग 94.50 प्रतिशत ग्रामीण क्षेत्रों में रहता है और शेष प्रतिशत जनजातीय आबादी शहरी केंद्रों में रहती है।

- उत्तराखंड की इन जनजातियों को भारत के संविधान में निर्धारित किया गया है।

अत: विकल्प (D) सही है।

87. झोरा नृत्य की उत्पत्ति उत्तराखंड के कुमाऊं क्षेत्र में हुई थी। यह एक जादुई लोक नृत्य है जो सभी जातियों के लोगों को बांधता है। झोरा नृत्य आमतौर पर वसंत के मौसम में किया जाता है। झोरा नृत्य आमतौर पर शाम को शादियों या मेलों में देखा जाता है। पुरुष और महिलाएं हाथ मिलाते हैं और गोलाकार रूप में चलते हैं। वे अपने शरीर को सुचारू रूप से मोड़ते हैं।

अत: विकल्प (A) सही है।

88. जिम कॉर्बेट, एक शिकारी-राष्ट्रवादी 1944 में लिखी पुस्तक "मैन ईटर्स ऑफ कुमाऊं" के लेखक हैं। यह पुस्तक 1900 से 1930 के दशक तक भारत के कुमाऊं क्षेत्र में कॉर्बेट के अनुभवों के बारे में विवरण देती है। इस अवधि के दौरान, वे आदमखोर बंगाल बाघ और भारतीय तेंदुओं का शिकार कर रहे थे। इसमें भारतीय हिमालय में आदमखोरों पर नज़र रखने और उन्हें गोली मारने की दस आकर्षक कहानियाँ हैं। कहानियों में वनस्पतियों, जीवों और ग्रामीण जीवन पर आकस्मिक जानकारी भी शामिल है।

अत: विकल्प (C) सही है।

89. नमिता गोखले ने लोकप्रिय पुस्तक "थिंग्स टू लीव बिहाइंड" लिखी। उन्होंने वर्ष 2019 में इस उपन्यास के लिए सुशीला देवी साहित्य पुरस्कार जीता।

थिंग्स टू लीव बिहाइंड ब्रिटिश-भारतीय अतीत की मिश्रित विरासत के रोमांस को जीवंत करता है। नैनीताल की आकर्षक बैकस्टोरी और भारतीय इतिहास में इसके अनिच्छुक प्रवेश से भरपूर, जाति, पंथ और संस्कृति के तात्विक भ्रम पर एक चमकदार प्रकाश डालते हुए, श्रमसाध्य विवरण से प्रकाशित, यहाँ एक आकर्षक ऐतिहासिक महाकाव्य और नमिता गोखले का अब तक का सबसे महत्वाकांक्षी उपन्यास है।

अत: विकल्प (C) सही है।

90. 'कामधेनु संहिता' पुस्तक रमेश सेमवाल ने लिखी है जो उत्तराखंड ज्योतिष परिषद के अध्यक्ष हैं। यह पुस्तक गायों के वैज्ञानिक, आर्थिक, सामाजिक महत्व पर आधारित है। यह पुस्तक उत्तराखंड विधानसभा अध्यक्ष प्रेमचंद अग्रवाल द्वारा जारी की गई है।

अत: विकल्प (A) सही है।

91. रमेश पोखरियाल निशंक को वातायन लाइफटाइम अचीवमेंट अवार्ड 2020 से सम्मानित किया गया है। साहित्य के क्षेत्र में उनके योगदान के कारण संगठन ने उन्हें पुरस्कार से सम्मानित किया है। उन्होंने मीरा कौशिक, अध्यक्ष वातायन की उपस्थिति में आयोजित एक ऑनलाइन समारोह के माध्यम से पुरस्कार प्रदान किया है।

अत: विकल्प (A) सही है।

92. चंडी प्रसाद भट्ट एक भारतीय गांधीवादी पर्यावरणविद् और सामाजिक कार्यकर्ता हैं।

- उन्होंने 1964 में गोपेश्वर में दशोली ग्राम स्वराज्य संघ (DGSS) की स्थापना की।

- उन्हें 1982 में सामुदायिक नेतृत्व के लिए रमन मैग्सेसे पुरस्कार से सम्मानित किया गया।

- उन्हें 2005 में पद्म भूषण से सम्मानित किया गया था।

- 2013 में, उन्हें गांधी शांति पुरस्कार से सम्मानित किया गया था।

अत: विकल्प (C) सही है।

93. भारत के राष्ट्रपति के.आर. नारायणन की सहमति के बाद, उत्तरांचल (उत्तराखंड) राज्य अस्तित्व में आया। 27 जुलाई 2000 को केंद्र सरकार ने भारत की संसद में उत्तर प्रदेश पुनर्गठन विधेयक 2000 प्रस्तुत किया। इसे 1 अगस्त 2000 को लोकसभा द्वारा पारित किया गया था। राज्यसभा ने 10 अगस्त 2000 को विधेयक पारित किया। भारत के राष्ट्रपति के. आर. नारायणन ने 28 अगस्त 2000 को उत्तर प्रदेश पुनर्गठन विधेयक को मंजूरी दी। 9 नवंबर 2000 को, उत्तरांचल राज्य, उत्तर प्रदेश से अलग हुआ और भारत गणराज्य का 27वां राज्य बन गया। जनवरी 2007 में नए राज्य ने अपना नाम बदलकर उत्तराखंड कर दिया।

अत: विकल्प (C) सही है।

94. उद्योग संघ उत्तराखंड (IAU) उत्तराखंड के सूक्ष्म, लघु और मध्यम स्तर के उद्योगों का एक शीर्ष निकाय है।

- इसका मजबूत सदस्यता आधार उत्तराखंड की लंबाई और चौड़ाई में फैले व्यापक उत्पादों और सेवाओं को शामिल करता है।

- उत्तराखंड पर विशेष ध्यान देने के साथ, IAU राज्य और उसके उद्यमियों के विकास के लिए प्रतिबद्ध है।

- IAU, उत्तराखंड में दो स्तरीय प्रणाली है जो संबंधित अध्यायों के माध्यम से राज्य और शहर स्तर पर काम कर रही है।

- संघ का जोर हमेशा मौजूदा उद्योग की मदद करने और उत्तराखंड में नए उद्योग को आकर्षित करने के लिए प्रयास करने पर है।

- यह सरकार, व्यापार और उद्योग सहित सभी संबंधितों के साथ जमीनी स्तर पर बातचीत का निर्माण और रखरखाव करके किया जाता है।

अत: विकल्प (C) सही है।

95. ARIES (आर्यभट्ट रिसर्च इंस्टीट्यूट ऑफ ऑब्जर्वेशन साइंसेज का एक संक्षिप्त नाम) अग्रणी अनुसंधान संस्थानों में से एक है जो अवलोकन संबंधी खगोल विज्ञान और खगोल भौतिकी और वायुमंडलीय विज्ञान में विशेषज्ञता रखता है।

आर्यभट्ट रिसर्च इंस्टीट्यूट ऑफ ऑब्जर्वेशनल साइंसेज (ARIES) नैनीताल, उत्तराखंड में स्थित है।

अत: विकल्प (C) सही है।

96. 2011 की जनगणना के अनुसार जनसंख्या घनत्व की दृष्टि से भारत में उत्तराखंड का स्थान 26वां है।

- 2011 की जनगणना के अनुसार उत्तराखंड का जनसंख्या घनत्व 189 वर्ग किमी (490/वर्ग मील) है।

- जनसंख्या घनत्व प्रति इकाई क्षेत्रफल में लोगों की संख्या है, जिसे आमतौर पर प्रति वर्ग किलोमीटर या वर्ग मील में उद्धृत किया जाता है।

- 2001 की जनगणना के अनुसार उत्तराखंड का जनसंख्या घनत्व 159/वर्ग किमी था।

- भारत का जनसंख्या घनत्व (2011 की जनगणना के अनुसार) बताता है कि 2011 में घनत्व 324 के आंकड़े से बढ़कर 382 प्रति वर्ग किलोमीटर हो गया है।

- भारत में 2001 से 2011 तक जनसंख्या घनत्व 17.54 की दर से बढ़ा।

अत: विकल्प (A) सही है।

97. 'टिहरी राज्य प्रजा मंडल' की स्थापना श्री देव सुमन ने की थी। जनवरी, 1939 में देहरादून में 'टिहरी राज्य प्रजा मंडल' की स्थापना हुई थी। श्री देव

सुमन ने ही दिल्ली में देवनागरी महाविद्यालय की स्थापना की थी और 1937 में 'सुमन सौरभ' नाम से कविताओं का प्रकाशन किया।

अत: विकल्प (A) सही है।

98. उत्तराखंड के दो लोकप्रिय राष्ट्रीय उद्यानों, कॉर्बेट और राजाजी के बीच बसा, एक और महत्वपूर्ण वन्यजीव अभयारण्य है, जो 301 वर्ग किलोमीटर के क्षेत्र में फैला है, जिसे सोनानदी वन्यजीव अभयारण्य या या सिर्फ सोनंदाइ के नाम से जाना जाता है।

बिनसर कुमाऊं हिमालय के सबसे दर्शनीय स्थलों में से एक है। यह पूर्वी चंद राजाओं (7 वीं - 18 वीं शताब्दी) की ग्रीष्मकालीन राजधानी है।

राजाजी राष्ट्रीय उद्यान हिमालय श्रृंखला की तलहटी में स्थित है और शिवालिक पर्वतमाला से निकटता से जुड़ा हुआ है। यह उत्तराखंड में पौड़ी गढ़वाल, देहरादून और सहारनपुर जिलों के एक बड़े क्षेत्र में फैला हुआ है। चीला अभयारण्य मोतीचूर और राजाजी अभयारण्यों को अलग करता है।

उत्तराखंड के चमोली जिले में फूलों की घाटी राष्ट्रीय उद्यान स्थित है। यह स्थानिक अल्पाइन फूल और वनस्पतियों की विविधता के लिए अपने क्षेत्रों के लिए जाना जाता है।

अत: विकल्प (D) सही है।

99. दुन अनुदैर्ध्य घाटियाँ हैं जो यूरेशियन प्लेट और भारतीय प्लेट के तह के परिणामस्वरूप टकराने पर बनी हैं। वे लघु हिमालय और शिवालिक में बनते हैं। घाटियाँ हिमालय की नदियों द्वारा पारित मोटे जलोढ़ के साथ जमा हुई हैं। उदाहरण कोटा दून, देहरादून, पाटली दून, हर की दून हैं।

बाटा दुन उत्तराखंड का हिस्सा नहीं है। यह हिमाचल प्रदेश का एक हिस्सा है।

अत: विकल्प (C) सही है।

100. उजली या अनेरी होली त्योहार थारू जनजाति से जुड़े हुए हैं। यह समुदाय निचले हिमालय के शिवालिकों के बीच तराई क्षेत्र से संबंधित है। उनमें से अधिकांश निवासी हैं और कुछ कृषि का अभ्यास करते हैं। माना जाता है कि थारू शब्द स्थवीर से लिया गया है, जिसका अर्थ थेरवाद बौद्ध धर्म के अनुयायी है। थारू भारत और नेपाल दोनों में रहते हैं।

अत: विकल्प (C) सही है।

General Hindi

Q.1 निम्नलिखित में से कौन सा शब्द विदेशज भाषा का शब्द है?

A. अन्न-जल **B.** भोजन-सामग्री

C. खाद्य पदार्थ **D.** वकील

Q.2 हिंदी भाषा किस लिपि में लिखी जाती है:

A. गुरुमुखी **B.** ब्राम्ही **C.** देवनागरी **D.** सौराष्ट्री

Q.3 अग्निरेखा ______ का अंतिम कविता संग्रह है।

A. महादेवी वर्मा **B.** कालिदास

C. सूरदास **D.** रामधारी सिंह दिनकर

Q.4 हिंदी भाषा का जन्म हुआ है:

A. अपभ्रंश से **B.** लौकिक संस्कृत से

C. पालि- प्राकृत से **D.** वैदिक संस्कृत से

Q.5 निर्देश:प्रत्येक वाक्य को पढ़कर ज्ञात करें कि उसमें कोई व्याकरणिक त्रुटि तो नहीं है। यदि वाक्य के एक भाग में कोई त्रुटि हो। तो उस भाग का अंक उत्तर है।

सूर्य ग्रहण हो अथवा चंद्र ग्रहण, यह अनोखा (1)/ प्रकाशिय चमत्कार होता है जिसमे ज्ञान (2)/ ग्रहों-उपग्रहों की गतिविधि एवं तारामंडल के (3)/ बदलते स्वरुप का परिचय प्राप्त होता है। (4)

A. (1) **B.** (2) **C.** (3) **D.** (4)

Q.6 शांत रस का स्थायी भाव क्या है?

[MP Jail Prahari, 2018]

A. रति **B.** हास **C.** निर्वेद **D.** शोक

Q.7 निर्देश: सही पर्यायवाची शब्द चुनिए।

तटस्थ

A. तल्लीन, ध्यानमग्न **B.** अलग, निष्पक्ष

C. घूरना, निहारना **D.** तीता, कडुवा

Q.8 दिए गए विकल्पों में से 'तपन' का विलोम क्या होगा?

A. ठंडक **B.** उत्कृष्ट **C.** ठोस **D.** डरपोक

Q.9 किस क्रम में अशुद्ध वर्तनी है।

A. पैत्रिक **B.** कैकेयी **C.** औरत **D.** श्रीमती

Q.10 'मोहन चाकू से फल काटता है।' वाक्य में कौनसा कारक है?

A. करण **B.** कर्ता **C.** अपादान **D.** कर्म

Q.11 ______ 11 मात्राओं पर यति एवं चार चरण युक्त छंद है।

A. रोला **B.** चौपाई **C.** सोरठा **D.** दोहा

Q.12 किसी विषय विचार अथवा विभाग के मन्तव्य को सुस्पष्ट करने के लिए ______ का प्रयोग किया जाता है।

A. निर्देशक चिन्ह **B.** अल्पविराम चिन्ह

C. न्यून विराम चिन्ह **D.** अपूर्ण विराम चिन्ह

Q.13 गुलाब फुलों में श्रेष्ठ है। वाक्य में संज्ञा है।

A. जातिवाचक **B.** व्यक्तिवाचक

C. उत्तमवाचक **D.** भाववाचक

Q.14 निम्नलिखित में से उपसर्ग रहित शब्द कौन सा है?

A. कुचेष्ठा **B.** उपसर्ग **C.** नाखुश **D.** मिलान

Q.15 प्रत्यय के कितने प्रकार होते हैं?

A. चार प्रकार **B.** तीन प्रकार

C. सात प्रकार **D.** दो प्रकार

Q.16 स्वर संधि के कितने भेद होते हैं?

A. चार **B.** पाँच **C.** सात **D.** छह

Q.17 वह किताब पढ़ो। वाक्य में विशेषण है।

A. गुणवाचक **B.** निश्चयवाचक

C. संकेतवाचक **D.** अनिश्चयवाचक

Q.18 गृहिणी ने गरीबों को कपड़े दिए।' वाक्य में कौनसा कारक है?

A. कर्ता **B.** कर्म **C.** संप्रदान **D.** करण

Q.19 'श्रीमती' शब्द का बहुवचन होगा।

A. श्रीमतिनी **B.** श्रीमतिएँ **C.** श्रीमतीय **D.** श्रीमतियाँ

Q.20 जो सर्वनाम शब्द प्रश्न के रूप में किसी संज्ञा शब्द के स्थान पर प्रयोग किये जाते हैं, उन्हें ______ कहा जाता है?

A. निजवाचक सर्वनाम **B.** प्रश्नवाचक सर्वनाम

C. पुरुष सर्वनाम **D.** इनमे से कोई भी नहीं

General Knowledge and General Studies

Q.21 अप्रैल 2022 में, संघ लोक सेवा आयोग (UPSC) के अध्यक्ष के रूप में किसे नियुक्त किया गया है?

A. विक्रम सिंह मेहता **B.** डॉ. मनोज सोनी

C. गोपाल शर्मा **D.** संजय शर्मा

Q.22 हाल ही में चल रहे स्वच्छता सर्वेक्षण 2021 में बिहार को किस स्थान पर शामिल किया गया है?

[Delhi Forest Guard, 2021], [UPSSSC Rajasva Lekhpal, 2015]

A. 1 **B.** 10 **C.** 12 **D.** 13

Q.23 मानव विकास सूचकांक - 2016 में भारत को कितने अंकप्राप्त हुए हैं?

[UPPSC Staff Nurse, 2017], [UPSSSC Rajasva Lekhpal, 2015]

A. 0.623 **B.** 0.624 **C.** 0.625 **D.** 0.626

Q.24 एल एंड टी ने ग्रीन हाइड्रोजन प्रौद्योगिकी विकसित करने के लिए ______ के साथ सहयोग किया।

A. आईआईटी बॉम्बे **B.** आईआईटी दिल्ली

C. आईआईटी कानपुर **D.** आईआईटी मद्रास

Q.25 भारत के 21 वें मुख्य चुनाव आयुक्त कौन हैं?

[Super TET Paper - I, 2018]

A. अचल कुमार ज्योति **B.** नसीम बेदिक

C. प्रकाश करात **D.** जेबी पटनायक

Q.26 1 जून 2022 को किस केंद्रीय मंत्रालय ने 2 महीने लंबे 'हर घर दस्तक अभियान 2.0' की शुरुआत की है?

A. श्रम और रोजगार मंत्रालय

B. अल्पसंख्यक मामलों के मंत्रालय
C. पंचायती राज मंत्रालय
D. स्वास्थ्य मंत्रालय

Q.27 तैर कर सात महत्वपूर्ण समुद्र पार करने वाले प्रथम भारतीय है?

A. अमरेंद्र सिंह
B. जुंको ताइबेइक
C. बुला चौधरी
D. यूरी गागरिन

Q.28 जापान का राष्ट्रीय खेल है:

A. टेनिस
B. सूमो कुश्ती
C. कराटे
D. आइस हॉकी

Q.29 निर्देश: उस प्रणाली का वर्णन करते हुए आंकड़े दिए गए हैं जिसमें एक हिस्से को मोड़ना है और फिर एक उपयुक्त खंड से काटा जाना है। नीचे दिए गए विकल्प में से अंतिम आकृति को चुने।

A. (1)
B. (2)
C. (3)
D. (4)

Q.30 निम्न में से कौन एक ऑपरेटिंग सिस्टम नहीं है?

[Chhattisgarh Patwari, 2019]

A. ओरेकल
B. विंडोज
C. लिनक्स
D. डॉस

Q.31 प्रायद्वीपीय भारत की सबसे लंबी नदी है:

[Bihar Police SI, 2019]

A. महानदी
B. ताप्ती
C. नर्मदा
D. गोदावरी

Q.32 इनमें से किस नदी को 'नदी का शोक' के रूप में भी जाना जाता है?

A. दामोदर
B. औरंगा
C. उत्तर कोयल
D. अमानत

Q.33 निम्नलिखित में से कौन कंप्यूटर के लिए डिजिटल इनपुट डिवाइस है?

A. डिजिटल कैमकॉर्डर
B. माइक्रोफोन
C. स्कैनर
D. ऊपर के सभी

Q.34 शून्यकाल संसदीय प्रक्रियाओं के क्षेत्र में एक भारतीय नवाचार है और __________ के बाद से अस्तित्व में है।

A. 1952
B. 1962
C. 1956
D. 1959

Q.35 निम्नलिखित में से किसके तहत पंचायती राज की व्यवस्था की जाती है?

A. मौलिक अधिकार
B. मौलिक कर्तव्य
C. राज्य नीति के निर्देशक सिद्धांत
D. अध्यक्षीय आदेश

Q.36 कोई भी कंप्यूटर तीन अलग-अलग मेमोरी का उपयोग करता है जिन्हें कहा जाता है:

1. कैच मेमोरी
2. वर्चुअल मेमोरी
3. मुख्य मेमोरी

A. 1, 3, 2
B. 1, 2, 3
C. 3, 1, 2
D. 2, 3, 1

Q.37 'इंडियन बिस्मार्क' के नाम से किसे जाना जाता है?

A. कामराज
B. नेहरू
C. सरदार वल्लभ भाई पटेल
D. राजाजी

Q.38 विश्व बौद्धिक संपदा संगठन (डब्ल्यूआईपीओ) का मुख्यालय स्थित है:

A. अमेरीका
B. स्विट्ज़रलैंड
C. इंडिया
D. जापान

Q.39 हाल ही में ओडिशा और छत्तीसगढ़ में कौन सा कृषि उत्सव मनाया गया है?

A. नुआखाई जुआरी
B. पोंगल
C. लोहड़ी
D. बिहु

Q.40 पीएम फसल बीमा योजना (पीएमएफबीवाई) के बारे में निम्नलिखित में से कौन सा सही है?

।-किसानों या सभी खरीफ फसलों के लिए केवल 2% का एक समान प्रीमियम और सभी रबी फसलों के लिए 1.5%।

।।-यह एक केंद्र प्रायोजित योजना है।

A. केवल ।
B. केवल ।।
C. दोनों । और ।।
D. न तो । और न ही ।।

Q.41 प्रधानमंत्री किसान मान धन-योजना के लिए पेंशन फंड मैनेजर कौन सा संगठन है?

A. LIC
B. NABARD
C. SBI
D. EPFO

Q.42 कौन सा ब्लॉक रिप्लेसमेंट एल्गोरिथम आमतौर पर कैच ऑपरेशन में उपयोग नहीं किया जाता है।

A. फीफो
B. लीफो
C. एलआरयू
D. रैंडम

Q.43 विशेष प्रोग्राम जो पता लगा सकता है और कंप्यूटर से वायरस हटाना कहलाता है:

A. वायरस
B. कस्टम
C. एंटीवायरस
D. ग्रुपवेयर

Q.44 किस प्रौद्योगिकी कंपनी ने एक नई फ़ाइल-शेयर सुविधा 'नियरबी शेयर' लॉन्च की?

A. माइक्रोसॉफ्ट
B. गूगल
C. फेसबुक
D. एप्पल

Q.45 किस संस्थान ने शिव नादर विश्वविद्यालय के सहयोग से लिथियम सल्फर बैटरियों के उत्पादन के लिए एक नई तकनीक विकसित की है?

A. बिट्स
B. आईआईएससी बेंगलुरु
C. आईआईटी बॉम्बे
D. डीआरडीओ

Q.46 बी सी रॉय पुरस्कार किस क्षेत्र में दिया जाता है:

A. मोज़िला फ़ायरफ़ॉक्स
B. राजनीति
C. व्यापार
D. दवा

Q.47 प्रसिद्ध पुस्तक 'वी द पीपल' किसने लिखी है?

A. नानी पालकीवाला
B. टी. एन. कौली
C. जे आर डी टाटा
D. खुशवंत सिंह

Q.48 निम्नलिखित नेताओं में से कौन 10 अप्रैल, 1917 को आयोजित चंपारण सत्याग्रह में गांधीजी के साथ शामिल हुए थे?

A. बाल गंगाधर तिलक
B. सुभाष चंद्र बोस
C. राजेन्द्र प्रसाद
D. इनमें से कोई नहीं

Q.49 बैक्टीरिया प्रोटोजोआ की खोज किसके द्वारा की गई थी:

A. लीउवेन होक
B. निकोलस कोपेमिकस
C. जॉन गुटेन बर्ग
D. लुई पास्चर

Q.50 एक निश्चित कोड में, SIKKIM को THLJJL के रूप में लिखा जाता है, उस कोड में TRAINING को कैसे लिखा जाता है?

A. SQBHOHOF
B. UQBHOIOF
C. UQBHOHOI
D. UQBHOHOF

Q.51 निम्नलिखित में से किस शासक ने फारसी भाषा को मुगल दरबार की अग्रणी भाषा बनाया था?

A. बाबर
B. अकबर
C. शाह आलम द्वितीय
D. हुमायूं

Q.52 निर्देश: प्रश्न में, (::) के एक तरफ दिए गए दो शब्दों के बीच एक निश्चित संबंध है और एक पद दूसरी तरफ (::) दिया गया है दिए गए युग्म के पदों के रूप में इस पद के साथ संबंध है।

फ्लोट: सिंक :: नाव: ?

A. समुंद्री जहाज
B. युद्ध
C. मिसाइल
D. पनडुब्बी

Q.53 भारत का पहला मुगल शासक कौन था?

A. शेरशाह सूरी
B. बाबर
C. हुमायूं
D. अकबर

Q.54 1539 में चौसा की लड़ाई में हुमायूँ को किसने हराया था?

[Territorial Army Officer, 2019]

A. शेरशाह
B. बहादुर शाह
C. राणा सांगा
D. इनमें से कोई नहीं

Q.55 सिद्धार्थ, निकुंज, विपुल और मुकुल में से कौन सबसे छोटा है? कथन:
1. विपुल मुकुल से छोटा है लेकिन सिद्धार्थ और निकुंज से बड़ा है।
द्वितीय. मुकुल सबसे पुराना है।
III. सिद्धार्थ निकुंज से बड़े हैं।

A. केवल I
B. केवल I और II
C. केवल II और III
D. केवल I और III

Q.56 निर्देश: प्रणाली का वर्णन करते हुए आंकड़े दिए गए हैं जिसमें एक हिस्से को मोड़ना है और फिर एक उपयुक्त खंड से काटा जाना है। नीचे दिए गए विकल्प में से अंतिम आकृति को चुने।

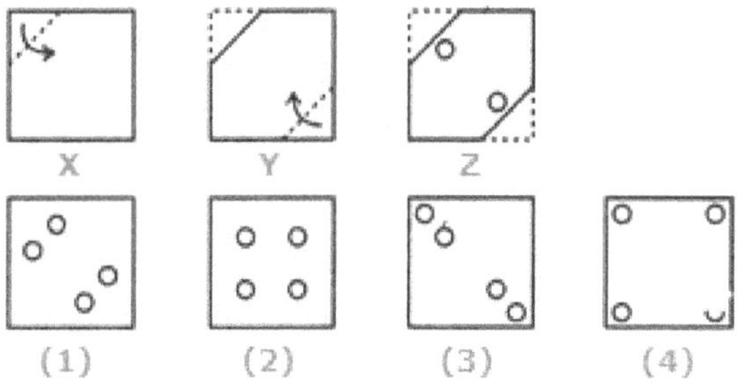

A. (1)
B. (2)
C. (3)
D. (4)

Q.57 "भूदान आंदोलन" के लिए कौन जाना जाता है?

A. एमजी रानाडे
B. जेपी नारायण
C. जगजीवन राम
D. विनोबा भावे

Q.58 निम्नलिखित प्रश्न में दिए गए विकल्पों में से संबंधित शब्द का चयन कीजिए।

गीज़ा का महान पिरामिड : मिस्र :: ? : पेरू

A. पेट्रा
B. माचू पिच्चू
C. कोलिज़ीयम
D. चिचेन इत्ज़ा

Q.59 यदि दर्पण को रेखा XY पर रखा गया है, तो उत्तर आकृतियों से दी गई प्रश्न आकृति की सही दर्पण छवि की पहचान करें।

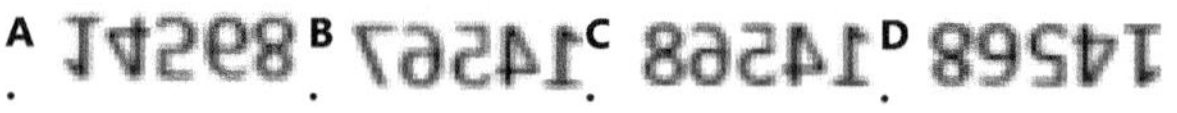

Q.60 निर्देश: नीचे प्रश्न के साथ में तीन कथन दिए गए है आपको यह ज्ञात करना है कि दिए हुए प्रश्न का सटीक उत्तर देने के लिए कौन सा/से कथन की आवश्यकता है।

पांच व्यक्ति $-A, B, C, D$ और E एक पंक्ति में बैठे हैं। बीच में कौन बैठा है?

कथन:

I. B, E और C के बीच है।

II. B, E के दाईं ओर है।

III. D, A और E के बीच है।

A. केवल I और II
B. केवल II और III
C. केवल I और III
D. सभी I, II और III

General Knowledge of Uttarakhand

Q.61 इथेनॉल आधारित खाना पकाने के चूल्हे का नाम क्या है, जो हाल ही में बिहार में शुरू हुआ है?

A. लैपिस फ्लेम
B. इथेनॉल फ्लेम
C. कुकिंग फ्लेम
D. इनमें से कोई नहीं

Q.62 यू० एस० ओपन टेनिस टूर्नमेंट, 2018 (महिला एकल) की विजेता थी:

[Delhi Forest Guard, 2020], [Super TET Paper - I, 2019]

A. कैरोलीन वोझ्नियाकी
B. सिमोना हालेप
C. नाओमी ओसाका
D. सेरेना विलियम्स

Q.63 निम्नलिखित देशों में से किसमें प्रधानमंत्री नरेंद्र मोदी ने 11 मई, 2018 को 'रामायण सर्किट' की शुरुआत की?

[Super TET Paper - I, 2019]

A. नेपाल
B. इंडोनेशिया
C. श्रीलंका
D. म्यांमार

Q.64 "कुमाऊं का इतिहास" पुस्तक के लेखक कौन हैं?

A. चन्द्रशेखर पाण्डेय
B. पंडित बद्री दत्त पांडे
C. हरीश चन्द्र रावत
D. मोहन सिंह गुंज्याल

Q.65 जिम कॉर्बेट नेशनल पार्क का मूल नाम क्या था?

A. माउंटेन नेशनल पार्क
B. हैली नेशनल पार्क
C. वैली नेशनल पार्क
D. टाइगर नेशनल पार्क

Q.66 उत्तराखण्ड के उत्तरकाशी में नेहरु पर्वतारोहण संस्थान की स्थापना कब की गई थी?

A. 1961
B. 1963
C. 1965
D. 1968

Q.67 दार्जिलिंग में 'हिमालयन माउंटेनियरिंग इंस्टिट्यूट' की स्थापना किस वर्ष की गई थी?

A. 1951
B. 1952
C. 1953
D. 1954

Q.68 उत्तराखण्ड के औली में शीतकालीन हिमक्रीड़ा स्थल एवं रज्जुमार्ग (औली परियोजना) का शुभारंभ कब किया गया था?
A. जुलाई, 1981
B. जुलाई, 1982
C. जुलाई, 1983
D. जुलाई, 1984

Q.69 किस झील को "रहस्यमय झील" या "कंकाल झील" के नाम से भी जाना जाता है?
A. चिल्का झील
B. रूपकुंड झील
C. वोलर झील
D. सांभर झील

Q.70 फूल देई उत्सव किस राज्य से संबंधित है?
A. उत्तराखंड
B. यूपी
C. एमपी
D. गोवा

Q.71 किस स्थान पर उत्तराखण्ड में 'नन्दादेवी का मेला' सबसे पहले प्रारम्भ हुआ था?
A. चम्पावत
B. अल्मोड़ा
C. पालीपछाँ॰
D. जौनसार

Q.72 भूपेंद्र कुमार सिंह संजय ने चिकित्सा में पुरस्कार जीता, वह _______ हैं।
A. फिजीशियन
B. ऑर्थोपेडिक सर्जन
C. डेंटिस्ट
D. होम्योपैथ

Q.73 उत्तराखंड का राजकीय पक्षी _______ है।
A. हिमालयी मोनाल
B. मोर
C. तोता
D. उल्लू

Q.74 उत्तराखंड का राजकीय फूल _______ है।
A. ब्रह्म कमल
B. काला गुलाब
C. लिली
D. गुलमोहर

Q.75 वर्तमान में 04 जुलाई, 2021 से उत्तराखंड राज्य के मुख्यमंत्री (सीएम) कौन हैं?
A. पुष्कर सिंह धामी
B. विपिन रावत
C. योगी आदित्यनाथ
D. शिवराज सिंह चौहान

Q.76 उत्तराखंड के सीएम रावत ने 20-21 के लिए _______ बजट पेश किया।
A. 2589 करोड़
B. 53527 करोड़
C. 3241 करोड़
D. 4532 करोड़

Q.77 उत्तराखंड ने प्रवासियों के लिए _______ लॉन्च किया।
A. मुख्यमंत्री योजना
B. मुख्यमंत्री स्वरोजगार योजना
C. स्वरोजगार योजना
D. गांधी स्वरोजगार योजना

Q.78 उत्तराखंड के मुख्यमंत्री त्रिवेंद्र सिंह रावत ने _______ का उद्घाटन किया।
A. एकीकृत आदर्श कृषि ग्राम योजना
B. एकीकृत ग्राम योजना
C. कृषि गांव
D. एकीकृत योजना

Q.79 रूढ़की छावनी की स्थापना कब की गई थी?
A. 1853 ई. में
B. 1852 ई. में
C. 1851 ई. में
D. 1854 ई. में

Q.80 डीआरडीओ ने _______ को 'साइंटिस्ट ऑफ द ईयर अवार्ड-2018' दिया।
A. डॉ हेमंत कुमार पांडेय
B. डॉ एमके रावत
C. डॉ विनीत कुमार
D. डॉ गौरव जैन

Q.81 लंडौर छावनी की स्थापना किस वर्ष की गई थी?
A. 1830 ई.
B. 1832 ई.
C. 1834 ई.
D. 1836 ई.

Q.82 सहस्त्रधारा जलप्रपात कहाँ है?
A. मसूरी
B. बद्रीनाथ
C. पिथोरागढ़
D. केदारनाथ

Q.83 प्रसिद्ध 'झंडा मेला' कहाँ आयोजित किया जाता है?
A. उत्तराखंड
B. एमपी
C. यूपी
D. असम

Q.84 प्रथम विश्व युद्ध (1914-18) के दौरान प्रथम गढ़वाल राइफल्स के नायक कौन थे?
A. गबर सिंह नेगी
B. दरवान सिंह नेगी
C. मेजर सोमनाथ शर्मा
D. शूरवीर सिंह पंवार

Q.85 निम्नलिखित में से कौन सा दर्रा उत्तराखंड में नहीं स्थित है?
A. तुजू दर्रा
B. माना दर्रा
C. कुंगरी-बिंगरी दर्रा
D. लिपुलेख दर्रा

Q.86 निम्न में से पेशावर काण्ड के नायक कौन थे?
A. चन्द्र सिंह गढ़वाली
B. सी. एन. सिंह
C. एस. एम. श्रीनागेश
D. मेजर सोमनाथ शर्मा

Q.87 उत्तराखण्ड में कुमाऊँ रेजीमेंट पर डाक टिकट कब जारी किया गया था?
A. 1980
B. 1983
C. 1985
D. 1988

Q.88 कुमाऊँ क्षेत्र के लोगों के लिए बनी कुमाऊँ रेजीमेंट को 'कुमाऊँ रेजीमेंट' नाम कब दिया गया था?
A. 27 अक्टूबर, 1900
B. 27 अक्टूबर, 1910
C. 27 अक्टूबर, 1935
D. 27 अक्टूबर, 1945

Q.89 उत्तराखण्ड में पर्वतीय विकास विभाग का गठन कब किया गया था?
A. 1970 में
B. 1971 में
C. 1972 में
D. 1973 में

Q.90 उत्तराखंड विधानसभा में कितने सदस्य सेट हैं?
A. 70
B. 60
C. 75
D. 80

Q.91 निम्नलिखित में से कौन उत्तराखंड की धार्मिक चार धाम यात्रा का हिस्सा नहीं है?
A. केदारनाथ
B. बद्रीनाथ
C. अमरनाथ
D. यमुनोत्री

Q.92 निम्न में से उत्तराखण्ड दृष्टिहीन क्रिकेट टीम के कप्तान कौन है?
A. आशीष सिंह नेगी
B. रमेश सिंह नेगी
C. ललित प्रसाद
D. उन्मुक्त चन्द

Q.93 निम्न में से किस व्यक्ति को 'आयरन वाल ऑफ इण्डिया' की उपाधि से सम्मानित किया गया था?
A. रामबहादुर क्षेत्री
B. त्रिलोक सिंह बसेड़ा
C. प्रताप सिंह पटवाल
D. पुष्कर सिंह भण्डारी

Q.94 उत्तराखण्ड के किस व्यक्ति को 'चाइना वॉल' के नाम से जाना जाता है?
A. त्रिलोक सिंह बसेड़ा
B. रमेश सिंह रावत
C. रामबहादुर छेत्री
D. वीर बहादुर गुरुंग

Q.95 उत्तराखंड के प्रथम कुमाऊँ कमिश्नर थे।
A. डलहौजी
B. कैम्पवेल
C. क्लाइव
D. जी. डब्ल्यू ट्रेल

Q.96 निम्नलिखित में से असत्य युग्म का चयन कीजिए?
A. दीप जोशी – रेमन मैग्सेसे

B. सुन्दर लाल बहुगुणा – रेमन मैग्सेसे
C. गोविन्द वल्लभ पंत – भारत रत्न
D. हंसा मनराल – द्रोणाचार्य पुरस्कार

Q.97 परिमार्जन का संबंध किस खेल से है?
A. क्रिकेट   **B.** शतरंज   **C.** जूडो   **D.** हॉकी

Q.98 उत्तराखंड के दूसरे मुख्यमंत्री कौन थे?
A. पुष्पेश पंत   **B.** नारायण दत्त तिवारी
C. भगत सिंह कोश्यारी   **D.** नित्यानंद स्वामी

Q.99 उत्तराखंड का सबसे पुराना राष्ट्रीय उद्यान कौन सा है?
A. दरभंगा नेशनल पार्क
B. जिम कॉर्बेट नेशनल पार्क
C. दुधवा नेशनल पार्क
D. केल्कि नेशनल पार्क

Q.100 1928 में गढ़वाल सर्वदलित परिषद का गठन किसने किया था?
A. मोहन सिंह मेहता   **B.** बद्रीदत्त पाण्डेय
C. जयानन्द भारती   **D.** हरगोविन्द पंत

// स्मार्ट उत्तर पुस्तिका //

सही उत्तर — उन छात्रों के प्रतिशत को इंगित करता है जिन्होंने प्रश्नों का सही उत्तर दिया था।

छोड़ दिया — उन छात्रों के प्रतिशत को इंगित करता है जिन्होंने प्रश्नों को छोड़ दिया था।

प्रश्न संख्या	उत्तर	सही उत्तर / छोड़ दिया	प्रश्न संख्या	उत्तर	सही उत्तर / छोड़ दिया	प्रश्न संख्या	उत्तर	सही उत्तर / छोड़ दिया	प्रश्न संख्या	उत्तर	सही उत्तर / छोड़ दिया	प्रश्न संख्या	उत्तर	सही उत्तर / छोड़ दिया
1	D	12.91 % / 86.76 %	17	C	43.23 % / 33.8 %	33	D	41.36 % / 51.12 %	49	A	10.3 % / 82.64 %	65	B	45.64 % / 36.62 %
2	C	78.23 % / 17.14 %	18	C	57.32 % / 39.9 %	34	B	56.31 % / 39.18 %	50	D	47.48 % / 43.01 %	66	C	43.21 % / 45.78 %
3	A	59.63 % / 31.81 %	19	D	52.92 % / 45.79 %	35	C	51.45 % / 44.85 %	51	B	53.86 % / 32.69 %	67	D	53.15 % / 39.6 %
4	A	62.28 % / 30.01 %	20	B	59.67 % / 30.02 %	36	A	42.72 % / 53.25 %	52	D	76.72 % / 15.39 %	68	C	49.02 % / 37.0 %
5	B	52.94 % / 45.07 %	21	B	40.58 % / 52.98 %	37	C	53.16 % / 41.19 %	53	B	48.88 % / 36.07 %	69	B	54.31 % / 36.78 %
6	C	49.96 % / 36.86 %	22	D	65.86 % / 31.75 %	38	B	28.89 % / 69.14 %	54	A	41.9 % / 48.09 %	70	A	14.67 % / 75.8 %
7	B	53.17 % / 46.41 %	23	B	16.66 % / 82.42 %	39	A	46.53 % / 34.96 %	55	D	43.04 % / 56.46 %	71	B	65.93 % / 32.4 %
8	A	88.98 % / 10.43 %	24	A	55.28 % / 31.33 %	40	C	23.87 % / 73.2 %	56	C	48.13 % / 43.45 %	72	B	44.68 % / 53.17 %
9	A	58.22 % / 32.69 %	25	A	46.09 % / 45.84 %	41	A	50.26 % / 35.99 %	57	D	26.18 % / 70.24 %	73	A	69.14 % / 30.21 %
10	A	46.19 % / 30.18 %	26	D	16.13 % / 78.04 %	42	A	29.51 % / 69.02 %	58	B	69.02 % / 30.11 %	74	A	49.41 % / 45.75 %
11	D	41.29 % / 37.03 %	27	C	54.22 % / 39.71 %	43	C	77.32 % / 17.83 %	59	A	19.04 % / 73.18 %	75	A	44.24 % / 49.11 %
12	B	41.37 % / 53.37 %	28	B	55.8 % / 37.46 %	44	B	52.21 % / 33.65 %	60	D	47.14 % / 31.55 %	76	B	68.56 % / 30.1 %
13	A	43.89 % / 35.52 %	29	B	30.7 % / 67.86 %	45	C	55.36 % / 41.86 %	61	A	47.24 % / 36.53 %	77	B	49.7 % / 30.92 %
14	D	59.77 % / 39.98 %	30	A	65.01 % / 34.29 %	46	D	27.6 % / 69.4 %	62	C	47.13 % / 39.38 %	78	A	66.01 % / 32.96 %
15	D	52.29 % / 31.53 %	31	D	51.7 % / 44.84 %	47	A	53.56 % / 32.33 %	63	A	62.25 % / 35.76 %	79	A	62.04 % / 30.63 %
16	B	42.37 % / 50.67 %	32	A	59.4 % / 35.63 %	48	C	57.6 % / 32.3 %	64	B	43.22 % / 53.39 %	80	A	68.16 % / 30.12 %

प्रश्न संख्या	उत्तर	सही उत्तर
		छोड़ दिया
81	D	46.06 %
		31.19 %
82	A	64.79 %
		34.42 %
83	A	63.58 %
		34.37 %
84	B	54.83 %
		37.67 %

प्रश्न संख्या	उत्तर	सही उत्तर
		छोड़ दिया
85	A	40.69 %
		31.59 %
86	A	43.44 %
		31.99 %
87	D	61.14 %
		38.27 %
88	D	63.77 %
		35.25 %

प्रश्न संख्या	उत्तर	सही उत्तर
		छोड़ दिया
89	C	12.38 %
		84.41 %
90	A	56.55 %
		35.05 %
91	C	54.19 %
		44.36 %
92	A	53.16 %
		46.48 %

प्रश्न संख्या	उत्तर	सही उत्तर
		छोड़ दिया
93	B	54.19 %
		45.65 %
94	C	59.18 %
		36.89 %
95	D	15.83 %
		72.63 %
96	D	60.37 %
		36.64 %

प्रश्न संख्या	उत्तर	सही उत्तर
		छोड़ दिया
97	B	65.51 %
		30.98 %
98	C	41.63 %
		44.91 %
99	B	61.91 %
		35.84 %
100	C	61.64 %
		31.0 %

कार्य विश्लेषण	
औसत अंक (%)	46.0%
टॉपर्स स्कोर (%)	72.0%
आपका स्कोर	

//संकेत और समाधान//

1. 'वकील' विदेशज शब्द है।

'वकील' शब्द अरबी भाषा का शब्द है। जिसका अर्थ होता है प्रतिनिधि या पैरवी करने वाला। वकील शब्द अरबी भाषा का होने के कारण यह विदेशज शब्द है। अन्य देश की भाषा से आए हुए शब्द जो हिंदी भाषा में सम्मेलित हुए उन्हें विदेशज शब्द कहते हैं। इन विदेशी भाषाओं में मुख्यतः अरबी, फारसी, तुर्की, उर्दू, अंग्रेजी व पुर्तगाली शामिल हैं।

अतः विकल्प (D) सही है।

2. हिंदी भाषा देवनागरी लिपि में लिखी जाती है।

देवनागरी एक भारतीय लिपि है जिसमें अनेक भारतीय भाषाएँ तथा कई विदेशी भाषाएँ लिखी जाती हैं। यह बायें से दायें लिखी जाती है। इसकी पहचान एक क्षैतिज रेखा से है जिसे 'शिरोरेखा' कहते हैं।

अतः विकल्प (C) सही है।

3. अग्निरेखा महादेवी वर्मा का अंतिम कविता संग्रह है जो मरणोपरांत 1990 में प्रकाशित हुआ। इसमें उनके अन्तिम दिनों में रची गयीं रचनाएँ संग्रहीत है। अग्निरेखा में दीपक को प्रतीक मानकर अनेक रचनाएँ लिखी गयी हैं।

महादेवी वर्मा का विचार है कि अंधकार से सूर्य नहीं दीपक जूझता है।

रात के इस सघन अंधेरे में जूझता

सूर्य नहीं, जूझता रहा दीपक!

कौन सी रश्मि कब हुई कम्पित,

कौन आँधी वहाँ पहुँच पायी?

कौन ठहरा सका उसे पल भर,

कौन सी फूँक कब बुझा पायी।

अतः विकल्प (A) सही है।

4. हिंदी भाषा का जन्म अपभ्रंश से हुआ है।

हिंदी का जो विकास हुआ है वह अपभ्रंश से हुआ है और इस भाषा से कई आधुनिक भारतीय भाषाओं और उपभाषाओं का जन्म हुआ है, जिसमें शौरसेनी (पश्चिमी हिन्दी, राजस्थानी और गुजराती), पैशाची (लंहदा, पंजाबी), ब्राचड़ (सिन्धी), खस (पहाड़ी), महाराष्ट्री (मराठी), मागधी (बिहारी, बांग्ला, उड़िया और असमिया), और अर्ध मागधी है। अपभ्रंश, आधुनिक भाषाओं के उदय से पहले उत्तर भारत में बोलचाल और साहित्य रचना की सबसे जीवन्त और प्रमुख भाषा (समय लगभग छठी से 12वीं शताब्दी) थी। भाषावैज्ञानिक दृष्टि से अपभ्रंश भारतीय आर्यभाषा के मध्यकाल की अंतिम अवस्था है जो प्राकृत और आधुनिक भाषाओं के बीच की स्थिति है।

अतः विकल्प (A) सही है।

5. प्रकाशिय का अर्थ है प्रकाश का, प्रकाश का चमत्कार – इसका कोई अर्थ नहीं बनता

शुद्ध शब्द के लिए प्रकाशिय को आकाशीय से विस्थापित करना होगा।

शुद्ध वाक्य है-

सूर्य ग्रहण हो अथवा चंद्र ग्रहण, यह अनोखा आकाशीय चमत्कार होता है जिसमे ज्ञान ग्रहों-उपग्रहों की गतिविधि एवं तारामंडल के बदलते स्वरुप का परिचय प्राप्त होता है।

अतः विकल्प (B) सही है।

6. शांत रस:- मोक्ष और आध्यात्म की भावना, संसार से वैराग्य होने या परमात्मा के वास्तविक रूप का ज्ञान होने पर जो शान्ति मिलती है वहाँ शांत रस होता है. शांत रस का स्थायी भाव निर्वेद (उदासीनता) होता है। शान्त रस को हिंदी साहित्य में प्रसिद्ध नौ रसों में अन्तिम रस माना जाता है।

रस और उनके स्थायी भाव:

- श्रृंगार रस- रति
- हास्य रस- हास
- करुण रस- शोक
- रौद्र रस- क्रोध
- वीर रस- उत्साह
- भयानक रस- भय
- वीभत्स रस- घृणा, जुगुप्सा
- अद्भुत रस- आश्चर्य
- शांत रस- निर्वेद

अतः विकल्प (C) सही है।

7. दिए गए विकल्पों में अलरा, निष्पक्ष 'तटस्थ' शब्द के पर्यायवाची हैं।

- तटस्थ के अन्य पर्यायवाची शब्द हैं - उदासीन, निरपेक्ष। इन शब्दों में अर्थ की समानता होते हुए भी इनके प्रयोग एक तरह के नहीं हैं।
- ये शब्द अपने में इतने पूर्ण हैं कि एक ही शब्द का प्रयोग सभी स्थितियों में और सभी स्थलों पर अच्छा नहीं लगता- कहीं कोई शब्द ठीक है और कोई कहीं।
- प्रत्येक शब्द की महत्ता विषय और स्थान के अनुसार होती है।

अतः विकल्प (B) सही है।

8. 'तपन' का विलोम 'ठंडक' है।

तपन का अर्थ - गर्मी

ठंडक का अर्थ - सर्दी

उपर्युक्त विकल्पों में से विकल्प (A) 'ठंडक' इसका सही उत्तर है।

अतः विकल्प (A) सही है।

9. दिए गए विकल्पों में पैत्रिक शब्द की वर्तनी अशुद्ध है। शुद्ध वर्तनी पैतृक है।

'पैतृक' का अर्थ 'पिता संबंधी' है।

अतः विकल्प (A) सही है।

10. 'मोहन चाकू से फल काटता है।' वाक्य में करण कारक है।

संज्ञा या सर्वनाम का वह रूप जिससे उसका संबंध क्रिया के साथ जाना जाता है, उसे कारक कहते हैं। अथवा जो शब्द क्रिया के साथ संबंध प्रकट करते हैं,उन्हें कारक कहते हैं। अर्थात् जो शब्द क्रिया संपादन करने में उपयोगी सिद्ध होते हैं कारक कहलाते हैं

कारक शाब्दिक अर्थ-क्रिया का निष्पादक/क्रिया का जनक

अतः विकल्प (A) सही है।

11. दोहा 11 मात्राओं पर यति एवं चार चरण युक्त छंद है।

दोहा अर्द्धसम मात्रिक छंद है। यह दो पंक्ति का होता है इसमें चार चरण माने जाते हैं | इसके विषम चरणों (प्रथम तथा तृतीय) में 13-13 मात्राएँ और सम चरणों (द्वितीय तथा चतुर्थ) में 11-11 मात्राएँ होती हैं। विषम चरणों के आदि में प्राय: जगण है, लेकिन इस की आवश्यकता नहीं है। 'बड़ा हुआ तो' पंक्ति का आरम्भ जगण से ही होता है। सम चरणों के अंत में एक गुरु और एक लघु मात्रा का होना आवश्यक होता है अर्थात् अन्त में लघु होता है।

दोहा:

बड़ा हुआ तो क्या हुआ, जैसे पेड़ खजूर।

पंथी को छाया नहीं, फल लागैं अति दूर॥

मुरली वाले मोहना, मुरली नेक बजाय।

तेरी मुरली मन हरे, घर अँगना न सुहाय॥

अतः विकल्प (D) सही है।

12. किसी विषय विचार अथवा विभाग को सुस्पष्ट करने के लिए अल्पविराम चिन्ह का प्रयोग किया जाता है।

भाषा के लिखित रूप में विशेष स्थानों पर रुकने का संकेत करने वाले चिन्हों को अल्पविराम चिन्ह कहते हैं। यदि विराम-चिन्ह का प्रयोग न किया जाए तो अर्थ का अनर्थ हो जाता है। जैसे-

- रोको मत जाने दो।
- रोको, मत जाने दो।
- रोको मत, जाने दो।

उपर्युक्त उदाहरणों में पहले वाक्य में अर्थ स्पष्ट नहीं होता, जबकि दूसरे और तीसरे वाक्य में अर्थ तो स्पष्ट हो जाता है लेकिन एक दूसरे का उल्टा अर्थ मिलता है जबकि तीनो वाक्यों में वही शब्द है। दूसरे वाक्य में 'रोको' के बाद अल्पविराम लगाने से रोकने के लिए कहा गया है जबकि तीसरे वाक्य में 'रोको मत' के बाद अल्पविराम लगाने से किसी को न रोक कर जाने के लिए कहा गया है।

अतः विकल्प (B) सही है।

13. गुलाब फुलों में श्रेष्ठ है। वाक्य में जातिवाचक संज्ञा है।

जो शब्द किसी व्यक्ति, वस्तु या स्थान की संपूर्ण जाति का बोध कराते हैं, उन शब्दों को जातिवाचक संज्ञा कहते हैं। यानी, जातिवाचक संज्ञा शब्दों से एक जाति के अंतर्गत आने वाले सभी व्यक्तियों, वस्तुओं व स्थानों का बोध होता है।

अतः विकल्प (A) सही है।

14. 'मिलान' उपसर्ग रहित शब्द है। मिलान' में प्रत्यय का प्रयोग हुआ है जिसका विच्छेद 'मिल +आन' है जहाँ 'मिल' एक धातु है तथा 'आन' एक प्रत्यय।

अतः विकल्प (D) सही है।

15. प्रत्यय के दो प्रकार होते हैं– कृत् प्रत्यय और तद्धित प्रत्यय।

प्रत्यय उस शब्दांश को कहते हैं, जो किसी शब्द के अंत में आकर उस शब्द के विभिन्न अर्थ में प्रकट करते हैं। प्रत्यय शब्द के अंत में आता है, जैसे 'भला' शब्द के अंत में आई प्रत्यय लगाकर 'भलाई' शब्द बनता है।

कृत् प्रत्यय - क्रिया की मूल धातु के अंत में लगने वाले प्रत्ययों को कृत्-प्रत्यय कहते हैं। ऐसे शब्दों को कृदंत कहते हैं। यह प्रत्यय क्रिया अर्थात् धातु का नया अर्थ देता है। कृत प्रत्यय के योग से संज्ञा विशेषण बनते हैं। हिंदी में क्रिया के अंत में से 'ना' हटा देने से जो अंश बच जाता है, वही धातु है। जैसे-कहना-कह, चलना-चल।

तद्धित प्रत्यय - संज्ञा सर्वनाम और विशेषण के अन्त में लगने वाले प्रत्यय को 'तद्धित' कहा जाता है और उनके मेल से बने शब्द को 'तद्धितान्त' कहा जाता है। दूसरे शब्दों में – धातुओं को छोड़कर अन्य शब्दों में लगने वाले प्रत्ययों को तद्धित कहते हैं। जब संज्ञा, सर्वनाम, विशेषण के अंत में प्रत्यय लगते हैं, उन शब्दों को तद्धित प्रत्यय कहते हैं।

अतः विकल्प (D) सही है।

16. स्वर संधि के मुख्यतः पांच भेद होते हैं:

1. दीर्घ संधि

2. गुण संधि

3. वृद्धि संधि

4. यण संधि

5. अयादी संधि

अतः विकल्प (B) सही है।

17. वह किताब पढ़ो। वाक्य में संकेतवाचक विशेषण है।

संकेतवाचक विशेषण: मैं, तू, वह के जब किसी संज्ञा के पहले आते हैं, तब वे 'संकेतवाचक' या 'सार्वनामिक विशेषण' कहलाते हैं। सरल शब्दों में वे सर्वनाम जो संज्ञा से पूर्व प्रयुक्त होकर उसकी ओर संकेत करते हुए विशेषण के रूप में प्रयुक्त होते हैं, 'संकेतवाचक विशेषण' कहलाते हैं।

अतः विकल्प (C) सही है।

18. गृहिणी ने गरीबों को कपड़े दिए। वाक्य में सम्प्रदान कारक है।

सम्प्रदान का अर्थ 'देना' होता है। जब वाक्य में किसी को कुछ दिया जाए या किसी के लिए कुछ किया जाए तो वहां पर सम्प्रदान कारक होता है। सम्प्रदान कारक के विभक्ति चिन्ह 'के लिए' या 'को' हैं।

अतः विकल्प (C) सही है।

19. 'श्रीमती' शब्द का बहुवचन श्रीमतियाँ होगा।

बहुवचन - शब्द के जिस रूप से उसके एक से अधिक होने का बोध हो, वह बहुवचन कहलाते हैं। जैसे- स्त्रियाँ, घोड़े, नदियाँ, श्रीमतियाँ, रूपये आदि।

अतः विकल्प (D) सही है।

20. जो सर्वनाम शब्द प्रश्न के रूप में किसी संज्ञा शब्द के स्थान पर प्रयोग किये जाते हैं, उन्हें प्रश्नवाचक सर्वनाम कहा जाता है।

जो सर्वनाम शब्द सवाल पूछने के लिए प्रयुक्त होते है, उन्हें प्रश्नवाचक सर्वनाम कहते है। सरल शब्दों में- प्रश्न करने के लिए जिन सर्वनामों का प्रयोग होता है, उन्हें 'प्रश्नवाचक सर्वनाम' कहते हैं। जैसे- कौन, क्या, किसने आदि।

अतः विकल्प (B) सही है।

21. संघ लोक सेवा आयोग (UPSC) के अध्यक्ष के रूप में डॉ. मनोज सोनी को नियुक्त किया गया है। वह वर्तमान में यूपीएससी के सदस्य हैं। उन्होंने 2005 में MS विश्वविद्यालय के देश के सबसे कम उम्र के कुलपति के रूप में कार्य किया। उन्होंने अगस्त 2009 से जुलाई 2015 के बीच अहमदाबाद में डॉ. बाबासाहेब अम्बेडकर मुक्त विश्वविद्यालय के कुलपति के रूप में भी कार्य किया।

अतः विकल्प (B) सही है।

22. केंद्र सरकार ने स्वच्छता सर्वेक्षण 2021 की राज्य रैंकिंग जारी की, जिसमें बिहार 100 से अधिक नगर निकायों वाले राज्यों में 13वें स्थान पर है, जबकि गया जिल अखिल भारतीय की जिला रैंकिंग में देश भर के 659 जिलों में से 289वें स्थान है। वहीं सुपौल को 300वां, पटना को 313वां और मुजफ्फरपुर को 351वां स्थान मिला है।

अतः विकल्प (D) सही है।

23. मानव विकास सूचकांक - 2016 में भारत को 0.624 अंक प्राप्त हुए हैं।

मानव विकास सूचकांक 2016:

- 2016 के मानव विकास सूचकांक (HDI) में 188 देशों में भारत 131वें स्थान पर था।

- भारत ने 0.624 अंक प्राप्त किया और उसे मध्यम मानव विकास श्रेणी में रखा गया।

- संयुक्त राष्ट्र विकास कार्यक्रम (UNDP) द्वारा प्रकाशित मानव विकास रिपोर्ट (HDR) 2016 शीर्षक के तहत हाल ही में सूचकांक का अनावरण किया गया था।

अतः विकल्प (B) सही है।

24. लार्सन एंड टुब्रो (एलएंडटी) ने हरित हाइड्रोजन प्रौद्योगिकी के सह-शोध और विकास के लिए बॉम्बे, महाराष्ट्र में भारतीय प्रौद्योगिकी संस्थान के साथ एक समझौते पर हस्ताक्षर किए। इस साझेदारी के तहत, एलएंडटी अपनी इंजीनियरिंग विशेषज्ञता, उत्पाद स्केल-अप और व्यावसायीकरण की जानकारी का उपयोग करेगा, जबकि आईआईटी बॉम्बे स्वदेशी वैश्विक-प्रतिस्पर्धी प्रौद्योगिकियों को विकसित करने के लिए हाइड्रोजन प्रौद्योगिकियों और विश्व स्तरीय प्रौद्योगिकीविदों में अपने अत्याधुनिक अनुसंधान का उपयोग करेगा।

अतः विकल्प (A) सही है।

25. भारत के 21 वें मुख्य चुनाव आयुक्त अचल कुमार ज्योति है।

1975 बैच के भारतीय प्रशासनिक सेवा (आईएएस) अधिकारी और गुजरात के पूर्व मुख्य सचिव अचल कुमार ज्योति को 2017 में भारत के 21वें मुख्य चुनाव आयुक्त के रूप में चुना गया था। भारत के मुख्य चुनाव आयुक्त के रूप में कार्य करने के अलावा। अचल कुमार ज्योति ने भारत के मुख्य चुनाव आयुक्त के रूप में नियुक्ति से पहले भारत के चुनाव आयोग में चुनाव आयुक्तों में से एक के रूप में कार्य किया।

अतः विकल्प (A) सही है।

26. केंद्रीय स्वास्थ्य मंत्रालय ने 1 जून 2022 को 2 महीने लंबे 'हर घर दस्तक अभियान 2.0' की शुरुआत की।

इस अभियान का उद्देश्य सभी पात्र लाभार्थियों के बीच कोविड टीकाकरण का इष्टतम कवरेज प्राप्त करना और टीकाकरण की गति में तेजी लाना है।

अत: विकल्प (D) सही है।

27. तैर कर सात महत्वपूर्ण समुद्र पार करने वाले प्रथम भारतीय बुला चौधरी है।

बुला चौधरी, भारतीय तैराक, जो लंबी दूरी की तैराकी के करतबों के लिए जानी जाती हैं। 2005 में वह जिब्राल्टर के जलडमरूमध्य, टायरानियन सागर, कुक स्ट्रेट, ग्रीस में टोरोनोस गल्फ (कैसांद्रा की खाड़ी), कैलिफोर्निया तट से कैटालिना चैनल, और तीन सहित पांच महाद्वीपों के समुद्री चैनलों में तैरने वाली पहली महिला बनीं।

अतः विकल्प (C) सही है।

28. जापान का राष्ट्रीय खेल सूमो कुश्ती है।

सूमो कुश्ती जापान मूल का खेल है जिसमें दो भारी वजन वाले पहलवान खेल को जीतने के लिए प्रतिद्वंद्वी को घेरे से बाहर निकालने के लिए एक चिन्हित घेरे में लड़ते हैं। खेल में भाग लेने वाले दो प्रतिभागियों को सूमो कहा जाता है।

अतः विकल्प (B) सही है।

29. हम आकृति (2) के अनुसार डिजाइन प्राप्त करेंगे।

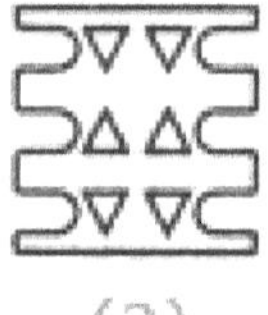

(2)

अतः विकल्प (B) सही है।

30. ओरेकल एक ऑपरेटिंग सिस्टम नहीं है।

ओरेकल एक आरडीबीएमएस (रिलेशनल डेटाबेस मैनेजमेंट सिस्टम) है। इसे ओरेकल डेटाबेस, ओरेकल डीबी, या ओरेकल केवल के रूप में जाना जाता है। एंटरप्राइज़ ग्रिड कंप्यूटिंग के लिए पहला डेटाबेस ओरेकल डेटाबेस है।

अतः विकल्प (A) सही है।

31. प्रायद्वीपीय भारत की सबसे लंबी नदी गोदावरी है।

- गोदावरी नदी भारत की सबसे लंबी नदियों में से एक है और इसकी कुल लंबाई लगभग 1,465 किमी है।

- गोदावरी की सहायक नदियाँ पूर्णा, वर्धा, प्राणहिता, मंजरा, वैनगंगा और पेनगंगा हैं।

- गोदावरी नदी पश्चिमी घाट श्रेणी में पश्चिमोत्तर महाराष्ट्र से निकलती है, जो अरब सागर से लगभग 80 किमी की दूरी पर है, और इसके अधिकांश प्रवाह प्रायद्वीपीय भारत में आमतौर पर पूर्व की ओर बहते हैं।

- महाराष्ट्र को पार करने के बाद यह उत्तरी तेलंगाना और फिर आंध्र प्रदेश में प्रवेश करती है।

- नदी फिर अपने तट से 320 किमी के लिए दक्षिण-पूर्व की ओर मुड़ जाती है, जो पूर्वी घाट पर्वतमाला और फिर बंगाल की खाड़ी तक पहुंचने से पहले आंध्र प्रदेश राज्य से होकर बहती है।

अतः विकल्प (D) सही है।

32. दामोदर नदी को 'नदी का शोक' के रूप में भी जाना जाता है।

दामोदर पश्चिम बंगाल तथा झारखंड में बहने वाली एक नदी है। इस नदी के जल से एक महत्वाकांक्षी पनबिजली परियोजना दामोदर घाटी परियोजना चलाई जाती है जिसका नियंत्रण डी वी सी करती है।

दामोदर नदी झारखण्ड के छोटा नागपुर क्षेत्र से निकलकर पश्चिमी बंगाल में पहुँचती है। हुगली नदी के समुद्र में गिरने के पूर्व यह उससे मिलती है। इसकी कुल लंबाई 592 किमी है। इस नदी के द्वारा 2,500 वर्ग मील क्षेत्र का जलनिकास है। पहले नदी में एकाएक बाढ़ आ जाती थी जिससे इसको 'बंगाल का अभिशाप' कहा जाता था। भारत के प्रमुख कोयला एवं अभ्रक क्षेत्र भी इसी घाटी में स्थित हैं। इस नदी पर बाँध बनाकर जलविद्युत उत्पन्न की जाती है। कोनार तथा बराकर इसकी सहायक नदियाँ हैं।

अतः विकल्प (A) सही है।

33. डिजिटल कैमकॉर्डर, माइक्रोफोन, स्कैनर कंप्यूटर के लिए डिजिटल इनपुट डिवाइस हैं।

डिजिटल कैमकॉर्डर: एक डिजिटल वीडियो कैमरा, डीवी कैमरा, वीडियो कैमकॉर्डर, या डिजिटल कैमकॉर्डर एक ऐसा उपकरण है जो डिजिटल 8, मिनीडीवी, डीवीडी, हार्ड ड्राइव या सॉलिड-स्टेट फ्लैश मेमोरी सहित प्रारूपों में वीडियो रिकॉर्ड करता है। कुछ डिजिटल कैमकॉर्डर में स्थिर चित्र लेने और अलग मीडिया पर संग्रहीत करने की क्षमता भी होती है, अक्सर उसी प्रकार की जैसे डिजिटल कैमरों में उपयोग की जाती है।

माइक्रोफोन: एक माइक्रोफोन एक उपकरण (एक ट्रांसड्यूसर) है जो ध्वनि को विद्युत संकेत में परिवर्तित करता है। माइक्रोफोन का उपयोग कई अनुप्रयोगों में किया जाता है जैसे कि टेलीफोन, श्रवण यंत्र, कॉन्सर्ट हॉल और सार्वजनिक कार्यक्रमों के लिए सार्वजनिक पता प्रणाली, चलचित्र उत्पादन, लाइव और रिकॉर्डेड ऑडियो इंजीनियरिंग, साउंड रिकॉर्डिंग, टू-वे रेडियो, मेगाफोन, रेडियो और टेलीविजन प्रसारण।

स्कैनर: स्कैनर एक ऐसा उपकरण है जो आमतौर पर कंप्यूटर से जुड़ा होता है। इसका मुख्य कार्य दस्तावेज़ को स्कैन करना या उसकी तस्वीर लेना, जानकारी को डिजिटाइज़ करना और उसे कंप्यूटर स्क्रीन पर प्रस्तुत करना है।

अतः विकल्प (D) सही है।

34. शून्यकाल संसदीय प्रक्रियाओं के क्षेत्र में एक भारतीय नवाचार है और 1962 के बाद से अस्तित्व में है।

- शून्य घंटे संसद के सदस्यों के लिए एक अनौपचारिक उपकरण है जो बिना किसी पूर्व सूचना के मामलों को उठाने के लिए उपलब्ध है और इसका उल्लेख प्रक्रिया के नियमों में नहीं किया गया है।

- यह प्रश्नकाल के तुरंत बाद शुरू होता है और तब तक रहता है जब तक दिन की कार्यसूची नहीं ली जाती।

- हम कह सकते हैं कि प्रश्नकाल और एजेंडे के बीच का समय अंतराल शून्य घंटे के रूप में जाना जाता है।
- संसदीय प्रक्रियाओं के क्षेत्र में, यह एक भारतीय नवाचार है।

अतः विकल्प (B) सही है।

35. राज्य नीति के निर्देशक सिद्धांत के तहत पंचायती राज की व्यवस्था की जाती है।

पंचायती राज प्रणाली को अनुच्छेद -40 द्वारा हमारे संविधान के राज्य नीति निर्देशक सिद्धांतों (DPSP) के तहत प्रस्तुत किया गया है। वर्ष 1993 में 73वें व 74वें संविधान संशोधन के माध्यम से भारत में त्रि-स्तरीय पंचायती राज व्यवस्था को संवैधानिक दर्जा प्राप्त हुआ। भारत में त्रि-स्तरीय पंचायती राज व्यवस्था में ग्राम पंचायत (ग्राम स्तर पर), पंचायत समिति (मध्यवर्ती स्तर पर) और ज़िला परिषद (ज़िला स्तर पर) शामिल हैं।

अतः विकल्प (C) सही है।

36. कोई भी कंप्यूटर तीन अलग-अलग मेमोरी का उपयोग करता है जिसे कैच मेमोरी, वर्चुअल मेमोरी मेन मेमोरी कहा जाता है।

मेन मेमोरी: प्राथमिक भंडारण डेटा को अक्सर एप्लिकेशन या अन्य हार्डवेयर सिस्टम और व्यावसायिक उपयोगकर्ताओं द्वारा एक्सेस किया जाता है। निर्देश मुख्य मेमोरी से प्राप्त होते हैं

कैच मेमोरी: यह एक छोटी मेमोरी होती है, जो मुख्य मेमोरी से तेज होती है। मेमोरी कैचिंग प्रभावी है क्योंकि अधिकांश प्रोग्राम एक ही डेटा या निर्देशों को बार-बार एक्सेस करते हैं।

वर्चुअल मेमोरी: यह एक हार्ड डिस्क का एक भाग है जिसे कंप्यूटर की रैम के रूप में प्रदर्शन करने के लिए सेट किया जाता है। यह कंप्यूटर को सिस्टम पर भौतिक रूप से स्थापित मात्रा से अधिक मेमोरी को संबोधित करने की अनुमति देता है।

सही क्रम है: कैच मेमोरी, मेन मेमोरी, वर्चुअल मेमोरी

अतः विकल्प (A) सही है।

37. सरदार वल्लभभाई पटेलियों को 'इंडियन बिस्मार्क' के नाम से जाना जाता है।

सरदार वल्लभभाई पटेल को एक विभाजित भारत के खंडित हिस्सों अर्थात रियासतों और ब्रिटिश भारत को एक राष्ट्र में समेकित करने और भारत के विभाजनीकरण को रोकने के उनके प्रयासों के कारण 'इंडियन बिस्मार्क' के रूप में जाना जाता है। सरदार को भारत के लौह पुरुष के रूप में भी जाना जाता था। हाल ही में गुजरात राज्य में उनके स्मारक के रूप में 182 मीटर ऊंची एक मूर्ति बनाई गई है।

अतः विकल्प (C) सही है।

38. विश्व बौद्धिक संपदा संगठन (डब्ल्यूआईपीओ) का मुख्यालय स्विट्ज़रलैंड में स्थित है:

डब्ल्यूआईपीओ की स्थापना 1967 में डब्ल्यूआईपीओ कन्वेंशन द्वारा अपने सदस्य राज्यों के एक जनादेश के साथ राज्यों के बीच और अन्य अंतरराष्ट्रीय संगठनों के सहयोग से दुनिया भर में। IP के संरक्षण को बढ़ावा देने के लिए की गई थी। इसका मुख्यालय जिनेवा और स्विटजरलैंड में है। महानिदेशक फ्रांसिस गुर्री हैं।

भारत विश्व बौद्धिक संपदा संगठन का सदस्य है जो बौद्धिक संपदा के क्षेत्र में संयुक्त राष्ट्र की एक विशेष एजेंसी है। डब्ल्यूआईपीओ से संबंधित नोडल गतिविधियों को 2005 में उच्च शिक्षा विभाग से इस विभाग में स्थानांतरित कर दिया गया था।

अतः विकल्प (B) सही है।

39. हाल ही में ओडिशा और छत्तीसगढ़ में 'नुआखाई जुआरी' कृषि उत्सव मनाया गया है।

'नुआखाई जुआरी' कृषि त्योहार है और ओडिशा, छत्तीसगढ़ में मनाए जाने वाले सबसे प्राचीन त्योहारों में से एक है। यह पड़ोसी राज्यों के क्षेत्रों में भी मनाया जाता है। यह त्योहार मौसम की नई फसल के स्वागत के लिए मनाया जाता है।

'नुआ' का अर्थ है नया और 'खाई' का अर्थ है खाना। त्योहार के दौरान, लोग भोजन की पूजा करते हैं और किसान अपनी भूमि से अपनी पहली कृषि उपज देवी समलेश्वरी को अर्पित करते हैं।

अतः विकल्प (A) सही है।

40. प्रधानमंत्री फसल बीमा योजना (पीएमएफबीवाई):

- यह एक केंद्र प्रायोजित योजना है।
- किसानों या सभी खरीफ फसलों के लिए केवल 2% का एक समान प्रीमियम और सभी रबी फसलों के लिए 1.5%।
- पीएमएफबीवाई के तहत केंद्रीय सब्सिडी असिंचित क्षेत्रों/फसलों के लिए 30% और सिंचित क्षेत्रों/फसलों के लिए 25% तक सीमित है।
- यह अधिसूचित क्षेत्रों में अधिसूचित फसलों के लिए फसल ऋण लेने वाले ऋणी किसानों के लिए अनिवार्य था। हालाँकि, अब इसे सभी किसानों के लिए स्वैच्छिक कर दिया गया है।
- प्रधानमंत्री फसल बीमा योजना (PMFBY) का उद्देश्य किसानों की आय को स्थिर करना है।

अतः विकल्प (C) सही है।

41. LIC प्रधानमंत्री किसान मान धन-योजना के लिए पेंशन फंड मैनेजर संगठन है।

प्रधानमंत्री किसान मान-धन योजना:

- LIC प्रधान मंत्री किसान मान-धन योजना के लिए पेंशन फंड मैनेजर है।
- यह एक केंद्रीय क्षेत्र योजना है।
- इसका लक्ष्य लगभग 3 करोड़ लघु और सीमांत वृद्ध किसानों को एक सामाजिक सुरक्षा जाल प्रदान करना है।
- यह एक स्वैच्छिक और योगदान आधारित पेंशन योजना है।
- 18 से 40 वर्ष का प्रवेश आयु वर्ग और 3000 रुपये की न्यूनतम मासिक पेंशन प्रदान की जाएगी, जब वह 60 वर्ष की आयु के होंगे।
- किसान द्वारा मासिक योगदान पेंशन फंड 55 से 200 रुपये के बीच है।

अतः विकल्प (A) सही है।

42. फीफो ब्लॉक रिप्लेसमेंट एल्गोरिथम आमतौर पर कैच ऑपरेशन में उपयोग नहीं किया जाता है।

FIFO: FIFO में जो आइटम पहले कैच में प्रवेश करता है, उसे पहले इस बात की परवाह किए बिना निकाल दिया जाता है कि इसे कितनी बार या कितनी बार पहले एक्सेस किया गया था।

इनमें से FIFO का उपयोग आमतौर पर कैश रिप्लेसमेंट एल्गोरिदम में नहीं किया जाता है क्योंकि यह कैच को प्रविष्टियों के क्रम के आधार पर साफ़ करता है लेकिन महत्वहीन या कम से कम उपयोगी कैच पर नहीं करता है।

अतः विकल्प (A) सही है।

43. विशेष प्रोग्राम जो कंप्यूटर से वायरस का पता लगा सकता है और हटा सकता है, एंटीवायरस कहलाता है।

एंटीवायरस सॉफ्टवेयर, जिसे एंटी-मैलवेयर के रूप में भी जाना जाता है, एक कंप्यूटर प्रोग्राम है जिसका उपयोग मैलवेयर को रोकने, पता लगाने और हटाने के लिए किया जाता है।

एंटीवायरस सॉफ़्टवेयर मूल रूप से कंप्यूटर वायरस का पता लगाने और उन्हें हटाने के लिए विकसित किया गया था। हालांकि, अन्य प्रकार के मैलवेयर के प्रसार के साथ, एंटीवायरस सॉफ़्टवेयर ने अन्य कंप्यूटर खतरों से सुरक्षा प्रदान करना शुरू कर दिया। विशेष रूप से, आधुनिक एंटीवायरस सॉफ़्टवेयर उपयोगकर्ताओं को मिसलेनियस ब्राउज़र हेल्पर ऑब्जेक्ट (बीएचओ), ब्राउज़र हैकिंग, रैंसमवेयर, कीलॉगर्स, बैकडोर, रूटकिट, ट्रोजन हॉर्स, वर्म्स, दुर्भावनापूर्ण एलएसपी, डायलर, फ्रॉडटूल, एडवेयर और स्पाइवेयर से बचा सकता है।

अतः विकल्प (C) सही है।

44. गूगल ने एक नई फ़ाइल-शेयर सुविधा 'नियरबी शेयर' लॉन्च की।

सुविधा का उपयोग करके, उपयोगकर्ता फ़ाइल को अन्य लोगों के साथ नज़दीकी सीमा में शेयर कर सकते हैं। प्रेषक का फ़ोन कम ऊर्जा वाला ब्लूटूथ सिग्नल उत्सर्जित करता है, जिसे प्राप्तकर्ता का फ़ोन प्राप्त करेगा। यह फाइल ट्रांसफर करने के लिए वाई-फाई का भी इस्तेमाल कर सकता है। यह ऑनलाइन और ऑफलाइन दोनों मोड में एक विश्वसनीय और तेज़ कनेक्शन बनाता है।

अतः विकल्प (B) सही है।

45. आईआईटी बॉम्बे ने शिव नादर विश्वविद्यालय के सहयोग से लिथियम सल्फर बैटरियों के उत्पादन के लिए एक नई तकनीक विकसित की है।

Li-S बैटरी पारंपरिक लिथियम-आयन बैटरी की तुलना में तीन गुना अधिक ऊर्जा कुशल और लागत प्रभावी होगी। Li-S बैटरियों का उत्पादन पेट्रोलियम उद्योग और कृषि-अपशिष्ट के साथ-साथ सह-पॉलीमर के उत्पादों का उपयोग करता है, और इस प्रकार पर्यावरण पर सकारात्मक प्रभाव पड़ता है।

अतः विकल्प (C) सही है।

46. बी सी रॉय पुरस्कार दवा के क्षेत्र में दिया जाता है।

बिधान चंद्र रॉय पुरस्कार 1962 में भारतीय चिकित्सा परिषद द्वारा डॉ. बी.सी. रॉय की स्मृति में स्थापित किया गया था। यह भारत के राष्ट्रपति द्वारा हर साल 1 जुलाई, राष्ट्रीय चिकित्सक दिवस पर नई दिल्ली में प्रस्तुत किया जाता है। यह सर्वोच्च सम्मान भी है जो भारत में एक डॉक्टर द्वारा प्राप्त किया जा सकता है।

अतः विकल्प (D) सही है।

47. प्रसिद्ध पुस्तक 'वी द पीपल' नानी पालकीवाला ने लिखी है।

नानाभॉय पालकीवाला को "नानी पालकीवाला" के नाम से भी जाना जाता है। वे एक भारतीय विधिवेत्ता और अर्थशास्त्री थे। उनकी कुछ प्रसिद्ध रचनाएँ हैं - "अवर कोनसीट्यूशन डिफेन्स एंड फिल्ड", "ड लॉ एंड प्रैक्टिस ऑफ इनकम टैक्स इन 2 वॉल्यूम्स", "वी द पीपल: इंडिया, द लार्जेस्ट डेमोक्रेसी"।

अतः विकल्प (A) सही है।

48. राजेन्द्र प्रसाद 10 अप्रैल, 1917 को आयोजित चंपारण सत्याग्रह में गांधीजी के साथ शामिल हुए थे।

गांधी 10 अप्रैल 1917 को प्रसिद्ध वकील ब्रजकिशोर प्रसाद, राजेंद्र प्रसाद, अनुग्रह नारायण सिन्हा और आचार्य कृपलानी सहित एक टीम के साथ चंपारण पहुंचे। 1917 का चंपारण सत्याग्रह भारत में गांधी के नेतृत्व में पहला सत्याग्रह आंदोलन था और इसे भारतीय स्वतंत्रता संग्राम में ऐतिहासिक रूप से महत्वपूर्ण विद्रोह माना जाता है। यह ब्रिटिश औपनिवेशिक काल के दौरान भारत के बिहार के चंपारण जिले में हुआ एक किसान विद्रोह था। किसान बमुश्किल इसके लिए कोई भुगतान किए बिना नील उगाने का विरोध कर रहे थे।

अतः विकल्प (C) सही है।

49. बैक्टीरिया प्रोटोजोआ की खोज लीउवेन होक ने की थी।

लीउवेन होक डच विज्ञान और प्रौद्योगिकी के स्वर्ण युग में एक डच व्यवसायी और वैज्ञानिक थे। उन्हें "सूक्ष्म जीव विज्ञान के पिता" के रूप में जाना जाता है, और पहले सूक्ष्मदर्शी और सूक्ष्म जीवविज्ञानी में से एक है। लीउवेन होक

माइक्रोस्कोपी में अपने अग्रणी काम के लिए और एक वैज्ञानिक अनुशासन के रूप में सूक्ष्म जीव विज्ञान की स्थापना में उनके योगदान के लिए जाने जाते हैं। अपने स्वयं के डिजाइन के एकल-लेंस वाले सूक्ष्मदर्शी का उपयोग करते हुए लीउवेन होक ने सबसे पहले रोगाणुओं का निरीक्षण किया और प्रयोग किया, जिसे उन्होंने मूल रूप से डायरकेन्स, डायर्टजेन्स या डायर्टजेस के रूप में संदर्भित किया। वह मांसपेशियों के तंतुओं, बैक्टीरिया, शुक्राणुजोज़ा, लाल रक्त कोशिकाओं, गाउटी टोफी में क्रिस्टल के सूक्ष्म अवलोकनों का दस्तावेजीकरण करने वाले और केशिकाओं में रक्त के प्रवाह को देखने वाले पहले व्यक्ति थे।

अतः विकल्प (A) सही है।

50. दिया गया है:

SIKKIM को THLJJL लिखा जाता है।

दिए गए शब्द में, शब्द एकान्तर रूप से एक से बढ़ रहा है और घट रहा है,

$$S + 1 = T$$
$$I - 1 = H$$
$$K + 1 = L$$
$$K - 1 = J$$
$$I + 1 = J$$
$$M - 1 = L$$

इसलिए,

$$T + 1 = U$$
$$R - 1 = Q$$
$$A + 1 = B$$
$$I - 1 = H$$
$$N + 1 = O$$
$$I - 1 = H$$
$$N + 1 = O$$
$$G - 1 = F$$

तो, TRAINING, UQBHOHOF होगा।

अतः विकल्प (D) सही है।

51. अकबर ने फारसी भाषा को मुगल दरबार की अग्रणी भाषा बनाया था।

अकबर (1556-1605):

- यह उनकी अवधि के दौरान, फारस मुगल दरबार की अग्रणी भाषा बन गई।
- बादशाह अकबर ने "इल्लाहबास" के नाम से शहर की स्थापना की जो बाद में "इलाहाबाद" बन गया।
- उन्होंने नए धर्म को दीन इलाही के रूप में पेश किया।
- उन्होंने मनसबदारी प्रणाली की शुरुआत की।
- पानीपत की दूसरी लड़ाई में अकबर ने हेमू को पराजित किया।
- उसने फतेहपुर सीकरी में इबादत खाना बनाया।
- उन्होंने सुलह-ए-कुल की नीति का पालन किया।

अतः विकल्प (B) सही है।

52. फ्लोट का अर्थ है पानी के ऊपर और सिंक का अर्थ है पानी के नीचे। इसी तरह नाव पानी पर तैरती है और पनडुब्बी पानी के नीचे चलती है।

अतः विकल्प (D) सही है।

53. बाबर भारत का पहला मुगल शासक था।

- बाबर क्रमशः अपने पिता और माता के माध्यम से तैमूर और चंगेज खान का वंशज था।
- फ़रगना के गवर्नर उमर शेख मिर्ज़ा बाबर के पिता थे।
- 1526 में पानीपत की पहली लड़ाई में बाबर ने इब्राहिम लोदी को हराया।
- राणा साँगा को 1527 में खानवा के युद्ध में बाबर ने हराया था।
- 1529 में घाघरा की लड़ाई में बाबर ने महमूद लोदी और सुल्तान नुसरत शाह को हराया।
- बाबर को पहले आगरा में दफनाया गया था, लेकिन बाद में उसके अवशेषों को काबुल ले जाया गया।
- बाबर ने चौघताई तुर्किक में बाबरनामा लिखा।
- हुमायूँ बादशाह बाबर का उत्तराधिकारी बना।
- चौसा के युद्ध में शेर शाह सूरी द्वारा हुमायूँ को हराया गया था।
- अपनी हार के बाद हुमायूँ लगभग 15 वर्षों तक भटकता रहा।
- अकबर हुमायूँ का पुत्र था।

अतः विकल्प (B) सही है।

54. 1539 में चौसा की लड़ाई में हुमायूँ को शेरशाह ने हराया था।

- चौसा का युद्ध मुगल सम्राट, हुमायूँ और अफगान शेरशाह सूरी के बीच एक उल्लेखनीय सैन्य लड़ाई थी।
- यह 26 जून 1539 को चौसा में लड़ा गया था।
- शेरशाह विजयी हुआ था और उसने खुद को फरीद अल-दीन शेर शाह का ताज पहनाया।

अतः विकल्प (A) सही है।

55. I से हमें मिलता है: मुकुल > विपुल, विपुल > सिद्धार्थ, विपुल > निकुंज...(i)

II से, हमारे पास है: मुकुल सबसे बड़ा है ...(ii)

III से, हमारे पास है: सिद्धार्थ > निकुंज...(iii)

(i) और (iii) को मिलाने पर, हम प्राप्त करते हैं:

मुकुल> विपुल, विपुल> सिद्धार्थ> निकुंज या मुकुल> विपुल> सिद्धार्थ> निकुंज।

स्पष्ट रूप से, निकुंज सबसे छोटा है।

अतः सही विकल्प (D) है।

56. हमें चित्र (3) के अनुसार आकृति मिलेगी।

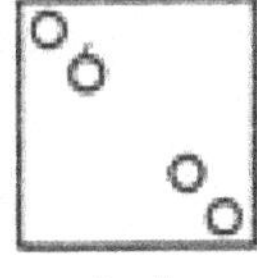

(3)

अतः विकल्प (C) सही है।

57. भूदान आंदोलन की शुरुआत महात्मा गांधी के शिष्य विनोबा भावे ने अप्रैल 1951 में की थी।

- इसकी शुरुआत तेलंगाना के पोचमपाली से हुई थी।
- इसे रक्तहीन क्रांति के रूप में भी जाना जाता है जो भारत में एक स्वैच्छिक भूमि सुधार आंदोलन था।
- उन्होंने पदयात्रा की और अमीर किसानों को अपनी जमीन का 1/6 हिस्सा देने के लिए कहा ताकि 50 मिलियन एकड़ जमीन एकत्र की जा सके, लेकिन उनके सर्वोत्तम प्रयासों के बावजूद, वे केवल 8.7 लाख एकड़ जमीन ही एकत्र कर सके, जिसे उन्होंने गरीबों और भूमिहीनों में बांट दिया।

अतः विकल्प (D) सही है।

58. गीज़ा का महान पिरामिड मिस्र में स्थित है।

इसी तरह,

माचू पिच्चू पेरू में स्थित है।

तो, सही उत्तर माचू पिच्चू है।

अतः विकल्प (B) सही है।

59.

TA2P8

आईने की छवि में वस्तु का दाहिना भाग बाईं ओर हो जाता है। वस्तु का बायाँ भाग दाहिना भाग बन जाता है। वस्तु के ऊपर और नीचे के भाग अपरिवर्तित रहते हैं।

अतः विकल्प (A) सही है।

60. दिए गए प्रश्न का उत्तर देने के लिए तीनों कथनों की आवश्यकता है।

I से, क्रम है : E, B, C या C, B, E

II से, क्रम है : E, B

III से, क्रम है : A, D, E

उपरोक्त तीनों को मिलाकर, हमें क्रम इस प्रकार मिलता है: A, D, E, B, C

स्पष्ट रूप से, E बीच में बैठा है।

अतः विकल्प (D) सही है।

61. हाल ही में बिहार में "लैपिस फ्लेम" नाम के एथेनॉल कुकिंग स्टोव का ट्रायल किया गया। यह परीक्षण बिहार की इथेनॉल नीति और राज्य में इथेनॉल उत्पादन कारखानों की स्थापना की पृष्ठभूमि में आयोजित किया गया था।

अतः विकल्प (A) सही है।

62. यू॰ एस॰ ओपन टेनिस टूर्नामेंट, 2018 (महिला एकल) की विजेता नाओमी ओसाका थी।

- नाओमी ओसाका ने नाटकीय अमेरिकी ओपन फाइनल में सेरेना विलियम्स को हराया।
- वह ग्रैंड स्लैम खिताब जीतने वाली पहली जापानी महिला बनीं।
- उन्होंने फाइनल में सेरेना विलियम्स पर 6-2, 6-4 की जीत दर्ज की।

अतः विकल्प (C) सही है।

63. 11 मई, 2018 को, प्रधानमंत्री नरेंद्र मोदी और नेपाली प्रधानमंत्री केपी शर्मा ओली ने संयुक्त रूप से रामायण सर्किट के हिस्से के रूप में दो पवित्र शहरों जनकपुर और अयोध्या के बीच एक सीधी बस सेवा को हरी झंडी दिखाई।

बस सेवा धार्मिक पर्यटन को बढ़ावा देना चाहती है और दोनों देशों के बीच लोगों के बीच संपर्क के लिए एक मज़बूत आधार बनाया है। पौराणिक कथा

'रामायण' के अनुसार, अयोध्या भगवान राम की जन्मभूमि है, जबकि, जनकपुर देवी सीता की जन्मभूमि है।

अतः विकल्प (A) सही है।

64. "कुमाऊं का इतिहास" पुस्तक के लेखक पंडित बद्री दत्त पांडे हैं।

पंडित बद्री दत्त पांडे (15 फरवरी 1882 - 13 जनवरी 1965) एक भारतीय इतिहासकार, स्वतंत्रता सेनानी, समाज सुधारक और बाद में स्वतंत्र भारत में अल्मोड़ा से संसद सदस्य थे। कुमाऊं के इतिहास पर हिंदी में उनकी पुस्तक कुमाऊं पर एक संग्रह और एक ग्रंथ है, और इसका शीर्षक "कुमाऊं का इतिहास" है।

अतः विकल्प (B) सही है।

65. जिम कॉर्बेट नेशनल पार्क का मूल नाम हैली नेशनल पार्क था।

जिम कॉर्बेट नेशनल पार्क भारत का सबसे पुराना राष्ट्रीय उद्यान है और 1936 में लुप्तप्राय बंगाल टाइगर की रक्षा के लिए हैली नेशनल पार्क के रूप में स्थापित किया गया था। यह नैनीताल जिले और उत्तराखंड के पौड़ी गढ़वाल जिले में स्थित है और इसका नाम शिकारी और प्रकृतिवादी जिम कॉर्बेट के नाम पर रखा गया था।

अतः विकल्प (B) सही है।

66. नेहरू पर्वतारोहण संस्थान 14 नवंबर, 1965 को उत्तराखण्ड के उत्तरकाशी में स्थापित किया गया था।

नेहरू पर्वतारोहण संस्थान का नामकरण पंडित जवाहर लाल नेहरू (भारत के प्रथम प्रधानमंत्री), जो पहाड़ों के शौकीन थे, के नाम पर किया गया। यह भारत के प्रमुख पर्वतारोहण संस्थानों में से एक है,जिसने एशिया भर में अपनी पहचान बनाई है।

अतः विकल्प (C) सही है।

67. भारत में पर्वतारोहण को एक संगठित खेल के रूप में प्रोत्साहित करने के लिए 4 नवंबर 1954 को दार्जिलिंग, भारत में हिमालय पर्वतारोहण संस्थान की स्थापना की गई थी।

भारतीय पर्वतारोहण के अग्रदूत नरेंद्र धर जयल संस्थान के संस्थापक प्राचार्य थे। तेनजिंग नोर्गे, हिमालयन माउंटेनियरिंग इंस्टिट्यूट (एचएमआई) के लिए फील्ड ट्रेनिंग के पहले निदेशक थे।

अतः विकल्प (D) सही है।

68. उत्तराखण्ड के औली में शीतकालीन हिमक्रीड़ा स्थल एवं रज्जुमार्ग (औली परियोजना) का शुभारंभ जुलाई, 1983 में किया गया था।

औली महोत्सव उन त्योहारों में से एक है जो राज्य पर्यटन मंत्रालय द्वारा पर्यटकों को आकर्षित करने और उत्तराखंड को सर्दियों में भी एक पसंदीदा पर्यटन स्थल के रूप में लाने के लिए आयोजित किया जाता है। हर साल यह दिसंबर के अंत से मार्च के अंत तक हजारों उत्साही लोगों को आकर्षित करता है। समुद्र तल से 2896-3200 मीटर की ऊंचाई पर स्थित स्कीइंग के लिए 5-7 किमी क्षेत्र है।

अतः विकल्प (C) सही है।

69. रूपकुंड झील को "रहस्यमय झील" या "कंकाल झील" के नाम से भी जाना जाता है।

रूपकुंड झील उत्तराखंड राज्य में भारत के सबसे ऊंचे पहाड़ों में से एक, त्रिशूल पर एक खड़ी ढलान के नीचे समुद्र तल से 5,029 मीटर (16,500 फीट) की ऊंचाई पर स्थित है। मौसम और मौसम के आधार पर, झील, जो वर्ष के अधिकांश समय जमी रहती है, फैलती और सिकुड़ती है। केवल जब बर्फ पिघलती है तो कंकाल दिखाई देते हैं, कभी-कभी मांस से जुड़े होते हैं और अच्छी तरह से संरक्षित होते हैं। आज तक, यहां अनुमानित 600-800 लोगों के कंकाल अवशेष पाए गए हैं। पर्यटन प्रचार में, स्थानीय सरकार इसे "रहस्यमय झील" के रूप में वर्णित करती है।

अतः विकल्प (B) सही है।

70. फूल देई उत्तराखंड राज्य में मनाया जाने वाला फसल उत्सव है।

सांस्कृतिक उत्सव वसंत ऋतु की शुरुआत को चिह्नित करने के लिए मनाया जाता है। यह आमतौर पर हिंदू कैलेंडर में चैत्र (मार्च-अप्रैल) के महीने में मनाया जाता है। राज्य के लोग उत्सव के एक भाग के रूप में अपने घरों को फूलों से सजाते हैं। बच्चे घरों की चौखट पर फूल बरसाकर समृद्धि की कामना करते हैं।

अतः विकल्प (A) सही है।

71. उत्तराखण्ड के कुमाऊं, अल्मोड़ा में 'नन्दादेवी का मेला' सबसे पहले प्रारम्भ हुआ था।

कुमाऊँ में अल्मोड़ा, रणचूला, डंगोली, बदियाकोट, सोराग, कर्मी, पोथिंग, कपकोट तहसील, चिल्ठा, सरमूल आदि में नन्दा के मंदिर हैं। अनेक स्थानों पर नन्दा के सम्मान में मेलों के रूप में समारोह आयोजित होते हैं। नन्दाष्टमी को कोट की माई का मेला, माँ नन्दा भगवती मन्दिर पोथिंग (कपकोट) में नन्दा देवी मेला (जिसे पोथिंग का मेला के नाम से भी जानते हैं)।

अतः विकल्प (B) सही है।

72. भूपेंद्र कुमार सिंह संजय ने चिकित्सा में पुरस्कार जीता, वह ऑर्थोपेडिक सर्जन हैं।

चिकित्सा क्षेत्र में उल्लेखनीय सेवाओं के लिए उत्तराखंड के डॉ. भूपेंद्र कुमार सिंह संजय को देश के प्रतिष्ठित नागरिक पुरस्कार "पद्मश्री" से सम्मानित किया गया है। इनका नाम लिम्का और गिनीज बुक ऑफ वर्ल्ड रिकॉर्ड में भी दर्ज है।

अतः विकल्प (B) सही है।

73. उत्तराखंड का राजकीय पक्षी हिमालयी मोनाल है।

हिमालयी मोनाल तीतर परिवार, फासियानिडे में एक पक्षी है। इसकी मूल सीमा पूरे हिमालय में फैली हुई है। यह ऊपरी समशीतोष्ण ओक-शंकुधारी जंगलों में रहता है, जो 2,400मी.-4,500मी. के बीच खुली घास की ढलानों, चट्टानों और अल्पाइन घास के मैदानों से घिरा हुआ है, जहां यह 2,700मी.-3,700मी. के बीच सबसे आम है। यह सर्दियों में 2,000 मीटर तक उतर जाता है। कुछ क्षेत्रों में, अवैध शिकार और अन्य मानवजनित कारकों के कारण प्रजातियों को खतरा है।

अतः विकल्प (A) सही है।

74. उत्तराखंड का राजकीय फूल ब्रह्म कमल है।

ब्रह्म कमल एस्टेरसिया परिवार में फूल पौधे की एक प्रजाति है। यह हिमालय का मूल निवासी है, जो लगभग 4,500 मीटर की ऊंचाई पर पाया जाता है। 3,000–4,800 मीटर की ऊंचाई पर पहाड़ी की चट्टानों और घासों के बीच मध्य-मानसून (जुलाई-अगस्त) में फूल खिलते हैं। हिंदू महाकाव्यों में, इस फूल का श्रेय सृष्टि के देवता ब्रह्मा को दिया जाता है, इसलिए इसका नाम ब्रह्म कमल (ब्रह्मा का कमल) रखा गया। यह उत्तराखंड का राजकीय फूल है।

अतः विकल्प (A) सही है।

75. वर्तमान में पुष्कर सिंह धामी 04 जुलाई, 2021 से उत्तराखंड राज्य के 11वे मुख्यमंत्री (सीएम) हैं।

पुष्कर सिंह धामी (जन्म 16 सितंबर 1975) एक भारतीय नेता और भारतीय जनता पार्टी के सदस्य हैं। धामी उधम सिंह नगर जिले के खटीमा निर्वाचन क्षेत्र से उत्तराखंड विधानसभा के सदस्य हैं। धामी का जन्म पिथौरागढ़ के एक कुमाऊंनी क्षत्रिय परिवार में हुआ था।

अतः विकल्प (A) सही है।

76. उत्तराखंड के सीएम रावत ने FY20-21 के लिए 53,527 करोड़ रुपये का बजट पेश किया।

4 मार्च, 2020 को, उत्तराखंड के मुख्यमंत्री त्रिवेंद्र सिंह रावत ने FY20-21 के लिए 53,526.97 करोड़ रुपये का अधिशेष वार्षिक बजट पेश किया। बजट को

राज्य के लोगों की आशाओं और आकांक्षाओं को दर्शाने वाले दस्तावेज के रूप में वर्णित किया गया है। इसका उद्देश्य राज्य सरकार के विजन 2020 के तहत 25 लोक कल्याण लक्ष्यों को प्राप्त करना है। वित्तीय वर्ष 2020 के लिए कुल व्यय 53,526.97 करोड़ रुपये अनुमानित है, जिसमें से 42,389.6 करोड़ रुपये राजस्व व्यय के तहत और 11,137.30 करोड़ रुपये पूंजी के तहत प्रावधान किया गया है। व्यय। यह राज्य की भाजपा सरकार का चौथा वार्षिक बजट है जिसने मार्च 2017 में कार्यभार संभाला। 25 लोक कल्याण लक्ष्यों पर ध्यान केंद्रित किया गया।

अतः विकल्प (B) सही है।

77. उत्तराखंड ने वापसी प्रवासियों के लिए मुख्यमंत्री स्वरोजगार योजना शुरू की।

28 मई, 2020 को, उत्तराखंड के मुख्यमंत्री (सीएम) त्रिवेंद्र सिंह रावत ने तालाबंदी के दौरान राज्य में लौटे प्रवासियों को बनाए रखने के लिए "मुख्यमंत्री स्वरोजगार योजना" नाम की योजना शुरू की। राज्य ग्रामीण विकास और प्रवास आयोग के उपाध्यक्ष और अन्य विशेषज्ञों ने इस पहल को "गेम चेंजर" करार दिया है, जिससे लोगों को विशेष रूप से पहाड़ी क्षेत्रों में लाभ होता है।

मुख्यमंत्री स्वरोजगार योजना के बारे में:

- इस योजना का उद्देश्य युवाओं को स्वरोजगार के अवसर प्रदान करना और रिवर्स माइग्रेशन को बढ़ावा देना, विशेष रूप से उत्तराखंड लौटने वाले उद्यमियों को कुशल और अकुशल कारीगरों, हस्तशिल्प और बेरोजगार युवाओं को अपना व्यवसाय शुरू करने के लिए प्रोत्साहित करना है।
- यह योजना राष्ट्रीयकृत बैंकों, अनुसूचित वाणिज्यिक बैंकों और सहकारी बैंकों के माध्यम से ऋण सुविधा प्रदान करेगी।

अतः विकल्प (B) सही है।

78. उत्तराखंड के मुख्यमंत्री त्रिवेंद्र सिंह रावत ने एकीकृत मॉडल कृषि ग्राम योजना का उद्घाटन किया।

21 अक्टूबर, 2020 को उत्तराखंड के मुख्यमंत्री (सीएम) त्रिवेंद्र सिंह रावत ने देहरादून के डोईवाला में राज्य में नाबार्ड (राष्ट्रीय कृषि और ग्रामीण विकास बैंक) के साथ साझेदारी में एकीकृत मॉडल कृषि ग्राम योजना (एकृत आदर्श कृषि ग्राम योजना) का उद्घाटन किया। यह योजना किसानों की अर्थव्यवस्था को मजबूत करने और उनकी आय को दोगुना करने में मदद करेगी।

- सीएम ने जैविक खेती को उत्तराखंड की बड़ी ताकत बताया। उन्होंने जैविक खेती में उत्पादकता बढ़ाने के लिए यंत्रीकृत और वैज्ञानिक खेती के महत्व पर जोर दिया।
- किसानों की आय दोगुनी करने के लिए वैल्यू एडिशन और ब्रांडिंग जरूरी होगी।
- किसानों को दिए जाने वाले ब्याज मुक्त ऋण की सीमा INR 2 लाख से बढ़ाकर INR 3 लाख कर दी गई है।
- जल संरक्षण के प्रयासों को महत्व देने और मानव-पशु संघर्ष को कम करने के लिए लगभग 10,000 लोगों को तैनात किया जाएगा, क्योंकि ये मुद्दे कृषि को आजीविका के साधन के रूप में लेने के इच्छुक लोगों के लिए एक बाधा बन गए हैं।
- 28 सितंबर, 2020 को प्रधान मंत्री नरेंद्र मोदी ने नमामि गंगे मिशन के तहत उत्तराखंड में छह विकास परियोजनाओं का वस्तुतः उद्घाटन किया।

अतः विकल्प (A) सही है।

79. रूढ़की छावनी की स्थापना 1853 ई. में की गई थी।

रुड़की छावनी भारतीय राज्य उत्तराखंड में रुड़की, हरिद्वार जिले में एक छावनी शहर है, और 1853 में स्थापित देश की सबसे पुरानी छावनियों में से एक है और 1853 से बंगाल इंजीनियर समूह (बंगाल सैपर्स) का मुख्यालय है।

रुड़की बंगाल सैपर्स का घर बन गया। और 1853 में खनिक, और दो तोपखाने इकाइयां यहां तैनात थीं।

अतः विकल्प (A) सही है।

80. डीआरडीओ ने डॉ हेमंत कुमार पांडे को 'साइंटिस्ट ऑफ द ईयर अवार्ड-2018' दिया।

डॉ हेमंत कुमार पांडे को हर्बल दवाओं के विकास में उनके योगदान के लिए रक्षा अनुसंधान और विकास संगठन (DRDO) द्वारा 'साइंटिस्ट ऑफ द ईयर अवार्ड-2018' से सम्मानित किया गया है, जिसमें ल्यूकोडर्मा के इलाज के लिए एक दवा 'लुकोस्किन' शामिल है। पांडे 25 वर्षों से उत्तराखंड के पिथौरागढ़ में DRDO के रक्षा जैव-ऊर्जा अनुसंधान संस्थान (DIBER) में शोध कर रहे हैं।

अतः विकल्प (A) सही है।

81. लंडौर छावनी की स्थापना 1836 ई. वर्ष में की गई थी।

5 मई 1836 को स्थापित प्रथम गढ़वाल राइफल्स के कर्नल मैन्वेरिंग के नेतृत्व में 4 नवम्बर 1836 से इस छावनी को बसाया गया। पौढ़ी जिले में स्थित इस स्थान को पहले कालोंडांडा के नाम से जाना जाता था। यह नगर पूर्ण रूप से छावनी परिषद के अन्तर्गत है। यहाँ के आफीसर्स मेस में स्थित म्यूजियम एशिया के सर्वश्रेष्ठ म्यूजियमों में से एक है।

अतः विकल्प (D) सही है।

82. सहस्त्रधारा जलप्रपात मसूरी में स्थित है।

सहस्त्रधारा, जिसका अर्थ है हजार गुना वसंत, भारत के उत्तराखंड राज्य में देहरादून में स्थित सबसे लोकप्रिय पर्यटन स्थलों में से एक है। यह 30.387231 अक्षांश और 78.131606 देशांतर पर स्थित है। यह स्थान छोटी नदी, काली गढ़ के तट पर स्थित है जो सोंग नदी की एक सहायक नदी है। इस जगह में प्रकृति की शानदार सुंदरता है जहाँ चूना पत्थर के स्टैलेक्टाइट्स से पानी टपकता है, जिससे पानी सुलपुर में प्रचुर मात्रा में हो जाता है और इस तरह यह जगह अपने सल्फर स्प्रिंग्स के लिए जानी जाती है। यह अपने परिवेश की तुलना में अपेक्षाकृत कम तापमान का सल्फर वाटर स्प्रिंग है। यह स्थानीय लोगों द्वारा स्टेपी पर गुफाओं, झरनों और छत पर खेती की उत्कृष्ट सुंदरता का भंडार है। इसकी शानदार प्रकृति दूर-दूर से लोगों को अपनी ओर आकर्षित करती है। यह स्थान देहरादून शहर से लगभग 11 किमी दूर है।

अतः विकल्प (A) सही है।

83. प्रसिद्ध 'झंडा मेला' उत्तराखंड में आयोजित किया जाता है।

गुरुजी को श्रद्धा अर्पित करने के लिए हर साल झंडा मेले का आयोजन किया जाता है। गुरु राम राय जी सिखों के श्रद्धेय सातवें गुरु - श्री हर राय जी के सबसे बड़े पुत्र थे। जब राम राय जी ने औरंगजेब के दरबार में चमत्कार किया, तो हर राय जी ने उन्हें 1699 में पंजाब से निकाल दिया। राम राय जी ने तब वर्तमान उत्तराखंड में दून घाटी की यात्रा की और अपनी बस्ती की स्थापना की जिसे 'डेरा' के नाम से जाना जाता है। इस प्रकार से शहर का नाम 'देहरादून' पड़ा। गुरु राम राय जी ने शहर में एक गुरुद्वारा बनवाया जिसे दरबार साहिब के नाम से जाना जाता है।

अतः विकल्प (A) सही है।

84. प्रथम विश्व युद्ध (1914-18) के दौरान प्रथम गढ़वाल राइफल्स के नायक दरवान सिंह नेगी थे।

दरवान सिंह नेगी वीसी (नवंबर 1881 - 24 जून 1950) एच.एम. के हाथों विक्टोरिया क्रॉस प्राप्त करने वाले दूसरे भारतीय सैनिक थे। युद्ध के मैदान पर राजा सम्राट और विक्टोरिया क्रॉस (वीसी) के शुरुआती भारतीय प्राप्तकर्ताओं में से थे, जो दुश्मन के सामने वीरता के लिए सर्वोच्च और सबसे प्रतिष्ठित पुरस्कार था जिसे ब्रिटिश और राष्ट्रमंडल बलों को प्रदान किया जा सकता था।

अतः विकल्प (B) सही है।

85. तुजू दर्रा:- यह मणिपुर के दक्षिण पूर्व में म्यांमार की सीमा पर स्थित है। इस दर्रे से होकर म्यांमार के लिए मार्ग जाता है।

अन्य सभी दर्रे उत्तराखंड में स्थित दर्रे है।

अतः विकल्प (A) सही है।

86. पेशावर काण्ड के नायक चन्द्र सिंह गढ़वाली थे।

पेशावर कांड के नायक चन्द्रसिंह गढ़वाली का जन्म ग्राम रौणसेरा, (जिला पौड़ी गढ़वाल, उत्तराखंड) में 25 दिसम्बर, 1891 को हुआ था। पेशावर कांड में गढ़वाली बटेलियन को एक ऊँचा दर्जा दिलाया और इसी के बाद से चन्द्र सिंह को चन्द्रसिंह गढ़वाली का नाम मिला और इनको पेशावर कांड का नायक माना जाने लगा। अंग्रेजों की आज्ञा न मानने के कारण इन सैनिकों पर मुकदमा चला। गढ़वाली सैनिकों की पैरवी मुकुन्दी लाल द्वारा की गयी जिन्होंने अथक प्रयासों के बाद इनके मृत्युदंड की सजा को कैद की सजा में बदल दिया। इस दौरान चन्द्रसिंह गढ़वाली की सारी सम्पत्ति ज़प्त कर ली गई और इनकी वर्दी को इनके शरीर से काट-काट कर अलग कर दिया गया।

अतः विकल्प (A) सही है।

87. फरवरी 1988 में कुमाऊँ रेजीमेंट पर डाक टिकट जारी किया गया।

गढ़वाली बटालियन का गठन कर तीसरी (कुमाऊँ) रेजीमेन्ट नाम दिया गया और नवम्बर 1887 में कालौडांडा पहाड़ी (वर्तमान लैन्सडौन) में छावनी बनाने का कार्य सौपा गया।

अतः विकल्प (D) सही है।

88. कुमाऊँ क्षेत्र के लोगों के लिए बनी कुमाऊँ रेजीमेंट को 'कुमाऊँ रेजीमेंट' नाम 27 अक्टूबर, 1945 में दिया गया था।

कुमाऊँ रेजीमेंट भारतीय सेना की सर्वोच्च अलंकृत रेजीमेंट है। रेजीमेंट की उत्पत्ति 18वीं शताब्दी में हुई है और इसने दो विश्व युद्धों सहित ब्रिटिश भारतीय सेना और भारतीय सेना के हर बड़े अभियान में लड़ाई लड़ी है।

अतः विकल्प (D) सही है।

89. उत्तराखंड में पर्वतीय विकास विभाग की स्थापना 1972 में हुई थी।

1950 में पर्वतीय विकास जन समिति नामक संगठन बनाया गया जिसका उद्देश्य उत्तराखंड और हिमांचल प्रदेश को मिलकर एक हिमालयी राज्य बनाना था। 24 व 25 जून 1967 को रामनगर में पर्वतीय राज्य परिषद का गठन किया गया।

अतः विकल्प (C) सही है।

90. उत्तराखंड विधानसभा में 70 सदस्य हैं।

उत्तराखंड विधान सभा, जिसे उत्तराखंड विधानसभा के रूप में भी जाना जाता है, भारत के 28 राज्यों में से एक, उत्तराखंड का एक एकसदनीय शासी और कानून बनाने वाला निकाय है। यह शीतकालीन राजधानी देहरादून और उत्तराखंड की ग्रीष्मकालीन राजधानी गैरसैंण में स्थित है। विधानसभा की कुल संख्या 70 विधानसभा सदस्य (एमएलए) है। 4 जुलाई 2021 तक, पुष्कर सिंह धामी उत्तराखंड के वर्तमान मुख्यमंत्री और सदन के नेता हैं। विधानसभा के अध्यक्ष प्रेमचंद अग्रवाल हैं। बेबी रानी मौर्य उत्तराखंड की वर्तमान राज्यपाल हैं। 2002 और 2020 के बीच, उत्तराखंड विधान सभा में 71 सीटें थीं, जिसमें एंग्लो-इंडियन समुदाय के सदस्य के लिए एक आरक्षित सीट शामिल थी, जिसे 25 जनवरी 2020 को 104वें संविधान संशोधन अधिनियम, 2019 द्वारा समाप्त कर दिया गया था, जिससे विधानसभा की ताकत 71 से घटाकर 70 सीटें कर दी गई थी। .

अतः विकल्प (A) सही है।

91. चार धाम में उत्तर भारत में उत्तराखंड राज्य में चार तीर्थ स्थल शामिल हैं। ये हैं:

- यमुनोत्री
- गंगोत्री
- केदारनाथ
- बद्रीनाथ

अतः विकल्प (C) सही है।

92. आशीष सिंह नेगी उत्तराखण्ड दृष्टिहीन क्रिकेट टीम के कप्तान है।

भारतीय नेत्रहीन क्रिकेट टीम भारत की एक राष्ट्रीय नेत्रहीन क्रिकेट टीम है। टीम इंडिया का संचालन और आयोजन क्रिकेट एसोसिएशन फॉर द ब्लाइंड इन इंडिया (CABI) द्वारा किया जाता है जो वर्ल्ड ब्लाइंड क्रिकेट काउंसिल (WBCC) से संबद्ध है। टीम सभी एक दिवसीय अंतर्राष्ट्रीय और ट्वेंटी 20 अंतर्राष्ट्रीय क्रिकेट मैचों में भाग लेती है।

अतः विकल्प (A) सही है।

93. त्रिलोक सिंह बसेड़ा को 'आयरन वाल ऑफ़ इण्डिया' की उपाधि से सम्मानित किया गया था।

त्रिलोक बसेड़ा को बचपन से ही फुटबाल खेलने का शौक था। 16 वर्ष की उम्र में वर्ष 1950 में बसेड़ा सेना के ईएमई (इलेक्ट्रॉनिकल एंड मेकेनिकल इंजीनियर्स) कोर में भर्ती हो गए। बसेड़ा वर्ष 1962 में जकार्ता में हुए एशियन गेम्स में स्वर्ण पदक जीतने वाली टीम का प्रमुख हिस्सा थे। बसेड़ा ने चार एशियन प्रतियोगिताओं में भारतीय टीम का प्रतिनिधित्व किया। वर्ष 1958 में ऑल इंडिया हीरोज टूर्नामेंट, उसी साल संतोष ट्राफी की विजेता टीम के बसेड़ा प्रमुख खिलाड़ी थे।

अतः विकल्प (B) सही है।

94. उत्तराखण्ड के रामबहादुर छेत्री को 'चाइना वॉल' के नाम से जाना जाता है।

राम बहादुर छेत्री (15 फरवरी 1937 - 4 दिसंबर 2000) एक भारतीय फुटबॉलर थे। उन्होंने 1960 के ग्रीष्मकालीन ओलंपिक में पुरुषों के टूर्नामेंट में भाग लिया।

अतः विकल्प (C) सही है।

95. जी. डब्ल्यू ट्रेल कुमाऊँ का प्रथम वास्तविक कमिश्नर थे।

जी. डब्ल्यू ट्रेल द्वारा किये गए कार्य:

- 1816 में सम्पूर्ण उत्तराखंड में डाक सेवा लागू की।
- 1816 में अल्मोड़ा जेल की स्थापना की।
- 1817 में दून को सहारनपुर में शामिल किया।
- 1819 में पटवारी पद का सृजन किया।
- 1821 में पौड़ी जेल की स्थापना की।
- 1822 में कुमाँऊ में आबकारी विभाग की स्थापना।
- 1823 में कुमाऊँ 26 परगनों में विभाजित किया।
- विलियम ट्रेल के शासन काल मे अस्सीसाला भूमि बंदोबस्त किया गया।
- कुमाँऊ की सीमा का प्रथम बार निर्धारण।

अतः विकल्प (D) सही है।

96. हंसा मनराल – द्रोणाचार्य पुरस्कार

भारत के राष्ट्रपति महामहिम के आर नारायण द्वारा 29 सितंबर 2001 को द्रोणाचार्य पुरस्कार से किया गया| श्रीमती हंसा मनराल शर्मा का मानना है की उत्तरांचल में असंख्य प्रतिभाएँ छिपी हुई हैं।

अतः विकल्प (D) सही है।

97. परिमार्जन का संबंध शतरंज से है।

परिमार्जन नेगी ने अंतर्राष्ट्रीय स्तर पर अंडर -10 श्रेणी में एशियाई यूथ शतरंज चैम्पियनशिप वर्ष 2002 और कॉमनवेल्थ चैम्पियनशिप वर्ष 2003 दोनों में स्वर्ण

पदक हासिल किए हैं। वर्ष 2004 में परिमार्जन नेगी ने कॉमनवेल्थ चैम्पियनशिप की अंडर -14 श्रेणी में रजत पदक जीता था।

अतः विकल्प (B) सही है।

98. भगत सिंह कोश्यारी उत्तराखंड के दूसरे मुख्यमंत्री थे।

भगत सिंह कोश्यारी भारतीय राजनीति में उत्तर भारत का एक परिचित नाम है, वे वर्तमान महाराष्ट्र के राज्यपाल हैं। जो भारतीय जनता पार्टी से सम्बधित एक भारतीय राजनीतिज्ञ हैं। वे उत्तराखण्ड राज्य के द्वितीय सफल मुख्यमन्त्री तथा उत्तराखण्ड विधानसभा में 2002 से 2007 तक विपक्ष के शीर्ष नेता रह चुके हैं। 31 अगस्त 2019 को श्री भगत सिंह कोश्यारी को महाराष्ट्र का राज्यपाल बनाया गया।

उत्तराखंड के मुख्यमंत्रियों की सूची:

1 - नित्यानंद स्वामी

2 - भगत सिंह कोश्यारी

3 - नारायण दत्त तिवारी

4- भुवन चंद्र खंडूरी

5 - रमेश पोखरियाल

6 - भुवन चंद्र खंडूरी

7 - विजय बहुगुणा

8 - हरीश रावत

9 - त्रिवेंद्र सिंह रावत

10 - तीरथ सिंह रावत

11 - पुष्कर सिंह धामी

अतः विकल्प (C) सही है।

99. जिम कॉर्बेट नेशनल पार्क भारत का सबसे पुराना राष्ट्रीय उद्यान है।

जिम कॉर्बेट नेशनल पार्क 1936 में लुप्तप्राय बंगाल टाइगर की रक्षा के लिए हैली नेशनल पार्क के रूप में स्थापित किया गया था। यह नैनीताल जिले और उत्तराखंड के पौड़ी गढ़वाल जिले में स्थित है और इसका नाम शिकारी और प्रकृतिवादी जिम कॉर्बेट के नाम पर रखा गया था। यह पार्क प्रोजेक्ट टाइगर पहल के तहत आने वाला पहला पार्क था।

अतः विकल्प (B) सही है।

100. गढ़वाल सर्वदलित परिषद का गठन जयानंद भारती द्वारा 1928 ई. में किया गया था।

जयानन्द भारती का जन्म 17 अक्टूबर, 1881 को पौड़ी जनपद के आरकन्डाई ग्राम में हुआ। जयानन्द भारती भारत के स्वतंत्रता संग्राम सेनानी एवं सामाजिक चेतना के अग्रदूत थे। उन्होने डोला-पालकी आन्दोलन चलाया।

28 अगस्त 1930 को इन्होंने राजकीय विद्यालय जयहरिखाल की इमारत पर तिरंगा झंडा फहराकर ब्रिटिश शासन के विरोध में भाषण देकर छात्रों को स्वतन्त्रता आन्दोलन के लिए प्रेरित किया। इन्होने आर्य समाज के विचारों को गढ़वाल में प्रचारित करने में महत्वपूर्ण भूमिका निभाई।

अत: विकल्प (C) सही है।

General Hindi

Q.1 निम्नलिखित में से कौन-सा शब्द विदेशज है?
A. किरन **B.** सूप **C.** उपास **D.** फुनगी

Q.2 नीचे दिए गए विकल्पो में से शुद्ध वर्तनी का चयन कीजिए–
A. तिलांजलि **B.** तिलांजली **C.** तिलांजल्लि **D.** तिलंजलि

Q.3 दिए गए विकल्पों में तन्द्वव शब्द ज्ञात कीजिए -
A. नृत्य **B.** स्नायु **C.** नक्षत्र **D.** नैन

Q.4 दिए गए विकल्पों में तत्सम शब्द की पहचान कीजिए।
A. वामन **B.** बत्ती **C.** फूल **D.** पुरान

Q.5 निम्नलिखित में कौन सा पद कल्पवृक्ष का पर्यायवाची शब्द है?
A. गौरी **B.** अपर्णा **C.** दोग्धी **D.** मन्दार

Q.6 निम्नलिखित में से व्यक्तिवाचक संज्ञा का उदाहरण कौन सा है?
A. मिठास **B.** सेब **C.** मधुरता **D.** खटास

Q.7 'तीक्ष्ण' में किस प्रकार का विशेषण है?
A. परिमाणवाचक विशेषण **B.** संख्यावाचक विशेषण
C. गुणवाचक विशेषण **D.** सार्वनामिक विशेषण

Q.8 दिए गए विकल्पों में से पंडित का स्त्रीलिंग कौन - सा है?
A. पंडीती **B.** पंडिताइन **C.** पंडितपत्नी **D.** पंडिति

Q.9 'आँसू' शब्द का बहुवचन होता है:
A. आँसुओं **B.** आँसुएं **C.** आँसू **D.** आँसुयेँ

Q.10 दिये गए विकल्पों में 'आह्वान' शब्द का विलोम बताइये।
A. अनाह्वान **B.** विहान **C.** विसर्जन **D.** अवरोहण

Q.11 कौन सा विकल्प अनिश्चयवाचक सर्वनाम का उदाहरण है?
A. यह, वह **B.** कोई, कुछ **C.** जो, सो **D.** कौन, क्या

Q.12 क्रिया के कार्य का फल जिस पर पड़ता है, वह कौन सा कारक होता है।
A. कर्ता **B.** करण **C.** अधिकरण **D.** कर्म

Q.13 'सम्' उपसर्ग से बना शब्द निम्न में से कौन - सा है?
A. संयुक्त **B.** सामान **C.** साधन **D.** सुबोध

Q.14 'मेधावी' में प्रत्यय है:
A. वी **B.** ई **C.** आवी **D.** मेधा

Q.15 'संसार' का उचित संधि-विच्छेद निम्न में से कौन सा है?
A. सम् + सार **B.** सम + सार
C. सम + सर **D.** सम् + सर

Q.16 निम्नलिखित में से 'नीलकमल' में कौन सा समास है?
A. तत्पुरुष समास **B.** कर्मधारय समास
C. अव्ययीभाव समास **D.** द्विगु समास

Q.17 'घर फूँक तमाशा देखना' मुहावरे का क्या अर्थ है?
A. लुट जाना
B. नुकसान करना
C. घर जला देना
D. झूठी शान के लिए घर लुटाना

Q.18 किस छंद में दोहे का चौथा चरण रोले के प्रथम चरण में दोहराया जाता है?
A. चौपाई **B.** सोरठा **C.** दोहा **D.** कुण्डलिया

Q.19 शुद्ध वर्तनी है:
A. वाल्मीकी **B.** वाल्मीकि **C.** वालमीकी **D.** वाल्मिकि

Q.20 'हैं मसे भीगती गेहूँ की तरुणाई फूटी आती है।' पंक्ति में कौन सा अलंकार है।
A. उत्प्रेक्षा अलंकार **B.** विशेषोक्ति अलंकार
C. मानवीकरण अलंकार **D.** यमक अलंकार

General Knowledge and General Studies

Q.21 विशेष ASEAN-भारत विदेश मंत्रियों की बैठक (SAIFMM) 16 और 17 जून 2022 को _________ में आयोजित की जाएगी।
A. नई दिल्ली, भारत **B.** इस्लामाबाद, पाकिस्तान
C. ढाका, बग्लादेश **D.** कोलंबो, श्रीलंका

Q.22 केंद्र सरकार ने जुलाई 2022 के 1–10 से अपनी 29 अधिकृत शाखाओं के माध्यम से चुनावी बांड जारी करने और भुनाने के लिए किस बैंक को अधिकृत किया है?
A. भारतीय स्टेट बैंक **B.** ऐक्सिस बैंक
C. आईसीआईसीआई बैंक **D.** एचडीएफसी बैंक

Q.23 दृष्टिबाधित लोगों के लिए देश का पहला रेडियो चैनल, जिसका नाम 'रेडियो अक्ष' है, किस शहर में लॉन्च किया गया है?

[Delhi Forest Guard, 2021]

A. दिल्ली **B.** नागपुर **C.** इलाहाबाद **D.** आगरा

Q.24 अगस्त 2022 में प्रधान मंत्री कार्यालय (PMO) में निदेशक के रूप में किसे नियुक्त किया गया है?
A. श्वेता सिंह **B.** रवि कुमार
C. रुचि मिश्रा **D.** अनूप कुमार पाठक

Q.25 शिकायतों, योजनाओं, कार्यक्रमों और नीतियों की निगरानी के लिए किस राज्य के ऊर्जा विभाग ने 'संभव' प्लेटफॉर्म / पोर्टल लॉन्च किया है?
A. राजस्थान **B.** उत्तर प्रदेश
C. मध्य प्रदेश **D.** बिहार

Q.26 प्राचीन भारत में लोगों को कितने वर्णों विभाजित किया गया था?
A. 2 **B.** 6 **C.** 4 **D.** 5

Q.27 मुगल सम्राट औरंगजेब द्वारा निष्पादित सिख गुरु थे:
A. तेग बहादुर **B.** नानक **C.** गोविंद सिंह **D.** अर्जुन देव

Q.28 सरोजिनी नायडू किस कांग्रेस अधिवेशन की अध्यक्ष थीं?
A. 1922, गया **B.** 1928, कलकत्ता
C. 1925, कानपुर **D.** 1931, कराची

Q.29 किस संविधान संशोधन को मिनी संविधान कहा जाता है?
A. 42 **B.** 61 **C.** 39 **D.** 52

Q.30 निम्नलिखित में से किसे सागर के ऊर्ध्वाधर खंड में उच्च लवणता के क्षेत्र के रूप में जाना जाता है?

A. थर्मोक्लाइन
B. हैलोक्लाइन
C. फोटिक जोन
D. पिक्नोक्लाइन

Q.31 नागार्जुन सागर बहुउद्देशीय परियोजना किस नदी पर है?

A. ताप्ती
B. कोसी
C. गोदावरी
D. कृष्णा

Q.32 किस वर्ष में सती प्रथा के व्यवहार पर प्रतिबंध लगा दिया गया था?

A. 1826
B. 1835
C. 1829
D. 1834

Q.33 द्वितीय विश्व युद्ध के दौरान इंग्लैंड के प्रधानमंत्री कौन थे?

A. मुसोलिनी
B. विंस्टन चर्चिल
C. फ्रेंकलिन डी. रूजवेल्ट
D. जोसेफ स्टालिन

Q.34 हाल ही में प्रारंभ किया गया e-RaKAM पोर्टल किसके कल्याण से संबंधित है?

A. खनन उद्योग
B. छात्र
C. आयकर – दाता
D. किसान

Q.35 सीडी - रोम में फ़ाइलों को कॉपी करने की प्रक्रिया को जाना जाता है:

A. बर्निंग
B. ज़िप्पिंग
C. डिजिटाइजिंग
D. रिपिंग

Q.36 IP एड्रेस परिवर्तित हो जाते हैं:

A. डोमेन नामों का एक पदानुक्रम में
B. अल्फा न्यूमेरिक स्ट्रिंग में
C. एक बाइनरी स्ट्रिंग में
D. एक हेक्साडेसिमल स्ट्रिंग में

Q.37 साईफर अर्थात बीजलेख को तोड़ने की कला को क्या कहा जाता है?

A. विबहुसंकेतन
B. क्रिप्ट विश्लेषण
C. एन्कोडिंग
D. एन्क्रिप्शन

Q.38 निम्नलिखित में से कौन डेटाबेस प्रबंधन प्रणाली का उदाहरण नहीं है?

A. My SQL
B. Oracle
C. MS Access
D. सभी डेटाबेस मैनेजमेंट सिस्टम के उदाहरण हैं

Q.39 _____ लिपि में लिखी हिंदी भारत की राजभाषा है।

A. पाली
B. संस्कृत
C. डोगरी
D. देवनागरी

Q.40 सुदीरमन कप किस खेल से संबंधित है?

A. फुटबॉल
B. क्रिकेट
C. शतरंज
D. बैडमिंटन

Q.41 यमातोसॉरस इज़ानागी निम्नलिखित में से किसकी प्रजाति है?

A. डायनासोर
B. मेंढक
C. मकड़ी
D. छिपकली

Q.42 1991 के उदारीकरण या आर्थिक सुधारों के पीछे मुख्य कारण क्या थे?

1. विशाल बाहरी ऋण और राजकोषीय घाटे में वृद्धि।
2. आवश्यक वस्तुओं की बढ़ती कीमतें।
3. भुगतान संकट का संतुलन।
4. इराक युद्ध।

A. 1, 2 और 3
B. 2, 3 और 4
C. 1, 3 और 4
D. उपरोक्त सभी विकल्प

Q.43 वैश्विक प्रतिस्पर्धात्मक रिपोर्ट ______ द्वारा प्रकाशित की जाती है।

A. अंतर्राष्ट्रीय मुद्रा कोष
B. व्यापार एवं विकास पर संयुक्त राष्ट्र का सम्मेलन
C. विश्व आर्थिक मंच
D. विश्व बैंक

Q.44 'राजीव गांधी खेल रत्न पुरस्कार' पाने वाले पहले व्यक्ति हैं:

A. विश्वनाथन आनंद
B. लिएंडर पेस
C. कपिल देव
D. लिम्बा राम

Q.45 नोबेल पुरस्कार पुरस्कार प्रत्येक वर्ष कितनी श्रेणियों में दिए जाते हैं?

A. 5
B. 7
C. 4
D. 6

Q.46 पुस्तक "सिक्स मशीन: आई डोंट लाइक क्रिकेट.... आई लव इट" किस क्रिकेटर की आत्मकथा है?

A. युवराज सिंह
B. क्रिस गेल
C. वीरेंद्र सहवाग
D. एबी डी विलियर्स

Q.47 किसने अपना संस्मरण 'होम इन द वर्ल्ड' लिखा है?

A. जॉन रॉल्स
B. अभिजीत बनर्जी
C. महबूब उल हक
D. अमर्त्य सेन

Q.48 UNDP का अर्थ क्या है?

A. संयुक्त राष्ट्र विकास कार्यक्रम (United Nations Development Programme)
B. संघ राष्ट्र विकास कार्यक्रम (Union Nations Development Programme)
C. संघ राष्ट्रीय विकास नीति (Union Nationals Development Policy)
D. संयुक्त राष्ट्रीय विकास नीति (United Nationals Development Policy)

Q.49 चरक किसके दरबार के सदस्य थे?

A. गौतमीपुत्र शातकर्णी
B. नेहपन
C. कनिष्क
D. रुद्रदामन

Q.50 मानव शरीर में एंजाइम और हॉर्मोन दोनों का स्राव करने वाली ग्रंथि कौन - सी है?

A. यकृत
B. अग्न्याशय
C. लार ग्रंथि
D. पियूष ग्रंथि

Q.51 विल्हेम कॉनराड रॉटजन ने किसकी खोज की थी?

A. विद्युत आवेश का संरक्षण
B. बिजली के बल्ब
C. एक्स-रे
D. ऊष्मप्रवैगिकी

Q.52 छह सदस्यों का परिवार है। दो विवाहित युगल हैं। X, F की एक बेटी है, जिसके दो बच्चे हैं। F, Y की माँ है। Y, A का पति है। Z, X का भतीजा है। B, X का पति है। B का कोई भाई-बहन नहीं है। B, F से किस प्रकार संबंधित है?

A. बहू
B. दामाद
C. भाभी
D. सास

Q.53 एक निश्चित कूट भाषा में, 'Dun Bake' का अर्थ 'Dark Night', 'Tin Tara Hara' का अर्थ 'Over Star Sky' और 'Tin Duf Bake' का अर्थ 'Dark Blue Sky' I इस कूट भाषा में किस शब्द का अर्थ 'Night' है?

A. Tin
B. Dun
C. Bake
D. Duf

Q.54 निर्देश: निम्नलिखित प्रत्येक प्रश्न में एक प्रश्न के नीचे दो कथन क्रमांक I और II दिए गए हैं। आपको निर्धारित करना है कि कथनों में दिया गया डेटा प्रश्न का उत्तर देने के लिए पर्याप्त है या नहीं।

निम्नलिखित विवरण एक परिवार के बारे में है।
परिवार में पुरुषों और महिलाओं की कुल संख्या के बीच अंतर क्या है?
कथन I: वीना की छह बेटियाँ हैं, जिनका एक भाई है। वीना श्याम की पत्नी है।

कथन ॥: श्याम छह बेटियों के पिता हैं। राम की माँ वीना का विवाह श्याम से हुआ। राम एक पुरुष हैं।

A. यदि केवल कथन । में दिया गया डेटा प्रश्न का उत्तर देने के लिए पर्याप्त है, जबकि केवल कथन ॥ में दिया गया डेटा प्रश्न का उत्तर देने के लिए पर्याप्त नहीं है।

B. यदि केवल कथन ॥ में दिया गया डेटा प्रश्न का उत्तर देने के लिए पर्याप्त है, जबकि केवल कथन । में दिया गया डेटा प्रश्न का उत्तर देने के लिए पर्याप्त नहीं है।

C. यदि केवल कथन । या केवल कथन ॥ प्रश्न का उत्तर देने के लिए पर्याप्त है।

D. यदि कथन । और ॥ दोनों का डेटा एक साथ प्रश्न का उत्तर देने के लिए पर्याप्त नहीं है।

Q.55 किसी विशेष वर्ष में, मई में 5 रविवार और 5 मंगलवार आते हैं तो उस महीने का आखिरी दिन कौन-सा होगा?

A. रविवार
B. मंगलवार
C. बुधवार
D. सोमवार

Q.56 'इकट्ठा' का संबंध उसी तरह 'संग्रह' से है जिस तरह 'सुनना' का संबंध है:

A. श्रवण
B. यहाँ
C. कहना
D. चाल

Q.57 उस शब्द को ज्ञात कीजिये जो नीचे दिए गए अन्य 3 विकल्पों से भिन्न है।

A. नेपाल
B. भूटान
C. पाकिस्तान
D. मणिपुर

Q.58 प्रश्न आकृति की सही दर्पण छवि को चुनिए जब दर्पण को आकृति के दाईं ओर रखा जाता है।

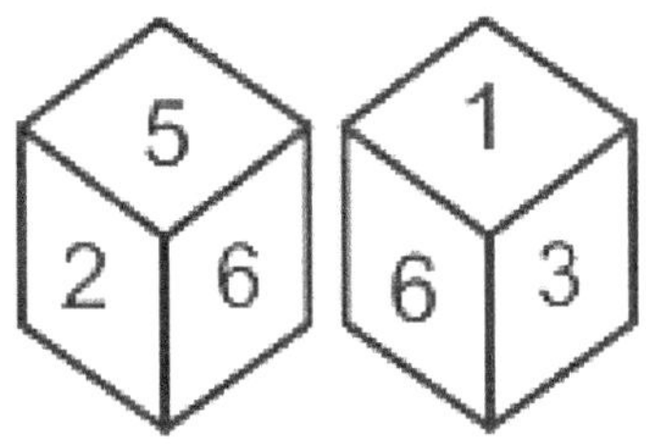

[SSC Constable (GD), 2019]

A. 5CSB3TM
B. MT3BSC5
C. 5CSB3TM
D. MT5C3B2

Q.59 प्रश्न आकृति के आधार पर, यदि तल पर 6 हो तो कौन सी संख्या शीर्ष पर होगी?

A. 2
B. 3
C. 4
D. 5

Q.60 पहली बैटरी_______ द्वारा बनाई गई थी।

A. जूल
B. जॉर्ज साइमन ओम
C. एलेसेंड्रो वोल्टा
D. न्यूटन

General Knowledge of Uttarakhand

Q.61 मार्च 2018 तक भारत का सबसे तेज सुपर कम्प्यूटर निम्नलिखित में से कौन-सा है?

[Super TET Paper - I, 2019]

A. समिट
B. सिएरा
C. मिहिर
D. प्रत्युष

Q.62 अगस्त 2022 में पत्र सूचना ब्यूरो (PIB) के प्रधान महानिदेशक के रूप में किसे नियुक्त किया गया है?

A. रवि सेमवाल
B. आनंद पांडेय
C. प्रिया चौधरी
D. सत्येंद्र प्रकाश

Q.63 वर्ष 2022 में, 21 जून को अंतर्राष्ट्रीय योग दिवस का कौन सा संस्करण मनाया गया?

A. 4
B. 5
C. 8
D. 7

Q.64 निम्नलिखित में से किस क्षेत्र में भारत और रूस के बीच जनवरी 2022 में पैसेज अभ्यास आयोजित किया गया था?

A. लाल सागर
B. अरब सागर
C. दक्षिण चीन सागर
D. भूमध्य सागर

Q.65 प्रतिकूल मौसम और प्राकृतिक आपदाओं के कारण फसलों को होने वाली नुकसान की भरपाई के लिए, किस राज्य ने अप्रैल 2022 में मुख्यमंत्री बागवानी बीमा योजना पोर्टल लॉन्च किया है?

A. उत्तर प्रदेश
B. तमिलनाडु
C. गुजरात
D. हरियाणा

Q.66 उत्तराखंड की राज्य तितली है:

A. कॉमन पीकॉक
B. कॉमन बटरफ्लाई
C. कॉमन लोटस
D. कॉमन रोज

Q.67 2011 में लोकायुक्त विधेयक पारित करने वाला पहला भारतीय राज्य कौन-सा है?

A. उत्तर प्रदेश
B. बिहार
C. उत्तराखंड
D. झारखंड

Q.68 निम्नलिखित में से कौन-सा उत्तराखण्ड का रेल मार्ग नहीं है?

A. रामनगर - काशीपुर - मुरादाबाद
B. हरिद्वार - रायवाला - डोईवाला
C. काशीपुर - खटीमा - टनकपुरी
D. काठगोदाम - हल्द्वानी - बरेली

Q.69 उत्तराखंड भारत का कौन सा राज्य बना?

A. 24वां
B. 25वां
C. 26वां
D. 27वां

Q.70 सोनानदी वन्यजीव अभयारण्य उत्तराखंड के किस जिले में स्थित है?

A. पौड़ी गढ़वाल
B. हरिद्वार
C. देहरादून
D. नैनीताल

Q.71 धोरा बांध उत्तराखंड में किस नदी पर बनाया गया है?

A. धौलीगंगा
B. किच्छा
C. रामगंगा
D. भागीरथी

Q.72 चंद्रप्रभा ऐटवाल एक भारतीय पर्वतारोही किस जिले से संबंधित हैं?

A. देहरादून
B. पिथौरागढ़
C. नैनीताल
D. हरिद्वार

Q.73 निम्नलिखित में से कौन सा अंतर्राष्ट्रीय खेल स्टेडियम उत्तराखंड के हल्द्वानी शहर में स्थित है?

A. नरेंद्र मोदी अंतर्राष्ट्रीय खेल स्टेडियम
B. राजीव गांधी अंतर्राष्ट्रीय खेल स्टेडियम
C. इंदिरा गांधी अंतर्राष्ट्रीय खेल स्टेडियम
D. ग्रीनफील्ड अंतर्राष्ट्रीय खेल स्टेडियम

Q.74 भेंकल ताल और ब्रह्म ताल स्थित हैं:

A. उत्तरकाशी जिला
B. पिथौरागढ़ जिला
C. बागेश्वर जिला
D. चमोली जिला

Q.75 गढ़वाल हितकारिणी सभा की स्थापना _______ में हुई थी।

A. 1902 ईस्वी   **B.** 1901 ईस्वी
C. 1905 ईस्वी   **D.** 1918 ईस्वी

Q.76 भारत में लिंगानुपात की दृष्टि से उत्तराखंड का कौन सा स्थान है?

A. तेरहवां   **B.** सत्रहवां   **C.** पच्चीसवां   **D.** बीसवां

Q.77 निम्नलिखित में से कौन सा दून उत्तराखंड का हिस्सा नहीं है?

A. कोटा दून   **B.** पाटली दून   **C.** बाटा दून   **D.** हर की दून

Q.78 कत्यूरी शासकों की राजभाषा क्या थी?

A. कुमाऊंनी   **B.** हिंदी   **C.** संस्कृत   **D.** गढ़वाली

Q.79 केंद्रीय बजट 2021-22 के अनुसार, SVAMITVA योजना को सभी राज्यों/केंद्रशासित प्रदेशों तक विस्तारित किया जाना है। यह योजना निम्नलिखित में से किससे संबंधित है?

A. सम्पत्ति   **B.** शिक्षा
C. खेती   **D.** मत्स्य-पालन

Q.80 किस विद्रोह को "कुमायूँ की बारडोली" कहा जाता है?

A. वेल्लोर म्यूटिनी
B. दक्कन सत्याग्रह
C. सलाम सालिया सत्याग्रह
D. सन्यासी विद्रोह

Q.81 चिपको आंदोलन का नायक कौन है?

A. मेधा पाटकर   **B.** एमएस स्वामीनाथन
C. सुंदरलाल बहुगुणा   **D.** चंडी प्रसाद भट्ट

Q.82 सौम्य काशी किसका ऐतिहासिक नाम है?

A. उत्तर काशी   **B.** टिहरी बांध
C. गंगोत्री   **D.** चंबा

Q.83 2021 के लिए इंटरनेशनल इनविंसिबल गोल्ड मैडल किसे प्रदान किया गया है?

A. नितिन गडकरी
B. पीयूष गोयल
C. प्रकाश जावड़ेकर
D. डॉ. रमेश पोखरियाल निशंक

Q.84 उत्तराखंड संस्कृति में पहाड़ी रामायण को कहा जाता है:

A. मुक्केबाज़ी   **B.** विवाह
C. क्रांति   **D.** ठुलो ढुस्को

Q.85 उत्तराखंड में प्रसिद्ध 'पत्थर युद्ध' - 'बग्वाल' कहाँ आयोजित किया जाता है?

A. दनिया   **B.** गौचर   **C.** थराली   **D.** देवीधुरा

Q.86 दारमा और ब्यान्स घाटी को जोड़ने वाला दर्रा ______ है।

A. सिनला   **B.** उनता   **C.** जायतिया   **D.** रामल

Q.87 प्राचीन समय में ऋषिकेश को निम्न नाम से जाना जाता था:

A. कुब्जाम्रक   **B.** बागेश्वर   **C.** कलसी   **D.** कपिला

Q.88 कुनिंदा साम्राज्य (या प्राचीन साहित्य में कुलिंदा) किस राज्य में स्थित था?

A. उत्तराखंड   **B.** मध्य प्रदेश   **C.** केरल   **D.** तमिलनाडु

Q.89 ______ उत्तराखंड की पहली जीवन शैली पत्रिका है।

A. उत्तराखंड का मार्गदर्शक
B. उत्तराखंड को जानने वाला
C. उत्तराखंड की खोज

D. मेरा राज्य उत्तराखंड

Q.90 कुंवर सिंह नेगी को इस नाम से भी जाना जाता है:

A. गढ़वाल का हातिमताई
B. ऋषिकेश के राजा
C. उत्तर काशी के हातिमताई
D. इनमे से कोई भी नहीं

Q.91 निम्नलिखित में से कौन सा संस्थान गोपेश्वर, उत्तराखंड में स्थित है:

A. राष्ट्रीय प्रौद्योगिकी संस्थान उत्तराखंड
B. वन अनुसंधान संस्थान, देहरादून
C. जड़ी-बूटी शोध एवं विकास संस्थान, उत्तराखंड
D. इनमे से कोई भी नहीं

Q.92 कुमाऊं रेजिमेंट का मुख्यालय उत्तराखंड में कहाँ स्थित है?

A. रानीखेत   **B.** ऋषिकेश
C. पिथोरागढ़   **D.** इनमे से कोई भी नहीं

Q.93 "स्पर्श गंगा" पुस्तक के लेखक कौन हैं?

A. डॉ. रमेश पोखरियाल 'निशंक'
B. नैन सिंह
C. नरेंद्र मोदी
D. जोध सिंह नेगी

Q.94 उत्तराखंड का राज्य फूल कौन सा है?

A. ब्रह्म कमल   **B.** चमेली   **C.** कमल   **D.** अशोक

Q.95 उत्तराखंड का राजकीय वृक्ष क्या है?

A. बुरांस   **B.** नीम   **C.** नारियल   **D.** बरगद

Q.96 लाल बहादुर शास्त्री राष्ट्रीय प्रशासन अकादमी (LBSNAA) कहाँ स्थित है?

A. ऋषिकेश   **B.** मसूरी
C. नैनीताल   **D.** इनमे से कोई भी नहीं

Q.97 उत्तराखंड की राज्य मिठाई कौन सी है?

A. खाजा   **B.** बालूशाही
C. बाल मिठाई   **D.** बासुंदी

Q.98 उत्तराखंड की आय का मुख्य स्रोत क्या है?

A. कृषि   **B.** उद्योग
C. खाद्य प्रसंस्करण   **D.** ऊपर के सभी

Q.99 गढ़वाल राइफल्स का मुख्यालय उत्तराखंड में कहाँ स्थित है?

A. मसूरी   **B.** ऋषिकेश
C. लैंसडाउन   **D.** इनमें से कोई भी नहीं

Q.100 जसपाल राणा निम्नलिखित में से किस खेल से संबंधित हैं?

A. शूटिंग   **B.** तीरंदाजी
C. टेबल टेनिस   **D.** शतरंज

// स्मार्ट उत्तर पुस्तिका //

| सही उत्तर | उन छात्रों के प्रतिशत को इंगित करता है जिन्होंने प्रश्नों का सही उत्तर दिया था। |

| छोड़ दिया | उन छात्रों के प्रतिशत को इंगित करता है जिन्होंने प्रश्नों को छोड़ दिया था। |

प्रश्न संख्या	उत्तर	सही उत्तर / छोड़ दिया	प्रश्न संख्या	उत्तर	सही उत्तर / छोड़ दिया	प्रश्न संख्या	उत्तर	सही उत्तर / छोड़ दिया	प्रश्न संख्या	उत्तर	सही उत्तर / छोड़ दिया	प्रश्न संख्या	उत्तर	सही उत्तर / छोड़ दिया
1	B	84.74 % / 13.14 %	17	D	47.65 % / 39.63 %	33	B	64.58 % / 33.5 %	49	C	46.3 % / 39.73 %	65	D	78.33 % / 14.22 %
2	A	56.45 % / 34.64 %	18	D	25.49 % / 67.22 %	34	D	80.61 % / 10.35 %	50	B	66.09 % / 33.33 %	66	A	76.26 % / 18.85 %
3	D	51.8 % / 32.0 %	19	B	68.83 % / 30.46 %	35	A	79.22 % / 12.31 %	51	C	27.64 % / 69.12 %	67	C	54.2 % / 35.47 %
4	A	78.42 % / 16.22 %	20	C	60.64 % / 34.61 %	36	A	63.49 % / 30.22 %	52	B	59.16 % / 31.63 %	68	A	82.35 % / 15.69 %
5	D	56.94 % / 41.53 %	21	A	81.32 % / 15.73 %	37	B	61.72 % / 35.31 %	53	B	49.58 % / 47.05 %	69	D	82.3 % / 15.5 %
6	B	25.68 % / 69.43 %	22	A	78.64 % / 11.38 %	38	D	59.58 % / 32.0 %	54	C	58.92 % / 32.44 %	70	D	11.89 % / 78.0 %
7	C	22.23 % / 74.84 %	23	B	55.26 % / 33.12 %	39	D	80.37 % / 14.71 %	55	B	88.36 % / 11.27 %	71	B	86.1 % / 12.26 %
8	B	79.88 % / 13.65 %	24	A	86.03 % / 12.43 %	40	D	61.08 % / 32.33 %	56	A	88.12 % / 10.92 %	72	B	68.53 % / 31.25 %
9	C	14.93 % / 68.97 %	25	B	14.49 % / 68.11 %	41	A	17.13 % / 74.14 %	57	D	69.88 % / 30.11 %	73	C	63.36 % / 35.79 %
10	C	63.56 % / 35.24 %	26	C	61.28 % / 38.36 %	42	D	25.56 % / 72.75 %	58	A	77.4 % / 18.39 %	74	D	52.34 % / 43.07 %
11	B	62.99 % / 33.18 %	27	A	67.55 % / 30.93 %	43	C	53.64 % / 31.46 %	59	C	80.44 % / 11.48 %	75	B	54.89 % / 37.33 %
12	D	58.33 % / 30.11 %	28	C	30.8 % / 68.62 %	44	A	88.36 % / 10.79 %	60	C	60.41 % / 37.8 %	76	A	87.49 % / 11.53 %
13	A	14.39 % / 71.85 %	29	A	69.82 % / 30.16 %	45	D	52.71 % / 38.26 %	61	D	43.75 % / 40.81 %	77	C	58.79 % / 35.12 %
14	A	53.89 % / 41.43 %	30	B	19.43 % / 72.58 %	46	B	46.87 % / 39.16 %	62	D	25.94 % / 68.25 %	78	C	79.72 % / 19.11 %
15	A	67.64 % / 30.12 %	31	D	40.93 % / 35.14 %	47	D	68.6 % / 30.54 %	63	C	40.22 % / 44.72 %	79	A	14.6 % / 78.96 %
16	B	69.28 % / 30.31 %	32	C	14.37 % / 75.98 %	48	A	79.93 % / 11.78 %	64	B	52.97 % / 39.19 %	80	C	22.72 % / 70.09 %

प्रश्न संख्या	उत्तर	सही उत्तर / छोड़ दिया
81	C	85.91 %
		10.46 %
82	A	47.15 %
		44.42 %
83	D	63.23 %
		35.95 %
84	D	43.29 %
		38.71 %

प्रश्न संख्या	उत्तर	सही उत्तर / छोड़ दिया
85	D	42.22 %
		51.04 %
86	A	23.5 %
		76.23 %
87	A	62.23 %
		34.87 %
88	A	12.01 %
		68.21 %

प्रश्न संख्या	उत्तर	सही उत्तर / छोड़ दिया
89	C	41.58 %
		43.37 %
90	A	83.3 %
		15.87 %
91	C	42.79 %
		45.04 %
92	A	48.18 %
		48.78 %

प्रश्न संख्या	उत्तर	सही उत्तर / छोड़ दिया
93	A	66.48 %
		33.43 %
94	A	21.07 %
		70.68 %
95	A	10.68 %
		70.56 %
96	B	55.16 %
		39.19 %

प्रश्न संख्या	उत्तर	सही उत्तर / छोड़ दिया
97	C	42.1 %
		53.69 %
98	A	56.22 %
		42.45 %
99	C	52.63 %
		38.2 %
100	A	42.44 %
		36.04 %

कार्य विश्लेषण

औसत अंक (%)	31.0%
टॉपर्स स्कोर (%)	62.0%
आपका स्कोर	

//संकेत और समाधान//

1. "सूप" विदेशज है। "सूप" फ्रेंच शब्द है। जिसका अर्थ होता है एक प्रकार का पेय पदार्थ। अन्य विकल्प तत्द्भव शब्द हैं।

विदेशी भाषाओं से हिंदी में आये शब्दों को विदेशज शब्द कहा जाता है। इन विदेशी भाषाओं में मुख्यतः अरबी, फारसी, तुर्की, अंग्रेजी व पुर्तगाली शामिल है।

अतः विकल्प (B) सही है।

2. तिलांजलि में शुद्ध वर्तनी का प्रयोग किया गया है, अन्य विकल्पो में अशुद्ध वर्तनी है।

- वर्तनी भाषा में शब्दों को वर्णों से अभिव्यक्त करने की क्रिया को कहते हैं।
- वर्तनी को अंग्रेज़ी में स्पेलिंग और उर्दू में हिज्जे कहते हैं।
- किसी लिपि के प्रतीक-चिन्ह (वर्ण आदि) को उचित क्रम में लिखकर जब कोई शब्द निरूपित किया जाता है, वह उसकी वर्तनी कहलाती है।
- वर्तनी का सीधा सम्बन्ध भाषागत ध्वनियों के उच्चारण से है।

अतः विकल्प (A) सही है।

3. 'नई' शब्द तत्द्भव है जिसका तत्सम रूप 'नयन' है।

- तत्सम दो शब्दों से मिलकर बना है – तत् + सम्, जिसका अर्थ होता है – ज्यों का त्यों।
- जिन शब्दों को संस्कृत से बिना किसी परिवर्तन के ले लिया जाता है उन्हें तत्सम शब्द कहते हैं।
- इनमें ध्वनि परिवर्तन नहीं होता है।
- समय और परिस्थिति की वजह से तत्सम शब्दों में जो परिवर्तन हुए हैं उन्हें तत्द्भव शब्द कहते हैं।
- ऐसे शब्द, जो संस्कृत और प्राकृत से विकृत होकर हिंदी में आये है, 'तत्द्भव' कहलाते है।

अतः विकल्प (D) सही है।

4. 'वामन' शब्द तत्सम है जिसका तत्द्भव रूप 'बौना' होगा।

- तत्सम दो शब्दों से मिलकर बना है – तत् + सम्, जिसका अर्थ होता है – ज्यों का त्यों।
- जिन शब्दों को संस्कृत से बिना किसी परिवर्तन के ले लिया जाता है, उन्हें तत्सम शब्द कहते हैं।
- इनमें ध्वनि परिवर्तन नहीं होता है।

अतः विकल्प (A) सही है।

5. 'मन्दार' शब्द 'कल्पवृक्ष' का पर्यायवाची शब्द है।

- कल्पवृक्ष:- कल्पतरु, कल्पशाल, कल्पद्रुम इत्यादि।
- सरल शब्दों में जिन शब्दों के अर्थ में समानता होती है, उन्हें समानार्थक, समानार्थी या पर्यायवाची शब्द कहते हैं।

अतः विकल्प (D) सही है।

6. 'सेब' शब्द व्यक्तिवाचक संज्ञा है।

- 'मिठास' शब्द भाववाचक संज्ञा है।
- 'मधुरता' शब्द भाववाचक संज्ञा है।
- 'खटास' शब्द भाववाचक संज्ञा है।

व्यक्तिवाचक संज्ञा - जो किसी व्यक्ति, स्थान या वस्तु के नाम का बोध कराती है।

अतः विकल्प (B) सही है।

7. 'तीक्ष्ण' शब्द 'गुणवाचक विशेषण' का उदाहरण है।

विशेषण	परिभाषा	उदाहरण
गुणवाचक विशेषण	वे शब्द जो संज्ञा या सर्वनाम के गुण, धर्म, स्वभाव आदि का बोध कराये।	बलशाली, पुराण, नया, कमजोर, मोटा, दुर्बल, पठारी आदि।

अतः विकल्प (C) सही है।

8. 'पंडित' का स्त्रीलिंग 'पंडिताइन' होता हैं। पंडित पुल्लिंग शब्द है, इसमें 'आइन' प्रत्यय जोड़कर स्त्रीलिंग शब्द 'पंडिताइन' बनेगा।

- संज्ञा के जिस रूप से किसी व्यक्ति या वस्तु की पुरुष अथवा स्त्री जाति का बोध होता हैं उसे लिंग कहते हैं।
- उदाहरण:-दादा, दादी, बकरा, बकरी।

अतः विकल्प (B) सही है।

9. 'आँसू' शब्द का बहुवचन रूप 'आँसू' ही होता है।

- यह शब्द अपने इसी रूप में प्रयुक्त होता है।
- आँसू पुल्लिंग शब्द है जिसका अर्थ होता है नेत्रजल।
- अन्य विकल्प अनुचित हैं।
- आँसू के पर्यायवाची शब्द हैं - नयनजल, चक्षुजल, अश्रु, नेत्रनीर
- संज्ञा, सर्वनाम, विशेषण तथा क्रिया के जिस रूप से संख्या का बोध हो, वचन कहलाता है।

अतः विकल्प (C) सही है।

10. 'आह्वान' शब्द का विलोम 'विसर्जन' होता है।

- आह्वान का अर्थ: पुकार या बुलावा
- विसर्जन का अर्थ: परित्याग
- विपरीत (उल्टा) अर्थ बताने वाले शब्दों को विलोम शब्द कहते हैं।

अतः विकल्प (C) सही है।

11. 'कोई, कुछ' ये शब्द अनिश्चयवाचक सर्वनाम के उदाहरण हैं।

- जिन सर्वनाम शब्दों से वस्तु, व्यक्ति, स्थान आदि की निश्चितता का बोध नही होता वे अनिश्चयवाचक सर्वनाम कहलाते हैं।
- संज्ञा के स्थान पर प्रयुक्त होने वाले शब्दों को सर्वनाम कहते हैं। जैसे - मैं, वह, वे, उन्हें, अपने, तुम, हम आदि।

अतः विकल्प (B) सही है।

12. क्रिया के कार्य का फल जिस पर पड़ता है, वह कर्म कारक होता है।

कारक	विभक्ति चिन्ह	परिभाषा	वाक्य प्रयोग
कर्म	को	जिस पर क्रिया का फल पड़े।	प्रदीप ने बच्चे को चांटा मार दिया।

अतः विकल्प (D) सही है।

13. 'सम्' उपसर्ग से बना शब्द संयुक्त है।

- 'सम्' उपसर्ग से बनने वाले अन्य शब्द - संगम, संवाद, संतोष, संस्कार।
- 'सम्' का अर्थ – साथ

शब्द	परिभाषा	उदाहरण
उपसर्ग	ऐसे शब्दांश जो किसी शब्द के पूर्व जुड़कर उसके अर्थ में परिवर्तन कर देते हैं।	प्रति + क्षण = प्रतिक्षण सम् + गम = संगम

अतः विकल्प (A) सही है।

14. 'मेधावी' में प्रत्यय 'वी' होता है।

- 'मेधावी' में 'वी' प्रत्यय और 'मेधा' मूल शब्द है।
- मेधा + वी = मेधावी।
- मेधावी का अर्थ ज्ञानी अथवा तीव्र बुद्धिवाला होता है।
- 'ई' यह एक प्रत्यय है, इसके द्वारा पढ़ाई, लिखाई ऐसे शब्द बनते है।

शब्द	परिभाषा	उदाहरण
प्रत्यय	शब्द के उपरांत जिस शब्द का प्रयोग किया जाता है वह प्रत्यय है।	जैसे - ता, औना, अन, अत। श्रो + ता = श्रोता

अत: विकल्प (A) सही है।

15. 'संसार' का उचित संधि-विच्छेद 'सम् + सार' है।

- नियम: म् सम्बन्धी नियम
- सम् उपसर्ग के उपरांत अंतस्थ या ऊष्म वर्ण आने पर म् अनुस्वार में ही परिवर्तित हो जाता है।
- संधि - दो शब्दों के मेल से जो विकार (परिवर्तन) होता है, उसे संधि कहते हैं।

अत: विकल्प (A) सही है।

16. 'नीलकमल' शब्द में कर्मधारय समास है।

शब्द	समास	समास विग्रह
नीलकमल	कर्मधारय समास	नील है जो कमल

समास के नियमों से निर्मित शब्द सामासिक शब्द कहलाता है। इसे समस्तपद भी कहते हैं। समास होने के बाद विभक्तियों के चिह्न (परसर्ग) लुप्त हो जाते हैं।

अत: विकल्प (B) सही है।

17. 'घर फूँक तमाशा देखना' का अर्थ 'झूठी शान के लिए घर लुटाना' है। शेष विकल्प त्रुटिपूर्ण हैं। इसलिए सही विकल्प 'झूठी शान के लिए घर लुटाना' है।

मुहावरा	अर्थ	वाक्य प्रयोग
घर फूँक तमाशा देखना	अपना घर स्वयं उजाड़ना या अपना नुकसान खुद करना	जुए में सब कुछ बर्बाद करके राजीव अब घर फूँक के तमाशा देख रहा है।

अत: विकल्प (D) सही है।

18. कुण्डलिया छंद में दोहे का चौथा चरण रोले के प्रथम चरण में दोहराया जाता है।

- दोहा और रोला जोड़कर कुण्डलिया छंद बनाते हैं।
- कुण्डलिया के प्रथम दो चरणों में दोहा का लक्षण और बाद के चार चरणों में 'रोला' का लक्षण घटित होता है।
- कुण्डलिया छंद का प्रथम और अंतिम शब्द एक जैसा होता है।
- कुल 6 चरण होते है। प्रथम दो चरण में दोहा छंद पाया जाता है। और अंतिम 4 चरण में रोला छंद पाया जाता है।

अत: विकल्प (D) सही है।

19. 'वाल्मीकि' शब्द की वर्तनी शुद्ध है।

- 'वाल्मीकि' का अर्थ 'ऋषि का नाम' है।
- वाक्य - महर्षि वाल्मीकि को प्राचीन वैदिक काल के महान ऋषियों की श्रेणी में प्रमुख स्थान प्राप्त है।
- वाल्मीकि- संस्कृत रामायण के प्रसिद्ध रचयिता हैं जो आदिकवि के रूप में प्रसिद्ध है। उन्होंने संस्कृत में रामायण की रचना की।

वर्तनी	किसी शब्द में आए हुए अक्षरों को मात्राओं सहित कहने या लिखने की रीति को 'वर्तनी' या 'अक्षरी' कहते हैं। वर्तनी का सम्बन्ध उच्चारण

से होता है।

अत: विकल्प (B) सही है।

20. 'हैं मसे भीगती गेहूँ की तरुणाई फूटी आती है।' पंक्ति में मानवीकरण अलंकार है।

- उपर्युक्त उदाहरण में गेहूँ तरुणाई फूटने में मानवीय क्रियाओं का आरोप है। इसलिए, मानवीकरण अलंकार है।
- जहां जड़ पर चेतन का आरोप अर्थात् जड़ प्रकृति पर मानवीय भावनाओं तथा क्रियाओं का आरोप हो, वहाँ मानवीकरण अलंकार होता है।

अत: विकल्प (C) सही है।

21. ASEAN-भारत वार्ता संबंधों के 30 साल पूरे होने के उपलक्ष्य में विशेष ASEAN-भारत विदेश मंत्रियों की बैठक (एसएआईएफएमएम) 16 और 17 जून 2022 को नई दिल्ली, भारत में आयोजित की जाएगी। इस ऐतिहासिक मान्यता में, वर्ष 2022 को ASEAN-भारत मैत्री वर्ष के रूप में मनाया जा रहा है, जैसा कि अक्टूबर 2021 में 18वें आसियान-भारत शिखर सम्मेलन में आसियान और भारतीय नेताओं द्वारा घोषित किया गया था।

अत: विकल्प (A) सही है।

22. केंद्र सरकार ने भारतीय स्टेट बैंक को जुलाई के 1–10 से अपनी 29 अधिकृत शाखाओं के माध्यम से चुनावी बांड जारी करने और भुनाने के लिए अधिकृत किया है।

चुनावी बांड जारी होने की तारीख से पंद्रह कैलेंडर दिनों के लिए वैध होंगे और वैधता अवधि की समाप्ति के बाद चुनावी बांड जमा किए जाने पर किसी भी राजनीतिक दल को कोई भुगतान नहीं किया जाएगा।

अतः विकल्प (A) सही है।

23. दृष्टिबाधित लोगों के लिए देश का पहला रेडियो चैनल, जिसका नाम 'रेडियो अक्ष' है, नागपुर में लॉन्च किया गया है। द ब्लाइंड रिलीफ एसोसिएशन नागपुर और समदृष्टि क्षमता विकास एवं अनुसंधान मंडल (सक्षम) इस अवधारणा के अग्रदूत हैं। यह दृष्टिबाधित लोगों को शिक्षा संसाधनों और ऑडियोबुक तक निर्बाध पहुंच प्राप्त करने में मदद करेगा।

अतः विकल्प (B) सही है।

24. भारतीय विदेश सेवा (IFS) अधिकारी श्वेता सिंह को 2 अगस्त 2022 को प्रधान मंत्री कार्यालय (PMO) में निदेशक के रूप में नियुक्त किया गया था।

- सिंह 2008-बैच के IFS अधिकारी हैं।
- कैबिनेट की नियुक्ति समिति (एसीसी) ने सिंह की नियुक्ति की तारीख से तीन साल की अवधि के लिए उनकी नियुक्ति को मंजूरी दी।

अतः विकल्प (A) सही है।

25. ऊर्जा और शहरी विकास मंत्री अरविंद शर्मा ने उत्तर प्रदेश में दो विभागों के सार्वजनिक शिकायतों और निगरानी कार्यक्रमों और योजनाओं के निपटान के लिए संभव (सिस्टमिक एडमिनिस्ट्रेशन मैकेनिज्म फॉर ब्रिंगिंग हैप्पीनेस एंड वैल्यू) पोर्टल लॉन्च किया गया है।

अतः विकल्प (B) सही है।

26. प्राचीन भारत में लोगों को 4 वर्णों में विभाजित किया गया था।

- 'धर्म-शास्त्र' में वर्ण प्रणाली समाज को चार वर्णों (ब्राह्मण, क्षत्रिय, वैश्य और शुद्र) में विभाजित करती है।
- ब्राह्मण हिंदू धर्म का एक वर्ण है जो पुजारियों, शिक्षकों (आचार्य) और पीढ़ियों में पवित्र शिक्षा के संरक्षक के रूप में विशेषज्ञता रखते हैं।
- 'क्षत्रिय' चार वर्णों में दूसरा सर्वोच्च वर्ण है और परंपरागत रूप से सैन्य या शासक वर्ग से होते हैं।

- वैश्य वर्ण उन लोगों से बना है जिन्होंने कृषि, व्यापार और वाणिज्य के क्षेत्र में कार्य किया था।
- शूद्र वर्ण उन लोगों से बना है जो दास जैसे छोटी माने जाने वाली सेवा में कार्यरत थे।

अत: विकल्प (C) सही है।

27. मुगल सम्राट औरंगजेब द्वारा निष्पादित सिख गुरु तेग बहादुर थे।

- बादशाह औरंगज़ेब ने नौवें सिख गुरु तेग बहादुर के सिर और शरीर को हटाने से किसी को मना किया था।
- दिल्ली में मुगल बादशाह औरंगजेब के आदेश पर, गुरु तेग बहादुर को 1675 में सार्वजनिक रूप से इस्लाम में धर्मान्तरित करने से मना कर दिया गया था।
- गुरु तेग बहादुर लोगों की स्वतंत्रता में दृढ़ता से विश्वास करते थे कि वे जो भी धर्म चाहते हैं, उसकी पूजा करेंगे।

अत: विकल्प (A) सही है।

28. सरोजिनी नायडू 1925 में कानपुर कांग्रेस अधिवेशन की अध्यक्ष थीं।

- वर्ष 1925 में, उन्हें भारतीय राष्ट्रीय कांग्रेस के अध्यक्ष के रूप में नियुक्त किया गया था और वह इस संगठन की पहली भारतीय महिला अध्यक्ष थीं।
- उन्हें कविता लेखन के क्षेत्र में उनके योगदान के लिए "नाइटिंगेल ऑफ़ इंडिया" का खिताब दिया गया था।
- उन्हें 'भारत कोकिला ' कहा जाता था।
- वह भारत के प्रभुत्व में गवर्नर का पद संभालने वाली पहली महिला हैं।
- वह 1947 में संयुक्त प्रांत की गवर्नर बनीं।

अत: विकल्प (C) सही है।

29. 42 वें संवैधानिक संशोधन अधिनियम को मिनी संविधान भी कहा जाता है।

- 42 वें संवैधानिक संशोधन अधिनियम आंतरिक आपातकाल (1975-1977) के दौरान वर्ष 1976 में किया गया सबसे व्यापक संशोधन है। इसने संविधान में व्यापक परिवर्तन लाए हैं, जिनमें से अधिकांश को 44 वें संवैधानिक संशोधन अधिनियम 1978 में बंद कर दिया गया था।
- 42 वें संशोधन ने संवैधानिक संरचना में मूलभूत परिवर्तन किए और इसमें प्रस्तावना में 'समाजवाद', 'पंथनिरपेक्ष' व 'अखण्डता' शब्द जोड़े गए। भाग IVA में मौलिक कर्तव्यों को जोड़ा गया।

अत: विकल्प (A) सही है।

30. हैलोक्लाइन को सागर के ऊर्ध्वाधर खंड में उच्च लवणता के क्षेत्र के रूप में जाना जाता है।

हैलोक्लाइन नामक क्षेत्र में, ऊर्ध्वाधर दिशा में लवणता काफी बढ़ जाती है। कम खारे पानी के नीचे खारा पानी अधिक होता है, जो ऊर्ध्वाधर लवणता के स्तरीकरण की ओर जाता है।

अत: विकल्प (B) सही है।

31. नागार्जुन सागर बहुउद्देशीय परियोजना कृष्णा नदी पर है।

नागार्जुन सागर परियोजना के अंतर्गत बना नागार्जुन सागर बाँध हैदराबाद से 150 कि.मी. की दूरी पर कृष्णा नदी पर स्थित है। 4 अगस्त, 1967 में पूर्व प्रधानमंत्री इंदिरा गाँधी द्वारा इसकी दोनों नहरों में पहली बार पानी छोड़ा गया था। यह भारत का सबसे ऊँचा और लंबा बाँध है।

अत: विकल्प (D) सही है।

32. वर्ष 1829 में सती प्रथा के व्यवहार पर प्रतिबंध लगा दिया गया था।

- राजा राममोहन राय और अन्य लोगों के उग्र अभियान और पैरवी के कारण, 4 दिसंबर 1829 को लॉर्ड विलियम बेंटिक द्वारा बंगाल प्रेसीडेंसी के तहत सभी देशों में सती प्रथा को औपचारिक रूप से प्रतिबंधित कर दिया गया था।
- भारत के इतिहास में सती प्रथा - अपने पति के अंतिम संस्कार की चिता पर विधवा के आत्मदाह का उन्मूलन एक ऐतिहासिक क्षण था।
- सती प्रथा का उन्मूलन भारत में उपनिवेशवाद के बारे में सीखते समय हमें सिखाई गई पहली चीजों में से एक है।
- बंगाल के 19 वीं सदी के उदारवादी नेता राजा राममोहन राय ने विधवा को जलाने की क्रूर प्रथा के खिलाफ वकालत की कि इस बात की गारंटी दी जाए कि विधवा और मृत पति दोनों स्वर्ग में रहेंगे।
- यह पहली बार 1515 में गोवा में पुर्तगालियों द्वारा प्रतिबंधित किया गया था और उसके बाद चोंड़ुरा में डच और पांडिचेरी में फ्रांसीसी द्वारा किया गया था।

अत: विकल्प (C) सही है।

33. द्वितीय विश्व युद्ध के दौरान विंस्टन चर्चिल इंग्लैंड के प्रधानमंत्री थे।

- उन्होंने दो बार अपरिवर्तनवादी प्रधानमंत्री के रूप में कार्य किया - 1940 से 1945 तक (1945 के आम चुनाव में लेबर नेता क्लेमेंट एटली द्वारा पराजित होने से पहले) और 1951 से 1955 तक।
- चर्चिल प्रसिद्ध कूटनीतिज्ञ और प्रखर वक्ता थे। वो सेना में अधिकारी रह चुके थे, साथ ही वह इतिहासकार, लेखक और कलाकार भी थे। वह एकमात्र प्रधानमंत्री थे जिसे नोबेल पुरस्कार से सम्मानित किया गया था।

अत: विकल्प (B) सही है।

34. हाल ही में लॉन्च किया गया e-RaKAM पोर्टल किसानों के कल्याण से संबंधित है।

- किसानों को कृषि उपज बेचने के लिए एक मंच प्रदान करने के लिए केंद्र सरकार द्वारा ई-राष्ट्रीय किसान कृषि मंडी (e-RaKAM) पोर्टल प्रारंभ किया गया था।
- यह राज्य द्वारा संचालित नीलामीकर्ता MSTC और सेंट्रल वेयरहाउसिंग कॉर्पोरेशन की शाखा CRWC द्वारा एक संयुक्त पहल है।
- e-RaKAM का मुख्य उद्देश्य किसानों को बिना किसी मध्यस्थ के सीधे उनके बैंक खातों में भुगतान करने की सहायता प्रदान करना है।

अत: विकल्प (D) सही है।

35. सीडी-रोम में फाइलों को कॉपी करने की प्रक्रिया को बर्निंग के रूप में जाना जाता है।

- बर्न शब्द सीडी या अन्य रिकॉर्ड करने योग्य डिस्क बनाने की कार्रवाई का वर्णन करता है।
- बर्निंग सीडी-रोम में फाइलों को कॉपी करने की प्रक्रिया को संदर्भित करता है।
- आप डिस्क के नीचे देखकर बर्न या रिकॉर्ड करने योग्य डिस्क की पहचान कर सकते हैं।
- किसी भी खाली डिस्क या रिकॉर्ड करने योग्य डिस्क का उपयोग बर्नर में एक नई डिस्क बनाने या मौजूदा डिस्क को कॉपी करने के लिए किया जा सकता है।

अत: विकल्प (A) सही है।

36. IP एड्रेस डोमेन नामों के पदानुक्रम में परिवर्तित हो जाते हैं।

- यह प्रत्येक एकल कंप्यूटर या किसी भी उपकरण को प्रेषित एक अनूठा तार्किक एड्रेस है, जो ट्रांसमिशन कंट्रोल प्रोटोकॉल (TCP)/ IP आधारित नेटवर्क का हिस्सा है।

- IP एड्रेस वह कोर यूनिट है, जिस पर पूरा नेटवर्किंग आर्किटेक्चर एक पदानुक्रमित संरचना या अनुक्रम वार चरणों में बनाया गया है।

- IP एड्रेस नेटवर्क नोड को एड्रेस पर प्रदान करता है जिससे कि यह अन्य नोड्स/ नेटवर्क के साथ संपर्क कर सके।

IP एड्रेस को संख्यात्मक रूप से 2 भागों में विभाजित किया गया है: -

- नेटवर्क पार्ट उल्लेख करता है कि यह पता किस नेटवर्क का है।

- होस्ट भाग सटीक स्थान का स्रोत बताता है।

अत: विकल्प (A) सही है।

37. साईफर अर्थात बीजलेख को तोड़ने की कला को क्रिप्ट विश्लेषण कहा जाता है और उनके (क्रिप्टोग्राफी) निर्माण के कार्य को सामूहिक रूप से क्रिप्टोलौजी के रूप में जाना जाता है।

- क्रिप्टोग्राफी में, एक साईफर अर्थात बीजलेख एन्क्रिप्शन या डिक्रिप्शन प्रदर्शित करने वाला एक एल्गोरिदम है।

- क्रिप्टोग्राफी में, एन्क्रिप्शन एक संदेश या सूचना को इस प्रकार कूटबद्ध करने की प्रक्रिया है जिससे केवल अधिकृत पक्ष ही इसे एक्सेस कर सकते हैं और जो अधिकृत नहीं हैं वे इसे एक्सेस नहीं कर सकते हैं।

अत: विकल्प (B) सही है।

38. My SQL, Oracle, MS Access सभी डेटाबेस मैनेजमेंट सिस्टम के उदाहरण हैं।

- एक डेटाबेस मैनेजमेंट सिस्टम (DBMS) एक डेटाबेस में डेटा को स्टोर, संशोधित और प्रबंधित करने के लिए डिज़ाइन किया गया सॉफ्टवेयर है।

- DBMS के उदाहरण SQL सर्वर, My SQL, Oracle, MS Access , फाइल मेकर, बिगटेबल हैं।

- एक डेटाबेस एक डेटा संरचना है जो संगठित जानकारी संग्रहीत करता है।

- टेलीफोन निर्देशिका डेटाबेस का एक अच्छा उदाहरण है।

- SQL स्ट्रक्चर्ड क्वेरी लैंग्वेज के लिए है।

- इसे डोनाल्ड डी. चेम्बरलिन और रेमंड एफ. बॉयस द्वारा डिज़ाइन किया गया था।

- Oracle डेटाबेस Oracle कॉर्पोरेशन द्वारा निर्मित एक बहु-मॉडल डेटाबेस प्रबंधन प्रणाली है।

- MySQL एक ओपन-सोर्स रिलेशनल डेटाबेस मैनेजमेंट सिस्टम है।

अत: विकल्प (D) सही है।

39. देवनागरी लिपि में लिखी हिंदी भारत की राजभाषा है।

1950 के संविधान ने चौदह भारतीय भाषाओं को मान्यता दी, जिनमें से हिंदी पहली राष्ट्रीय भाषा थी। 1965 तक अंग्रेजी एक संक्रमणकालीन भाषा होनी थी। 14 सितंबर 1949 को, हिंदी को भारतीय संघ की राजभाषा के रूप में अपनाया गया। बाद में 1950 में, भारत के संविधान ने देवनागरी लिपि में हिंदी को भारत की राजभाषा घोषित किया।

अत: विकल्प (D) सही है।

40. सुदीरमन कप बैडमिंटन खेल से संबंधित है।

सुदीरमन कप विश्व टीम बैडमिंटन चैंपियनशिप है, जो हर दो साल में आयोजित की जाती है, और खेल में सबसे प्रतिष्ठित खिताबों में से एक है। कप का नाम पूर्व इंडोनेशियाई बैडमिंटन खिलाड़ी और बैडमिंटन एसोसिएशन ऑफ

इंडोनेशिया (PBSI) के संस्थापक डिक सुदीरमन के नाम पर रखा गया है। यह आयोजन पहली बार जकार्ता, इंडोनेशिया में 24-29 मई 1989 को आयोजित किया गया था जिसमें 28 देशों ने भाग लिया था और अब यह 50 से अधिक राष्ट्रीय टीमों को आकर्षित करता है।

अत: विकल्प (D) सही है।

41. यमातोसॉरस इज़ानागी डायनासोर की प्रजाति है।

- पुरातत्वविज्ञानियों की एक अंतर्राष्ट्रीय टीम ने जापान के दक्षिणी द्वीपों में से एक पर एक नए जीनस और हड्रोसोर अथवा डक-बिल्ड डायनासोर, यमातोसॉरस इज़ानागी की प्रजातियों की खोज की है।

- जीवाश्म खोज से पता चलता है कि शाकाहारियों ने एशिया से उत्तरी अमेरिका पलायन किया है (न कि इसके विपरीत उत्तरी अमेरिका से एशिया)।

- शोध, ए न्यू बसल हड्रोसोर (डायनासोरिया: ओरनिथिशिया) वैज्ञानिक रिपोर्ट में प्रकाशित हुई थी।

अत: विकल्प (A) सही है।

42. अर्थव्यवस्था के उदारीकरण या आर्थिक सुधार 1991 के पीछे मुख्य कारण विशाल विदेशी ऋण और राजकोषीय घाटे में वृद्धि, आवश्यक वस्तुओं की बढ़ती कीमतें, भुगतान संकट का संतुलन और इराक युद्ध हैं।

सरकार ने एलपीजी (उदारीकरण, निजीकरण, और वैश्वीकरण) सुधारों के रूप में नीतिगत उपायों का एक नया सेट पेश किया जिसने हमारी विकासात्मक रणनीतियों की दिशा बदल दी।

1991 के आर्थिक सुधारों के पीछे कारण:

- 1980 के दशक में भारतीय अर्थव्यवस्था का अक्षम प्रबंधन।

- मुद्रा आपूर्ति में तेज़ी से वृद्धि के कारण मुद्रास्फीति की दर लगभग 16.7% हो गई।

- गैर-विकास व्यय में वृद्धि के कारण राजकोषीय घाटे में वृद्धि जिसके परिणामस्वरूप सार्वजनिक ऋण और ब्याज में वृद्धि हुई है। इसलिए, कथन 1 सही है।

- ब्याज देयता कुल सरकारी व्यय का 36.4% हो गई।

- आवश्यक वस्तुओं की बढ़ती कीमतें। इसलिए, कथन 2 सही है।

- भुगतान संतुलन में प्रतिकूल वृद्धि। इसलिए, कथन 3 सही है।

- 1990-91 में इराक युद्ध ने पेट्रोल की कीमतों में वृद्धि की। खाड़ी देशों से विदेशी मुद्रा का प्रवाह रुक गया और इसने समस्या को और बढ़ा दिया। इसलिए, कथन 4 सही है।

- राजनीतिक हस्तक्षेप के कारण सार्वजनिक उपक्रमों का निराशाजनक प्रदर्शन और सरकार के लिए एक बड़ा दायित्व बन गया।

- 1990-91 में भारत का विदेशी मुद्रा भंडार कम हो गया और 2 सप्ताह के लिए आयात बिल का भुगतान करना अपर्याप्त था।

अत: विकल्प (D) सही है।

43. विश्व आर्थिक मंच 2004 के बाद से वार्षिक आधार पर वैश्विक प्रतिस्पर्द्धात्मक रिपोर्ट प्रकाशित करता है।

- यह वैश्विक प्रतिस्पर्धात्मकता सूचकांक के आधार पर विश्व के देशों को रैंक देता है।

- सूचकांक को जेवियर सला -ए-मार्टिन और एल्सा वी. अर्तदी द्वारा विकसित किया गया है।

- रिपोर्ट देश को आश्वस्त करती है कि कोई देश अपनी उत्पादकता बढ़ाने के लिए अपने उपलब्ध संसाधनों का कितना प्रभावी उपयोग करता है।

- बदले में यह देशों को उनके नागरिक को उच्च स्तरीय समृद्धि प्रदान करने की क्षमता निर्धारित करती है।
- रिपोर्ट नीति निर्माताओं को दीर्घकालीन समृद्धि के लिए प्रेरित करती है।

अत: विकल्प (C) सही है।

44. 'राजीव गांधी खेल रत्न पुरस्कार' के पहले प्राप्तकर्ता विश्वनाथन आनंद हैं।

- राजीव गांधी खेल रत्न पुरस्कार, भारत को खेलों में उपलब्धि के लिए दिया जाने वाला सर्वोच्च सम्मान है।
- यह पुरस्कार वर्ष 1991- 92 में स्थापित किया गया था और भारत सरकार द्वारा प्रदान किया गया था।
- विश्वनाथन आनंद 2003 FIDE विश्व शतरंज चैम्पियनशिप में विश्व शतरंज विजेता बने और उन्हें अपने समय का एक असाधारण खिलाड़ी माना जाता है। 1988 में, विश्वनाथन आनंद भारत के ग्रैंडमास्टर बने।

अत: विकल्प (A) सही है।

45. नोबेल पुरस्कार पुरस्कार प्रत्येक वर्ष 6 श्रेणियों में दिए जाते हैं।

- अल्फ्रेड नोबेल के सम्मान में 10 दिसंबर, 1901 को नोबेल पुरस्कारों की शुरुआत की गई थी।
- अल्फ्रेड नोबेल ने अपनी वसीयत के माध्यम से पांच श्रेणियों के तहत केवल पांच पुरस्कारों का प्रावधान किया है।
- अर्थशास्त्र पुरस्कार बाद में उनकी स्मृति में जोड़ा गया था।
- प्रत्येक वर्ष कुल छह पुरस्कार नोबेल पुरस्कार के रूप में दिए जाते हैं।
- उन्हें व्यापक रूप से दुनिया में बौद्धिक उपलब्धि के लिए दिए जाने वाले सबसे प्रतिष्ठित पुरस्कारों के रूप में माना जाता है और उन्हें छह श्रेणियों में प्रदान किया जाता है: भौतिकी, रसायन विज्ञान, शरीर विज्ञान या चिकित्सा, साहित्य, शांति और अर्थशास्त्र।

अत: विकल्प (D) सही है।

46. पुस्तक "सिक्स मशीन: आई डॉन्ट लाइक क्रिकेट.... आई लव इट" जमैका के क्रिकेटर क्रिस गेल की आत्मकथा है।

- वह वेस्टइंडीज के लिए अंतर्राष्ट्रीय क्रिकेट खेलते हैं।
- वह 2007 से 2010 तक वेस्टइंडीज टीम के कप्तान थे।
- क्रिकेट के तीनों प्रारूपों में उनके नाम कई रिकॉर्ड हैं।
- वह टी20 प्रारूप में 1000 छक्के लगाने वाले पहले बल्लेबाज हैं।
- वह शतक की तिकड़ी बनाने वाले एकमात्र खिलाड़ी हैं जिनके पास टेस्ट में तिहरा शतक, वनडे में दोहरा शतक और टी20 में शतक है।
- 2019 में उन्होंने 2019 क्रिकेट विश्व कप के बाद ODI से संन्यास की घोषणा की।
- 2014 में उन्होंने अपना आखिरी टेस्ट मैच बांग्लादेश के खिलाफ खेला था।
- दिसंबर 2020 में, ICC ने उन्हें दशक की T20 टीम में शामिल किया।

अत: विकल्प (B) सही है।

47. दुनिया के अग्रणी सार्वजनिक बुद्धिजीवियों में से एक, नोबेल पुरस्कार विजेता अमर्त्य सेन ने अपना संस्मरण 'होम इन द वर्ल्ड' लिखा है।

- 'होम इन द वर्ल्ड' में, सेन ने अपने जीवन से विवरण साझा किए हैं और 'घर' की अवधारणा के बारे में बात करी है।

- अमर्त्य सेन की कुछ उल्लेखनीय पुस्तकें 'द आर्गुमिंटेटिव इंडियन', 'द आइडिया ऑफ जस्टिस' आदि हैं।

अत: विकल्प (D) सही है।

48. UNDP का अर्थ संयुक्त राष्ट्र विकास कार्यक्रम (United Nations Development Programme) है।

- UNDP लगभग 170 देशों और क्षेत्रों में काम करता है।
- इसने गरीबी उन्मूलन और असमानताओं और बहिष्करण को कम करने के लक्ष्य को प्राप्त करने में मदद की।
- मुख्यालय: न्यूयॉर्क शहर
- वर्तमान व्यवस्थापक: अचिम स्टेनर
- स्थापित: 1965 में

अत: विकल्प (A) सही है।

49. चरक कनिष्क के दरबार के सदस्य थे।

चरक:

- वे कनिष्क I के दरबारी चिकित्सक थे।
- उन्होंने आयुर्वेदिक विज्ञान में भी योगदान दिया।
- उन्होंने चरक संहिता नामक चिकित्सा ग्रंथ का संकलन किया।

कनिष्क:

- कनिष्क ने दूसरे कुषाण वंश की स्थापना की।
- वह सबसे प्रसिद्ध कुषाण शासक थे, उन्हें 'द्वितीय अशोक' के नाम से भी जाना जाता था।
- उन्होंने 78 ईस्वी में एक युग की शुरुआत की, जिसे अब शक युग के रूप में जाना जाता है और भारत सरकार द्वारा इसका उपयोग किया जाता है।
- कनिष्क महायान बौद्ध धर्म के महान संरक्षक थे।
- उनके शासनकाल के दौरान, कश्मीर के कुंडलवन में चौथी बौद्ध परिषद आयोजित की गई थी, जहां बौद्ध धर्म के महायान रूप के सिद्धांतों को अंतिम रूप दिया गया था।

अत: विकल्प (C) सही है।

50. अग्न्याशय वह ग्रंथि है जो एंजाइम और हार्मोन दोनों का स्राव करती है।

- अग्न्याशय द्वारा स्रावित एक एंजाइम ट्रिप्सिन, काइमोट्रिप्सिन आदि हैं।
- इसके द्वारा स्रावित हार्मोन इंसुलिन, ग्लूकागन और सोमैटोस्टैटिन हैं।
- इंसुलिन मानव शरीर के अग्न्याशय ग्रंथि द्वारा स्रावित होता है।

अत: विकल्प (B) सही है।

51. विल्हेम कॉनराड रॉटजन ने एक्स-रे की खोज की थी।

- विल्हेम कॉनराड रॉटजन एक जर्मन मैकेनिकल इंजीनियर और भौतिक विज्ञानी थे, जिनका जन्म 27 मार्च 1845 को हुआ था।।
- 1901 में, एक्स-रे की खोज के लिए उनको भौतिकी का पहला नोबेल पुरस्कार दिया गया।
- यह एक्स-रे ट्यूब इस खोज के बाद चिकित्सा में अक्सर इस्तेमाल किया जाने वाला साधन बन गया।

अत: विकल्प (C) सही है।

52.

चित्र में प्रतीक	अर्थ
○	महिला
□	पुरुष
═	शादीशुदा जोड़ा
—	भाई-बहन
|	एक पीढ़ी का प्रसार

दी गई जानकारी से,

(1) X, F की एक बेटी है, जिसके दो बच्चे हैं।

(2) F, Y की माँ है और Y, A का पति है। (इसका अर्थ है Y, X का भाई है।)

(3) B, X का पति है, B का कोई भाई-बहन नहीं है। और Z, X का भतीजा है। (इसका अर्थ है कि A और Y का पुत्र है।)

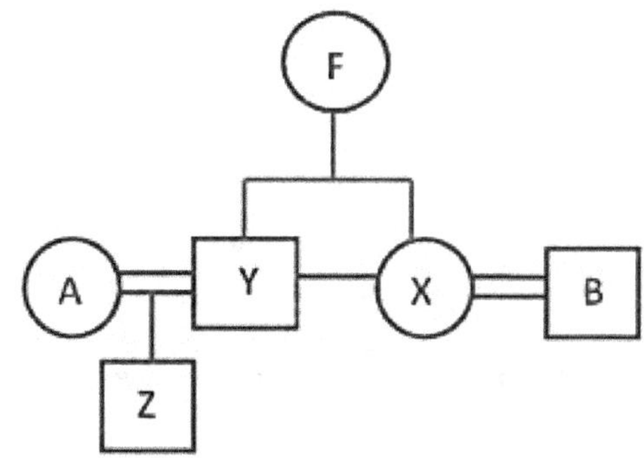

जैसे कि B, X का पति है और X, F की बेटी है।

इसलिए, B, F का दामाद है।

अत: विकल्प (B) सही है।

53. दी गई जानकारी के अनुसार,

Dun [Bake] ⟶ [Dark] Night

(Tin) Tara Hara ⟶ Over Star (Sky)

(Tin) Duf [Bake] ⟶ [Dark] Blue (Sky)

Dark के लिए कूट - Bake

Sky के लिए कूट - Tin

इस कूट भाषा में 'Dun' शब्द का अर्थ Night है।

इसलिए, सही उत्तर "Dun" है।

अत: विकल्प (B) सही है।

54. कथन I से:

वीना श्याम की पत्नी है, इसका मतलब है कि वीना एक महिला है और श्याम एक पुरुष है। वीना की छह बेटियां हैं, जिनका एक भाई है यानी वीना का एक बेटा है। इस प्रकार पुरुषों की कुल संख्या 2 और महिलाओं की संख्या 7 है।

स्पष्ट रूप से, अभीष्ट अंतर 5 है।

इसलिए, कथन I में दिया गया डेटा प्रश्न का उत्तर देने के लिए पर्याप्त है।

कथन II से:

राम और श्याम पुरुष सदस्य हैं।

वीना और उनकी छह बेटियां महिला सदस्य हैं।

इसलिए, अभीष्ट अंतर 5 है।

तो, कथन II में दिया गया डेटा भी प्रश्न का उत्तर देने के लिए पर्याप्त है।

इसलिए, केवल कथन I या केवल कथन II प्रश्न का उत्तर देने के लिए पर्याप्त है।

अत: विकल्प (C) सही है।

55. यदि महीने की शुरुआत रविवार से होती है तो,

मई महीने में 31 दिन होते हैं,

रविवार, सोमवार और मंगलवार 5 बार और बुधवार, गुरुवार, शुक्रवार और शनिवार 4 बार आए होंगे।

यह एकमात्र संभव स्थिति है।

इसलिए, उत्तर मंगलवार है।

अत: विकल्प (B) सही है।

56. यहाँ तर्क है:

संग्रह, इकट्ठा का एक पर्यायवाची है।

इसी तरह,

श्रवण करना, सुनना का पर्यायवाची है।

इसलिए, श्रवण सही उत्तर है।

अत: विकल्प (A) सही है।

57. यहाँ अनुसरित तर्क है:

मणिपुर को छोड़कर, अन्य सभी विकल्प विभिन्न देशों के उदाहरण हैं।

जबकि मणिपुर भारत में स्थित एक राज्य है।

इसलिए, "मणिपुर" सही उत्तर है।

अत: विकल्प (D) सही है।

58. प्रश्न आकृति की सही दर्पण छवि, जब दर्पण को आकृति के दाईं ओर रखा जाता है:

MT3BSC5 ƧƆƧ8ƎTM

अत: विकल्प (A) सही है।

59. प्रश्न में अप्रत्यक्ष रूप से 6 के विपरीत आने वाली संख्या के बारे में पूछा गया है।

जैसा कि आप देख सकते हैं, पासे की दो स्थितियों में 6 की सभी आसन्न संख्याओं को दिखाया गया है। 6 के आसन्न संख्याएँ 1, 2, 3 और 5 हैं, तो 4, 6 के विपरीत होगी।

अत: विकल्प (C) सही है।

60. पहली बैटरी एलेसेंड्रो वोल्टा द्वारा बनाई गई थी।

- एलेसेंड्रो वोल्टा ने 1800 में पता लगाया कि कुछ तरल पदार्थ एक कंडक्टर के रूप में उपयोग किए जाने पर विद्युत शक्ति का निरंतर प्रवाह उत्पन्न करेंगे। इस खोज के कारण पहली वोल्टिक सेल का आविष्कार हुआ, जिसे आमतौर पर बैटरी के रूप में जाना जाता है।

- एक बैटरी एक उपकरण है जिसमें विद्युत उपकरणों, जैसे इलेक्ट्रिक कार, फ्लैशलाइट और मोबाइल फोन को बिजली देने के लिए बाहरी कनेक्शन के साथ एक या अधिक विद्युत रासायनिक सेल से युक्त होता है।

अत: विकल्प (C) सही है।

61. मार्च 2018 तक भारत का सबसे तेज सुपर कम्प्यूटर प्रत्युष है।

प्रत्युष की स्थापना पुणे में भारतीय उष्णकटिबंधीय मौसम विज्ञान संस्थान (आईआईटीएम) में की गई है और इसका उपयोग मौसम और जलवायु पूर्वानुमान के लिए किया जाता है।

भारत के सबसे शक्तिशाली सुपरकंप्यूटर प्रत्युष, देश का पहला बहु-पेटाफ्लॉप उपकरण है, जिसका उपयोग मौसम और जलवायु भविष्यवाणियों को बेहतर बनाने के लिए किया जा रहा है, ने दुनिया के शीर्ष 500 सुपर कंप्यूटरों की सूची में 39वें स्थान पर जगह बनाई है।

- 4 पेटाफ्लॉप सुपरकंप्यूटर ने पहली बार उच्च 300s से लेकर 50 की सूची में भारत की रैंकिंग में सुधार किया है।

- एक पेटाफ्लॉप प्रति मिलियन मिलियन फ़्लोटिंग पॉइंट ऑपरेशन है और यह एक सिस्टम की कंप्यूटिंग क्षमता का प्रतिबिंब है।

- प्रत्युष का उपयोग अधिक सटीक मौसम और जलवायु पूर्वानुमान करने के लिए किया जाएगा, जिसमें सभी महत्वपूर्ण मानसून पूर्वानुमान शामिल हैं।

अत: विकल्प (D) सही है।

62. सत्येंद्र प्रकाश ने 1 अगस्त 2022 को पत्र सूचना ब्यूरो (PIB) के प्रधान महानिदेशक के रूप में पदभार ग्रहण किया।

वह 1988 बैच के भारतीय सूचना सेवा अधिकारी हैं। उन्होंने जयदीप भटनागर, जो 31 जुलाई 2022 को सेवानिवृत्त हुए, का स्थान लिया।इससे पहले सत्येंद्र प्रकाश केंद्रीय संचार ब्यूरो के प्रधान महानिदेशक के पद पर कार्यरत थे।

अत: विकल्प (D) सही है।

63. अंतर्राष्ट्रीय योग दिवस का 8वां संस्करण 21 जून, 2022 को मनाया गया, यह मानवता के लिए योग के विषय द्वारा निर्देशित था।' COVID-19 के ठीक होने के बाद की अवधि के दौरान सही योग आसनों का चयन और जागरूकता के साथ उनका अभ्यास करने से तेजी से उपचार के लिए आराम से शरीर और दिमाग के साथ प्रतिरक्षा का निर्माण करने में मदद मिलती है।

अत: विकल्प (C) सही है।

64. भारत और रूस की नौसेनाओं ने 14 जनवरी 2022 को अरब सागर में एक पासिंग अभ्यास किया।

भारतीय नौसेना के स्वदेशी रूप से डिजाइन और निर्मित निर्देशित-मिसाइल विध्वंसक आईएनएस कोच्चि ने रूसी संघ की नौसेना के विध्वंसक एडमिरल ट्रिब्यूट्स के साथ अभ्यास किया। यह सुनिश्चित करने के लिए एक पासिंग अभ्यास किया जाता है कि इसमें भाग लेने वाली दो नौसेनाएं आपदा या युद्ध के समय में सुचारू रूप से समन्वय और संवाद करने में सक्षम हों।

अत: विकल्प (B) सही है।

65. प्रतिकूल मौसम और प्राकृतिक आपदाओं के कारण फसलों को हुए नुकसान की भरपाई के लिए, हरियाणा ने अप्रैल 2022 में योजना के लिए 10 करोड़ रुपये के प्रारंभिक कोष के साथ मुख्यमंत्री बागवानी बीमा योजना पोर्टल लॉन्च किया है। यह योजना सब्जियों और मसालों के लिए 30,000 रुपये प्रति एकड़ और फलों के लिए 40,000 रुपये प्रति एकड़ की राशि की भरपाई करती है, जिसकी भरपाई किसानों को चार श्रेणियों जैसे 25 प्रतिशत, 50 प्रतिशत, 75 प्रतिशत और 100 प्रति एकड़ के माध्यम से की जाएगी। सर्वेक्षण के आधार पर शत-प्रतिशत किसान का अंशदान बीमित राशि का केवल 5 प्रतिशत यानी सब्जियों और मसालों के लिए 750 रुपये प्रति एकड़ और फलों के लिए 1000 रुपये प्रति एकड़ होगा।

अत: विकल्प (D) सही है।

66. उत्तराखंड की राज्य तितली कॉमन पीकॉक है। इसका वैज्ञानिक नाम पैपिलियो बियानोर है।

उत्तराखंड में पाई जाने वाले तितली काॅमन पीकॉक को शासन द्वारा सात नवंबर 2016 को देहरादून में वाइल्ड लाइफ एडवाइजरी की बैठक के बाद राज्य के पांचवें प्रतीक के रूप में राज्य तितली का दर्जा प्राप्त हुआ है।

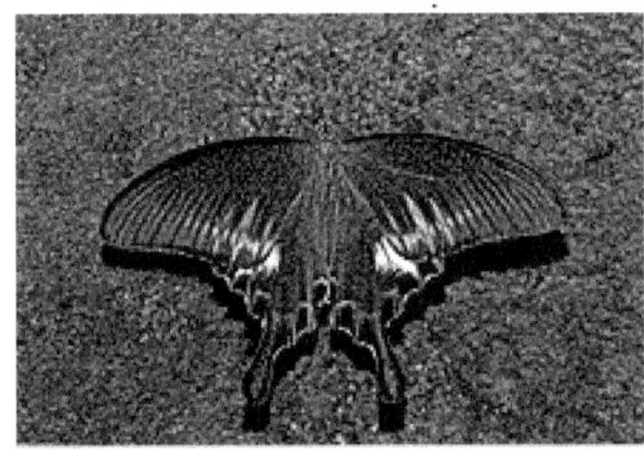

अत: विकल्प (A) सही है।

67. 2011 में लोकायुक्त विधेयक पारित करने वाला पहला भारतीय राज्य उत्तराखंड है।

- इस बिल के अनुसार, लोकायुक्त में एक अध्यक्ष और पांच सदस्य होंगे जिनकी संख्या बढ़ाकर आठ करने की संभावना है।

- उत्तराखंड लोकायुक्त विधेयक को मुख्यमंत्री बीसी खंडूरी द्वारा राज्य में सत्ता परिवर्तन के बाद सत्ता संभालने के लगभग दो महीने बाद पारित किया गया था।

अत: विकल्प (C) सही है।

68. रामनगर - काशीपुर - मुरादाबाद उत्तराखंड का रेल मार्ग नहीं है क्योंकि मुरादाबाद उत्तर प्रदेश में स्थित है।

अत: विकल्प (A) सही है।

69. उत्तर प्रदेश पुनर्गठन अधिनियम 2000 के तहत 09 नवंबर 2000 को उत्तराखंड राज्य अस्तित्व में आया। यह भारत का 27वां राज्य बना।

- उत्तराखंड राज्य पहले आगरा और अवध के संयुक्त प्रांत का हिस्सा था, जो 1902 में अस्तित्व में आया था।

- 1935 में, राज्य का नाम संक्षिप्त करके संयुक्त प्रांत कर दिया गया।

- जनवरी 1950 में, संयुक्त प्रांत का नाम बदलकर उत्तर प्रदेश कर दिया गया।

- 09 नवंबर 2000 को उत्तर प्रदेश से अलग होने से पहले उत्तरांचल उत्तर प्रदेश का हिस्सा बना रहा।

- इसके विभिन्न पवित्र स्थानों के कारण इसे अक्सर देवताओं की भूमि (देव भूमि) कहा जाता है।

अत: विकल्प (D) सही है।

70. सोनानदी वन्यजीव अभयारण्य उत्तराखंड के नैनीताल जिले (रामनगर) में स्थित है।

- सोनानदी वन्यजीव अभयारण्य कॉर्बेट राष्ट्रीय उद्यान के मध्य में स्थित है।
- अपने बड़े क्षेत्र के कारण, इस वन्यजीव क्षेत्र में कॉर्बेट के विभिन्न द्वारों से पहुँचा जा सकता है।
- सोनानदी अभयारण्य शिवालिक तराई जैविक प्रांत के प्रमुख वनों के 301.18 वर्ग किमी में फैला हुआ है।
- ऐतिहासिक रूप से, इसे कालागढ़ वन प्रभाग से तराशा गया था।
- इसे प्रोजेक्ट टाइगर की छत्रछाया में लाया गया और 1991 में यह कॉर्बेट टाइगर रिजर्व का हिस्सा बन गया और प्रोजेक्ट हाथी का भी हिस्सा बन गया।

अत: विकल्प (D) सही है।

71. धोरा बांध उत्तराखंड में उधम सिंह नगर के पास किच्छा नदी पर बनाया गया है। यह वर्ष 1960 में बनकर तैयार हुआ है। बांध की लंबाई 9610 मीटर है।

अत: विकल्प (B) सही है।

72. चंद्रप्रभा ऐटवाल एक भारतीय पर्वतारोही हैं जो उत्तराखंड के पिथौरागढ़ जिले से संबंधित हैं।

- चंद्रप्रभा ऐटवाल का जन्म 24 दिसंबर 1941 को उत्तराखंड के पिथौरागढ़ जिले के धारचूला में हुआ था।
- वह भारत की उल्लेखनीय महिला पर्वतारोहियों में से एक हैं।
- उन्होंने नंदा देवी, कंचनजंगा, त्रिशूली और माउंट जौनली पर चढ़ाई की है।
- वह तीन बार, 28,000 फीट ऊँची माउंट एवरेस्ट पर्वत की चोटी पर चढ़ाई कर चुकी हैं।।
- उन्हें वर्ष 1990 में सर्वोच्च नागरिक पुरस्कार पद्म श्री मिला।
- युवा कार्य मंत्रालय और खेल विभाग- भारत सरकार ने वर्ष 2009 में तेनजिंग नोर्गे राष्ट्रीय साहसिक पुरस्कार का श्रेय दिया।

अत: विकल्प (B) सही है।

73. इंदिरा गाँधी अंतर्राष्ट्रीय खेल स्टेडियम उत्तराखंड के हल्द्वानी शहर में स्थित है।

- उत्तराखंड के तत्कालीन मुख्यमंत्री श्री हरीश रावत ने 2016 में हल्द्वानी में गौला नदी के किनारे 70 एकड़ के अंतर्राष्ट्रीय स्टेडियम का उद्घाटन किया था।
- रावत द्वारा ही, 9 नवंबर 2014 को इसकी आधारशिला रखी गयी थी।

अत: विकल्प (C) सही है।

74. भेंकल ताल और ब्रह्म ताल चमोली जिले में स्थित हैं।

- भेंकल ताल - समुद्रतल से नौ हजार फिट की ऊंचाई पर स्थित भेंकलताल देवदार, सुराई, बुरांश के पेड़ों के बीच में घिरा हुआ है। करीब एक किमी वर्ग क्षेत्र में फैला यह स्थान बहुत खूबसूरत है। यहां भेंकल नाग देवता का प्राचीन मंदिर भी है। जून में प्रतिवर्ष भेंकल ताल से कुछ नीचे तालगेर में भेंकल ताल महोत्सव का आयोजन होता है। भेंकल ताल का पानी तालगेर से होते हुए जमीन के अंदर ही अंदर रतगांव पहुंचता है। इससे निकटवर्ती कई अन्य

प्राकृतिक स्रोत भी रिचार्ज होते हैं। देवाल-लोहाजंग मोटर मार्ग से करीब पांच किमी पैदल चलकर भेंकल ताल पहुंचा जाता है।

- भेंकल ताल से लगभग तीन किमी दूर ऊंचाई पर समुद्रतल से ग्यारह हजार फिट की ऊंचाई पर ब्रह्मताल मौजूद है। यह अपने आप में प्रकृति की अनुपम धरोहर है। यहां भी लगभग खुले स्थान पर करीब तीन सौ वर्ग मीटर की परिधि में बारामास क्रिस्टल के समान स्वच्छ जल से भरा ताल मौजूद है।

अत: विकल्प (D) सही है।

75. गढ़वाल हितकारिणी सभा की स्थापना 1901 में हुई थी।

- 1905 में गढ़वाली मासिक पत्र गढ़वाल संघ ने प्रकाशित किया था। जिसके संपादक गिरिजा दत्त नैथानी थे।
- गढ़वाल अखबार 1902 में लैंसडाउन से गिरिजा दत्त नैथानी द्वारा निकाला गया था।

अत: विकल्प (B) सही है।

76. भारत में लिंगानुपात की दृष्टि से उत्तराखंड का तेरहवां स्थान है।

- लिंग अनुपात को प्रति हजार पुरुषों पर महिलाओं की संख्या के रूप में परिभाषित किया गया है।
- यह दिये गए निश्चित समय में समाज में पुरुषों और महिलाओं के बीच प्रचलित समानता की सीमा को मापने के लिए एक महत्वपूर्ण संकेतक है।
- 2011 की जनगणना के अनुसार लिंगानुपात दर्शाता है कि प्रति 1000 पुरुषों पर 933 महिलाएं थीं।
- केरल में सभी भारतीय राज्यों में सबसे अधिक लिंगानुपात 1084 है और हरियाणा में सबसे कम लिंगानुपात 877 है।
- उत्तराखंड में प्रति 1000 पुरुषों पर 963 महिलाओं का लिंगानुपात है और 2011 की जनगणना के अनुसार लिंग-अनुपात की सूची में यह 13वें स्थान पर है।

अत: विकल्प (A) सही है।

77. बाटा दून उत्तराखंड का हिस्सा नहीं है।

- यह हिमाचल प्रदेश का एक हिस्सा है।
- बाटा दून अनुदैर्ध्य घाटियाँ हैं जो यूरेशियन प्लेट और भारतीय प्लेट के तह के परिणामस्वरूप टकराने पर बनी हैं।
- वे कम हिमालय और शिवालिक में बनते हैं।
- ये घाटियाँ हिमालय की नदियों द्वारा पारित मोटे जलोढ़ के साथ जमा हुई हैं।
- कोटा दून, देहरादून, पाटली दून, हर की दून उत्तराखंड के हिस्से हैं।

अत: विकल्प (C) सही है।

78. कत्यूरी शासकों की राजभाषा संस्कृत थी।

कत्यूरी राजा वर्तमान उत्तराखंड, भारत के मध्ययुगीन शासक वंश थे। उन्होंने 800 से 1100 ईस्वी तक कुमाऊं क्षेत्र पर शासन किया। उन्होंने अपने राज्य को कूर्मांचल, कूर्म की भूमि, विष्णु का दूसरा अवतार कहा, जो इस क्षेत्र को इसका वर्तमान नाम कुमाऊं देता है।

अत: विकल्प (C) सही है।

79. केंद्रीय बजट 2021-22 के अनुसार, SVAMITVA योजना को सभी राज्यों/केंद्रशासित प्रदेशों तक विस्तारित किया जाना है। यह योजना सम्पत्ति से संबंधित है।

- SVAMITVA योजना- ग्रामीण क्षेत्रों की योजना में सुधार प्रौद्योगिकी के साथ गांवों और मानचित्रण का सर्वेक्षण (सर्वे ऑफ़ विलेजेस एंड मैपिंग विथ इम्प्रोवाइज्ड टेक्नोलॉजी इन विलेज एरियाज स्कीम)।
- 2020 में, केंद्रीय ग्रामीण विकास और पंचायती राज मंत्री ने SVAMITVA योजना के बारे में दिशानिर्देश जारी किए हैं।
- यह योजना राष्ट्रीय पंचायती राज दिवस (24 अप्रैल) को शुरू की गई थी।
- यह पंचायती राज मंत्रालय, राज्य पंचायती राज विभागों, राज्य के राजस्व विभागों और भारतीय सर्वेक्षण विभाग का एक सहयोगात्मक प्रयास है।
- यह ड्रोन तकनीक और कंटीन्यूअसली ऑपरेटिंग रिफरेन्स स्टेशन (CORS) का उपयोग कर ग्रामीण बसे हुए क्षेत्रों में भूमि की मैपिंग के लिए एक योजना है।
- मैपिंग को चार साल की अवधि में देश भर में 2020 से 2024 तक किया जाएगा।
- यह योजना ग्रामीण क्षेत्रों में योजना और राजस्व संग्रह को सुव्यवस्थित करने और संपत्ति के अधिकारों पर स्पष्टता सुनिश्चित करने में मदद करेगी।
- ये कार्यक्रम छह राज्यों - हरियाणा, कर्नाटक, मध्य प्रदेश, महाराष्ट्र, उत्तर प्रदेश, और उत्तराखंड में लागू किया गया था।
- अब केंद्रीय बजट 2021-22 के अनुसार, SVAMITVA योजना को सभी राज्यों/केंद्रशासित प्रदेशों तक बढ़ाया जाना है।
- 1,241 गांवों में 1.80 लाख संपत्ति मालिकों को पहले ही कार्ड प्रदान किए जा चुके हैं।

अत: विकल्प (A) सही है।

80. सलाम सलिया सत्याग्रह को 'कुमायूँ की बारडोली' के रूप में जाना जाता है।

- सलाम सलिया सत्याग्रह का नेतृत्व महात्मा गांधी के आह्वान पर राम सिंह धोनी ने किया था और इस सत्याग्रह ने कुमाऊं में ब्रिटिश शासन की जड़ें हिला दी थीं।
- पुलिस की बर्बरता के कारण कई लोग सलाम सत्याग्रह में मारे गए।

अत: विकल्प (C) सही है।

81. चिपको आंदोलन के नायक सुंदरलाल बहुगुणा थे।

- चिपको आंदोलन एक वन संरक्षण आंदोलन था जो 1973 में उत्तराखंड में शुरू हुआ था।
- सुंदरलाल बहुगुणा चिपको आंदोलन के नेता थे।
- चिपको-प्रकार के आंदोलनों की तारीख 12 सितंबर 1730 ई. है जब राजस्थान के ग्राम प्रसन्न खामकर में, 363 बिश्रोईयों ने खेजड़ी के पेड़ों को बचाने के लिए अपना बलिदान दिया।

अत: विकल्प (C) सही है।

82. उत्तर काशी का ऐतिहासिक नाम सौम्यकाशी है।

- उत्तर काशी, पंवार राजाओं के क्षेत्र का एक टुकड़ा था। पाल या पंवार प्रशासन के प्रवर्तक कनक पाल थे, जो नौवीं शताब्दी ईस्वी में शायद महाराष्ट्र से उत्तराखंड आए थे।
- उत्तर काशी, जिसका अर्थ है उत्तर की काशी, भारत के उत्तराखंड का एक शहर है।
- उत्तर काशी को सौम्य काशी के नाम से भी जाना जाता है। उत्तर काशी आध्यात्मिक और साहसिक पर्यटन के लिए एक धार्मिक स्थान है। उत्तर काशी शहर को शिवनगरी भी कहा जाता है।

अत: विकल्प (A) सही है।

83. केंद्रीय शिक्षा मंत्री डॉ. रमेश पोखरियाल निशंक को 2021 के लिए 'इंटरनेशनल इनविंसिबल गोल्ड मैडल' प्रदान किया गया है।

उन्हें उनके लेखन, सामाजिक और शानदार सार्वजनिक जीवन के माध्यम से मानवता के लिए उत्कृष्ट सेवा और उनकी असाधारण प्रतिबद्धता के लिए सम्मानित किया गया है।

अत: विकल्प (D) सही है।

84. उत्तराखंड की संस्कृति में पहाड़ी रामायण को 'ठुलो दुस्को' (ठुलो वादन) के नाम से जाना जाता है।

- ठुलो दुस्को पूर्वी कुमाऊं, उत्तराखंड में एक लोककथा है।
- इसका अर्थ राम का खेल है। इस नाटक में राम की कहानी को दर्शाया गया है।
- ठुलो खेला के 2 अलग-अलग संस्करण हैं।
- इसने संस्करण 1 को 15 उपख्यानों में और संस्करण 2 को 11 उपख्यानों में विभाजित किया है।
- इन दोनों संस्करणों को बखानी नामक प्रमुख गायकों के परिवारों द्वारा पांडुलिपियों में संरक्षित किया जाता है।
- जाति की परवाह किए बिना ये कहानियां भदऊ (अगस्त-सितंबर के मध्य) में अथऊ महोत्सव के दौरान समाज के केवल पुरुष सदस्यों द्वारा सामूहिक रूप से गाया जाता था और आठ दिनों तक चलता था।
- ठुलो खेला मुख्य रूप से तीन धुनों में गाया जाता है, प्रमुख को दुस्को कहा जाता है।
- दुस्का शास्त्रीय संगीत पर आधारित है। अन्य मुख्य धुनों को खेला और चाली कहा जाता है।
- ठुलो खेला में साथ में आने वाले संगीत वाद्ययंत्र हुडका और मिजारा (झांझ की जोड़ी) हैं।

अत: विकल्प (D) सही है।

85. प्रसिद्ध 'पत्थर युद्ध' - 'बग्वाल' उत्तराखंड के देवीधुरा में आयोजित किया जाता है।

- 'बग्वाल' पत्थरबाजी उत्सव हर वर्ष रक्षा बंधन के अवसर पर आयोजित किया जाता है।
- यह त्योहार 'पथराव' के अपने वार्षिक अनुष्ठान के लिए प्रसिद्ध है।
- देवी बरही मंदिर देवीधुरा में स्थित है।
- रक्षा बंधन मनाने की एक अनोखी परंपरा है जिसमें भक्त एक दूसरे को "बग्वाल" नामक अनुष्ठान के भाग के रूप में एक दूसरे पर पत्थर मारते हैं।
- परंपरा के अनुसार, त्योहार में भाग लेने वाले लोग बांस की पैदावार के साथ दूसरों के हमले से खुद को ढालने की कोशिश करते हुए एक दूसरे पर पत्थर फेंकते थे।
- 2013 में उत्तराखंड उच्च न्यायालय के हस्तक्षेप के बाद पत्थरों को फलों और फूलों से बदल दिया गया था।

अत: विकल्प (D) सही है।

86. द सिनला दर्रा दारमा घाटी में बिदंग को ब्यान्स घाटी से जोड़ता है।

- द सिनला दर्रा पूर्वी कुमाऊं में उत्तराखंड राज्य के पिथौरागढ़ जिले में स्थित है।
- सिनला दर्रा हिमालय का एक हिस्सा है जो उत्तर में तिब्बत और पूर्व में नेपाल से घिरा है।
- पिथौरागढ़ को 'छोटा कश्मीर' भी कहा जाता है।

- सिन ला, प्राचीन काल में, भोटिया लोगों द्वारा एक व्यापार मार्ग के रूप में उपयोग किया जाता था और यह पूरे वर्ष बर्फ में ढका रहता है।

अत: विकल्प (A) सही है।

87. प्राचीन काल में ऋषिकेश को कुब्जाम्रक के नाम से जाना जाता था।

- इसे योग की विश्व राजधानी के रूप में जाना जाता है।
- यह शहर प्रसिद्ध बीटल्स आश्रम और राम झूला और लक्ष्मण झूला जैसे स्थानों के लिए जाना जाता है।
- यह उत्तराखंड के टिहरी गढ़वाल क्षेत्र में स्थित एक तहसील है जो भारतीय नदियों, गंगा के पवित्रतम तट पर स्थित है।
- यह शहर 'गेटवे टू गढ़वाल हिमालय' के नाम से प्रसिद्ध जाना जाता है।
- यह उत्तराखंड राज्य के अंतर्गत देहरादून जिले के अंतर्गत आता है।

अत: विकल्प (A) सही है।

88. कुनिंदा साम्राज्य (या प्राचीन साहित्य में कुलिंदा) दूसरी शताब्दी ईसा पूर्व से तीसरी शताब्दी तक एक प्राचीन केंद्रीय हिमालयी साम्राज्य था, जो आधुनिक उत्तराखंड राज्य और उत्तरी भारत में हिमाचल के दक्षिणी क्षेत्रों में स्थित है।

- कुलिन शब्द कोली से आया है, जिसका अर्थ है उच्च पद का व्यक्ति और दा, एक शक्तिशाली व्यक्ति को दर्शाता है।
- उनका उल्लेख भारतीय महाकाव्यों और पुराणों में मिलता है।
- कुनिंदा के पहले राजाओं में से एक अमोघभूति थे, जिन्होंने यमुना और सतलुज नदियों की पहाड़ी घाटी (आज के उत्तराखंड और उत्तरी भारत में दक्षिणी हिमाचल में) पर शासन किया था।
- ग्रीक इतिहासकार टॉलेमी ने कुनिंदा की उत्पत्ति को उस देश से जोड़ा जहां गंगा, यमुना और सतलुज नदियां निकलती हैं।
- कुनिंदा साम्राज्य तीसरी शताब्दी के आसपास गायब हो गया, और चौथी शताब्दी से, ऐसा लगता है कि यह क्षेत्र शैव मान्यताओं में स्थानांतरित हो गया।

अत: विकल्प (A) सही है।

89. उत्तराखंड की खोज, उत्तराखंड की पहली जीवन शैली पत्रिका है।

- उत्तराखंड के पूर्व मुख्यमंत्री त्रिवेंद्र सिंह रावत द्वारा शुरू की गई यह उत्तराखंड की पहली जीवन शैली पत्रिका है।
- फिटनेस मॉडल साहिल खान को इसके पहले संस्करण के कवर पेज पर चित्रित किया गया है।
- इसका उद्देश्य "उत्तराखंड के बारे में जानना" है।

अत: विकल्प (C) सही है।

90. कुंवर सिंह नेगी को गढ़वाल के हातिमताई के नाम से भी जाना जाता है।

- कुंवर सिंह नेगी एक भारतीय ब्रेल संपादक और सामाजिक कार्यकर्ता थे।
- उनका जन्म उत्तराखंड के पौड़ी में हुआ था।
- उन्होंने 300 पुस्तकों का ब्रेल लिपि में अनुवाद किया है।

उनकी प्रमुख कृतियाँ:

- भगवान बुद्ध का उपदेश
- हज़रत मोहम्मद की वाणी
- उन्हें पद्म श्री (1981) और पद्म भूषण (1990) से सम्मानित किया गया था।
- उन्हें 'गढ़वाल का हातिमताई' कहा जाता है।

अत: विकल्प (A) सही है।

91. उत्तराखंड का जड़ी-बूटी विकास एवं अनुसंधान संस्थान गोपेश्वर में स्थित है।

- हर्बल अनुसंधान और विकास संस्थान (एचआरडीआई) उत्तराखंड के क्षेत्रों की मूल्यवान औषधीय और सुगंधित पौधों के संसाधनों के संरक्षण, विकास और सतत उपयोग के लिए 1989 में स्थापित एक सरकार द्वारा संचालित अनुसंधान संस्थान है।
- एचआरडीआई गोपेश्वर में स्थित है, यह गढ़वाल पहाड़ियों में एक टाउनशिप और उत्तराखंड के चमोली जिले के भीतर एक नगरपालिका बोर्ड है।
- राज्य में 18,000 पौधों की प्रजातियों की पहचान की गई है, और उनमें से लगभग 1,800 को औषधीय मूल्य माना जाता है।
- आयुर्वेदिक शास्त्रीय ग्रंथों में वर्णित जड़ी-बूटियां इस क्षेत्र में एक महत्वपूर्ण भूमिका निभाती हैं और पारंपरिक स्थानीय चिकित्सकों द्वारा उन बीमारियों के लिए उपयोग की जाती हैं जिन्हें आमतौर पर आधुनिक चिकित्सा से ठीक किया जा सकता है।
- एचआरडीआई उत्तराखंड राज्य औषधीय पादप बोर्ड की एक नोडल एजेंसी है।
- उत्तराखंड, जो पहाड़ी इलाकों में 46,000 वर्ग किमी से अधिक सहित 53,000 वर्ग किलोमीटर में फैला, में पौधों की 7,000 से अधिक प्रजातियां हैं जिनमें से 1,100 से अधिक का औषधीय महत्व हैं।
- संस्थान का प्राथमिक उद्देश्य विभिन्न सरकारी एजेंसियों, किसानों, अनुसंधान संस्थानों, गैर-सरकारी संगठनों (एनजीओ) और अन्य हितधारकों द्वारा किए गए औषधीय और सुगंधित पौधों की गतिविधियों का समन्वय करना है।

अत: विकल्प (C) सही है।

92. कुमाऊं रेजीमेंट का मुख्यालय उत्तराखंड के रानीखेत में स्थित है।

- रानीखेत (कुमाऊँनी: रानीखेत) भारत के उत्तराखंड राज्य में अल्मोड़ा जिले का एक हिल स्टेशन और छावनी शहर है। यह सैन्य अस्पताल, कुमाऊं रेजिमेंट (केआरसी) और नागा रेजिमेंट का घर है और भारतीय सेना द्वारा इसका रखरखाव किया जाता है।
- कुमाऊं रेजिमेंट दुनिया के सबसे ऊंचे युद्धक्षेत्र सियाचिन ग्लेशियर में तैनात है। कुमाऊं रेजिमेंट को 2 परमवीर चक्र, 4 अशोक चक्र, 10 महावीर चक्र, 6 कीर्ति चक्र सहित कई पुरस्कार मिल चुके हैं। ये भारतीय सेना की सबसे खतरनाक रेजिमेंट हैं।

अत: विकल्प (A) सही है।

93. "स्पर्श गंगा" पुस्तक के लेखक डॉ. रमेश पोखरियाल 'निशंक' हैं।

- स्पर्श गंगा डॉ. रमेश पोखरियाल 'निशंक' द्वारा लिखित एक पुस्तक है जो शांत गंगा के समृद्ध इतिहास का वर्णन करती है जो सद्भाव में बहती है और विभिन्न सहायक नदियों से मिलती है।
- यह पुस्तक इन नदियों से संबंधित भूगोल, इतिहास और भूवैज्ञानिक विज्ञान का समामेलन है।

अत: विकल्प (A) सही है।

94. ब्रह्मकमल उत्तराखंड का राजकीय फूल है।

ब्रह्म कमल को हिमालय के फूलों का राजा कहा जाता है, और यह उत्तराखंड का राज्य फूल भी है। इसके उपचार गुणों के लिए फूल को तिब्बती चिकित्सा और आयुर्वेद में अत्यधिक महत्व दिया जाता है। स्थानीय आबादी द्वारा इसका व्यापक रूप से कटे और घावों के इलाज के लिए उपयोग किया जाता है।

अत: विकल्प (A) सही है।

95. बुरान उत्तराखंड का राजकीय वृक्ष है।

- बुरांस एक सदाबहार झाड़ी या छोटा पेड़ है जो एरिकेसी परिवार के रोडोडेंड्रोन जीनस का है।
- यह भारतीय उपमहाद्वीप के ऊंचे इलाकों में पाया जाता है। बुरांस के फूल के रस का उपयोग उत्तराखंड के पहाड़ी क्षेत्रों में बुरांस का शरबत नामक स्कैश बनाने के लिए किया जाता है।
- यह अपने विशिष्ट स्वाद और रंग के लिए प्रशंसित है।

अत: विकल्प (A) सही है।

96. लाल बहादुर शास्त्री राष्ट्रीय प्रशासन अकादमी (LBSNAA) मसूरी में स्थित है।

- लाल बहादुर शास्त्री राष्ट्रीय प्रशासन अकादमी, प्रशासन और सार्वजनिक नीति पर भारत का प्रमुख अनुसंधान और प्रशिक्षण संस्थान, हिमालय की तलहटी में समुद्र तल से 2000 मीटर ऊपर मसूरी में स्थित है।
- LBSNAA अकादमिक कठोरता और बौद्धिक स्वतंत्रता के एक दिलचस्प संगम का प्रतिनिधित्व करता है।
- यह एक ऐसा स्थान है जहां हमारे विविध देश के हर राज्य के प्रतिभागी, विभिन्न भाषाएं बोलने वाले, विविध योग्यताओं और सामाजिक-शैक्षिक पृष्ठभूमि के साथ मिलते हैं, बातचीत करते हैं और एक दूसरे से सीखते हैं।

अत: विकल्प (B) सही है।

97. उत्तराखंड की राज्य मिठाई बाल मिठाई है।

बाल मिठाई एक ब्राउन चॉकलेट की तरह का फज है, जिसे भुने हुए खोआ से बनाया जाता है, और सफेद चीनी के गोले के साथ लेपित किया जाता है। यह उत्तराखंड के कुमाऊं क्षेत्र, विशेष रूप से अल्मोड़ा के आसपास के क्षेत्रों की एक लोकप्रिय मिठाई है।

अत: विकल्प (C) सही है।

98. उत्तराखंड में आय का मुख्य स्रोत कृषि है।

अधिकांश भारत की तरह, कृषि उत्तराखंड की अर्थव्यवस्था के सबसे महत्वपूर्ण क्षेत्रों में से एक है। राज्य में लीची, बागवानी, जड़ी-बूटियों, औषधीय पौधों और बासमती चावल के लिए कृषि निर्यात क्षेत्र स्थापित किए गए हैं।

अत: विकल्प (A) सही है।

99. उत्तराखंड में स्थित गढ़वाल राइफल्स का मुख्यालय लैंसडाउन है।

लैंसडाउन उत्तर भारतीय राज्य उत्तरांचल में सबसे उल्लेखनीय, यद्यपि छोटा, हिल स्टेशन है। यह पौड़ी गढ़वाल जिले में कोटद्वार-पौरी मार्ग पर कोटद्वार से 45 किमी दूर स्थित है। भारतीय सेना की प्रसिद्ध गढ़वाल राइफल्स का यहां अपना कमांड ऑफिस है।

अत: विकल्प (C) सही है।

100. जसपाल राणा निशानेबाजी खेल से संबंधित हैं।

- जसपाल राणा एक भारतीय निशानेबाज हैं।
- वह देहरादून, उत्तराखंड के रहने वाले हैं।
- उन्होंने 1994 के एशियाई खेलों में अपना पहला स्वर्ण पदक जीता।
- वह देहरादून में 'जसपाल राणा इंस्टीट्यूट ऑफ एजुकेशन एंड टेक्नोलॉजी' नामक एक संस्थान के मालिक हैं और इसमें वह एक कोच हैं।

अत: विकल्प (A) सही है।

General Hindi

Q.1 दिए गए विकल्पों में से 'तुम्हारा' कौन-सा सर्वनाम है?
A. निजवाचक सर्वनाम **B.** संबंधवाचक सर्वनाम
C. निश्चयवाचक सर्वनाम **D.** पुरूषवाचक सर्वनाम

Q.2 'भाई' शब्द का भाववाचक संज्ञा क्या होगा?
A. भाईपन **B.** भाई-भाई **C.** भाईचारा **D.** भाई जैसा

Q.3 'विसंगति' में उपसर्ग है:
A. विस **B.** वि
C. विसं **D.** इनमें से कोई नहीं

Q.4 दिए गए विकल्पों में कौन-सा 'मृगमद' का पर्यायवाची शब्द नहीं है?
A. कस्तूरी **B.** मदलता **C.** मध्यांग **D.** मृगनाभि

Q.5 'रुग्ण' शब्द का विलोम क्या है?
A. अच्छा **B.** स्वच्छ **C.** स्वस्थ **D.** साफ

Q.6 निम्नलिखित में से शुद्ध वर्तनी का चयन कीजिए।
A. सप्ताहिक **B.** शुपन्खा **C.** श्रीमान **D.** श्राप

Q.7 दिए गए विकल्पों में से कौन-सा शब्द तत्सम शब्द नहीं है?
A. कूप **B.** कर्त्री **C.** अष्ट **D.** अनाड़ी

Q.8 'छाती पर साँप लोटना' मुहावरे का उचित अर्थ है:
A. घोर विरोध **B.** ईर्ष्या से हृदय जलना
C. हौसला पस्त करना **D.** मातम मनाना

Q.9 दिए गए विकल्पों में से 'कलाकार' शब्द में प्रत्यय है:
A. अकार **B.** कर **C.** कार **D.** र

Q.10 निम्नलिखित में से 'गृहप्रवेश' में कौन-सा समास है?
A. तत्पुरुष समास **B.** द्वंद्व समास
C. बहुब्रीहि समास **D.** द्विगु समास

Q.11 दिए गए विकल्पों में से 'मानव' शब्द से विशेषण बनेगा:
A. मानवीकरण **B.** मान्यता
C. मनुष्य **D.** मानवीय

Q.12 'विद्यालय' शब्द में कौन सी संधि है?
A. दीर्घ संधि **B.** गुण संधि
C. व्यंजन संधि **D.** विसर्ग संधि

Q.13 'देश की क्षेत्रीय भाषा से आये हुए शब्द' क्या कहलाते हैं?
A. विदेशज **B.** तत्सम **C.** देशज **D.** तद्भव

Q.14 विराम चिन्ह का क्या अर्थ है?
A. रुकना या ठहराव **B.** भागना
C. वाक्यों को दोहराना **D.** इनमें से कोई नहीं

Q.15 "कामायनी" महाकाव्य के रचनाकार कौन है?
A. रामधारी सिंह दिनकर **B.** केशवदास
C. जयशंकर प्रसाद **D.** चंदवरदाई

Q.16 निम्न में से कौन सी रचना "सुमित्रा नंदन पंत" की है?

A. प्रभात फेरी **B.** हुंकार
C. बूढ़ा चाँद **D.** उर्मिला

Q.17 'तरुण' शब्द का स्त्रीलिंग शब्द क्या होगा?
A. बकरी **B.** तरुणी **C.** गीदड़ी **D.** काली

Q.18 'मैं माता जी के लिए चाय बना रही हूँ।' इसमें रेखांकित शब्द किस कारक का चिह्न है?
A. कर्ता कारक **B.** कर्म कारक
C. करण कारक **D.** संप्रदान कारक

Q.19 मंत्री शब्द का बहुवचन क्या होगा?
A. मंत्रियाँ **B.** मंत्रिमत **C.** मंत्रीगण **D.** मंत्रिसंग

Q.20 निम्नलिखित में से कौन सा वाक्य शुद्ध है?
A. अभी किसी को नहीं जाने का।
B. हमारे से कोई कुछ नहीं बोला।
C. मुझे कोई फर्क नहीं पड़ता।
D. सबसे लंबा सड़क गांधी मार्ग है।

General Knowledge and General Studies

Q.21 किस संस्थान ने 'इंडिया डिजिटल समिट 2022' की शुरुआत की?

[UPSSSC Rajasva Lekhpal, 2015]

A. इंटरनेट एंड मोबाइल एसोसिएशन ऑफ इंडिया (आईएमएआई)
B. भारतीय उद्योग परिसंघ (सीआईआई)
C. इलेक्ट्रॉनिक्स और आईटी मंत्रालय
D. नीति आयोग

Q.22 अनुसूचित वाणिज्यिक बैंकों के लिए क्रेडिट कार्ड जारी करने के लिए आवश्यक न्यूनतम निवल मूल्य क्या है?
A. 10 करोड़ रुपये **B.** 50 करोड़ रुपये
C. 100 करोड़ रुपये **D.** 500 करोड़ रुपये

Q.23 प्रधानमंत्री ने किस व्यक्तित्व को सम्मानित करने के लिए 100 रुपये का स्मारक सिक्का जारी किया?
A. विजया राजे सिंधिया **B.** श्यामा प्रसाद मुखर्जी
C. दीनदयाल उपाध्याय **D.** एम. एस. गोलवलकरी

Q.24 25 फरवरी 2022 को सिंगापुर इंटरनेशनल में भारोत्तोलन में स्वर्ण पदक किसने जीता?
A. मीराबाई चानू **B.** स्वाति सिंह
C. कुंजारानी देवी **D.** कर्णम मल्लेश्वरी

Q.25 विनेश फोगाट को हाल ही में किस राष्ट्रीय पुरस्कार से सम्मानित किया गया है ?

[HTET PGT - Computer Science, 2020]

A. द्रोणाचार्य अवार्ड
B. अर्जुन अवार्ड
C. राजीव गांधी खेल रत्न अवार्ड
D. ध्यानचन्द अवार्ड

Q.26 'भारत जल सप्ताह' 2019 कब मनाया गया था?

[Haryana Primary Teacher (PRT), 2020]

A. 15 जनवरी से 21 जनवरी
B. 22 मार्च से 26 मार्च
C. 2 अक्टूबर से 8 अक्टूबर
D. 24 सितम्बर से 28 सितम्बर

Q.27 हरियाणा के गांवों में कितनी हाईटेक लाइब्रेरियां बनाई जाएंगी ?

A. 500   **B.** 700   **C.** 900   **D.** 1000

Q.28 सिंधु घाटी सभ्यता किस युग की सभ्यता है?

A. पाषाण युग   **B.** कांस्य युग
C. मध्य पाषाण काल   **D.** लौह युग

Q.29 निम्नलिखित मौर्य शासकों में से सम्राट अशोक किसका पुत्र था?

A. समुद्रगुप्त   **B.** बिन्दुसार   **C.** चंद्रगुप्त   **D.** कनिष्क

Q.30 भारत में खिलाफत आंदोलन के पीछे निम्नलिखित में से कौन सा कारण था?

A. ब्रिटिश ने तुर्की सुल्तान पर एक कठोर संधि लागू की
B. बंगाल का विभाजन करके इसे मुस्लिम अल्पसंख्यक राज्य बना दिया गया
C. सार्वजनिक सुरक्षा अधिनियम का विरोध
D. बिना नोटिस के बड़ी संख्या में पारंपरिक किरायेदारों का सबूत

Q.31 सब्सिडियरी एलायंस सिस्टम का प्रयोग किसके द्वारा किया गया था?

A. लॉर्ड लिटन   **B.** लॉर्ड मिंटो
C. लॉर्ड कर्जन   **D.** लॉर्ड वैलेस्ली

Q.32 भारत में लंबाई की दृष्टि से दूसरी सबसे बड़ी नदी कौन सी है?

A. गोदावरी   **B.** नर्मदा   **C.** यमुना   **D.** ब्रह्मपुत्र

Q.33 सवाना एक प्रकार का घास का मैदान है जो _____ में पाया जाता है।

A. उत्तरी अमेरिका   **B.** दक्षिण अमेरिका
C. अफ्रीका   **D.** ऑस्ट्रेलिया

Q.34 निम्नलिखित में से कौन अपने कार्यकाल की समाप्ति से पूर्व प्रधानमंत्री की सलाह पर लोकसभा को भंग कर सकता है?

A. उपराष्ट्रपति   **B.** राज्यसभा अध्यक्ष
C. लोकसभा अध्यक्ष   **D.** राष्ट्रपति

Q.35 भारतीय न्यायिक प्रणाली में, रिट किसके द्वारा जारी किए जाते हैं?

A. केवल सर्वोच्च न्यायालय
B. केवल उच्च न्यायालय
C. केवल सर्वोच्च न्यायालय और उच्च न्यायालय
D. सर्वोच्च न्यायालय, उच्च न्यायालय और निचला न्यायालय

Q.36 _____ भारत की राष्ट्रीय आय का आकलन करने वाली एजेंसी है।

A. भारतीय रिज़र्व बैंक
B. योजना आयोग
C. वित्त मंत्रालय
D. केंद्रीय सांख्यिकीय संगठन

Q.37 निश्चेतक (एनेस्थीसिया) के रूप में चिकित्सकों द्वारा उपयोग की जाने वाली लाफिंग गैस, _____ है।

A. नाइट्रोजन
B. नाइट्रोजन ऑक्साइड
C. नाइट्रस ऑक्साइड
D. नाइट्रोजन डाइऑक्साइड

Q.38 बास्केटबॉल में एक टीम में खिलाड़ियों की संख्या कितनी होती है?

A. 9   **B.** 5   **C.** 6   **D.** 11

Q.39 यशस्विनी देशवाल किस खेल से संबंधित हैं?

A. निशानेबाजी   **B.** टेबल टेनिस
C. बैडमिंटन   **D.** मुक्केबाज़ी

Q.40 'पालतू प्रजातियों के संरक्षण' की व्यक्तिगत श्रेणी में भारत जैव विविधता पुरस्कार 2021 से किसे सम्मानित किया गया है?

A. आदित्य वर्मा तिरुवादी   **B.** शाजी एन. एम.
C. वीरा आदित्य वर्मा   **D.** के. एस. नारायणन

Q.41 _____ एक ऑपरेटिंग सिस्टम नहीं है।

A. डॉस   **B.** लिनक्स
C. विंडोज़ NT   **D.** ओरेकल

Q.42 CPU _____ को नियंत्रित करता है।

A. सभी इनपुट, आउटपुट और प्रोसेसिंग
B. मेमोरी
C. इनपुट डेटा द्वारा नियंत्रण
D. इनमें से कोई भी नहीं

Q.43 एमएस वर्ड में टेबल के कॉलम की चौड़ाई को बदलने के लिए निम्न में से किस विकल्प का उपयोग किया जाता है?

A. एलाइनमेन्ट   **B.** टाइटल बार
C. स्क्रॉल बार   **D.** रूलर

Q.44 ईमेल का पूरा नाम क्या है?

A. इंग्लिश मेल   **B.** एड्रेस मेल
C. इलेक्ट्रॉनिक मेल   **D.** इलेक्ट्रिक मेल

Q.45 एक्सेल में अधिकतम जूम कितने प्रतिशत तक कर सकते हैं?

A. 400   **B.** 500   **C.** 600   **D.** 3000

Q.46 पुस्तक 'माइन कैम्फ' किसके द्वारा लिखी गई थी?

A. स्टालिन   **B.** हिटलर   **C.** लेनिन   **D.** मुसोलिनी

Q.47 भारतीय बिस्मार्क के नाम से किसे जाना जाता है?

A. पंडित जवाहरलाल नेहरू
B. महात्मा गांधी
C. सरदार वल्लभ भाई पटेल
D. कुमारस्वामी कामराज

Q.48 कैलाश पर्वत को हिलाते हुए रावण को दर्शाती एक चौखट _____ में स्थित एक शानदार प्रतिमना है।

A. अजंता गुफाएं   **B.** एलोरा गुफाएं
C. एलिफैंटा गुफाएं   **D.** बराबर पहाड़ियाँ

Q.49 एक कागज़ के टुकड़े को निम्न प्रश्न आकृतियों में दर्शाए गये अनुसार मोड़ा जाता है और काटा जाता है। खोलने के बाद वह किस प्रकार दिखाई देगा?

प्रश्न आकृति

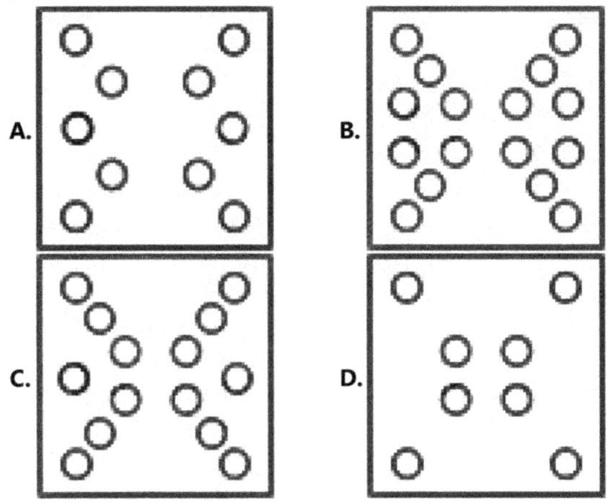

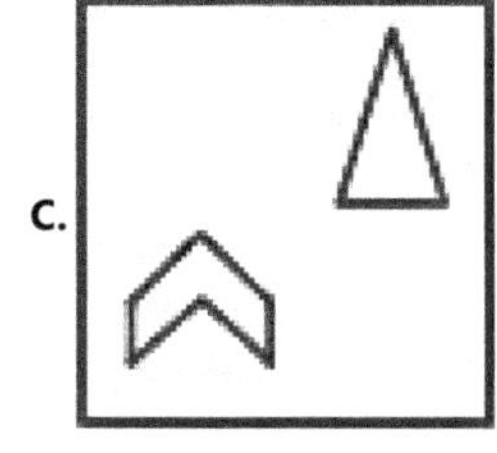

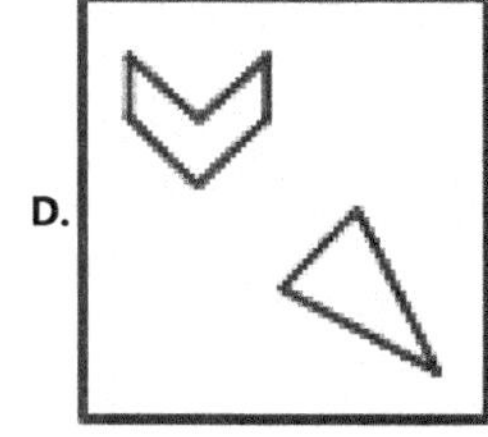

Q.52 निर्देश: उस वेन आरेख का चयन करें जो निम्नलिखित वर्गों के बीच संबंधों को सबसे अच्छे से दिखाता है।

लड़कियां, छात्र, हॉकी खिलाड़ी

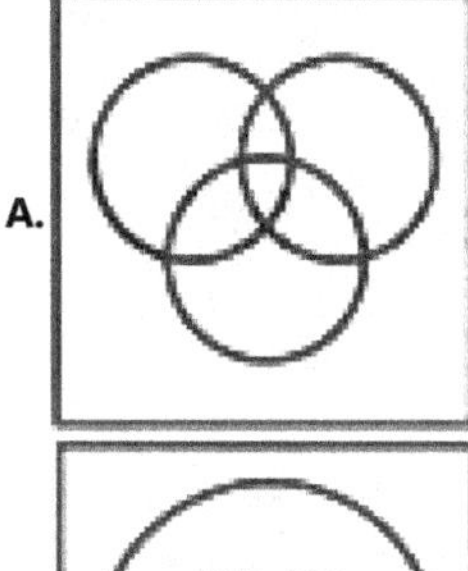

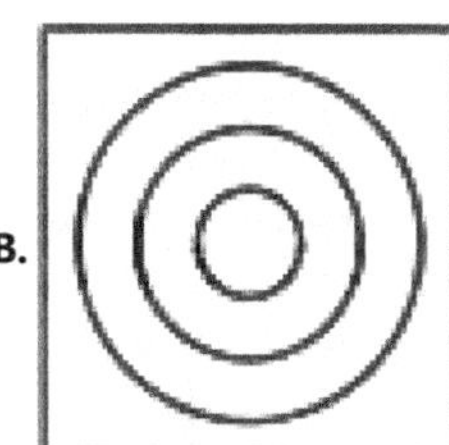

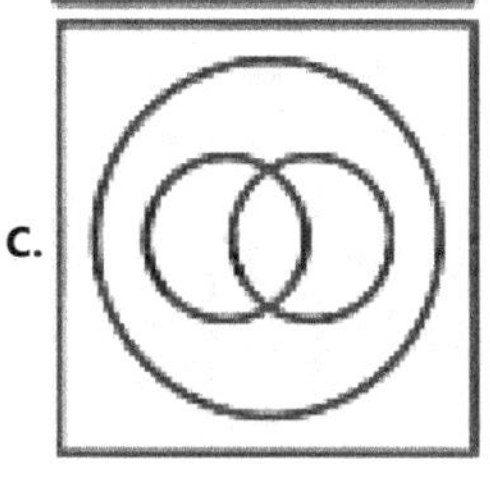

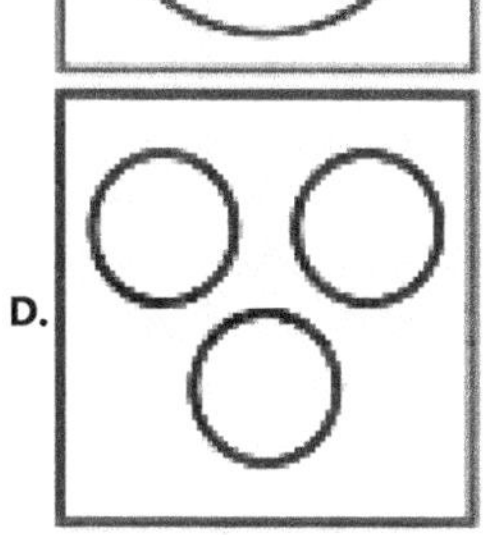

Q.50 निर्देश: उस विकल्प को पहचानें जिसमें दी गई आकृति सन्निहित है (परिक्रमण प्रयोज्य नहीं है)।

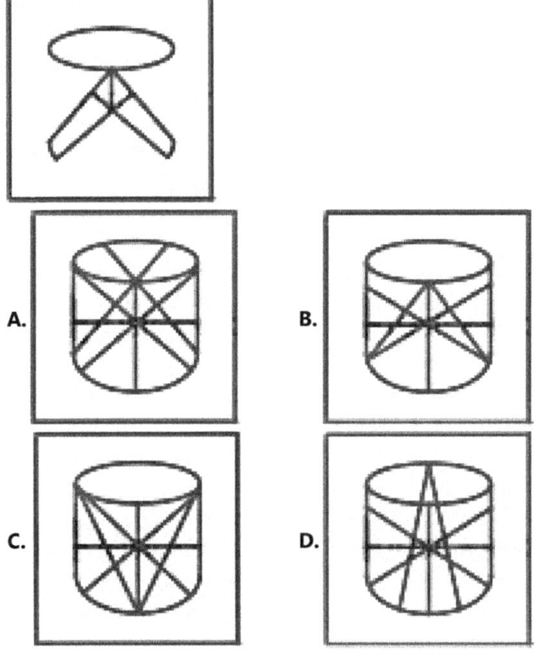

Q.53 नाभिक की खोज किसके द्वारा की गयी है?

A. रॉबर्ट ब्राउन

B. गोल्गी

C. बोमन

D. फाउंटेन

Q.54 किस अमेरिकी राष्ट्रपति ने नोबेल शांति पुरस्कार जीता?

A. अब्राहम लिंकन

B. बराक ओबामा

C. जॉर्ज वाशिंगटन

D. बिल क्लिंटन

Q.55 आर्यन पूर्व दिशा की ओर 2 किमी चलता है और फिर वह दक्षिण दिशा की ओर मुड़ता है और 4 किमी चलता है। वह पुनः पूर्व दिशा की ओर मुड़ता है और 3 किमी चलता है, इसके बाद वह उत्तर दिशा की ओर मुड़ता है और 10 किमी चलता है। अब, वह अपने प्रारंभिक बिंदु से कितनी दूर है?

A. 6.8 किमी

B. 8.1 किमी

C. 7.81 किमी

D. 9.5 किमी

Q.56 निम्नलिखित में से कौन सा संगठन संकटग्रस्त प्रजातियों की एक लाल सूची तैयार करता है?

A. आरपीपीओ

B. ओआईई

C. डब्ल्यूडब्ल्यूएफ

D. आईयूसीएन

Q.51 निर्देश: निम्नलिखित श्रृंखला में, वह विकल्प चुनिए जो प्रश्न चिह्न (?) को प्रतिस्थापित करेगा।

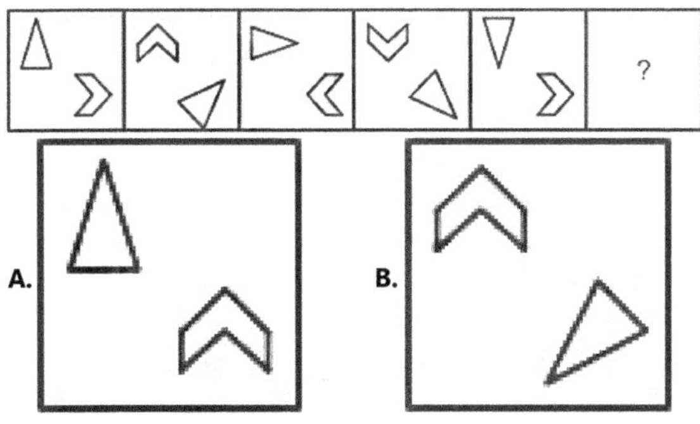

Q.57 निर्देश: निम्नलिखित प्रश्न और कथनों पर विचार कीजिए और तय कीजिए कि कौन-सा कथन प्रश्न का उत्तर देने के लिए पर्याप्त है।

आम के 10 बक्शों का कुल वजन क्या है? उनमें से प्रत्येक का वजन बराबर है।

कथन:

1. प्रत्येक बक्शे के वजन का एक तिहाई भाग 12 किलो है।

2. 6 बक्शों का कुल वजन 4 बक्शों के कुल वजन से 72 किलो अधिक है।

A. कथन 1 और 2 पर्याप्त नहीं हैं

B. केवल कथन 1 पर्याप्त है

C. केवल कथन 2 पर्याप्त है

D. या तो कथन 1 या 2 पर्याप्त है

Q.58 निर्देश: निम्नलिखित प्रश्न आकृति के स्वरूप को कौन सी उत्तर आकृति पूर्ण करेगी?

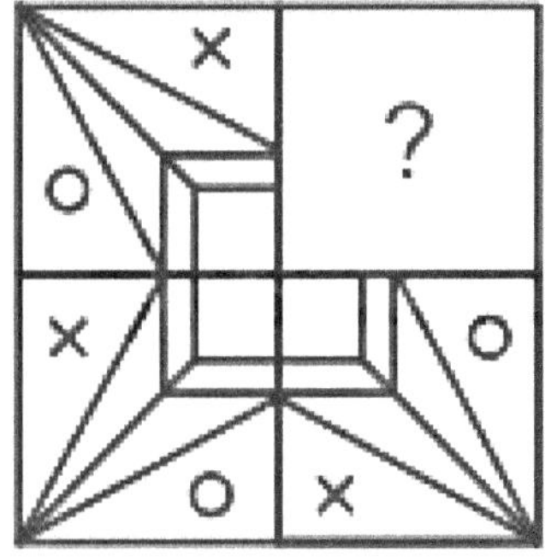

[AFCAT, 2021]

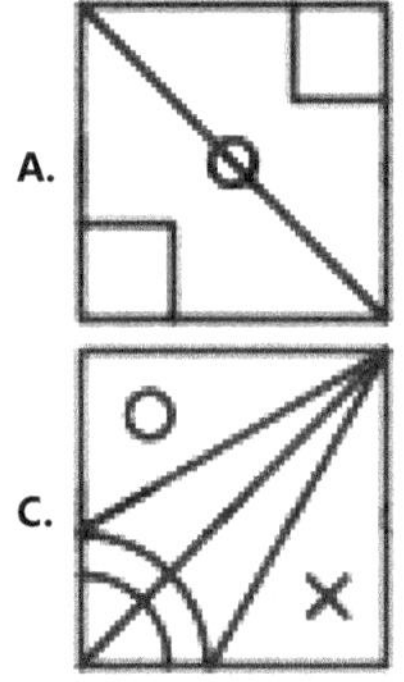
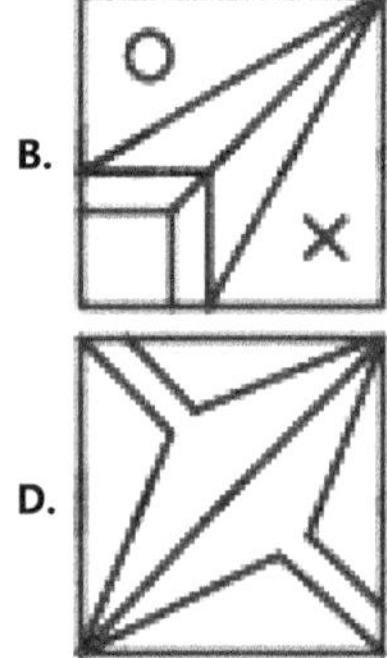

Q.59 निम्नलिखित में से कौन सी एक संक्रमणीय बीमारी है?

A. सूखा रोग   B. हैजा   C. रिकेट्स   D. स्कर्वी

Q.60 निर्देश: निम्नलिखित प्रश्न में, दो कथन और उनके बाद दो धारणाएँ। और ॥ दिए गये हैं। कथन एक मानी गई बात होती है। आपको दिए गये कथन और उनके बाद दिए गये धारणाओं के आधार पर तय करना है कि कथन के अनुसार कौन सी धारणा निहित है।

कथन:

3 साल की उम्र, एक बच्चे की स्कूली शिक्षा शुरू करने के लिए बेहतर है।

धारणाएं:

I. स्कूलों में 3 साल से अधिक उम्र के बच्चों को प्रवेश नहीं दिया जाता।

II. 3 साल की उम्र में, बच्चे में सीखने की शुरुआत करने के लिए मानसिक विकास का सही स्तर होता है।

A. केवल धारणा I निहित है

B. केवल धारणा II निहित है

C. न तो धारणा I और न ही II निहित है

D. धारणा I और धारणा II दोनों निहित है

General Knowledge of Uttarakhand

Q.61 निम्नलिखित में से किस क्षेत्र में नोबेल पुरस्कार, 2018 की घोषणा नहीं की गई?

[Super TET Paper - I, 2019]

A. चिकित्सा   B. साहित्य

C. भौतिक विज्ञान   D. रसायन विज्ञान

Q.62 घाट पेयजल योजना उत्तराखंड के निम्नलिखित में से किस जिले में लागू की गई?

A. पिथौरागढ़   B. अल्मोड़ा   C. गैरसैंण   D. नैनीताल

Q.63 उत्तराखंड में कितने जिले हैं?

A. 11   B. 12   C. 13   D. 14

Q.64 अल्मोड़ा के पास 'खगमारा' का ऐतिहासिक किला किसके द्वारा बनवाया गया था?

A. कत्यूरी   B. चन्द   C. गोरखा   D. अंग्रेज

Q.65 अंग्रेजों द्वारा गढ़वाल के आधे राज्य पर अधिकार करने के बाद, राजा सुदर्शन शाह ने अपनी राजधानी की स्थापना ____ में की।

A. पौड़ी   B. चमोली

C. टिहरी   D. उत्तरकाशी

Q.66 1857 ईस्वी के बाद नैनीताल को स्कूली शिक्षा के केंद्र के रूप में विकसित करने का श्रेय किसे जाता है?

A. हेनरी रामसे   B. जॉर्ज विलियम ट्रेल

C. आयुक्त लुशिंगटन   D. वी. ए. स्टोवेल

Q.67 निम्नलिखित राजाओं में से कौन 1804 ई. में खुर्बुरा के युद्ध में मारा गया था?

A. प्रकाश राम शाह   B. प्रद्युम्न शाह

C. सुदर्शन शाह   D. जयकारित शाह

Q.68 टिहरी के राजा कौन थे, जब भारत को स्वतंत्रता मिली थी?

A. मानवेंद्र शाह   B. नरेंद्र शाह

C. कीर्ति शाह   D. इनमें से कोई भी नहीं

Q.69 गोरखा ने गढ़वाल क्षेत्र में ________ तक शासन किया था।

A. 1790 ई. - 1815 ई.   B. 1804 ई. - 1815 ई.

C. 1808 ई. - 1815 ई.   D. 1810 ई. - 1815 ई.

Q.70 निम्नलिखित में से कौन सी नदी 'फूलों की घाटी' से होकर बहती है?

A. अलकनंदा   B. भागीरथी   C. रामगंगा   D. पुष्पावती

Q.71 निम्नलिखित में से कौन सी पर्वत चोटी उत्तराखंड में स्थित नहीं है?

A. कामेट   B. बन्दरपूंछ   C. दूनागिरी   D. नंगा पर्वत

Q.72 दारमा और ब्यांस घाटी को जोड़ने वाला दर्रा ________ है।

A. सिन ला   B. उनता   C. जायतिया   D. रामल

Q.73 कफनी हिमनद कहाँ स्थित है?

A. चम्पावत   B. बागेश्वर

C. पिथोरागढ़   D. उत्तरकाशी

Q.74 उत्तराखंड में, मानसून या वर्षा ऋतु को स्थानीय रूप से कहा जाता है:

A. चौमास   B. दून   C. रोरी   D. ह्युंद

Q.75 खतलिंग ग्लेशियर ________ का मूल स्थल है।

A. जलकुर नदी   B. भिलंगना नदी

C. पिलांग गंगा नदी   D. बालगंगा नदी

Q.76 'गढ़वाल का हातिमताई' किसे कहा जाता है?

A. कुंवर सिंह नेगी   B. कृपाल सिंह

C. गोविन्द सिंह रावत   D. इनमें से कोई नहीं

Q.77 1947 में मरणोपरांत परमवीर चक्र से सम्मानित मेजर सोमनाथ शर्मा ________ से संबंधित थे।

A. गोरखा राइफल   B. गढ़वाल राइफल

C. डोगरा रेजिमेंट   D. कुमाऊं रेजिमेंट

Q.78 उत्तराखंड की अर्थव्यवस्था का सबसे महत्वपूर्ण क्षेत्र कौन सा है?

A. कृषि   B. बैंकिंग   C. उत्पादन   D. निर्माण

Q.79 पंडित हरिकृष्ण रतूड़ी एक प्रसिद्ध _______ थे।

A. लेखक   **B.** सामाजिक कार्यकर्ता
C. राजदरबारी   **D.** पत्रकार

Q.80 भगत जवाहर मल नाम किससे जुड़ा है?

A. संथाल विद्रोह   **B.** कूका विद्रोह
C. नागा विद्रोह   **D.** रामोशी विद्रोह

Q.81 उत्तराखंड से कला और संस्कृति की श्रेणी में प्रधानमंत्री राष्ट्रीय बाल पुरस्कार 2021 के लिए किसे चुना गया है?

A. अरविंद चिदंबरम   **B.** अनुराग रमोला
C. प्रियांशी सोमानी   **D.** सुषमा वर्मा

Q.82 'पत्थर युद्ध' उत्तराखंड के किस त्योहार से संबंधित है?

A. झण्डा मेला   **B.** गोचर मेला
C. बग्वाल   **D.** बिस्सु

Q.83 उत्तराखंड का कौन सा लोक नृत्य यूनेस्को की अमूर्त विरासत सूची में शामिल है?

A. रम्माण   **B.** चंचरी   **C.** छोलिया   **D.** झुमेलो

Q.84 भारत में सबसे तेजी से विकास करने वाले राज्य में उत्तराखंड का स्थान क्या है?

A. पहला   **B.** दूसरा   **C.** तीसरा   **D.** चौथा

Q.85 कुमाऊंनी होली की शुरुआत हर साल _______ के साथ होती है।

A. फाग की होली   **B.** श्रृंगार की होली
C. निर्वाण की होली   **D.** खड़ी होली

Q.86 ऐपण किस राज्य से संबंधित है?

[UPTET Social Studies, 2022]

A. उत्तर प्रदेश   **B.** मध्य प्रदेश
C. महाराष्ट्र   **D.** उत्तराखंड

Q.87 उत्तराखंड का प्रतीक चिन्ह क्या है?

A. डायमंड शील्ड
B. समाई दीया दीप
C. एक पाल लहराती, मुख्य रूप से एक धनुष-बाण और आधार में दो मछलियाँ
D. इनमें से कोई नहीं

Q.88 हरिद्वार पर आधारित पुस्तक 'न्यूज इन इंडिया' के लेखक कौन हैं?

A. जे. विल्सन   **B.** जॉब फ्रांसिस व्हाइट
C. एचजी वाल्टन   **D.** पी. बैरोन

Q.89 उत्तराखंड विधानसभा अध्यक्ष प्रेमचंद अग्रवाल ने हाल ही में एक पुस्तक "कामधेनु संहिता" का विमोचन किया। यह किसके द्वारा लिखा गया था?

A. रमेश सेमवाल   **B.** सतपाल महाराज
C. हरक सिंह रावत   **D.** अजय भट्ट

Q.90 इनमें से किस पर्यावरणाविद को पद्म विभूषण से सम्मानित किया गया है?

A. अरुंधती   **B.** मेधा पाटकर
C. सुंदरलाल बहुगुणा   **D.** चण्डी प्रसाद

Q.91 गौरा देवी को 'वृक्ष मित्र' पुरस्कार कब मिला?

A. 1983 ई.   **B.** 1984 ई.   **C.** 1985 ई.   **D.** 1986 ई.

Q.92 उत्तरांचल (अब उत्तराखंड) किसके द्वारा बनाया गया था:

A. उत्तर प्रदेश पुनर्गठन अधिनियम, 2000
B. उत्तर प्रदेश पुनर्गठन अधिनियम, 2001
C. उत्तर प्रदेश पुनर्गठन अधिनियम, 2002
D. उत्तर प्रदेश पुनर्गठन अधिनियम, 2003

Q.93 उत्तराखंड में, 'स्पर्श गंगा अभियान' कब शुरू किया गया था?

A. 2006   **B.** 2009   **C.** 2011   **D.** 2013

Q.94 'डालियों का डगरिया' नामक गैर सरकारी संगठन (एनजीओ) के संस्थापक कौन हैं?

A. चंडी प्रसाद भट्ट   **B.** गौरा देवी
C. दामोदर राठौड़   **D.** नारायण सिंह नेगी

Q.95 इंदिरा गांधी अंतर्राष्ट्रीय खेल स्टेडियम उत्तराखंड के किस शहर में स्थित है?

A. हल्द्वानी   **B.** देहरादून   **C.** नैनीताल   **D.** हरिद्वार

Q.96 SIDCUL का मुख्यालय उत्तराखंड में कहाँ स्थित है?

A. नैनीताल   **B.** हल्द्वानी   **C.** हरिद्वार   **D.** देहरादून

Q.97 उत्तराखंड का राज्य पक्षी कौन सा है?

A. हिमालयी मोनाल   **B.** जेवर
C. सारस क्रेन   **D.** दिव्यलोकी कीटमार

Q.98 रावण की तपस्थली 'बैरास कुंड' कहाँ स्थित है?

A. चमोली जिला   **B.** रुद्रप्रयाग जिला
C. बागेश्वर जिला   **D.** अल्मोड़ा जिला

Q.99 उत्तराखंड का राज्य खेल कौन सा है?

A. फुटबॉल   **B.** क्रिकेट
C. टेनिस   **D.** इनमें से कोई नहीं

Q.100 उत्तराखंड की प्रमुख नकदी फसल कौन सी है?

A. गन्ना   **B.** गेहूं
C. चावल   **D.** उपरोक्त सभी

// स्मार्ट उत्तर पुस्तिका //

सही उत्तर — उन छात्रों के प्रतिशत को इंगित करता है जिन्होंने प्रश्नों का सही उत्तर दिया था।

छोड़ दिया — उन छात्रों के प्रतिशत को इंगित करता है जिन्होंने प्रश्नों को छोड़ दिया था।

प्रश्न संख्या	उत्तर	सही उत्तर	छोड़ दिया	प्रश्न संख्या	उत्तर	सही उत्तर	छोड़ दिया	प्रश्न संख्या	उत्तर	सही उत्तर	छोड़ दिया	प्रश्न संख्या	उत्तर	सही उत्तर	छोड़ दिया	प्रश्न संख्या	उत्तर	सही उत्तर	छोड़ दिया
1	D	85.83 %	14.06 %	17	B	78.38 %	18.64 %	33	C	86.18 %	13.29 %	49	B	52.94 %	43.43 %	65	C	67.71 %	31.92 %
2	C	66.74 %	31.78 %	18	D	57.55 %	38.37 %	34	D	76.79 %	22.38 %	50	A	76.13 %	21.79 %	66	A	68.29 %	30.21 %
3	B	89.97 %	10.01 %	19	C	81.61 %	15.83 %	35	C	54.88 %	33.19 %	51	B	62.31 %	30.71 %	67	B	61.1 %	35.13 %
4	C	21.52 %	69.42 %	20	C	68.38 %	31.39 %	36	D	45.16 %	35.21 %	52	A	59.2 %	32.08 %	68	A	15.83 %	82.75 %
5	C	86.34 %	12.5 %	21	A	24.44 %	68.11 %	37	C	77.25 %	17.79 %	53	A	83.75 %	15.77 %	69	B	87.88 %	10.1 %
6	C	81.9 %	13.99 %	22	C	67.36 %	31.88 %	38	B	87.06 %	10.39 %	54	B	49.69 %	45.66 %	70	D	63.37 %	34.29 %
7	D	65.37 %	32.78 %	23	A	45.08 %	32.72 %	39	A	86.86 %	12.3 %	55	C	66.86 %	30.04 %	71	D	79.0 %	20.21 %
8	B	87.28 %	12.44 %	24	A	40.55 %	31.4 %	40	B	48.86 %	48.46 %	56	D	87.14 %	10.82 %	72	A	45.27 %	52.08 %
9	C	79.84 %	17.45 %	25	C	80.08 %	17.46 %	41	D	81.26 %	10.36 %	57	D	21.48 %	73.39 %	73	B	53.38 %	42.13 %
10	A	32.75 %	67.22 %	26	D	80.81 %	11.09 %	42	A	79.18 %	16.57 %	58	B	65.95 %	30.38 %	74	A	80.09 %	14.65 %
11	D	49.24 %	31.73 %	27	D	69.02 %	30.37 %	43	D	86.45 %	11.06 %	59	B	80.57 %	13.48 %	75	B	84.03 %	12.43 %
12	A	43.88 %	41.07 %	28	B	86.89 %	12.82 %	44	C	84.14 %	13.24 %	60	B	54.25 %	32.95 %	76	A	47.91 %	34.19 %
13	C	80.04 %	19.9 %	29	B	45.35 %	31.18 %	45	A	86.13 %	12.45 %	61	B	56.72 %	43.27 %	77	D	56.72 %	41.79 %
14	A	77.8 %	11.61 %	30	A	42.88 %	42.19 %	46	B	51.13 %	30.96 %	62	A	69.85 %	30.14 %	78	A	76.37 %	15.41 %
15	C	12.72 %	67.13 %	31	D	51.17 %	38.83 %	47	C	52.69 %	42.31 %	63	C	89.75 %	10.05 %	79	A	20.58 %	68.8 %
16	C	23.17 %	72.02 %	32	A	43.32 %	42.35 %	48	B	41.23 %	53.74 %	64	A	59.04 %	38.57 %	80	B	59.4 %	32.58 %

प्रश्न संख्या	उत्तर	सही उत्तर
		छोड़ दिया
81	B	51.93 %
		35.32 %
82	C	41.22 %
		45.28 %
83	A	76.46 %
		17.06 %
84	B	63.38 %
		30.51 %

प्रश्न संख्या	उत्तर	सही उत्तर
		छोड़ दिया
85	C	31.81 %
		67.93 %
86	D	86.85 %
		11.25 %
87	A	61.1 %
		30.8 %
88	B	45.8 %
		51.29 %

प्रश्न संख्या	उत्तर	सही उत्तर
		छोड़ दिया
89	A	24.99 %
		69.86 %
90	C	18.56 %
		69.86 %
91	D	69.65 %
		30.24 %
92	A	43.48 %
		32.34 %

प्रश्न संख्या	उत्तर	सही उत्तर
		छोड़ दिया
93	B	80.88 %
		17.68 %
94	A	49.22 %
		33.46 %
95	A	60.01 %
		34.75 %
96	D	40.11 %
		53.6 %

प्रश्न संख्या	उत्तर	सही उत्तर
		छोड़ दिया
97	A	68.41 %
		30.22 %
98	A	78.02 %
		16.73 %
99	A	55.62 %
		33.53 %
100	A	83.46 %
		10.8 %

कार्य विश्लेषण	
औसत अंक (%)	59.0%
टॉपर्स स्कोर (%)	66.0%
आपका स्कोर	

//संकेत और समाधान//

1. 'तुम्हारा' पुरूषवाचक सर्वनाम है।

जिस सर्वनाम का प्रयोग वक्ता द्वारा स्वयं के लिए या अन्य व्यक्ति के लिए किया जाता है, उसे पुरूषवाचक सर्वनाम कहते हैं।

जैसे: मैं, हम, मुझे, तू, तुम, तुझे, तुम्हारा, वह, वे, उसने

अत: विकल्प (D) सही है।

2. भाववाचक संज्ञा: जो संज्ञा किसी भाव, गुण, दशा आदि का बोध कराती है, भाववाचक संज्ञा कहलाती है।

जैसे: प्रेम, आजादी, लंबाई आदि।

'भाई' जाति वाचक संज्ञा है, उसमें 'चारा' शब्द के जुड़ जाने से वह भाववाचक संज्ञा बन जाता है। अर्थात 'भाई' शब्द का भाववाचक संज्ञा भाईचारा होगा।

अत: विकल्प (C) सही है।

3. उपसर्ग: वह अव्यय शब्द जो किसी शब्द के पहले लगकर शब्द का अर्थ बदल देते हैं, उपसर्ग कहलाते हैं।

'संगति' शब्द में 'वि' उपसर्ग के योग से 'विसंगति' शब्द बना है। इसी प्रकार अन्य शब्द जैसे विफल, विख्यात, विवाद आदि।

विसंगति शब्द का अर्थ असंगत होने की दशा, असमानता है।

अत: विकल्प (B) सही है।

4. मध्यांग 'मृगमद' का पर्यायवाची शब्द नहीं है।

एक ही अर्थ में प्रयुक्त होने वाले शब्द जो बनावट में भले ही अलग हों परन्तु उनके अर्थ समान हों, पर्यायवाची या समानार्थी शब्द कहलाते हैं।

जैसे: आग- अनल, पावक, दहन

हवा- समीर, अनिल, वायु

मृगमद के पर्यायवाची शब्द कस्तूरी, मदलता, मृगनाभि हैं।

मध्यांग के पर्यायवाची शब्द निम्नवत कमर, लंक, श्रोणि हैं।

अत: विकल्प (C) सही है।

5. जो शब्द किसी दूसरे शब्द का उल्टा अर्थ बताते हैं, उन्हें विलोम शब्द या विपरीतार्थक शब्द कहते हैं।

जैसे: रात-दिन, धरती-आकाश

'रुग्ण' शब्द का विलोम शब्द 'स्वस्थ' है।

'रुग्ण' का अर्थ 'बीमार' है और 'स्वस्थ' का अर्थ 'निरोग' है।

अत: विकल्प (C) सही है।

6. दिए गए विकल्पों में श्रीमान शब्द की वर्तनी शुद्ध है। अन्य सभी शब्दों की वर्तनी त्रुटिपूर्ण है।

अत: विकल्प (C) सही है।

7. अनाड़ी शब्द तत्सम शब्द नहीं है।

जिन शब्दों को संस्कृत से बिना किसी परिवर्तन के ले लिया जाता है, उन्हें तत्सम शब्द कहते हैं। जैसे: कूप, अष्ट, पंचम आदि।

संस्कृत से हिंदी में आने पर जिन शब्दों का रूप बदल गया हो, तन्द्रव कहलाते हैं। जैसे: आग, काम, पाँच आदि।

तत्सम	तन्द्रव
कूप	कुआं
कर्तरी	कैंची
अष्ट	आठ
अनार्य	अनाड़ी

अत: विकल्प (D) सही है।

8. छाती पर साँप लोटना अर्थात ईर्ष्या से हृदय जलना।

वाक्य प्रयोग: पड़ोसी की नई चीजों को देखकर मोहन की छाती पर साँप लोटने लगे।

अत: विकल्प (B) सही है।

9. प्रत्यय वे शब्द हैं जो दूसरे शब्दों के अन्त में जुड़कर, अपनी प्रकृति के अनुसार, शब्द के अर्थ में परिवर्तन कर देते हैं।

जैसे: अक- पाठक, आई- पढ़ाई।

कला शब्द में कार प्रत्यय के योग से कलाकार शब्द बना है।

अत: विकल्प (C) सही है।

10. तत्पुरुष समास: जिस समास में प्रथम पद गौण और उत्तर पद की प्रधानता होती है और समास करते वक्त बीच की विभक्ति का लोप हो जाता है, तत्पुरुष समास कहलाते हैं।

जैसे: मन से माना हुआ = मनमाना।

'गृहप्रवेश' अर्थात गृह में प्रवेश। इस शब्द में 'में विभक्ति चिन्ह का लोप होने के कारण यहा तत्पुरुष समास होगा।

अत: विकल्प (A) सही है।

11. मानव शब्द का विशेषण मानवीय होता है।

जो शब्द संज्ञा या सर्वनाम की विशेषता बताते हैं, विशेषण कहलाते हैं।

जैसे- मानव संज्ञा है लेकिन मानवीय विशेषण शब्द है क्योंकि यह व्यक्ति का एक गुण है।

अत: विकल्प (D) सही है।

12. विद्यालय में दीर्घ स्वर संधि है।

"विद्यालय" का संधि विच्छेद विद्या + आलय होगा।

जब दो शब्दों की संधि करते समय (अ, आ) के साथ (अ, आ) हो तो 'आ' बनता है, जब (इ, ई) के साथ (इ, ई) हो तो 'ई' बनता है, जब (उ, ऊ) के साथ (उ, ऊ) हो तो 'ऊ' बनता है। इस संधि को दीर्घ स्वर संधि कहते हैं।

जैसे: पुस्तक + आलय = पुस्तकालय बनता है। यहाँ अ + आ मिलकर आ बनाते हैं।

अत: विकल्प (A) सही है।

13. ऐसे शब्द जो देश की क्षेत्रीय भाषा से हिंदी में सम्मिलित हुए, देशज शब्द कहलाते हैं। जैसे: थैला, लोटा, टाँग, पगड़ी आदि।

अत: विकल्प (C) सही है।

14. विराम चिन्ह: विराम का अर्थ है रुकना या ठहरना। वक्ता अपने भावों व विचारों को व्यक्त करते समय वाक्य के अन्त में या कभी-कभी बीच में ही साँस लेने के लिए रुकता है, इसे ही विराम कहते हैं। इस प्रकार की रुकावट या विराम साँस लेने के अतिरिक्त अर्थ की स्पष्टता के लिए भी आवश्यक है।

मौखिक भाषा की ऐसी अनेक युक्तियाँ (जैसे: कहीं रुकना, कहीं बल देना आदि) को जब लिखित भाषा में प्रयुक्त करना होता है तो उसके लिए कुछ चिन्ह निर्धारित किए जाते हैं, यही चिन्ह विराम-चिन्ह कहलाते हैं।

अत: विकल्प (A) सही है।

15. 'कामायनी' महाकाव्य के रचनाकार जयशंकर प्रसाद है।

'कामायनी' जयशंकर प्रसाद का ऐसा महाकाव्य है जो सदैव मानव जीवन के लिए एक प्रेरणा बन कर रहेगा। जिसमें प्रसाद जी ने अपने समय के सामाजिक परिवेश, जीवन मूल्यों, सामयिकता का विश्लेषित सम्मिश्रण कर इसे एक अमर ग्रन्थ बना दिया। यही कारण है कि इसके पात्र - मनु, श्रद्धा और इड़ा - मानव, प्रेम व बुद्धि के प्रतीक हैं।

अत: विकल्प (C) सही है।

16. बूढ़ा चाँद रचना "सुमित्रा नंदन पंत" की है।

'कला और बूढ़ा चाँद' सुविख्यात कवि सुमित्रानन्दन पंत की साहित्य अकादमी पुरस्कार प्राप्त काव्यकृति है, इसमें उनकी सन् 1958 में लिखी गई कविताएँ हैं। पंत की कविताओं में प्रकृति और कला के सौंदर्य को प्रमुखता मिलती है।

अत: विकल्प (C) सही है।

17. दिए गए विकल्पों में 'तरुण' का स्त्रीलिंग शब्द 'तरुणी' होगा।

तरुण का अर्थ - युवा पुरुष।

अत: विकल्प (B) सही है।

18. 'मैं माता जी के लिए चाय बना रही हूँ।' इसमें रेखांकित शब्द 'संप्रदान कारक' का चिह्न है।

जब वाक्य में किसी को कुछ दिया जाए या किसी के लिए कुछ किया जाए तो वहां पर संप्रदान कारक होता है। संप्रदान कारक के विभक्ति चिन्ह 'के लिए', 'को' हैं।

अत: विकल्प (D) सही है।

19. दिए गए विकल्पों में से 'मंत्री' का उचित बहुवचन शब्द 'मंत्रीगण' होगा।

'मंत्री' पुल्लिंग शब्द है जिसका अर्थ राजा का प्रधान सलाहकार, अमात्य, आदेश और सलाह देने वाला राज्य का मुख्य व्यक्ति होता है।

अत: विकल्प (C) सही है।

20. 'मुझे कोई फर्क नहीं पड़ता।' शुद्ध वाक्य है क्योंकि अन्य विकल्पों में क्रिया, सर्वनाम और लिंग संबंधी त्रुटियां हैं।

वाक्य सम्प्रेषण की सबसे महत्वपूर्ण और सार्थक इकाई होती है। इसलिए, वाक्यगत अशुद्धियों को शुद्ध रूप में लिखना सम्प्रेषण को अधिक सरल बनाता है। वाक्य में, संज्ञा, सर्वनाम, लिंग, वचन, क्रिया-विशेषण, क्रिया, विशेषण आदि संबंधी अशुद्धियाँ हो सकती हैं।

अत: विकल्प (C) सही है।

21. इंडिया डिजिटल समिट 2022 के 16वें संस्करण का आयोजन इंटरनेट एंड मोबाइल एसोसिएशन ऑफ इंडिया (आईएएमएआई) द्वारा किया गया था।

शिखर सम्मेलन के दौरान '10 मिलियन डिजिटल रूप से सक्षम सूक्ष्म उद्यमियों का निर्माण शीर्षक वाली रिपोर्ट भी जारी की गई। रिपोर्ट में कहा गया है कि रोजगार सृजन और जीडीपी में योगदान दोनों के लिए सूक्ष्म-उद्यमी भारतीय अर्थव्यवस्था का एक महत्वपूर्ण हिस्सा हैं।

अत: विकल्प (A) सही है।

22. भारतीय रिजर्व बैंक ने हाल ही (क्रेडिट कार्ड और डेबिट कार्ड - जारी करना और व्यवहार) 2022 में निर्देश आरबीआई द्वारा जारी किया गया था।

अनुसूचित वाणिज्यिक बैंक (एससीबी) रुपये की कुल संपत्ति के साथ। 100 करोड़ क्रेडिट कार्ड जारी कर सकते हैं। क्षेत्रीय ग्रामीण बैंकों को अन्य बैंकों के साथ सहयोग करने की आवश्यकता है। रिजर्व बैंक में पंजीकृत शहरी सहकारी बैंक (यूसीबी) और एनबीएफसी, जिनकी कुल संपत्ति 100 करोड़ रुपये से अधिक है, कुछ दिशानिर्देशों के अधीन कार्ड जारी कर सकते हैं।

अतः विकल्प (C) सही है।

23. भारतीय प्रधानमंत्री नरेंद्र मोदी ने विजया राजे सिंधिया के जन्म शताब्दी समारोह के अंत के हिस्से के रूप में 100 रुपये का स्मारक सिक्का जारी किया।

उन्हें ग्वालियर की राजमाता भी कहा जाता था और उनका जन्म वर्ष 1919 में हुआ था। विजया राजे सिंधिया ने अपने राजनीतिक जीवन की शुरुआत कांग्रेस से की और बाद में भाजपा की मूल पार्टी जनसंघ की सदस्य बनने से पहले स्वतंत्र पार्टी में शामिल हुई थी।

अत: विकल्प (A) सही है।

24. भारोत्तोलन में 2020 टोक्यो ओलंपिक की रजत पदक विजेता, मीराबाई चानू ने 25 फरवरी 2022 को सिंगापुर इंटरनेशनल में स्वर्ण पदक जीता। इस जीत ने उन्हें बर्मिंघम में आगामी 2022 राष्ट्रमंडल खेलों में एक स्थान सुरक्षित करने में भी मदद की। एक नए भार वर्ग - 55 किग्रा में प्रतिस्पर्धा करते हुए, चानू ने स्नैच में कुल 191 किग्रा - 86 किग्रा और क्लीन एंड जर्क में 105 किग्रा भार उठाकर स्वर्ण पदक जीता।

अत: विकल्प (A) सही है।

25. मेजर ध्यानचंद खेल रत्न:

मेजर ध्यान चंद खेल रत्न पुरस्कार (पूर्व राजीव गांधी खेल रत्न) भारत में दिया जाने वाला सबसे बड़ा खेल पुरस्कार है। इस पुरस्कार को भारत एवं विश्व हॉकी के सर्वश्रेष्ठ खिलाड़ी के नाम पर रखा गया है, जो तीन बार ओलम्पिक के स्वर्ण पदक जीतने वाली भारतीय हॉकी टीम के सदस्य रहे।

विनेश फोगट:

विनेश फोगट (जन्म 25 अगस्त 1994) एक भारतीय पहलवान हैं। वह राष्ट्रमंडल और एशियाई खेलों दोनों में स्वर्ण जीतने वाली पहली भारतीय महिला पहलवान बनीं। वह विश्व कुश्ती चैंपियनशिप में कई पदक जीतने वाली एकमात्र भारतीय महिला पहलवान हैं।

अत: विकल्प (C) सही है।

26. 6 वां भारत जल सप्ताह -2019 (IWW-2019) 24 से 28 सितंबर 2019 तक नई दिल्ली के विज्ञान भवन में आयोजित किया गया था।

- यह जल-मंत्रालय, जल संसाधन विभाग, नदी विकास और गंगा कायाकल्प, भारत सरकार द्वारा आयोजित किया जाता है।
- IWW-2019 का आयोजन "जल सहयोग - 21 वीं शताब्दी की चुनौतियों से निपटना" के विषय के साथ किया जा रहा है।
- प्रशासनिक सीमाओं के पार बेसिन की गतिशीलता को बदलने के संदर्भ में स्थायी जल प्रबंधन के लिए आपसी सहयोग के लिए नए विचारों को लाने का उद्देश्य।

अत: विकल्प (D) सही है।

27. हरियाणा के विकास एवं पंचायत मंत्री देवेंद्र सिंह बबली ने कहा कि राज्य में पायलट प्रोजेक्ट के तौर पर गांवों में एक हजार हाईटेक लाइब्रेरी बनाई जाएंगी। कैथल जिले के खीरी रायवाली गांव में आयोजित 'मधुर मिलन कार्यक्रम' के दौरान एक जनसभा को संबोधित करते हुए मंत्रियों ने कहा कि इन पुस्तकालयों से ग्रामीण क्षेत्र के युवा वर्तमान आवश्यकता के अनुरूप शिक्षा ग्रहण कर अपना भविष्य उज्जवल बना सकेंगे। इसके साथ ही युवाओं को खेलों के प्रति प्रोत्साहित करने और उन्हें नशे से दूर रखने के लिए गांवों में 1000 जिम बनाने का काम भी चल रहा है।

अत: विकल्प (D) सही है।

28. सिंधु घाटी सभ्यता दक्षिण एशिया के उत्तर-पश्चिमी क्षेत्रों में कांस्य युग की सभ्यता थी, जो 3300 ईसा पूर्व से 1300 ईसा पूर्व तक चली थी, और इसके परिपक्व रूप में 2600 ईसा पूर्व से 1900 ईसा पूर्व तक थी। सिंधु घाटी सभ्यता का नाम सिंधु नदी प्रणाली के नाम पर रखा गया है, जिसके जलोढ़ मैदानों में सभ्यता के शुरुआती स्थलों की पहचान की गई और खुदाई की गई।

अत: विकल्प (B) सही है।

29. बिन्दुसार को "एक महान पिता का पुत्र और एक महान पुत्र का पिता" के रूप में जाना जाता है क्योंकि वह एक महान पिता चंद्रगुप्त मौर्य के पुत्र और महान पुत्र अशोक के पिता थे।

- उन्होंने 298 ईसा पूर्व से 273 ईसा पूर्व तक मौर्य वंश पर शासन किया।
- बिन्दुसार ने सोलह राज्यों को मौर्य साम्राज्य के अधीन कर लिया और इस प्रकार लगभग पूरे भारतीय प्रायद्वीप पर विजय प्राप्त की।
- मौर्य 2300 साल पहले एक राजवंश थे, जिसमें तीन महत्वपूर्ण शासक थे - चंद्रगुप्त, उनका बेटा बिन्दुसार, और बिन्दुसार का बेटा, अशोक।
- अशोक इतिहास के ज्ञात महान शासकों में से एक थे और उनके निर्देश पर, स्तंभों पर, साथ ही साथ चट्टानी सतहों पर भी शिलालेख नक्काशित किये गए थे।
- अशोक के अधिकांश शिलालेख प्राकृत और ब्राह्मी लिपि में लिखे गए थे।

अत: विकल्प (B) सही है।

30. भारत में खिलाफत आंदोलन का कारण यह था कि 1920 में अंग्रेजों ने तुर्की सुल्तान या खलीफा पर एक कठोर संधि लागू की थी।

- जलियांवाला हत्याकांड के बारे में लोगों में इस बात को लेकर रोष था।
- इसके अलावा, भारतीय मुसलमान उत्सुक थे कि तत्कालीन तुर्क साम्राज्य में खलीफा को मुस्लिम पवित्र स्थानों पर नियंत्रण बनाए रखने की अनुमति दी जाए।
- खिलाफत आंदोलन के नेता, मोहम्मद अली और शौकत अली, अब एक पूर्ण असहयोग आंदोलन शुरू करने की कामना करते हैं।
- गांधीजी ने उनके आह्वान का समर्थन किया और कांग्रेस से "पंजाब गलत" (जलियांवाला हत्याकांड), खिलाफत को गलत और स्वराज की मांग के खिलाफ अभियान चलाने का आग्रह किया।

अत: विकल्प (A) सही है।

31. सब्सिडियरी एलायंस सिस्टम लॉर्ड वैलेस्ली द्वारा प्रयोग की जाने वाली एक गैर-हस्तक्षेप नीति थी।

- इस प्रणाली के तहत, ब्रिटिश के साथ सहायक गठबंधन में प्रवेश करने वाले किसी भी भारतीय शासक को अपने क्षेत्र में ब्रिटिश सैनिकों की एक टुकड़ी को बनाए रखना पड़ता था।
- टुकड़ी की कमान एक ब्रिटिश अधिकारी के हाथ में थी।
- भारतीय राज्य को संरक्षित राज्य कहा जाता था और उसके बाद के अंग्रेजों को सर्वोच्च शक्ति कहा जाता था।
- अंग्रेजों का यह कर्तव्य था कि वह उस राज्य को बाहरी आक्रमण से बचाएं और उसके शासक को आंतरिक शांति बनाए रखने में मदद करें।
- संरक्षित राज्य को अंग्रेजों के अलावा यूरोपीय शक्तियों के साथ और विशेष रूप से फ्रांसीसी के साथ अपने संबंध मिटा देने चाहिए।
- संरक्षित राज्य के शासक को अपने न्यायालय में एक ब्रिटिश निवासी रखना चाहिए और अपनी सेना को भंग करना चाहिए।
- सर्वोच्च शक्ति को संरक्षित राज्य के आंतरिक मामलों में हस्तक्षेप नहीं करना चाहिए।

अत: विकल्प (D) सही है।

32. गंगा (जो हिमालय की नदी है) भारत की सबसे बड़ी नदी है जिसकी लंबाई लगभग 2500 किमी है। गंगा के बाद गोदावरी नदी भारत की दूसरी सबसे बड़ी नदी है।

- गोदावरी नदी भारत की सबसे लंबी नदियों में से एक है और इसकी कुल लंबाई लगभग 1,465 किमी है।
- गोदावरी नदी का उद्गम पश्चिमी घाट श्रेणी में पश्चिमोत्तर महाराष्ट्र से होता है, जो अरब सागर से लगभग 80 किमी की दूरी पर है, और प्रायद्वीपीय भारत भर में आमतौर पर इसका अधिकांश धारा प्रवाह पूर्वाभिमुख है।
- महाराष्ट्र से बहती हुई यह उत्तरी तेलंगाना और फिर आंध्र प्रदेश में प्रवेश करती है।
- यह नदी अपने पिछले 320 किमी धाराप्रवाह से दक्षिण-पूर्व की ओर मुड़ती है, जो पूर्वी घाट पर्वतमाला और फिर बंगाल की खाड़ी में पहुंचने से पहले आंध्र प्रदेश राज्य के घाट से बहती है।

अत: विकल्प (A) सही है।

33. सवाना घास का मैदान मुख्य रूप से पूर्वी अफ्रीका (केन्या, तंजानिया) में पाया जाता है। इसका सर्वाधिक विस्तार अफ्रीका में ही पाया जाता है। इसके अतिरिक्त ये कोलंबिया और वेनेजुएला के ओरिनिको बेसिन तथा ब्राजील, बेलीज, होंडुरास के साथ साथ भारत के दक्षिणी भागों में भी पाए जाते हैं। सवाना एक उष्ण कटिबंधीय घास का मैदान है, जो उष्ण कटिबंधीय वर्षा वनों और मरुस्थलीय बायोम के बीच पाया जाता है। इस प्रकार के घास के मैदान में घास के अतिरिक्त कहीं-कहीं झाड़ियाँ और कुछ पेड़ भी पाए जाते हैं।

अत: विकल्प (C) सही है।

34. राष्ट्रपति अपने कार्यकाल की समाप्ति से पूर्व प्रधानमंत्री की सलाह पर लोकसभा को भंग कर सकता है।

- राष्ट्रपति के पास किसी एक या दोनों सदनों को बुलाने की शक्ति होती है।
- राष्ट्रपति कुछ मामलों में लोगों की सभा को भंग करने की शक्ति भी रखते हैं।
- राष्ट्रपति के पास गतिरोध के मामलों में घर के संयुक्त बैठक को बुलाने की शक्ति भी होती है जिसमें दोनों सदन एक साथ बैठते हैं और संघर्ष हल हो जाता है।
- राष्ट्रपति, राज्य का कार्यकारी प्रमुख होने के बावजूद, कई विधायी शक्तियां रखता है जो देश के कानून के लिए महत्वपूर्ण हैं।
- राष्ट्रपति के पास कई संवैधानिक अधिकारियों और केंद्र सरकार के सदस्यों को नियुक्त करने की शक्ति होती है।

अत: विकल्प (D) सही है।

35. भारतीय न्यायिक प्रणाली में, रिट सर्वोच्च न्यायालय और उच्च न्यायालयों द्वारा जारी किए जाते हैं।

- रिट एक कानूनी दस्तावेज है जो एक न्यायालय द्वारा जारी किया जाता है जो किसी व्यक्ति या संस्था को किसी विशेष कार्य को करने या किसी विशिष्ट कार्य को करने से रोकने का आदेश देता है।
- भारतीय संविधान का अनुच्छेद 32 सर्वोच्च न्यायालय द्वारा रिट जारी करने का कानून बनाता है और अनुच्छेद 226 उच्च न्यायालय द्वारा रिट जारी करने का कानून बनाता है।
- भारत में, केवल 'विशेषाधिकार रिट' जारी किए जाते हैं जो विभिन्न परिस्थितियों में जारी किए जाते हैं।
- 'विशेषाधिकार रिट' पांच प्रकार के होते हैं: उत्प्रेषण रिट, अधिकार-पृच्छा रिट, बन्दी-प्रत्यक्षीकरण रिट, निषेध रिट और परमादेश रिट।

अत: विकल्प (C) सही है।

36. केंद्रीय सांख्यिकीय संगठन भारत की राष्ट्रीय आय का आकलन करने वाली एजेंसी है। राष्ट्रीय आय किसी देश द्वारा एक वर्ष में उत्पादित सभी वस्तुओं और सेवाओं का मूल्य है।

- किसी भी देश की अर्थव्यवस्था की वृद्धि राष्ट्रीय आय का एक संकेत है।
- राष्ट्रीय आय के आंकड़ों से यह पता लगाया जा सकता है कि किसी देश का विकास किस गति से हो रहा है।
- केंद्रीय सांख्यिकीय संगठन केंद्र सरकार के विभागों, राज्य सरकारों और अंतर्राष्ट्रीय एजेंसियों के बीच एक सेतु का काम करता है।
- केंद्रीय सांख्यिकीय कार्यालय (CSO) सांख्यिकीय और कार्यक्रम कार्यान्वयन मंत्रालय के अधीन है।

अत: विकल्प (D) सही है।

37. डॉक्टरों द्वारा निश्चेतक के रूप में उपयोग किये जाने वाली लाफिंग गैस, नाइट्रस ऑक्साइड है।

- लाफिंग गैस एक रंगहीन और गंधहीन गैस है।
- नाइट्रस ऑक्साइड की खोज 1793 में जोसेफ प्रीस्टली ने की थी।
- नाइट्रस ऑक्साइड, एक रासायनिक यौगिक और नाइट्रोजन का एक ऑक्साइड है जिसका सूत्र N_2O है।
- यह एक अग्निरोधी गैस है।
- यह जल में घुलनशील है।

अत: विकल्प (C) सही है।

38. बास्केटबॉल का खेल दो टीमों के साथ खेला जाता है, जिसमें एक समय में कोर्ट में प्रत्येक टीम के 5 खिलाड़ी होते हैं (जिसका अर्थ है एक समय में 10 खिलाड़ी)। आपके द्वारा खेली जाने वाली लीग द्वारा बेंच पर अधिकतम खिलाड़ियों की संख्या भिन्न होती है। अंतर्राष्ट्रीय खेल में, अधिकतम 7 खिलाड़ियों को बेंच पर अनुमति दी जाती है, जिसके परिणामस्वरूप 12 खिलाड़ियों का रोस्टर होता है।

अत: विकल्प (B) सही है।

39. यशस्वनी देसवाल ने अंतर्राष्ट्रीय शूटिंग स्पोर्ट फेडरेशन (ISSF) विश्व कप के महिला 10 मीटर एयर पिस्टल फाइनल में भारत के लिए पहला स्वर्ण पदक जीता।

- रियो डी जनेरियो में आईएसएसएफ विश्व कप में स्वर्ण पदक हासिल करने वाली 10 मीटर एयर पिस्टल स्पर्धा में यशस्वनी देसवाल पहली महिला निशानेबाज बनीं।
- देसवाल ने अपनी श्रेणी में नेतृत्व करने के लिए 238.8 अंक अर्जित किए।
- एक अन्य भारतीय निशानेबाज मनु भाकर ने 236.7 अंकों के साथ रजत पदक जीता।

अत: विकल्प (A) सही है।

40. केरल के 'ट्यूबर मैन' कहे जाने वाले शाजी एन. एम. को 'पालतू प्रजातियों के संरक्षण' की व्यक्तिगत श्रेणी में भारत जैव विविधता पुरस्कार 2021 से सम्मानित किया गया है। वह अपने खेत में लगभग 200 कंद फसलों की एक विस्तृत श्रृंखला का संरक्षण करते हैं जिसमें कचालू, जिमीकंद, शकरकंद, कसावा और चीनी आलू शामिल हैं। उन्हें प्लांट जीनोम सेवियर रिवॉर्ड 2015 भी मिला था।

अत: विकल्प (B) सही है।

41. ओरेकल एक रिलेशनल डेटाबेस मैनेजमेंट सिस्टम है। इसे ओरेकल डेटाबेस, ओरेकल DB या केवल ओरेकल के रूप में जाना जाता है। एंटरप्राइज़ ग्रिड कंप्यूटिंग के लिए पहला डेटाबेस ओरेकल डेटाबेस है।

डॉस, लिनक्स, विंडोज़ NT ऑपरेटिंग सिस्टम हैं।

अत: विकल्प (D) सही है।

42. कंप्यूटर अपना प्राथमिक काम मशीन के एक हिस्से में करता है जिसे हम देख नहीं सकते, एक नियंत्रण केंद्र जो डेटा इनपुट को सूचना आउटपुट में परिवर्तित करता है। सेंट्रल प्रोसेसिंग यूनिट (CPU) नामक यह नियंत्रण केंद्र, इलेक्ट्रॉनिक सर्किटरी का एक अत्यधिक जटिल, व्यापक सेट है जो संग्रहीत प्रोग्राम निर्देशों को निष्पादित करता है।

अत: विकल्प (A) सही है।

43. एमएस वर्ड में एक टेबल के कॉलम की चौड़ाई को बदलने के लिए रूलर का उपयोग किया जा सकता है।

- एक रूलर को उस उपकरण के रूप में परिभाषित किया जा सकता है जिसका उपयोग लंबाई को मापने और सीधी रेखाओं को खींचने के लिए किया जाता है।
- एक रूलर या माप टेप का उपयोग मीट्रिक और प्रथागत दोनों इकाइयों में लंबाई मापने के लिए किया जाता है।
- किसी रूलर के निशान या अंतराल को हैश मार्क कहा जाता है।

अत: विकल्प (D) सही है।

44. इलेक्ट्रॉनिक मेल (ईमेल या ई-मेल) एक कंप्यूटर पर संग्रहीत जानकारी है जिसे दूरसंचार पर दो उपयोगकर्ताओं के बीच आदान-प्रदान किया जाता है। अधिक स्पष्ट रूप से, ई-मेल एक संदेश है जिसमें एक निर्दिष्ट व्यक्ति या व्यक्तियों के समूह को नेटवर्क के माध्यम से भेजे गए टेक्स्ट, फाइलें, चित्र या अन्य अटैचमेंट हो सकते हैं।

अत: विकल्प (C) सही है।

45. आप स्लाइडर को दाईं ओर ले जाकर कार्यपुस्तिका में जूम कर सकते हैं। यह कार्यपुस्तिका के एकमात्र दृश्य को बदल देगा। आप अधिकतम 400% जूम इन कर सकते हैं।

अत: विकल्प (A) सही है।

46. माइन कैम्फ, एडोल्फ हिटलर द्वारा लिखित एक राजनीतिक घोषणा पत्र था। यह उनकी एकमात्र पूर्ण पुस्तक थी, और यह काम जर्मनी के तीसरे राइक में राष्ट्रीय नाजीवाद की बाइबिल बन गया। यह 1925 और 1927 में दो संस्करणों में प्रकाशित हुआ और 1930 में एक संक्षिप्त संस्करण सामने आया।

अत: विकल्प (B) सही है।

47. सरदार वल्लभ भाई पटेल को एक विभाजित भारत यानी रियासतों और ब्रिटिश भारत के खंडित भागों को एक राष्ट्र के रूप में समेकित करने और भारत के बालकनीकरण को रोकने के उनके प्रयासों के कारण "भारत का बिस्मार्क" कहा जाता है। सरदार को भारत के लौह पुरुष के रूप में भी जाना जाता था। गुजरात राज्य में एक 182 मीटर ऊंची प्रतिमा को उनके स्मारक के रूप में बनाया गया है।

भारतीय बिस्मार्क सरदार वल्लभ भाई पटेल जी हैं। जर्मनी को एकजुट करने के लिए बिस्मार्क द्वारा इस्तेमाल अनुनय, कूटनीति, आदि तकनीकें है। सरदार वल्लभ भाई पटेल जी द्वारा भारतीय संघ में 545 रियासतों को एकजुट करने के लिए भी इसी तकनीक का इस्तेमाल किया गया।

अत: विकल्प (C) सही है।

48. कैलाश पर्वत को हिलाते हुए रावण रावण को दर्शाती एक चौखट एलोरा गुफाओं में है।

इस उल्लेखनीय दृश्य में, पहाड़ के कंपन को महसूस किया जा सकता है। पार्वती को शिव की ओर मुड़े हुए, डर से उनके हाथ को पकड़े हुए, बहुत उत्तेजित दिखाया गया है, जबकि उसकी नौकरानी उड़ान भरती है, लेकिन महान भगवान अटल हैं और पहाड़ को अपने पैर से कसकर दबाते हुए बैठे हैं। संरचना के निचले आधे हिस्से में रावण को पर्वत के विरुद्ध अपनी बीस भुजाओं के बल को आरोपित करते हुए दर्शाया गया है।

अत: विकल्प (B) सही है।

49. जब कागज़ को खोला जाएगा तब यह दिखाई देगा:

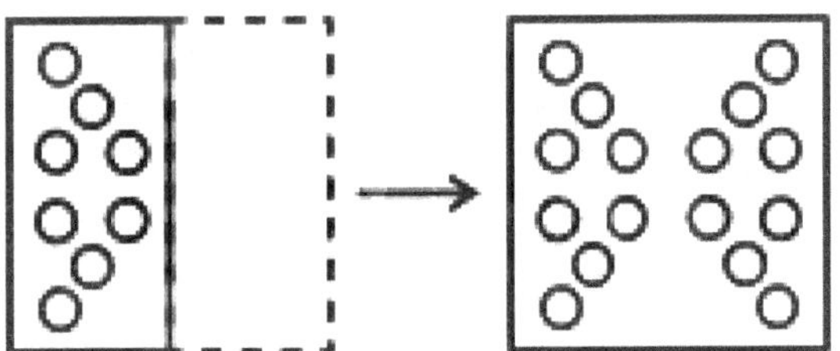

अत: विकल्प (B) सही है।

50. सन्निहित आरेख नीचे दिखाया गया है:

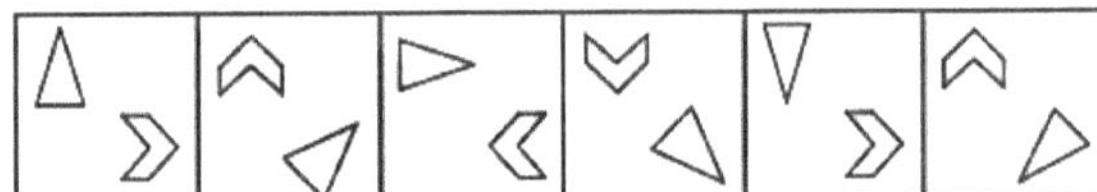

अत: विकल्प (A) सही है।

51. यहाँ अनुसरण किया गया स्वरूप इस प्रकार है:

तीर जैसी आकृति प्रत्येक चरण में वामावर्त दिशा में 90° से घूम रही है।

त्रिभुज प्रत्येक चरण में दक्षिणावर्त दिशा में 45° से घूम रहा है।

तीर जैसी आकृति और त्रिभुज प्रत्येक चरण में अपनी स्थितियों को आपस में बदल रहे हैं।

श्रृंखला में अगली आने वाली आकृति इस प्रकार है:

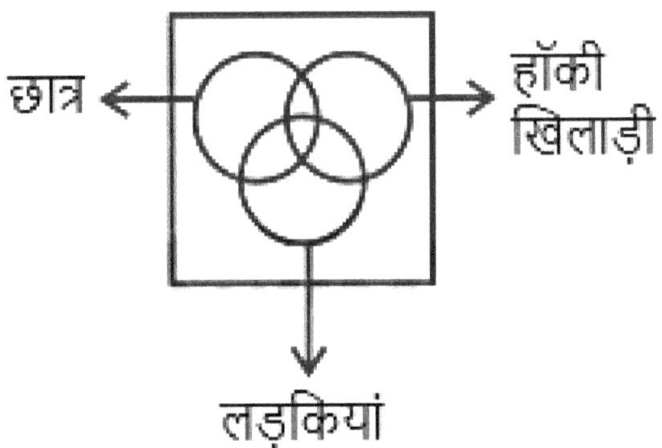

अत: विकल्प (B) सही है।

52. सही वेन आरेख इस प्रकार है:

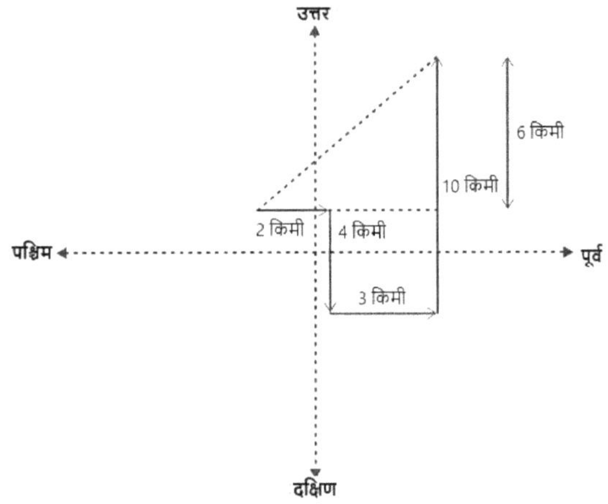

अत: विकल्प (A) सही है।

53. रॉबर्ट ब्राउन ने कोशिका के नाभिक की खोज 1831 में की थी।

यूकेरियोटिक कोशिकाओं में, नाभिक एक प्रोटोप्लाज्मिक घटक होता है जिसमें आनुवांशिक जानकारी होती है जो एक दोहरी झिल्ली से घिरा होता है। एसिटाबुलरिया पर ग्राफ्टिंग प्रयोगों की सहायता से, हैमरलिंग ने 1953 में प्रदर्शित किया कि नाभिक वंशानुगत ज्ञान का भंडार है।

अत: विकल्प (A) सही है।

54. नॉर्वेजियन नोबेल समिति ने 2009 के नोबेल शांति पुरस्कार द्वारा राष्ट्रपति बराक ओबामा को अंतरराष्ट्रीय कूटनीति और लोगों के बीच सहयोग को मजबूत करने के उनके असाधारण प्रयासों के लिए सम्मानित किया। इस समिति ने ओबामा को परमाणु हथियारों के बिना दुनिया की सोच और इसके लिए कार्य करने के उद्देश्य के लिए विशेष महत्व दिया है। ओबामा नोबेल शांति पुरस्कार जीतने वाले संयुक्त राज्य अमेरिका के चौथे राष्ट्रपति बने।

अत: विकल्प (B) सही है।

55. दी गई स्थितियों के अनुसार,

उसके अंतिम बिंदु और प्रारंभिक बिंदु के बीच की दूरी $= \sqrt{5^2 + 6^2}$ किमी

$= \sqrt{25 + 36}$ किमी

$= \sqrt{61}$ किमी

$= 7.81$ किमी

अत: विकल्प (C) सही है।

56. आईयूसीएन संकटग्रस्त प्रजातियों की एक लाल सूची तैयार करता है।

- आईयूसीएन का अर्थ अंतर्राष्ट्रीय प्रकृति संरक्षण संघ है।
- इसका मुख्यालय स्विट्जरलैंड के ग्लैंड में स्थित है।
- नन्नो क्लीटर्प आईयूसीएन के अध्यक्ष हैं।
- यह प्रकृति संरक्षण और सतत उपयोग के क्षेत्र में कार्य करता है।

अत: विकल्प (D) सही है।

57. कथन 1: प्रत्येक बक्शे के वजन का एक तिहाई भाग 12 किलो है।

इसलिए, प्रत्येक बक्शे का कुल वजन = (12 × 3) = 36 किलो

इसलिए, आम के 10 बक्शों का कुल वजन = (36 × 10) = 360 किलो

कथन 2: 6 बक्शों का कुल वजन 4 बक्शों के कुल वजन से 72 किलो अधिक है।

माना प्रत्येक बक्शे का वजन 'a' किलो है।

कथन के अनुसार,

6a = 4a + 72

⇒ 2a = 72

⇒ a = 36 किलो

इसलिए, आम के 10 बक्शों का कुल वजन = (36 × 10) = 360 किलो

इसलिए, दोनों कथन अलग-अलग प्रश्न का उत्तर देने के लिए पर्याप्त हैं।

अत: विकल्प (D) सही है।

58.

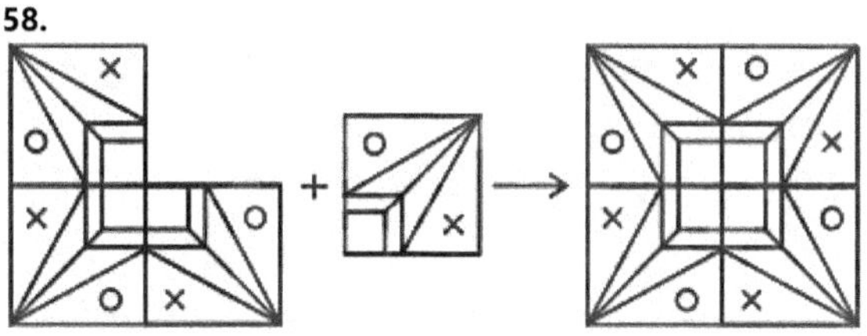

इस प्रकार, विकल्प (B) की आकृति स्वरूप को पूर्ण करेगी।

अत: विकल्प (B) सही है।

59. हैजा एक संक्रमणीय बीमारी है।

यह व्यक्ति से व्यक्ति में संक्रमित मल से संक्रमित भोजन या पानी में विब्रियो कोलेरा बैक्टीरिया द्वारा प्रवेश करता है।

अत: विकल्प (B) सही है।

60. कथन प्राथमिकता व्यक्त करता है। यह इस धारणा पर आधारित है कि, 3 साल की उम्र में, बच्चे में सीखने की शुरुआत करने के लिए मानसिक विकास का सही स्तर होता है। इसलिए केवल धारणा II स्पष्ट रूप से निहित है।

यह कथन किस उम्र के बच्चों को प्रवेश दिया जाता है, यह जानकारी प्रदान नहीं करता है। तो, इस बारे में कोई धारणा नहीं बनाई जा सकती। इसलिए धारणा I निहित नहीं है।

अत: विकल्प (B) सही है।

61. साहित्य क्षेत्र में नोबेल पुरस्कार, 2018 की घोषणा नहीं की गई।

स्वीडिश अकादमी ने कहा है कि #MeToo घोटाले के कारण 70 वर्षों में पहली बार 2018 में साहित्य के लिए कोई नोबेल पुरस्कार नहीं दिया जाएगा।

पोलिश उपन्यासकार ओल्गा टोकार्शुक और ऑस्ट्रियाई लेखक पीटर हैंडके, दो लेखक जिनके काम यूरोप की धार्मिक, जातीय और सामाजिक गलत रेखा में गहराई से जुड़े हुए हैं, ने क्रमशः साहित्य के लिए 2018 और 2019 के नोबेल पुरस्कार जीते।

अत: विकल्प (B) सही है।

62. घाट पेयजल योजना मुख्य रूप से उत्तराखंड के पिथौरागढ़ में शुरू की गई है। घाट पेयजल योजना का उद्देश्य लोगों को घर में साफ पानी और पिथौरागढ़ में पानी की निरंतर आपूर्ति करना है। पिथौरागढ़ में पानी की किल्लत को कम करने के लिए मटेला, पिथौरागढ़ में वाटरपाइप लाइन बिछाई जाएंगी।

पिथौरागढ़ उत्तराखंड का एक जिला है और कुमाऊँ में सबसे बड़ा संगठित अर्ध-शहरी शहर है। इसे भारत के मिनी कश्मीर से भी जाना जाता है। यह उत्तर में तिब्बत और पूर्व में नेपाल के साथ अंतर्राष्ट्रीय सीमाओं को साझा करता है।

अत: विकल्प (A) सही है।

63. उत्तराखंड का गठन 9 नवंबर 2000 को भारत के 27 वें राज्य के रूप में हुआ था, जब इसे उत्तरी उत्तर प्रदेश से अलग किया गया था। हिमालय पर्वत श्रृंखला की तलहटी में स्थित, यह काफी हद तक एक पहाड़ी राज्य है, जिसकी उत्तर में चीन (तिब्बत) और पूर्व में नेपाल के साथ अंतरराष्ट्रीय सीमाएं हैं। इसके उत्तर पश्चिम में हिमाचल प्रदेश है, जबकि दक्षिण में उत्तर प्रदेश है।

उत्तराखंड मुख्य रूप से दो क्षेत्रों, गढ़वाल और कुमाऊं में विभाजित है, जिसमें 13 जिले शामिल हैं।

- गढ़वाल क्षेत्र के अंतर्गत आने वाले जिले चमोली, देहरादून, हरिद्वार, पौड़ी गढ़वाल, टिहरी गढ़वाल, रुद्रप्रयाग और उत्तरकाशी हैं।
- कुमाऊं क्षेत्र के अंतर्गत आने वाले जिले अल्मोड़ा, चंपावत, बागेश्वर, पिथौरागढ़, उधम सिंह नगर और नैनीताल आते हैं।

अत: विकल्प (C) सही है।

64. अल्मोड़ा के पास 'खगमारा' का ऐतिहासिक किला कत्यूरियों द्वारा बनवाया गया था। इस किले का निर्माण राजा भीमचंद ने करवाया था। उत्तरांचल में अल्मोड़ा बाजार से मात्र 2 किमी दूर खगमारा अत्यधिक ऐतिहासिक स्थान है। अल्मोड़ा ज़िला भारत के उत्तराखंड राज्य का एक ज़िला है। अल्मोड़ा खगमारा कोट का स्थल था, जो कत्यूरी राजा द्वारा निर्मित एक किला था, अब वहां केवल एक मंदिर बचा है। वर्तमान उत्तराखंड के क्षेत्र में वासु देव द्वारा कत्यूरी वंश की स्थापना की गई थी। उन्होंने 7वीं शताब्दी ईस्वी से 18वीं शताब्दी तक शासन किया।

अत: विकल्प (A) सही है।

65. सुदर्शन शाह गढ़वाल साम्राज्य के राजा थे। वह टिहरी जिले के आधुनिक नई टिहरी शहर के शासक और संस्थापक थे। उन्होंने 1824-1859 तक राज्य पर शासन किया। खुर्बुरा की लड़ाई के दौरान शाही सेना द्वारा गोरखा सेना को हराने के बाद ब्रिटिश सेना ने राजा को इस क्षेत्र पर शासन करने में सहायता की। सुदर्शन एक बुद्धिमान शासक था और उसने अपनी राजधानी को श्रीनगर, उत्तराखंड से टिहरी स्थानांतरित कर दिया जो पहाड़ियों और नदियों से ढकी है।

टिहरी गढ़वाल उत्तराखंड का एक जिला और गढ़वाल क्षेत्र का एक हिस्सा है और इसे आमतौर पर टिहरी कहा जाता है। यह वर्तमान में पिछड़ा क्षेत्र अनुदान निधि कार्यक्रम से धन प्राप्त करने वाले उत्तराखंड के तीन जिलों में से एक है। टिहरी बांध, भागीरथी नदी पर स्थित एक प्रमुख जल विद्युत परियोजना इसी जिले में स्थित है।

अत: विकल्प (C) सही है।

66. हेनरी रामसे ने 1857 ईस्वी के बाद नैनीताल को स्कूली शिक्षा के केंद्र के रूप में विकसित किया।

- वह भारतीय सेना में एक ब्रिटिश जनरल थे, जिन्होंने 1856 से 28 वर्षों तक कुमाऊं और गढ़वाल जिलों के आयुक्त के रूप में कार्य किया।
- उन्हें कुमाऊं के राजा के रूप में भी जाना जाता था।
- उन्होंने मिशनरियों की मदद से कुमाऊं क्षेत्र में उत्तर भारत के शुरुआती स्कूलों में से एक का निर्माण किया और नैनीताल को एक शिक्षा केंद्र के रूप में विकसित किया।
- अल्मोड़ा का रामसे इंटर कॉलेज स्थापना के समय उत्तर भारत के कुछ स्कूलों में से एक था।

अत: विकल्प (A) सही है।

67. गढ़वाल के राजा प्रद्युम्न शाह ने नेपाल के गोरखा आक्रमणकारियों के साथ क्रूर युद्ध किया, जो कि 1804 में देहरादून के खुर्बुरा की लड़ाई में मारे गए।

- खुर्बुरा की लड़ाई या खुदबुदा की लड़ाई मई 1804 में देहरादून के आधुनिक गाँव "खुर्बुरा" के पास हुई।
- युद्ध को गढ़वाल साम्राज्य के इतिहास में पहला बड़ा हमला माना जाता है जो गोरखा बलों और महाराजा प्रद्युम्न शाह के बीच शुरू हुआ और 13 दिनों तक जारी रहा जब तक कि गढ़वाल राजा हार नहीं गया।
- यह मुख्य रूप से उनके जीवन की एकमात्र हार और गोरखाओं की जीत के रूप में माना जाता था।

अत: विकल्प (B) सही है।

68. 1947 में रियासत के नए स्वतंत्र भारत में शामिल होने से पहले मानबेंद्र (मानवेंद्र) शाह टिहरी गढ़वाल के अंतिम महाराजा थे और भारत को 15 अगस्त, 1947 को स्वतंत्रता मिली। वह सिंहासन पर तब बैठे जब उनके पिता नरेंद्र शाह ने (स्वास्थ्य के आधार पर) 26 मई 1946 को सिंहासन का त्याग किया।

स्वतंत्रता पूर्व युग में, गढ़वाल क्षेत्र के लोग भारत छोड़ो आंदोलन में शामिल हुए और उन्होंने सक्रिय रूप से भारत को ब्रिटिश शासकों से मुक्त करने के लिए

काम किया। महाराजा नरेंद्र शाह (पंवार) के शासन से खुद को मुक्त करने के लिए गढ़वाल राज्य के निवासियों ने एक आंदोलन शुरू किया। मानवेंद्र शाह, जिन्हें वर्ष 1946 से 1949 तक गढ़वाल साम्राज्य के अंतिम शासक महाराजा के रूप में जाना जाता था, जिन्होंने भारत की संप्रभुता को स्वीकार किया।

अत: विकल्प (A) सही है।

69. गढ़वाल के पूरे क्षेत्र पर 1804 ई. से लेकर 1815 ई. तक लगभग 12 वर्षों तक गोरखा का शासन रहा।

- 1815 में, अंग्रेजों ने गोरखाओं को काली नदी के पश्चिम में फेंक दिया।
- यह एक समय था जब गढ़वाल में गोरखा शासन समाप्त हो गया था।
- जब 1815 में गोरखों को अंग्रेजों ने हराया था, तो गढ़वाल क्षेत्र के पूर्वी हिस्से पर अंग्रेजों का शासन था।
- राजा सुदर्शन शाह ने पश्चिम गढ़वाल पर शासन किया।
- कुछ समय बाद इस क्षेत्र को 'ब्रिटिश गढ़वाल' और देहरादून के दून के रूप में जाना जाने लगा।
- अल्मोड़ा और नैनीताल जिलों के साथ गढ़वाल को भारत की स्वतंत्रता के समय कुमाऊं क्षेत्र के आयुक्त द्वारा प्रशासित किया गया था।
- गढ़वाल जिले से, चमोली जिले को 1960 में बनाया गया था।
- गढ़वाल मंडल का मुख्यालय 1969 में पौड़ी में स्थापित किया गया था।

अत: विकल्प (B) सही है।

70. पुष्पावती नदी भारतीय राज्य उत्तराखंड के गढ़वाल क्षेत्र में चमोली जिले में फूलों की घाटी से होकर बहती है।

- पुष्पावती हिमालय में गढ़वाल क्षेत्र के मध्य भाग में रतनबन के पास टिपरा ग्लेशियर से निकलती है।
- यह नदी दक्षिण दिशा की ओर बहती है और घाघरिया के निकट भयंदर गंगा में मिल जाती है।
- पुष्पावती और भयंदर नदी दोनों मिलकर लक्ष्मण गंगा कहलाती हैं।
- फूलों की घाटी में पुष्पावती नदी बहती है।
- पिछले घने हिमनदों के निक्षेपों के माध्यम से, नदी बहती है।
- निचली पहुंच में, नदी घाटियों से होकर बहती है।
- स्थायी बर्फ नदी के ऊपरी इलाकों को ढकती है।
- ऐसा माना जाता है कि पांडवों ने नदी को पुष्पावती नाम दिया था।

अत: विकल्प (D) सही है।

71. नंगा पर्वत समुद्र तल से 8,126 मीटर (26,660 फीट) की ऊंचाई पर दुनिया का नौवां सबसे ऊंचा पर्वत है। गिलगित-बाल्टिस्तान, पाकिस्तान के डायमर जिले में स्थित है। नंगा पर्वत हिमालय का पश्चिमी लंगर है। पर्वत स्थानीय रूप से अपने तिब्बती नाम डायमर या देव मीर से जाना जाता है, जिसका अर्थ "विशाल पर्वत" है।

कामेट, बंदरपंच और दूनागिरी उत्तराखंड में स्थित हैं।

अत: विकल्प (D) सही है।

72. सिन ला दर्रा बिदंग को दारमा घाटी में ब्यांस घाटी से जोड़ता है।

- सिन ला दर्रा पूर्वी कुमाऊं में उत्तराखंड राज्य के पिथौरागढ़ जिले में स्थित है।
- सिन ला दर्रा हिमालय का एक हिस्सा है जो उत्तर में तिब्बत और पूर्व में नेपाल से घिरा है।

- सिन ला, प्राचीन काल में, भोटियाओं द्वारा एक व्यापार मार्ग के रूप में उपयोग किया जाता था और यह पूरे वर्ष बर्फ से ढका रहता है।

अत: विकल्प (A) सही है।

73. कफनी हिमनद उत्तराखंड राज्य के बागेश्वर कुमाऊं क्षेत्र के जिले में स्थित है।

- यह कफनी नदी और पिंडर नदी की सहायक नदी का मुख्य स्रोत है जो बाद में गंगा में मिल जाती है।
- कफनी हिमनद नंदकोट के प्रसिद्ध शिखर के नीचे पिंडर घाटी के बाईं ओर और नंदा देवी चोटी के दक्षिण-पूर्व में स्थित है।
- कफनी एक छोटा हिमनद है लेकिन यह ट्रेकर्स और साहसिक प्रेमियों द्वारा बहुत पसंद किया जाता है।

अत: विकल्प (B) सही है।

74. उत्तराखंड में मानसून या बरसात का मौसम जिसे चौमास या बस्कल कहा जाता है, जो जून के अंतिम सप्ताह से शुरू होकर सितंबर के अंत तक चलता है।

- अधिकांश वर्षा मध्य जुलाई से मध्य अगस्त तक होती है।
- सितंबर और अक्टूबर के मध्य में आसमान आमतौर पर साफ रहता है।
- गढ़वाल हिमालय में स्थानीय रूप से ह्युंद के रूप में जाना जाने वाला सर्दियों का मौसम दिसंबर से फरवरी तक रहता है।

अत: विकल्प (A) सही है।

75. खतलिंग ग्लेशियर भिलंगना, सहस्रताल और मसर्ताल नदियों का उद्गम स्थल है।

- खतलिंग ग्लेशियर उत्तराखंड राज्य के गढ़वाल क्षेत्र के टिहरी जिले में स्थित है।
- घुट्टू गांव खतलिंग ग्लेशियर ट्रेक का शुरुआती बिंदु है।
- भिलंगना नदी का स्रोत, खतलिंग ग्लेशियर 3,700 मीटर की ऊंचाई पर स्थित एक मंत्रमुग्ध कर देने वाला ग्लेशियर है।
- ग्लेशियर जोगिन समूह (6,466 मीटर), बार्टे कौटर (6,579 मीटर), स्फेटिक प्रिस्टवार (6,905 मीटर) और मेरु (6,660 मीटर) की हिमालयी चोटियों से घिरा हुआ है।

अत: विकल्प (B) सही है।

76. कुंवर सिंह नेगी एक भारतीय ब्रेल संपादक और सामाजिक कार्यकर्ता थे।

उनका जन्म उत्तराखंड के पौड़ी में हुआ था। उन्होंने 300 पुस्तकों का ब्रेल लिपि में अनुवाद किया है। उनकी प्रमुख रचनाएँ भगवान बुद्ध का उपदेश और हज़रत मोहम्मद की वाणी हैं। उन्हें पद्म श्री (1981) और पद्म भूषण (1990) से सम्मानित किया गया। उन्हें 'गढ़वाल का हातिमताई' कहा जाता है।

अत: विकल्प (A) सही है।

77. 1947 में मरणोपरांत परमवीर चक्र से सम्मानित मेजर सोमनाथ शर्मा कुमाऊं रेजिमेंट से संबंधित थे।

मेजर सोमनाथ शर्मा का जन्म 31 जनवरी 1923 को दाढ़, कांगड़ा, पंजाब (वर्तमान हिमाचल प्रदेश) में एक डोगरा ब्राह्मण परिवार में हुआ था। मेजर सोमनाथ शर्मा को ब्रिटिश भारतीय सेना की 8वीं बटालियन की 19वीं हैदराबाद रेजिमेंट में नियुक्त किया गया था। द्वितीय विश्व युद्ध के दौरान, उन्होंने अराकान अभियान के दौरान बर्मा में जापानियों के खिलाफ कार्रवाई की। उस समय उन्होंने कर्नल के एस थिमैया की नेतृत्व में सेवा की, जो बाद में जनरल के पद तक पहुंचे और 1957 से 1961 तक थल सेनाध्यक्ष बने। 21 जून 1949 को श्रीनगर हवाई अड्डे के बचाव में 3 नवम्बर 1949 को अपने साहसिक कार्यों के लिए मेजर शर्मा को मरणोपरांत परम वीर चक्र का पुरस्कार राजपत्रित किया गया था।

अत: विकल्प (D) सही है।

78. कृषि उत्तराखंड की अर्थव्यवस्था का सबसे महत्वपूर्ण क्षेत्र है।

कृषि उत्तराखंड की रीढ़ है और इसका अभ्यास कई लोग विशेष रूप से उत्तराखंड के पहाड़ी क्षेत्रों में रहने वाले लोगों द्वारा किया जाता है। उत्तराखंड में कृषि कई स्थानीय ग्रामीणों का मुख्य व्यवसाय है क्योंकि इससे उन्हें जीविकोपार्जन प्राप्त होता है। बासमती चावल, गेहूं, सोयाबीन, मूंगफली, मोटे अनाज, दालें और तिलहन सबसे व्यापक रूप से उगाई जाने वाली फसलें हैं। सेब, संतरा, नाशपाती, आडू, लीची और बेर जैसे फल व्यापक रूप से उगाए जाते हैं।

अत: विकल्प (A) सही है।

79. पंडित हरिकृष्ण रतूड़ी एक प्रसिद्ध लेखक थे।

- हिंदी में गढ़वाल का इतिहास नामक पुस्तक उनके द्वारा लिखी गई थी।
- पुस्तक का अंग्रेजी संस्करण लंदन से कीर्ति शाह द्वारा व्यवस्थित किया गया था।
- पुस्तक पूरी होने से पहले कीर्ति शाह का निधन हो गया।
- पुस्तक की पांडुलिपि पंडित हरिकृष्ण रतूड़ी ने भी खो दी थी।
- यह पुस्तक एक बार फिर 1928 में गढ़वाल में हरिकृष्ण रतूड़ी द्वारा लिखी गई थी।
- नरेंद्र हिंदू लॉ पुस्तक 1917 में रतूड़ी द्वारा लिखी और प्रकाशित की गई थी।
- गढ़वाल वर्णन पुस्तक उनके द्वारा 1910 में प्रकाशित हुई थी।
- जून 1933 में, रतूड़ी की मृत्यु हो गई।

अत: विकल्प (A) सही है।

80. भगत जवाहर मल नाम कूका विद्रोह से जुड़ा है।

- कूका आंदोलन के संस्थापक भगत जवाहर मल थे।
- भगत जवाहर मल को 'सियान साहब' के नाम से भी जाना जाता था। प्रारम्भ में इस विद्रोह का उद्देश्य प्रचलित बुराईयों को दूर कर सिख धर्म को शुद्ध करना था। सियान साहब ने अपने शिष्य 'बालक सिंह' के साथ मिलकर अपने अनुयायियों का एक दल गठित किया। इस दल का मुख्यालय 'हजारा' में हुआ करता था।
- कूका विद्रोह को नामधारी आंदोलन के नाम से भी जाना जाता है। नामधारी आंदोलन की स्थापना बालक सिंह (1797-1862) ने की थी, जो भगवान के नाम की पुनरावृति के अलावा किसी भी धार्मिक अनुष्ठान में विश्वास नहीं करते थे।(जिस कारण संप्रदाय के सदस्यों को नामधारी कहा जाता है।)
- कूका आंदोलन के प्रसिद्ध नेताओं में से राम सिंह ने अपने अनुयायियों से ब्रिटिश सामानों, सरकारी स्कूलों और सरकारी पदों के बहिष्कार का आह्वान किया।
- 2012 में, भारत सरकार ने कूका आंदोलन के 150 वर्ष पूरे होने पर 100 रुपये का स्मारक सिक्का जारी किया।

अत: विकल्प (B) सही है।

81. उत्तराखंड के अनुराग रमोला को प्रधानमंत्री राष्ट्रीय बाल पुरस्कार से सम्मानित किया गया।

- रमोला को कला और संस्कृति के क्षेत्र में उनकी उपलब्धियों के लिए पुरस्कार के लिए चुना गया था।
- उनके अनुसार, उन्हें 19 अंतरराष्ट्रीय पुरस्कार, 38 राष्ट्रीय पुरस्कार और 70 से अधिक राज्य और जिला पुरस्कारों से सम्मानित किया गया है।

- उनकी कलाकृति को पिछले साल नई दिल्ली के तालकटोरा स्टेडियम में एक प्रदर्शनी में भी प्रदर्शित किया गया था जहाँ उन्होंने प्रधानमंत्री मोदी और केंद्रीय शिक्षा मंत्री रमेश पोखरियाल 'निशंक' के सामने अपनी पेंटिंग के बारे में बताया।

अत: विकल्प (B) सही है।

82. 'पत्थर युद्ध या पाषाण युद्ध' बगवाल त्योहार से संबंधित है।

- रक्षाबंधन के अवसर पर हर साल देवीधुरा स्थित मां बरही देवी के मंदिर में बगवाल त्योहार का आयोजन किया जाता है।
- इस त्योहार के दौरान नाचने और गाने वाले लोगों के दो समूह एक-दूसरे पर पत्थर फेंकते हैं, जबकि वे लकड़ी के बड़े ढालों की मदद से खुद को बचाने की कोशिश करते हैं।
- कई भक्त त्योहार का आनंद लेने के लिए मंदिर में आते हैं।
- 2019 में, इस पत्थरबाजी त्योहार में, मंदिर में 120 से अधिक लोग घायल हुए थे।
- इस अनोखे त्योहार में मंदिर की देवी को खुश करने के लिये पत्थर फेंकने का खेल खेलकर लहू बहाये जाने की परंपरा है।

अत: विकल्प (C) सही है।

83. उत्तराखंड का रम्माण लोक नृत्य 2009 में यूनेस्को की अमूर्त विरासत सूची में शामिल है।

- रम्माण उत्तराखंड के गढ़वाल क्षेत्र में चमोली जिले के सलूर-डुंगरा के जुड़वां गांवों में धार्मिक और अनुष्ठानिक त्योहारों में से एक है।
- रम्माण त्योहार मुख्य रूप से वर्ष के अप्रैल महीने में बैसाखी त्योहार (स्थानीय गढ़वाली बोली में बैसाख) के समय मनाया जाता है।
- रम्माण 11 दिन तो कभी 13 दिन तक मनाया जाता है।
- भूमि देवता मंदिर के प्रांगण में 'भूमि देवता' नामक ग्राम देवता को प्रसाद के रूप में रम्माण उत्सव किया जाता है।
- सलूर-डुंगरा के संरक्षक देवता, भूमिचेत्रपाल को सम्मान देने की परंपरा, जिसे भूमियाल देवता के रूप में भी जाना जाता है, आमतौर पर त्योहार के पीछे का विचार है, यह एक फसल उत्सव माना जाता है जो हिंदू सौर नव वर्ष की शुरुआत का भी प्रतीक है।

अत: विकल्प (A) सही है।

84. उत्तराखंड राज्य भारत का दूसरा सबसे तेजी से विकास करने वाला राज्य है। इसका सकल राज्य घरेलू उत्पाद (GSDP) (स्थिर कीमतों पर) वित्त वर्ष 2005 में 24,786 करोड़ रुपये था जो वित्त वर्ष 2012 में दोगुने से अधिक 60,898 करोड़ रुपये हो गया। वास्तविक GSDP वित्तीय वर्ष 2005 से 2012 की अवधि के दौरान 13.7% (CAGR) की दर से बढ़ा है।

अत: विकल्प (B) सही है।

85. कुमाऊंनी होली की शुरुआत हर साल बैठकी होली से होती है। बैठकी होली को निर्वाण की होली या मोक्ष की होली के रूप में भी जाना जाता है।

कुमाऊंनी होली उत्सव के तीन अलग-अलग रूप हैं, अर्थात् बैठकी होली, खड़ी होली और महिला होली, जो बसंत पंचमी से शुरू होती हैं।

बैठकी होली बसंत पंचमी के दिन से शुरू होकर कुमाऊं भर में धुलेंडी (या चंद्र माह फाल्गुन की अंतिम पूर्णिमा के दिन) तक मनाई जाती है। कुमाऊं के कुछ क्षेत्रों में, यह भारतीय पौष महीने के पहले रविवार को भी शुरू हो जाता है जो दिसंबर के महीने में होता है। मार्च (4 महीने) तक बैठकी होली मनाई जाती है। बैठकी होली के दौरान जश्न मनाने के लिए रंगों का उपयोग नहीं किया जाता है।

अत: विकल्प (C) सही है।

86. ऐपण जो उत्तराखंड के कुमाऊं क्षेत्र के मूल निवासियो की एक समृद्ध और गरिमापूर्ण परंपरा है।

- ऐपण हमारे हर त्योहारों, शुभ अवसरों, धार्मिक अनुष्ठानों और नामकरण संस्कार, विवाह , जनेऊ आदि जैसे पवित्र समारोहों का एक अभिन्न अंग है। इस तरह के सभी कार्यों की शुरुआत ऐपण बनाने से की जाती है।
- ऐपण फर्श, दीवारों और घरों के प्रवेश द्वार, पूजा कक्ष और विशेष रूप से देवताओं के मंदिर को सजाने के लिए बनाये जाते है।
- यह माना जाता है कि ऐपण डिजाइनों या वस्तुओं की घरों में उपस्थिति जीवन में सकारात्मकता और समृद्धि लाती है।
- 'ऐपण कला' बुराई के विरुद्ध सुरक्षा प्रदान करने के लिए भी जाना जाता है।

अत: विकल्प (D) सही है।

87. डायमंड शील्ड उत्तराखंड का प्रतीक है।

उत्तराखंड का प्रतीक उत्तराखंड सरकार द्वारा उपयोग की जाने वाली आधिकारिक राज्य मुहर है और उत्तराखंड राज्य द्वारा किए गए सभी आधिकारिक पत्राचारों पर किया जाता है। इसे उत्तराखंड की नवगठित अंतरिम सरकार द्वारा 9 नवंबर 2000 को राज्य की स्थापना के समय अपनाया गया था।

अत: विकल्प (A) सही है।

88. हरिद्वार पर आधारित न्यूज इन इंडिया पुस्तक के लेखक जॉब फ्रांसिस व्हाइट हैं।

वाल्टर फ्रांसिस व्हाइट का जन्म 1 जुलाई 1893 को अटलांटा, जॉर्जिया, संयुक्त राज्य अमेरिका में हुआ था।

वाल्टर फ्रांसिस व्हाइट एक अफ्रीकी अमेरिकी नागरिक अधिकार कार्यकर्ता थे, जिन्होंने नेशनल एसोसिएशन फॉर द एडवांसमेंट ऑफ कलर्ड पीपल का नेतृत्व किया था।

अत: विकल्प (B) सही है।

89. "कामधेनु संहिता" पुस्तक रमेश सेमवाल ने लिखी है जो उत्तराखंड ज्योतिष परिषद के अध्यक्ष हैं। यह पुस्तक गायों के वैज्ञानिक, आर्थिक, सामाजिक महत्व पर आधारित है। इस पुस्तक का विमोचन उत्तराखंड विधानसभा अध्यक्ष प्रेमचंद अग्रवाल ने किया है।

अत: विकल्प (A) सही है।

90. सुंदर लाल बहुगुणा उत्तराखंड के एक पर्यावरण कार्यकर्ता हैं, जिन्हे पर्यावरण और प्रकृति संरक्षण के लिए उनके योगदान हेतु पद्म विभूषण से सम्मानित किया गया।

- वे 1970 के दशक में चिपको आंदोलन के सबसे महत्वपूर्ण प्रतिभागियों में से एक थे।
- वह उत्तराखंड में भागीरथी नदी पर एंटी-टिहरी बांध विरोध में भी सक्रिय थे।
- वह गांधीवादी दर्शन के अनुयायी थे जिन्हें 1981 में पद्मश्री से सम्मानित किया गया था।

अत: विकल्प (C) सही है।

91. गौरा देवी को 1986 ई. में वृक्ष मित्र पुरस्कार मिला।

- गौरा देवी का जन्म 1925 में उत्तराखंड राज्य के लता नामक गाँव में हुआ था।
- चिपको आंदोलन को ध्यान में रखते हुए गौरा देवी को महिला मंगल दल (महिला कल्याण संघ) का नेतृत्व करने के लिए चुना गया था।
- चिपको आंदोलन भारत में वन संरक्षण आंदोलन था।
- यह 1973 में उत्तराखंड में शुरू हुआ, जो तब उत्तर प्रदेश का एक हिस्सा था, और दुनिया भर में कई भविष्य के पर्यावरण आंदोलनों के लिए एक रैली स्थल बन गया।

- इसने भारत में अहिंसक विरोध शुरू करने के लिए एक मिसाल कायम की।

अत: विकल्प (D) सही है।

92. उत्तर प्रदेश पुनर्गठन अधिनियम, 2000 भारत की संसद का एक अधिनियम है जिसे 2000 में उत्तराखंड राज्य के निर्माण के लिए अधिनियमित किया गया था, जिसे उत्तर प्रदेश से बाहर उत्तरांचल नाम दिया गया था। तत्कालीन पीएम अटल बिहारी वाजपेयी के नेतृत्व वाली एनडीए सरकार ने अपने चुनावी वादे को पूरा करने के लिए कानून बनाया था।

अत: विकल्प (A) सही है।

93. उत्तराखंड में, 'स्पर्श गंगा अभियान' 2009 में शुरू किया गया था।

स्पर्श गंगा अभियान देश में पहला ऐसा अभियान है, जो स्कूली छात्रों को जागरूक करने के साथ-साथ देश की जनता को गंगा स्वच्छता के संरक्षण के प्रति जागरूक करता है। यह अभियान 2009 में उत्तराखंड के मुख्यमंत्री और वर्तमान शिक्षा मंत्री रमेश पोखरियाल निशंक द्वारा शुरू किया गया था।

अत: विकल्प (B) सही है।

94. चंडी प्रसाद भट्ट एक गैर-सरकारी संगठन (एनजीओ) के संस्थापक हैं, जिसे 'दलियों का डगरिया' कहा जाता है। इसकी स्थापना वर्ष 1991 में हुई थी। डालियों का डगरिया गैर-सरकारी संगठन श्रीनगर गढ़वाल उत्तराखंड में स्थित है। एनजीओ का उद्देश्य पहाड़ी समाज में लोगों की आजीविका को बढ़ाना, प्राकृतिक संसाधन प्रबंधन और पहाड़ों में प्राकृतिक आपदाओं को कम करना है।

अत: विकल्प (A) सही है।

95. इंदिरा गांधी अंतर्राष्ट्रीय खेल स्टेडियम उत्तराखंड के हल्द्वानी के गौलापार (ग्रेटर हल्द्वानी) क्षेत्र में गौला नदी के तट पर स्थित है। इसका उद्घाटन 18 दिसंबर 2016 को उत्तराखंड के तत्कालीन मुख्यमंत्री हरीश रावत ने किया था। इसकी क्षमता 25,000 लोगों की है। यह 70 एकड़ के क्षेत्र में फैला हुआ है और इसमें क्रिकेट और फुटबॉल के मैदान, 800 मीटर की दौड़ के लिए एक ट्रैक, एक हॉकी मैदान, बैडमिंटन कोर्ट, एक लॉन टेनिस कोर्ट, एक बॉक्सिंग रिंग और एक स्विमिंग पूल है।

अत: विकल्प (A) सही है।

96. SIDCUL का मुख्यालय देहरादून, उत्तराखंड में स्थित है।

उत्तराखण्ड राज्य औद्योगिक विकास निगम लिमिटेड (SIDCUL) उत्तराखंड सरकार का उद्यम है। इसे वर्ष 2002 में एक लिमिटेड कंपनी के रूप में आयोजित किया गया था। SIDCUL का प्राथमिक उद्देश्य उत्तराखंड राज्य में सीधे या विशेष प्रयोजन वाहनों, निवेश सहायता प्राप्त कंपनियों आदि के माध्यम से आवश्यक आधारिक संरचनाओं और उद्योगों को विकसित करके राज्य का समग्र औद्योगिक विकास प्रदान करना है।

अत: विकल्प (D) सही है।

97. हिमालयी मोनाल उत्तराखंड का राज्य पक्षी है।

हिमालयी मोनाल (लोफोफोरस इम्पेजेंस), जिसे इम्पीयन मोनाल और इम्पीयन तीतर के रूप में भी जाना जाता है, 2,100-4,500 मीटर (6,900-14,800 फीट) की ऊंचाई पर हिमालय के जंगलों और झाड़ियों का मूल निवासी है। यह परिवार फासीनिडे का हिस्सा है । यह नेपाल का राष्ट्रीय पक्षी है, जहाँ इसे डाँफे के नाम से जाना जाता है, और उत्तराखंड, भारत का राज्य पक्षी, जहाँ इसे मोनाल के नाम से जाना जाता है।

अत: विकल्प (A) सही है।

98. रावण की तपस्थली 'बैरस कुंड' उत्तराखंड के चमोली जिले में स्थित है। यह भगवान शिव को समर्पित है और यह वही स्थान है जहां रावण ने अपनी इच्छाओं को पूरा करने के लिए तपस्या की थी और भगवान शिव के सामने अपने दस सिरों की बलि दी थी। इसका उल्लेख स्कंद पुराण के केदारखंड में मिलता है।

अत: विकल्प (A) सही है।

99. उत्तराखंड का राज्य खेल फुटबॉल है।

उत्तराखंड सरकार ने 2011 ई. में फुटबॉल को राज्य खेल घोषित किया। उत्तराखंड के अलग राज्य बनने के बाद पहली बार फुटबॉल लीग का आयोजन किया गया। उत्तराखंड सुपर लीग (यूएसएल) अखिल भारतीय फुटबॉल महासंघ और उत्तराखंड राज्य फुटबॉल संघ दोनों द्वारा स्वीकृत एक फुटबॉल लीग है, जो उत्तराखंड राज्य में खेल का प्रतिनिधित्व करती है।

अत: विकल्प (A) सही है।

100. गन्ना उत्तराखंड की प्रमुख नकदी फसल है।

नकदी फसलें परिवार के उपभोग के लिए या पशुओं को खिलाने के लिए बाजार में सीधे बिक्री के लिए उगाई जाती हैं। गन्ने की फसल जलवायु, मिट्टी के प्रकार, सिंचाई, उर्वरक, कीट, रोग नियंत्रण, किस्मों और फसल की अवधि के प्रति संवेदनशील होती है। गन्ना एक नकदी फसल है, लेकिन इसका उपयोग पशुओं के चारे के रूप में भी किया जाता है।

अत: विकल्प (A) सही है।

General Hindi

Q.1 निम्नलिखित में से कौन-सा शब्द विदेशज है?

A. खिड़की B. कंपनी C. पगड़ी D. कटोरा

Q.2 नीचे दिए गए विकल्पों में से शुद्ध वर्तनी का चयन कीजिए –

A. सप्ताहिक B. सप्तहिक C. साप्ताहिक D. सप्तहीक

Q.3 निम्नलिखित में से तन्द्वव शब्द कौन सा है?

A. भक्त B. मातृ C. महापात्र D. भाप

Q.4 निम्नलिखित में से कौन-सा शब्द तत्सम है?

A. कमरा B. कृपा C. घड़ा D. तोप

Q.5 निम्नलिखित में कौन - सा पद 'औषधि' का पर्यायवाची शब्द है?

A. पटवीजना B. बोहित C. भेषज D. कुम्भ

Q.6 'भीड़' शब्द में किस प्रकार की संज्ञा है?

A. व्यक्तिवाचक B. समूहवाचक C. जातिवाचक D. भाववाचक

Q.7 'बर्फी से अच्छा तो लड्डू है' - इस वाक्य में प्रयुक्त विशेषण कौन सा है?

A. गुणवाचक विशेषण B. सम्बन्धवाचक विशेषण C. तुलनाबोधक विशेषण D. सार्वनामिक विशेषण

Q.8 निम्न में से कौन - सा युग्म उचित नहीं है?

A. गुणवान् - गुणवती B. गागर - गगरिया C. डिब्बा - डिब्बी D. लठ - लठिया

Q.9 निम्न में से कौन सा शब्द एकवचन में है?

A. नदियों B. गली C. साड़ियों D. मुनियों

Q.10 दिये गए विकल्पों में से 'आकलन' शब्द का विपरीतार्थक बताइये।

A. विचलन B. प्रचलन C. विकलन D. अनाकलन

Q.11 दिए गए विकल्पों में कौन सा विकल्प अनिश्चयवाचक सर्वनाम का उचित उदाहरण है?

A. वे पढ़ते हैं। B. मैं खुद लिख लूँगा। C. वह मोहन की माता हैं। D. बाहर कोई है।

Q.12 निम्न में से संबंध कारक का उदाहरण कौन सा है?

A. टंकी से पानी गिर रहा है।
B. यह गाड़ी मेरे पापा की है।
C. कटोरी में सेब रख दिया है।
D. अरे! छोड़ो उसे।

Q.13 किस शब्द में 'अति' उपसर्ग का योग नहीं है?

A. अतिरिक्त B. अतिक्रमण C. अतिशय D. अधिकरण

Q.14 'आर' प्रत्यय से बना शब्द निम्न में से कौन-सा है?

A. कर्जदार B. लुहार C. समझदार D. इतिहास

Q.15 एकैक शब्द का संधि विच्छेद क्या होगा?

A. एक + एको B. एक + एक C. एको + एक D. एक + एके

Q.16 'विद्यासागर अपनी मूर्खता से धनहीन हो गया।' इसके रेखांकित शब्द का समास होगा:

A. अव्ययीभाव समास B. तत्पुरुष समास C. कर्मधारय समास D. द्विगु समास

Q.17 'चिंता के कारण रात में नींद न आना' के लिए मुहावरे का चयन कीजिये।

A. तितर बितर करना B. कह कर मुकर जाना C. तारे गिनना D. धतूरा खाये फिरना

Q.18 'रति' किस रस का स्थायी भाव है?

A. शांत रस B. वीर रस C. श्रृंगार रस D. वीभत्स रस

Q.19 किस छंद में द्वितीय और चतुर्थ चरण के अंत में तुक नहीं होता?

A. चौपाई B. छप्पय C. सोरठा D. बरवै

Q.20 'ऊँचे घोर मन्दर के अन्दर रहन वारी, ऊँचे घोर मन्दर के अन्दर रहाती है।' पंक्ति में कौन सा अलंकार है?

A. रूपक अलंकार B. यमक अलंकार C. शब्दालंकार D. उपमा अलंकार

General Knowledge and General Studies

Q.21 विश्व पर्यावरण दिवस 2019 का विषय था:

[Haryana Primary Teacher (PRT), 2020]

A. जल प्रदूषण को हराना B. ध्वनि प्रदूषण को हराना C. वायु प्रदूषण को हराना D. मृदा संरक्षण

Q.22 जनवरी 2022 में, निम्नलिखित में से किसे बारबाडोस के प्रधानमंत्री के रूप में फिर से चुना गया था?

A. मिया अमोर मोटली B. पाउला-मॅई वीकेस C. लुइस एबिनेडेर D. विलियम ब्लैक

Q.23 किस फॉर्मूला वन रेसिंग ड्राइवर ने 3 जुलाई 2022 को ब्रिटिश F1 ग्रांड प्रिक्स जीता है?

A. लुईस हैमिल्टन B. सर्जीओ पेरेज़ C. कार्लोस सैन्ज़ D. मैक्स वेरस्टैपेन

Q.24 मानव विकास सूचकांक, 2018 में भारत का स्थान है:

[Super TET Paper - I, 2019]

A. 128 वाँ B. 129 वाँ C. 130 वाँ D. 131 वाँ

Q.25 'हीनयान विद्यालय' का सबसे महत्वपूर्ण कार्य कौन सा है?

A. पंचतंत्र B. महावस्तु C. अष्टाध्यायी D. ज़ेंद अवेस्ता

Q.26 1761 में पानीपत के तीसरे युद्ध के दौरान मराठा शासक कौन थे?

A. बालाजी बाजीराव B. राघोवा C. शिवाजी ॥ D. बालाजी विश्वनाथ

Q.27 निम्नलिखित में से कौन 'खिलाफत आंदोलन' के प्रमुख नेता थे?

A. मौलाना मोहम्मद अली और शौकत अली
B. मुहम्मद अली जिन्ना और शौकत अली
C. मौलाना अबुल कलाम आजाद और रफ़ी अहमद किदवई
D. रफ़ी अहमद किदवई और शौकत अली

Q.28 पंचायत राज एक ______ स्तरीय प्रणाली है।
A. एक   **B.** दो   **C.** तीन   **D.** चार

Q.29 यदि आरबीआई बाजार से तरलता को अवशोषित करने का निर्णय लेता है, तो निम्न में से कौन सा सही नहीं है?
1. रिवर्स रेपो दर में वृद्धि
2. मुद्रा आरक्षित अनुपात में कमी
3. बाजार से सरकारी प्रतिभूतियों की खरीद
नीचे दिए गए विकल्प का उपयोग करके सही उत्तर चुनिए।
A. केवल 3   **B.** केवल 2 और 3
C. केवल 1 और 2   **D.** 1, 2 और 3

Q.30 सूची - I के साथ सूची - II का मिलान कीजिए और सूचियों के नीचे दिए गए कोड का उपयोग करके सही उत्तर चुनिए:

सूची - I (कटिबंधी चक्रवात)	सूची - II (देश)
(A) बागुइओ	(1) ऑस्ट्रेलिया
(B) तूफ़ान	(2) चीन
(C) टाइफून	(3) फिलीपींस
(D) विली-विलीस	(4) संयुक्त राज्य अमेरिका

A. (A) - (3), (B) - (4), (C) - (1), (D) - (2)
B. (A) - (3), (B) - (4), (C) - (2), (D) - (1)
C. (A) - (2), (B) - (3), (C) - (4), (D) - (1)
D. (A) - (2), (B) - (1), (C) - (3), (D) - (4)

Q.31 काजीरंगा किस के लिए जाना जाता है?
A. गैंडा   **B.** बाघ   **C.** पक्षी   **D.** सिंह

Q.32 होम रूल आंदोलन का उद्देश्य क्या था?
A. भारत के लिए स्वशासन
B. भारत को पूर्ण स्वतंत्रता
C. सार्वभौमिक वयस्क मताधिकार का परिचय
D. इनमें से कोई नहीं

Q.33 डॉ. वर्गीज़ कुरियन को भारत में ______ लाने के लिए जाना जाता है।
A. खाद्यान्न क्रांति   **B.** दुग्ध क्रांति
C. दाल क्रांति   **D.** मत्स्य क्रांति

Q.34 प्रोटोकॉल का उपयोग संवाद करने के लिए किया जाता है:
A. समान मॉड्यूल   **B.** असमान मॉड्यूल
C. (A) और (B) दोनों   **D.** इनमें से कोई नहीं

Q.35 निम्नलिखित में से कौन सा कंप्यूटर डेटाबेस सॉफ्टवेयर नहीं है?
A. MS Access   **B.** Foxpro
C. Oracle   **D.** MS Word

Q.36 किसी संगठन के पहले वेबपेज को ______ कहा जाता है।
A. पोर्टल   **B.** होम पेज   **C.** वोर्टल   **D.** वेबसाइट

Q.37 कौन-सा मैलवेयर उपयोगकर्ता को इसके वास्तविक उद्देश्य से पथभ्रष्ट करता है?
A. कंप्यूटर वर्म   **B.** रैंसमवेयर
C. ट्रोजन हॉर्स   **D.** कीलॉगर

Q.38 माइक्रोसॉफ्ट एक्सेल ______ की श्रेणी में आता है।
A. टेबल शीट   **B.** कैलकुलेशन शीट
C. स्प्रेडशीट   **D.** वर्ड शीट

Q.39 'गांधार कला विद्यालय' का विकास ______ राजवंश के अंतर्गत किया गया था।

[SSC Constable (GD), 2019]

A. कुषाण   **B.** मौर्य   **C.** नंद   **D.** चोल

Q.40 टोक्यो ओलंपिक 2020 के लिए क्वालीफाई करने वाले पहले भारतीय तैराक हैं?
A. वीरधवल खाड़े   **B.** संदीप सेजवाल
C. शिवानी कटारिया   **D.** साजन प्रकाश

Q.41 जून 2021 में, निम्नलिखित में से किस देश ने नई पीढ़ी के मौसम विज्ञान उपग्रह फेंग्युन-4B (FY-4B) का पहला प्रक्षेपण किया?
A. जापान   **B.** चीन
C. उत्तर कोरिया   **D.** फिलीपींस

Q.42 हमारे सौरमंडल में कौन सा ग्रह पृथ्वी जितना बड़ा है?
A. बुध   **B.** मंगल   **C.** शुक्र   **D.** बृहस्पति

Q.43 फरवरी 2021 में मांडू महोत्सव 2021 किस राज्य में आयोजित किया गया?
A. उत्तर प्रदेश   **B.** बिहार
C. मध्य प्रदेश   **D.** पंजाब

Q.44 मैन बुकर पुरस्कार जीतने वाली पहली भारतीय महिला कौन है?
A. किरण देसाई   **B.** वी.एस. नायपॉल
C. सलमान रुश्दी   **D.** अरुंधति रॉय

Q.45 प्रित्ज़कर पुरस्कार ______ के क्षेत्र में उपलब्धि के लिए प्रदान किया जाता है।
A. साहित्य   **B.** संगीत   **C.** गणित   **D.** वास्तुकला

Q.46 'बिलीव - व्हाट लाइफ एंड क्रिकेट टॉट मी' नामक पुस्तक किस प्रसिद्ध क्रिकेटर की आत्मकथा है?
A. युवराज सिंह   **B.** सुरेश रैना
C. वीवीएस लक्ष्मण   **D.** सचिन तेंदुलकर

Q.47 निम्नलिखित में से कौन 'टू किल अ मॉकिंगबर्ड' के लेखक हैं?
A. अगाथा क्रिस्टी   **B.** अर्नेस्ट हेमिंग्वे
C. हार्पर ली   **D.** आर्थर कॉनन डॉयल

Q.48 राष्ट्रीय कृषि और ग्रामीण विकास बैंक (नाबार्ड) का मुख्यालय कहाँ पर स्थित है:
A. दिल्ली   **B.** कोलकाता
C. मुंबई   **D.** बेंगलुरु

Q.49 भारत की राष्ट्रीय आय को सबसे पहले किसके द्वारा मापा गया था?
A. विलियम डिगबोई
B. दादाभाई नौरोजी
C. प्रोफेसर पी. सी. महालनोबिस
D. वी. के. आर. वी. राव

Q.50 कुछ महिलाओं में, कुछ समस्या के कारण निषेचन नहीं हो पाता है। ऐसे मामलों में, शरीर से बाहर निषेचन होने के लिए ताजे जारी अंडे और शुक्राणुओं को कुछ घंटों के लिए एक साथ रखा जाता है। इसे क्या कहा जाता है?
A. पुनर्जनन   **B.** अलैंगिक प्रजनन
C. इन विट्रो निषेचन   **D.** निषेचन

Q.51 निम्नलिखित में से किस पंचवर्षीय योजना को महालनोबिस योजना भी कहा जाता है?

A. चौथी पंचवर्षीय योजना

B. दूसरी पंचवर्षीय योजना

C. तीसरी पंचवर्षीय योजना

D. पहली पंचवर्षीय योजना

Q.52 यदि '+', '×' को दर्शाता है, '-', '÷' को दर्शाता है, '×', '-' को दर्शाता है और '÷', '+' को दर्शाता है तो निम्न व्यंजक का मान ज्ञात कीजिए।

$2 + 8 - 4 × 2 ÷ 5 = ?$

A. 3   **B.** 7   **C.** 5   **D.** 9

Q.53 अरुण उत्तर के तरफ 12 मीटर चलता है। फिर वह अपनी दायीं ओर मुड़कर 10 मीटर चलता है। फिर से वह अपनी दायीं ओर मुड़कर 12 मीटर चलता है। फिर वह अपनी बायीं ओर मुड़कर 15 मीटर चलता है। तो बताए की वह प्रारंभिक बिंदु से कितनी दूरी पर और किस दिशा में है?

A. 15 मीटर उत्तर

B. 20 मीटर पश्चिम

C. 12 मीटर दक्षिण

D. 25 मीटर पूर्व

Q.54 निर्देश: एक कथन के बाद दो निष्कर्ष I और II दिए गए हैं। आपको कथन में दी गई जानकारी को सत्य मानना है और निश्चय करना है कि कौन-सा निष्कर्ष कथन का तार्किक रूप से अनुसरण करता है।

कथन: भूमि कानूनों और सरकारी प्रतिबंधों के बिना किसी भी भुगतान के बिल्डर्स निषिद्ध क्षेत्रों में बहु-मंजिला इमारतें बनाने के लिए आगे बढ़ते हैं।

निष्कर्ष:

I. यह पारिस्थितिकी की समग्र प्रकृति पर एक बहुत बुरा निशान छोड़ता है।

II. यह निवासियों को खतरे में डाल देता है, जब अप्रत्याशित प्राकृतिक आपदाएँ होती हैं।

A. केवल I अनुसरण करता है।

B. केवल II अनुसरण करता है।

C. I और II दोनों अनुसरण करते हैं।

D. न तो I और न ही II अनुसरण करता है।

Q.55 एक पार्क में एक बेंच पर बैठे पांच व्यक्ति समान दिशा की ओर उन्मुख हैं। B, A के बायें और E के दायीं ओर है। D, दायें छोर पर है और C, D के बायें है। बेंच के बायें ओर से तीसरा कौन बैठा है?

A. A   **B.** B   **C.** C   **D.** E

Q.56 प्रश्न आकृति की सही दर्पण छवि को चुनिए जब दर्पण को आकृति के दाईं ओर रखा जाता है।

NH9h5MbE

[SSC Constable (GD), 2019]

A. ƎdMϱdэHИ

B. ИHϱdϱWdэ

C. NHϱdϱMdэ

D. EbM5h9HN

Q.57 निम्नलिखित चार में से तीन संख्या जोड़ी एक निश्चित तरीके से एक सामान हैं और एक भिन्न है। भिन्न संख्या चुनें।

A. 63 : 3906

B. 15 : 210

C. 18 : 306

D. 37 : 1331

Q.58 उस विकल्प का चयन कीजिए जो तीसरे पद से ठीक उसी प्रकार संबंधित है जिस प्रकार दूसरा पद पहले पद से संबंधित है।

कोलकाता : पश्चिम बंगाल :: रायपुर : ?

A. मध्य प्रदेश   **B.** छत्तीसगढ़   **C.** झारखंड   **D.** बिहार

Q.59 एक पासे की तीन अलग-अलग अवस्थाएँ नीचे दर्शायी गई हैं, जिसके छह फलकों को 1 से 6 तक अंकित बिन्दुओं के रूप में दर्शाया गया है। 6 बिंदु वाले एक फलक के विपरीत फलक पर कितने बिंदु होंगे?

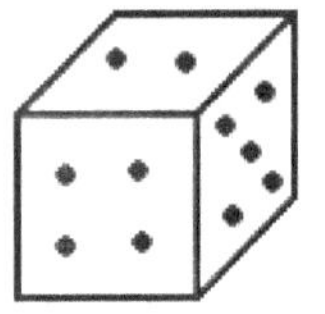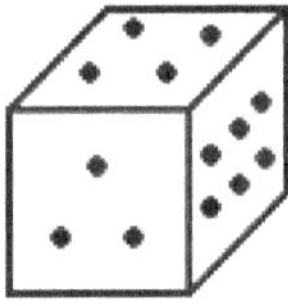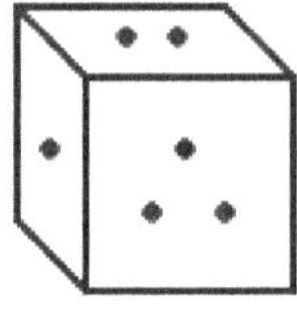

A. 3   **B.** 4   **C.** 5   **D.** 2

Q.60 योजना आयोग के स्थान पर किस निकाय का गठन किया गया है?

A. राष्ट्रीय महिला आयोग

B. भारतीय प्रतिस्पर्धा आयोग

C. नीति आयोग

D. उपरोक्त सभी

General Knowledge of Uttarakhand

Q.61 निम्नलिखित में से किसने 'इंडियाज बूमिंग गिग एंड प्लेटफॉर्म इकोनॉमी' शीर्षक से एक रिपोर्ट लॉन्च की?

A. नीति आयोग

B. भारतीय रिजर्व बैंक

C. भारतीय वाणिज्य और उद्योग मंडल महासंघ

D. नैसकॉम

Q.62 भारतीय रिजर्व बैंक की मौद्रिक नीति समिति में मृदुल सागर की जगह किसने ली है?

A. सौरव सिन्हा

B. विवेक दीप

C. आर. सुब्रमण्यम

D. राजीव रंजन

Q.63 बांग्लादेश की प्रधानमंत्री शेख हसीना ने सितंबर 2022 में नई दिल्ली में बंगबंधु शेख मुजीबुर रहमान छात्र छात्रवृत्ति प्रदान की। यह कक्षा 10 के कितने छात्रों को प्रदान की गई?

A. 50   **B.** 75   **C.** 100   **D.** 125

Q.64 पद्म भूषण 2020 पुरस्कार प्राप्त करने वालों में से एक, एस. सी. जमीर को उनके योगदान के लिए किस क्षेत्र में पुरस्कार मिला?

[SSC MTS, 2021]

A. सार्वजनिक मामले

B. व्यापार और उद्योग

C. कला

D. साहित्य और शिक्षा

Q.65 निम्नलिखित में से किसने मेक्सिको के अकापुल्को में आयोजित मैक्सिकन ओपन 2022 जीता है?

A. राफेल नडाल

B. नोवाक जोकोविच

C. रोजर फ़ेडरर

D. अलेक्जेंडर ज्वेरेव

Q.66 पश्चिम बंगाल में बक्सा बाघ संरक्षित क्षेत्र को वर्तमान में चल रहे _____ से खतरा है।

[SSC MTS, 2021]

A. हेमेटाइट खनन

B. मैग्नेटाइट खनन

C. डोलोमाइट खनन

D. ताबा (कॉपर) खनन

Q.67 निम्नलिखित में से किस राज्य/केंद्र शासित प्रदेश में मार्च-अप्रैल 2021 के दौरान चुनाव नहीं हुआ था?

[SSC CGL, 2022]

A. पश्चिम बंगाल
B. बिहार
C. तमिलनाडु
D. पुदुचेरी

Q.68 दिसंबर 2015 में, निम्नलिखित में से किसे भारतीय खाद्य सुरक्षा और मानक प्राधिकरण (एफएसएसएआई) के नए सीईओ के रूप में नियुक्त किया गया था?

[RRB (NTPC), 2017]

A. आशीष बहुगुणा
B. अनिल कुमार
C. युधवीर सिंह मलिक
D. पवन कुमार अग्रवाल

Q.69 वर्ष 2020 में उत्तराखंड के स्थापना दिवस की कौन-सी वर्षगांठ मनाई गई?

A. 15वीं
B. 18वीं
C. 20वीं
D. 22वीं

Q.70 _____ दर्रा उत्तराखंड और तिब्बत को जोड़ता है।

A. शिपकी ला
B. मुलिंग ला
C. ज़ोजी ला
D. बारालाचा

Q.71 उत्तराखंड अपनी अंतर्राष्ट्रीय सीमाओं को _______ के साथ साझा करता है।

A. भूटान
B. तिब्बत
C. नेपाल
D. दोनों (B) और (C)

Q.72 1952 ई. में, कम्युनिस्ट पार्टी के किस नेता ने उत्तराखंड राज्य की मांग भारत सरकार को सौंपी थी?

A. सी. पी. पंत
B. चारु मजूमदार
C. पूरन चंद जोशी
D. इनमें से कोई नहीं

Q.73 नैनीताल में उत्तराखंड के उच्च न्यायालय ने किस ग्लेशियर के बारे जीवित प्राणी की स्थिति का पालन करने का आदेश दिया?

A. गंगोत्री ग्लेशियर
B. खतलिंग ग्लेशियर
C. पिंडारी ग्लेशियर
D. कफनी ग्लेशियर

Q.74 उत्तराखंड में राष्ट्रपति शासन कब लागू किया गया था?

A. 20 मार्च, 2016
B. 25 मार्च, 2016
C. 27 मार्च, 2016
D. 29 मार्च, 2016

Q.75 माप के लिए 'धूलिपाथा' किसके द्वारा प्रस्तुत किया गया है?

A. कनकपाली
B. अजयपाल
C. जगतपाल
D. इनमें से कोई भी नहीं

Q.76 कुमाऊँ परिषद की स्थापना वर्ष _____ में हुई थी।

A. 1914
B. 1912
C. 1918
D. 1916

Q.77 'बेडू पाको बारो मासा' गीत की धुन किसने तैयार की थी?

A. मोहन उप्रेती
B. नरेंद्र सिंह नेगी
C. घनानंद
D. जीत सिंह नेगी

Q.78 नैनीताल में उत्तराखंड का कौन-सा संस्थान स्थित है?

A. भारतीय सैन्य अकादमी
B. उत्तराखंड का उच्च न्यायालय
C. वन अनुसंधान संस्थान
D. इनमें से कोई नहीं

Q.79 नेहरू पर्वतारोहण संस्थान की स्थापना कब हुई थी?

A. 14 नवम्बर 1951
B. 14 नवम्बर 1965
C. 30 नवम्बर 2000
D. 15 अगस्त 1991

Q.80 उदय शंकर नृत्य अकादमी की स्थापना कहाँ हुई है?

A. अल्मोड़ा
B. देहरादून
C. श्रीनगर
D. रानीखेत

Q.81 नीलकंठ महादेव का प्रसिद्ध मन्दिर किस जनपद में स्थित है?

A. टिहरी गढ़वाल
B. रुद्रप्रयाग
C. पौड़ी
D. देहरादून

Q.82 महात्मा गांधी ने उत्तराखंड के किस स्थान को भारत का स्विट्जरलैंड कहा था?

A. मसूरी
B. कौसानी
C. औली
D. रानीखेत

Q.83 निम्नलिखित में से कौन-सा उत्तराखंड राज्य का प्रतीक चिन्ह नही है?

A. कस्तूरी मृग
B. चिंकारा
C. ब्रह्मकमल
D. बुरांस

Q.84 उत्तराखंड में बोली जाने वाली बोलियाँ निम्नलिखित में से कौन-सी है?

A. मंडियाली और भोजपुरी
B. गढ़वाली और कुमायुउनी
C. मगही और मैथिली
D. मेवाती और बघेली

Q.85 पहला विधानसभा चुनाव उत्तरांचल (वर्तमान में उत्तराखंड) निम्न सन में हुआ:

A. 2000 ईस्वी
B. 2001 ईस्वी
C. 2002 ईस्वी
D. 2003 ईस्वी

Q.86 उत्तराखंड क्रांति दल के पहले अध्यक्ष कौन थे?

A. देवी दत्त पंत
B. मनोहर लाल पंत
C. विजय दत्त पंत
D. उपर्युक्त में से कोई नहीं

Q.87 निम्नलिखित में से कौन-सा पर्वत शिखर भारत में स्थित है?

A. माउंट एवरेस्ट
B. अन्नपूर्णा
C. मकालू
D. कामेत

Q.88 निम्नलिखित में से कौन-सा उत्तराखंड का राज्य फल है?

A. काफल
B. केला
C. अंगूर
D. सीताफल

Q.89 राष्ट्रीय जल विज्ञान संस्थान कहां स्थित है?

A. देहरादून
B. मसूरी
C. रुड़की
D. नैनीताल

Q.90 उत्तराखंड के किस मेले में दो गुटों क बीच पत्थर फेंकने का रिवाज है?

A. देवीधुरा मेला
B. गेंद मेला
C. जौलजीवी मेला
D. गोचर

Q.91 उत्तराखंड में निर्मित हेंडलूम व हस्तशिल्प उत्पादों का विपणन अब किस नाम से किया जाएगा?

A. हर्बल एक्सपो
B. गोकुल योजना
C. हिमाद्रि एम्पोरियम
D. इनमें से कोई नहीं

Q.92 उत्तराखंड की राज्य मछली कौन-सी है?

A. सफेद पंखों वाली बतख
B. गोल्डन महाशीर
C. घरेलु गौरैया
D. ग्रेटर फ्लेमिंगो

Q.93 कुमाऊं की उस कला का नाम बताइए जिसमें लाल/गेरू पृष्ठभूमि पर सफेद रंग में विभिन्न आकृतियों और रेखाओं का उपयोग किया गया है।

A. ऐपण
B. थेय्यम
C. पटचित्र
D. कलमकारी

Q.94 Who is the first women from Uttarakhand to conquer Mt. Everest?

A. Arunima Sinha
B. Malavath Purna

C. Anshu Jamsenpa   **D.** Bachendri Pal

Q.95 1947 ई. में मरणोपरांत परमवीर चक्र से सम्मानित किए जाने वाले मेजर सोमनाथ शर्मा संबंधित थे?

A. गोरखा राइफल से   **B.** गढ़वाल राइफल से
C. डोगरा रेजीमेंट से   **D.** कुमाऊं रेजीमेंट से

Q.96 उत्तराखंड में अखिल भारतीय आयुर्विज्ञान संस्थान स्थित है?

A. देहरादून   **B.** ऋषिकेश   **C.** चमोली   **D.** अल्मोड़ा

Q.97 एकीकृत आदर्श कृषि ग्राम योजना कहाँ शुरू की गई है?

A. देहरादून   **B.** अल्मोड़ा
C. नैनीताल   **D.** पौड़ी गढ़वाल

Q.98 देश का पहला हिम तेंदुआ संरक्षण केंद्र कहां मे बनाया जाएगा?

A. देहरादून   **B.** उत्तरकाशी
C. चमोली   **D.** नैनीताल

Q.99 सुप्रीम कोर्ट ने उत्तराखंड में चारों धाम को जोड़ने वाले केंद्र सरकार के किस प्रोजेक्ट को मंजूरी दे दी है?

A. चार धाम प्रोजेक्ट
B. उत्तर धाम सम्पर्क प्रोजेक्ट
C. उत्तरी धर्म रोड प्रोजेक्ट
D. इनमें से कोई नहीं

Q.100 भारत में 21 जून को चौथे अंतर्राष्ट्रीय योग दिवस का मुख्य कार्यक्रम कहाँ पर आयोजित किया गया?

A. दिल्ली   **B.** देहरादून   **C.** कोहिमा   **D.** दिसपुर

// स्मार्ट उत्तर पुस्तिका //

सही उत्तर — उन छात्रों के प्रतिशत को इंगित करता है जिन्होंने प्रश्नों का सही उत्तर दिया था।

छोड़ दिया — उन छात्रों के प्रतिशत को इंगित करता है जिन्होंने प्रश्नों को छोड़ दिया था।

प्रश्न संख्या	उत्तर	सही उत्तर / छोड़ दिया	प्रश्न संख्या	उत्तर	सही उत्तर / छोड़ दिया	प्रश्न संख्या	उत्तर	सही उत्तर / छोड़ दिया	प्रश्न संख्या	उत्तर	सही उत्तर / छोड़ दिया	प्रश्न संख्या	उत्तर	सही उत्तर / छोड़ दिया
1	B	78.43 % / 19.86 %	17	C	85.46 % / 11.5 %	33	B	60.13 % / 30.23 %	49	B	28.94 % / 69.19 %	65	A	65.89 % / 32.09 %
2	C	60.83 % / 38.75 %	18	C	84.53 % / 10.18 %	34	A	29.91 % / 69.48 %	50	C	68.93 % / 30.89 %	66	C	23.63 % / 71.49 %
3	D	55.09 % / 36.56 %	19	C	18.53 % / 69.68 %	35	D	88.49 % / 10.4 %	51	B	46.83 % / 46.96 %	67	B	81.03 % / 10.01 %
4	B	53.21 % / 39.32 %	20	B	42.54 % / 51.56 %	36	B	50.03 % / 41.94 %	52	B	48.76 % / 34.41 %	68	D	63.09 % / 33.51 %
5	C	21.39 % / 76.16 %	21	C	83.89 % / 11.4 %	37	C	29.36 % / 67.18 %	53	D	43.55 % / 47.93 %	69	C	50.07 % / 32.27 %
6	B	50.28 % / 31.25 %	22	A	51.01 % / 42.86 %	38	C	76.2 % / 23.72 %	54	C	53.46 % / 30.21 %	70	B	77.45 % / 19.62 %
7	C	87.32 % / 12.25 %	23	C	68.67 % / 30.29 %	39	A	63.43 % / 30.63 %	55	A	78.07 % / 16.47 %	71	D	61.67 % / 31.66 %
8	C	54.45 % / 32.22 %	24	C	62.41 % / 33.53 %	40	D	88.92 % / 11.01 %	56	A	64.48 % / 34.56 %	72	C	45.86 % / 36.11 %
9	B	79.02 % / 19.4 %	25	B	49.56 % / 30.39 %	41	B	85.86 % / 10.88 %	57	D	64.14 % / 34.45 %	73	A	83.92 % / 12.92 %
10	C	87.87 % / 11.65 %	26	A	64.31 % / 33.34 %	42	C	67.6 % / 30.23 %	58	B	81.98 % / 12.77 %	74	C	61.37 % / 38.36 %
11	D	19.33 % / 71.12 %	27	A	81.99 % / 13.23 %	43	C	76.18 % / 18.16 %	59	D	46.03 % / 33.86 %	75	B	56.62 % / 39.76 %
12	B	55.94 % / 40.51 %	28	C	43.79 % / 52.4 %	44	D	67.43 % / 30.26 %	60	C	53.42 % / 39.12 %	76	D	78.24 % / 11.69 %
13	D	16.34 % / 82.59 %	29	B	20.64 % / 73.1 %	45	D	29.46 % / 70.16 %	61	A	48.67 % / 40.38 %	77	A	65.68 % / 30.17 %
14	B	45.85 % / 46.43 %	30	B	23.32 % / 68.46 %	46	B	53.94 % / 38.31 %	62	D	69.04 % / 30.08 %	78	B	42.58 % / 41.16 %
15	B	77.9 % / 11.84 %	31	A	65.66 % / 31.92 %	47	C	24.42 % / 67.99 %	63	C	26.22 % / 73.44 %	79	B	55.05 % / 30.37 %
16	B	54.15 % / 40.17 %	32	A	88.6 % / 11.24 %	48	C	40.09 % / 48.42 %	64	A	24.93 % / 69.95 %	80	A	49.92 % / 47.91 %

प्रश्न संख्या	उत्तर	सही उत्तर / छोड़ दिया
81	C	88.16 %
		11.22 %
82	B	13.09 %
		82.11 %
83	B	63.36 %
		32.18 %
84	B	68.81 %
		30.32 %

प्रश्न संख्या	उत्तर	सही उत्तर / छोड़ दिया
85	C	55.19 %
		30.32 %
86	A	65.56 %
		30.92 %
87	D	53.68 %
		39.87 %
88	A	24.05 %
		72.93 %

प्रश्न संख्या	उत्तर	सही उत्तर / छोड़ दिया
89	C	23.49 %
		71.5 %
90	A	47.95 %
		30.09 %
91	C	24.23 %
		75.71 %
92	B	60.73 %
		30.44 %

प्रश्न संख्या	उत्तर	सही उत्तर / छोड़ दिया
93	A	24.97 %
		73.0 %
94	D	82.28 %
		13.91 %
95	D	46.29 %
		51.88 %
96	B	76.17 %
		23.29 %

प्रश्न संख्या	उत्तर	सही उत्तर / छोड़ दिया
97	A	11.72 %
		79.4 %
98	B	51.4 %
		40.14 %
99	A	53.5 %
		30.1 %
100	B	51.65 %
		33.9 %

कार्य विश्लेषण	
औसत अंक (%)	59.0%
टॉपर्स स्कोर (%)	73.0%
आपका स्कोर	

//संकेत और समाधान//

1. 'कंपनी' एक विदेशज शब्द हैं।

विदेशज शब्द - विदेशी भाषाओं से हिंदी में आये शब्दों को विदेशी शब्द कहा जाता है। इन विदेशी भाषाओं में मुख्यतः अरबी, फारसी, तुर्की, अंग्रेजी व पुर्तगाली शामिल है।

अत: विकल्प (B) सही है।

2. साप्ताहिक में शुद्ध वर्तनी का प्रयोग किया गया है।

- वर्तनी भाषा में शब्दों को वर्णों से अभिव्यक्त करने की क्रिया को कहते हैं।
- वर्तनी को अंग्रेज़ी में स्पेलिंग और उर्दू में हिज्जे कहते हैं।
- किसी लिपि के प्रतीक-चिन्ह (वर्ण आदि) को उचित क्रम में लिखकर जब कोई शब्द निरूपित किया जाता है, वह उसकी वर्तनी कहलाती है।
- वर्तनी का सीधा सम्बन्ध भाषागत ध्वनियों के उच्चारण से है।

अत: विकल्प (C) सही है।

3. 'भाप' शब्द तद्भव है जिसका तत्सम शब्द 'वाष्प' होगा।

समय और परिस्थिति की वजह से तत्सम शब्दों में जो परिवर्तन हुए हैं उन्हें तद्भव शब्द कहते हैं। संस्कृत के जो शब्द प्राकृत, अपभ्रंश, पुरानी हिन्दी आदि से गुजरने के कारण आज परिवर्तित रूप में मिलते हैं, वे तद्भव शब्द कहलाते हैं।

अत: विकल्प (D) सही है।

4. 'कृपा' शब्द तत्सम है जिसका तद्भव रूप 'किरपा' होगा।

- तत्सम दो शब्दों से मिलकर बना है – तत् + सम्, जिसका अर्थ होता है ज्यों का त्यों।
- जिन शब्दों को संस्कृत से बिना किसी परिवर्तन के ले लिया जाता है उन्हें तत्सम शब्द कहते हैं।
- इनमें ध्वनि परिवर्तन नहीं होता है।
- समय और परिस्थिति की वजह से तत्सम शब्दों में जो परिवर्तन हुए हैं उन्हें तद्भव शब्द कहते हैं।

अत: विकल्प (B) सही है।

5. 'भेषज' शब्द 'औषधि' का पर्यायवाची शब्द है।

- औषधि:- दवा, औषध, जड़ी-बूटी इत्यादि।
- किसी शब्द-विशेष के लिए प्रयुक्त समानार्थक शब्दों को पर्यायवाची शब्द कहते हैं।

अत: विकल्प (C) सही है।

6. 'भीड़' शब्द समूहवाचक संज्ञा है।

- जो संज्ञा शब्द किसी एक व्यक्ति का वाचक न होकर पूरे समूह या समुदाय के वाचक हों, समूहवाचक संज्ञा शब्द कहलाते हैं।
- जैसे- वर्ग, झुंड, सेना आदि।
- संज्ञा - किसी प्राणी, वस्तु, स्थान, गुण या भाव के नाम को संज्ञा कहते है।

अत: विकल्प (B) सही है।

7. 'बर्फी से अच्छा तो लड्डू है'- वाक्य में 'तुलनाबोधक विशेषण' है।

- जहां वस्तुओं के गुण - दोष की तुलना आपस में की जाये, वहां तुलनाबोधक विशेषण होता है।

- जैसे - वह राधा से भी ज्यादा सुरीला गाती है।
- जो शब्द संज्ञा या सर्वनाम शब्दों की विशेषता बताते हैं, उन्हें विशेषण कहा जाता है।

अत: विकल्प (C) सही है।

8. 'डिब्बा - डिब्बी' का युग्म सही नहीं है। यहाँ पुल्लिंग 'डिब्बा' तथा स्त्रीलिंग 'डिबिया' होना चाहिए।

- लिंग (Gender) से तात्पर्य उन पहचानों या लक्षणों से जिनके द्वारा जीवजगत् में नर को मादा से पृथक् पहचाना जाता है।
- संज्ञा के जिस रूप से किसी व्यक्ति या वस्तु के पुरुष अथवा स्त्री जाति का बोध होता है, उसे लिंग कहते हैं।

अत: विकल्प (C) सही है।

9. उपर्युक्त शब्दों में से 'गली' शब्द एकवचन है।

- गली का बहुवचन गलियों होगा।
- शब्द के जिस रूप से किसी व्यक्ति, वस्तु आदि के एक होने का बोध हो, उसे एकवचन कहते हैं।
- संज्ञा, सर्वनाम, विशेषण और क्रिया के जिस रूप से संख्या का बोध हो, उसे वचन कहते हैं।

अत: विकल्प (B) सही है।

10. 'आकलन' शब्द का विपरीतार्थक 'विकलन' है।

- आकलन का अर्थ: पूर्वानुमान द्वारा गणना करना।
- विकलन का अर्थ: हिसाब-किताब में किसी मद में कोई रकम किसी के नाम लिखना।
- विपरीत (उल्टा) अर्थ बताने वाले शब्दों को विलोम शब्द कहते हैं।

अत: विकल्प (C) सही है।

11. 'बाहर कोई है।' यह वाक्य अनिश्चयवाचक सर्वनाम का उदाहरण है क्योंकि, इसमें 'कोई' शब्द अनिश्चितता को बता रहा है।

जिन सर्वनाम शब्दों से वस्तु, व्यक्ति, स्थान आदि की निश्चितता का बोध नही होता, वे अनिश्चयवाचक सर्वनाम कहलाते हैं।

अत: विकल्प (D) सही है।

12. 'यह गाड़ी मेरे पापा की है।' में संबंध कारक है।

वाक्य	कारक	विभक्ति चिन्ह	परिभाषा
यह गाड़ी मेरे पापा की है।	संबंध कारक	का, के, की	जिससे एक वस्तु या व्यक्ति का दूसरे वस्तु या व्यक्ति से संबंध प्रकट हो।

अत: विकल्प (B) सही है।

13. अधिकरण शब्द 'अति' उपसर्ग से नहीं बना है।

- अधिकरण = अधि + करण
- 'अधि' उपसर्ग से बनने वाले अन्य शब्द - अधिपति, अध्यक्ष, अध्ययन आदि।
- 'अधि' का अर्थ - ऊपर, श्रेष्ठ, समीप
- उपसर्ग उस अक्षर या अक्षर समूह को कहते हैं, जो किसी शब्द के पहले जुड़कर उसके अर्थ में परिवर्तन लाता है।

अत: विकल्प (D) सही है।

14. 'लुहार' शब्द में 'आर' प्रत्यय का योग है।

- लुहार = लोहा + आर
- इसमें कर्तृवाचक तद्धित प्रत्यय है।

- कर्तृवाचक तद्धित प्रत्यय - ऐसे प्रत्यय जो शब्द में जुड़ने के बाद शब्द को इस तरह परिवर्तित कर दे कि शब्द से कार्य करने वाले का बोध हो, तब यह कर्तृवाचक तद्धित प्रत्यय कहलाता है।
- जैसे - कहार, चमार आदि।

अत: विकल्प (B) सही है।

15. एकैक शब्द का संधि विच्छेद एक + एक होगा।

- एकैक का उचित संधि विच्छेद 'एक + एक (अ + ए = ऐ)' होगा।
- यह वृद्धि संधि का उदाहरण है।
- जब संधि करते समय जब अ, आ के साथ ए, ऐ हो तो 'ऐ' बनता है और जब अ, आ के साथ ओ, औ हो तो 'औ' बनता है, उसे वृद्धि संधि कहते हैं।
- दो शब्दों के मेल से जो विकार (परिवर्तन) होता है उसे संधि कहते हैं।

अत: विकल्प (B) सही है।

16. 'विद्यासागर अपनी मूर्खता से <u>धनहीन</u> हो गया।' इसके रेखांकित शब्द में 'तत्पुरुष समास' होगा।

- 'धनहीन' अर्थात 'धन (से) हीन'। यह तत्पुरुष समास का उदाहरण है।
- इस समास में प्रथम पद गौण और उत्तर पद की प्रधानता होती है।
- समास करते वक्त बीच की विभक्ति का लोप हो जाता है।

अत: विकल्प (B) सही है।

17. 'चिंता के कारण रात में नींद न आना' के लिए मुहावरा होगा - 'तारे गिनना'।

- वाक्य प्रयोग - सुबह घर पर पुलिस आएगी, यह सोचकर रमेश रात भर तारे गिनता रहा।
- मुहावरा का शाब्दिक अर्थ 'अभ्यास' है। मुहावरा शब्द अरबी भाषा का शब्द है। हिन्दी में ऐसे वाक्यांशों को मुहावरा कहा जाता है, जो अपने साधारण अर्थ को छोड़कर विशेष अर्थ को व्यक्त करते हैं।

अत: विकल्प (C) सही है।

18. 'श्रृंगार' रस का स्थायी भाव 'रति' है।

- श्रृंगार रस को रसराज कहा जाता है।
- श्रृंगार रस का विषय नायक या नायिका है।
- उद्दीपन विभाव - आलंबन का सौदर्य, प्रकृति, रमणीक उपवन, वसंत-ऋतु, चांदनी, भ्रमर-गुंजन, पक्षियों का कूजन आदि।
- अनुभाव - अवलोकन, स्पर्श, आलिंगन, कटाक्ष, अश्रु आदि।

अत: विकल्प (C) सही है।

19. सोरठा छंद में द्वितीय और चतुर्थ चरण के अंत में तुक नहीं होता है।

- सोरठा, दोहा का उल्टा होता है।
- सोरठा मात्रिक छंद है और यह दोहा का ठीक उलटा होता है। इसके विषम चरणों में 11 - 11 मात्राएँ और सम चरणों (द्वितीय तथा चतुर्थ में) 13 - 13 मात्राएँ होती हैं।
- विषम चरणों के अंत में एक गुरु और एक लघु मात्रा का होना आवश्यक होता है।
- जैसे- 'मूक होय वाचाल, पंगु चढ़इ गिरिवर गहन। जासु कृपा सो दयाल, द्रवउ सकल कलमल दहन॥'

अत: विकल्प (C) सही है।

20. 'ऊँचे घोर मन्दर के अन्दर रहन वारी, ऊँचे घोर मन्दर के अन्दर रहाती है।' पंक्ति में यमक अलंकार है।'

- यहां मन्दर शब्द के अलग-अलग अर्थ है। एक मन्दर का अर्थ है - ऊंचे किला रूपी महल में रहने वाली और दूसरे मन्दर का अर्थ है - ऊंची-ऊंची पहाड़ी गुफाओं में रहती है।
- उपर्युक्त उदाहरण में ऊँचे घोर मंदर शब्दों की दो बार आवृति की जा रही है। दो बार आवृति होने पर दोनों बार अर्थ भिन्न व्यक्त हो रहा है। हम जानते हैं की जब शब्द की एक से ज़्यादा बार आवृति होती है एवं विभिन्न अर्थ निकलते हैं तो वहाँ यमक अलंकार होता है।

अत: विकल्प (B) सही है।

21. विश्व पर्यावरण दिवस हर साल 5 जून को मनाया जाता है।

- यह पहली बार 1974 में (संयुक्त राष्ट्र द्वारा पहला विषय- "ओनली वन अर्थ") (1972 में मानव पर्यावरण पर स्टॉकहोम सम्मेलन के पहले दिन स्थापित) किया गया था।
- यह हर साल एक नए विषय और एक नए मेजबान देश के साथ मनाया जाता है।
- इसका उद्देश्य जागरूकता बढ़ाना और प्रकृति में अनियंत्रित मानव हस्तक्षेपों के नकारात्मक प्रभाव को कम करना, जैसे कि ग्लोबल वार्मिंग, वन्यजीव अपराध, सतत खपत, समुद्री प्रदूषण, आदि।
- 2019 में थीम "वायु प्रदूषण को हराना" था, मेजबान देश चीन था। वायु प्रदूषण वर्तमान में प्रमुख पर्यावरणीय चिंताओं का कारण है, क्योंकि यह प्रति वर्ष 7 बिलियन से अधिक लोगों को मरने का कारण है, अस्थमा जैसी दीर्घकालिक बीमारियों का कारण बनता है, और बच्चों में संज्ञानात्मक विकास को कम करता है।

अत: विकल्प (C) सही है।

22. मिया अमोर मोटली को बारबाडोस की प्रधानमंत्री के रूप में फिर से चुना गया है।

वह 2018 से देश की सेवा कर रही हैं।

उनकी बारबाडोस लेबर पार्टी ने 21 जनवरी 2022 को देश के पहले आम चुनाव में जीत हासिल की।

बारबाडोस, जो ब्रिटिश उपनिवेश बनने के लगभग 400 साल बाद दुनिया का सबसे नया गणराज्य बन गया, ने नवंबर 2021 में महारानी एलिजाबेथ द्वितीय को अपने राज्य के प्रमुख के पद से पदच्युत कर दिया।

अत: विकल्प (A) सही है।

23. फेरारी के कार्लोस सैन्ज़ ने अपने करियर की पहली फॉर्मूला वन रेस 3 जुलाई 2022 को ब्रिटिश ग्रैंड प्रिक्स में जीत के साथ जीती।

रेड बुल के सर्जियो पेरेज़ और मर्सिडीज के लुईस हैमिल्टन क्रमशः दूसरे और तीसरे स्थान पर रहे। चैंपियनशिप लीडर मैक्स वेरस्टापेन सातवें स्थान पर रहे। सैन्ज़ 2022 ड्राइवर स्टैंडिंग में चौथे स्थान पर पहुंच गया है।

अत: विकल्प (C) सही है।

24. मानव विकास सूचकांक, 2018 में भारत 130 वाँ स्थान है।

रिपोर्ट के अनुसार, भारत 189 देशों और क्षेत्रों में से 131वें स्थान पर है। इंडेक्स में 2018 में भारत 130वें स्थान पर था।

संयुक्त राष्ट्र विकास कार्यक्रम (यूएनडीपी) संयुक्त राष्ट्र का वैश्विक विकास नेटवर्क है। यूएनडीपी लगभग 170 देशों और क्षेत्रों में काम करता है, गरीबी उन्मूलन, असमानताओं और बहिष्कार को कम करने में मदद करता है, और लचीलापन बनाता है ताकि देश प्रगति को बनाए रख सकें। संयुक्त राष्ट्र की विकास एजेंसी के रूप में, यूएनडीपी सतत विकास लक्ष्यों को प्राप्त करने में देशों की महत्वपूर्ण भूमिका निभाती है।

अतः विकल्प (C) सही है।

25. 'हीनयान विद्यालय' का सबसे महत्वपूर्ण कार्य महावस्तु है।

- बौद्ध विचार, महायान और हीनयान अर्थात बड़े और छोटे माध्यम के दो महान स्कूल हैं और वे क्रमशः मन के रचनात्मक चरित्र और ज्ञान की इंद्रियों से मेल खाते हैं।

- महावस्तु ("महान घटना" या "महान कहानी" का संस्कृत) प्रारंभिक बौद्ध धर्म के लोकोत्तार्वदा विद्यालय का एक पाठ है। यह खुद को बौद्ध मठवासी संकेतावली के ऐतिहासिक प्रस्ताव के रूप में वर्णित करता है।

अत: विकल्प (B) सही है।

26. 1761 में पानीपत के तीसरे युद्ध के दौरान मराठा शासक बालाजी बाजीराव थे।

- पानीपत का तीसरा युद्ध 14 जनवरी, 1761 को पानीपत में दिल्ली से लगभग 60 मील (95.5 किमी) उत्तर में मराठा साम्राज्य और अफगानिस्तान के अहमद शाह अब्दाली जिसे अहमद शाह दुर्रानी भी कहा जाता है, के बीच हुआ था।

- इस युद्ध में दोआब के अफगान रोहिला और अवध के नवाब शुजाउद्दौला ने अहमद शाह अब्दाली का साथ दिया।

अत: विकल्प (A) सही है।

27. मौलाना मोहम्मद अली और शौकत अली 'खिलाफत आंदोलन' के प्रमुख नेता थे।

खिलाफत आंदोलन:

- प्रथम विश्व युद्ध के बाद ओटोमन साम्राज्य के साथ किए गए व्यवहार के खिलाफ भारतीय मुसलमानों द्वारा आंदोलन के रूप में आंदोलन शुरू किया गया था।

- खिलाफत आंदोलन 1919 में अली बंधुओं; मौलाना मुहम्मद अली और मौलाना शौकत अली के नेतृत्व में शुरू हुआ।

- 1920 के दशक के मध्य तक, खिलाफत नेताओं ने गांधी के असहयोग आंदोलन से हाथ मिला लिया।

अत: विकल्प (A) सही है।

28. पंचायत राज एक तीन स्तरीय प्रणाली है।

पंचायती राज व्यवस्था:

- भारत के तत्कालीन प्रधान मंत्री जवाहरलाल नेहरू द्वारा इसे पहली बार 2 अक्टूबर 1959 को राजस्थान के नागौर जिले में पेश किया गया था।

- पंचायती राज व्यवस्था ग्रामीण भारत की स्थानीय स्वशासन की प्रणाली है।

- शहरी क्षेत्रों का स्वशासन नगरपालिकाओं और उप-नगरपालिकाओं द्वारा किया जाता है।

- ग्रामीण क्षेत्रों का स्वशासन पंचायती राज संस्थाओं के माध्यम से किया जाता है।

पंचायती राज संस्थान तीन हैं -

- ग्राम स्तर पर ग्राम पंचायत

- ब्लॉक (तालुका) स्तर पर पंचायत समिति

- जिला स्तर पर जिला परिषद

अत: विकल्प (C) सही है।

29. मुद्रा आरक्षित अनुपात में वृद्धि:

- सीआरआर एक बैंक के समय और मांग की देनदारियों का प्रतिशत है जिसे आरबीआई के पास नकदी के रूप में रखने की आवश्यकता होती है। बाजार में अतिरिक्त तरलता को अवशोषित

करने के लिए सीआरआर बढ़ाया जा सकता है। इसलिए, कथन 2 गलत है।

खुला बाजार परिचालन (ओएमओ):

- यह तरलता का प्रबंधन करने के लिए सरकारी प्रतिभूतियों को खरीदने या बेचने के लिए उपयोग किया जाने वाला एक और प्रारूप है। तरलता को अवशोषित करने के लिए, सरकारी प्रतिभूतियों को अतिरिक्त लेने के लिए बैंकों को बेचा जाना चाहिए (खरीद नहीं)। इसलिए, कथन 3 गलत है।

रिवर्स रेपो दर में वृद्धि:

- जिस ब्याज दर पर आरबीआई अल्पावधि के लिए बैंकों से पैसा उधार लेता है उसे रिवर्स रेपो दर के रूप में परिभाषित किया जाता है। रिवर्स रेपो दर के तहत, बैंक आरबीआई के साथ अतिरिक्त धन जमा करते हैं और इसके लिए ब्याज कमाते हैं। रिवर्स रेपो दर में वृद्धि से बैंकों को केंद्रीय बैंक में पैसा पार्क करने के लिए प्रोत्साहन मिलता है जिसके परिणामस्वरूप बाजार में तरलता में गिरावट आती है। इसलिए, कथन 1 सही है।

- भारतीय रिजर्व बैंक का कर्तव्य है कि वह बाजार में अतिरिक्त तरलता का प्रबंधन करके अर्थव्यवस्था को स्थिर करे। आरबीआई निम्न तरीकों से बाजार से अतिरिक्त तरलता को अवशोषित कर सकता है:

प्रतिबंधात्मक मौद्रिक नीति के बाद:

- एक संकुचन या तंग मौद्रिक नीति तरलता को कम करती है और ब्याज दरों को बढ़ाती है जो उत्पादन और खपत दोनों को नुकसान पहुंचाती है और इसलिए, आर्थिक विकास। हालांकि, यह तरलता और मुद्रास्फीति के प्रबंधन में मदद करता है। एक विपरीत मौद्रिक नीति के विपरीत बाजार में तरलता बढ़ जाती है।

अत: विकल्प (B) सही है।

30. सुमेलित जोड़े होंगे:- (A) - (3), (B) - (4), (C) - (2), (D) - (1)

- उष्णकटिबंधीय चक्रवात हिंसक तूफान होते हैं जो उष्णकटिबंधीय क्षेत्रों के महासागरों में उत्पन्न होते हैं और तटीय क्षेत्रों में चले जाते हैं।

- इन हिंसक हवाओं (स्कॉल्स), बहुत भारी वर्षा (मूसलाधार बारिश), और तूफान के कारण बड़े पैमाने पर विनाश होता हैं।

- उत्तरी गोलार्ध में चक्रवाती हवा की चालें दक्षिणावर्त विरोधी हैं और दक्षिणी गोलार्ध में दक्षिणावर्त (यह कोरिओलिस बल के कारण) है।

- एक चक्रवात की विशेषता अक्सर दो चक्रवातों के बीच एक प्रतिचक्रवात होती है।

चक्रवात के क्षेत्रीय नाम:

1. टाइफून - चीन सागर

2. उष्णकटिबंधीय चक्रवात - हिंद महासागर

3. तूफान - कैरेबियन सागर

4. बवंडर - यूएसए

5. विली-विलीस - उत्तरी ऑस्ट्रेलिया

6. बागुइओ - फिलीपींस

7. ताइफू - जापान

अत: विकल्प (B) सही है।

31. काजीरंगा गैंडे के लिए जाना जाता है।

काजीरंगा राष्ट्रीय उद्यान:

- काजीरंगा राष्ट्रीय उद्यान असम में स्थित है।
- इसे 1985 में यूनेस्को द्वारा विश्व धरोहर स्थल घोषित किया गया था।
- काजीरंगा राष्ट्रीय उद्यान यूनेस्कों की विश्व विरासत सूची में शामिल है। यह दुनिया के उन कुछ चुनिंदा स्थानों में से एक है जहां इंसानों की मौजूदगी नहीं है करीब 43 हजार हेक्टेयर में फैला यह पार्क पर्यटकों के बीच काफी लोकप्रिय है। काजीरंगा नैशनल पार्क दुनिया के दो तिहाई एक सींग वाले गैंडे का घर है।

अत: विकल्प (A) सही है।

32. होम रूल आंदोलन का उद्देश्य भारत के लिए स्वशासन प्राप्त करना था।

- होम रूल आंदोलन का मुख्य उद्देश्य संवैधानिक तरीकों का उपयोग करके ब्रिटिश साम्राज्य में भारत के लिए स्व-शासन की स्थापना करना था।
- एनी बेसेंट और बाल गंगाधर तिलक के नेतृत्व में देश में 1916 में होम रूल आंदोलन शुरू किए गए थे।
- बाल गंगाधर तिलक ने आंदोलन के दौरान लोकप्रिय नारा दिया - "होम रूल मेरा जन्मसिद्ध-अधिकार है, और मैं इसे लेकर रहूँगा।"

अत: विकल्प (A) सही है।

33. डॉ. वर्गीज़ कुरियन को भारत में दुग्ध क्रांति लाने के लिए जाना जाता है।

- 1970 में शुरू किया गया ऑपरेशन फ्लड, राष्ट्रीय डेयरी विकास बोर्ड (NDDB) की एक परियोजना है, जिसे डॉ. वर्गीज़ कुरियन द्वारा शुरू किया गया था।
- यह दुनिया का सबसे बड़ा डेयरी विकास कार्यक्रम था, जिसने 1998 में भारत को दूध की कमी वाले देश से दुनिया का सबसे बड़ा दुग्ध उत्पादक बना दिया।
- 2010 -11 में लगभग 17% वैश्विक उत्पादन किया गया, अर्थात तीस साल तक के लिए प्रति व्यक्ति दोगुना दूध उपलब्ध है।
- इसने डेयरी व्यवसाय को भारत का सबसे बड़ा आत्मनिर्भर ग्रामीण रोजगार उत्पादक बना दिया।
- यह किसानों को अपने स्वयं के विकास को निर्देशित करने में मदद करने के लिए शुरू किया गया था।
- यह सब न केवल बड़े पैमाने पर उत्पादन द्वारा, बल्कि जनता द्वारा उत्पादन द्वारा प्राप्त किया गया था।

अत: विकल्प (B) सही है।

34. समान मॉड्यूल के बीच संवाद के लिए प्रोटोकॉल का उपयोग किया जाता है।

- प्रोटोकॉल, कंप्यूटर विज्ञान में, इलेक्ट्रॉनिक उपकरणों जैसे कंप्यूटर के बीच डेटा संचारित करने के लिए नियमों या प्रक्रियाओं का एक सेट है।
- सूचनाओं का आदान-प्रदान करने के लिए कंप्यूटरों के लिए, यह आवश्यक है कि कैसे जानकारी को संरचित किया जाए और कैसे प्रत्येक पक्ष उसे भेजे और प्राप्त करे।
- संचार वास्तुकला नियमों का एक सामान्य सेट है जो उन नियमों को परिभाषित करता है जिन पर एक नेटवर्क में सभी जुड़े नोड्स को एक दूसरे के साथ संवाद करना चाहिए।
- संचार वास्तुकला कार्यात्मक मॉड्यूल, इंटरफेस और प्रोटोकॉल के बीच दो प्रकार के संबंधों को परिभाषित करता है।
- अंतर विच्छेदन मॉड्यूल या प्रक्रियाओं के बीच सूचना के संचार या आदान-प्रदान के लिए नियम हैं, जबकि प्रोटोकॉल समान प्रकार के मॉड्यूल या प्रक्रियाओं के बीच संचार के लिए नियम हैं।

इसलिए, प्रोटोकॉल का उपयोग एक समान मॉड्यूल के बीच संवाद करने के लिए किया जाता है।

अत: विकल्प (A) सही है।

35. MS Word कंप्यूटर डेटाबेस सॉफ्टवेयर नहीं है।

- MS Word माइक्रोसॉफ्ट द्वारा विकसित एक वर्ड प्रोसेसर है। यह पहली बार 25 अक्टूबर, 1983 को एक्सनिक्स सिस्टम के लिए मल्टी-टूल वर्ड के नाम से जारी किया गया था।
- एक डेटाबेस, संबंधित डेटा का एक संग्रह है, जो वास्तविक दुनिया के कुछ पहलू का प्रतिनिधित्व करता है। एक डेटाबेस सिस्टम को एक निश्चित कार्य के लिए डेटा के साथ बनाया और इस्तेमाल किया जाता है।

अत: विकल्प (D) सही है।

36. किसी संगठन के पहले वेबपेज को होम पेज कहा जाता है।

होम पेज:

- होमपेज एक वेबसाइट का मुख्य वेब पेज होता है।
- यह शब्द यह भी दर्शाता है कि एप्लीकेशन स्टार्ट करने पर एक या उससे अधिक पेज को वेब ब्राउज़र में दिखाया जा सकता है।
- इस स्थिति में, इसे स्टार्ट पेज के रूप में भी जाना जाता है।
- इसमें एक लोगो (Logo), आकर्षक रंग प्रणाली, पढ़ने योग्य और आकर्षक विशेषताएं, सामाजिक प्रमाण आदि शामिल हैं।
- कॉल टू एक्शन (CTA) सुविधा जो एक बटन या सिर्फ प्लेन टेक्स्ट हो सकती है, जो भी दृष्टिकोण आप अपनाते हैं, उसे आपके होम पेज के बाकी अवयवों से अलग होना आवश्यक है।

अत: विकल्प (B) सही है।

37. ट्रोजन हॉर्स मैलवेयर उपयोगकर्ता को इसके वास्तविक उद्देश्य से पथभ्रष्ट करता है।

ट्रोजन होर्स या ट्रोजन एक ऐसा प्रोग्राम है जो दिखने में तो सही अनुभव होता है, परन्तु यदि इसे चलाया जाता है तो इस के प्रभाव भयंकर होते है। इसका इस्तेमाल एक हैकर (Hacker) किसी पासवर्ड को तोड़ने के लिए कर सकता है। यह हार्ड डिस्क के सारे डेटा (Data) और प्रोग्राम को मिटा देता है।

अत: विकल्प (C) सही है।

38. माइक्रोसॉफ्ट एक्सेल स्प्रेडशीट की श्रेणी में आता है।

- माइक्रोसॉफ्ट एक्सेल एक इलेक्ट्रॉनिक स्प्रेडशीट प्रोग्राम है।
- माइक्रोसॉफ्ट एक्सेल को पहली बार 1987 में पेश किया गया था।
- माइक्रोसॉफ्ट एक्सेल ने 2007 के संस्करण तक अपने प्राथमिक प्रारूप के रूप में एक्सेल बाइनरी फाइल फॉर्मेट (.XLS) नामक एक फ़ाइल प्रारूप का उपयोग किया।
- एक्सेल 2007 अपने प्राथमिक फ़ाइल स्वरूप के रूप में Office Open XML का उपयोग करता है।
- माइक्रोसॉफ्ट एक्सेल में बनाई गई फ़ाइलें वर्कबुक के रूप में जानी जाती हैं।

अत: विकल्प (C) सही है।

39. 'गांधार कला विद्यालय' का विकास कुषाण राजवंश के अंतर्गत किया गया था।

- गांधार ने बौद्ध कुषाण राजाओं के अधीन पहली शताब्दी से 5वीं शताब्दी तक अपनी प्रसिद्धि प्राप्त की।
- भारतीय उपमहाद्वीप के गांधार क्षेत्र में प्राचीन काल में गांधार कला नामक बौद्ध मूर्तिकला की एक अनूठी शैली विकसित हुई।

* यह कला और संस्कृति ग्रीको-रोमन शैली की कला से जुड़ी है।
* गांधार कला को ग्रेको-बुद्धिस्ट कला विद्यालय के रूप में भी जाना जाता है।
* चित्र बनाने के लिए गांधार कला विद्यालय में धुमैले बलुआ पत्थर का उपयोग किया गया था।

अत: विकल्प (A) सही है।

40. साजन प्रकाश, टोक्यो ओलंपिक के लिए क्वालिफाई करने वाले पहले भारतीय तैराक हैं।

* साजन ने रोम में सेटे कोली ट्रॉफी में पुरुषों की 200 मीटर बटरफ्लाई में 1 मिनट 56.38 सेकेंड के समय से यह उपलब्धि हासिल की।
* क्वालिफिकेशन कट ऑफ 1 मिनट 56.48 सेकेंड था।

अत: विकल्प (D) सही है।

41. चीन ने 3 जून 2021 को नई पीढ़ी के मौसम विज्ञान उपग्रह 'फेंग्युन-4B (FY-4B)' को योजनाबद्ध कक्षा में सफलतापूर्वक लॉन्च किया।

उपग्रह को लॉन्ग मार्च-3B रॉकेट द्वारा लॉन्च किया गया था और इसका उपयोग मौसम विश्लेषण, पर्यावरण और आपदा निगरानी के क्षेत्र में किया जाएगा।

अत: विकल्प (B) सही है।

42. हमारे सौरमंडल में शुक्र ग्रह पृथ्वी जितना बड़ा है।

* शुक्र और पृथ्वी लगभग समान आकार के होते हैं, उनका द्रव्यमान लगभग समान है (उनका वजन लगभग समान है), और उनकी रचना बहुत समान है (एक ही सामग्री से बने हैं)।
* शुक्र को पृथ्वी का जुड़वा माना जाता है क्योंकि इसका माप और आकार बहुत हद तक पृथ्वी के समान है।
* शुक्र सूर्य से दूसरा ग्रह है और सौरमंडल का सबसे चमकीला ग्रह है।
* इसके समान द्रव्यमान और आकार के कारण इसे कभी-कभी पृथ्वी का बहन ग्रह कहा जाता है।
* ग्रह का नाम प्रेम और सौंदर्य की रोमन देवी के नाम पर रखा गया है।
* शुक्र सबसे चमकीला ग्रह है और बिना सहायता वाली आंखों से आसानी से देखा जा सकता है।
* सबसे पहले बेबीलोन के खगोलीय दस्तावेजों में से एक शुक्र के बारे में बताता है।

अत: विकल्प (A) सही है।

43. मध्य प्रदेश में धार जिले में ऐतिहासिक शहर मांडू में 13 से 15 फरवरी, 2021 तक तीन दिवसीय 'मांडू महोत्सव 2021' आयोजित किया गया।

* प्रदेश की संस्कृति और पर्यटन मंत्री उषा ठाकुर ने मांडू महोत्सव का उद्घाटन किया।
* राज्य की संस्कृति और पर्यटन मंत्री ने 'डायनो एडवेंचर पार्क और जीवाश्म संग्रहालय' का उद्घाटन भी किया।

अत: विकल्प (C) सही है।

44. मैन बुकर पुरस्कार जीतने वाली पहली भारतीय महिला अरुंधति रॉय है।

* उन्होंने अपने पहले उपन्यास "द गॉड ऑफ स्मॉल थिंग्स" के लिए वर्ष 1997 में बुकर्स पुरस्कार जीता था।
* यह एक गैर प्रवासी भारतीय लेखक की सबसे अधिक बिकने वाली किताब थी।

* अरुंधति रॉय को मैन बुकर पुरस्कार के अलावा अन्य कई पुरस्कार भी मिले हैं जिसमें वर्ष 2006 में मिला हुआ साहित्य अकादमी पुरस्कार सबसे अधिक महत्वपूर्ण है।

अत: विकल्प (D) सही है।

45. प्रित्ज़कर पुरस्कार वास्तुकला के क्षेत्र में दिया जाता है।

* यह पुरस्कार उन वास्तुकारों को सम्मानित करने के लिए आयोजित किया जाता है, जिनके निर्मित कार्य प्रतिभा, दृष्टि और प्रतिबद्धता के संयोजन को प्रदर्शित करते हैं।
* इसकी स्थापना 1979 में शिकागो के प्रित्ज़कर परिवार ने अपने हयात फाउंडेशन के माध्यम से की थी।
* इसे "वास्तुकला का नोबेल" भी कहा जाता है।

अत: विकल्प (D) सही है।

46. 'बिलीव - व्हाट लाइफ एंड क्रिकेट टॉट मी' नामक पुस्तक क्रिकेटर सुरेश रैना की आत्मकथा है।

* पूर्व भारतीय बल्लेबाज सुरेश रैना ने अपनी आत्मकथा 'बिलीव-व्हाट लाइफ एंड क्रिकेट टॉट मी' का विमोचन किया है।
* पुस्तक के सह-लेखक भरत सुंदरसन हैं, सुरेश रैना ने भारत के लिए अपनी यात्रा और सचिन तेंदुलकर के सुनहरे शब्द (विश्वास) का वर्णन किया है, जिसे उन्होंने टैटू के रूप में अपनी बांह पर उकेरा है।

अत: विकल्प (B) सही है।

47. आधुनिक अमेरिकी क्लासिक "टू किल अ मॉकिंगबर्ड" की लेखक हार्पर ली हैं।

* यह ली की पहली पुस्तक थी, जो वर्ष 1960 में प्रकाशित हुई थी।
* नेले हार्पर ली का जन्म 28 अप्रैल, 1926 को अमेरिका के अलबामा के मोनरोविले में हुआ था।
* 19 फरवरी 2016 को उनका निधन हो गया।
* साहित्य में अपने योगदान के लिए उन्हें 1961 में पुलिजर पुरस्कार और 2007 में प्रेसिडेंशियल मेडल ऑफ फ्रीडम भी मिला है।

अत: विकल्प (C) सही है।

48. राष्ट्रीय कृषि और ग्रामीण विकास बैंक (नाबार्ड) का मुख्यालय मुंबई में स्थित है।

* नाबार्ड (NABARD) का अर्थ नेशनल बैंक फॉर एग्रीकल्चर एंड रूरल डेवलपमेंट है।
* यह भारत सरकार के वित्त मंत्रालय के अधिकार क्षेत्र के तहत एक आंचलिक नियामक एजेंसी है।
* राष्ट्रीय कृषि और ग्रामीण विकास अधिनियम 1981 को लागू करने के लिए 12 जुलाई 1982 को बी. शिवरमन समिति (संसद के अधिनियम 61, 1981 द्वारा) की सिफारिशों पर नाबार्ड की स्थापना की गई थी।
* इसने भारतीय रिजर्व बैंक के कृषि ऋण विभाग (एसीडी) और ग्रामीण योजना और क्रेडिट सेल (आरपीसीसी) और कृषि पुनर्वित्त और विकास निगम (एआरडीसी) का स्थान लिया।

अत: विकल्प (C) सही है।

49. भारत की राष्ट्रीय आय को सबसे पहले दादाभाई नौरोजी ने मापा था।

* दादाभाई नौरोजी , जिन्हें प्यार से भारत का ग्रैंड ओल्ड मैन कहा जाता है, इस क्षेत्र में अग्रणी थे।
* उन्होंने 1876 में राष्ट्रीय आय का पहला अनुमान तैयार किया।

- उन्होंने पहले कृषि उत्पादन के मूल्य का अनुमान लगाकर और फिर गैर-कृषि उत्पादन के रूप में एक निश्चित प्रतिशत जोड़कर राष्ट्रीय आय का अनुमान लगाया।

अत: विकल्प (B) सही है।

50. कुछ महिलाओं में, कुछ समस्या के कारण निषेचन नहीं हो पाता है। ऐसे मामलों में, शरीर के बाहर निषेचन होने के लिए ताजे जारी अंडे और शुक्राणुओं को कुछ घंटों के लिए एक साथ रखा जाता है। इसे इन विट्रो निषेचन कहा जाता है।

- शब्द "इन विट्रो" का अर्थ "ग्लास में" होता है, शरीर के बाहर एक ग्लास टेस्ट-ट्यूब में होने वाले कृत्रिम निषेचन को इन विट्रो निषेचन के रूप में जाना जाता है।
- इस प्रक्रिया में, महिला के अंडोत्सर्ग चक्र को प्रशासित किया जाता है और अंडे को महिला के शरीर से निकाल लिया जाता है और इसे कृत्रिम वातावरण में पुरुष के शुक्राणु के साथ निषेचित किया जाता है।

अत: विकल्प (C) सही है।

51. भारत में दूसरी पंचवर्षीय योजना 1953 में निर्मित पीसी महालनोबिस मॉडल पर आधारित थी, इसलिए इस पंचवर्षीय योजना को महालनोबिस योजना भी कहा जाता है।

- यह योजना 1956 से 1961 की अवधि के लिए जवाहरलाल नेहरू के नेतृत्व में बनाई गई थी।
- यह योजना अपने 4.5 प्रतिशत लक्ष्य विकास दर से पिछड़ गई और 4.27 प्रतिशत की वृद्धि दर पर पहुंच गई थी।

अत: विकल्प (B) सही है।

52.

प्रतीक	+	-	×	÷
अर्थ	×	÷	-	+

दिया गया व्यंजक: 2 + 8 - 4 × 2 ÷ 5
प्रतीक को उनके अर्थ से प्रतिस्थापित करने पर, हम प्राप्त करते हैं-
बायां पक्ष

2 + 8 - 4 × 2 ÷ 5
= 2 × 8 ÷ 4 - 2 + 5
= 2 × 2 - 2 + 5
= 4 - 2 + 5
= 9 - 2
= 7

अत: विकल्प (B) सही है।

53. दी गयी जानकारियों के अनुसार,

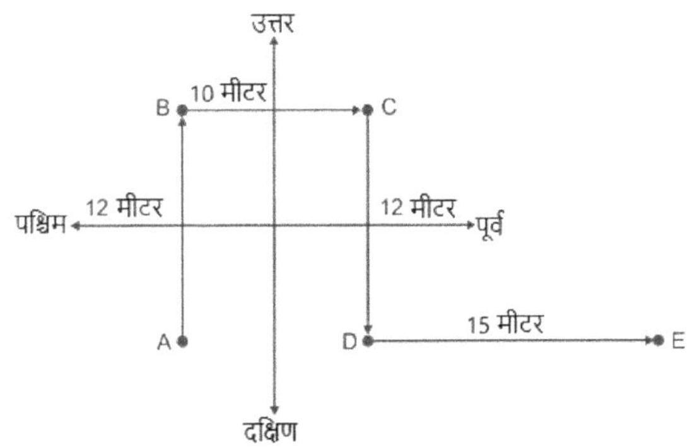

अरुण प्रारंभिक बिंदु से 25 मीटर पूर्व दिशा में है।

अत: विकल्प (D) सही है।

54. यह कथन उन मामलों की अधिक संख्या के बारे में बात करता है जहाँ बिल्डर सरकार द्वारा लगाए गए दिशानिर्देशों के खिलाफ बहुमंजिला इमारत बनाते हैं। दिए गए दोनों निष्कर्ष सही हैं क्योंकि पारिस्थितिकी और निवासियों को प्राकृतिक आपदा से बचाने के लिए ये प्रतिबंध या कानून बनाए गए हैं।

इसलिए, I और II दोनों अनुसरण करते हैं।

अत: विकल्प (C) सही है।

55. पांच आदमी: A, B, C, D, और E

(1) D दायें छोर पर है और C, D के बायीं ओर है।

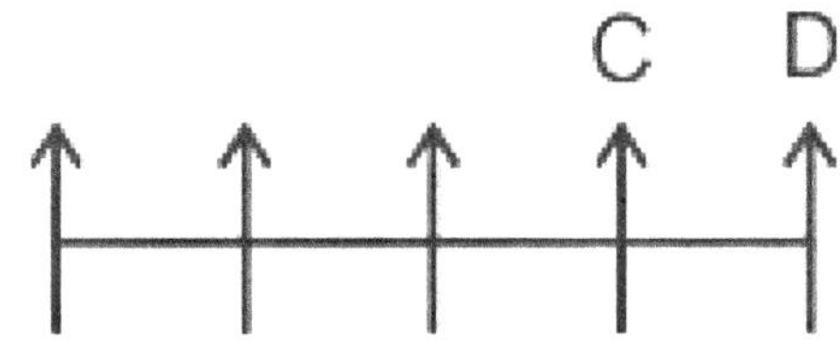

(2) B, A के बायें और E के दायीं ओर है।

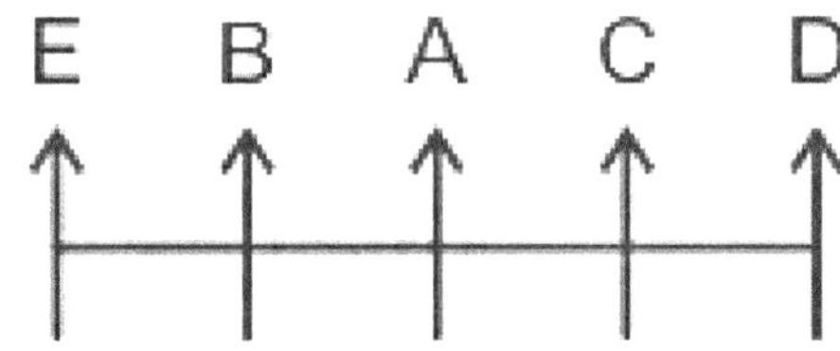

इसलिए, A बेंच के बायें ओर से तीसरे स्थान पर बैठा है।

अत: विकल्प (A) सही है।

56. प्रश्न आकृति की सही दर्पण छवि, जब दर्पण को आकृति के दाईं ओर रखा जाता है, इस प्रकार है:

NH9h5MbE ƎdMϾ੫9HN

अत: विकल्प (A) सही है।

57. हम एक-एक करके विकल्पों की जांच कर सकते हैं,

(1) $63: 3906 \rightarrow (63)^2 = 3969 - 63 = 3906$

(2) $15: 210 \rightarrow (15)^2 = 225 - 15 = 210$

(3) $18: 306 \rightarrow (18)^2 = 324 - 18 = 306$

(4) $37: 1331 \rightarrow (37)^2 = 1369 - 37 = 1332 \neq 1331$

अत: विकल्प (D) सही है।

58. रायपुर छत्तीसगढ़ राज्य की राजधानी है।

- इसी तरह, कोलकाता पश्चिम बंगाल राज्य की राजधानी है।
- इसलिए, संबंधित शब्द 'छत्तीसगढ़' है।

अत: विकल्प (B) सही है।

59. पासे से,

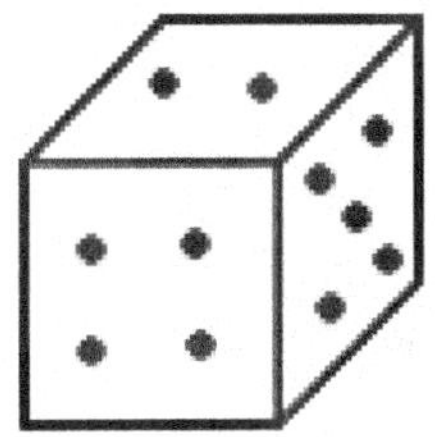 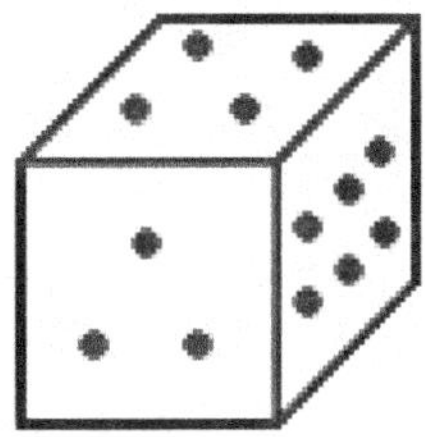

2 बिंदु, 5 बिंदु, 3 बिंदु और 6 बिंदु, 4 बिंदु के विपरीत नहीं हो सकते हैं। इसलिए, 1 बिंदु, 4 बिंदु के विपरीत है।

पासे से,

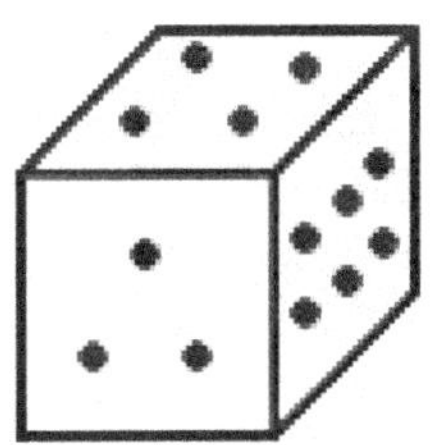 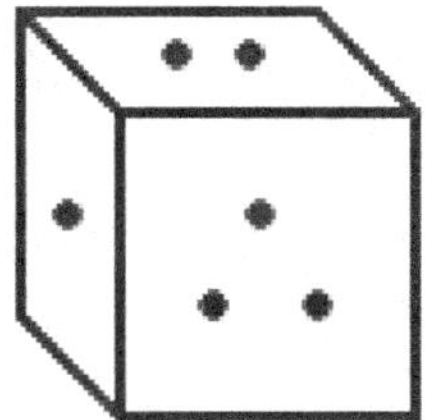

4 बिंदु, 6 बिंदु, 1 बिंदु और 2 बिंदु, 3 बिंदु के विपरीत नहीं हो सकते हैं। इसलिए, 5 बिंदु, 3 बिंदु के विपरीत है।

इसलिए, 2 बिंदु, 6 बिंदु प्रदर्शित करने वाले फलक के विपरीत होंगे।

अत: विकल्प (D) सही है।

60. 2014 में, नरेंद्र मोदी सरकार ने योजना आयोग को बदलने का फैसला किया।

इसे भारत के लोगों की वर्तमान जरूरतों और आकांक्षाओं का बेहतर प्रतिनिधित्व करने के लिए नवगठित नीति आयोग द्वारा प्रतिस्थापित किया गया था।

नीति आयोग:

- नीति आयोग (नेशनल इंस्टीट्यूशन फॉर ट्रांसफ़ॉर्मिंग इंडिया) जो 01 जनवरी 2015 को प्रतिस्थापित किया गया था, भारत सरकार का एक नीतिगत प्रबुद्ध मंडल है।
- संस्था को सहकारी संघवाद की भावना को बरकरार रखते हुए सतत विकास लक्ष्यों को प्राप्त करने के उद्देश्य से स्थापित किया गया था।
- यह आर्थिक नीति-निर्माण की प्रक्रियाओं में भारत की राज्य सरकारों की भागीदारी को बढ़ावा देकर हासिल किया गया था।
- नीति आयोग नीचे से ऊपर दृष्टिकोण का उपयोग करता है। इसके उद्देश्यों में "15-वर्षीय रोड मैप", "7-वर्षीय दृष्टि, रणनीति और कार्य योजना" शामिल हैं।
- इसमें अध्यक्ष के रूप में प्रधानमंत्री, सभी राज्यों के मुख्यमंत्री और केंद्र शासित प्रदेशों (यूटी) के उपराज्यपाल शामिल हैं।

अत: विकल्प (C) सही है।

61. नीति आयोग ने 27 जून 2022 को 'इंडियाज बूमिंग गिग एंड प्लेटफ़ॉर्म इकोनॉमी' शीर्षक से एक रिपोर्ट लॉन्च की।

यह अपनी तरह का पहला अध्ययन है जो भारत में गिग-प्लेटफ़ॉर्म अर्थव्यवस्था पर व्यापक दृष्टिकोण और सिफारिशें प्रस्तुत करता है।

रिपोर्ट क्षेत्र के वर्तमान आकार और रोजगार सृजन क्षमता का अनुमान लगाने के लिए एक वैज्ञानिक पद्धति संबंधी दृष्टिकोण प्रदान करती है।

अतः विकल्प (A) सही है।

62. राजीव रंजन ने भारतीय रिजर्व बैंक की मौद्रिक नीति समिति में मृदुल सागर की जगह ली है।

आरबीआई के केंद्रीय बोर्ड ने मौद्रिक नीति समिति के पदेन सदस्य के रूप में कार्यकारी निदेशक राजीव रंजन के नामांकन को मंजूरी दे दी है। रंजन ने मृदुल सागर की जगह ली। रंजन केंद्रीय बैंक के साथ 33 वर्षों से अधिक समय से हैं और आर्थिक और नीति अनुसंधान विभाग के प्रमुख थे, जो कि आरबीआई की मौद्रिक नीति और अनुसंधान कार्य से जुड़ा एक विभाग है।

अतः विकल्प (D) सही है।

63. बांग्लादेश की प्रधानमंत्री शेख हसीना ने सितंबर 2022 में नई दिल्ली में बंगबंधु शेख मुजीबुर रहमान छात्र छात्रवृत्ति प्रदान की।

पहली बार दी गई यह छात्रवृत्ति 1971 के ऐतिहासिक मुक्ति संग्राम के दौरान शहीद या गंभीर रूप से घायल हुए सैनिकों के वंशजों, भारत के सशस्त्र बलों के अधिकारियों को प्रदान की गई। कक्षा 10 के 100 और कक्षा 12 के 100 छात्रों को छात्रवृत्ति प्रदान की गई।

अत: विकल्प (C) सही है।

64. पद्म भूषण 2020 पुरस्कार प्राप्त करने वालों में से एक, एस. सी. जमीर को उनके योगदान के लिए सार्वजनिक मामले में पुरस्कार मिला।

भारत के एक राजनेता और ओडिशा के पूर्व राज्यपाल एससी जमीर का जन्म 17 अक्टूबर, 1931 को हुआ था। उन्होंने महाराष्ट्र के राज्यपाल, गुजरात के राज्यपाल और गोवा के राज्यपाल के पदों पर कार्य किया है। वह नागालैंड के मुख्यमंत्री भी थे। सार्वजनिक मामलों में उनकी सेवा के लिए 2020 में, उन्हें भारत का तीसरा सर्वोच्च नागरिक सम्मान पद्म भूषण मिला।

अतः विकल्प (A) सही है।

65. राफेल नडाल ने मेक्सिको के अकापुल्को में आयोजित मैक्सिकन ओपन 2022 जीता। नडाल, जिन्होंने पहली बार 2005 में खिताब जीता था और 2013 और 2020 में इसे फिर से लिया था, ने एक सेट गिराए बिना अकापुल्को ड्रॉ के माध्यम से 2022 के अपने तीसरे सीधे खिताब का दावा किया।

अतः विकल्प (A) सही है।

66. पश्चिम बंगाल में बक्सा बाघ संरक्षित क्षेत्र को वर्तमान में चल रहे डोलोमाइट खनन से खतरा है।

डोलोमाइट:

- डोलोमाइट मध्य प्रदेश और पश्चिम बंगाल के विभिन्न भागों में पाया जाने वाला एक खनिज है।
- इसका उपयोग स्टील बनाने के उद्योग में व्यापक रूप से किया जाता है।
- डोलोमाइट लोहे को कम कठोर बनाता है।
- सीमेंट बनाने के उद्योग में चूना पत्थर के विकल्प के रूप में डोलोमाइट का उपयोग किया जाता है।

अत: विकल्प (C) सही है।

67. बिहार में मार्च-अप्रैल 2021 के दौरान चुनाव नहीं हुए थे।

- सत्रहवीं बिहार विधान सभा के सदस्य अक्टूबर से नवंबर तक तीन भागों में चुने गए।
- पिछली बिहार सोलहवीं विधानसभा का कार्यकाल 29 नवंबर, 2020 को समाप्त हुआ था।

- चुनावों के बाद बिहार में राष्ट्रीय जनतांत्रिक गठबंधन के नेता के रूप में चुने जाने के बाद, निवर्तमान मुख्यमंत्री नीतीश कुमार को फिर से मुख्यमंत्री के रूप में शपथ दिलाई गई और दो नए उपमुख्यमंत्रियों, तारकिशोर प्रसाद और रेणु देवी को नए प्रशासन में भर्ती किया गया।

अत: विकल्प (B) सही है।

68. दिसंबर 2015 में, पवन कुमार अग्रवाल को भारतीय खाद्य सुरक्षा और मानक प्राधिकरण (एफएसएसएआई) के नए सीईओ के रूप में नियुक्त किया गया था। पवन अग्रवाल पश्चिम बंगाल कैडर के 1985-बैच के आईएएस अधिकारी हैं, जिन्हें 15 मई 2018 से तीन महीने का विस्तार दिया गया है, जो कार्मिक मंत्रालय द्वारा जारी एक आदेश है।

भारतीय खाद्य सुरक्षा और मानक प्राधिकरण (एफएसएसएआई) भारत सरकार के स्वास्थ्य और परिवार कल्याण मंत्रालय के तहत स्थापित एक स्वायत्त निकाय है। एफएसएसएआई को खाद्य सुरक्षा और मानक अधिनियम 2006 के अनुसार विकसित किया गया था, जो भारत में खाद्य सुरक्षा और विनियमन पर एक समेकित कानून है। यह खाद्य सुरक्षा के नियंत्रण और पर्यवेक्षण के माध्यम से सार्वजनिक स्वास्थ्य की सुरक्षा और संवर्धन के लिए उत्तरदायी है। पूर्व केंद्रीय मंत्री अंबुमणि रामदास ने खाद्य सुरक्षा और मानक अधिनियम 2006 के तहत 5 अगस्त 2011 को एफएसएसएआई का निर्माण किया, जो 2006 में कार्यशील था। एफएसएसएआई की स्थापना अगस्त 2011 में हुई थी। इसका मुख्यालय नई दिल्ली में स्थित है।

अत: विकल्प (D) सही है।

69. वर्ष 2020 में उत्तराखंड का 20वीं वर्षगांठ मनाई गई।

- 9 नवंबर 2000 को उत्तर प्रदेश के उत्तर पश्चिमी हिस्से से कई जिलों और हिमालयी पर्वत श्रृंखला के एक हिस्से को मिलाकर उत्तराखंड का गठन किया गया था।
- 2007 में, औपचारिक रूप से राज्य का नाम उत्तरांचल से बदलकर उत्तराखंड कर दिया गया था।
- उत्तराखंड भारत के 27वें राज्य के रूप में 9 नवंबर 2000 को उत्तर प्रदेश से अलग हुआ था।

अत: विकल्प (C) सही है।

70. मुलिंग ला दर्रा उत्तराखंड और तिब्बत को जोड़ता है।

- यह गंगोत्री के उत्तर में स्थित है।
- यह सर्दियों के मौसम में बर्फ से ढका रहता है।
- यह ग्रेट हिमालय में 5669 मीटर की ऊँचाई पर है।

अत: विकल्प (B) सही है।

71. हिमालय पर्वत श्रृंखला की तलहटी में स्थित, इस पहाड़ी राज्य की उत्तर में चीन (तिब्बत) और पूर्व में नेपाल के साथ अंतर्राष्ट्रीय सीमाएं हैं।

- उत्तराखंड का गठन 9 नवंबर 2000 को भारत के 27 वें राज्य के रूप में हुआ था, जब इसे उत्तरी उत्तर प्रदेश से अलग किया गया था।
- इसके उत्तर-पश्चिम में हिमाचल प्रदेश है, जबकि दक्षिण में उत्तर प्रदेश है। यह प्राकृतिक संसाधनों में समृद्ध है, विशेष रूप से पानी और जंगलों में कई ग्लेशियरों, नदियों, घने जंगलों और बर्फ से ढकी पर्वत चोटियों के साथ।
- यह एक दुर्लभ जैव-विविधता से संपन्न है, साथ ही, राज्य में सुगंधित और औषधीय पौधों की 175 दुर्लभ प्रजातियां पाई जाती हैं।
- राज्य में कुल 54,047 हस्तशिल्प इकाइयां हैं।

अत: विकल्प (D) सही है।

72. पूरन चंद जोशी (14 अप्रैल 1907 - 9 नवंबर 1980), भारत में कम्युनिस्ट आंदोलन के शुरुआती नेताओं में से एक थे।

- वह 1935 से 1947 तक भारतीय कम्युनिस्ट पार्टी के महासचिव रहे।
- 1952 में, इस भारतीय कम्युनिस्ट पार्टी ने पहली बार पूरन चंद जोशी द्वारा उत्तर प्रदेश के पहाड़ी क्षेत्र को अलग राज्य का दर्जा देने से संबंधित एक प्रस्ताव पारित किया था।

अत: विकल्प (C) सही है।

73. नैनीताल में उत्तराखंड के उच्च न्यायालय ने गंगोत्री ग्लेशियर के बारे में जीवित प्राणी की स्थिति का पालन करने का आदेश दिया।

- उत्तर प्रदेश पुनर्गठन अधिनियम, 2000 के तहत 9 नवंबर 2000 को उत्तर प्रदेश राज्य से उत्तराखंड राज्य बनाया गया था।
- राज्य के निर्माण के समय उत्तराखंड उच्च न्यायालय भी उसी दिन नैनीताल में स्थापित किया गया था।
- 2000 में सृजन के समय स्वीकृत न्यायाधीशों की संख्या सात थी।
- 2003 में न्यायाधीशों की संख्या बढ़कर नौ हो गई।
- न्यायमूर्ति अशोक देसाई कार्यालय के उद्घाटन धारक थे।
- उत्तराखंड के पूर्व मुख्य न्यायाधीश सरोश होमी कपाड़िया और जगदीश सिंह खेहर बाद में भारत के मुख्य न्यायाधीश बने।
- राघवेंद्र सिंह चौहान उत्तराखंड उच्च न्यायालय के वर्तमान मुख्य न्यायाधीश हैं। उन्होंने 7 जनवरी 2021 को पदभार ग्रहण किया।

अत: विकल्प (A) सही है।

74. उत्तराखंड में राष्ट्रपति शासन 27 मार्च, 2016 लागू किया गया था।

उत्तराखंड में दो बार राष्ट्रपति शासन लागू किया गया है:

- प्रथम राष्ट्रपति शासन - 27 मार्च 2016 से 21 अप्रैल 2016 (पच्चीस दिन) तक।
- दूसरा राष्ट्रपति नियम - 22 अप्रैल 2016 से 11 मई 2016 (उन्नीस दिन) तक।
- उत्तराखंड में प्रथम राष्ट्रपति शासन के परिणामस्वरूप उत्तराखंड में हरीश रावत के नेतृत्व वाले मंत्रालय का पतन हो गया।
- उत्तराखंड उच्च न्यायालय के फैसले पर सुप्रीम कोर्ट की रोक के बाद उत्तराखंड में दूसरा राष्ट्रपति शासन लगाया गया था। हाईकोर्ट ने पहले राष्ट्रपति शासन को असंवैधानिक घोषित कर दिया था।

अत: विकल्प (C) सही है।

75. माप के लिए 'धूलिपाथा' अजयपाल द्वारा पेश किया गया था।

- राजा अजयपाल गढ़वाल साम्राज्य के 37वें शासक थे जिन्होंने गढ़वाल क्षेत्र की सभी छोटी-छोटी रियासतों को अपने शासन में ले लिया था।
- उन्हें देवलगढ़ की राजधानी के साथ गढ़वाल साम्राज्य की स्थापना का श्रेय भी दिया जाता है।
- उन्होंने बाद में अपनी राजधानी को देवलगढ़ से श्रीनगर (उत्तराखंड) स्थानांतरित कर दिया।

अत: विकल्प (B) सही है।

76. कुमाऊँ परिषद की स्थापना 30 सितंबर 1916 को नैनीताल में हुई थी।

- यह परिषद सरकार की उपेक्षापूर्ण नीति और राष्ट्रीय चेतना के विकास के कारण स्थापित की गई थी।
- कुमाऊं परिषद के सदस्यों में पंडित गोविंद बल्लभ पंत, लक्ष्मी दत्त शास्त्री, बद्री दत्त पांडे, इंद्र लाल शाह, हरगोविंद पंत, प्रेम बल्लभ पांडे, मोहन जोशी जैसे व्यक्ति थे।

अत: विकल्प (D) सही है।

77. 'बेडू पाको बारो मासा' गीत की धुन मोहन उप्रेती ने तैयार की थी।

- बेड़ पाको बारो मासा उत्तराखण्ड का एक प्रसिद्ध कुमाऊँनी लोकगीत है, जिसके रचयिता स्व. बृजेन्द्र लाल शाह हैं। मोहन उप्रेती तथा बृजमोहन शाह द्वारा संगीतबद्ध यह गीत दुनिया भर में उत्तराखण्डियों द्वारा सुना जाता है।

- उत्तराखंड के लोकप्रिय गीत 'बेड़ पाको बारो मासा' के बनने की कहानी रोचक है। अल्मोड़ा निवासी लोकगायक मोहन उप्रेती ने यह गीत किसी के मुंह से सुना था। गीत की धुन धीमी थी। मोहन उप्रेती ने धुन को द्रुत गति दी। अल्मोड़ा निवासी ब्रजमोहन शाह ने आसपास किसी कागज के न होने पर पास में सिगरेट के खाली पड़े डिब्बे को फाड़ा व उदे सिंह से उसके हिसाब लिखने वाली पेंसिल मांगी और गाने को आगे बढ़ाने की कोशिश की। ब्रजमोहन शाह ने कुमाऊँनी कवि चंद्र लाल वर्मा की कुछ न्यौली व अपनी कुछ पंक्तियां जोड़ी। इस प्रकार उदे सिंह की चाय की दुकान पर यह गीत तैयार हुआ था। मोहन उप्रेती की पत्नी नईमा खान उप्रेती ने अपने एक साक्षात्कार में इस किस्से का खुलासा किया था।

अत: विकल्प (A) सही है।

78. नैनीताल में उत्तराखंड का उच्च न्यायालय स्थित है।

उत्तराखंड राज्य के निर्माण के समय उत्तराखंड उच्च न्यायालय भी उसी दिन नैनीताल में स्थापित किया गया था। उस दिन से उच्च न्यायालय मल्लीताल नैनीताल स्थित एक पुराने भवन में कार्य कर रहा है जिसे पुराना सचिवालय कहा जाता था।

अत: विकल्प (B) सही है।

79. नेहरु पर्वतारोहण संस्थान की स्थापना 14 नवम्बर 1965 को हुई थी।

- इसका नामकरण पंडित जवाहर लाल नेहरू, (भारत के प्रथम प्रधानमंत्री), जो पहाड़ों के शौकीन थे, के नाम पर किया गया था।

- यह भारत के प्रमुख पर्वतारोहण संस्थानों में से एक है, जिसने एशिया भर में अपनी पहचान बनाई है।

- संस्थान का प्रबंधन उत्तराखंड के मुख्यमंत्री द्वारा किया जाता है तथा यह 1860 के अधिनियम संख्या 21 के तहत पंजीकृत है।

अत: विकल्प (B) सही है।

80. उदय शंकर नृत्य अकादमी की स्थापना अल्मोड़ा में हुई है।

- उदय शंकर संगीत एवं नृत्य अकादमी की स्थापना इस उद्देश्य से 2002 में की गई थी कि इस अकादमी में देश भर के युवा आकर प्रशिक्षण ले और लोक कला और संस्कृति की जानकारी हासिल करें।

- नृत्य सम्राट स्व. उदय शंकर की पत्नी अमला शंकर का 101 साल की उम्र में कोलकाता में निधन हो गया। उदय शंकर व अमला शंकर का कुमाऊं की सांस्कृतिक नगरी अल्मोड़ा से विशेष लगाव रहा है। उदय शंकर के निधन के बाद भी अमला शंकर अल्मोड़ा को नहीं भूली। उनकी पहल पर ही यहां उदय शंकर राष्ट्रीय संगीत नाट्य अकादमी की स्थापना हुई।

अत: विकल्प (A) सही है।

81. नीलकंठ महादेव का प्रसिद्ध मन्दिर पौड़ी जनपद में स्थित है।

नीलकंठ महादेव मंदिर, भगवान शिव को समर्पित एक प्राचीन पवित्र मंदिर है, जो कि उत्तराखंड के पौड़ी गढ़वाल जिले में ऋषिकेश के स्वर्गाश्रम (राम झूला या शिवानन्द झूला) से कुछ किलोमीटर की दूरी पर मणिकूट पर्वत की घाटी पर स्थित है। यह मंदिर समुद्र तल से 1675 मीटर की ऊँचाई पर स्थित है।

अत: विकल्प (C) सही है।

82. महात्मा गांधी ने उत्तराखंड के कौसानी को भारत का स्विट्जरलैंड कहा था।

कौसानी भारत के उत्तराखंड राज्य के अन्तर्गत कुमाऊं मण्डल के बागेश्वर जिले का एक गाँव है। कौसानी को पहले वालना के नाम से जाना जाता था। 1929 में महात्मा गांधी ने अनासक्ति योग पर अपना काम करने के लिए इस गांव में काफी दिनों तक यहां निवास किया था। इस पहाड़ी क्षेत्र की प्राकृतिक सुंदरता को देखते हुए महात्मा गांधी ने इसे "भारत का स्विट्जरलैंड" कहा था। कौसानी में सूर्योदय का नज़ारा अद्भुत होता है।

अत: विकल्प (B) सही है।

83. चिंकारा उत्तराखंड राज्य का प्रतीक चिन्ह नही है।

उत्तराखंड का राज्य-चिह्न अथवा उत्तराखंड का प्रतीक-चिह्न, उत्तराखंड सरकार की राजकीय मोहर है, जिसका उपयोग राज्य द्वारा सभी प्रकार के प्रशासनिक एवं राजकीय क्रियाकलापों में उत्तराखंड राज्य का प्रतिनिधित्व करने के लिये किया जाता है। इसे उत्तराखंड राज्य की स्थापना के समय दिनाँक 1 नवम्बर 2000 को राज्य की नवगठित अन्तरिम सरकार द्वारा अधिकृत किया गया था। उत्तराखंड का राज्य पुष्प ब्रह्मकमल, राज्य पक्षी मोनाल, राज्य पशु कस्तूरी मृग एवं राज्य वृक्ष बुरांस है।

अत: विकल्प (B) सही है।

84. उत्तराखंड में बोली जाने वाली बोलियाँ गढ़वाली और कुमायुउनी है।

उत्तराखंड में बोली जाने वाली भाषाओं को दो प्रमुख समूहों में विभाजित किया जा सकता है: कुमायुउनी और गढ़वाली जो क्रमशः राज्य कुमाऊं और गढ़वाल मण्डलों में बोली जातीं हैं। इन दोनों भाषाओं में संस्कृत के अनेक शब्दों की उपलब्धता से इन्हे संस्कृत से विकसित समझा जाता है।

अत: विकल्प (B) सही है।

85. 2002 का उत्तराखंड विधान सभा चुनाव राज्य का पहला विधानसभा (विधान सभा) चुनाव था, जब भारतीय राष्ट्रीय कांग्रेस चुनाव में 70 सीटों वाली विधायिका में 36 सीटों के साथ सबसे बड़ी पार्टी के रूप में उभरी।

- भारतीय जनता पार्टी 19 सीटों के साथ आधिकारिक विपक्ष बन गई।

विधानसभा में प्रमुख पद धारक:

- अध्यक्ष: यशपाल आर्य

- उपाध्यक्ष: रिक्त

- सदन के नेता: नारायण दत्त तिवारी

विपक्ष के नेता:

- भगत सिंह कोश्यारी (2002-2003)

- मतबार सिंह कंदारी (2003-2004)

अत: विकल्प (C) सही है।

86. उत्तराखंड क्रांति दल के पहले अध्यक्ष देवी दत्त पंत थे।

- उत्तराखंड क्रांति दल (यूकेडी) उत्तराखंड की एक क्षेत्रीय राजनीतिक पार्टी है।

- उत्तराखंड क्रांति दल, उत्तराखंड क्रांति दल का दूसरा नाम है।

- केंद्र-वाम राजनीतिक स्थिति को पार्टी द्वारा बनाए रखा जाता है।

- नागरिक क्षत्रवाद और लोकलुभावनवाद पार्टी की मुख्य विचारधारा है।

- राज्य में जातीय क्षत्रवाद का पार्टी द्वारा विरोध किया जाता है।

- 1979 में, पार्टी का गठन किया गया था।

- डॉ देवीदत्त पंत ने पार्टी की अग्रणी भूमिका निभाई है।

- डॉ पंत कुमाऊँ विश्वविद्यालय के कुलपति हैं।

- यूकेडी ने 1994 में उत्तराखंड के लोगों के लिए एक अलग राज्य की संवैधानिक वैधता के लिए लड़ाई लड़ी।

अत: विकल्प (A) सही है।

87. कामेट पर्वत शिखर भारत में स्थित है।

कामेट (7,756 मीटर):

- कामेट, उत्तराखंड राज्य, उत्तरी भारत में हिमालय की पर्वत चोटी, चीन के तिब्बत स्वायत्त क्षेत्र के साथ सीमा के पास है।
- यह ज़ंस्कार पर्वतमाला का भाग है।
- नंदा देवी के बाद, कामेट उत्तराखंड, भारत के गढ़वाल क्षेत्र में दूसरा सबसे ऊंचा पर्वत है।
- यह उत्तराखंड के चमोली जिले में स्थित है।
- यह देखने में एक विशाल पिरामिड जैसा दिखाई देता है, जिसके चपटे शिखर पर दो चोटियाँ हैं।
- कामेट तीन हिमनद प्रणालियों से घिरा हुआ है: पश्चिम (पश्चिमी) कामेट हिमनद, पूर्व (पूर्वी) कामेट हिमनद और रायकाना हिमनद।

अत: विकल्प (D) सही है।

88. उत्तराखंड का राज्य फल काफल है।

- यह मिरिकेसियाई (myricaceae) परिवार से ताल्लुक रखने वाला सदाबहार पेड़ है।
- मध्यम आकार का काफल का पेड़ 2800 फीट से 6000 फीट तक की ऊँचाई में आसानी से मिल जाता है।
- यह समूचे भारत के हिमालयी क्षेत्र के अलावा नेपाल, भूटान, चीन, अफ़गानिस्तान और सिंगापपुर में भी पाया जाता है।
- इसे बॉक्सबेरी के नाम से भी जाना जाता है।

अत: विकल्प (A) सही है।

89. राष्ट्रीय जल विज्ञान संस्थान रुड़की में स्थित है।

- राष्ट्रीय जलविज्ञान संस्थान (National Institute of Hydrology (NIH)) भारत सरकार के जल संसाधन मंत्रालय के अन्तर्गत एक सोसायटी है जो जलविज्ञान के क्षेत्र में कार्यरत एक अनुसंधान संस्थान है। इसका मुख्यालय रुड़की में स्थित है और 1987 से कार्यरत है।
- इस संस्थान का उद्देश्य जलविज्ञान के समस्त पहलुओं पर वैज्ञानिक कार्यों में सहयोग देने के साथ-साथ व्यवस्थित रूप से इनका समन्वयन तथा प्रसार करना है।

अत: विकल्प (C) सही है।

90. उत्तराखंड के देवीधुरा मेले में दो गुटों क बीच पत्थर फेंकने का रिवाज (बग्वाल) है।

- "बग्वाल" एक तरह का पाषाण युद्ध है जिसको देखने देश के कोने-कोने से दर्शनार्थी इस पाषाण युद्ध में चार खानों के दो दल एक दूसरे के ऊपर पत्थर बरसाते है बग्वाल खेलने वाले अपने साथ बांस के बने फर्रे पत्थरों को रोकने के लिए रखते हैं।
- मान्यता है कि बग्वाल खेलने वाला व्यक्ति यदि पूर्णरूप से शुद्ध व पवित्रता रखता है तो उसे पत्थरों की चोट नहीं लगती है। सांस्कृतिक प्रेमियों के परम्परागत लोक संस्कृति के दर्शन भी इस मेले के दौरान होते हैं। यह मेला प्रति वर्ष रक्षा बंधन के अवसर पर 15 दिनों के लिए आयोजित किया जाता है, जिसमें अपार जन समूह दर्शनार्थ पहुंचता है।

अत: विकल्प (A) सही है।

91. उत्तराखंड में निर्मित हेंडलूम व हस्तशिल्प उत्पादों का विपणन अब 'हिमाद्रि एम्पोरियम' नाम से किया जाएगा।

- देहरादून, 21 फरवरी (भाषा) उत्तराखंड के मुख्यमंत्री त्रिवेंद्र सिंह रावत ने रविवार को नई दिल्ली में उत्तराखंड सदन में 'हिमाद्रि एम्पोरियम' का उद्घाटन किया।
- इस मौके पर मुख्यमंत्री ने कहा कि एम्पोरियम का उद्देश्य उत्तराखंड के हथकरघा एवं हस्तशिल्प उत्पादों का विकास, विपणन एवं विक्रय है और इसकी स्थापना से सदन में आने वाले अतिथि प्रदेश के विभिन्न उत्पादों से परिचित हो सकेंगे।

अत: विकल्प (C) सही है।

92. उत्तराखंड की राज्य मछली गोल्डन महाशीर है।

- गोल्डन महाशीर, जिसे हिमालयन महासीर या पुटिटर महाशीर के रूप में भी जाना जाता है, साइप्रिनिडे परिवार की एक लुप्तप्राय प्रजाति है, जो हिमालयी क्षेत्र में तेज धाराओं, नदी के ताल और झीलों में पाई जाती है।
- इसकी मूल सीमा सिंधु, गंगा और ब्रह्मपुत्र नदियों के घाटियों के भीतर है।

अत: विकल्प (B) सही है।

93. कुमाऊं की ऐपण कला में लाल/गेरू पृष्ठभूमि पर सफेद रंग में विभिन्न आकृतियों और रेखाओं का उपयोग किया गया है।

- यह कुमाऊँ की एक समृद्ध और गरिमापूर्ण परंपरा है, जिसका प्रत्येक कुमाऊँनी घर में एक महान सांस्कृतिक और धार्मिक महत्व है। ऐपण शब्द संस्कृत के शब्द 'अर्पण' से लिया गया है, 'ऐपण' का शाब्दिक अर्थ 'लिखना' होता है।
- ऐपण हमारे हर त्योहारों, शुभ अवसरों, धार्मिक अनुष्ठानों और नामकरण संस्कार, विवाह , जनेऊ आदि जैसे पवित्र समारोहों का एक अभिन्न अंग है। इस तरह के सभी कार्यों की शुरुआत ऐपण बनाने से की जाती है।

अतः विकल्प (A) सही है।

94. Bachendri Pal is the first women of Uttarakhand and India as well to conquer Mt. Everest in year 1984.

- She was born in Nakuri Village in Uttarkashi district.
- She has been awarded with Padma Shri, Arjuna Award, and many more.

Hence, the correct option is (D).

95. 1947 ई. में मरणोपरांत परमवीर चक्र से सम्मानित किए जाने वाले मेजर सोमनाथ शर्मा कुमाऊं रेजिमेंट से थे।

- मेजर सोमनाथ शर्मा (31 जनवरी 1923 – 3 नवम्बर 1947) भारतीय सेना की कुमाऊँ रेजिमेंट की चौथी बटालियन की डेल्टा कंपनी के कंपनी-कमाण्डर थे जिन्होंने अक्टूबर-नवम्बर, 1947 के भारत-पाक संघर्ष में हिस्सा लिया था।
- उन्हें भारत सरकार ने मरणोपरान्त परमवीर चक्र से सम्मानित किया।
- परमवीर चक्र पाने वाले वे प्रथम व्यक्ति हैं।

अत: विकल्प (D) सही है।

96. अखिल भारतीय आयुर्विज्ञान संस्थान, ऋषिकेश (AIIMS, Rishikesh) भारत के उत्तराखण्ड के ऋषिकेश में स्थित एक चिकित्सा महाविद्यालय एवं अस्पताल है।

- यह स्ववित्तपोषित है और भारत सरकार के स्वास्थ्य एवं परिवार कल्याण मंत्रालय के अधीन कार्य करता है।
- यह भारत के राष्ट्रीय महत्व के संस्थानों में से एक है।

अत: विकल्प (B) सही है।

97. एकीकृत आदर्श कृषि ग्राम योजना देहरादून से शुरू की गई है।

- 21 अक्टूबर, 2020 को एकीकृत आदर्श कृषि ग्राम योजना की शुरुआत उत्तराखंड के मुख्यमंत्री त्रिवेंद्र सिंह रावत के द्वारा की गई।

- इस योजना की शुरुआत देहरादून जिले के डोईवाला नामक नगर से किया गया।

- योजना का प्रमुख उद्देश्य किसानों की आर्थिक स्थित को मजबूत करना व उनके आय को दोगुना करना है।

- इस योजना के अंतर्गत किसानों को देय ब्याज मुक्त ऋण की सीमा को 2 लाख से बढ़ाकर 3 लाख कर दिया गया।

- इस योजना के अंतर्गत खाद्यान्नों की अम्बेला ब्राण्डिंग व्यवस्था करना शामिल है, जो उपज की गुणवत्ता व विपणन को बढ़ावा दे।

अत: विकल्प (A) सही है।

98. देश का पहला हिम तेंदुआ संरक्षण केंद्र उत्तरकाशी मे बनाया जाएगा।

- देश का पहला हिम तेंदुआ संरक्षण केंद्र उत्तराखंड के उत्तरकाशी जिले की भैरो घाटी में लंका नाम की जगह पर बनेगा।

- केंद्र निर्माण के लिए डिजाइन और ड्राइंग लगभग तैयार कर ली गई है। जिसके अनुरूप कार्यदायी संस्था ग्रामीण निर्माण विभाग द्वारा डीपीआर तैयार की जा रही है।

- हिम तेंदुआ मध्य एशिया के पर्वत श्रृंखलाओं में रहने वाला जानवर है, जो आईयूसीएन की संकटग्रस्त और संरक्षित प्राणी की रेड लिस्ट में शामिल है।

- यह पाकिस्तान का राष्ट्रीय धरोहर पशु है।

- हिम तेंदुआ मध्य एशिया के बर्फीले इलाकों में समुद्र तल से 3,350 से 6,700 मीटर की ऊंचाई पर पाया जाता है।

अत: विकल्प (B) सही है।

99. सुप्रीम कोर्ट ने उत्तराखंड में चारों धाम को जोड़ने वाले केंद्र सरकार के चार धाम प्रोजेक्ट को मंजूरी दे दी है।

- यह केंद्र सरकार का एक प्रोजेक्ट है- चार धाम प्रोजेक्ट या ऑल वेदर रोड. इसके तहत केदारनाथ, बद्रीनाथ, गंगोत्री और यमुनोत्री जैसे उत्तराखंड के चार धाम को आपस में हाइवे के जरिए जोड़ने की योजना है।

- करीब 889 किमी लंबी रोडों को चौड़ा किए जाने का प्रोजेक्ट है. इनकी मरम्मत की जा रही है, हाईवे में बदला जा रहा है. पहले इस प्रोजेक्ट का नाम 'ऑल वेदर रोड प्रोजेक्ट' था. लेकिन बाद में नाम बदलकर 'चारधाम प्रोजेक्ट' कर दिया गया।

अत: विकल्प (A) सही है।

100. भारत में 21 जून को चौथे अंतर्राष्ट्रीय योग दिवस का मुख्य कार्यक्रम देहरादून में आयोजित किया गया।

- अंतर्राष्ट्रीय योग दिवस 2018 का मुख्य कार्यक्रम उत्तराखंड की राजधानी देहरादून के वन अनुसंधान संस्थान में आयोजित किया गया।

- इसमें प्रधानमंत्री मोदी के साथ करीब 50 हजार से अधिक लोगों ने हिस्सा लिया।

- इस आयोजन की खास बात यह थी कि इसमें सऊदी अरब भी शामिल हुआ।

- चौथे अंतर्राष्ट्रीय योग दिवस की थीम शांति के लिए योग थी।

अत: विकल्प (B) सही है।

General Hindi

Q.1 मुक्तिबोध रचनावली किसकी रचना है?
A. केदारनाथ सिंह
B. उदय प्रकाश
C. रामकुमार वर्मा
D. गजानन माधव मुक्तिबोध

Q.2 दिए गए विकल्पों में से शुद्ध वर्तनी का चयन कीजिए।
A. कवित्री
B. कवयित्री
C. कवयीत्री
D. कवियित्री

Q.3 निम्नलिखित में से कौन सा शब्द तत्सम नहीं है?
[UPSSSC Junior Assistant, 2020]
A. धृष्ट
B. पृष्ठ
C. पानिप
D. पंक

Q.4 किस वाक्य में विदेशी शब्द नहीं है?
A. कटोरे में कपास रख दो।
B. मोनू को चेचक हो गया है।
C. पेन से अपना नाम लिख दो।
D. दारोगा जी ने बुलाया है।

Q.5 'तरंग' शब्द का पर्यायवाची शब्द है-
A. तिरंगा
B. तारे
C. लहर
D. तैरना

Q.6 निम्नलिखित विपरीतार्थक युग्म में से कौन-सा गलत युग्म है?
A. आकर्षण – विकर्षण
B. ज्योतिर्मय - तमोमय
C. एकत्र – विकीर्ण
D. श्रोता - वाचाल

Q.7 निम्न में से स्त्रीलिंग शब्द कौन सा है -
A. पानी
B. इन्द्र
C. ब्रह्मा
D. ब्रह्माणी

Q.8 'हमने उसे आधी रात को भगा दिया'- वाक्य में कारक पहचानिए।
A. कर्ता
B. करण
C. कर्म
D. संबोधन

Q.9 निम्नलिखित में से 'थकावट' शब्द किस संज्ञा का भेद है?
A. व्यक्तिवाचक संज्ञा
B. जातिवाचक संज्ञा
C. भाववाचक संज्ञा
D. समूहवाचक संज्ञा

Q.10 निम्नलिखित में से किस शब्द में 'दु' उपसर्ग है?
A. दरअसल
B. दुबला
C. दुर्जन
D. दुर्बल

Q.11 महा + इन्द्र की संधि क्या होगी?
A. माहेन्द्र
B. महान्द्र
C. महेन्द्र
D. मेहेन्द्र

Q.12 दिए गए विकल्पों में अँगारे बरसना मुहावरे के उचित अर्थ का चयन कीजिये।
A. ज्ञान और अनुभव का न होना
B. अत्यधिक गर्मी पड़ना
C. घमंडी होना
D. बहुत परेशान होना

Q.13 "चरण-कमल बंदौ हरिराई" - इस पंक्ति में कौन-सा अलंकार है?
A. उत्प्रेक्षा
B. विभावना
C. रूपक
D. यमक

Q.14 'लकड़हारा' शब्द में कौन-सा प्रत्यय है?
A. रा
B. हारा
C. लकड़ी
D. इहारा

Q.15 भारतीय संविधान की आठवीं अनुसूची में कितनी भाषाओँ का उल्लेख है?
A. 22
B. 18
C. 17
D. 14

Q.16 'नमक का दारोगा' के रचनाकार कौन हैं?
A. यशपाल
B. हरिशंकर परसाई
C. प्रेमचंद
D. मनोहर जोशी

Q.17 सर्वनाम शब्द नहीं है:
A. यूयम्
B. तौ
C. अपि
D. तस्मै

Q.18 पश्चिमी और पूर्वी हिन्दी में मौलिक भेद का आधार है-
A. व्याकरण और उच्चारण में अंतर
B. भौगोलिक क्षेत्र में अंतर होना
C. केवल 1
D. दोनों 1 और 2

Q.19 निम्नलिखित में से 'कबड्डी' किस वर्ग का शब्द है?
A. तत्सम
B. विदेशी
C. देशज
D. तद्भव

Q.20 "मौसम आज कुछ सुहावना-सा है।" वाक्य में 'सुहावना' शब्द किसका परिचायक शब्द है?
A. विशेष्य
B. विशेषण
C. क्रियाविशेषण
D. संज्ञा

General Knowledge and General Studies

Q.21 28 सितम्बर, 2021 को एक ग्रांड चैलेंज प्रोग्राम, "जनCARE" किसने शुरू किया?
[Haryana Police Constable Commando Wing, 2021]
A. डॉ. जीतेन्द्र सिंह
B. ज्योतिरादित्य सिंधिया
C. निर्मला सीतारमण
D. स्मृति ईरानी

Q.22 1897 में पुणे के प्लेग कमिश्नर डब्ल्यू सी रैंड की हत्या किसने की?
A. गणेश सावरकर
B. चापेकर ब्रदर्स
C. वासुदेव बलवंत फड़के
D. चिपलूनकर ब्रदर्स

Q.23 जुलाई 2021 में CoWin ग्लोबल कॉन्क्लेव को किसने संबोधित किया?
A. नरेंद्र मोदी
B. अमित शाह
C. हरदीप सिंह पुरी
D. नितिन गडकरी

Q.24 निम्नलिखित में से किसने फ्रांस का राष्ट्रपति चुनाव- 2017जीता है?
[UPPSC Staff Nurse, 2017]
A. मैरीन लि पेन
B. फ्रैन्कोइस ओलांद
C. एम्मानुएल मैक्रों
D. जीन-लुक मेलेन्कन

Q.25 हरियाणा विधानसभा, जो अक्टूबर 2019 के चुनावों के बाद गठित की गई है :
[HTET PGT - Computer Science, 2020]
A. 12 वीं
B. 13 वीं
C. 14 वीं
D. 15 वीं

Q.26 निम्नलिखित में से कौन मार्च 2021 में उत्तराखंड के मुख्यमंत्री बने?
[SSC CGL, 2022]

A. मदन कौशिक

B. धन सिंह रावत

C. बी. सी खंडूरी

D. तीरथ सिंह रावत

Q.27 एक निश्चित कोड भाषा में, "GOAT" को "45" और "COAT" को "41" लिखा जाता है। उसी कोड भाषा में "BOAT" को कैसे लिखा जाता है?

A. 40   **B.** 41   **C.** 42   **D.** 43

Q.28 निर्देश: एक कथन दिया गया है, जिसके बाद दो निष्कर्ष दिए गए हैं। तय करें कि दिए गए निष्कर्षों में से कौन निश्चित रूप से दिए गए कथन का अनुसरण कर सकता है।

कथन:

बाजार में सब्जियों के दाम आसमान छू रहे हैं।

निष्कर्ष:

I. सब्जियां दुर्लभ वस्तु बनती जा रही हैं।

II. लोग सब्जी नहीं खा सकते।

A. निष्कर्ष I और II दोनों अनुसरण करते हैं

B. केवल निष्कर्ष II अनुसरण करता है

C. केवल निष्कर्ष I अनुसरण करता है

D. न तो निष्कर्ष I और न ही II अनुसरण करता है

Q.29 उस उत्तर आकृति का चयन करें जो दी गई आकृति में सन्निहित है।

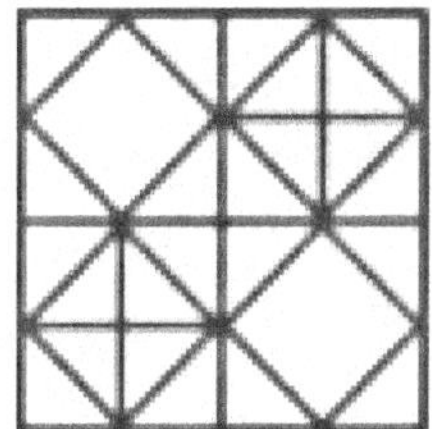

A. 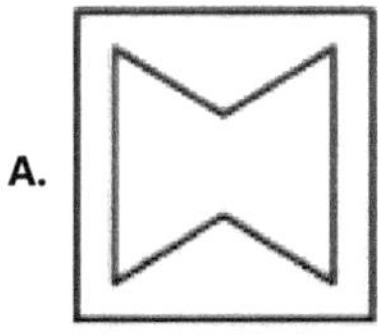

B. 

C. 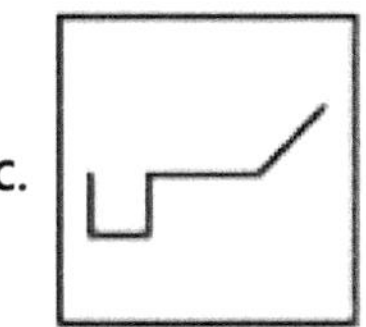

D. 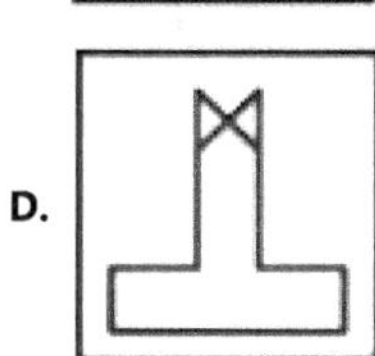

Q.30 नीचे दिए गए विकल्पों में से एम्बेडेड आकृति खोजें:

A. 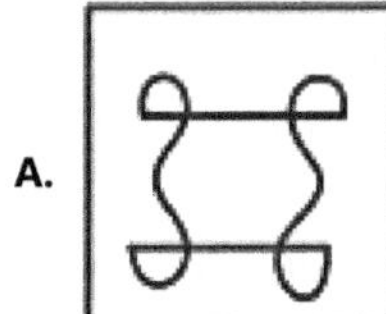

B. 

C. 

D. 

Q.31 REST की क्षैतिज दर्पण छवि क्या है?

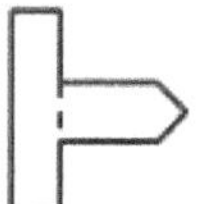

REST	TƧƎЯ	ЯƎƧ⊥	⊥ƧƎЯ
A	B	C	D

A. B   **B.** D   **C.** A   **D.** C

Q.32 निर्देश: निम्नलिखित प्रश्न में, दी गई शीट को डॉटेड लाइन पर मोड़ने पर वह किस पैटर्न से मिलती-जुलती होगी? (शीट पारदर्शी है)

A	B	C	D

A. D   **B.** A   **C.** B   **D.** C

Q.33 निम्न में से कौन सा सर्च इंजन नहीं है?

A. बिंग   **B.** आस्क   **C.** याहू   **D.** सफारी

Q.34 एमएस एक्सेल में, _____ टेक्स्ट फ़ंक्शन विभिन्न सेल से एक सेल में मानों के संयोजन के लिए उपयोगी है।

[HSSC Canal Patwari, 2019]

A. ऐड

B. सम

C. कॉनकटेनेट

D. मर्ज

Q.35 1 जनवरी 2018 को सोमवार था। फिर 1 जनवरी 2019 का दिन______ है:

A. मंगलवार   **B.** बुधवार   **C.** गुरुवार   **D.** शनिवार

Q.36 निर्देश: वेन आरेख का चयन करें जो दिए गए वर्गों के सेट का सबसे अच्छा प्रतिनिधित्व करता है।

मुद्राएं, युआन, बहत

A. 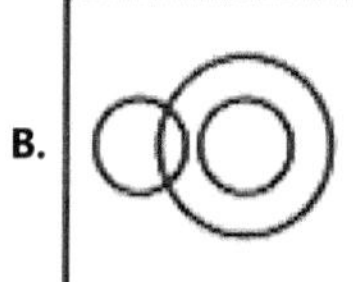

B.

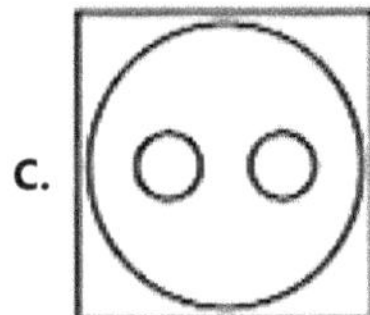
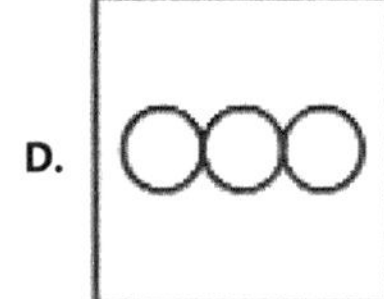

Q.37 छह मित्र a, b, c, d, e और f एक वृताकार मेज पर केंद्र की ओर मुख करके बैठे हैं। यह ज्ञात है कि b, d और e के बीच में बैठा है। साथ ही, c, b के बायें से तीसरे स्थान पर है, e, c के बायें से दूसरे स्थान पर है और a, c के दायीं ओर बैठा है। उस विकल्प का चयन करें जो f की स्थिति का सही वर्णन करता है।

A. d और a के बीच
B. d का दूसरा बायां
C. e का पहला दायां
D. d का पहला बायां

Q.38 पांच लड़के ऐसे खड़े हैं कि वे एक वृत्त बनाते हैं। रहीम अजॉय और टॉम के बीच में है। सलमान, बबलू के बायीं ओर है और अजय, सलमान के दायीं ओर है। बबलू के दायीं ओर कौन है?

A. टॉम   **B.** अजॉय   **C.** रहीम   **D.** सलमान

Q.39 खिलाफत आंदोलन का उद्देश्य क्या था?
A. तुर्की खिलाफत को बनाए रखने के लिए।
B. मुसलमानों के पवित्र स्थानों की रक्षा के लिए।
C. ओटोमन साम्राज्य की एकता बनाए रखने के लिए।
D. उपरोक्त सभी

Q.40 राखीगढ़ी से पहले निम्नलिखित में से किस हड़प्पा स्थल में युगल दफन पाए गए थे?
A. मोहनजोदड़ो
B. हड़प्पा
C. चनहुदड़ो
D. लोथल

Q.41 निम्नलिखित में से किस सुल्तान को पहले अली गुरशस्प के नाम से जाना जाता था?
A. बलबन
B. अलाउद्दीन खिलजी
C. मुहम्मद तुगलकी
D. सिकंदर लोदी

Q.42 पानीपत की तीसरी लड़ाई लड़ी गई थी?
A. 1761   **B.** 1739   **C.** 1526   **D.** 1556

Q.43 बंगाल में सामाजिक-धार्मिक सुधारों में "आत्मीय सभा" की स्थापना किसने की?
A. विवेकानंद
B. दयानंद सरस्वती
C. राजा राम मोहन राय
D. अरबिंदो

Q.44 उड़ीसा में, लौह अयस्क _______ में स्थित हैं।
A. मयूरभंज जिला
B. केंदुझार जिला
C. दोनों (A) और (B)
D. कोरापुट जिला

Q.45 कौन सा महासागर 'S' आकार का है?
A. प्रशांत महासागर
B. अटलांटिक महासागर
C. आभ्यंतरिक
D. हिंद महासागर

Q.46 भारतीय संविधान की किस अनुसूची में दलबदल विरोधी कानून दिया गया है?
A. दूसरी अनुसूची
B. दसवीं अनुसूची
C. तीसरी अनुसूची
D. चौथी अनुसूची

Q.47 भारत के उपराष्ट्रपति _______ द्वारा चुने जाते हैं।
A. लोकसभा और राज्यसभा दोनों के सदस्यों द्वारा चुने जाते हैं।
B. केवल राज्यसभा के सदस्यों द्वारा चुने जाते हैं।
C. लोकसभा के सदस्यों द्वारा ही चुने जाते हैं।
D. राष्ट्रपति द्वारा नियुक्त किया गया।

Q.48 भारत में मतदान और निर्वाचित होने का अधिकार है:
A. मौलिक अधिकार
B. प्राकृतिक अधिकार
C. संवैधानिक अधिकार
D. विधिक अधिकार

Q.49 निम्नलिखित में से कौन सा कर भारत सरकार को अधिकतम राजस्व देता है?
A. निगमित कर
B. उत्पाद शुल्क
C. आयकर
D. सीमा शुल्क

Q.50 निम्नलिखित में से कौन सा आयन पानी की कठोरता के लिए जिम्मेदार है?

[SSC MTS, 2019]

A. सोडियम और मैग्नीशियम आयन
B. सोडियम और कैल्शियम आयन
C. पोटेशियम और कैल्शियम आयन
D. कैल्शियम और मैग्नीशियम आयन

Q.51 मैराथन रेस की दूरी कितनी है?
[Madhya Pradesh Public Service Commission (MPPSC), 2018]

A. 21.2 मील
B. 25.3 मील
C. 26.2 मील
D. 29.2 मील

Q.52 "डबल फॉल्ट" शब्द का प्रयोग इसमें किया जाता है:
A. वालीबाल   **B.** टेनिस   **C.** सूकर   **D.** कबड्डी

Q.53 राष्ट्रपति राम नाथ कोविंद ने नई दिल्ली में राष्ट्रपति भवन में _______ असाधारण महिला उपलब्धि हासिल करने वालों को सम्मानित किया है। ये 'पहली महिलाएं' वे हैं जो अपने-अपने क्षेत्रों में उपलब्धि का एक मील का पत्थर स्थापित करने वाली पहली महिला हैं।

A. 111   **B.** 112   **C.** 114   **D.** 113

Q.54 अल-बिरूनी की अरबी पुस्तक का क्या नाम है?
A. किताब-उल-हिन्द
B. हिंदुस्तान-नामा
C. तारीख-ए-हिन्दुस्तान
D. फतवा-ए-हिन्दुस्तानी

Q.55 नाटक 'शकुंतला' के लेखक कौन हैं?
A. अमर सिंह   **B.** शंकु   **C.** वररुचि   **D.** कालिदास

Q.56 बायोचिप में क्या होता है?
A. आर एन ए
B. डीएनए
C. आरएनए और डीएनए
D. आरएनए, डीएनए और प्रोटीन

Q.57 तिब्बती नव वर्ष की शुरुआत किस त्योहार से होती है?
A. सागा दावा महोत्सव
B. ओंगकोर महोत्सव
C. लोसर उत्सव
D. शॉटन फेस्टिवल

Q.58 सत्य नडेला, निम्नलिखित में से किस कंपनी के सीईओ हैं?
A. गूगल
B. माइक्रोसॉफ्ट
C. आईबीएम
D. एप्पल

Q.59 जल जनित रोग का एक उदाहरण है:
A. डिप्थीरिया
B. टॉन्सिल्लितिस
C. दस्त
D. खसरा

Q.60 अवांछित या अवांछित ईमेल को हम क्या कहते हैं?
[Army Public School (PRT), 2019]

A. मीम　　　**B.** स्पैम　　　**C.** ड्राफ्ट　　　**D.** चैट

General Knowledge of Uttarakhand

Q.61 जून 2019 तक, सेंट्रल बैंक ऑफ इंडिया के सीईओ कौन हैं?

[SSC MTS, 2019]

A. श्याम श्रीनिवासन　　　　　**B.** टी.एन. मनोहरन
C. पी.वी.,भारती　　　　　　**D.** पल्लव महापात्रा

Q.62 केंद्रीय आईटी मंत्री द्वारा किस सरकारी एप्लिकेशन का अंतर्राष्ट्रीय संस्करण लॉन्च किया गया है?

A. यूएमएएनजी　　　　　**B.** फेम
C. स्वच्छ भारत　　　　　**D.** एम-आवास

Q.63 निम्नलिखित में से किसे मई 2022 में रॉयल एनफील्ड का नया सीईओ नियुक्त किया गया है?

A. बी. गोविंदराजन　　　　**B.** किरण अय्यर
C. मोहित गोयल　　　　　**D.** निशांत जैन

Q.64 नीमाबेन आचार्य किस राज्य की विधान सभा की प्रथम महिला अध्यक्ष बनीं?

[Haryana Police Constable Commando Wing, 2021]

A. गुजरात　　**B.** हरियाणा　　**C.** महाराष्ट्र　　**D.** मिजोरम

Q.65 निम्न में से कौन सा स्थान कैलाश मानसरोवर से सबसे कम दूरी पर है?

A. नारायण आश्रम　　　　**B.** मायावती आश्रम
C. अनाशक्ति आश्रम　　　**D.** तवाघाट

Q.66 अस्कोट वन्यजीव अभयारण्य कहाँ स्थित है?

A. अल्मोड़ा　　　　　　**B.** चमोली
C. उत्तरकाशी　　　　　**D.** पिथौरागढ़

Q.67 उत्तराखंड पंचायती राज अधिनियम 2016 की कौन सी धारा "राज्य चुनाव आयोग" को "प्रधान" का चुनाव कराने का निर्देश देती है?

A. धारा 14　　　　　　**B.** धारा 59
C. धारा 96　　　　　　**D.** उपर्युक्त सभी

Q.68 उत्तराखंड की कौन सी जगह में कामाक्षा टेम्पल स्थित है ?

A. पिथौरागढ़　　　　　**B.** नैनीताल
C. अल्मोड़ा　　　　　　**D.** इनमें से कोई नहीं

Q.69 उत्तराखंड में एक 'नाली' भूमि में कितने 'मुट्ठी' हैं?

A. 17　　　**B.** 16　　　**C.** 18　　　**D.** 15

Q.70 उत्तरांचल (उत्तराखंड) के गठन के बाद अंतरिम विधान सभा के सदस्यों की कुल संख्या कितनी थी?

A. 40　　　**B.** 30　　　**C.** 35　　　**D.** 28

Q.71 प्राचीन समय में, अस्कोट की राजधानी थी:

A. पाल राजवंश　　　　**B.** चंद राजवंश
C. कत्यूरी राजवंश　　　**D.** कुनिन्द राजवंश

Q.72 भोटिया जाति के ग्रीष्म ऋतु निवास को क्या कहा जाता है?

A. भोट　　　**B.** मैट　　　**C.** गुंडा　　　**D.** मुंसा

Q.73 केदारनाथ की स्थापना से संबंधित केदार कांथा पर्वत किस स्रोत पर स्थित है?

A. टोंस नदी　　　　　　**B.** गडगढ़ नदी
C. काली नदी　　　　　　**D.** कोशी नदी

Q.74 अल्मोड़ा के सिक्के संबंधित हैं:

A. कुणिंद वंश　　　　　**B.** पल्लव वंश
C. वर्मन वंश　　　　　**D.** कत्यूरी वंश

Q.75 अलकनंदा नदी का उद्गम स्थल है:

A. गौमुख ग्लेशियर　　　**B.** सतोपंथ ग्लेशियर
C. पिंडारी ग्लेशियर　　　**D.** कफनी ग्लेशियर

Q.76 सेंट्रल हिमालयन एनवायरनमेंट एसोसिएशन (CHEA) कहाँ स्थित है ?

A. नैनीताल　　**B.** रुड़की　　**C.** ऋषिकेश　　**D.** शिमला

Q.77 ह्वेन त्सांग द्वारा अपनी यात्रा में वर्णित गोविषाण का वर्तमान नाम _______ है।

A. जोशीमठ　　**B.** काशीपुर　　**C.** लखनपुर　　**D.** चंपावत

Q.78 उत्तराखंड के निम्नलिखित में से कौन सा जिला नेपाल के साथ अंतर्राष्ट्रीय सीमा साझा करता है?

A. उधम सिंह नगर　　　**B.** अल्मोड़ा
C. देहरादून　　　　　　**D.** रुद्रप्रयाग

Q.79 उत्तराखंड का वर्तमान राजभवन पहले _______ के रूप में जाना जाता है।

A. सर्किट हाउस　　　　**B.** प्रांत सभा
C. ऑल हाउस　　　　　**D.** जन स्थान

Q.80 उत्तराखंड की भोटिया जनजाति का संबंध किस मानव जाति से है?

A. नेग्रिटो　　　　　　**B.** प्रोटो ऑस्ट्रेलियाड
C. काकोस्वायड　　　　**D.** मंगोलॉयड

Q.81 1957 में 'पद्म श्री' पुरस्कार प्राप्त करने वाले कलाकार और चित्रकार थे:

A. इंद्रमणि बडोनी　　　**B.** रमेश चंद्र
C. हरिराम कोहली　　　**D.** सुधीर रंजन कस्तगीर

Q.82 लोक संस्कृति संग्रहालय निम्नलिखित में से किस जिले में स्थित है?

A. नैनीताल　　　　　　**B.** रुद्रप्रयाग
C. पौड़ी गढ़वाल　　　　**D.** टिहरी गढ़वाल

Q.83 केदारनाथ मंदिर किसके द्वारा बनाया गया था?

A. आदि शंकराचार्य　　　**B.** श्री रामानुज
C. नामदेव　　　　　　**D.** वल्लभाचार्य

Q.84 कुमाऊं परिषद के चौथे सत्र की अध्यक्षता ____ ने की थी।

A. जय दत्त जोशी
B. गोविंद बल्लभ पंत
C. राय बहादुर बद्री दत्त जोशी
D. तारा दत्त गरोला

Q.85 किस राज्य ने 1,100 से अधिक दुर्लभ पौधों को विलुप्त होने से बचाने के लिए अपने संरक्षण प्रयासों को उजागर करते हुए एक अनूठी विवरण जारी करने वाला पहला राज्य बन गया है?

A. केरल　　**B.** तमिलनाडु　　**C.** असम　　**D.** उत्तराखंड

Q.86 वैज्ञानिक और औद्योगिक अनुसंधान परिषद-केंद्रीय औषधीय और सुगंधित पौधे (CSIR-CIMAP) अनुसंधान केंद्र _______ में स्थित है।

A. देहरादून　　**B.** पिथौरागढ़　　**C.** बागेश्वर　　**D.** नैनीताल

Q.87 _______ त्योहार उत्तराखंड के चंपावत जिले में मनाया जाता है ताकि मवेशियों से दूध की अच्छी पैदावार और उनकी सुरक्षा के लिए मदद करने वाली भूमि के लिए धन्यवाद किया जा सके।

A. घी संक्रांति   **B.** खारी होली
C. कांगडली   **D.** अंदुरि उत्सव

A. ऊर्जा
B. वन संसाधन और पर्यटन
C. उद्योग
D. कृषि

Q.88 उत्तराखंड में 'अपने रहने और कमाने की स्थिति में सुधार के लिए गैर-नव साक्षरों को व्यावसायिक कौशल प्रदान करने' के लिए कौन सी योजना बनाई गई है?
A. निराश्रित विधवा भरण पोषण अनुदान
B. लोक शिक्षा केंद्र
C. सतत शिक्षा कार्यक्रम
D. व्यावसायिक शिक्षा (कौशल विकास) कार्यक्रम

Q.100 राज्य सरकार द्वारा किस वर्ष को पर्यटन वर्ष घोषित किया गया?
A. 1980   **B.** 1982   **C.** 1984   **D.** 1986

Q.89 भारत में अखरोट उत्पादन में उत्तराखंड का कौन सा स्थान है?
A. दूसरा   **B.** छठा   **C.** प्रथम   **D.** तीसरा

Q.90 निम्नलिखित शासकों में से किसने राजबुंगा किले का निर्माण किया था?
A. राजा अजय पाल
B. राजा पीरू उपनाम पृथ्वी गुसाईं
C. राजा रुद्र चंद
D. राजा सोम चंद

Q.91 'मैन-ईटर्स ऑफ कुमाऊँ' पुस्तक का लेखक कौन है?
A. देवकी नंदन पांडे   **B.** नरेंद्र सिंह
C. बद्री दत्त   **D.** एडवर्ड जेम्स कॉर्बेट

Q.92 किस योजना के तहत लाभार्थियों को 25 किलोवाट के सौर संयंत्र आवंटित किए जाएंगे। इस योजना के तहत 10000 लोगों को स्वरोजगार मिलेगा?
A. जल स्वरोजगार योजना
B. वायु स्वरोजगार योजना
C. सौर स्वरोजगार योजना
D. पर्यटन स्वरोजगार योजना

Q.93 उत्तराखंड राज्य विधान सभा के वर्तमान स्पीकर का नाम बताइए?
A. रघुनाथ सिंह चौहान   **B.** प्रेम चंद अग्रवाल
C. बेबी रानी मौर्य   **D.** ओम प्रकाश

Q.94 _________ एक प्रसिद्ध भारतीय भूविज्ञानी और कुमाऊँ विश्वविद्यालय के पूर्व कुलपति हैं।
A. श्री देव सुमन   **B.** wबद्री दत्त पांडे
C. नरेंद्र सिंह   **D.** खड्ग सिंह वल्दिया

Q.95 उत्तराखंड राज्य की दूसरी आधिकारिक भाषा कौन-सी है?
A. उर्दू   **B.** संस्कृत
C. गढ़वाली   **D.** इनमें से कोई नहीं

Q.96 2020-21 में उत्तराखंड राज्य के बजट में किस क्षेत्र में पिछले वर्ष के संशोधित अनुमान से अधिक आवंटन में वृद्धि देखी गई?
A. सिंचाई और जल आपूर्ति, स्वच्छता, आवास / शहरी विकास
B. SC/ST/OBC और अल्पसंख्यकों का कल्याण
C. समाज कल्याण और पोषण
D. इनमें से कोई नहीं

Q.97 निम्नलिखित में से किसे 'उत्तराखंड का गांधी' के नाम से पुकारा जाता है?
A. इंद्रमणि बडोनी   **B.** लीलाधर जुगुड़ी
C. रमेश चंद्र तिवारी   **D.** अबोध बहुगुणा

Q.98 उत्तराखंड जल संस्थान _________ में स्थित है।
A. देहरादून   **B.** नैनीताल   **C.** हल्द्वानी   **D.** मसूरी

Q.99 उत्तराखंड की आय का मुख्य स्रोत है:

// स्मार्ट उत्तर पुस्तिका //

सही उत्तर उन छात्रों के प्रतिशत को इंगित करता है जिन्होंने प्रश्नों का सही उत्तर दिया था।

छोड़ दिया उन छात्रों के प्रतिशत को इंगित करता है जिन्होंने प्रश्नों को छोड़ दिया था।

प्रश्न संख्या	उत्तर	सही उत्तर / छोड़ दिया	प्रश्न संख्या	उत्तर	सही उत्तर / छोड़ दिया	प्रश्न संख्या	उत्तर	सही उत्तर / छोड़ दिया	प्रश्न संख्या	उत्तर	सही उत्तर / छोड़ दिया	प्रश्न संख्या	उत्तर	सही उत्तर / छोड़ दिया
1	D	55.73 % / 43.21 %	17	C	52.85 % / 43.23 %	33	D	60.2 % / 38.34 %	49	A	28.6 % / 69.54 %	65	D	40.73 % / 52.35 %
2	B	42.04 % / 55.17 %	18	D	19.14 % / 74.4 %	34	B	45.99 % / 35.22 %	50	D	16.2 % / 80.48 %	66	D	66.96 % / 31.48 %
3	C	48.02 % / 33.57 %	19	C	62.62 % / 30.07 %	35	A	45.65 % / 50.82 %	51	C	42.77 % / 51.69 %	67	D	41.27 % / 47.08 %
4	A	77.98 % / 21.05 %	20	B	77.21 % / 13.22 %	36	C	79.6 % / 15.57 %	52	B	47.3 % / 31.96 %	68	A	46.56 % / 47.76 %
5	C	65.78 % / 34.17 %	21	A	51.07 % / 45.67 %	37	C	43.6 % / 55.06 %	53	B	66.13 % / 33.02 %	69	B	40.37 % / 54.33 %
6	D	48.41 % / 33.15 %	22	B	58.47 % / 33.92 %	38	B	23.8 % / 70.63 %	54	A	56.92 % / 38.84 %	70	B	31.43 % / 68.04 %
7	D	86.32 % / 10.95 %	23	A	45.72 % / 52.23 %	39	D	86.09 % / 11.73 %	55	D	12.6 % / 72.99 %	71	C	62.24 % / 35.27 %
8	C	53.92 % / 40.41 %	24	C	42.53 % / 42.35 %	40	D	69.41 % / 30.52 %	56	D	61.57 % / 35.93 %	72	B	46.26 % / 38.41 %
9	C	16.34 % / 74.1 %	25	C	42.55 % / 55.96 %	41	B	24.92 % / 70.07 %	57	C	31.07 % / 68.54 %	73	A	49.79 % / 44.61 %
10	B	51.74 % / 35.96 %	26	D	50.73 % / 44.42 %	42	A	40.5 % / 57.73 %	58	B	47.25 % / 51.62 %	74	D	42.81 % / 43.57 %
11	C	40.95 % / 31.05 %	27	A	62.26 % / 34.74 %	43	C	30.36 % / 69.25 %	59	C	81.9 % / 10.34 %	75	B	67.31 % / 32.43 %
12	B	79.75 % / 16.84 %	28	D	69.34 % / 30.28 %	44	C	47.3 % / 34.12 %	60	B	83.01 % / 16.01 %	76	A	56.03 % / 37.56 %
13	C	53.31 % / 40.77 %	29	C	60.25 % / 37.21 %	45	B	44.28 % / 54.71 %	61	D	78.23 % / 21.65 %	77	B	40.29 % / 42.19 %
14	B	42.94 % / 36.37 %	30	D	82.42 % / 14.67 %	46	B	52.51 % / 40.04 %	62	A	49.46 % / 49.48 %	78	A	66.7 % / 32.24 %
15	A	66.12 % / 31.46 %	31	D	43.02 % / 35.33 %	47	A	48.28 % / 47.09 %	63	A	66.98 % / 31.42 %	79	A	22.44 % / 67.71 %
16	C	44.24 % / 31.16 %	32	D	31.49 % / 68.31 %	48	C	64.61 % / 32.84 %	64	A	58.69 % / 32.93 %	80	D	45.28 % / 43.66 %

प्रश्न संख्या	उत्तर	सही उत्तर / छोड़ दिया
81	D	61.52 %
		35.12 %
82	A	67.92 %
		31.43 %
83	A	88.81 %
		10.11 %
84	B	26.05 %
		67.9 %

प्रश्न संख्या	उत्तर	सही उत्तर / छोड़ दिया
85	D	49.82 %
		39.95 %
86	C	78.55 %
		10.64 %
87	D	59.26 %
		32.85 %
88	D	76.47 %
		10.4 %

प्रश्न संख्या	उत्तर	सही उत्तर / छोड़ दिया
89	A	51.21 %
		35.37 %
90	D	17.13 %
		81.33 %
91	D	45.34 %
		34.7 %
92	C	51.73 %
		43.86 %

प्रश्न संख्या	उत्तर	सही उत्तर / छोड़ दिया
93	B	67.2 %
		30.82 %
94	D	51.5 %
		34.84 %
95	B	64.5 %
		32.86 %
96	A	44.24 %
		36.75 %

प्रश्न संख्या	उत्तर	सही उत्तर / छोड़ दिया
97	A	28.2 %
		71.22 %
98	C	53.75 %
		38.87 %
99	B	52.53 %
		47.07 %
100	B	43.65 %
		36.12 %

कार्य विश्लेषण	
औसत अंक (%)	58.0%
टॉपर्स स्कोर (%)	75.0%
आपका स्कोर	

//संकेत और समाधान//

1. मुक्तिबोध रचनावली गजानन माधव मुक्तिबोध द्वारा रचित खण्डकाव्य है। गजानन माधव मुक्तिबोध हिंदी साहित्य के प्रसिद्ध प्रगतिशील कवि के रूप में माने जाते है।

अत: विकल्प (D) सही है।

2. दिये गए विकल्पों में शुद्ध वर्तनी 'कवयित्री' है।

'कवयित्री' शब्द वर्तनीगत सही है। इसका मतलब- महिला जो कवि हो उसे 'कवयित्री' कहा जाता है।

यह एक स्त्रीलिंग, जातिवाचक संज्ञा शब्द है। इसका विलोम शब्द 'कवि' होता है और बहुवचन 'कवयित्रियाँ' होता है।

अत: विकल्प (B) सही है।

3. दिए गए विकल्पों में से सही उत्तर विकल्प (C) 'पानिप' है।

- दिए गए शब्दों में से 'पानिप' शब्द तत्सम नहीं है।
- पानिप का अर्थ पानी होता है।
- अन्य सभी विकल्प तत्सम शब्द हैं।

अत: विकल्प (C) सही है।

4. 'कटोरे में कपास रख दो।'- वाक्य में विदेशी शब्द नहीं है।

अन्य सभी वाक्यों में विदेशी शब्द हैं।

- देशज शब्द- वे शब्द जिनकी उत्पत्ति के मूल का पता न हो परन्तु वे प्रचलन में हों। ऐसे शब्द देशज शब्द कहलाते हैं। ये शब्द आम तौर पर क्षेत्रीय भाषा में प्रयोग किये जाते हैं।
- विदेशज शब्द- विदेशी भाषाओं से हिंदी में आये शब्दों को विदेशी शब्द कहा जाता है। इन विदेशी भाषाओं में मुख्यतः अरबी, फारसी, तुर्की, अंग्रेजी व पुर्तगाली शामिल है।

अत: विकल्प (A) सही है।

5. 'तरंग' शब्द का पर्यायवाची शब्द 'लहर' है।

तरंग शब्द का अर्थ 'पानी की लहर, हिलोर' होता है।

तरंग के पर्यायवाची शब्द : लहर, लहरी, कल्लोल, ऊर्मि, वीचि, हिल्लोल।

अत: विकल्प (C) सही है।

6. उपरोक्त विकल्पों में श्रोता - वाचाल गलत शब्द युग्म है। इसलिए सटीक विकल्प श्रोता - वाचाल अन्य विकल्प असंगत है। क्योंकि श्रोता का विलोम वक्ता या पाठक होता है न की वाचाल स्पष्ट है कि श्रोता - वाचाल ही सटीक विकल्प है जो विपरीतार्थक युगम नहीं हैं।

अत: विकल्प (D) सही है।

7. दिए गए विकल्पों में से सही उत्तर विकल्प (D)'ब्रहाणी' है।

ब्रह्माणी का अर्थ - ब्रह्मा की स्त्री

लिंग- संज्ञा के जिस रूप से व्यक्ति, वस्तु, की नर या मादा रूप में पहचान हो वह लिंग कहलाता है। जैसे- लड़का, लड़की आदि। लिंग दो प्रकार के होते हैं- स्त्रीलिंग और पुल्लिंग।

अत: विकल्प (D) सही है।

8. 'हमने उसे आधी रात को भगा दिया'- वाक्य में कर्म कारक है।

कर्म कारक- जिस पर क्रिया का फल पड़े। जैसे- प्रदीप ने बच्चे को चांटा मार दिया।

अत: विकल्प (C) सही है।

9. 'थकावट' शब्द भाववाचक संज्ञा का भेद है।

'थकना' क्रिया शब्द से 'थकावट' भाववाचक संज्ञा शब्द बना है।

जो शब्द किसी चीज़ या पदार्थ की अवस्था, दशा या भाव का बोध कराते हैं, उन शब्दों को भाववाचक संज्ञा कहते हैं।

अत: विकल्प (C) सही है।

10. दिए गए विकल्पों में से 'दुबला' शब्द में 'दु' उपसर्ग है। अन्य सभी विकल्पों में 'दु' उपसर्ग का प्रयोग नहीं है।

'दु' उपसर्ग से बनने वाले अन्य शब्द - दुकाल।

अत: विकल्प (B) सही है।

11. 'महा + इन्द्र' की संधि 'महेन्द्र' होगी। शेष विकल्प त्रुटिपूर्ण हैं।

'महेन्द्र' में गुण संधि है। महा + इन्द्र = महेन्द्र (आ + इ = ए), अ, आ के साथ इ, ई का मेल होने पर 'ए'; उ, ऊ का मेल होने पर 'ओ'; तथा ऋ का मेल होने पर 'अर' हो जाने का नाम गुण संधि है।

अत: विकल्प (C) सही है।

12. 'अँगारे बरसना 'मुहावरे का उचित अर्थ 'अत्यधिक गर्मी पड़ना' है।

वाक्य प्रयोग- जून के महीने में जब अंगारे बरसते हैं तो मन करता है ठंडे पानी में ही पड़े रहें।

'मुहावरे' का अर्थ बोलचाल की भाषा में सांकेतिक रूप से किसी भाव को प्रकट करना होता है। जैसे- आँखों से गिरना, आकाश से बातें करना आदि।

अत: विकल्प (B) सही है।

13. उपरोक्त पंक्ति में 'रूपक अलंकार' है।

उपरोक्त पंक्ति में हरि के कमल रुपी चरणों की वंदना करने की बात कही गए है, इसलिए रूपक अलंकार है।

जब गुण की अत्यंत समानता के कारण उपमेय को ही उपमान बता दिया जाए यानी उपमेय और उपमान में अभिन्नता दर्शायी जाए तब वह रूपक अलंकार कहलाता है।

अत: विकल्प (C) सही है।

14. दिए गए सभी विकल्पों में 'लकड़िहारा' शब्द में 'हारा' प्रत्यय का योग है।

- लकड़िहारा = लकड़+हारा।
- इसमें तद्धित प्रत्यय है।
- तद्धित प्रत्यय - जो प्रत्यय क्रिया के मूल रूप (धातु) को छोड़कर अन्य शब्दों (संज्ञा, सर्वनाम, विशेषण आदि) के साथ जुड़ते हैं, तद्धित प्रत्यय कहलाते हैं।

अत: विकल्प (B) सही है।

15. भारतीय संविधान की आठवीं अनुसूची में 22 भाषाओं का उल्लेख है।

- भारतीय संविधान की आठवीं अनुसूची भारत की भाषाओं से संबंधित है।
- इस अनुसूची में 22 भारतीय भाषाओं को शामिल किया गया है।
- यह भाषाएँ हैं - कश्मीरी भाषा, सिन्धी भाषा, पंजाबी भाषा, हिन्दी भाषा, बंगाली भाषा, आसामी भाषा, उडिया भाषा, गुजराती भाषा, मराठी भाषा, कन्नड़ भाषा, तेलुगु भाषा, तमिल भाषा, मलयालम भाषा, उर्दू भाषा, संस्कृति भाषा, नेपाली भाषा, मणिपुरी भाषा, कोंकणी भाषा, बोडो भाषा, डोंगरी भाषा, मैथिली भाषा, संताली भाषा।

अत: विकल्प (A) सही है।

16. 'नमक का दारोगा' के रचनाकार प्रेमचंद हैं।

इसमें एक ईमानदार नमक निरीक्षक की कहानी को बताया गया है जिसने कालाबाजारी के विरुद्ध आवाज उठाई। यह कहानी धन के ऊपर धर्म के जीत की है।

कहानी में मानव मूल्यों का आदर्श रूप दिखाया गया है और उसे सम्मानित भी किया गया है। सत्यनिष्ठा, धर्मनिष्ठा और कर्मपरायणता को विश्व के दुर्लभ गुणों में बताया गया है। अन्त में यह शिक्षा दी गयी है कि एक बेईमान स्वामी भी एक ईमानदार कर्मचारी की तलाश रहती है।

अतः विकल्प (C) सही है।

17. पुनरुक्ति दोष को दूर करने के लिए संज्ञा शब्दों के स्थान पर सर्वनाम शब्दों का प्रयोग होता हैं। इसके छः भेद बताये गये हैं -

नाम	सर्वनाम शब्द
पुरूषवाचक	अहं, त्वं, सः इत्यादि
निश्चयवाचक	सर्वः, इदं, तद् इत्यादि
अनिश्चयवाचक	कश्चित्, कापि, कोऽपि इत्यादि
संबंधवाचक	यः, सः इत्यादि
प्रश्नवाचक	कः, किम्, का, इत्यादि
निजवाचक	स्वयं इत्यादि

इसमें से प्रथम पुरूषवाचक के तीन भेद हैं-

प्रथमपुरुष सर्वनाम:- जिसके विषय में बात की जाती है। जैसे:- यद्, तद् इत्यादि के रूप- सः, तौ, तस्मै इत्यादि।

मध्यमपुरुष सर्वनाम:- जिससे बात की जाती है। जैसे:- युष्मद् शब्द के सभी रूप- त्वं, युवां, यूयम्।

उत्तमपुरुष सर्वनाम:- जो बात करता है। जैसे:- अस्मद् शब्द के सभी रूप- अहं, आवां, वयम्।

अतः विकल्प (C) सही है।

18.

- पश्चिमी और पूर्वी हिन्दी में मौलिक भेद का आधार है- व्याकरण और उच्चारण में अंतर एवं भौगोलिक क्षेत्र में अंतर होना।
- पश्चिमी और पूर्वी हिंदी में अंतर -
- पश्चिमी हिंदी का विकास शौरसेनी अपभ्रंश से हुआ और पूर्वी हिंदी प्राकृत की परंपरा में है।
- पश्चिमी हिंदी के अंतर्गत 5 बोलियाँ आती है – खड़ी बोली, हरियाणवी, ब्रज, कन्नौजी और बुन्देली, जबकि पूर्वी हिंदी की तीन शाखाएँ हैं – अवधि बघेली और छत्तीसगढ़ी।
- पश्चिमी और पूर्वी शाखाओं को अलग करके भाषाशास्त्री हिंदी के क्षेत्र को सीमित करते हैंपश्चिमी हिंदी का क्षेत्र मध्य देश है, जिस कारण से यह सम्पूर्ण देश में बोली जाती है।

हिंदी भाषी क्षेत्र		
उपभाषा	क्षेत्र	बोलियाँ
पश्चिमी	हरियाणा, उत्तर प्रदेश	खड़ी बोली, बांगरू, हरियाणवी, ब्रज भाषा, कन्नौजी, बुन्देली
पूर्वी	उत्तर प्रदेश, मध्य प्रदेश	अवधि, बघेली, छत्तीसगढ़ी

अतः विकल्प (D) सही है।

19. देशज, यहाँ उचित विकल्प है, अन्य विकल्प असंगत है। देशज वे शब्द जो तत्सम न होकर क्षेत्रीय विशेष और भारतीय होते हैं। जैसे - लोटा, डिबिया आदि।

विशेष-

शब्द	परिभाषा	उदाहरण
तत्सम	संस्कृत भाषा के वे शब्द जो हिन्दी में अपने वास्तविक रूप में प्रयुक्त होते है, उन्हें तत्सम शब्द कहते है।	जैसे- कवि, माता, विद्या, नदी
तद्भव	ऐसे शब्द, जो संस्कृत और प्राकृत से विकृत होकर हिंदी में आये है, 'तदभव' कहलाते है।	दुग्ध - दूध हस्त - हाथ कुब्ज - कुबड़ा
विदेशी	जो शब्द विदेशियों के संपर्क में आने पर विदेशी भाषा से हिंदी में आए, वे शब्द विदेशी शब्द कहलाते हैं।	ट्रक, टेलीफोन, टिकट, टेबुल इत्यादि।

अतः विकल्प (C) सही है।

20. जो शब्द संज्ञा या सर्वनाम शब्दों की विशेषता बताते हैं। विशेषण कहलाते है।

सुहावना शब्द विशेषण का परिचायक है क्योंकि वह मौसम की विशेषता बता रहा है।

लिंग	परिभाषा	उदाहरण
विशेष्य	जिसकी विशेषता बताई जाती है उसे विशेष्य कहते हैं।	खीरा (विशेष्य) कड़वा (विशेषण) है।
क्रियाविशेषण	जिन शब्दों से क्रिया की विशेषता का बोध होता है उन्हें क्रियाविशेषण कहते हैं। जैस - वह धीरे-धीरे चलता है।	वह धीरे-धीरे चलता है।
संज्ञा	किसी जाति, गुण, भाव, व्यक्ति, स्थान, और नाम को संज्ञा कहते है।	लखनऊ, रमेश, आम, सीता, आदि।

अतः विकल्प (B) सही है।

21. 28 सितम्बर, 2021 को एक ग्रांड चैलेंज प्रोग्राम, "जनCARE" डॉ. जीतेन्द्र सिंह ने शुरू किया।

आजादी का अमृत महोत्सव मनाते हुए, केंद्रीय राज्य मंत्री (स्वतंत्र प्रभार) विज्ञान और प्रौद्योगिकी, डॉ जितेंद्र सिंह ने 28 सितंबर 2021 को 'जनCARE' शीर्षक से 'अमृत ग्रैंड चैलेंज प्रोग्राम' लॉन्च किया। आजादी का अमृत महोत्सव की छत्रछाया में 'अमृत ग्रैंड चैलेंज प्रोग्राम' का शुभारंभ किया गया। नए बढ़ते स्टार्ट-अप उद्यमों और उद्यमियों के लिए भारत के सामने आने वाली स्वास्थ्य संबंधी चुनौतियों के लिए नवीन विचारों और समाधानों के साथ आना सबसे महत्वपूर्ण हो गया है। बायोटेक्नोलॉजी इंडस्ट्री रिसर्च असिस्टेंस काउंसिल (BIRAC), NASSCOM और NASSCOM Foundation ने संयुक्त रूप से 'अमृत ग्रैंड चैलेंज प्रोग्राम' लॉन्च किया। यह एक राष्ट्रव्यापी 'डिस्कवर - डिज़ाइन - स्केल' कार्यक्रम है और चुनौती 31 दिसंबर 2021 को समाप्त होगी।

अतः विकल्प (A) सही है।

22. 1897 में पुणे के प्लेग कमिश्नर डब्ल्यू सी रैंड की हत्या चापेकर ब्रदर्स ने की थी।

22 जून 1897 को, भाइयों दामोदर हरि चापेकर और बालकृष्ण हरि चापेकर ने पुणे, महाराष्ट्र में ब्रिटिश अधिकारी डब्ल्यू सी रैंड और उनके सैन्य अनुरक्षण लेफ्टिनेंट आयर्स्ट की हत्या कर दी। 1857 के विद्रोह के बाद भारत में उग्रवादी राष्ट्रवाद का यह पहला मामला था।

अतः विकल्प (B) सही है।

23. प्रधानमंत्री नरेंद्र मोदी ने 5 जुलाई 2021 को CoWin ग्लोबल कॉन्क्लेव को संबोधित किया।

भारत COVID-19 का मुकाबला करने के लिए CoWin को विश्व के लिए एक डिजिटल पब्लिक गुड के रूप में पेश करता है। COVID-19 वैक्सीन पंजीकरण पोर्टल, CoWin बहुत लोकप्रिय हो गया है, और विदेशी देश इस

तकनीक में रुचि दिखा रहे हैं। मध्य एशिया, लैटिन अमेरिका और अफ्रीका के 50 से अधिक देश इसमें रुचि रखते हैं।

अत: सही विकल्प (A) है।

24. एम्मानुएल मैक्रों ने फ्रांस का राष्ट्रपति चुनाव- 2017 जीता है।

7 मई 2017 को, मैक्रॉन को फ्रांस का राष्ट्रपति चुना गया था, जिसमें मरीन ले पेन के 33.9% की तुलना में 66.1% वोट मिले थे। चुनाव में 25.4% और 8% मतपत्र खाली या खराब हुए थे।

अत: विकल्प (C) सही है।

25. हरियाणा की 14th विधानसभा, जिसका गठन अक्टूबर, 2019 के चुनाव के बाद किया गया है।

परिणाम 24 अक्टूबर 2019 को घोषित किए गए थे। भारतीय जनता पार्टी सबसे बड़ी पार्टी के रूप में उभरी और जननायक जनता पार्टी और सात निर्दलीय विधायकों के साथ चुनाव के बाद गठबंधन में सरकार बनाई।

अत: विकल्प (C) सही है।

26. मार्च 2021 में तीरथ सिंह रावत उत्तराखंड के मुख्यमंत्री बने।

- वह उत्तराखंड के पूर्व मुख्यमंत्री और भारत में एक सेवारत संसद सदस्य हैं।
- 2019 के भारतीय आम चुनाव में वह भारतीय जनता पार्टी के सदस्य के रूप में गढ़वाल निर्वाचन क्षेत्र से 17 वीं लोकसभा के लिए चुने गए।
- 9 फरवरी 2013 से 31 दिसंबर 2015 तक वह भारतीय जनता पार्टी उत्तराखंड के दल प्रमुख और 2012 से 2017 तक चौबट्टाखाल निर्वाचन क्षेत्र से उत्तराखंड विधानसभा के पूर्व सदस्य थे।
- वे उत्तराखंड के पहले शिक्षा मंत्री भी थे।

अत: विकल्प (D) सही है।

27. अंग्रेजी वर्णमाला के अक्षरों की स्थिति पर विचार करें:

अक्ष र	A	B	C	D	E	F	G	H	I	J	K	L	M
स्थि तीय मान	1	2	3	4	5	6	7	8	9	10	11	12	13
स्थि तीय मान	26	25	24	23	22	21	20	19	18	17	16	15	14
अक्ष र	Z	Y	X	W	V	U	T	S	R	Q	P	O	N

'GOAT' को इस प्रकार लिखा जा सकता है:

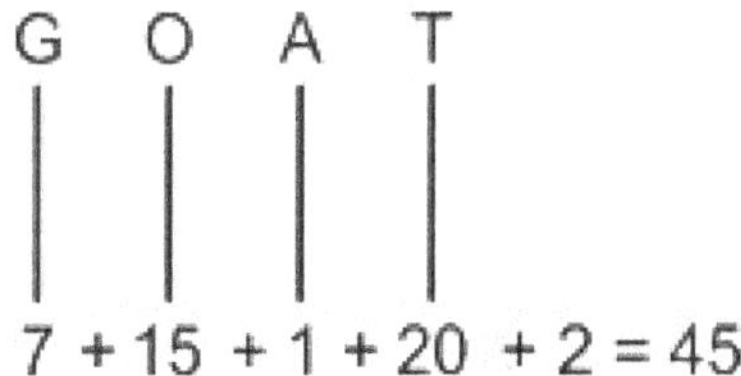

'COAT' को इस प्रकार लिखा जा सकता है:

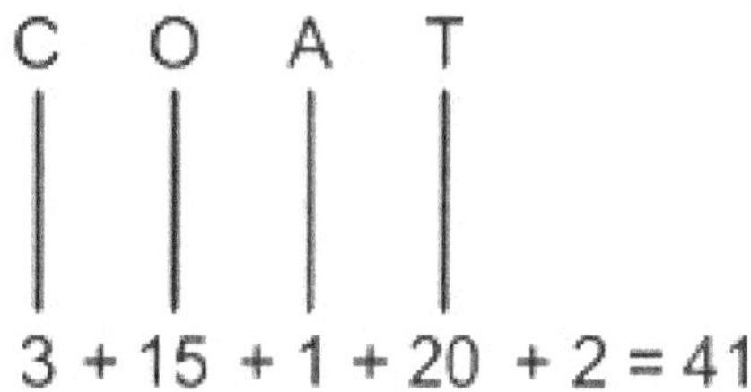

इसी प्रकार, 'BOAT' को इस प्रकार लिखा जा सकता है:

तो, 40 सही उत्तर है।

अत: विकल्प (A) सही है।

28. कथन सब्जियों की बढ़ती कीमत की बात करता है।

लेकिन यह इसके लिए कोई कारण नहीं बताता है। इसके अलावा, कीमतों में वृद्धि यह निष्कर्ष निकालने के लिए पर्याप्त नहीं है कि सब्जियों का उत्पादन कम हो गया है या बंद हो गया है जिससे वे दुर्लभ हो गए हैं।

कथन न ही लोगों के सब्जियां खाने में असमर्थ होने के बारे में कुछ भी बताता है।

इसलिए, न तो निष्कर्ष I और न ही II अनुसरण करता है।

अत: विकल्प (D) सही है।

29.

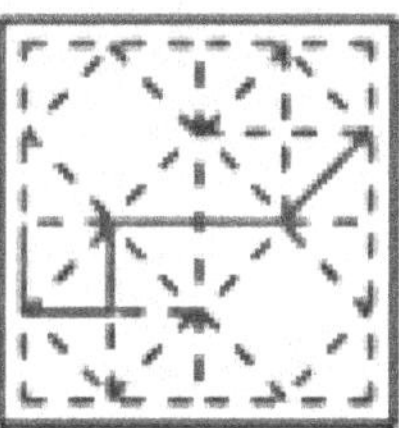

इसलिए, सही उत्तर 'विकल्प (C)' है।

अत: विकल्प (C) सही है।

30. इस छवि का एम्बेडेड हिस्सा है:

अत: विकल्प (D) सही है।

31. REST की क्षैतिज दर्पण छवि नीचे दी गई आकृति में दिखाई गई है:

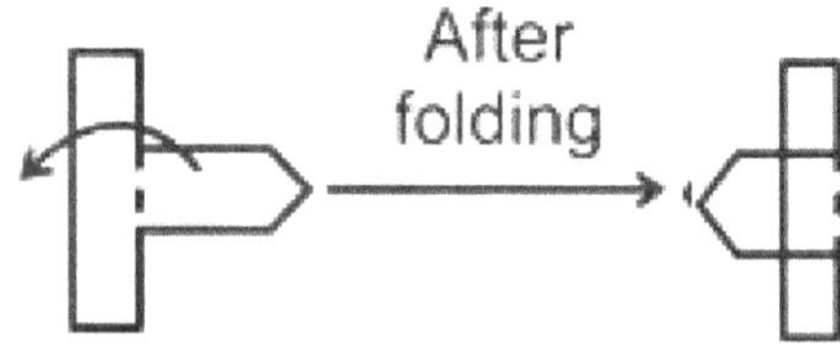

अत: विकल्प (D) सही है।

32. शीट पारदर्शी है

तह करने के बाद जो पैटर्न दिखाई देगा वह इस प्रकार है,

अत: विकल्प (D) सही है।

33. सफारी, एक सर्च इंजन नहीं है।

सफारी, आईओएस के लिए एक ब्राउज़र है।

आईओएस का उपयोग केवल एप्पल फोन में ही किया जाता है।

सर्च इंजन:

- ये इंटरनेट पर उपलब्ध वेबसाइटें हैं जो किसी भी विषय पर जानकारी प्रदान करती हैं जो आप चाहते हैं।
- सर्च इंजन में एक प्रोग्राम होता है जो अन्य वेबसाइटों से जानकारी एकत्र करता है।
- यह जानकारी तब उस श्रेणी के अनुसार संग्रहीत की जाती है, जैसे, संगीत के बारे में वेबसाइटों को ललित कला नामक श्रेणी में संग्रहीत किया जाएगा। लोकप्रिय सर्च इंजन के उदाहरण याहू, अल्टा विस्टा और गूगल हैं।

अत: विकल्प (D) सही है।

34. एमएस एक्सेल में, एसयूएम टेक्स्ट फ़ंक्शन विभिन्न कक्षों के मानों को एकल कक्ष में संयोजित करने के लिए उपयोगी है।

एक्सेल में सम फंक्शन एक इनबिल्ट फंक्शन है जिसका इस्तेमाल सेल की रेंज में मौजूद न्यूमेरिकल वैल्यू को जोड़ने के लिए किया जाता है।

यह एक्सेल में एक गणितीय सूत्र है जिसका उपयोग =सम (सेल में कीवर्ड टाइप करके किया जा सकता है जहां हम योग की गणना करना चाहते हैं और फिर हम उन कक्षों की श्रेणी का चयन करते हैं जिन्हें जोड़ा जाना है।

अत: विकल्प (B) सही है।

35. दिया गया है:

जनवरी 1, 2018 सोमवार था

एक सामान्य वर्ष में दिनों की संख्या $= 365$

विषम दिनों की संख्या $= \left(\frac{365}{7}\right) = +1$

1 जनवरी 2018 = सोमवार

1 जनवरी 2019 = सोमवार $+1$ = मंगलवार

जनवरी 1,2019 = मंगलवार

अत: विकल्प (A) सही है।

36.

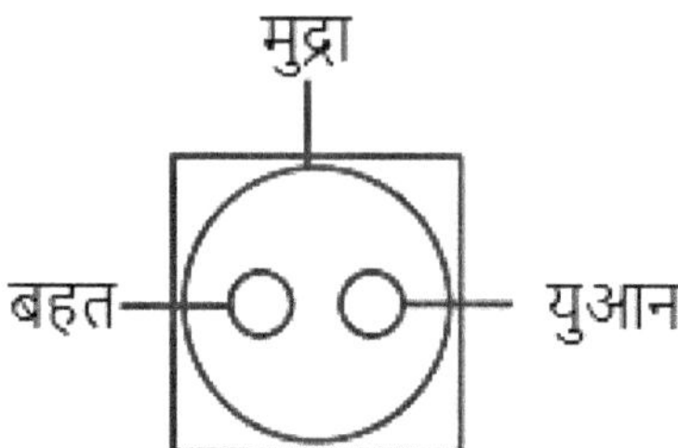

बहत थाईलैंड की मुद्रा है और युआन चीन की मुद्रा रॅन्मिन्बी की मूल इकाई है।

अत: विकल्प (C) सही है।

37. छह दोस्त: a, b, c, d, e, और f

1. b, d और e के बीच बैठा है।

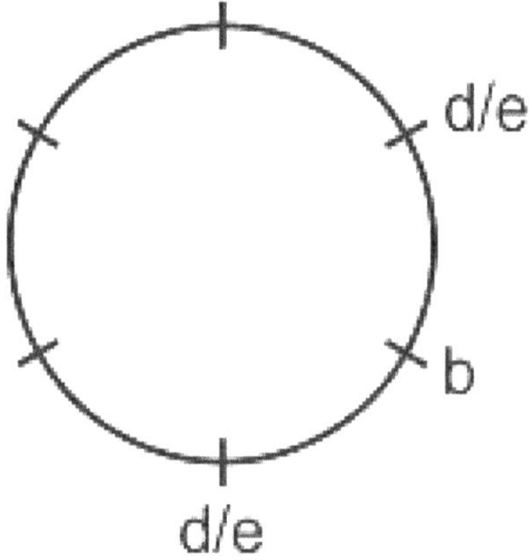

2. c, b के बायें से तीसरा है।

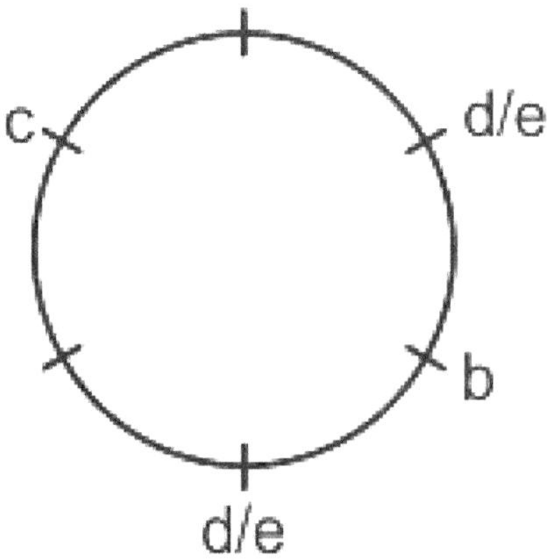

3. e, c के बायें से दूसरे स्थान पर है।

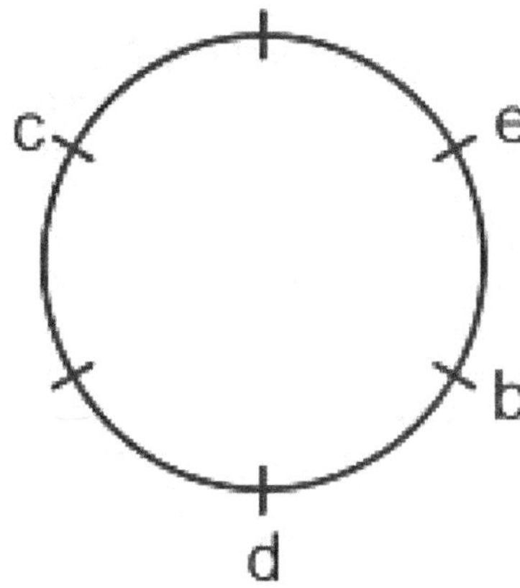

4. a, c के ठीक बगल में बैठा है,

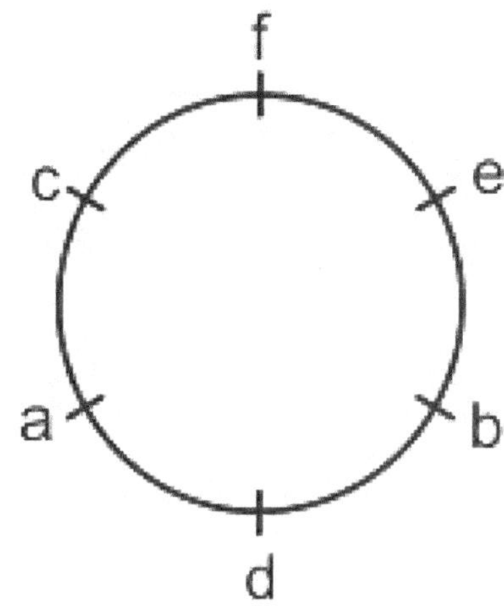

एक वृत्ताकार मेज में छह मित्रों के बैठने की अंतिम व्यवस्था है:

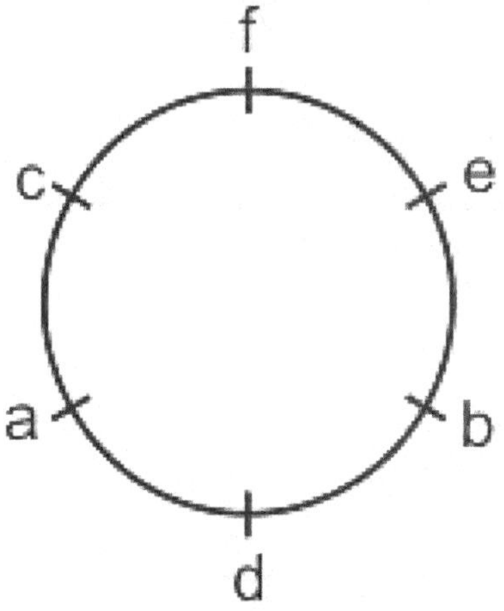

इसलिए, "f" की स्थिति "e" के पहले दाईं ओर है।

तो, सही उत्तर "e का पहला दायां" है।

अत: विकल्प (C) सही है।

38. पांच लड़के इस तरह खड़े हैं कि वे एक वृत्त बनाते हैं।

(1) रहीम अजॉय और टॉम के बीच में है।

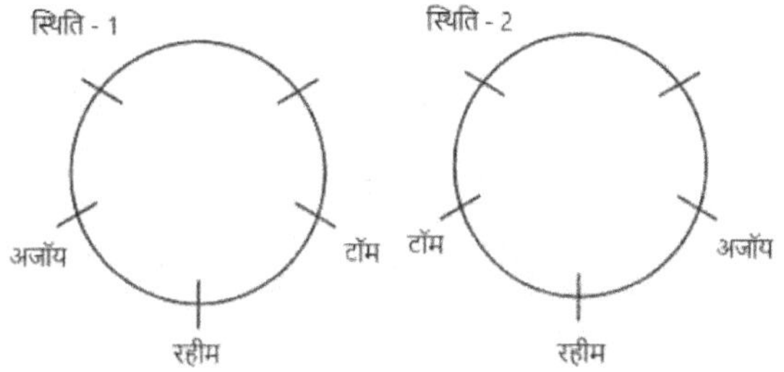

(2) सलमान, बबलू के बायीं ओर है और अजॉय, सलमान के दायीं ओर है।

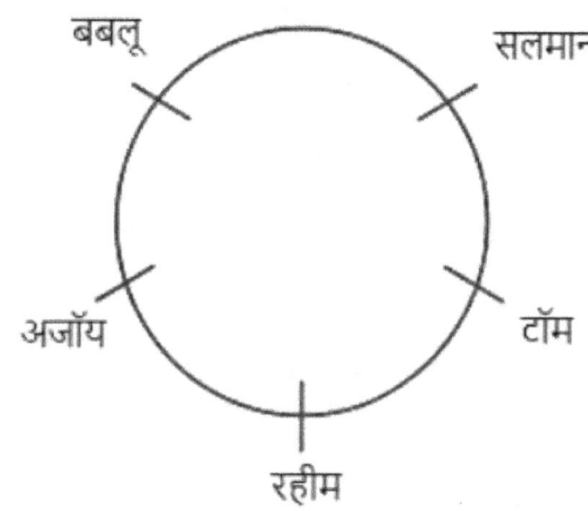

इसलिए, अजॉय बबलू के दायीं ओर होगा।

तो, सही उत्तर है "अजॉय "

अत: विकल्प (B) सही है।

39. अली ब्रदर्स, मौलाना मुहम्मद अली और मौलाना शौकत अली के नेतृत्व में, दक्षिण एशिया के मुसलमानों ने इसे बचाने और बचाने के लिए ऐतिहासिक खिलाफत आंदोलन शुरू किया। मुहम्मद अली ने तर्क दिया कि मुसलमानों के लिए इराक, सीरिया और फिलिस्तीन पर जनादेश स्वीकार करना पवित्र पैगंबर (एस ए डब्ल्यू) की इच्छाओं की पूर्ण अवहेलना होगी। इस प्रकार भारत के मुसलमानों ने तहरीक-ए-खिलाफत की शुरुआत की। उद्देश्य इस प्रकार थे:

1. तुर्की खलीफा को बनाए रखने के लिए।

2. मुसलमानों के पवित्र स्थानों की रक्षा करना।

3. ऑटोमन साम्राज्य की एकता बनाए रखने के लिए।

अत: विकल्प (D) सही है।

40. राखीगढ़ी से पहले लोथल हड़प्पा स्थल में युगल दफन पाए गए थे।

लोथल गुजरात के भाल क्षेत्र में स्थित प्राचीन सिंधु घाटी सभ्यता के सबसे दक्षिणी शहरों में से एक था। दफन या हस्तक्षेप एक मृत व्यक्ति या जानवर को, कभी-कभी वस्तुओं के साथ, जमीन में रखने का अनुष्ठान कार्य है।

अत: विकल्प (D) सही है।

41. अलाउद्दीन खिलजी को अली गुरशस्प के नाम से भी जाना जाता है, जिनका जन्म 1266 ईस्वी में हुआ था और उन्होंने 1296-1316 ईस्वी तक दिल्ली के सुल्तान के रूप में शासन किया था।

वह अपने पूर्ववर्ती जलालुद्दीन का भतीजा और दामाद था। वह भारत के चरम दक्षिण तक अपने साम्राज्य का विस्तार करने वाला पहला मुस्लिम शासक था।

उसने गुजरात, रणथंभौर, मेवाड़, मालवा, जालोर, वारंगल और मदुरै पर विजय प्राप्त की। वह इतिहास में कई बार मंगोलों को हराने के लिए भी प्रसिद्ध हैं।

अतः विकल्प (B) सही है।

42. पानीपत की तीसरी लड़ाई 14 जनवरी 1761 को हुई थी पर पानीपत के बीच मराठा साम्राज्य और हमलावर अफगान सेना (अहमद शाह दुर्रानी का), चार भारतीय सहयोगी दलों द्वारा समर्थित।

- नजीब-उद-दौला की कमान के तहत रोहिल्ला, दोआब क्षेत्र के अफगान, अंब, सूबा खान और अवध, शुजा-उद-दौला।
- मराठा सेना का नेतृत्व सदाशिवराव भाऊ ने किया था जो छत्रपति (मराठा राजा) और पेशवा (मराठा प्रधान मंत्री) के बाद तीसरे स्थान पर थे।
- मुख्य मराठा सेना पेशवा के साथ दक्कन में तैनात थी।

अतः विकल्प (A) सही है।

43. राजा राम मोहन राय ने वर्ष 1815 में कोलकाता में बंगाल में सामाजिक-धार्मिक सुधारों में एक अग्रदूत संगठन "आत्मीय सभा" की स्थापना की। यह एक दार्शनिक चर्चा मंडल था जहां सामाजिक सुधारों के विचारों के लिए बहस और चर्चाएं आयोजित की जाती थीं।

अतः विकल्प (C) सही है।

44. उड़ीसा में, लौह अयस्क मयूरभंज जिला और केंदुझार जिला में स्थित हैं।

मयूरभंज और केंदुझार (क्योंझर) जिले लौह अयस्क की घटना का एक बेल्ट बनाते हैं। बादामपहाड़ की खदानें यहाँ स्थित हैं। इन स्थलों से पारादीप बंदरगाह के माध्यम से उच्च श्रेणी के लौह अयस्क का निर्यात किया जाता है।

अतः विकल्प (C) सही है।

45. अटलांटिक महासागर:

- महासागर जो "S" अक्षर का आकार बनाता है, वह अटलांटिक महासागर है यदि इसे विश्व मानचित्र पर बारीकी से देखा जाए।
- आर्कटिक महासागर जुड़े / जुड़ा हुआ है बेरिंट सागर, नार्वे के सागर, ग्रीनलैंड सागर, और डेनमार्क जलडमरूमध्य के माध्यम से।
- प्यूर्टो रिको ट्रेंच, 28,230 फीट के बारे में है जो गहरी, अटलांटिक महासागर में गहरे बिंदु है।
- यह वाणिज्य और व्यापार की दृष्टि से सबसे व्यस्त महासागर भी है।

अतः विकल्प (B) सही है।

46. दलबदल विरोधी कानून 1985 में राजीव गांधी के कार्यकाल के दौरान 52 वें संशोधन द्वारा पेश किया गया था। यह संविधान की दसवीं अनुसूची में दिया गया है।

यह कानून दलबदल के आधार पर विधायकों की अयोग्यता को सक्षम बनाता है जो अंततः राजनीतिक दलों को अपने सदस्यों पर एक मजबूत पकड़ प्रदान करता है।

अतः विकल्प (B) सही है।

47. उपराष्ट्रपति का चुनाव:

- भारतीय संविधान का अनुच्छेद 66 उपराष्ट्रपति के चुनाव का प्रावधान करता है।
- अनुच्छेद 66(1) में कहा गया है कि उपराष्ट्रपति का चुनाव संसद के दोनों सदनों के सदस्यों से मिलकर बने निर्वाचक मंडल के सदस्यों द्वारा आनुपातिक प्रतिनिधित्व प्रणाली के अनुसार एकल संक्रमणीय मत के माध्यम से किया जाएगा और ऐसे मतदान गुप्त मतदान से होगा चुनाव।

अतः विकल्प (A) सही है।

48. मतदान का अधिकार:

- चुनाव में मतदान का अधिकार एक महत्वपूर्ण संवैधानिक अधिकार है।
- मतदान के अधिकार के विषय में जो सत्य है, वही चुनाव लड़ने के अधिकार के लिए भी सत्य है, इसका अर्थ है कि यह भी एक संवैधानिक अधिकार है।
- हालाँकि, संविधान का अनुच्छेद 326 सार्वभौमिक वयस्क मताधिकार प्रदान करता है, लेकिन विशेष रूप से मतदान के अधिकार का उल्लेख नहीं करता है।
- यह चुनाव आयोग के स्थापना दिवस के उपलक्ष्य पर वर्ष 2011 के बाद से हर वर्ष 25 जनवरी को मनाया जाता है।
- यह अधिक मतदाताओं को राजनीतिक प्रक्रिया में भाग लेने के लिए प्रोत्साहित करता है।
- यह हर वर्ष एक अलग विषय पर आधारित होता है। वर्ष 2022 का विषय "एक साथ हम चंगा करते हैं, सीखते हैं और चमकते हैं" था।

अतः विकल्प (C) सही है।

49. कॉर्पोरेट टैक्स भारत सरकार की आय का एकमात्र सबसे बड़ा स्रोत है।

- वित्त मंत्री निर्मला सीतारमण द्वारा संसद में पेश 2019-20 के बजट के अनुसार, माल और सेवा कर संग्रह प्रत्येक रुपये के राजस्व में 19 पैसे का योगदान देगा।
- निगम कर आय का एकमात्र सबसे बड़ा स्रोत है, जो अर्जित किए गए प्रत्येक रुपये में 21 पैसे का योगदान देता है।

अतः विकल्प (A) सही है।

50. कैल्शियम और मैग्नीशियम के आयन पानी की कठोरता के लिए जिम्मेदार होते हैं, जहां कुछ खनिजों की सांद्रता पानी की "कठोरता" पैदा करती है।

- पानी की कठोरता कैल्शियम और मैग्नीशियम के कार्बोनेट और द्वि-कार्बोनेट की पर्याप्तता के कारण विकसित होती है।
- कठोर पानी पीने से कोई गंभीर प्रतिकूल स्वास्थ्य समस्या नहीं होती है लेकिन, कठोर पानी शुष्क त्वचा और बालों में योगदान कर सकता है।
- आम तौर पर, पानी की कठोरता को टीडीएस मीटर के माध्यम से मापा जाता है जो पानी की विद्युत चालकता के आधार पर कठोरता को मापता है।

अतः विकल्प (D) सही है।

51. मैराथन की लंबाई 26.2 मील (42.195 किलोमीटर) है।

मैराथन की लड़ाई से एथेंस तक के एक दूत, ग्रीक सैनिक फीडिप्पिड्स के काल्पनिक रन की स्मृति में इस आयोजन की स्थापना की गई थी, जिन्होंने जीत की सूचना दी थी। मैराथन दौड़ कर या एक रन/वॉक रणनीति के साथ पूरा किया जा सकता है।

अतः विकल्प (C) सही है।

52. टेनिस या लॉन टेनिस एक रैकेट खेल है जिसे व्यक्तिगत रूप से या दो-दो खिलाड़ियों की दो टीमों की दो टीमों के बीच खेला जा सकता है।

- अंतर्राष्ट्रीय टेनिस महासंघ:
  - इसकी स्थापना 1 मार्च 1913 को हुई थी।
  - यह दुनिया टेनिस का शासी निकाय है।
  - मुख्यालय लंदन, यूनाइटेड किंगडम में स्थित हैं।
  - डेविड हैगर्टी आईटीएफ के वर्तमान अध्यक्ष हैं।
- ग्रैंड स्लैम टूर्नामेंट
  - ऑस्ट्रेलिया ओपन

    – फ्रेंच ओपन

    – विंबलडन

    – यूएस ओपन

अतः विकल्प (B) सही है।

53. भारत के माननीय राष्ट्रपति, राम नाथ कोविंद ने 112 असाधारण महिला प्राप्तकर्ताओं को सम्मानित किया और उन्हें देश की "प्रथम महिला" का खिताब दिया।

- इनमें मिस वर्ल्ड 1994 ऐश्वर्या राय बच्चन और मिस अर्थ 2010 निकोल फारिया शामिल हैं।
- पुरस्कार समारोह की मेजबानी महिला एवं बाल विकास मंत्री, श्री मेनका संजय गांधी ने की, जिन्होंने महिलाओं को सम्मानित और बधाई दी।

अतः विकल्प (B) सही है।

54. सही उत्तर किताब-उल-हिंद है।

- अल-बिरूनी एक ईरानी विद्वान था।
  - उन्हें आधुनिक भूगणित का जनक माना जाता है।
  - अल-बिरूनी एक यात्री है जिसने केरल को मालाबार कहा।
  - किताब-उल-हिंद अल-बिरूनी द्वारा लिखित अरबी पुस्तक है।
  - किताब अल-तफ़ीम अल-बिरूनी द्वारा फ़ारसी और अरबी दोनों भाषाओं में लिखी गई पुस्तक है।
  - उन्होंने 1017 में भारतीय उपमहाद्वीप की यात्रा की।
  - तारिख अल-हिंद (भारत का इतिहास) अल-बिरूनी द्वारा भारतीय संस्कृति के अध्ययन पर आधारित एक पुस्तक है।
  - उनका जन्मदिन ईरान में सर्वेक्षण इंजीनियर के दिन के रूप में मनाया जाता था।
- अल-बिरूनी के उल्लेखनीय कार्य हैं:
  - पिछली शताब्दियों के शेष लक्षण।
  - रत्न।
  - मसूदी कैनन।
  - ज्योतिष को समझना।
- तारिख-ए-हिंदुस्तान मोलवी मोहम्मद ज़का उल्ला द्वारा लिखित पुस्तक है।

अतः विकल्प (A) सही है।

55. कालिदास एक शास्त्रीय संस्कृत लेखक थे जिन्हें अक्सर प्राचीन भारत का सबसे बड़ा नाटककार और नाटककार माना जाता है।

उनके नाटक और कविता मुख्य रूप से वेदों, रामायणों, महाभारत और पुराणों पर आधारित हैं।

- वे शकुंतला के रचयिता हैं ।
- शकुंतला को कभी-कभी अभियान शकुंतलम भी कहा जाता है।
- कालिदास के कुछ महत्वपूर्ण नाटक शकुंतला, मालविकाग्निमित्रम, विक्रमीर्वण्यम हैं।

अतः विकल्प (D) सही है।

56. बायोचिप अर्धचालकों के समान एक चिप है। जिसमें इलेक्ट्रॉनिक सर्किट के स्थान पर कार्बनिक पदार्थ का उपयोग किया जाता है, ये कार्बनिक पदार्थ डीएनए, आरएनए और प्रोटीन के रूप में होते हैं।

अतः विकल्प (D) सही है।

57. लोसर उत्सव तिब्बती नव वर्ष की शुरुआत का प्रतीक है।

- लोसर उत्सव हिमाचल प्रदेश की लाहौल घाटी में बहुत जोश और उत्साह के साथ मनाया जाता है।
- इसे सुख-समृद्धि का पर्व भी कहा जाता है।
- लद्दाखी या तिब्बती नव वर्ष मनाता है।

अतः विकल्प (C) सही है।

58. माइक्रोसॉफ्ट:

- माइक्रोसॉफ्ट एक अमेरिकी बहुराष्ट्रीय कंपनी है जिसकी स्थापना 4 अप्रैल 1975 को बिल गेट्स और पॉल एलन ने की थी।
- यह कंप्यूटर, उपभोक्ता इलेक्ट्रॉनिक्स और संबंधित सेवाओं का विकास, निर्माण, लाइसेंस समर्थन और बिक्री करता है।
- माइक्रोसॉफ्ट के उत्पाद माइक्रोसॉफ्ट विंडोज, ऑपरेटिंग सिस्टम, माइक्रोसॉफ्ट सूट, इंटरनेट एक्सप्लोरर और एज हैं।
- माइक्रोसॉफ्ट के सीईओ सत्या नडेला हैं।

गूगल:

- Google एक अमेरिकी बहुराष्ट्रीय कंपनी है जिसकी स्थापना सितंबर 1998 में लैरी पेज और सर्गेई ब्रिन अमेरिकी कंप्यूटर वैज्ञानिकों ने की थी।
- कंपनी इंटरनेट से संबंधित सेवाओं और उत्पादों जैसे Google Chrome, Google-Pay, Google Assistant, G-Mail, आदि में माहिर है।
- सेवाओं और उत्पादों में ऑनलाइन विज्ञापन प्रौद्योगिकियां, एक खोज इंजन, क्लाउड कंप्यूटिंग, सॉफ्टवेयर और हार्डवेयर शामिल हैं।
- सुंदर पिचाई सीईओ गूगल की है ।

अंतर्राष्ट्रीय व्यापार मशीन निगम (आईबीएम):

- इंटरनेशनल बिजनेस मशीन कॉर्पोरेशन (आईबीएम) 1911 में स्थापित एक अमेरिकी बहुराष्ट्रीय कंपनी है।
- आईबीएम कंप्यूटर हार्डवेयर, मिडलवेयर और सॉफ्टवेयर का उत्पादन और बिक्री करता है।
- अरविंद कृष्ण आईबीएम के सीईओ हैं।

एप्पल:

- एप्पल एक अमेरिकी बहुराष्ट्रीय कंपनी है और इसकी स्थापना अप्रैल 1976 में स्टीव जॉब्स, स्टीव वोज़्नियाक और रोनाल्ड वेन ने की थी।
- कंपनी उपभोक्ता इलेक्ट्रॉनिक्स, कंप्यूटर सॉफ्टवेयर और ऑनलाइन सेवाओं को विकसित और बेचने के लिए डिज़ाइन करती है।
- टिम कुक एप्पल के सीईओ हैं।

अतः विकल्प (B) सही है।

59. सही उत्तर डायरिया है।

जलजनित रोग:

ये रोगजनक सूक्ष्म जीवों के कारण होने वाली स्थितियां हैं जो पानी में फैलती हैं। यह रोग नहाने, धोने, या पानी पीने, या संक्रमित पानी के संपर्क में आने से भोजन करने से फैल सकता है और गंभीर, जानलेवा बीमारियों का कारण बन सकता है। उदाहरण टाइफाइड बुखार, हैजा और हेपेटाइटिस ए या ई हैं। अन्य सूक्ष्मजीव दस्त जैसी कम खतरनाक बीमारियों को प्रेरित करते हैं।

* हैजा : हैजा एक जलजनित रोग है और इसकी प्रकृति अतिसार है।

* टाइफाइड : यह एक और बीमारी है जो दूषित पानी पीने से फैलती है जिसमें ' साल्मोनेला टाइफी बैक्टीरिया ' होता है।

* अतिसार: अतिसार सबसे आम जलजनित रोगों में से एक है जो ज्यादातर 5 वर्ष से कम उम्र के बच्चों को प्रभावित करता है।

* हेपेटाइटिस ए : एक अन्य प्रकार का जलजनित रोग हेपेटाइटिस ए है और यह हेपेटाइटिस ए वायरस के कारण होता है, जो यकृत को प्रभावित करता है।

कम प्रतिरोधक क्षमता वाले लोग, मुख्य रूप से बुजुर्ग और छोटे बच्चे भी इन बीमारियों की चपेट में आते हैं।

* टॉन्सिलिटिस : टॉन्सिलिटिस आपके टॉन्सिल का संक्रमण है, आपके गले के पीछे ऊतक के दो द्रव्यमान।

* डिप्थीरिया : डिप्थीरिया एक गंभीर जीवाणु संक्रमण है जो गले और नाक के श्लेष्म झिल्ली को प्रभावित करता है।

* खसरा एक अत्यधिक संक्रामक संक्रामक रोग है जो खसरा वायरस के कारण होता है।

अतः विकल्प (C) सही है।

60. स्पैमिंग:

* सामान्य तौर पर, स्पैम शब्द का प्रयोग आमतौर पर थोक में भेजे जाने वाले अवांछित ई-मेल का वर्णन करने के लिए किया जाता है।

* यह अवांछित थोक संदेश भेजने के लिए ईमेल और अन्य डिजिटल डिलीवरी सिस्टम जैसे इलेक्ट्रॉनिक मैसेजिंग सिस्टम का उपयोग है।

* स्पैमिंग का अर्थ है व्यापक दर्शकों को अवांछित विज्ञापन संदेश पोस्ट करना या ईमेल करना। इसका उपयोग कंपनियां अपने उत्पादों के विपणन के लिए करती हैं, कभी-कभी उनका उपयोग निर्दोष लोगों को ठगने के लिए संदिग्ध उद्देश्यों के लिए भी किया जाता है।

* इस शब्द का इस्तेमाल आम तौर पर अन्य मीडिया जैसे इंटरनेट फ़ोरम, इंस्टेंट मैसेजिंग और मोबाइल टेक्स्ट मैसेजिंग, सोशल नेटवर्किंग, टेलीविज़न विज्ञापन आदि के लिए किया जा सकता है।

अन्य कीवर्ड हैं:

* ड्राफ्ट: वे सहेजे नहीं गए संदेशों के अलावा और कुछ नहीं हैं जिन्हें भेजा जाना बाकी है।

* मेमे: एक छवि, वीडियो, पाठ का टुकड़ा, आदि, आमतौर पर प्रकृति में विनोदी है, जिसे इंटरनेट उपयोगकर्ताओं द्वारा कॉपी और तेजी से फैलाया जाता है, अक्सर मामूली बदलाव के साथ।

अतः विकल्प (B) सही है।

61. 21 सितंबर 2018 को, श्री पल्लव महापात्रा को भारत के पहले बैंक के एमडी और सीईओ के रूप में नियुक्त किया गया, जो पूरी तरह से भारतीयों के स्वामित्व और प्रबंधन में था।

श्री पल्लव महापात्रा के पास सांख्यिकी और सीएआईआईबी में एमएससी की डिग्री है। वह शुरू में 1983 में SBI में एक परिवीक्षाधीन अधिकारी के रूप में शामिल हुए और आखिरकार, सेंट्रल बैंक ऑफ इंडिया में शामिल होने से पहले, वह SBI (कैलिफ़ोर्निया), लॉस एंजिल्स में उपाध्यक्ष (क्रेडिट और फॉरेक्स) थे।

सेंट्रल बैंक ऑफ इंडिया की स्थापना 1911 में सर सोराबजी पोचखानवाला द्वारा की गई थी और इसका मुख्यालय मुंबई, महाराष्ट्र में स्थित है।

अतः विकल्प (D) सही है।

62. केंद्रीय इलेक्ट्रॉनिक्स और सूचना प्रौद्योगिकी मंत्री, रविशंकर प्रसाद ने संयुक्त राज्य अमेरिका, यूके, कनाडा, ऑस्ट्रेलिया, यूएई, नीदरलैंड, सिंगापुर,

ऑस्ट्रेलिया और न्यूजीलैंड सहित चुनिंदा देशों के लिए विदेश मंत्रालय के समन्वय में यूएमएएनजी के अंतर्राष्ट्रीय संस्करण का शुभारंभ किया।

यूएमएएनजी (यूनिफाइड मोबाइल एप्लिकेशन फॉर न्यू-एज गवर्नेंस) के 3 साल पूरे होने और 2000 से अधिक सेवाओं के मील के पत्थर के अवसर पर एक ऑनलाइन सम्मेलन का आयोजन किया गया था। ऐप भारतीय अंतरराष्ट्रीय छात्रों, एनआरआई और भारतीय पर्यटकों को सरकार की सेवाओं का लाभ उठाने में मदद करेगा।

अतः विकल्प (A) सही है।

63. रॉयल एनफील्ड की मूल कंपनी आयशर मोटर्स ने बी गोविंदराजन को मोटरसाइकिल ब्रांड का मुख्य कार्यकारी अधिकारी नियुक्त करने की घोषणा की है। रॉयल एनफील्ड के सीईओ होने के अलावा, गोविंदराजन आयशर मोटर्स लिमिटेड (ईएमएल) के बोर्ड में पूर्णकालिक निदेशक के रूप में भी काम करेंगे। गोविंदराजन ने रॉयल एनफील्ड में कई मॉडलों के विकास और लॉन्च का नेतृत्व किया है।

अतः विकल्प (A) सही है।

64. नीमाबेन आचार्य गुजरात राज्य की विधान सभा की प्रथम महिला अध्यक्ष बनीं।

निमाबेन भावेशभाई आचार्य अपनी 12वीं विधानसभा के लिए गुजरात के अंजार निर्वाचन क्षेत्र से विधान सभा के सदस्य हैं। वह पहले गुजरात परिवार नियोजन परिषद में कार्यरत थीं।

अतः विकल्प (A) सही है।

65. कैलाश मानसरोवर से सबसे छोटी दूरी तवाघाट है।

कैलाश पर्वत, जिसे भगवान शिव का निवास माना जाता है, चीन के साथ भारत की सीमा से लगभग 100 किमी उत्तर में स्थित है।

उत्तराखंड के रास्ते में तीन खंड शामिल हैं। पहला खंड पिथौरागढ़ से तवाघाट तक 107.6 किमी लंबी सड़क है, दूसरा तवाघाट से घाटियाबगढ़ तक 19.5 किमी सिंगल लेन पर है, और तीसरा खंड चीन सीमा पर घाटियाबगढ़ से लिपुलेख दर्रे तक 80 किमी है, जहां केवल पैदल ही जाया जा सकता है।

अत: विकल्प (D) सही है।

66. अस्कोट वन्यजीव अभयारण्य उत्तराखंड में अस्कोट शहर के पास पिथौरागढ़ से 54 किमी दूर स्थित है।

अभयारण्य बड़ी संख्या में झाड़ियों, पेड़ों और जड़ी-बूटियों के साथ-साथ वनस्पतियों और जीवों की एक विस्तृत विविधता का घर है। अभयारण्य में सबसे अधिक पाए जाने वाले पेड़ सागौन और नीलगिरी हैं।

अभयारण्य दो नदियों - धौली नदी और इलकी नदी के उद्गम बिंदुओं को चिह्नित करता है। गोरी गंगा नदी अस्कोट कस्तूरी मृग अभयारण्य से होकर गुजरती है।

अत: विकल्प (D) सही है।

67. उत्तराखंड के पंचायती राज अधिनियम, 2016 की धारा 14, 59, 96 के अनुसार प्रधान, उप-प्रधान और क्षेत्र पंचायत के सदस्य के पद के लिए चुनाव कराने का अधीक्षण, निर्देश और नियंत्रण राज्य चुनाव आयोग में निहित है।

उत्तराखंड के पंचायती राज अधिनियम, 2016 से संबंधित महत्वपूर्ण बिंदु निम्नलिखित हैं:

* उत्तराखंड का पंचायती राज अधिनियम 4 अप्रैल, 2016 को पेश किया गया था।

* ग्राम पंचायत, क्षेत्र पंचायत और जिला पंचायत से जुड़े मामलों को समेकित करने और प्रासंगिक मामलों को उपलब्ध कराने के लिए अधिनियम लागू किया गया।

- राज्य में पंचायती राज संस्थाओं का कामकाज उत्तराखंड पंचायती राज अधिनियम 2016 और उत्तराखंड पंचायती राज (संशोधन) अधिनियम 2019 द्वारा शासित है।

अत: विकल्प (D) सही है।

68. उत्तराखंड के पिथौरागढ़ में कामाक्षा (कामख्या देवी) टेम्पल स्थित है। इस मंदिर की स्थापना 1972 में मदन मोहन शर्मा के प्रयासों से हुई थी. 1972 में मदन मोहन शर्मा ने जयपुर से छः सिरोंवाली मूर्ति लाकर यहां स्थापित की थी। पिथौरागढ़ का पुराना नाम (सोर घाटी) है। ये चीन और नेपाल के बॉर्डर से लगा उत्तराखंड के कुमाऊं मंडल का एक प्रमुख जिला है। जो मध्य और उच्च हिमालयी क्षेत्र के अंतर्गत आता है।

अत: विकल्प (A) सही है।

69. उत्तराखंड में एक 'नाली' भूमि में 16 'मुट्ठी' हैं।

मुट्ठी से संबंधित महत्वपूर्ण बिंदु निम्नलिखित हैं:

- यह उत्तराखंड के क्षेत्र की एक पारंपरिक इकाई है।
- यह आमतौर पर भारतीय राज्य उत्तराखंड में उपयोग की जाती है।
- यह नाली की एक उप इकाई है।
- 16 मुट्ठी एक नाली और 1 मुट्ठी = 135 वर्ग फुट बनाती है।

नाली से संबंधित महत्वपूर्ण बिंदु निम्नलिखित हैं:

- नाली एक भूमि मापन इकाई है जिसका उपयोग उत्तराखंड में किया जाता है।
- यह भूमि की खेती के लिए आवश्यक बीज की मात्रा का संकेत देती है।
- 1 नाली लगभग 2160 वर्ग फुट के बराबर है।

अत: विकल्प (B) सही है।

70. उत्तरांचल (उत्तराखंड) के गठन के बाद अंतरिम विधान सभा के सदस्यों की कुल संख्या 30 थी

उत्तराखंड विधान सभा से संबंधित महत्वपूर्ण बिंदु निम्नलिखित हैं:

- यह उत्तराखंड का एक सदनीय शासी निकाय और कानून बनाने वाला निकाय है।
- यह देहरादून और गैरसैंण में गठित है।
- उत्तरांचल के गठन के बाद अंतरिम विधानसभा के सदस्यों की कुल संख्या 30 है, जिसमें से 22 यूपी विधान सभा से और 8 यूपी विधान परिषद से हैं।

अत: विकल्प (B) सही है।

71. प्राचीन समय में, अस्कोट की राजधानी कत्यूरी राजवंश थी।

अस्कोट से संबंधित महत्वपूर्ण बिंदु निम्नलिखित हैं:

- यह उत्तराखंड के पिथौरागढ़ जिले में एक छोटा हिमालयी शहर है।
- यह स्थान कस्तूरी मृग के संरक्षण के लिए समर्पित अस्कोट कस्तूरी मृग अभयारण्य के लिए प्रसिद्ध है।
- कत्यूरी राजा वर्तमान उत्तराखंड, भारत के मध्ययुगीन शासक वंश थे और इसकी राजधानी अस्कोट थी।
- कत्यूरी वंश की स्थापना वासुदेव कत्यूरी ने की थी।

अत: विकल्प (C) सही है।

72. भोटिया जाति के ग्रीष्म ऋतु निवास को मैट कहा जाता है।

भोटिया जाति से संबंधित महत्वपूर्ण बिंदु निम्नलिखित हैं:

- उत्तराखंड में भोटिया, गढ़वाल मंडल के जाध, माणा, नीति और कुमाऊं मंडल के जौहर, दारमा, ब्यान, चौदंस की नदी घाटियों में निवास करते हैं।
- सदियों पहले से वे मुनस्यारी और ऊपरी हिमालय के गांवों के बीच चले गए, उन्होंने तिब्बत से नमक, बोरेक्स और ऊन के लिए अनाज, गुड़ और मिश्री का व्यापार किया।
- भोटियाओं में सबसे लोकप्रिय भाषाएँ कुमाउनी, गढ़वाली, हिंदी, भोटिया, हलम और रोंगपा हैं।
- वे मुख्य रूप से हिंदू धर्म और बौद्ध धर्म का पालन करते हैं।
- भोटिया लोग गर्मियों, बरसात और शरद ऋतु के मौसम के दौरान मैट नामक गांवों में निवास करते हैं।

अत: विकल्प (B) सही है।

73. केदारनाथ की स्थापना से संबंधित केदार कांथा पर्वत टोंस नदी पर स्थित है।

केदारनाथ पर्वत से संबंधित महत्वपूर्ण बिंदु निम्नलिखित हैं:

- केदारकांठा उत्तरकाशी जिले में गोविंद वन्यजीव अभयारण्य के भीतर स्थित है।
- जूडा-का-तालाब नामक एक झील है, स्थानीय लोगों का कहना है कि एक बार भगवान शिव ने केदारकांठा में ध्यान किया था।
- टोंस यमुना की सबसे बड़ी सहायक नदी है और उत्तराखंड में गढ़वाल क्षेत्र से होकर हिमाचल प्रदेश को छूती है।
- इस नदी के नाम पर टोंस थ्रस्ट का नाम रखा गया है।

अत: विकल्प (A) सही है।

74. अल्मोड़ा के सिक्के कत्यूरी वंश के हैं।

कत्यूरी वंश से संबंधित महत्वपूर्ण बिंदु निम्नलिखित हैं:

- कत्यूरी वंश की स्थापना वासुदेव कत्यूरी ने की थी।
- कत्यूरी वंश ने इस क्षेत्र पर शासन किया जिसे अब कुमाऊं के नाम से जाना जाता है जो 800 से 1100 ईस्वी तक था।
- इनकी राजधानी करतारपुर थी।
- कत्यूरी वंश का नाम कुमाऊं क्षेत्र में कत्यूर घाटी से है।
- कत्यूरी राजाओं को वर्तमान उत्तराखंड में कई मंदिरों के निर्माण के लिए जाना जाता था।

अत: विकल्प (D) सही है।

75. अलकनंदा नदी का उद्गम स्थल सतोपंथ ग्लेशियर है।

अलकनंदा नदी से संबंधित महत्वपूर्ण बिंदु निम्नलिखित हैं:

- अलकनंदा नदी गंगा की स्रोत धारा है।
- अलकनंदा से जुड़ने वाली पांच सहायक नदियाँ धौलीगंगा, नंदाकिनी, पिंडर, मंदाकिनी और भागीरथी हैं।
- अलकनंदा अन्य नदियों के साथ विभिन्न संगम बनाती है इसे प्रयाग कहा जाता है।

अत: विकल्प (B) सही है।

76. सेंट्रल हिमालयन एनवायरनमेंट एसोसिएशन (CHEA) नैनीताल में स्थित है।

सेंट्रल हिमालयन एनवायरनमेंट एसोसिएशन (CHEA) की स्थापना 2 अक्टूबर 1981 को हुई थी। सोसायटी को मई 1982 में पंजीकृत किया गया था। CHEA उत्तरी भारत में स्थापित शुरुआती समाजों में से एक है, जिसकी मुख्य चिंता "हिमालय में लोगों का पर्यावरण और आजीविका" थी।

अत: विकल्प (A) सही है।

77. ह्वेन त्सांग द्वारा अपनी यात्रा में वर्णित गोविषाण का वर्तमान नाम जोशीमठ है।

काशीपुर से संबंधित महत्वपूर्ण बिंदु निम्नलिखित हैं:

- यह उत्तराखंड के उधमसिंह नगर जिले का शहर है और इसका पहले का नाम गोविषाण था।
- यह कुमाऊं का तीसरा सबसे अधिक आबादी वाला शहर है।
- यह उत्तराखंड का एकमात्र शहर है जो अपने एकमात्र IIM की सुविधा देता है।
- ह्वेन त्सांग का जन्म 6 अप्रैल को 602 ईस्वी में चेन्हे गांव, गौशी टाउन में चेन हुई में हुआ था।
- वह एक चीनी बौद्ध, भिक्षु, विद्वान थे जिन्होंने 7वीं शताब्दी में भारत की यात्रा की थी।
- उन्होंने हर्ष के शासनकाल में चीनी बौद्ध धर्म और भारतीय बौद्ध धर्म के बीच बातचीत का वर्णन किया।

अत: विकल्प (B) सही है।

78. उत्तराखंड का उधम सिंह नगर जिला नेपाल के साथ अंतर्राष्ट्रीय सीमा साझा करता है।

उधम सिंह नगर से संबंधित महत्वपूर्ण बिंदु निम्नलिखित हैं:

- उत्तराखंड के उत्तरकाशी, चमोली और पिथौरागढ़ जिले चीन के साथ उत्तर-पश्चिम में एक अंतरराष्ट्रीय सीमा साझा करते हैं।
- पूर्व में, पिथौरागढ़, चंपावत और उधम सिंह नगर जिले नेपाल के साथ एक अंतर्राष्ट्रीय सीमा साझा करते हैं।
- उधम सिंह नगर जिला उत्तराखंड राज्य का खाद्य कटोरा है।

अत: विकल्प (A) सही है।

79. उत्तराखंड का वर्तमान राजभवन पहले सर्किट हाउस के रूप में जाना जाता है।

सर्किट हाउस से संबंधित महत्वपूर्ण बिंदु निम्नलिखित हैं:

- वर्तमान राजभवन (जिसे पहले सर्किट हाउस के नाम से जाना जाता था) 1902 में बनाया गया था।
- स्वतंत्रता के बाद के समय में, भारत के पहले प्रधानमंत्री, पं जवाहरलाल नेहरू जब भी देहरादून आते थे तो इस इमारत में रहते थे।
- इसे तब "कोर्ट हाउस" कहा जाता था, जहां संयुक्त प्रांत (अब उत्तर प्रदेश) के तत्कालीन ब्रिटिश गवर्नर अक्सर निवास करते थे।

अत: विकल्प (A) सही है।

80. उत्तराखंड की भोटिया जनजाति का संबंध मंगोलॉयड मानव जाति से है

भोटिया जनजाति से संबंधित महत्वपूर्ण बिंदु निम्नलिखित हैं:

- भोटिया या भोट ट्रांस-हिमालयी क्षेत्र में रहने वाले जातीय-भाषाई रूप से संबंधित तिब्बती लोगों के समूह हैं जो भारत को तिब्बत से विभाजित करते हैं।
- मंगोलॉइड्स-इस जाति की मूल मातृभूमि मंगोलिया (चीन) थी। मंगोलॉइड्स उत्तरी और पूर्वी पर्वत श्रृंखलाओं के दर्रे के माध्यम से भारत आए।
- ये लोग हिमालय के आस-पास के क्षेत्रों में केंद्रित हैं, उदा. लद्दाख, सिक्किम, अरुणाचल प्रदेश और उत्तर-पूर्वी भारत के अन्य क्षेत्र।

अत: विकल्प (D) सही है।

81. 1957 में 'पद्म श्री' पुरस्कार प्राप्त करने वाले कलाकार और चित्रकार सुधीर रंजन कस्तगीर थे

सुधीर रंजन कस्तगीर से संबंधित महत्वपूर्ण बातें निम्नलिखित हैं:

- सुधीर रंजन खस्तगीर बंगाल कला विद्यालय के एक भारतीय चित्रकार और एक कला शिक्षक थे।
- सुधीर चित्रकला की भारतीय शैली के लिए जाने जाते थे। उन्होंने 1929 में शांतिनिकेतन में विश्व-भारती विश्वविद्यालय से स्नातक किया।
- वह द दून स्कूल, देहरादून के पहले कला शिक्षक भी थे, जब यह 1935 में खुला था।

अत: विकल्प (D) सही है।

82. लोक संस्कृति संग्रहालय नैनीताल के पास भीमताल में स्थित है।

लोक संस्कृति संग्रहालय से संबंधित महत्वपूर्ण बिंदु निम्नलिखित हैं:

- इसे लोकप्रिय रूप से 'लोक संस्कृती संघरालय' के नाम से जाना जाता है।
- इस निजी संग्रहालय की स्थापना डॉ यशोधर मठपाल ने 1983 में की थी और इसमें बहुमूल्य कलाकृतियाँ और पुरानी तस्वीरों का खजाना है।
- संग्रहालय दुर्लभ कलाकृतियों को प्रदर्शित करता है जैसे कि सैकड़ों साल पहले की तस्वीरें और ।
- इसके अलावा, संग्रहालय में उत्तराखंड के विभिन्न क्षेत्रों से चट्टान कला और वस्तुओं का दुर्लभ संग्रह है।

अत: विकल्प (A) सही है।

83. केदारनाथ मंदिर का निर्माण आदि शंकराचार्य ने करवाया था।

केदारनाथ मंदिर से संबंधित महत्वपूर्ण बिंदु निम्नलिखित हैं:

- केदारनाथ मंदिर, जो भगवान शिव को समर्पित है।
- यह आदि शंकराचार्य द्वारा बनाया गया था और भारत के 12 ज्योतिर्लिंगों में से एक है।
- केदारनाथ मंदिर उत्तराखंड में प्रसिद्ध चार धाम यात्रा का एक अभिन्न अंग है।
- भगवान आदि शंकराचार्य को आदर्श संन्यासी माना जाता है।
- उनका जन्म केरल के कलाडी में हुआ था।

अतः विकल्प (A) सही है।

84. कुमाऊं परिषद के चौथे अधिवेशन की अध्यक्षता गोविन्द बल्लभ पंत ने की।

- कुमाऊं परिषद के चौथे अधिवेशन की अध्यक्षता गोविन्द बल्लभ पंत ने की।कुमाऊं परिषद की स्थापना पं हरगोविंद वल्लभ पंत, गोविंद बल्लभ पंत, बद्री दत्त पांडे, इंद्रलाल शाह, मोहन सिंह डमरवाल, चंद्र लाल शाह, प्रेम बल्लभ पांडे, भोला दत्त पांडे और लक्ष्मी दत्त शास्त्री द्वारा मुख्य उद्देश्य के साथ पहाड़ी क्षेत्र की कुछ राजनीतिक लक्ष्य सामाजिक और आर्थिक समस्याओं को हल करने के लिए की गई थी।
- 1923 और 1926 के प्रांतीय चुनावों में कुमाऊं परिषद, हरगोविंद वल्लभ पंत, गोविंद बल्लभ पंत, मुकुंदी लाल और बद्री दत्त पांडे के उम्मीदवारों ने अपने समकक्षों को बुरी तरह से हराया।
- 1926 में कुमाऊं परिषद को भारतीय राष्ट्रीय कांग्रेस में मिला दिया गया।

अतः विकल्प (B) सही है।

85. उत्तराखंड 1,100 से अधिक दुर्लभ पौधों को विलुप्त होने से बचाने के लिए अपने संरक्षण प्रयासों को उजागर करने वाली एक अनूठी विवरण जारी करने वाला पहला राज्य बन गया है।

- अश्वगंधा ',' गिलोय ', कालमेघ' और चित्रक 'जैसी जड़ी-बूटियाँ, जो वर्तमान में कोरोनोवायरस का संभावित इलाज खोजने के लिए वैज्ञानिकों के शोध का हिस्सा हैं, व्हिसलब्लोअर वन सेवा अधिकारी संजीव चतुर्वेदी द्वारा निष्पादित इस संरक्षण में शामिल हैं।

- प्रकृति संरक्षण के लिए अंतर्राष्ट्रीय संघ (IUCN) की रेड लिस्ट के तहत और राज्य जैव विविधता बोर्ड की लाल सूची के तहत, उत्तराखंड में लगभग 1,145 पौधों की प्रजातियों का संरक्षण किया गया है, जिनमें से 68 प्रजातियाँ स्थानिक हैं। राज्य वन विभाग के अनुसंधान विंग द्वारा इस परियोजना।

अतः विकल्प (D) सही है।

86. वैज्ञानिक और औद्योगिक अनुसंधान परिषद-केंद्रीय औषधीय और सुगंधित पौधों का संस्थान (CSIR-CIMAP) अनुसंधान केंद्र बागेश्वर में स्थित है।

CSIR-CIMAP से संबंधित महत्वपूर्ण बिंदु निम्नलिखित हैं:

- सेंट्रल इंस्टीट्यूट ऑफ मेडिसिनल एंड एरोमैटिक प्लांट्स, जिसे सीआईएमएपी के नाम से जाना जाता है, वैज्ञानिक और औद्योगिक अनुसंधान परिषद (सीएसआईआर) की एक सीमांत संयंत्र अनुसंधान प्रयोगशाला है।

- केंद्र का लक्ष्य हिमालयी क्षेत्र के एमएपी के उत्कृष्टता केंद्र के रूप में विकसित करना है।

- केंद्र की गतिविधियां उत्तराखंड के एमएपी का संग्रह, संरक्षण, पालतू बनाना और लक्षण वर्णन, पहाड़ी क्षेत्र, विशेष रूप से उत्तराखंड के लिए कृषि प्रौद्योगिकी विकास के लिए अनुसंधान एवं विकास कार्यक्रम हैं।

अतः विकल्प (C) सही है।

87. उत्तराखंड के चंपावत जिले में अंदुरी उत्सव उत्सव मनाया जाता है, जो उस भूमि के लिए ईश्वर को धन्यवाद देता है जो मवेशियों से दूध की अच्छी उपज और उनकी सुरक्षा में मदद कर रही है।

अंदुरी उत्सव से संबंधित महत्वपूर्ण बिंदु निम्नलिखित हैं:

- "अन्धुरी उत्सव "को बटर फेस्टिवल या बटर होली के नाम से भी जाना जाता है।

- जैसा कि नाम से पता चलता है, मक्खन होली एक ऐसा त्योहार है जिसमें स्थानीय निवासी एक-दूसरे पर दूध, मक्खन, या छाछ छिड़कते हैं।

- बुजुर्ग से लेकर युवा तक किसी को भी अंधुरी के प्राचीन सफेद रंग में सराबोर होने का मौका नहीं मिलता।

- मक्खन त्यौहार जिसे माखन होली के नाम से भी जाना जाता है, हर साल 16 से 18 अगस्त के बीच भादो संक्रांति को आयोजित किया जाता है।

अतः विकल्प (D) सही है।

88. व्यावसायिक शिक्षा (कौशल विकास) कार्यक्रम उत्तराखंड में 'गैर और नव-साक्षरों को व्यावसायिक कौशल से लैस करने के लिए उनके जीवन और कमाई की स्थिति में सुधार करने के लिए' बनाया गया है।

परियोजना में दिए गए अधिदेश के तहत, वीटी के लिए फोकस है:

- GoUK के प्रोत्साहन द्वारा प्रोत्साहित नए उद्योगों के लिए एक कुशल कार्यबल विकसित करना।

- राज्य में लाभ ग्रामीण पहाड़ी क्षेत्रों तक पहुंचना चाहिए।

- राज्य में उच्च युवा बेरोजगारी के स्तर को संबोधित करना।

- निजी क्षेत्र के साथ गठबंधन करके शिक्षा और प्रशिक्षण के लिए नए रास्ते तैयार करना।

- प्राप्त कार्य अनुभव के साथ व्यावसायिक प्रशिक्षण के पूरा होने पर कैरियर को आगे बढ़ाने और संबंधित क्षेत्र में आगे की पढ़ाई करने के इच्छुक व्यक्तियों का प्रशिक्षण सुनिश्चित करना।

अतः विकल्प (D) सही है।

89. अखरोट (0.19 लाख मीट्रिक टन) के उत्पादन में उत्तराखंड देश में दूसरे स्थान पर है और उसके बाद जम्मू-कश्मीर (2.10 लाख मीट्रिक टन) है।

नाशपाती (0.788 लाख मीट्रिक टन), आड़ु (0.579 लाख मीट्रिक टन), बेर (0.362 लाख मीट्रिक टन) और खुबानी (0.282 लाख मीट्रिक टन) के उत्पादन में उत्तराखंड देश में पहले स्थान पर है।

सेब (0.62 लाख मीट्रिक टन) के उत्पादन में उत्तराखंड देश में तीसरे स्थान पर है, इसके बाद जम्मू-कश्मीर (13.68 लाख मीट्रिक टन) और हिमाचल प्रदेश (6.25 लाख मीट्रिक टन) है।

उत्तराखंड कटे हुए फूलों के 14.70 करोड़ स्पाइक्स का उत्पादन करता है और देश में आठवें स्थान पर है।

मसालों की उत्पादकता राष्ट्रीय औसत 1.85 मीट्रिक टन / हेक्टेयर के मुकाबले देश में सबसे अधिक (6.82 मीट्रिक टन / हेक्टेयर) है।

खाद्य प्रसंस्करण इकाइयां स्थापित करने में उत्तराखंड का देश में अठारहवां स्थान है।

अतः विकल्प (A) सही है।

90. राजा सोम चंद शासक ने राजबंगा किला बनवाया।

राजा सोम चंद से संबंधित महत्वपूर्ण बिंदु निम्नलिखित हैं:

- चंद्र वंश का राजा सोम चंद्र था।

- यह राजवंश बुंदेलखंड क्षेत्र में फैला हुआ था।

- सोम चंद ने उनके बेटे आत्म चंद को उत्तराधिकारी बनाया, जिन्होंने छोटे राज्य की शक्ति और प्रभाव को मजबूत करने का काम जारी रखा,और कहा जाता है कि सभी पड़ोसी राज्य के शासकों ने चंपावत में उनके लिए दरबार लगाया।

- वे संसार चंद, सुधा चंद, हम्मीर या हरि चंद और बीना चंद एक के बाद एक और देबी चंद (1725 तक)अंतिम राजा थे। 1726 में उनके ही क्रीड़ा भवन में उनके ही धूर्त मंत्री के प्रतिनिधि द्वारा उनकी हत्या कर दी गई थी।

अतः विकल्प (D) सही है।

91. एडवर्ड जेम्स कॉर्बेट (जिम कॉर्बेट) की पहली किताब, मैन-ईटर्स ऑफ कुमाऊं। घातक जानवर, जिसे बाद में एक बाघिन के रूप में पाया गया, ने उत्तराखंड के कुमाऊं के लोगों के दिलों में इतना गहरा भय पैदा कर दिया था कि उनके गांव में बुनियादी स्वच्छता की भी कमी थी। जिम कॉर्बेट ब्रिटिश सेना में एक शिकारी, संरक्षणवादी, लेखक और कर्नल थे। शिकार की उनकी कट्टर भावना ने उन्हें भारतीय ग्रामीणों की नज़र में एक नायक बना दिया, जो बाघों को मारने के लिए उनसे मदद माँगने आते थे। उन्हें फोटोग्राफी का शौक था और उन्होंने कई खूबसूरत तस्वीरें लीं। वह स्कूली बच्चों को प्राकृतिक वनों की सुरक्षा और संरक्षण के बारे में शिक्षित करेंगे। उन्होंने कुमाऊं क्षेत्र में भारत का पहला राष्ट्रीय उद्यान बनाने में मदद की। पैंथेरा टाइग्रिस कॉर्बेटी वह बाघ था जिसका नाम उसके नाम पर रखा गया था।

अतः विकल्प (D) सही है।

92. उत्तराखंड के सीएम त्रिवेंद्र सिंह रावत ने अक्टूबर, 2020 में मुख्यमंत्री सौर स्वरोजगार योजना की शुरुआत की। इस योजना का उद्देश्य राज्य में लगभग 10,000 युवाओं के लिए स्वरोजगार का सृजन करना है।

योजना के तहत लाभार्थियों को 25-25 किलोवाट के सोलर प्लांट आवंटित किए जाएंगे। इस योजना के तहत 10,000 लोगों को स्वरोजगार मिलेगा।

अतः विकल्प (C) सही है।

93. प्रेम चंद अग्रवाल उत्तराखंड राज्य विधान सभा के वर्तमान स्पीकर है।

प्रेमचंद अग्रवाल	उत्तराखंड के अध्यक्ष
रघुनाथ सिंह चौहान	उत्तराखंड के डिप्टी स्पीकर
बेबी रानी मौर्य	राज्यपाल
ओम प्रकाश	मुख्य सचिव

प्रेमचंद अग्रवाल एक भारतीय राजनीतिज्ञ और भारतीय जनता पार्टी के सदस्य हैं। अग्रवाल देहरादून जिले के ऋषिकेश निर्वाचन क्षेत्र से उत्तराखंड विधानसभा के सदस्य हैं जहां उनका निवास है।

अतः विकल्प (B) सही है।

94. के एस वाल्डिया प्रतिष्ठित वैज्ञानिक, शिक्षाविद, लेखक और एक सक्रिय पर्यावरणविद् थे। उनकी विशेषज्ञता के क्षेत्र सक्रिय दोष और पर्यावरण भूविज्ञान के विशेष संदर्भ में टेक्टोनिक्स हैं। उत्तराखंड हिमालय पर उनके मौलिक अध्ययन और शोध पूरे हिमालय की संरचनात्मक वास्तुकला की व्याख्या करने के लिए एक टेम्पलेट और एक गाइड की सेवा करते हैं।

अतः विकल्प (D) सही है।

95. 2010 में तत्कालीन मुख्यमंत्री रमेश पोखरियाल निशंक द्वारा संस्कृत को राज्य की दूसरी आधिकारिक भाषा बनाया गया था, जो अब केंद्रीय शिक्षा मंत्री हैं।

अतः विकल्प (B) सही है।p

96. 2020-21 में, सिंचाई और जल आपूर्ति, स्वच्छता, आवास और शहरी विकास (70%), अनुसूचित जाति / अनुसूचित जनजाति / अन्य पिछड़ा वर्ग और अल्पसंख्यकों का कल्याण (57%), समाज कल्याण और पोषण (29%), और स्वास्थ्य और परिवार कल्याण (29%) ने पिछले वर्ष के संशोधित अनुमान की तुलना में आवंटन में सबसे अधिक वृद्धि देखी।

अतः विकल्प (A) सही है।

97. उत्तराखंड के प्रसिद्ध लोक गायक पंडित इंद्रमणि बडोनी का जन्म 24 दिसंबर 1925 को टिहरी जिले के जखोली ब्लॉक के अखोदी गांव में हुआ था।

अतः विकल्प (A) सही है।

98. उत्तराखंड जल संस्थान हल्द्वानी में स्थित है।

26 अगस्त 2002 को गढ़वाल जल संस्थान और "कुमाऊं जल संस्थान" के समामेलन द्वारा उत्तराखंड राज्य भर में अधिकार क्षेत्र वाले मूल अधिनियम की धारा 18 के तहत उत्तराखंड जल संस्थान का गठन किया गया। यह छावनी क्षेत्रों को छोड़कर पूरे उत्तराखंड में फैला हुआ है।

अतः विकल्प (C) सही है।

99. अधिकांश भारत की तरह, कृषि उत्तराखंड की अर्थव्यवस्था के सबसे महत्वपूर्ण क्षेत्रों में से एक है।

कृषि उत्तराखंड की रीढ़ है और इसका अभ्यास कई लोग विशेष रूप से उत्तराखंड के पहाड़ी क्षेत्रों में रहने वाले लोगों द्वारा किया जाता है। उत्तराखंड में कृषि कई स्थानीय ग्रामीणों का मुख्य व्यवसाय है क्योंकि इससे उन्हें रोटी और मक्खन मिलता है।

अतः विकल्प (B) सही है।

100. भारत सरकार द्वारा पहली पर्यटन नीति की घोषणा नवंबर 1982 को की गई थी। पहली पर्यटन नीति का मिशन आर्थिक विकास, सामाजिक एकीकरण और के साधन के रूप में स्थायी पर्यटन को बढ़ावा देना था। एक गौरवशाली अतीत, एक जीवंत वर्तमान और एक उज्ज्वल भविष्य वाले देश के रूप में विदेशों में भारत की छवि को बढ़ावा देना।

अतः विकल्प (B) सही है।

General Hindi

Q.1 चाँद का पर्यायवाची शब्द है:
A. दिवाकर   **B.** निशि   **C.** मार्तण्ड   **D.** शशि

Q.2 शारदा का पर्यायवाची शब्द नहीं है :
A. सरस्वती   **B.** कमला   **C.** वाणी   **D.** वीणापाणि

Q.3 निम्नलिखित में से कौन-सा शब्द तत्सम है?
A. गाजर   **B.** गाँठ   **C.** गेहूँ   **D.** गौरा

Q.4 निम्नलिखित में से मध्यम पुरुष सर्वनाम शब्द कौन-सा है?
A. मया   **B.** एषः   **C.** तव   **D.** भवान्

Q.5 'क्त' प्रत्यय _______ संज्ञा है।
A. टि   **B.** निष्ठा   **C.** नदी   **D.** पि

Q.6 निर्देश: नीचे दिए गये मुहावरे का उचित अर्थ चुनिए।
गागर में सागर भरना
A. अवसर का लाभ उठाना
B. विस्तृत बात को संक्षिप्त में कहना
C. संक्षिप्त बात को विस्तृत में कहना
D. संकट की स्थिति में होना

Q.7 निम्नलिखित में से कौन-सा विकल्प द्विगु समास का उदाहरण है?
A. महात्मा   **B.** मतदाता   **C.** आजीवन   **D.** सतमंजिल

Q.8 निम्नलिखित में से अशुद्ध वर्तनी का चयन कीजिए।
A. उमड़ना   **B.** कड़ाही   **C.** उत्कर्ष   **D.** वृत

Q.9 'महर्षि' का संधि विग्रह है-
A. महान + ऋषि   **B.** महा + ऋषि
C. महि + ऋषि   **D.** मही + ऋषि

Q.10 देवनागरी लिपि का विकास हुआ -
A. खरोष्ठी लिपि से   **B.** ब्राह्मी लिपि से
C. रोमन लिपि से   **D.** फारसी लिपि से

Q.11 किस शब्द में उपसर्ग व प्रत्यय दोनों का उपयोग हुआ है?
A. पाशविक   **B.** अत्याचारी
C. रासायनिक   **D.** काल्पनिक

Q.12 निम्न में कौन सा शब्द स्त्रीलिंग है?
A. सौभाग्य   **B.** सुन्दरता   **C.** काव्य   **D.** चन्द्र

Q.13 सम्बन्ध कारक का चिन्ह है?
A. का, के, की   **B.** से
C. के, लिए   **D.** में, पर

Q.14 सीमा कुत्ते से डरती है। इस वाक्य में कौन सा कारक है?
A. अपादान कारक   **B.** करण कारक
C. कर्म कारक   **D.** सम्बोधन कारक

Q.15 निर्देश: निम्नलिखित विकल्पों में से नीचे दिए गये शब्द का एकवचन रूप चुनिए।
गौएँ
A. गायें   **B.** गाय   **C.** गाँव   **D.** गौ

Q.16 निम्नलिखित में से अर्धविराम कौन-सा चिन्ह है?
A. ,   **B.** ;   **C.** ।   **D.** :

Q.17 'जुगुप्सा' किस रस का स्थायी भाव है?
A. वीभत्स   **B.** करुण   **C.** रौद्र   **D.** वीर

Q.18 निम्नलिखित में से कौन सा रस 'निष्पत्ति' से संबंधित नहीं है-
A. विभाव   **B.** अनुभाव   **C.** संचारी   **D.** अभाव

Q.19 निम्नलिखित में से अशुद्ध वर्तनी का चयन कीजिए।
A. अन्विती   **B.** सम्राट   **C.** रागात्मक   **D.** सर्द

Q.20 'कामायनी' के रचनाकार कौन हैं?
A. जयशंकर प्रसाद
B. सुमित्रानन्दन पंत
C. सूर्यकान्त त्रिपाठी 'निराला'
D. महादेवी वर्मा

General Knowledge and General Studies

Q.21 'सेमीकॉन इंडिया कॉन्फ्रेंस-2022' का आयोजन स्थल कौन सा था?
A. मुंबई   **B.** नई दिल्ली   **C.** बेंगलुरु   **D.** चेन्नई

Q.22 भारत के सन्दर्भ में हाल ही में जनसंचार-माध्यमों में अक्सर चर्चित "अप्रत्यक्ष अंतरण" को निम्नलिखित में कौन-सी एक स्थिति सर्वोत्तम रूप से प्रतिबिंबित करती है?

[UPSC Prelims, 2022]

A. कोई भारतीय कंपनी, जिसने किसी विदेशी उद्यम में निवेश किया हो और अपने निवेश पर मिलने वाले लाभ पर उस बाहरी देश को कर अदा करती हो।
B. कोई विदेशी कंपनी, जिसने भारत में निवेश किया हो और अपने निवेश से मिलने वाले लाभ पर अपने आधारभूत देश को कर अदा करती हो।
C. कोई भारतीय कंपनी, जो किसी बाहरी देश में मूर्त संपत्ति खरीदती है और उनका मूल्य बढ़ने पर उन्हें बेच देती है तथा प्राप्ति को भारत में अंतरित कर देती है।
D. कोई विदेशी कंपनी शेयर अंतरित करती है और ऐसे शेयर भारत में स्थित परिसंपत्तियों से अपना वस्तुगत मूल्य व्युत्पन्न करते हैं।

Q.23 अप्रैल 2022 में, मझगांव डॉक शिपबिल्डर्स ने प्रोजेक्ट 75 के तहत छह पनडुब्बियों में से अंतिम _______ लॉन्च किया।
A. INS वेला   **B.** INS वाग्शीर
C. INS कलवरी   **D.** INS वागीर

Q.24 किस बैंक ने कर संग्रह के लिए केंद्रीय प्रत्यक्ष कर बोर्ड (CBDT) और केंद्रीय अप्रत्यक्ष कर और सीमा शुल्क बोर्ड (CBIC) के साथ एक समझौता ज्ञापन पर हस्ताक्षर किए हैं?
A. कोटक महिंद्रा बैंक   **B.** धनलक्ष्मी बैंक
C. फेडरल बैंक   **D.** डीसीबी बैंक

Q.25 निम्नलिखित में से भारतीय रेल का शुभंकर प्रतीक कौन है?

[RRB (NTPC), 2017]

A. मॉरिस, बिल्ली   **B.** मुरुगन, पीकॉक

C. नंदी, बैल　　　　　**D.** भोलु, हाथी

Q.26 2022 में हरियाणा के किस शहर में देश का पहला 'हरित ऊर्जा' संयंत्र स्थापित किया गया है?

A. रेवाड़ी　　**B.** करनाल　　**C.** कैथल　　**D.** हिसार

Q.27 विक्रम शिला विश्वविद्यालय के संस्थापक थे:

A. गोपाल　　**B.** धर्मपाल　　**C.** रामपाल　　**D.** मणिपाल

Q.28 पुष्यमित्र शुंग द्वारा मारा जाने वाला अंतिम मौर्य शासक था?

A. देववर्मन　　**B.** बिन्दुसार　　**C.** बृहद्रथ　　**D.** दशरथ

Q.29 सारनाथ की सिंह राजधानी किस राजवंश की कला का नमूना है?

A. गुप्ता　　**B.** मौर्य　　**C.** माया　　**D.** कुषाण

Q.30 _____ भारत का तीसरा मुगल सम्राट था।

A. हुमायूं　　**B.** अकबर　　**C.** औरंगजेब　　**D.** जहांगीर

Q.31 किस मुगल सम्राट ने फतेहपुर सीकरी को अपनी राजधानी के रूप में स्थापित किया?

A. औरंगजेब　　**B.** बाबर　　**C.** अकबर　　**D.** हुमायूँ

Q.32 जैसे – जैसे हम उत्तर से दक्षिण की ओर बढ़ते है। हमे निम्नलिखित क्रम में पर्वत श्रेणियाँ मिलती हैं।

(1) सतपुड़ा
(2) धौलाधार
(3) विंध्य
(4) शिवालिक

A. 1 2 3 4　　**B.** 2 4 1 3　　**C.** 2 4 3 1　　**D.** 4 2 1 3

Q.33 चट्टानों के रूपांतरण की प्रक्रिया में क्या सम्मिलित हो सकता है ?

A. क्वार्टजाइट में परिवर्तित होता हुआ सैंडस्टोन
B. संगमरमर में परिवर्तित होता हुआ लाइपस्टोन
C. स्लेट में परिवर्तित होती हुई शेल
D. उपर्युक्त सभी

Q.34 आर्थिक सर्वेक्षण 2020-21 के अनुसार भारत किस प्रकार का आर्थिक सुधार कर रहा है?

A. U के आकार का　　**B.** V के आकार का
C. K के आकार का　　**D.** क्षितिज

Q.35 अशोक कुमार मेहता समिति किस क्षेत्र से संबंधित थी?

A. खेल　　**B.** पंचायती राज
C. स्वास्थ्य　　**D.** स्वच्छता

Q.36 निम्न में से कौन सी राष्ट्रपति की विवेकाधीन शक्ति नहीं है?

A. प्रधानमंत्री की नियुक्ति।
B. लोक सभा के विश्वास को प्रमाणित नहीं कर सकने पर मंत्रिपरिषद को बर्खास्त करना।
C. लोकसभा को बर्खास्त करना यदि मंत्रिपरिषद ने मंत्रियों अपना बहुमत खो दिया है।
D. आपातकाल की घोषणा।

Q.37 किस राज्य विधानसभा ने जनगणना 2021 में 'सरना' को एक अलग धर्म के रूप में शामिल करने का प्रस्ताव पारित किया?

A. बिहार　　**B.** झारखंड
C. असम　　**D.** पश्चिम बंगाल

Q.38 'मायोपिया' दृष्टि दोष वाला व्यक्ति_____ देख सकता है:

A. आस-पास की वस्तुएं स्पष्ट रूप से
B. दूर की वस्तुएँ स्पष्ट रूप से
C. निकट और साथ ही दूर की वस्तुएं स्पष्ट रूप से
D. न तो निकट और न ही दूर की वस्तुएं स्पष्ट रूप से

Q.39 एक निश्चित कूट भाषा में, 'HARVEST' को '22-21-7-24-20-3-10' के रूप में कोडित किया जाता है। उसी भाषा में 'FARMER' को किस प्रकार कोडित किया जाएगा?

A. 19-7-15-20-3-7　　**B.** 20-7-15-20-3-8
C. 20-7-14-21-3-8　　**D.** 19-7-15-19-3-8

Q.40 निर्देश: निम्नलिखित प्रश्न में दिए गए विकल्पों में से संबंधित अक्षरों को चुनिए।

MPRV : SOPT : : RPMV : ?

A. OSTP　　**B.** PSOT　　**C.** SOTP　　**D.** POST

Q.41 निर्देश: एक कथन दिया गया है, जिसके बाद दो निष्कर्ष दिए गए हैं। चयन करें कि दिए गए निष्कर्षों में से कौन सा निश्चित रूप से दिए गए कथन का अनुसरण करता है।

कथन: गुणत्तापूर्ण भोजन महंगा है। फर्नीचर के पुराने हो जाने के कारण भोजनालय का मालिक भोजनालय का नवीनीकरण कर रहे हैं।

निष्कर्ष:

I. भोजनालय के भोजन की गुणवत्ता में सुधार होगा।
II. जब उनका फर्नीचर पुराना हो जाए तो सभी भोजनालय का नवीनकरण करना पड़ता है।

A. केवल निष्कर्ष I अनुसरण करता है
B. केवल निष्कर्ष II अनुसरण करता है
C. I और II दोनों अनुसरण करते हैं
D. न तो I और न ही II अनुसरण करता है

Q.42 उस विकल्प का चयन करें जो दी गई आकृति के दर्पण प्रतिबिम्ब से मिलता-जुलता हो, जब दर्पण को दाहिनी ओर रखा जाए।

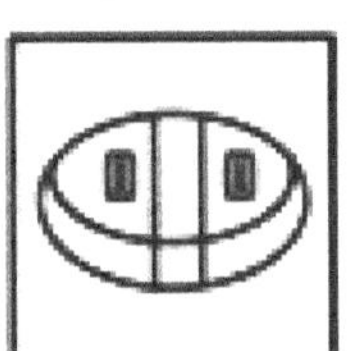

A. 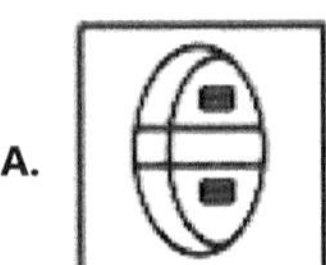　　**B.** 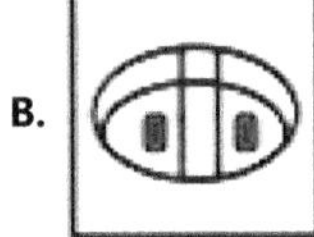

C. 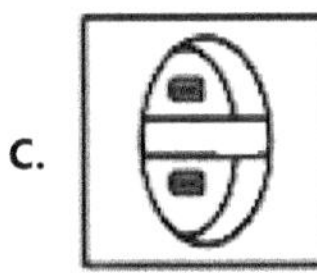　　**D.** 

Q.43 निर्देश: कागज के एक टुकड़े को मोड़ा और मुक्का मारा जाता है जैसा कि नीचे प्रश्न आकृतियों में दिखाया गया है। दी गई उत्तर आकृतियों से बताइए कि खोलने पर यह कैसी दिखाई देगी?

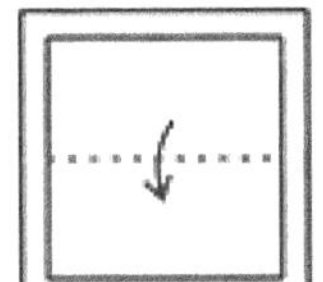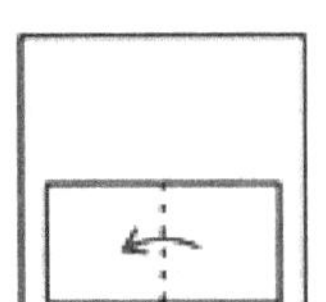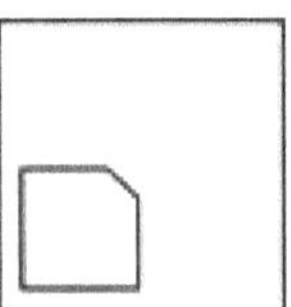

[UP Police Constable, 2019], [SSC MTS, 2019]

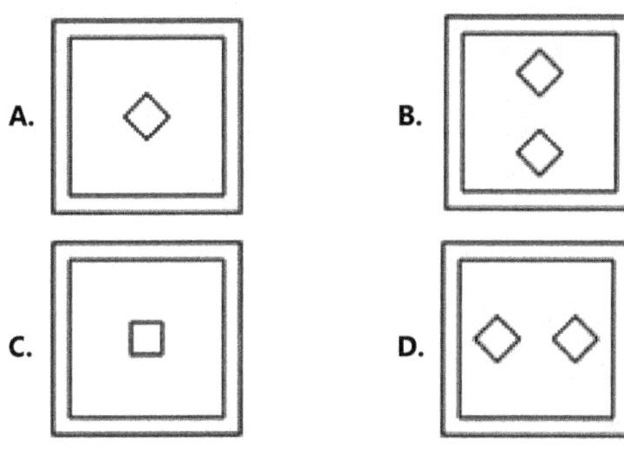

Q.44 दिए गए चार विकल्पों में से विषम को चुनिए:
A. टेबल   B. कुर्सी   C. बिस्तर   D. गलीचा

Q.45 ईमेल के माध्यम से भेजे गए अवांछित जंक या अवांछित संदेशों को _____ कहा जाता है।
A. फ्लैग मेल   B. पुश मेल   C. मार्क्ड मेल   D. स्पैम मेल

Q.46 चेन प्रिंटर एक _____ प्रिंटर है।
A. नॉन-इम्पैक्ट
B. डेज़ी व्हील
C. डॉट मैट्रिक्स
D. लाइन

Q.47 लिनक्स इसका एक उदाहरण है:
A. असेंबली लैंग्वेज
B. एप्लीकेशन सॉफ्टवेयर
C. प्रोग्रामिंग लैंग्वेज
D. ऑपरेटिंग सिस्टम

Q.48 निम्नलिखित में से कौन सा सर्वर एक वर्कस्टेशन उपयोगकर्ता और इंटरनेट के बीच मध्यस्थ के रूप में कार्य करता है ताकि उद्यम सुरक्षा सुनिश्चित कर सके?
A. प्रॉक्सी सर्वर
B. गेटवे
C. करबरोस
D. डी एम जेड

Q.49 एम एस एक्सेल में, इन्सर्ट फंक्शन _____ पर स्थित होता हैं।
A. वर्टिकल स्क्रॉल बार
B. हॉरिजॉन्टल स्क्रॉल बार
C. फॉर्मूला बार
D. स्टैण्डर्ड टूलबार

Q.50 एक व्यक्ति का परिचय देते हुए एक महिला ने कहा, "वह मेरे पिता की माता के भाई का पुत्र है।" वह व्यक्ति महिला से किस प्रकार संबंधित है?
A. पैतृक अंकल
B. भाई
C. चचेरा भाई
D. भतीजा

Q.51 अनिल सनी से लंबा है जो बेबी से छोटा है। अनिल बोस से लंबा है जो सनी से छोटा है। बेबी अनिल से छोटा है। सबसे छोटा कौन है?
A. बोस   B. बेबी   C. अनिल   D. सनी

Q.52 लड़कों की एक पंक्ति में, राहुल का स्थान दायें छोर से 39वां और पंकज का स्थान बाएं छोर से 53वां है। अपने स्थान को आपस में बदलने के बाद, राहुल का स्थान दायें छोर से 64वां हो जाता है। पंक्ति में कितने लड़के हैं?
A. 118   B. 117   C. 116   D. 120

Q.53 डेविड डियोप ने निम्नलिखित में से किस उपन्यास के लिए अंतर्राष्ट्रीय बुकर पुरस्कार जीता है?
A. द मैन हु प्लांटेड ट्रीज़
B. एट नाईट ऑल ब्लड इज़ ब्लैक
C. द स्वेलोस ऑफ काबुल
D. वेटिंग फॉर गोडॉट

Q.54 फ्लीट अवार्ड्स फंक्शन 2021 में निम्नलिखित में से किसे 'सर्वश्रेष्ठ जहाज' का खिताब दिया गया है?
A. आईएनएस सतपुरा
B. आईएनएस शिवालिक
C. आईएनएस सह्याद्री
D. आईएनएस टाबर

Q.55 जून 2021 में जारी नाइट फ्रैंक के ग्लोबल हाउस प्राइस इंडेक्स में भारत का क्या स्थान है?
A. 25   B. 35   C. 45   D. 55

Q.56 स्वतंत्र भारत के विंबलडन टेनिस चैम्पियनशिप में भारत का प्रतिनिधित्व करने वाले पहले भारतीय खिलाड़ी कौन थे?
A. रमेश कृष्णन
B. विजय अमृतराज
C. रामानाथन कृष्णन
D. लिएंडर पेस

Q.57 गेम स्टैंड में आभासी प्रशंसकों को स्थापित करने के लिए किस प्रौद्योगिकी कंपनी ने नेशनल बास्केटबॉल एसोसिएशन (एनबीए) के साथ भागीदारी की है?
A. गूगल
B. इंफोसिस
C. माइक्रोसॉफ्ट
D. एप्पल

Q.58 इरिडियम परत की खोज किसने की और नोबेल पुरस्कार भी जीता?
A. हेनरी मोसले
B. पियरे क्यूरी
C. सैंटियागो रेमोन
D. लुइस अल्वारेज़

Q.59 अल्कोहल का हिमांक बिन्दु क्या है?
A. -115° C   B. -50° C   C. -100° C   D. -39° C

Q.60 ब्रिक्स का मुख्यालय कहाँ स्थित हैं?
A. शंघाई   B. बीजिंग   C. मॉस्को   D. डरबन

General Knowledge of Uttarakhand

Q.61 निम्नलिखित में से किस देश ने "फ्रैक्टल ज्यामिति पर आधारित खाद्य कंटेनर" नवाचार से संबंधित एक 'कृत्रिम बुद्धिमत्ता प्रणाली' को पेटेंट प्रदान किया है?
A. कनाडा
B. दक्षिण अफ्रीका
C. ऑस्ट्रेलिया
D. रूस

Q.62 मई 2022 में जारी 'द स्ट्रगल फॉर पुलिस रिफॉर्म्स इन इंडिया' पुस्तक के लेखक कौन हैं?
A. राकेश अस्थाना
B. किंजल सिंह
C. सत्य नारायण प्रधान
D. प्रकाश सिंह

Q.63 जुलाई 2022 में, एक टेस्ट क्रिकेट मैच में एक ओवर में सबसे अधिक रन किसने बनाए?
A. मोहम्मद शमी
B. हार्दिक पांड्या
C. जसप्रीत बुमराह
D. भुवनेश्वर कुमार

Q.64 विश्व बैंक ने सिस्टम्स रिफॉर्म एंडेवर्स फॉर ट्रांसफॉर्म्ड हेल्थ अचीवमेंट को लागू करने के लिए किस राज्य को 350 मिलियन अमरीकी डालर की मंजूरी दी है?
A. गुजरात
B. महाराष्ट्र
C. राजस्थान
D. उत्तर प्रदेश

Q.65 किस भारतीय शहर को "दुनिया की योग राजधानी" माना जाता है?
A. नैनीताल   B. मसूरी   C. देहरादून   D. ऋषिकेश

Q.66 उत्तराखंड में ऋषिकेश तीर्थस्थल किस नदी के तट पर स्थित है?
A. घाघरा   B. गंगा   C. शारदा   D. यमुना

Q.67 निम्नलिखित में से कौन 'चारधाम' में शामिल नहीं है?
A. पुरी   B. द्वारका   C. मानसरोवर   D. रामेश्वरम

Q.68 निम्नलिखित में से कौन-सा अलकनंदा और भागीरथी का संगम स्थल है?

A. विष्णुप्रयाग   **B.** कर्णप्रयाग   **C.** रुद्रप्रयाग   **D.** देवप्रयाग

Q.69 उत्तराखंड सरकार ने कहाँ पर भारत के पहले ग्लास-फ़्लोर ब्रिज का निर्माण करने का अपना उद्देश्य घोषित किया है?

[SSC Selection Post Phase IX, 2020]

A. औली   **B.** ऋषिकेश   **C.** नैनीताल   **D.** हरिद्वार

Q.70 कॉर्बेट राष्ट्रीय उद्यान उत्तराखंड के किस जिले में स्थित है?

A. चमोली   **B.** नैनीताल   **C.** ऋषिकेश   **D.** देहरादून

Q.71 उत्तराखण्ड में किस एक प्रकार का वन नहीं पाया जाता है ?

A. अल्पाइन
B. शंकुधारी
C. शीतोष्ण पर्णपाती
D. उष्णकटिबंधीय सदाबहार

Q.72 उत्तराखंड के किस जिले में सबसे कम वन क्षेत्र है?

A. पिथौरागढ़   **B.** उधम सिंह नगर
C. हरिद्वार   **D.** पौड़ी गढ़वाल

Q.73 निम्नलिखित में से कौन सा दर्रा उत्तराखंड में है?

A. इमिस ला दर्रा   **B.** जेलेप ला दर्रा
C. माना दर्रा   **D.** नाथूला दर्रा

Q.74 गंगोत्री राष्ट्रीय उद्यान उत्तराखंड के निम्नलिखित में से किस जिले में स्थित है?

A. उधम सिंह नगर   **B.** उत्तरकाशी
C. अल्मोड़ा   **D.** चमोली

Q.75 "शांति स्वरूप भटनागर पुरस्कार 2020" किसने जीता?

A. डॉ. सूर्येंदु दत्ता
B. करियामणिकम श्रीनिवास कृष्णन
C. डॉ. अमित अग्रवाल
D. डॉ. नितिन सक्सेना

Q.76 कुमाऊं की किस प्राचीन जाति को 'मुंड' और 'शबर' के नाम से भी जाना जाता है?

A. किरात   **B.** खास   **C.** जौनसारी   **D.** कोल

Q.77 निम्न में से क्या पृथ्वी के घूर्णन का नतीजा है?

A. ज्वार   **B.** कोरिओलिस बल
C. गुरुत्वाकर्षण बल   **D.** ग्रहण

Q.78 "धौलीगंगा विद्युत परियोजना" उत्तराखंड के किस जिले में स्थित है?

A. चमोली   **B.** पिथौरागढ़   **C.** रुद्रप्रयाग   **D.** टिहरी

Q.79 "कुमाऊं केसरी" के नाम से किसे जाना जाता है?

A. तारा दत्ता गैरोला   **B.** ठाकुर जोध सिंह
C. अनुसूया प्रसाद बहुगुणा   **D.** पंडित बद्री दत्त पांडे

Q.80 उत्तराखंड के पहले मुख्यमंत्री कौन थे?

A. बी. एस. कोश्यारी   **B.** एन. डी. तिवारी
C. नित्यानंद स्वामी   **D.** बी. सी. खंडूरी

Q.81 प्राचीन शैल चित्रों वाली लख उडियार गुफा _______ जिले में स्थित है।

A. चमोली जिला   **B.** नैनीताल जिला
C. हरिद्वार जिला   **D.** अल्मोड़ा जिला

Q.82 निम्नलिखित में से किसे प्राचीन काल में 'कुब्जाम्रक' के नाम से जाना जाता था?

A. ऋषिकेश   **B.** देवप्रयाग   **C.** हरिद्वार   **D.** श्रीनगर

Q.83 उत्तराखंड में औपनिवेशिक संघर्ष किस काल में शुरू हुआ था?

A. मुगल काल   **B.** गोरखा काल
C. डोगरा काल   **D.** गुप्त काल

Q.84 'पांडुकेश्वर तांबे की प्लेटे' किस भाषा में लिखी गई हैं?

A. पाली   **B.** प्राकृत   **C.** संस्कृत   **D.** अरमाइक

Q.85 निम्नलिखित में से किस नृत्य में, गीत नहीं गाया जाता है?

A. छोपटी   **B.** जोहरा   **C.** छपेली   **D.** छोलिया

Q.86 उत्तराखंड का जड़ी बूटी शोध एवं विकास संस्थान कहाँ स्थित है?

A. रामनगर   **B.** बागेश्वर   **C.** गोपेश्वर   **D.** जागेश्वर

Q.87 उत्तराखंड से राज्यसभा में कितने प्रतिनिधि हैं?

A. दो   **B.** तीन   **C.** चार   **D.** पांच

Q.88 उत्तराखंड में कितने मेगा फूड पार्क हैं?

A. दो   **B.** चार   **C.** नौ   **D.** छह

Q.89 'द हिमालयन डिस्ट्रिक्ट्स ऑफ द नॉर्थ वेस्टर्न प्रोविंसेज ऑफ इंडिया' पुस्तक किसके द्वारा लिखी गई है?

A. सेर्मोन ओकले   **B.** एच. जी. वाल्टन
C. जी. आर. जी. विलियम्स   **D.** एडविन टी. एटकिंसन

Q.90 उत्तराखंड वन विभाग ने भारत के पहले लाइकेन पार्क को किस जिले में विकसित किया है?

A. देहरादून   **B.** रुद्रप्रयाग   **C.** हरिद्वार   **D.** पिथौरागढ़

Q.91 वन अनुसंधान संस्थान, देहरादून के मुख्य प्रवेश द्वार का नाम है:

A. ईडन फाटक   **B.** ब्रैंडिस फाटक
C. कौलागढ़ फाटक   **D.** इरविन फाटक

Q.92 निम्नलिखित में से कौन उत्तराखंड का राज्य पशु है?

A. कस्तूरी हिरन   **B.** मोनल
C. भरल   **D.** बाघ

Q.93 निम्नलिखित में से कौन सा हिमनद उत्तराखंड के गढ़वाल क्षेत्र में स्थित है?

A. नामिक   **B.** मैकटोली
C. टिपरा बामक   **D.** कपिनी

Q.94 उत्तराखंड में सगंध पौधा संस्थान कहां स्थित है?

A. गोपेश्वर   **B.** सेलाकी
C. मुनि की रेती   **D.** पंतनगर

Q.95 मुगल साम्राज्य के पतन के लिए कृषि संकट का सिद्धांत किसने पेश किया?

A. इरफान हबीब   **B.** अथर अली
C. सतीश चंद्र   **D.** बिपिन चंद्र

Q.96 कुमाऊं के निम्नलिखित में से किस नेता ने भारतीय राष्ट्रीय कांग्रेस के बनारस अधिवेशन (1905 ईस्वी) में भाग लिया?

A. पंडित हर गोविन्द पन्त   **B.** श्री बद्री दत्त पांडे
C. स्वामी सत्य देवी   **D.** इनमे से कोई भी नहीं

Q.97 24वें जलवायु परिवर्तन प्रदर्शन सूचकांक (सीसीपीआई) रिपोर्ट-2019 में, भारत कौन से स्थान पर रहा?

A. 11वां स्थान   **B.** 12वां स्थान

C. 13वां स्थान　　　　　　**D.** 15वां स्थान

Q.98 उत्तराखंड भारत के नवाचार सूचकांक 2020 में पहाड़ी श्रेणियों में _________ स्थान पर है।

A. पहले　　　**B.** दूसरे　　　**C.** चौथे　　　**D.** छठे

Q.99 भारत के पूरे निर्यात में उत्तराखंड राज्य का निर्यात _______ प्रतिशत है।

A. 0.48　　　**B.** 0.50　　　**C.** 0.44　　　**D.** 0.40

Q.100 स्वामी विवेकानंद आश्रम ______ के तट पर स्थित है।

A. श्यामलाताल　　　　　　**B.** तदताली
C. झिलमिलताल　　　　　　**D.** सिद्दीताल

// स्मार्ट उत्तर पुस्तिका //

सही उत्तर — उन छात्रों के प्रतिशत को इंगित करता है जिन्होंने प्रश्नों का सही उत्तर दिया था।

छोड़ दिया — उन छात्रों के प्रतिशत को इंगित करता है जिन्होंने प्रश्नों को छोड़ दिया था।

प्रश्न संख्या	उत्तर	सही उत्तर	छोड़ दिया	प्रश्न संख्या	उत्तर	सही उत्तर	छोड़ दिया	प्रश्न संख्या	उत्तर	सही उत्तर	छोड़ दिया	प्रश्न संख्या	उत्तर	सही उत्तर	छोड़ दिया	प्रश्न संख्या	उत्तर	सही उत्तर	छोड़ दिया
1	D	78.16 %	19.62 %	17	A	41.25 %	48.94 %	33	D	66.75 %	31.09 %	49	C	57.36 %	37.14 %	65	D	45.78 %	37.64 %
2	B	86.4 %	10.9 %	18	D	42.16 %	34.24 %	34	B	46.71 %	46.97 %	50	A	61.6 %	30.15 %	66	B	58.26 %	41.49 %
3	D	49.36 %	32.19 %	19	A	40.0 %	55.7 %	35	B	87.21 %	10.03 %	51	A	56.29 %	32.69 %	67	C	89.23 %	10.4 %
4	C	87.46 %	12.09 %	20	A	86.3 %	11.33 %	36	D	26.45 %	69.03 %	52	C	51.86 %	35.85 %	68	D	64.69 %	34.99 %
5	B	48.19 %	39.12 %	21	C	66.62 %	30.29 %	37	B	17.95 %	80.77 %	53	B	51.92 %	32.11 %	69	B	63.2 %	30.22 %
6	B	79.57 %	12.8 %	22	D	78.17 %	17.22 %	38	A	85.47 %	12.49 %	54	C	56.01 %	32.8 %	70	B	78.95 %	18.13 %
7	D	80.94 %	14.88 %	23	B	51.08 %	31.49 %	39	B	58.14 %	38.45 %	55	D	20.82 %	70.97 %	71	D	60.76 %	32.6 %
8	D	80.87 %	10.01 %	24	B	60.55 %	30.4 %	40	D	42.93 %	35.61 %	56	C	68.8 %	30.9 %	72	C	68.03 %	31.34 %
9	B	64.38 %	32.23 %	25	D	40.46 %	53.4 %	41	D	76.57 %	13.92 %	57	C	22.27 %	75.46 %	73	C	45.44 %	42.66 %
10	B	80.45 %	18.06 %	26	A	56.09 %	38.96 %	42	D	50.47 %	38.9 %	58	D	45.54 %	47.52 %	74	B	22.81 %	73.6 %
11	B	68.24 %	30.39 %	27	B	69.3 %	30.1 %	43	A	56.7 %	41.41 %	59	A	65.73 %	33.37 %	75	A	20.89 %	72.62 %
12	B	50.29 %	34.2 %	28	C	48.66 %	49.22 %	44	D	65.86 %	33.8 %	60	A	86.2 %	10.52 %	76	D	55.84 %	39.23 %
13	A	43.14 %	51.85 %	29	B	59.67 %	33.9 %	45	D	58.95 %	40.84 %	61	B	47.63 %	51.09 %	77	B	66.06 %	30.21 %
14	A	61.6 %	36.5 %	30	B	63.16 %	32.88 %	46	D	41.16 %	49.23 %	62	D	51.64 %	47.16 %	78	B	62.61 %	36.61 %
15	D	77.35 %	11.01 %	31	C	40.78 %	31.06 %	47	D	68.4 %	31.54 %	63	C	54.96 %	43.81 %	79	D	56.06 %	30.46 %
16	B	80.37 %	12.66 %	32	C	57.66 %	40.21 %	48	A	26.83 %	67.71 %	64	A	65.69 %	30.24 %	80	C	46.88 %	35.22 %

प्रश्न संख्या	उत्तर	सही उत्तर / छोड़ दिया
81	D	17.81 %
		75.18 %
82	A	50.18 %
		49.62 %
83	A	43.71 %
		50.1 %
84	C	45.4 %
		35.68 %

प्रश्न संख्या	उत्तर	सही उत्तर / छोड़ दिया
85	D	52.35 %
		39.38 %
86	C	88.11 %
		11.66 %
87	B	64.72 %
		34.71 %
88	A	69.68 %
		30.04 %

प्रश्न संख्या	उत्तर	सही उत्तर / छोड़ दिया
89	D	11.5 %
		80.94 %
90	D	51.44 %
		42.12 %
91	B	59.11 %
		37.91 %
92	A	68.32 %
		30.13 %

प्रश्न संख्या	उत्तर	सही उत्तर / छोड़ दिया
93	C	30.81 %
		69.13 %
94	B	69.86 %
		30.08 %
95	A	13.05 %
		73.03 %
96	A	60.65 %
		32.14 %

प्रश्न संख्या	उत्तर	सही उत्तर / छोड़ दिया
97	A	18.84 %
		71.15 %
98	B	41.83 %
		56.45 %
99	A	32.63 %
		67.29 %
100	A	63.39 %
		34.03 %

कार्य विश्लेषण

औसत अंक (%)	58.0%
टॉपर्स स्कोर (%)	59.0%
आपका स्कोर	

//संकेत और समाधान//

1. चाँद का पर्यायवाची शब्द शशि है। अन्य विकल्प असंगत है।

चाँद के अन्य पर्यायवाची शब्द: चाँद, चंद्र, हिमांशु, सुधांशु, सुधाकर, सुधाधर, राकेश, राकापति, शशि।

अत: विकल्प (D) सही है।

2. कमला , शारदा का पर्यायवाची शब्द नहीं है। अन्य विकल्प असंगत है।

शारदा के अन्य पर्यायवाची शब्द: सरस्वती, गिरा, भारती, वीणापाणि, विमला, वागीश, वागेश्वरी।

अत: विकल्प (B) सही है।

3. दिए गए विकल्पों में से 'गौरा' शब्द तत्सम है जिसका तन्द्वव 'गोरा' होगा।

तत्सम शब्द: ऐसे शब्द जो संस्कृत से ज्यों - के - त्यों ले लिए गए हैं।

उदाहरण: आम्र, उष्ट्र, ऐश्वर्य, षष्ठी आदि।

गौरा का अर्थ है – गोरा

अत: विकल्प (D) सही है।

4. 'तव' मध्यम पुरुष सर्वनाम है।

सर्वनाम: संज्ञा के स्थान पर जिनका प्रयोग किया जाता है, उसे सर्वनाम कहते हैं।

जैसे- राम एक विद्यार्थी है। वह रामायण पढ रहा है।

यहाँ पुनरावृत्ति की निवृत्ति के लिए द्वितीय पङ्क्ति में 'राम' के स्थान पर 'वह' प्रयुक्त किया गया है जो सर्वनाम है।

मध्यमपुरुष: श्रोता अर्थात् जो सुनने वाला है।

जैसे- त्वं, युवां (तुम) इत्यादि। युष्मद के रूप है। 'युष्मद' का अर्थ 'तुम' होता है, इसका षष्ठी एकवचन' 'तव' है।

अत: विकल्प (C) सही है।

5. सूत्र- क्तक्तवतू निष्ठा।

स्पष्टीकरण- इस सूत्र के अनुसार 'क्त' और 'क्तवतु' इन दों प्रत्ययों की संज्ञा 'निष्ठा' होती है।

इसलिए उपर्युक्त के पर्यायों में से उचित पर्याय 'निष्ठा' है। अन्य संज्ञाओं का उद्देश्य भिन्न है।

अत: विकल्प (B) सही है।

6. 'गागर में सागर भरना' एक बहुत ही प्रसिद्ध मुहावरा है जिसका सामान्य अर्थ होता है कम में बहुत कुछ कहना या अल्प साधन होने के बाद भी बड़े कार्य में सिद्धि प्राप्त करना।

इसलिए, सही उत्तर 'विस्तृत बात को संक्षिप्त में कहना' है।

अत: विकल्प (B) सही है।

7. सतमंजिल द्विगु समास का उदाहरण है। अन्य विकल्प द्विगु समास के उदाहरण नही है।

सतमंजिल - सात मंजिल वाला

द्विगु समास: जिस समास में पूर्वपद (पहला पद) संख्यावाचक विशेषण हो।

उदाहरण:

- दो पहरों का समूह = दोपहर
- तीनों लोकों का समाहार = त्रिलोक

अत: विकल्प (D) सही है।

8. प्रस्तुत विकल्पों में 'वृत' शब्द की वर्तनी में त्रुटि है, इसका शुद्ध रूप है 'वृत्त'। उमड़ना अर्थत उद्वेलित होना, कड़ाही अर्थत एक प्रकार का गहरा बर्तन, उत्कर्ष अर्थत उन्नति और वृत्त अर्थत गोलाकार।

इसलिए, सही उत्तर 'वृत' है।

अत: विकल्प (D) सही है।

9. महर्षि का संधि विग्रह है -"महा + ऋषि"

अन्य विकल्प असंगत है।

इसलिए, सही उत्तर 'महा + ऋषि' है।

अत: विकल्प (B) सही है।

10. देवनागरी लिपि का विकास ब्राह्मी लिपि से हुआ है। अन्य विकल्प असंगत है।

देवनागरी को उत्तर भारत में नगर की लिपि या नागरी लिपि कहते थे। बाद में इसके आगे संस्कृत से 'देव' शब्द जुड़ गया।

अत: विकल्प (B) सही है।

11. उपरोक्त विकल्पो में 'अत्याचारी' में उपसर्ग व प्रत्यय दोनों का उपयोग हुआ है।

उपसर्ग- अति

मूल शब्द - अत्याचार

प्रत्यय - ई

अत: विकल्प (B) सही है।

12. उपरोक्त विकल्पो में 'सुन्दरता' शब्द स्त्रीलिंग है,अन्य विकल्प असंगत है।

पुल्लिंग: जिन शब्दों के अंत में आ, आव, पा, न आदि आते हैं वे शब्द अधिकतर पुल्लिंग होते हैं।

- जैसे- बहाव, लोहा आदि।

स्त्रीलिंग: जिन शब्दों के अंत में ई, आवट, इया, ता, आई, आहट आदि प्रत्यय लगे हों, स्त्रीलिंग होते हैं।

- जैसे- मित्रता, थकावट आदि।

अत: विकल्प (B) सही है।

13. का, के, की सम्बन्ध कारक के चिन्ह है।

संज्ञा या सर्वनाम के जिस रूप से किसी अन्य शब्द के साथ संबंध का बोध हो, उसे सम्बन्ध कारक कहते हैं। इसकी विभक्ति 'का', 'की', और 'के' है। जैसे – सीता **का** भाई आया है, राम **की** किताब।

अत: विकल्प (A) सही है।

14. दिए गए वाक्य 'सीमा कुत्ते से डरती है।' इस वाक्य में अपादान कारक है।

अपादान कारक- "वाक्य में जिस स्थान या वस्तु से किसी व्यक्ति या वस्तु की पृथकता अथवा तुलना का बोध होता है, वहाँ अपादान कारक होता है।"

यानी अपादान कारक से जुदाई या विलगाव का बोध होता है।

प्रेम, घृणा, लज्जा, ईर्ष्या, भय और सीखने आदि भावों की अभिव्यक्ति के लिए अपादान कारक का ही प्रयोग किया जाता है।

अपादान कारक का भी विभक्ति चिन्ह 'से' होता है। उदाहरण- पेड़ से आम नीचे गिर गया।

अत: विकल्प (A) सही है।

15. 'गौएँ' बहुवचन शब्द है अर्थात जिस शब्द से किसी वस्तु या व्यक्ति के एक से अधिक होने का भाव हो। इसका एकवचन रूप होगा 'गौ'। 'एकवचन' अर्थात जिस शब्द से किसी वस्तु या व्यक्ति के एक होने का भाव हो। इसलिए, सही उत्तर 'गौ' है।

संज्ञा के जिस रूप से किसी व्यक्ति, वस्तु के एक या एक से अधिक होने का या एक होने का पता चले उसे वचन कहते हैं।

अत: विकल्प (D) सही है।

16. दिए गए विकल्पों में ' ; ' अर्धविराम का चिह्न है। अन्य विकल्प असंगत हैं।

(;) - अर्धविराम का चिह्न है।

(,) - अल्प विराम का चिह्न है।

(।) - पूर्ण विराम का चिह्न है।

(:) - उपविराम का चिह्न है।

अत: विकल्प (B) सही है।

17. 'जुगुप्सा' वीभत्स रस का स्थायी भाव है।

घृणित वस्तु, घृणित व्यक्ति या घृणित चीजों को देखकर, उनके बारे में विचार करके मन में उत्पन्न होने वाली घृणा या ग्लानि ही वीभत्स रस कहलाती है।

उदाहरण - जहँ-तहँ मज्जा मॉस, रूचिर लखि परत बयारे।

जित-जित छिटके हाड़, सेत कहुँ-कहुँ रतनारे।

अन्य विकल्प इसके अनुचित उत्तर हैं।

अत: विकल्प (A) सही है।

18. अभाव रस 'निष्पत्ति' से संबंधित नहीं है।

श्रव्य काव्य के पठन एवं दृश्य काव्य के दर्शन में जो अलौकिक आनन्द प्राप्त होता है,वही काव्य में रस कहलाता है।

रस का शाब्दिक अर्थ है-आनन्द।

काव्य में जो आनन्द आता है,वह ही काव्य का रस है।

रस के चार अंग हैं-स्थायी भाव,विभाव,अनुभाव और संचारी भाव।

1. **स्थायी भाव**- मानव मन में बीज रूप में,चिरकाल तक अचंचल होकर निवास करते हैं।
2. **विभाव**- इसका अर्थ है-कारण।
3. **अनुभाव**- जो भावों का अनुगमन करे वह अनुभाव कहलाता है।
4. **संचारी भाव**- इसका अर्थ है-साथ-साथ चलना अर्थात संचरणशील होना,संचारी भाव स्थायी भाव के साथ संचरित होते हैं।

अत: विकल्प (D) सही है।

19. दिए गए विकल्पों में से 'अन्विती' शब्द शुद्ध नहीं है। इसका शुद्ध रूप है 'अन्विति' जिसका अर्थ है किसी कृति में दिखाई देने वाली एकता, सम्राट अर्थात कई पराजयों के पश्चात् बना राजा, रागात्मक अर्थात आत्मीयता, सर्द अर्थात ठण्ड।

अत: विकल्प (A) सही है।

20. 'कामायनी' के रचनाकार जयशंकर प्रसाद हैं।

कामायनी हिंदी भाषा का एक महाकाव्य है। यह आधुनिक छायावादी युग का सर्वोत्तम और प्रतिनिधि हिंदी महाकाव्य है। 'प्रसाद' जी की यह अंतिम काव्य रचना 1936 ई. में प्रकाशित हुई, परंतु इसका प्रणयन प्राय: 7-8 वर्ष पूर्व ही प्रारंभ हो गया था।

कला की दृष्टि से कामायनी छायावादी काव्यकला का सर्वोत्तम प्रतीक माना जा सकता है। साथ ही इस पर अरविन्द दर्शन और गांधी दर्शन का भी प्रभाव यत्र तत्र मिल जाता है।

अत: विकल्प (A) सही है।

21. प्रधान मंत्री नरेंद्र मोदी ने बेंगलुरु में सेमीकॉन इंडिया सम्मेलन-2022 का उद्घाटन किया। सेमीकंडक्टर्स की खपत 2030 तक 110 बिलियन अमरीकी डालर को पार करने की उम्मीद है और भारत के पास दुनिया का सबसे तेजी से बढ़ने वाला स्टार्ट-अप इकोसिस्टम है। यह उद्योग संघों के साथ साझेदारी में भारत सेमीकंडक्टर मिशन द्वारा आयोजित किया गया था। इंडिया सेमीकंडक्टर मिशन (आईएसएम) डिजिटल इंडिया कॉर्पोरेशन के भीतर एक स्वतंत्र व्यापार प्रभाग है, जिसके पास सेमीकंडक्टर पारिस्थितिकी तंत्र के विकास के लिए रणनीति तैयार करने के लिए प्रशासनिक और वित्तीय स्वायत्तता है।

अत: विकल्प (C) सही है।

22. अप्रत्यक्ष अंतरण/हस्तांतरण के प्रावधान लेनदेन के कराधान से संबंधित हैं, जिसमें शेयरों का हस्तांतरण विदेशों में होने के बावजूद, विदेशी संस्थाएँ भारत में शेयर या संपत्ति रखती हैं।

- यह उन स्थितियों को संदर्भित करता है जहां विदेशी संस्थाओं के पास भारत में शेयर या संपत्ति होती है, ऐसी विदेशी संस्थाओं के शेयरों को भारत में अंतर्निहित परिसंपत्तियों के प्रत्यक्ष अंतरण के बजाय स्थानांतरित किया जाता है। इसलिए विकल्प (D) सही है।

- अप्रत्यक्ष हस्तांतरण प्रावधान 2012 में IT अधिनियम में पूर्वव्यापी प्रभाव से पेश किए गए थे, जैसा कि सरकार ने 2007 में वोडाफोन ग्रुप Plc के हचिसन एस्सार लिमिटेड के 11 बिलियन डॉलर के अधिग्रहण (हचिसन इंटरनेशनल के स्वामित्व वाली केमैन सहायक कंपनी का अधिग्रहण करके) और भारत में कर नेट के तहत ऐसे अन्य लेनदेन लाने की मांग की थी।

- केवल वे अप्रत्यक्ष अंतरण लेनदेन जिनमें 50 प्रतिशत से अधिक अंतर्निहित परिसंपत्तियां भारत में हैं, भारत में पूंजीगत लाभ कर के अधीन होंगे। लेकिन स्पष्टीकरण ने कर को भारत के बाहर के फंडों सहित बढ़ा दिया।

अत: विकल्प (D) सही है।

23. 20 अप्रैल 2022 को मझगांव डॉक शिपबिल्डर्स ने प्रोजेक्ट 75 के तहत छह पनडुब्बियों में से अंतिम INS वाग्शीर को लॉन्च किया। पनडुब्बी को रक्षा सचिव अजय कुमार ने लॉन्च किया।

इसका नाम हिंद महासागर की एक घातक गहरे पानी की समुद्री शिकारी - सैंडफिश के नाम पर रखा गया है और पहली पनडुब्बी 'वाग्शीर' को भारतीय नौसेना में दिसंबर 1974 में कमीशन किया गया था। इसे भारतीय नौसेना में अप्रैल 1997 में सेवामुक्त किया गया था।

अत: विकल्प (B) सही है।

24. धनलक्ष्मी बैंक ने अप्रैल 2022 को कर संग्रह के लिए केंद्रीय प्रत्यक्ष कर बोर्ड (CBDT) और केंद्रीय अप्रत्यक्ष कर और सीमा शुल्क बोर्ड (CBIC) के साथ एक समझौते पर हस्ताक्षर किए हैं। यह समझौता ज्ञापन ग्राहकों को बैंक के शाखा नेटवर्क और डिजिटल प्लेटफॉर्म के माध्यम से अपने प्रत्यक्ष कर और जीएसटी भुगतान और अन्य अप्रत्यक्ष करों का भुगतान करने में मदद करेगा। विभिन्न करों के संग्रह के लिए लेखा महानियंत्रक की सिफारिश के आधार पर बैंक को भारतीय रिजर्व बैंक (RBI) द्वारा अधिकृत किया गया है।

अत: विकल्प (B) सही है।

25. भोलू हाथी भारतीय रेलवे का शुभंकर प्रतीक है, जिसे एक हाथी के कार्टून के रूप में दर्शाया गया है जिसके एक हाथ में हरे रंग की अंगूठी के साथ एक सिग्नल लैंप। भारतीय रेलवे की 150वीं वर्षगांठ की स्मृति में राष्ट्रीय डिजाइन संस्थान द्वारा डिजाइन किया गया है और इसका अनावरण 16 अप्रैल 2002 को बैंगलोर में किया गया था।

अतः विकल्प (D) सही है।

26. रेवाड़ी जिले के खुरसैदनगर गांव में पराली से बिजली बनाने वाला देश का पहला हरित ऊर्जा संयंत्र स्थापित किया गया है।

- हरित ऊर्जा संयंत्र ने बिना प्रदूषण के 24 घंटे में 600 क्विंटल पराली से 48,000 यूनिट बिजली का उत्पादन किया है।
- यह संयंत्र हरियाणा अक्षय ऊर्जा विकास एजेंसी (HREDA) द्वारा एक निजी क्षेत्र की कंपनी के साथ मिलकर स्थापित किया गया है।
- यह संयंत्र बायलर के बजाय बायोमास गैस विधि पर काम कर रहा है, इस प्रकार पर्यावरण को प्रदूषित करने की कोई संभावना नहीं है।

अतः विकल्प (A) सही है।

27. नालंदा में शिक्षा की गुणवत्ता में कथित गिरावट के प्रतिक्रिया में विक्रमशीलता की स्थापना पाल सम्राट धर्मपाल (783 से 820 ईस्वी) द्वारा की गयी थी।

पाल साम्राज्य के दौरान, नालंदा के साथ विक्रमशिला भारत में शिक्षा के दो सबसे महत्वपूर्ण केंद्रों में से एक था। इसका स्थान अब बिहार में भागलपुर जिले के अंतीचक गांव के स्थल पर स्थित है। इसे 1193 के आसपास मुहम्मद बिन बख्तियार खिलजी की सेनाओं ने समाप्त कर दिया था।

अतः विकल्प (B) सही है।

28. पुष्य मित्र शुंग ने मौर्य वंश के अंतिम राज़ा बृहद्रथ की हत्या कर स्वयं को राजा घोषित कर दिया था।

पुष्यमित्र शुंग मौर्य साम्राज्य के अंतिम शासक का सेनापति था। जिसने मौर्य वंश का ही अंत करके लगभग 185 ई0 पूर्व शुंग वंश की शुरुआत की थी । पृष्य मित्र शुंग का राज्य 36 वर्षाे तंक चला। अश्वमेध यज्ञ का आयोजन करने वाले इस सम्राट ने उत्तर भारत का अधिकतर हिस्सा अपने साम्राज्य में मिला लिया था। पंजाब के जालंधर में शुंग राज्य का शिलालेख मिलता है जिसके अनुसार पुष्य मित्र शुंग का साम्राज्य सांगला (वर्तमान सियालकोट) तक फैला था। इस बात की पुष्टि बौद्ध लेख "दिव्यावादान" भी करता है।

अतः विकल्प (C) सही है।

29. सारनाथ की सिंह राजधानी मौर्य वंश की कला का नमूना है।

मौर्य साम्राज्य के काल में भारत में मौर्य कला का विकास हुआ, जिसके महत्वपूर्ण बिंदु इस प्रकार हैं:

- सारनाथ और कुशीनगर जैसे धार्मिक स्थलों में सम्राट अशोक ने स्वयं उन्हें स्तूपों और विहारों के रूप में बनवाया था।
- अशोक के स्तंभों में मौर्यकला के नए और महान रूप का दर्शन मिलता है।
- सारनाथ की मूर्तिकला और वास्तुकला मौर्य कला के कुछ बेहतरीन नमूने हैं।
- मौर्य काल में मथुरा कला का एक अन्य महत्वपूर्ण केंद्र था।
- मौर्य काल का प्रभावशाली रूप पत्थर के इन स्तंभों में आज भी सारनाथ, इलाहाबाद, कौशाम्बी और वाराणसी जैसे क्षेत्रों में पाया जाता है।

अतः विकल्प (B) सही है।

30. अकबर भारत के तीसरे मुगल सम्राट थे।

1556 में अकबर अपने पिता हुमायूं के उत्तराधिकारी बने। 13 वर्षीय अकबर, बैरम खान द्वारा सिंहासनारूढ़ किए गए थे और उसे शहंशाह घोषित किया गया था। अकबर को उनकी कई उपलब्धियों के कारण 'महान' उपनाम दिया गया था, जिनमें से एक, नाबाद सैन्य अभियानों का उसका रिकॉर्ड था जिसने भारतीय उपमहाद्वीप में मुगल शासन की स्थापना की।

अतः विकल्प (B) सही है।

31. मुगल सम्राट अकबर ने फतेहपुर सीकरी को अपनी राजधानी के रूप में स्थापित किया।

फतेहपुर सीकरी मुख्य रूप से लाल रेत-पत्थर का एक शहर है और आगरा से 37 किलोमीटर की दूरी पर स्थित है। इसे मुगल सम्राट जलाल-उद-दीन मोहम्मद अकबर ने महान सूफी संत शेख सलीम चिश्ती के सम्मान में बनाया था। शहर को राजधानी के रूप में योजनाबद्ध किया गया था लेकिन पानी की कमी ने अकबर को शहर छोड़ने के लिए मजबूर कर दिया। फतेहपुर सीकरी का निर्माण 1571 और 1585 के दौरान हुआ था। यह एक 11 किलोमीटर लंबी किलेबंदी की दीवार से घिरा है, जो कई द्वारों से घिरा हुआ है।

अतः विकल्प (C) सही है।

32. दी गई श्रेणियों के निर्देशांक हैं:

धौलाधार: 32.4861° उत्तर, 76.0972° पूर्व

शिवालिक: 27.7693° उत्तर, 82.4075° पूर्व

विंध्य: 23°28'0" उत्तर 79°44'25" पूर्व

सतपुड़ा: 22°27'2" उत्तर 78°22'14" पूर्व

इसलिए, जैसे हम उत्तर से दक्षिण की ओर बढ़ते हैं, सम्मुख पर्वत श्रृंखलाएं धौलाधार, शिवालिक, विंध्य और फिर सतपुड़ा के क्रम में होंगी।

अतः विकल्प (C) सही है।

33. चट्टानों के रूपांतरण की प्रक्रिया में सैंडस्टोन, क्वार्टजाइट में बदल सकता है। संगमरमर और शेल, परतदार पत्थर में परिवर्तित होता है। इस प्रक्रिया को कभी-कभी नवस्फटीकीकरण या दूसरे शब्दों में 'नया क्रिस्टल' कहा जाता है। उदाहरण के लिए, शेल एक तलछटी चट्टान है जिसमें मिट्टी के खनिज होते हैं, जैसे चमकीले पत्थर और स्फतीय। जब शेल रूपांतरण की प्रक्रिया से गुजरता है, तो मिट्टी के खनिज नए खनिज गार्नेट का उत्पादन करने के लिए बदलते हैं।

अतः विकल्प (D) सही है।

34. आर्थिक सर्वेक्षण 2020-21 का मुखपृष्ठ एक V आकार का आर्थिक सुधार दर्शाता है जो पिछले वर्ष के दौरान भारतीय अर्थव्यवस्था में हुई है। वार्षिक दस्तावेज़ ने महामारी के प्रारंभिक चरण में एक कड़े राष्ट्रीय तालाबंदी लागू करने के भारत के फैसले को वसूली का श्रेय दिया।

अतः विकल्प (B) सही है।

35. अशोक कुमार मेहता समिति भारत में पंचायती राज प्रणाली से संबंधित थी, इसे 1977 में जनता सरकार ने बनाया था और इसने अगस्त 1978 में अपनी रिपोर्ट प्रस्तुत की।

इसने दो स्तरीय पंचायती राज व्यवस्था की सिफारिश की। यह भी सिफारिश की गई है कि राज्य स्तर से नीचे विकेंद्रीकरण के लिए जिला जिम्मेदार निकाय होना चाहिए, जिला परिषद कार्यकारी निकाय होना चाहिए, राजनीतिक दलों आदि की आधिकारिक भागीदारी होनी चाहिए।

अतः विकल्प (B) सही है।

36. आपातकाल की घोषणा राष्ट्रपति की विवेकाधीन शक्ति नहीं है।

राष्ट्रपति की विवेकाधीन शक्ति में निम्नलिखित बिंदु शामिल हैं-

- आपातकाल की घोषणा राष्ट्रपति द्वारा मंत्रिपरिषद की सिफारिश पर की जाती है, यह राष्ट्रपति की विवेकाधीन शक्ति नहीं है।
- प्रधानमंत्री की नियुक्ति।
- लोकसभा में विश्वास मत साबित नहीं कर पाने पर मंत्रिपरिषद की बर्खास्तगी।
- लोकसभा को बर्खास्त करना यदि मंत्रियों की परिषद ने अपना बहुमत खो दिया हो।

- अनुच्छेद 74 बताता है कि राष्ट्रपति की सहायता और सलाह के लिए प्रधानमंत्री के साथ मंत्रिपरिषद होनी चाहिए, ताकि वह सलाह के अनुसार अपनी शक्तियों का प्रयोग कर सकें।

अत: विकल्प (D) सही है।

37. झारखंड विधानसभा ने सर्वसम्मति से 2021 की जनगणना में सरना को एक अलग धर्म के रूप में शामिल करने की मांग करते हुए एक प्रस्ताव पारित किया है।

मुख्यमंत्री हेमंत सोरेन के अनुसार विधानसभा के एक दिवसीय विशेष सत्र में पारित प्रस्ताव को मंजूरी के लिए केंद्र के पास भेजा जाएगा। सरना धर्म के अनुयायी 'जल, जंगल, जमीन' के सिद्धांत के साथ प्रकृति से प्रार्थना करने में विश्वास करते हैं।

अत: विकल्प (B) सही है।

38. 'मायोपिया' दृष्टि दोष वाला व्यक्ति आस-पास की वस्तुएं स्पष्ट रूप से देख सकता है।

मायोपिया दृष्टि दोष से संबंधित बिंदु निम्नलिखित हैं-

- मायोपिया को निकट दृष्टिदोष और अदूरदर्शिता भी कहा जाता है।

- मायोपिया एक आंख का दोष या आंख की सामान्य असामान्यता है जिसमें निकट दृष्टि स्पष्ट होती है जबकि दूर दृष्टि धुंधली होती है।

- यह एक दृश्य असामान्यता है जिसमें आराम करने वाली आंख रेटिना के सामने एक बिंदु पर दूर की वस्तु की छवि को केंद्रित करती है (ऊतक की प्रकाश-संवेदनशील परत जो आंख के पीछे और किनारों को रेखाबद्ध करती है), जिसके परिणामस्वरूप धुंधली छवि होती है।

- मायोपिक आंखें, जो आमतौर पर आगे से पीछे की ओर सामान्य से अधिक लंबी होती हैं, सामान्य या दूरदर्शी आंखों की तुलना में रेटिना के लिए कुछ अधिक संवेदनशील होती हैं।

- मायोपिया को अवतल लेंस द्वारा ठीक किया जा सकता है।

अत: विकल्प (A) सही है।

39.

अक्षर	A	B	C	D	E	F	G	H	I	J	K	L	M
स्थितीय मान	1	2	3	4	5	6	7	8	9	10	11	12	13
स्थितीय मान	26	25	24	23	22	21	20	19	18	17	16	15	14
अक्षर	Z	Y	X	W	V	U	T	S	R	Q	P	O	N

निम्नलिखित प्रतिरूप है,

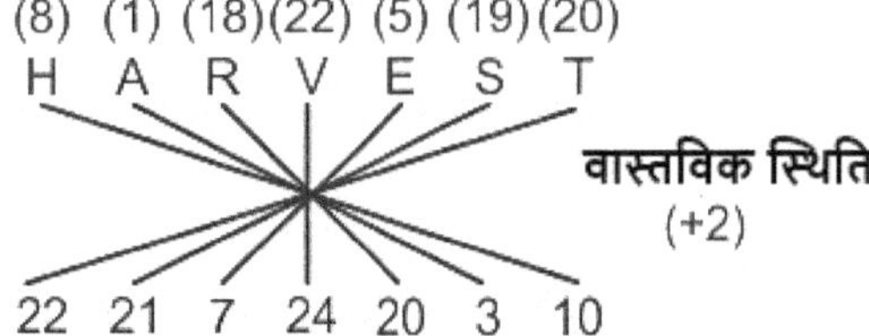

उसी प्रकार,

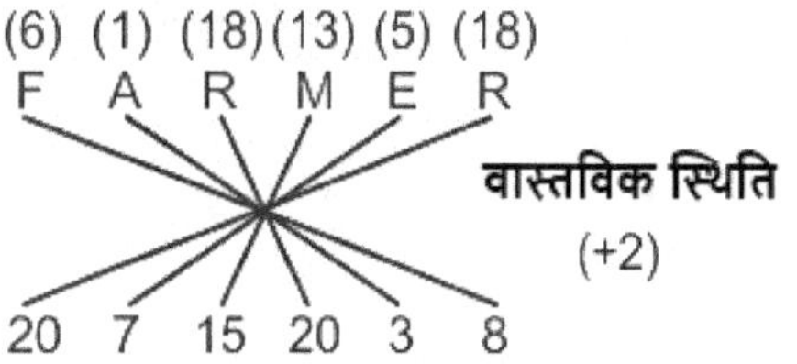

तो, "20-7-15-20-3-8" सही उत्तर है।

अत: विकल्प (B) सही है।

40. निम्नलिखित पैटर्न का पालन किया गया है:

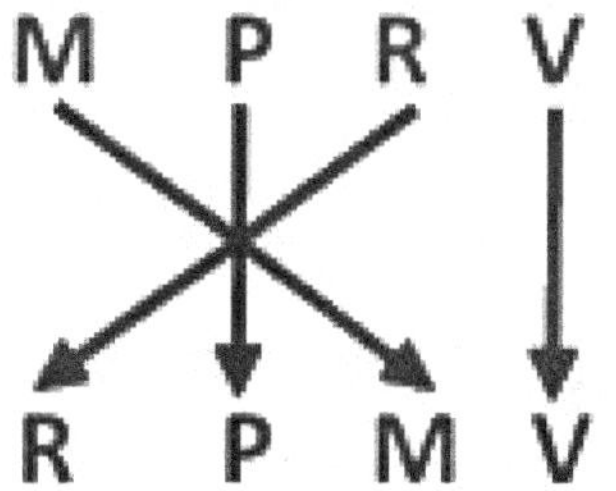

समान पैटर्न का पालन करते हुए:

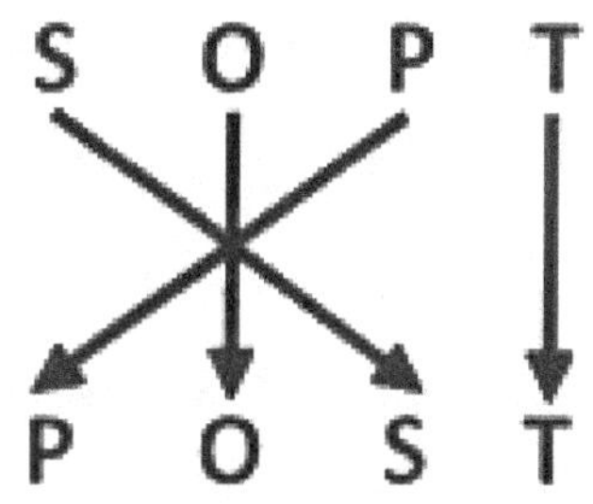

सही उत्तर 'POST' है।

अत: विकल्प (D) सही है।

41. I. रेस्तरां के भोजन की गुणवत्ता में सुधार होगा।

यह निष्कर्ष नहीं निकाला जा सकता है क्योंकि भोजन की गुणवत्ता में सुधार से संबंधित कुछ भी नहीं कहा गया है

II. जब उनका फर्नीचर पुराना हो जाए तो सभी भोजनालय का नवीनकरण करना पड़ता है।

जानकारी में यह नहीं कहा गया है कि सभी भोजनालय का नवीनकरण किया जाना है।

तो, न तो I और न ही II अनुसरण करता है।

अत: विकल्प (D) सही है।

42. दी गई आकृति का दर्पण प्रतिबिम्ब जब दर्पण को दायीं ओर रखा जाता है,

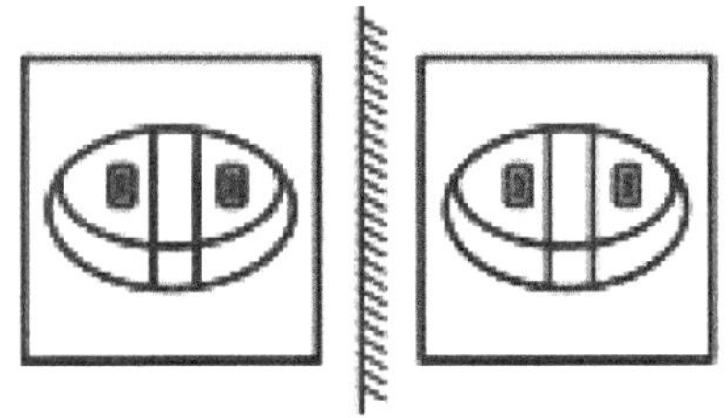

अत: विकल्प (D) सही है।

43. जब मुड़ा हुआ कागज खोला जाता है, तो यह नीचे दी गयी आकृति के समान दिखता है,

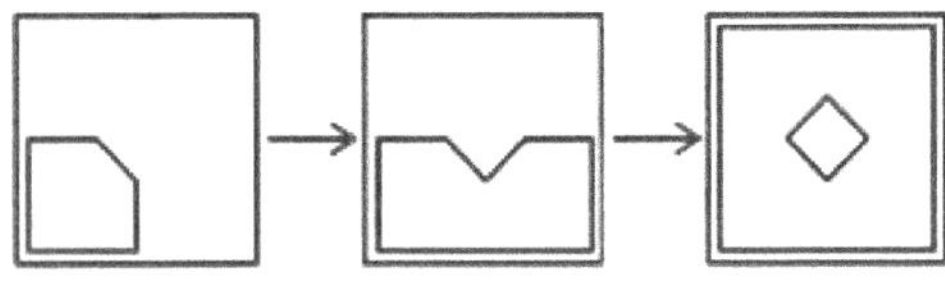

इस प्रकार जब तह को खोला जाता है तो कागज विकल्प (A) पर छवि जैसा दिखता है।

अत: विकल्प (A) सही है।

44. दिए गए विकल्प इस प्रकार है:

- 'टेबल' फर्नीचर का एक टुकड़ा है जिसमें पैरों पर तय एक चिकनी फ्लैट स्लैब होता है।
- 'कुर्सी' आमतौर पर एक व्यक्ति के लिए चार पैर और एक पीठ वाली सीट होती है।
- 'बिस्तर' फर्नीचर का एक टुकड़ा है जिस पर या जिसमें झूठ बोलना और सोना है।
- 'गलीचा' मोटे भारी कपड़े का एक टुकड़ा है जिसमें आमतौर पर एक रोआं या ऊन होता है और इसे फर्श को ढंकने के लिए उपयोग किया जाता है।

उपरोक्त स्पष्टीकरण से, हम कह सकते हैं कि मेज, कुर्सी और बिस्तर फर्नीचर का एक टुकड़ा है जिसे आमतौर पर एक गलीचे पर रखा जाता है।

तो, 'गलीचा' विषम है।

अत: विकल्प (D) सही है।

45. ईमेल के माध्यम से भेजे गए अवांछित जंक या अवांछित संदेशों को **स्पैम मेल** कहा जाता है।

इससे जुड़े महत्वपूर्ण बिंदु निम्नलिखित है:

- इसे जंक ईमेल के रूप में भी जाना जाता है, ईमेल (स्पैमिंग) द्वारा बल्क में भेजे गए अवांछित संदेश हैं।
- 'स्पैमर' चैट रूम, वेबसाइटों, ग्राहक सूचियों, समाचार समूहों और वायरस से ईमेल अड्रेस्सेस एकत्र करते हैं जो उपयोगकर्ताओं की अड्रेस बुक अनिष्ट कर सकता है ।
- ये एकत्रित ईमेल अड्रेस्सेस कभी-कभी अन्य स्पैमर को भी बेचे जाते हैं।

अत: विकल्प (D) सही है।

46. चेन प्रिंटर एक लाइन प्रिंटर है।

इससे जुड़े महत्वपूर्ण बिंदु निम्नलिखित है:

- यह एक इम्पैक्ट प्रिंटर है जो एक बार में टेक्स्ट की एक लाइन को दूसरी लाइन पर जाने से पहले प्रिंट करता है।

- ड्रम प्रिंटर, चेन प्रिंटर और डॉट मैट्रिक्स प्रिंटर लाइन प्रिंटर के प्रकार हैं।
- एक चेन प्रिंटर में, कैरेक्टर सेट की एक श्रृंखला का उपयोग किया जाता है।

अत: विकल्प (D) सही है।

47. लिनक्स एक ओपन-सोर्स यूनिक्स जैसा ऑपरेटिंग सिस्टम है, लिनक्स कर्नेल पर आधारित है।

लिनक्स को लिनुस टॉर्वाल्ड्स द्वारा विकसित किया गया था, लिनक्स को सितंबर 1991 में जारी किया गया था।

लिनक्स C और असेम्बली लैंग्वेज में लिखा गया था। लिनक्स का यूजर इंटरफेस के डी ई प्लाज्मा, एलएक्सडीई, एलेमेंटरी ओ एस आदि है।

अत: विकल्प (D) सही है।

48. प्रॉक्सी सर्वर एक वर्कस्टेशन उपयोगकर्ता और इंटरनेट के बीच मध्यस्थ के रूप में कार्य करता है ताकि उद्यम सुरक्षा सुनिश्चित कर सके।

कंप्यूटर नेटवर्क में, एक प्रॉक्सी सर्वर एक सर्वर (एक कंप्यूटर सिस्टम या एक एप्लिकेशन) होता है। जो अन्य सर्वरों से संसाधनों की मांग करने वाले ग्राहकों के अनुरोधों के लिए एक मध्यस्थ के रूप में कार्य करता है। एक क्लाइंट प्रॉक्सी सर्वर से जुड़ता है, कुछ सेवा का अनुरोध करता है। वितरित प्रणालियों में संरचना और एनकैप्सुलेशन जोड़ने के लिए प्रॉक्सी का आविष्कार किया गया था। आज, अधिकांश प्रॉक्सी वेब प्रॉक्सी हैं, जो वर्ल्ड वाइड वेब पर सामग्री तक पहुंच की सुविधा प्रदान करते हैं और अनामिता प्रदान करते हैं।

अत: विकल्प (A) सही है।

49. फॉर्मूला बार वह स्थान है जहां सक्रिय सेल के लिए दिखाई देने वाली वर्कशीट में डेटा या फ़ार्मुलों को दर्ज किया जाता है।

फॉर्मूला बार का उपयोग सक्रिय सेल में डेटा या सूत्र को संपादित करने के लिए भी किया जा सकता है।

सक्रिय सेल अपने सूत्र के परिणाम प्रदर्शित करता है जबकि हम सूत्र को फॉर्मूला बार में ही देखते हैं।

इन्सर्ट फंक्शन डायलॉगबॉक्स दिखाता है कि कौन से फ़ंक्शन उपलब्ध हैं, वे क्या करते हैं, और उनका उपयोग कैसे करें।

अत: विकल्प (C) सही है।

50.

चित्र में प्रतीक	अर्थ
○	महिला
□	पुरुष
═	शादीशुदा जोड़ा
─	भाई-बहन
│	एक पीढ़ी का प्रसार

आरेख,

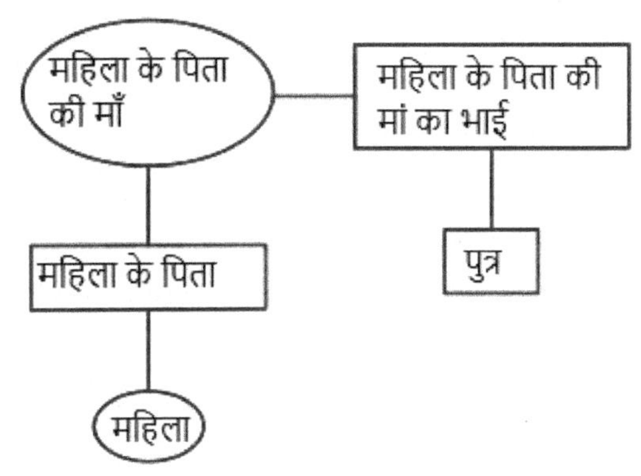

वह व्यक्ति महिला का पैतृक अंकल है।

इसलिए, "पैतृक अंकल" सही उत्तर है।

अत: विकल्प (A) सही है।

51. दिया गया है,

⇒ बेबी अनिल से छोटा है।

अनिल ⇒ बेबी

⇒ अनिल सनी से लंबा है जो बेबी से छोटा है।

अनिल ⇒ बेबी ⇒ सनी

⇒ अनिल बोस से लंबा है जो सनी से छोटा है।

इस प्रकार, अंतिम व्यवस्था इस प्रकार है:

अनिल ⇒ बेबी ⇒ सनी ⇒ बोस

हम देख सकते हैं कि बोस सबसे छोटा है।

अत: विकल्प (A) सही है।

52. राहुल की वर्तमान स्थिति पंकज की पिछली स्थिति के समान है।

इसलिए, लड़कों की संख्या = (बाएं छोर से 53वां + दाएं छोर से 64वां -1) = 116

तो, सही उत्तर 116 है।

अत: विकल्प (C) सही है।

53. डेविड डियोप ने उपन्यास "एट नाइट ऑल ब्लड इज़ ब्लैक" के लिए अंतर्राष्ट्रीय बुकर पुरस्कार जीता। वह प्रतिष्ठित अंतर्राष्ट्रीय बुकर पुरस्कार जीतने वाले पहले फ्रांसीसी लेखक बने।

अंतर्राष्ट्रीय बुकर पुरस्कार (जिसे पहले मैन बुकर अंतर्राष्ट्रीय पुरस्कार के रूप में जाना जाता था) यूनाइटेड किंगडम में आयोजित एक अंतरराष्ट्रीय साहित्यिक पुरस्कार है।

अत: विकल्प (B) सही है।

54. फ्लीट अवार्ड्स फंक्शन 2021 में भारतीय नौसेना के सहयाद्री को 'सर्वश्रेष्ठ जहाज' का खिताब दिया गया है।

- आईएनएस कामोर्ट को सबसे उत्साही जहाज का खिताब मिला है।
- आईएनएस किल्टन और आईएनएस खुकरी ने कार्वेट और इसी तरह के जहाजों के बीच सर्वश्रेष्ठ कार्वेट ट्रॉफी जीती।
- यह समारोह 19 जून 2021 को पूर्वी बेड़े के परिचालन चक्र की परिणति को चिह्नित करने के लिए आयोजित किया गया था।

अत: विकल्प (C) सही है।

55. भारतीय संपत्ति बाजार, नाइट फ्रैंक के ग्लोबल हाउस प्राइस इंडेक्स में 2021 की पहली तिमाही में 2020 में 43वें स्थान के मुकाबले 12 पायदान नीचे 55वें स्थान पर आ गया है।

इसने घर की कीमतों में साल-दर-साल (YoY) 1.6% की गिरावट दर्ज की है।

तुर्की, लगातार पांचवीं तिमाही में सूचकांक में सबसे ऊपर रहा, जबकि Q1 2021 में स्पेन सबसे कमजोर प्रदर्शन करने वाला क्षेत्र था।

अत: विकल्प (D) सही है।

56. स्वतंत्र भारत के विंबलडन टेनिस चैम्पियनशिप में भारत का प्रतिनिधित्व करने वाले पहले भारतीय खिलाड़ी रामानाथन कृष्णन थे।

वह 1960 और 1961 में विंबलडन में दो बार सेमीफाइनलिस्ट थे।

चैंपियनशिप, विंबलडन, या सिर्फ विंबलडन, जैसा कि आमतौर पर कहा जाता है, दुनिया का सबसे पुराना टेनिस टूर्नामेंट है और यकीनन सबसे प्रसिद्ध है। 125 साल पहले 1877 में पहले टूर्नामेंट के बाद से, चैंपियनशिप की मेजबानी ऑल इंग्लैंड लॉन टेनिस और क्रोकेट क्लब द्वारा विंबलडन, लंदन में की गई है और जून के अंत में - जुलाई की शुरुआत में दो सप्ताह में होती है।

अत: विकल्प (C) सही है।

57. प्रौद्योगिकी की दिग्गज कंपनी माइक्रोसॉफ्ट ने गेम स्टैंड में आभासी प्रशंसकों को स्थापित करने के लिए नेशनल बास्केटबॉल एसोसिएशन (एनबीए) के साथ भागीदारी की है। माइक्रोसॉफ्ट अपने नए लॉन्च किए गए टीम्स ऐप और 17-फुट लंबी एलईडी स्क्रीन का उपयोग प्रत्येक गेम के स्टैंड में लगभग 300 आभासी प्रशंसकों को स्थापित करने के लिए करेगा। प्रशंसक टीम ऐप में लॉग इन कर सकते हैं और "टुगेदर मोड" का उपयोग कर सकते हैं, जो एक कमरे में बैठे लोगों के समूह का अनुकरण करता है।

अत: विकल्प (C) सही है।

58. लुइस अल्वारेज़ ने इरिडियम परत की खोज की और उन्होंने एक सिद्धांत भी दिया था कि पृथ्वी पर एक बड़े उल्कापिंड के प्रभाव के बाद डायनासोर विलुप्त होने के लिए प्रेरित हुए थे। 1968 में, उन्होंने भौतिकी में नोबेल पुरस्कार जीता।

अत: विकल्प (D) सही है।

59. अल्कोहल का हिमांक बिन्दू -115° C जबकि पारा के हिमांक बिन्दू -39° C है। इसलिए, शराब -39° C मोमीटर के नीचे मापने के लिए उपयोग किया जाता है।

अत: विकल्प (A) सही है।

60. ब्रिक्स का पूर्ण रूप ब्राजील, रूस, भारत, चीन और दक्षिण अफ्रीका है। प्रारंभ में, 2009 में इसमें केवल चार देश थे। दक्षिण अफ्रीका 2010 में शामिल हुआ। यह दुनिया की पांच उभरती हुई अर्थव्यवस्थाओं से जड़ा हुआ है जो क्षेत्रीय मामलों पर महत्वपूर्ण प्रभाव डालते हैं। इसका गठन 2009 में हुआ था और तब से इन 5 देशों की सरकारें औपचारिक शिखर सम्मेलन में सालाना बैठक करती हैं।

वर्ष 2020 के लिए, रूस ने 12 वें ब्रिक्स शिखर सम्मेलन की मेजबानी की। 2021 में, 13 वें ब्रिक्स शिखर सम्मेलन का मेजबान भारत होगा। ब्रिक्स का मुख्यालय शंघाई में है।

अत: विकल्प (C) सही है।

61. दक्षिण अफ्रीका ने, दुनिया में पहली बार, "भग्न ज्यामिति पर आधारित खाद्य कंटेनर" नवाचार से संबंधित एक 'कृत्रिम बुद्धिमत्ता प्रणाली' को पेटेंट प्रदान किया है।

इनोवेशन में इंटरलॉकिंग फूड कंटेनर शामिल हैं जो रोबोट को समझने और स्टैक करने में आसान होते हैं।

अतः विकल्प (B) सही है।

62. उपराष्ट्रपति एम वेंकैया नायडू ने मई 2022 में एक पुस्तक, 'द स्ट्रगल फॉर पुलिस रिफॉर्म्स इन इंडिया' का विमोचन किया। इसे पूर्व आईपीएस अधिकारी प्रकाश सिंह ने लिखा है। उन्होंने कुछ मुद्दों को भी हरी झंडी दिखाई, जिन्हें युद्ध स्तर पर संबोधित करने की आवश्यकता है, जिसमें पुलिस विभागों में रिक्तियों को भरना और आधुनिक युग की पुलिसिंग की आवश्यकताओं के अनुरूप पुलिस के बुनियादी ढांचे को मजबूत करना शामिल है।

अतः विकल्प (D) सही है।

63. जसप्रीत बुमराह ने 2 जुलाई 2022 को एक टेस्ट क्रिकेट मैच में एक ओवर में सबसे ज्यादा रन बनाए।

उन्होंने बर्मिंघम के एजबेस्टन में इंग्लैंड के खिलाफ पांचवें और अंतिम टेस्ट के दौरान यह रिकॉर्ड हासिल किया। इसी के साथ उन्होंने वेस्टइंडीज के दिग्गज बल्लेबाज ब्रायन लारा को पीछे छोड़ दिया है।

अतः विकल्प (C) सही है।

64. विश्व बैंक ने गुजरात में सिस्टम्स रिफॉर्म एंडेवर्स फॉर ट्रांसफॉर्मेड हेल्थ अचीवमेंट इन गुजरात (SRESTHA-G) को लागू करने के लिए गुजरात को 350 मिलियन अमरीकी डालर की मंजूरी दी है। SRESTHA-गुजरात परियोजना के तहत, सरकार ग्रामीण और शहरी लोगों के लिए स्वास्थ्य सेवाओं का विस्तार करके राज्य की स्वास्थ्य प्रणाली की गुणवत्ता में सुधार करने की पहल करेगी।

- यह परियोजना राज्य में गैर-संचारी और मनोरोग सेवाओं की गुणवत्ता के साथ-साथ माँ और बच्चे की पोषण सेवाओं की गुणवत्ता बढ़ाने पर भी ध्यान केंद्रित करती है।
- इस परियोजना की पांच साल की कुल लागत लगभग 500 मिलियन अमरीकी डालर होगी जो लगभग 3,750 करोड़ रुपये।
- इसमें से 350 अरब डॉलर यानी करीब 2,625 करोड़ रुपये विश्व बैंक मुहैया कराएगा।
- जबकि गुजरात पांच साल में 1125 करोड़ रुपये खर्च करेगा।

अतः विकल्प (A) सही है।

65. ऋषिकेश को "दुनिया की योग राजधानी" माना जाता है।

इससे जुड़े महत्वपूर्ण बिंदु निम्नलिखित है:

- यह उत्तराखंड का एक शहर है।
- योग का ध्यान करने और अध्ययन करने के लिए ऋषिकेश एक उत्कृष्ट स्थान है।
- योग शिक्षक प्रशिक्षण और योग कक्षाओं के लिए दुनिया भर से छात्र ऋषिकेश आते हैं।
- ऋषिकेश भारत के सबसे पवित्र और सबसे आध्यात्मिक केंद्रों में से एक है।
- ऋषिकेश विश्व प्रसिद्ध हुआ जब प्रसिद्ध ब्रिटिश पॉप बैंड, बीटल्स, अपने गुरु महर्षि महेश योगी से यहां मिले और उनके साथ अध्ययन किया।

अतः विकल्प (D) सही है।

66. उत्तराखंड में ऋषिकेश तीर्थस्थल गंगा नदी के तट पर स्थित है।

- पवित्र नदी गंगा के किनारे हिमालय की तलहटी में, ऋषिकेश शहर है।
- यह पहला पवित्र शहर है जो पहाड़ों से अपने वंश पर पहुंचता है।ऋषिकेश, मणिमय आश्रम और धर्मशालाओं का शहर है।
- पवित्र गंगा के अलावा अपनी प्राकृतिक सुंदरता के लिए लोकप्रिय, ऋषिकेश को पारंपरिक रूप से विश्व की आध्यात्मिक राजधानी के रूप में जाना जाता है। ज्यादातर मंदिर और आश्रम ऋषिकेश में गंगा के किनारे हैं।

अतः विकल्प (B) सही है।

67. मानसरोवर 'चारधाम' में शामिल नहीं है।

- चार धाम भारत में चार तीर्थ स्थलों का एक समूह है।
- आदि शंकराचार्य द्वारा परिभाषित चार धाम में चार हिंदू तीर्थ स्थल हैं- बद्रीनाथ, द्वारका, पुरी और रामेश्वरम।
- ऐसा माना जाता है कि इन स्थलों पर जाने से मोक्ष (मुक्ति) प्राप्त करने में मदद मिलती है।
- उत्तराखंड में चार तीर्थ स्थलों- यमुनोत्री, गंगोत्री, केदारनाथ और बद्रीनाथ को "छोटा चार धाम" कहा जाता है।

अतः विकल्प (C) सही है।

68. देवप्रयाग उत्तराखंड में टिहरी गढ़वाल जिले का एक कस्बा और नगर पंचायत है।

यह अलकनंदा नदी के पंच प्रयाग में से अंतिम है जहां अलकनंदा भागीरथी नदी से मिलती है। उसके बाद दोनों नदियाँ गंगा या गंगा नदी के रूप में बहती हैं।

संस्कृत में, "देवप्रयाग" का अर्थ "धर्मी संगम" है।

अतः विकल्प (D) सही है।

69. उत्तराखंड सरकार ने ऋषिकेश में भारत के पहले ग्लास-फ्लोर ब्रिज का निर्माण करने का अपना उद्देश्य घोषित किया है। नए पुल की कुल चौड़ाई 8 मीटर और लंबाई 132.2 मीटर है।

इससे जुड़े महत्वपूर्ण बिंदु निम्नलिखित है:

- कांच का फर्श चौड़ाई में 1.5 मीटर होगा।
- दोनों तरफ फर्श के रूप में इस्तेमाल किया जाने वाला कड़ा गिलास 3.5 इंच मोटा होगा।
- यह पुल ऋषिकेश में गंगा नदी के पार बनाया जाएगा।
- पुल प्रतिष्ठित लक्ष्मण झूला के विकल्प के रूप में है।

अतः विकल्प (B) सही है।

70. जिम कॉर्बेट राष्ट्रीय उद्यान उत्तराखंड के नैनीताल जिले में स्थित है और भारत का सबसे पुराना राष्ट्रीय उद्यान है जो 1936 में हैली राष्ट्रीय उद्यान के नाम से स्थापित हुआ था।

उद्यान हिमालय की तलहटी में स्थित है, जिसमें हरे-भरे हरियाली और असमान पहाड़ों के साथ-साथ अलग-अलग ऊंचाइयां हैं, जो लगभग 1300 फीट से लेकर 4000 फीट तक है।

इस उद्यान के लिए पर्यटकों और वन्यजीव उत्साही लोगों का मुख्य आकर्षण इस पार्क में अपने सभी जंगलीपन के साथ टाइगर का राजसी दृश्य है। यह उद्यान बाघों की दुर्लभ प्रजातियों का एक प्राकृतिक आवास है जो विभिन्न प्रकार के जंगली जानवरों, पक्षियों के साथ विलुप्त होने और समृद्ध वनस्पतियों और जीवों का सामना कर रहे हैं, जो इसे पक्षी देखने वालों के लिए स्वर्ग बनाता है। यह एक ऐसा स्थान है जो भारी संख्या में पर्यटकों को आकर्षित करता है और उत्कृष्ट दर्शनीय स्थल दर्शाता है।

अतः विकल्प (B) सही है।

71. उष्णकटिबंधीय सदाबहार वन उत्तराखंड में नहीं पाए जाते हैं।

उष्णकटिबंधीय सदाबहार वर्षा वन:

- ऐसे वन भूमध्यरेखीय और उष्णकटिबंधीय क्षेत्रों में 200 सेमी से अधिक वार्षिक वर्षा के साथ पाए जाते हैं।

* ऐसे वनों में पेड़ों की पत्तियाँ चौड़ी होती हैं। उदाहरण: दृढ़ लकड़ी, हथेली, आदि।

अत: विकल्प (D) सही है।

72. उत्तराखंड के अन्य जिलों की तुलना में हरिद्वार का वन क्षेत्र सबसे कम है।

* हरिद्वार में वन क्षेत्र का हिस्सा लगभग 3% है।
* पौड़ी गढ़वाल, नैनीताल और चंपावत जिलों में वनों के अंतर्गत सबसे अधिक वन क्षेत्र है, जो क्रमशः 61.34%, 70.67% और 67.04% है।
* पिथौरागढ़ में वन के अंतर्गत 9% क्षेत्र है।

अत: विकल्प (C) सही है।

73. माना दर्रा उत्तराखंड में है। माना दर्रा कुटी और सेला के सुदूर गांवों को जोड़ता है। यह पिथौरागढ़ जिले के उत्तरी भाग में स्थित है। यह शायद ही कभी इन दिनों इस्तेमाल किया जाता है।

* स्थान: भारत
* श्रेणी: हिमालय
* ऊंचाई: 5,200 मीटर

अत: विकल्प (C) सही है।

74. गंगोत्री राष्ट्रीय उद्यान उत्तराखंड के उत्तरकाशी जिले में स्थित है।

गंगोत्री राष्ट्रीय उद्यान से संबंधित महत्वपूर्ण बिंदु निम्नलिखित हैं:

* यह 1989 में स्थापित हुआ।
* यह उत्तरकाशी जिले में 1,553 वर्ग किलोमीटर क्षेत्र में भागीरथी नदी के ऊपरी जलग्रहण क्षेत्र में स्थित है।
* विभिन्न दुर्लभ और लुप्तप्राय प्रजातियां जैसे: उद्यान में बोरल या नीली भेड़, काले भालू, भूरे भालू, हिमालयन मोनाल, हिमालयन स्नोकॉक, हिमालयन थार, कस्तूरी मृग, और हिम तेंदुआ पाए जाते हैं।
* गंगोत्री राष्ट्रीय उद्यान में आमतौर पर पाए जाने वाले पक्षी और जानवर हैं: बुलबुल, कबूतर, हिमालयन बारबेट, इबेक्स, पैराकेट, पार्टिडेज, तीतर, कबूतर, सीरो, थार, और टाइगर।

अत: विकल्प (B) सही है।

75. डॉ. सूर्येंदु दत्ता ने "शांति स्वरूप भटनागर पुरस्कार 2020" जीता। यह पुरस्कार उन्होंने पृथ्वी, वायुमंडल, महासागर और ग्रह विज्ञान में विज्ञान और प्रौद्योगिकी 2020 के लिए जीता।

यह भारत में बहुविषयक विज्ञान में सबसे प्रतिष्ठित पुरस्कार है। इस पुरस्कार का नाम वैज्ञानिक और औद्योगिक अनुसंधान परिषद के संस्थापक निदेशक, शांति स्वरूप भटनागर के नाम पर रखा गया है।

अत: विकल्प (A) सही है।

76. कुमाऊं की कोल जाति को 'मुंड' और 'शबर' के नाम से भी जाना जाता है।

* 'कोल' गढ़वाल समाज के बुनकर संप्रदाय थे।
* वे भांग के रेशे से पोशाक सामग्री बुनते थे।
* कोलियों के बीच पबिला (भांग के रेशे बुनकर), गायकरिया कोली (राजपूत नर का पुत्र और कोली मादा) के रूप में उपसमूह थे।
* उन्हें मुंड और शबर के नाम से भी जाना जाता था।

अत: विकल्प (D) सही है।

77. कोरिओलिस बल पृथ्वी के घूर्णन का एक परिणाम है। इस स्पष्ट विक्षेपण को "कोरिओलिस बल" कहा जाता है और यह पृथ्वी के घूमने का परिणाम है। उत्तरी गोलार्ध में उच्च से निम्न दाब तक हवा चलने के कारण इसे कोरिओलिस बल द्वारा दाईं ओर विक्षेपित किया जाता है।

अत: विकल्प (B) सही है।

78. उत्तराखंड के पिथौरागढ़ जिले में "धौलीगंगा विद्युत परियोजना" स्थित है।

धौलीगंगा पावर स्टेशन (4x70 मेगावाट) धौलीगंगा नदी की जलविद्युत क्षमता का दोहन करने के लिए छोटे तालाब के साथ एक 'रन ऑफ द रिवर' योजना है। परियोजना के निर्माण के साथ, आसपास के क्षेत्र को बुनियादी ढांचे, शिक्षा, चिकित्सा सुविधाओं और रोजगार के अवसरों के विकास से भी लाभ हुआ है।

अत: विकल्प (B) सही है।

79. पंडित बद्री दत्त पांडे को "कुमाऊं केसरी" के नाम से जाना जाता है।

यह उपाधि 1921 में "कुली-बेगार आंदोलन" के बाद मिली। वह अल्मोड़ा अखबार नामक एक समाचार पत्र के संपादक और एक समाज सुधारक थे।

कुमाऊँ का समाज, उन दिनों नायक प्रथा नामक एक सामाजिक व्यवस्था से त्रस्त था, जहाँ नायक परिवारों के लिए अपनी बेटियों को वेश्यावृत्ति में बेचना स्वीकार्य था। बद्री दत्त ने उस व्यवस्था के खिलाफ लड़ाई लड़ी जिसके कारण अंततः इस प्रथा को रोकने के लिए कानून बनाया गया।

अत: विकल्प (D) सही है।

80. नित्यानंद स्वामी उत्तराखंड के पहले मुख्यमंत्री थे।

स्वामी ने उत्तर प्रदेश विधानसभा में देहरादून सीट का प्रतिनिधित्व किया और 1984, 1990 और 1996 में यूपी विधान परिषद के सदस्य भी रहे। राजनीति में स्वामी का लंबा करियर तब शुरू हुआ जब उन्होंने पहली बार देहरादून से तत्कालीन जनवरी 1969 संघ के उम्मीदवार के रूप में जीत हासिल की।

वे 1992 में यूपी विधान परिषद के अध्यक्ष बने और 2000 तक इस पद पर बने रहे।

अत: विकल्प (C) सही है।

81. प्राचीन शैल चित्रों वाली लख उडियार गुफा अल्मोड़ा जिला उत्तराखंड में स्थित है।

* लख उडियार अल्मोड़ा में सुयाल नदी के तट पर स्थित है और यह पाषाण युग के समय के शुरुआती व्यक्ति के जीवन को दर्शाता है।
* गुफाओं में जानवरों, मनुष्यों, और काले, लाल और सफेद रंग में उंगलियों द्वारा किए गए तंबूरूप भी हैं।

अत: विकल्प (D) सही है।

82. प्राचीन काल में ऋषिकेश को 'कुब्जाम्रक' के नाम से जाना जाता था।

यह शहर प्रसिद्ध बीटल्स आश्रम और राम झूला और लक्ष्मण झूला जैसे स्थानों के लिए जाना जाता है।

यह उत्तराखंड के टिहरी गढ़वाल क्षेत्र में स्थित एक तहसील है जो भारतीय नदियों, गंगा के पवित्रतम तट पर स्थित है।

अत: विकल्प (A) सही है।

83. मुगल काल में उत्तराखंड में औपनिवेशिक संघर्ष शुरू हुआ।

मुगल राजवंश की स्थापना पानीपत की पहली लड़ाई में इब्राहिम लोधी को हराने के बाद 1526 में बाबर नाम के एक चगताई तुर्क राजकुमार ने की थी।

मुगल वंश के प्रसिद्ध राजाओं में शामिल हैं:

* बाबर - 1526- 1530
* हुमायूँ - 1530-1556।
* अकबर - 1556--1605
* जहाँगीर - 1605 - 1627
* शाहजहाँ - 1628 - 1658

* औरंगजेब - 1658 - 1707

मुगल ने 16 वीं शताब्दी के शुरू से 18 वीं मध्य शताब्दी तक अधिकांश उत्तर भारत पर शासन किया।

अत: विकल्प (A) सही है।

84. पांडुकेश्वर तांबे की प्लेटों पर संस्कृत भाषा लिखी गई है। पांडुकेश्वर उत्तराखंड के चमोली जिले का एक पवित्र गाँव है।

पांडुकेश्वर गांव से संबंधित महत्वपूर्ण बिंदु निम्नलिखित हैं:

* इसकी स्थापना महाभारत महाकाव्य के महान पांडवों के पिता राजा पांडु ने की थी।

* पांडुकेश्वर में दो प्रसिद्ध मंदिर हैं। योगध्यान बद्री मंदिर, सप्त बद्री मंदिरों में से एक, और अन्य भगवान वासुदेव मंदिर हैं।

* यहां पाए गए ताम्रपत्र शिलालेखों में प्रारंभिक कत्युरी राजाओं द्वारा शासन का संकेत मिलता है और इस क्षेत्र को पांचाल देश के रूप में जाना जाता था, जिसे अब उत्तराखंड के रूप में जाना जाता है।

अत: विकल्प (C) सही है।

85. कुमाऊँ उत्तराखंड में एक स्थान है, जहाँ शादियों को मनाने का एक अनूठा तरीका है। शादियों में एक विशेष और अनोखा नृत्य किया जाता है, जिसे छोलिया कहा जाता है।

* यह कुमाऊं में लोकप्रिय लोक नृत्य का एक रूप है और जिसका तलवारों और ढालों के साथ प्रदर्शन किया जाता है।

* कलाकार रंगीन पोशाक और जोड़े में नृत्य के साथ अपना जलवा बिखेरते हैं।

* कुमाऊं के पुरुष नृत्य में भाग लेते हैं, जिसमें दुल्हन घोड़े पर सवार होती है। बैगपाइप का उपयोग संगीत के लिए किया जाता है और नर्तक लयबद्ध ताली के साथ आवाज के साथ गाते हैं।

अत: विकल्प (D) सही है।

86. उत्तराखंड का जड़ी बूटी शोध एवं विकास संस्थान गोपेश्वर में स्थित है।

* जड़ी बूटी शोध एवं विकास संस्थान (एचआरडीआई) उत्तराखंड के क्षेत्रों की मूल्यवान औषधीय और सुगंधित पौधों के संसाधनों के संरक्षण, विकास और सतत उपयोग के लिए 1989 में स्थापित एक सरकार द्वारा संचालित अनुसंधान संस्थान है।

* एचआरडीआई गोपेश्वर में स्थित है, यह गढ़वाल पहाड़ियों में एक टाउनशिप और उत्तराखंड के चमोली जिले के भीतर एक नगरपालिका बोर्ड है।

* एचआरडीआई उत्तराखंड राज्य औषधीय पादप बोर्ड की एक नोडल एजेंसी है।

अत: विकल्प (C) सही है।

87. उत्तराखंड से राज्यसभा में तीन प्रतिनिधि हैं।

* प्रदीप टम्टा

* अनिल बलूनी

* नरेश बंसल

ये तीन सदस्य अप्रत्यक्ष रूप से उत्तराखंड विधान सभा के सदस्यों द्वारा चुने जाते हैं। सदस्यों को छह वर्ष की अवधि के लिए चुना जाता है। राज्यसभा के एक-तिहाई सदस्य हर दो साल के बाद सेवानिवृत्त होते हैं।

मनोहर कांत ध्यानी उत्तराखंड से राज्य सभा के लिए चुने गए पहले व्यक्ति थे।

अत: विकल्प (B) सही है।

88. उत्तराखंड में 2 मेगा फूड पार्क हैं:

1. पतंजलि खाद्य और हर्बल उद्यान, हरिद्वार (उत्तराखंड)

2. हिमालयन मेगा खाद्य उद्यान, उधम सिंह नगर (उत्तराखंड)

मेगा खाद्य उद्यान की योजना का उद्देश्य किसानों, प्रोसेसर, और खुदरा विक्रेताओं को एक साथ लाकर कृषि उत्पादन को बाजार से जोड़ने के लिए एक तंत्र प्रदान करना है ताकि मूल्य संवर्धन को अधिकतम किया जा सके, अपव्यय को कम किया जा सके, किसानों की आय में वृद्धि हो, और विशेष रूप से ग्रामीण क्षेत्र में रोजगार के अवसर पैदा किए जा सकें।

अत: विकल्प (A) सही है।

89. 'द हिमालयन डिस्ट्रिक्ट्स ऑफ द नॉर्थ वेस्टर्न प्रोविंसेज ऑफ इंडिया' पुस्तक एडविन टी. एटकिंसन द्वारा लिखी गई है।

एडविन टी. एटकिंसन से संबंधित महत्वपूर्ण बिंदु निम्नलिखित है:

* एडविन फेलिक्स थॉमस एटकिंसन भारतीय सिविल सेवा में एक आयरिश वकील और कीटविज्ञानी थे।

* वह 1862 में भारतीय सिविल सेवा में शामिल हुए और बंगाल प्रेसीडेंसी और उत्तर-पश्चिमी प्रांतों में सेवा की। एटकिंसन भारतीय कानून में विशेषज्ञता रखने वाले एक वकील थे और उन्होंने क्रमिक रूप से एक स्मॉल कॉज़ कोर्ट में न्यायाधीश, इलाहाबाद में पेपर करेंसी के उपायुक्त और उत्तर-पश्चिमी प्रांतों के महालेखाकार के रूप में काम किया।

* उन्हें उत्तर पश्चिमी भारत का गजेटियर तैयार करने के लिए कमीशन दिया गया था।

अत: विकल्प (D) सही है।

90. उत्तराखंड वन विभाग ने कुमाऊं के मुनस्यारी, **पिथौरागढ़** जिले में भारत का पहला लाइकेन पार्क विकसित किया है।

लाइकेन हिमालय में 5000 मीटर तक पाए जाते हैं और ये महत्वपूर्ण प्रजातियां हैं क्योंकि ये प्रदूषण स्तर के सबसे अच्छे जैव संकेतक हैं।

इन जुरासिक-युग में लाइकेन प्रजातियों का उपयोग भोजन, इत्र, रंजक और पारंपरिक दवाओं में किया जाता है।

अत: विकल्प (D) सही है।

91. ब्रैंडिस फाटक, वन अनुसंधान संस्थान के मुख्य प्रवेश द्वार का नाम है।

वन अनुसंधान संस्थान परिसर, इंदिरा गांधी राष्ट्रीय वन अकादमी (आईजीएनएफए), कर्मचारी महाविद्यालय की मेजबानी करता है जो भारतीय वन सेवा के लिए चुने गए अधिकारियों को प्रशिक्षित करता है।

* इसकी स्थापना 1878 में ब्रिटिश इंपीरियल फॉरेस्ट स्कूल के रूप में हुई थी।

* 1906 में इसे इंपीरियल फॉरेस्ट रिसर्च इंस्टीट्यूट के रूप में फिर से स्थापित किया गया।

* 1991 में इसे विश्वविद्यालय अनुदान आयोग द्वारा एक डीम्ड विश्वविद्यालय घोषित किया गया था।

* यह अपनी तरह के सबसे पुराने संस्थानों में से एक है और दुनिया भर में प्रशंसित है।

* यह एक ग्रीको-रोमन वास्तुकला है, जिसे सी.जी. ब्लोमफील्ड द्वारा रूपांकित किया गया।

अत: विकल्प (B) सही है।

92. कस्तूरी हिरन उत्तराखंड का राजकीय पशु है।

* कस्तूरी हिरन नेपाल, भूटान और भारत में पूर्वी हिमालय में पाए जाते हैं।

* कस्तूरी मृग कस्तूरी हिरन का वैज्ञानिक नाम है।

* वे 2000 मीटर से अधिक ऊंचाई वाले पठारों पर घास के मैदान, झाड़ीदार भूमि और देवदार के जंगल पसंद करते हैं।

- इनके लंबे, गोल और नुकीले कान और काली आंखें होती हैं।

अत: विकल्प (A) सही है।

93. टिपरा बामक हिमनद उत्तराखंड के गढ़वाल क्षेत्र में स्थित है।

- यह अलकनंदा जलग्रहण क्षेत्र में भुइंदर गंगा घाटी का 6 किमी लंबा हिमनद है।
- घाटी के विभिन्न आकार और आकृति के लगभग 16 ग्लेशियर हैं, जिनमें से केवल टिपरा बामक और निकटवर्ती रतनबन हिमनद महत्वपूर्ण हैं।
- इन ग्लेशियरों के पिघले हुए पानी का निकास तिब्बत नमक के स्रोत में एक ही बर्फ की गुफा से निकलता है।

अत: विकल्प (C) सही है।

94. उत्तराखंड में सगंध पौधा संस्थान (सीएपी) सेलाकी में स्थित है।

- सेलाकी, देहरादून के औद्योगिक क्षेत्र में उत्तराखंड सरकार द्वारा 2003 में सगंध पौधों के लिए संस्थान स्थापित किया गया है।
- सीएपी उत्तराखंड में सगंध क्षेत्र के विकास के लिए एक पूर्ण व्यापार इनक्यूबेटर केंद्र है।
- सेलाकी औद्योगिक क्षेत्र के लिए जाना जाता है।
- यह देहरादून के बाहरी इलाके में स्थित है।

अत: विकल्प (B) सही है।

95. मुगल साम्राज्य के पतन के लिए कृषि संकट का सिद्धांत इरफान हबीब ने पेश किया।

- वह एक भारतीय इतिहासकार थे जिनकी विशेषज्ञता का मुख्य क्षेत्र मध्यकालीन भारतीय इतिहास था।
- अलीगढ़ विद्यालय का दूसरा प्रमुख सिद्धांत इरफान हबीब ने अपने मुगल साम्राज्य की कृषि प्रणाली (1963) में बनाया था।
- वह मुगल भू-राजस्व मांग की मूल प्रकृति का चित्रण करते है।
- हबीब ने मुगल साम्राज्य द्वारा नियंत्रित और प्रबंधित समाज में कई सामाजिक अंतर्विरोधों को स्पष्ट रूप से उजागर किया।

अत: विकल्प (A) सही है।

96. पंडित हर गोविन्द पन्त ने भारतीय राष्ट्रीय कांग्रेस के बनारस अधिवेशन (1905 ईस्वी) में भाग लिया।

- हर गोविन्द पन्त एक स्वतंत्रता सेनानी और 1915 में कुमाऊँ परिषद राजनीतिक समूह के संस्थापक थे।
- वह भारत की संविधान सभा के सदस्य थे जहां उन्होंने संयुक्त प्रांत के पहाड़ी जिलों के हितों का प्रतिनिधित्व किया।
- उन्होंने राष्ट्रवादी विचारों के साथ स्थानीय समाचार पत्र शुरू करने में योगदान दिया ताकि जनता को शिक्षित किया जा सके और देश में राजनीतिक जागृति के बारे में सूचित किया जा सके।

अत: विकल्प (A) सही है।

97. 24वें जलवायु परिवर्तन प्रदर्शन सूचकांक (सीसीपीआई) रिपोर्ट-2019 में, भारत 11वें स्थान पर रहा।

इससे जुड़े महत्वपूर्ण बिंदु निम्नलिखित है:

- सीसीपीआई अंतरराष्ट्रीय जलवायु राजनीति में पारदर्शिता बढ़ाने के लिए जर्मन पर्यावरण और विकास संगठन जर्मनवाच द्वारा तैयार की गई एक स्कोरिंग प्रणाली है।
- राष्ट्रीय स्तर पर निर्धारित योगदान (एनसीडी) और देश के 2030 की दिशा में देश की प्रगति के माप को शामिल करने के लिए सीसीपीआई का विस्तार किया गया था।

- चूंकि कोई भी देश ग्लोबल वार्मिंग को 2 डिग्री सेल्सियस से नीचे तक सीमित करने की आवश्यकताओं को पूरा नहीं करता है, इसलिए सूचकांक में पहले तीन स्थान खाली रहते हैं।
- स्वीडन 76.28 अंक के साथ सूचकांक में शीर्ष पर रहा और अंतिम स्थान 8.82 अंक के साथ सऊदी अरब को मिला।

अत: विकल्प (A) सही है।

98. उत्तराखंड भारत नवाचार सूचकांक 2020 में पहाड़ी श्रेणियों में दूसरे स्थान पर है।

हिमाचल प्रदेश पहाड़ी और उत्तर-पूर्व राज्यों की रैंकिंग में सबसे ऊपर है, इसके बाद उत्तराखंड, मणिपुर और सिक्किम हैं। कर्नाटक दूसरे वर्ष 42.5 के स्कोर के साथ शीर्ष पर रहा।

राज्य की सफलता का श्रेय उच्च उद्यम पूंजी सौदों, पंजीकृत जीआई और आईसीटी निर्यात और उच्च एफडीआई प्रवाह को दिया गया है।

अत: विकल्प (B) सही है।

99. उत्तराखंड भारत का 19वां सबसे बड़ा निर्यातक राज्य है, जो भारत के कुल निर्यात में 0.48 प्रतिशत की हिस्सेदारी रखता है।

राज्य में काशीपुर और पंतनगर में दो कार्यात्मक अंतर्देशीय कस्टम डिपो (आईसीडी) हैं। बनबसा में लैंड कस्टम स्टेशन (LCS) को लैंड पोर्ट अथॉरिटी ऑफ इंडिया (LPAI) द्वारा एकीकृत चेक पोस्ट (ICP) के रूप में स्थापित करने का प्रस्ताव है।

अत: विकल्प (A) सही है।

100. स्वामी विवेकानंद आश्रम, श्यामलाताल के तट पर स्थित है।

श्यामलाताल से संबंधित महत्वपूर्ण बिंदु निम्नलिखित है:

- श्यामलाताल, उत्तराखंड के टनकपुर शहर से 30 किमी दूर स्थित एक प्राकृतिक झील है।
- जैसा कि नाम से पता चलता है, इस झील को श्याम शब्द से जाना जाता है जिसका अर्थ, हिंदू धर्म में भगवान कृष्ण का वर्णन करने के लिए किया जाने वाला थोड़ा काला जटिल रंग हैं।
- झील का काला रंग इसके गंदे पानी और घिरी हुई पहाड़ियों के कारण है।

अत: विकल्प (A) सही है।

General Hindi

Q.1 निम्नलिखित में से कौन-सा शब्द 'सरस्वती' का पर्यायवाची नहीं है?

A. वाणी   B. वीणापाणि   C. कमला   D. शारदा

Q.2 अंगुली का तद्भव रूप है:

A. अंगुल   B. अंगुरी

C. उंगली   D. उपर्युक्त में से कोई नहीं

Q.3 निम्नलिखित में से कौन-सा संधि विच्छेद, व्यंजन संधि से संबंधित नहीं है?

A. जगत् + नाथ   B. सम् + सार

C. नि: + सन्देह   D. तत् + लीन

Q.4 'परिमाणवाचक' _______ का भेद है।

A. संज्ञा   B. सर्वनाम   C. कारक   D. विशेषण

Q.5 'संसद' शब्द में _______ संज्ञा है।

A. जातिवाचक   B. भाववाचक

C. समूहवाचक   D. व्यक्तिवाचक

Q.6 'भक्तिन', महादेवी वर्मा की किस विधा की रचना है?

A. आत्मकथा   B. जीवनी

C. कहानी   D. संस्मरणात्मक रेखाचित्र

Q.7 निम्नलिखित में से देशज शब्द है:

A. झोला   B. क्षण   C. अखबार   D. नमक

Q.8 'अस्तबल की बला बन्दर के सिर' लोकोक्ति का सही अर्थ है:

A. किसी का दोष किसी और पर मढ़ा जाना

B. गलती करके रौब जमाना

C. बेकार की वस्तु दूसरों के मत्थे मढ़ना

D. कहा जाय कुछ, समझा जाय कुछ

Q.9 निम्नलिखित में से 'आगत' शब्द है:

A. तुन्द   B. द्विप्रहर   C. दूर्वा   D. अखबार

Q.10 'नीलिमा' शब्द में प्रयुक्त प्रत्यय है:

A. इमा   B. लिमा   C. नी   D. मा

Q.11 'मुंबई एक स्मार्ट सिटी बन गया है।' में किस प्रकार की संज्ञा है?

A. समूहवाचक संज्ञा   B. व्यक्तिवाचक संज्ञा

C. जातिवाचक संज्ञा   D. भाववाचक संज्ञा

Q.12 दिए गए विकल्पों में कौन सा परसर्ग सम्बोधन कारक का चिह्न है?

A. से   B. री   C. पर   D. हो

Q.13 'वन शारदी चन्द्रिका-चादर ओढ़े।' में उपस्थित अलंकार बताइए:

A. अनुप्रास अलंकार   B. रूपक अलंकार

C. वक्रोक्ति अलंकार   D. उपमेयोपमा अलंकार

Q.14 'अस्त' के लिए पर्यायवाची शब्द होंगे:

A. उद्भव, उद्गम, आविर्भव, सृष्टि

B. ओझल, छिपना, तिरोहित, लुप्त

C. अतल, गहन, सघन, संयत

D. स्वधा, विभूति, पद्मा, शुचि

Q.15 निम्नलिखित में शुद्ध शब्द है:

A. अन्ताक्षरी   B. अन्त्याक्षरि

C. अन्त्याक्षरी   D. अनत्याक्षरी

Q.16 देवनागरी लिपि अधिकांशत है:

A. वर्णात्मक   B. अशिरोरेखात्मक

C. शून्यात्मक   D. रोमन

Q.17 किस कवि को 'एक भारतीय आत्मा' कहा जाता है:

A. मैथिलीशरण गुप्त   B. माखनलाल चतुर्वेदी

C. रामधारी सिंह 'दिनकर'   D. मुक्तिबोध

Q.18 'बरबाद हो जाने पर भी अहंकार बना रहना' के लिए सटीक लोकोक्ति है:

A. खिसियाई बिल्ली खंभा नोचे

B. ओखली में सिर दिया तो मूसल से क्या डरना

C. नेकी कर दरिया में डाल

D. रस्सी जल गई पर ऐंठन नहीं गई

Q.19 निम्नांकित में से शुद्ध वाक्य है:

A. मैं अनेकों विद्वानों से मिला हूँ।

B. मैं अनेक विद्वानों से मिला हूँ।

C. मैं बहुत सारे विद्वानों से मिला हूँ।

D. मैं कई विद्वान जनों से मिला हूँ।

Q.20 निम्नलिखित में से 'कमल' का पर्यायवाची नहीं है:

A. सरोज   B. अम्बुद   C. नीरज   D. जलज

General Knowledge and General Studies

Q.21 रक्षा मंत्रालय द्वारा किस जहाज निर्माण कंपनी को ग्रीन चैनल प्रमाणन से सम्मानित किया गया है?

A. गोवा शिपयार्ड

B. कोचीन शिपयार्ड

C. गार्डन रीच शिपबिल्डर्स एंड इंजीनियर्स

D. मझगांव डॉक शिपबिल्डर्स

Q.22 भारत ने 2022 में यूनेस्को की अमूर्त सांस्कृतिक विरासत सूची में अंकित होने के लिए किस नृत्य रूप को नामित किया है?

A. लूर   B. गरबा   C. खोर   D. घूमर

Q.23 जनवरी 2020 तक विश्व बैंक समूह के अध्यक्ष कौन थे?

[SSC CGL, 2020]

A. पॉल वोल्फ़ोविट्ज़   B. डेविड मालपास

C. जिम योंग किम   D. रॉबर्ट ज़ोलिक

Q.24 वर्ष 2018 का रमन मैग्सेसे पुरस्कार किसे प्रदान किया गया है?

[Super TET Paper - I, 2019]

A. भरत वाटवानी   B. ब्रूस रिटमैन

C. रॉबर्ट लांगलैंड्स   D. रिचर्ड एच० थेलर

Q.25 अक्सर समाचारों में सुनाई देने वाला शब्द "लिवैंट" मोटे तौर पर निम्नलिखित में से किस क्षेत्र से संगत है?

[UPSC Prelims, 2022]

A. पूर्वी भूमध्यसागरीय तट के पास का क्षेत्र

B. उत्तरी अफ्रीकी तट के पास का मिस्र से मोरक्को तक फैला क्षेत्र

C. फारस की खाड़ी और अफ्रीका के श्रृंग (हॉर्न ऑफ़ अफ्रीका) के पास का क्षेत्र

D. भूमध्य सागर के सम्पूर्ण तटवर्ती क्षेत्र

Q.26 निम्नलिखित में से किसने भारतीय संसद में 1950 में "निवारक निरोध बिल" पेश किया?

A. बलदेव सिंह   **B.** नराहर विष्णु गाडगिल

C. सरदार पटेल   **D.** जवाहर लाल नेहरू

Q.27 जीन में दोष के कारण निम्न में से कौन सा रोग होता है?

A. हीमोफिलिया   **B.** टाइफाइड

C. मलेरिया   **D.** पीलिया

Q.28 "खुदाई खिदमतगार" संगठन की स्थापना किसने की?

A. जवाहर लाल नेहरू

B. महात्मा गांधी

C. खान अब्दुल गफ्फार खान

D. मोहम्मद अली जिन्ना

Q.29 दिल्ली सल्तनत की स्थापना किस वर्ष हुई थी?

A. 1289   **B.** 1206   **C.** 1534   **D.** 1134

Q.30 निम्नलिखित में से किस देश को "नीले आकाश की भूमि" के रूप में जाना जाता है?

A. जापान   **B.** भारत   **C.** मंगोलिया   **D.** मालदीव

Q.31 फॉर्च्यून की नवीनतम सूची के अनुसार, किस देश के प्रधानमंत्री देश में कोविड को फैलने से रोकने के लिए सबसे महान नेताओं की सूची में सबसे ऊपर हैं?

A. ऑस्ट्रेलिया   **B.** ब्राज़ील

C. न्यूज़ीलैंड   **D.** सिंगापुर

Q.32 अभिनेत्री कल्कि कोचलिन निम्नलिखित में से किस पुस्तक के साथ एक लेखक के रूप में अपनी शुरुआत कर रही हैं?

A. गॉड ऑफ स्मॉल थिंग्स   **B.** एलिफैंट इन द वोम्ब

C. लास्ट मैन इन टावर   **D.** अ सूटेबल बॉय

Q.33 उबर कप किस खेल से संबंधित है?

A. टेनिस   **B.** हॉकी   **C.** फुटबॉल   **D.** बैडमिंटन

Q.34 किसी कारण के लिए की गई हैकिंग को ______ कहा जाता है।

A. एक्टिव हैकिंग   **B.** हैक्टिविज्म

C. एक्टिविज्म   **D.** ब्लैक-हैट हैकिंग

Q.35 निम्नलिखित में से कौन-सा ई-मेल एड्रेस का उदाहारण है?

A. Www.google.com

B. Jeandoe.gmail.com

C. Bob Smith@yahoo.com

D. xyz@gmail.com

Q.36 एक प्रोग्राम जो प्रोग्राम को मेन मेमोरी में रखता है और उन्हें निष्पादन के लिए तैयार करता है, उसे ______ कहते है।

A. लिंकर   **B.** असेंबलर

C. लोडर   **D.** अब्सोल्युट एन्टीटी

Q.37 HTML संस्करण-5 में, ______ डेक्लरेशन टैग का उपयोग वेब ब्राउज़र द्वारा HTML के संस्करण को समझने के लिए किया जाता है।

[HTET PGT - Computer Science, 2018]

A. <DOCTYPE html>

B. <SDOCUMENT html>

C. <#DOCTYPE html>

D. <#DOC html>

Q.38 एम. एस. वर्ड डॉक्यूमेंट में कुछ निर्धारित टेक्स्ट का चयन करने के बाद Shift + F3 शॉर्टकट ______ पर लागू होता है।

[HTET PGT - Computer Science, 2018]

A. चयनित टेक्स्ट को बुकमार्क करने

B. चयनित टेक्स्ट की स्थिति बदलने

C. चयनित टेक्स्ट पर हाइपरलिंक बनाने

D. चयनित टेक्स्ट को ड्राफ्ट के रूप में सुरक्षित करने

Q.39 आपूर्ति वक्र के साथ संचलन को ______ के रूप में जाना जाता है।

A. आपूर्ति में संकुचन

B. आपूर्ति में विस्तार

C. आपूर्ति में बढ़ोतरी

D. आपूर्ति में विस्तार तथा संकुचन

Q.40 किस दर पर, भारतीय रिजर्व बैंक वाणिज्य बैंकों से धन उधार लेता है?

A. बैंक दर   **B.** रेपो दर

C. रिवर्स रेपो दर   **D.** सांविधिक तरलता दर

Q.41 रॉबर्ट ब्राउन को ______ की खोज के लिए जाना जाता है।

A. क्लोरोप्लास्ट   **B.** न्यूक्लियस

C. माइटोकॉन्ड्रिया   **D.** गॉली कॉम्प्लेक्स

Q.42 भारतीय संविधान की ग्यारहवीं अनुसूची किससे संबंधित है?

A. पंचायती राज   **B.** भाषा

C. नागरिकता   **D.** केंद्र-राज्य का संबंध

Q.43 निम्नलिखित में से कौन सा संशोधन शिक्षा का अधिकार प्रदान करता है?

A. 85वां संशोधन   **B.** 86वां संशोधन

C. 87वां संशोधन   **D.** 88वां संशोधन

Q.44 निम्नलिखित में से कौन सार्क (SAARC) का सदस्य देश नहीं है?

A. अफ़ग़ानिस्तान   **B.** बांग्लादेश

C. म्यांमार   **D.** नेपाल

Q.45 निम्नलिखित में से कौन सा क्षेत्र 'टोडा जनजाति' का मूल निवास स्थान है?

A. कुमाऊँ पहाड़ी   **B.** नीलगिरी पहाड़ी

C. खासी पहाड़ी   **D.** गढ़वाल पहाड़ी

Q.46 कोर्बिवैक्स कोविड-19 वैक्सीन किसके द्वारा बनाई गयी है?

A. सीरम इंस्टीट्यूट ऑफ इंडिया

B. भारत बायोटेक

C. बायोलॉजिकल ई

D. गमलेया नेशनल सेंटर ऑफ एपिडेमियोलॉजी एंड माइक्रोबायोलॉजी

Q.47 किस देश ने अंतरिक्ष में अपना पहला सैन्य अभ्यास 'एस्टर एक्स' शुरू किया है?

A. फ्रांस   **B.** रूस   **C.** जर्मनी   **D.** भारत

Q.48 किस देश ने पहले फुटबॉल विश्व कप की मेजबानी की थी?

A. अर्जेंटीना   **B.** जापान   **C.** ब्राज़ील   **D.** उरुग्वे

Q.49 बुद्ध ने ______ में निर्वाण प्राप्त किया।

A. तक्षशिला　　**B.** बोध गया　　**C.** कुशीनगर　　**D.** कौशांबी

Q.50 विजयनगर साम्राज्य के अवशेष _______ में पाए जा सकते हैं।

A. बीजापुर　　**B.** गोलकुंडा　　**C.** हम्पी　　**D.** बड़ौदा

Q.51 मिहिरभोज _______ का शासक था।

A. पाल वंश　　　　　**B.** गुर्जर-प्रतिहार वंश

C. चंदेल राजवंश　　　**D.** चेरा राजवंश

Q.52 क्षेत्रफल की दृष्टि से, भारत में सबसे बड़ा बाघ अभ्यारण्य कौन सा है?

A. नागार्जुनसागर श्रीशैलम　　**B.** राजाजी टाइगर रिजर्व

C. पेंच टाइगर रिजर्व　　　　**D.** नमदाफा टाइगर रिजर्व

Q.53 यदि एक दर्पण को AB रेखा पर रखा जाए तो दी गई उत्तर आकृतियों में से कौन-सी आकृति प्रश्न आकृति का सही प्रतिबिम्ब होगा?

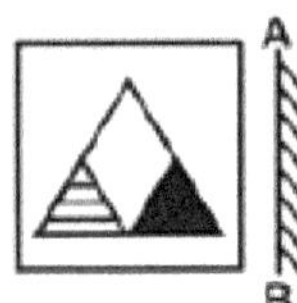

[SSC MTS, 2019], [SSC MTS, 2017]

A. 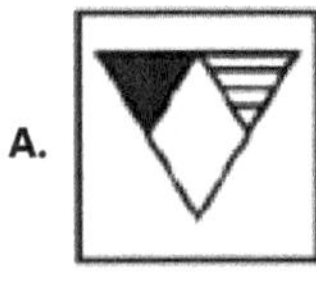　　**B.** 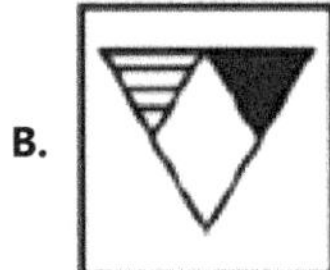

C. 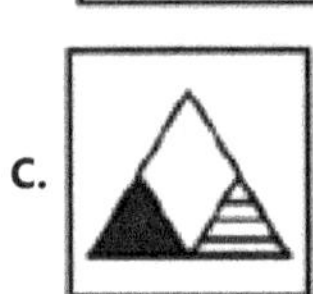　　**D.** 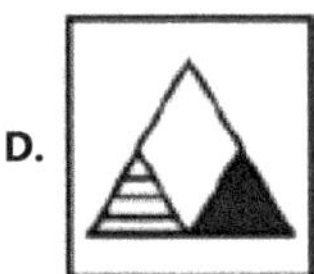

Q.54 दी गई उत्तर आकृतियों में से उस उत्तर आकृति को चुनिए जिस में प्रश्न आकृति निहित है।

प्रश्न आकृति:

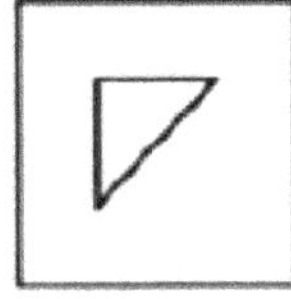

A. 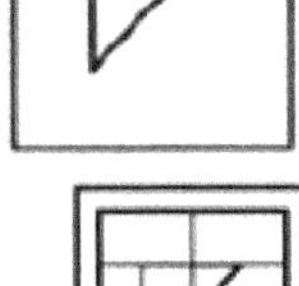　　**B.** 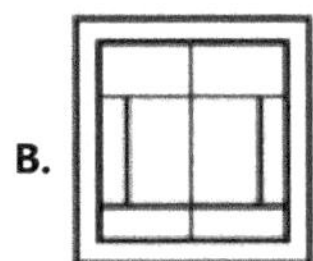

C. 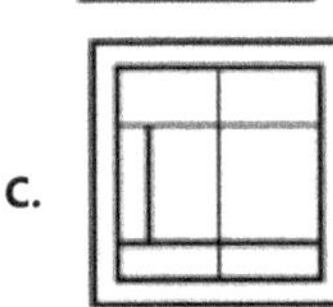　　**D.** 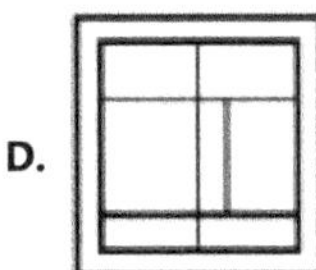

Q.55 निर्देश: नीचे दिए गए प्रश्न में, एक कथन के बाद दो निष्कर्ष I और II दिए गए हैं। आपको दोनों कथनों को सत्य मानना है, भले ही वे सर्वज्ञात तथ्यों से भिन्न हों। आपको तय करना है कि दिए गए निष्कर्षों में से कौन सा निष्कर्ष दिए गए कथनों का अनुसरण करता है।

कथन: राकेश, राजेश से वरिष्ठ है और राजेश, राहुल से वरिष्ठ है।

निष्कर्ष:

I. राकेश, राहुल से वरिष्ठ है।

II. राहुल, राकेश से वरिष्ठ नहीं है।

A. केवल निष्कर्ष I. अनुसरण करता है।

B. केवल निष्कर्ष II. अनुसरण करता है।

C. निष्कर्ष I. और II. दोनों अनुसरण करते हैं।

D. न तो निष्कर्ष I. और न ही II. अनुसरण करता है।

Q.56 नीचे एक प्रश्न दिया गया है जिसके बाद दो कथन दिए गए हैं। विश्लेषण कीजिए और तय कीजिए कि दिए गए कथनों से प्रश्न का उत्तर दिया जा सकता है या नहीं।

प्रश्न: जॉन का पुत्र कौन है?

कथन I: मयूर, जैक के भाई का पुत्र है।

कथन II: मयूर, जॉन की पत्नी की इकलौती पुत्री का भाई है।

A. केवल कथन I. पर्याप्त है।

B. केवल कथन II. पर्याप्त है।

C. कथन I. और II. एक साथ पर्याप्त हैं।

D. कथन I. और II. एक साथ पर्याप्त नहीं हैं।

Q.57 निर्देश: उस वेन आरेख का चयन करें जो निम्नलिखित वर्गों के बीच संबंध को सर्वोत्तम रूप से दर्शाता है।

निर्माता, अभिनेता, निर्देशक, अभिनेत्री

A. 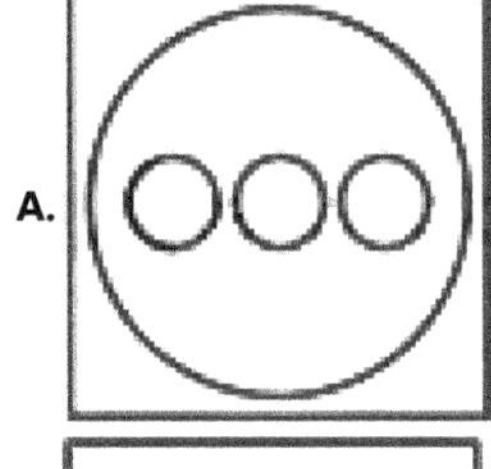　　**B.** 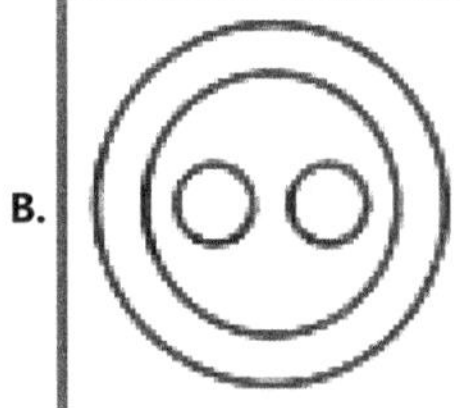

C. 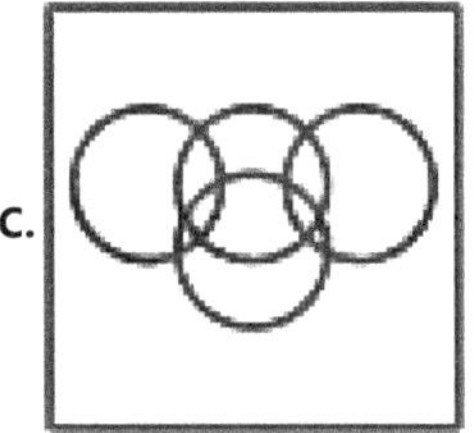　　**D.** 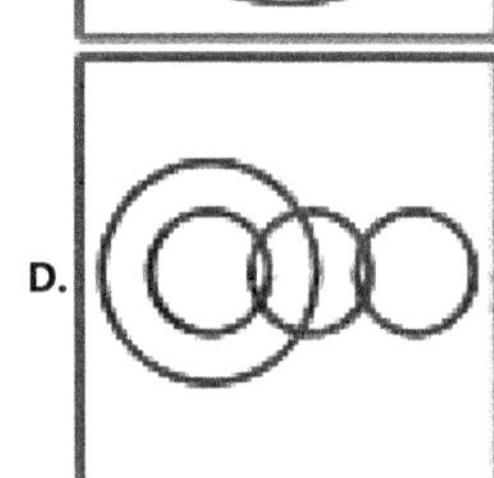

Q.58 कौन सी उत्तर आकृति प्रश्न आकृति के पैटर्न को पूरा करेगी?

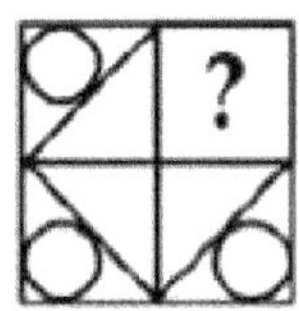

[UP Police Constable, 2019]

A. 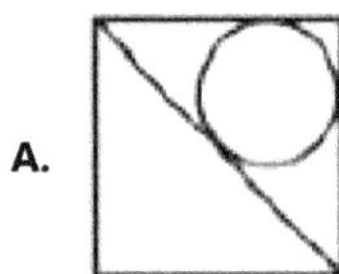　　**B.** 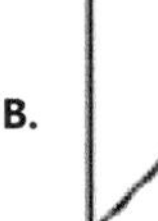

C. 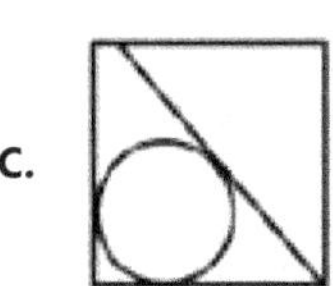　　**D.** 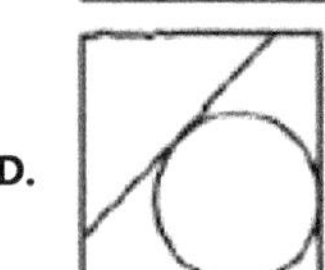

Q.59 दी गई आकृति में कितने त्रिभुज हैं?

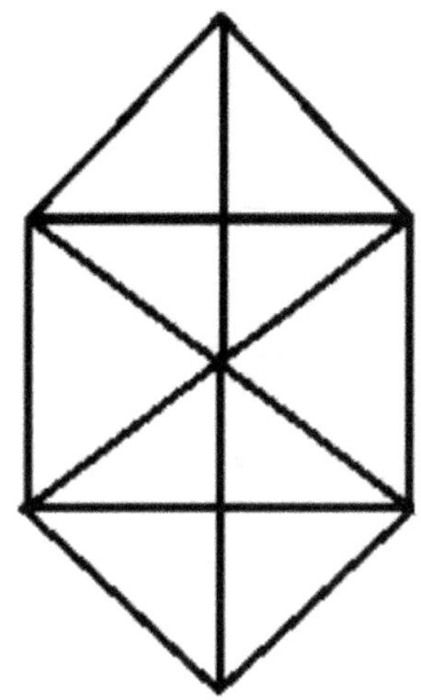

[SSC CGL, 2020], [UP Police ASI, 2018]

A. 20   **B.** 22   **C.** 28   **D.** 32

Q.60 यदि 4 ✕5 % 3 = 8000 और 2 ✕3 % 2 = 36, हो, तो
4 ✕3 % 3 = ?

A. 432   **B.** 1728   **C.** 36   **D.** 144

General Knowledge of Uttarakhand

Q.61 पीएनएस तैमूर, जिसे चीन ने पाकिस्तान को दिया था, एक _______ है?

A. कौर्वेट   **B.** फ्रिगेट
C. डिस्ट्रॉयर   **D.** विमान वाहक

Q.62 महात्मा गांधी राष्ट्रीय ग्रामीण रोजगार गारंटी योजना (मनरेगा) के तहत लोकपाल के रूप में किसे नियुक्त किया गया है?

A. एस. एल. थाओसेन   **B.** अजय कुमार श्रीवास्तव
C. स्वरूप कुमार साहा   **D.** एन जे ओझा

Q.63 2023 में G-20 की अध्यक्षता के दौरान भारत किस देश को अतिथि देश के रूप में आमंत्रित करेगा?

A. बांग्लादेश   **B.** थाईलैंड   **C.** म्यांमार   **D.** नेपाल

Q.64 उस डिजिटल प्लेटफॉर्म का नाम क्या है जिसका उपयोग भारत में COVID टीकाकरण के लाभार्थियों को ट्रैक करने के लिए किया जाएगा?

A. आत्मानबीर प्रणाली   **B.** आरोग्य सेतु प्रणाली
C. COWIN प्रणाली   **D.** सीरम सिस्टम

Q.65 किस विद्रोह को 'कुमाऊँ के बारडोली' के नाम से जाना जाता है?

A. एस्कॉट विद्रोह   **B.** सकलना विद्रोह
C. तिलारी कांड   **D.** नमक विद्रोह

Q.66 1804 ई. में खुर्बुरा की लड़ाई में निम्नलिखित राजाओं में से कौन मारा गया था?

A. प्रकाशराम शाह   **B.** प्रद्युम्न शाह
C. सुदर्शन शाह   **D.** जयकारित शाह

Q.67 कट्टूरियों ने 'खगमारा' का ऐतिहासिक किला कहाँ बनवाया था?

A. अल्मोड़ा   **B.** कुमाऊँ   **C.** नैनीताल   **D.** देहरादून

Q.68 किस अवधि के दौरान उत्तराखंड क्षेत्र को पश्चिम में गढ़वाल साम्राज्य और पूर्व में कुमाऊँ साम्राज्य के तहत समेकित किया गया था?

A. आधुनिक काल   **B.** प्राचीन काल
C. मध्य-आधुनिक काल   **D.** मध्यकाल

Q.69 प्राचीन साहित्य में 'कुमाऊँ क्षेत्र' किस नाम से जाना जाता था?

A. केदार खंड   **B.** मानस खंड
C. पुण्यभूमि   **D.** देव भूमि

Q.70 'चिपको आंदोलन' कहाँ शुरू हुआ था?

A. जौनपुर   **B.** रेनी   **C.** जखोली   **D.** घुत्तु

Q.71 उत्तराखंड का सबसे बड़ा खेती योग्य क्षेत्र किस फसल से आच्छादित है?

A. धान   **B.** गेंहू   **C.** गन्ना   **D.** आलू

Q.72 "विष्णुगाड पिपलकोटी जल विद्युत परियोजना" निम्नलिखित में से किस नदी पर विकसित की गई है?

A. गंगा   **B.** यमुना   **C.** साबरमती   **D.** अलकनंदा

Q.73 उत्तराखंड के राममन लोक नृत्य को यूनेस्को की अमूर्त विरासत सूची में किस वर्ष शामिल किया गया?

A. 2009   **B.** 2010   **C.** 2011   **D.** 2014

Q.74 'मरछास' और 'टोलछास' किस जनजाति से संबंधित हैं?

A. राजी   **B.** बोकसा   **C.** जौनसारी   **D.** भोटिया

Q.75 सूची- II के साथ सूची- I का मिलान करें और सूचियों के नीचे दिए गए कोड का उपयोग करके सही उत्तर चुनें:

सूची - I (संस्थापक)	सूची - II (समाचार पत्र)
(A) सी. आर. दास	(1) वंदे मातरम्
(B) लाला लाजपत राय	(2) संवद कोमुदी
(C) मदन मोहन मालवीय	(3) आगे
(D) राजा राम मोहन राय	(4) भारतीय संघ

A. (A) - (2), (B) - (4), (C) - (1), (D) - (3)
B. (A) - (3), (B) - (1), (C) - (4), (D) - (2)
C. (A) - (2), (B) - (4), (C) - (3), (D) - (1)
D. (A) - (3), (B) - (1), (C) - (2), (D) - (4)

Q.76 2011 की जनगणना के अनुसार उत्तराखंड की साक्षरता दर कितनी है?

A. 65.48%   **B.** 71.60%   **C.** 75.18%   **D.** 79.63%

Q.77 कुमाऊँ रेजिमेंट से परमवीर चक्र प्राप्त करने वाला पहला व्यक्ति कौन था?

A. जनरल बी.सी. जोशी   **B.** मेजर शैतान सिंह
C. मेजर सोमनाथ शर्मा   **D.** हवलदार चंद्री चंद

Q.78 कवि 'गुमानी' का वास्तविक नाम क्या था?

A. दामोदर पंत   **B.** लोकरत्न पंत
C. मथुरा दत्त पंत   **D.** गुमानी पंत

Q.79 कबूतरखाना, कमीने, महाभोज उत्तराखंड के किस लेखक के उपन्यास हैं?

A. मंगलेश डबराला   **B.** गिरीश तिवारी
C. शैलेश मटियानी   **D.** कंवल ज़िया

Q.80 उत्तराखंड में शादियों में किया जाने वाला एक विशेष और अनोखा नृत्य कहलाता है:

A. छोपटी   **B.** जोहरा   **C.** छपेली   **D.** छोलिया

Q.81 निम्नलिखित में से कौन उत्तराखंड का एक प्रमुख आदिवासी समूह नहीं है?

A. जौनसारी जनजाति　　　　B. थारू जनजाति
C. राजी जनजाति　　　　　　D. गोंड जनजाति

Q.82 राष्ट्रीय पादप आनुवंशिक संसाधन ब्यूरो (NBPGR) कहाँ स्थित है?

A. नैनीताल　　B. देहरादून　　C. अल्मोड़ा　　D. गैरसैण

Q.83 भारतीय वन्यजीव संस्थान उत्तराखंड के किस स्थान पर स्थित है?

A. नैनीताल　　B. हरिद्वार　　C. देहरादून　　D. अल्मोड़ा

Q.84 उत्तराखंड का पंचायती राज अधिनियम कब प्रस्तुत किया गया था:

A. 10 अप्रैल, 2016　　　　B. 1 जुलाई, 2014
C. 1 सितंबर, 2015　　　　D. 4 अप्रैल, 2016

Q.85 भारतीय वानिकी अनुसंधान और शिक्षा परिषद कब बनाई गई थी?

A. 1986　　B. 1987　　C. 1990　　D. 1991

Q.86 देहरादून में स्थित CWC का पूरा नाम क्या है?

A. केंद्रीय जल आयोग　　　　B. केंद्र जल आयोग
C. केंद्रीय जल स्थिति　　　　D. केंद्र जल आयोग

Q.87 ऑट्रो इलेक्ट्रॉनिक्स फैक्ट्री की स्थापना कब हुई थी?

A. 1980　　B. 1988　　C. 2000　　D. 2005

Q.88 उत्तराखंड के छठे राज्यपाल कौन हैं?

A. हरीश रावत　　　　　　B. कृष्ण कांत पॉल
C. तीरथ सिंह रावत　　　　D. पुष्कर सिंह धामी

Q.89 उत्तराखंड की पहली महिला राज्यपाल कौन हैं?

A. माया राज लक्ष्मी　　　　B. मार्गरिट अल्वा
C. लक्ष्मी यादव　　　　　　D. रीना शाही

Q.90 उत्तराखंड का राज्य वृक्ष है:

A. बाँज　　B. चीड़　　C. शाल　　D. बुरांस

Q.91 उत्तराखंड का राज्य फूल है:

A. बुरांश　　B. लिली　　C. ब्रह्म कमल　　D. चमेली

Q.92 उत्तराखंड (हिमालयी मोनाल) के राज्य पक्षी का वैज्ञानिक नाम क्या है?

A. लोफोफोरस इम्पेजेनस　　　B. कैरासियस ऑराटस
C. एलियम सेपा　　　　　　　D. होमो सेपियन्स

Q.93 वित्तीय वर्ष 2005 से वित्तीय वर्ष 2012 तक सकल राज्य घरेलू उत्पाद (जीएसडीपी) कैसा रहा?

A. दोगुना　　B. तीन गुना　　C. समान रहा　　D. चार गुना

Q.94 उत्तराखंड राज्य से भारत के कुल निर्यात में निर्यात कितना प्रतिशत है?

A. 0.48　　B. 0.50　　C. 0.44　　D. 0.40

Q.95 उत्तराखंड का राज्य स्तनपायी कौन सा है?

A. अल्पाइन कस्तूरी हिरन　　B. हिमालयी मोनाल
C. हाथी　　　　　　　　　D. व्हेल

Q.96 उत्तराखंड के दो भागों का क्या नाम है?

A. कुमाऊँ और रुद्रप्रयाग　　B. गढ़वाल और कुमाऊँ
C. रुद्रप्रयाग और गढ़वाल　　D. पिथौरागढ़ और गढ़वाल

Q.97 उत्तराखंड का सबसे छोटा जिला कौन सा है?

A. चम्पावत　　B. रानीखेत　　C. कोटद्वार　　D. रुद्रप्रयाग

Q.98 इनमें से भारत का पहला राष्ट्रीय उद्यान कौन सा है?

A. जिम कॉर्बेट नेशनल उद्यान
B. राजाजी राष्ट्रीय उद्यान
C. गोविंद पशु विहार राष्ट्रीय उद्यान
D. गंगोत्री राष्ट्रीय उद्यान

Q.99 जिम कॉर्बेट नेशनल पार्क को पहले किस नाम से जाना जाता था?

A. हैली नेशनल पार्क
B. मौलिंग नेशनल पार्क
C. डिब्रू-सैखोवा राष्ट्रीय पार्क
D. नंदा देवी राष्ट्रीय पार्क

Q.100 उत्तराखंड सरकार द्वारा नई माताओं और नवजात बालिकाओं के लिए शुरू की गई योजना का नाम क्या है?

A. महालक्ष्मी योजना　　　　B. ज्योति बीमा योजना
C. जन धन योजना　　　　　　D. सुपोषित मां अभियान

// स्मार्ट उत्तर पुस्तिका //

सही उत्तर — उन छात्रों के प्रतिशत को इंगित करता है जिन्होंने प्रश्नों का सही उत्तर दिया था।

छोड़ दिया — उन छात्रों के प्रतिशत को इंगित करता है जिन्होंने प्रश्नों को छोड़ दिया था।

प्रश्न संख्या	उत्तर	सही उत्तर / छोड़ दिया	प्रश्न संख्या	उत्तर	सही उत्तर / छोड़ दिया	प्रश्न संख्या	उत्तर	सही उत्तर / छोड़ दिया	प्रश्न संख्या	उत्तर	सही उत्तर / छोड़ दिया	प्रश्न संख्या	उत्तर	सही उत्तर / छोड़ दिया
1	A	26.63 % / 72.67 %	17	B	56.0 % / 37.67 %	33	D	57.2 % / 35.93 %	49	B	66.99 % / 30.51 %	65	D	56.97 % / 40.59 %
2	C	55.18 % / 33.65 %	18	D	89.46 % / 10.1 %	34	B	61.6 % / 37.25 %	50	C	15.62 % / 78.5 %	66	B	79.78 % / 17.95 %
3	C	42.25 % / 46.5 %	19	B	81.66 % / 13.22 %	35	D	58.41 % / 36.65 %	51	B	62.34 % / 30.56 %	67	A	30.55 % / 67.59 %
4	D	57.74 % / 34.55 %	20	B	43.97 % / 45.7 %	36	C	52.38 % / 34.72 %	52	A	55.3 % / 34.49 %	68	D	65.01 % / 30.83 %
5	C	62.08 % / 33.26 %	21	C	63.33 % / 36.51 %	37	A	40.16 % / 49.42 %	53	C	77.73 % / 14.18 %	69	B	89.91 % / 10.06 %
6	D	25.73 % / 69.29 %	22	B	52.93 % / 32.92 %	38	B	51.61 % / 44.91 %	54	A	51.98 % / 41.93 %	70	B	55.92 % / 35.3 %
7	A	54.5 % / 43.11 %	23	B	25.65 % / 69.74 %	39	D	65.45 % / 32.85 %	55	C	47.24 % / 32.45 %	71	B	13.72 % / 81.72 %
8	A	82.13 % / 11.84 %	24	A	42.58 % / 45.57 %	40	C	49.53 % / 41.92 %	56	B	42.39 % / 55.64 %	72	D	62.7 % / 36.0 %
9	D	55.61 % / 35.38 %	25	A	86.4 % / 11.1 %	41	B	67.71 % / 30.03 %	57	C	56.05 % / 31.44 %	73	A	48.7 % / 50.44 %
10	A	78.52 % / 16.17 %	26	C	66.54 % / 32.17 %	42	A	83.92 % / 10.57 %	58	A	76.12 % / 23.64 %	74	D	17.33 % / 69.66 %
11	B	14.91 % / 82.43 %	27	A	84.99 % / 11.84 %	43	B	77.6 % / 18.81 %	59	B	57.01 % / 32.55 %	75	B	47.37 % / 36.09 %
12	D	24.7 % / 74.49 %	28	C	68.06 % / 31.16 %	44	C	43.24 % / 39.88 %	60	B	81.68 % / 13.3 %	76	D	45.94 % / 32.9 %
13	B	57.74 % / 39.97 %	29	B	65.4 % / 30.34 %	45	B	42.98 % / 52.35 %	61	B	63.84 % / 36.14 %	77	C	50.33 % / 38.45 %
14	B	81.06 % / 11.72 %	30	C	14.67 % / 69.92 %	46	C	18.68 % / 76.82 %	62	D	66.67 % / 31.28 %	78	D	52.68 % / 41.57 %
15	C	66.42 % / 32.23 %	31	C	81.47 % / 17.1 %	47	A	13.38 % / 70.46 %	63	A	41.04 % / 55.89 %	79	C	84.08 % / 11.21 %
16	B	18.7 % / 68.75 %	32	B	68.29 % / 31.23 %	48	D	48.36 % / 42.08 %	64	C	59.42 % / 31.95 %	80	D	50.28 % / 39.74 %

प्रश्न संख्या	उत्तर	सही उत्तर / छोड़ दिया
81	D	46.49 %
		44.27 %
82	A	65.75 %
		32.52 %
83	C	49.24 %
		38.92 %
84	D	40.61 %
		48.47 %

प्रश्न संख्या	उत्तर	सही उत्तर / छोड़ दिया
85	A	40.38 %
		43.21 %
86	A	55.25 %
		36.82 %
87	B	18.46 %
		67.08 %
88	B	40.02 %
		53.1 %

प्रश्न संख्या	उत्तर	सही उत्तर / छोड़ दिया
89	B	62.51 %
		34.17 %
90	D	59.2 %
		37.79 %
91	C	88.02 %
		11.71 %
92	A	17.44 %
		81.51 %

प्रश्न संख्या	उत्तर	सही उत्तर / छोड़ दिया
93	A	50.87 %
		43.11 %
94	A	67.7 %
		31.41 %
95	A	67.04 %
		32.95 %
96	B	88.36 %
		10.88 %

प्रश्न संख्या	उत्तर	सही उत्तर / छोड़ दिया
97	A	81.4 %
		12.31 %
98	A	65.98 %
		32.78 %
99	A	87.99 %
		10.41 %
100	A	87.55 %
		10.15 %

कार्य विश्लेषण	
औसत अंक (%)	42.0%
टॉपर्स स्कोर (%)	74.0%
आपका स्कोर	

//संकेत और समाधान//

1. सरस्वती का पर्यायवाची शब्द 'वाणी' नहीं है।

सरस्वती के अन्य पर्यायवाची शब्द हैं - भारती, वागेश्वरी, वाग्देवी, महाश्वेता, ज्ञानदा, हंसवाहिनी, वागीश्वरी

वाणी के पर्यायवाची शब्द हैं - गिरा, रसज्ञा, जीभ, रसना

अतः विकल्प (A) सही है।

2. 'अंगुली' का तद्भव रूप 'उंगली' है।

हाथ के आगे निकले हुए सामान्यतया पाँच अवयव जिन्हें क्रमशः अँगूठा, तर्जनी, मध्यमा, अनामिका तथा कनिष्ठा कहते हैं।

तत्सम शब्द: ऐसे शब्द जो संस्कृत से ज्यों के त्यों लिए गए, तत्सम होते हैं।

तद्भव शब्द: संस्कृत से हिंदी में आने पर जिन शब्दों का रूप बदल गया हो, तद्भव कहलाते हैं।

अतः विकल्प (C) सही है।

3. नि: + सन्देह = निसंदेह, यह विसर्ग संधि का उदाहरण है।

विसर्ग का स्वर या व्यंजन के साथ मेल होने पर जो परिवर्तन होता है, उसे विसर्ग संधि कहते है।

अन्य सभी विकल्प व्यंजन संधि से संबन्धित हैं।

संधि - दो शब्दों के मेल से जो विकार (परिवर्तन) होता है उसे संधि कहते हैं। संधि के तीन प्रकार हैं -

1. स्वर

2. व्यंजन और

3. विसर्ग

अतः विकल्प (C) सही है।

4. परिमाणवाचक 'विशेषण' का भेद है।

ऐसे शब्द जो हमें किसी संज्ञा या सर्वनाम के नाप-तौल या मात्रा का बोध कराएं, वे शब्द परिमाणवाचक विशेषण कहलाते हैं।

जैसे - चार किलो तेल, थोड़े फल, एक लीटर दूध, एक तोला सोना,आदि।

अतः विकल्प (D) सही है।

5. 'संसद' शब्द समूह का बोध कराता है, इसलिए यह समूहवाचक संज्ञा है।

जिन संज्ञा शब्दों से व्यक्तियों या वस्तुओं के समूह का बोध हो, उन्हें समूहवाचक संज्ञा कहते हैं।

अतः विकल्प (C) सही है।

6. 'भक्तिन', महादेवी वर्मा जी द्वारा लिखित एक संस्मरणात्मक रेखाचित्र है, जो की उन्होंने अपनी सेविका के बारे में लिखा है।

भक्तिन छोटे कद व दुबले शरीर वाली वृद्ध महिला है। लेखिका ने उसकी तुलना अंजनीपुत्र हनुमान से ही है ,जो की बिना थके दिन रात काम करने वाली है।

अतः विकल्प (D) सही है।

7. 'झोला' शब्द देशज है।

झोला का अर्थ थैला है।

देशज शब्द: ऐसे शब्द जो देश की अन्य या क्षेत्रीय भाषा से हिंदी में सम्मिलित हुए।

जैसे – झोला, लोटा, टाँग, पगड़ी आदि।

अतः विकल्प (A) सही है।

8. 'अस्तबल की बला बन्दर के सिर' का सही अर्थ "किसी का दोष किसी और पर मढ़ा जाना" है।

वाक्य- परिवार को बिखरने से बचाने के लिए सुधा ने अपने पति का गुनाह अपने सर ले लिया। सास ने उसे घर से बाहर निकाल दिया इसे कहते हैं, अस्तबल की बला बंदर के सिर।

अतः विकल्प (A) सही है।

9. 'अखबार' शब्द आगत है।

अखबार अरबी भाषा का शब्द है, जिसका अर्थ 'समाचार पत्र' होता है।

विदेशज/ आगत/ विदेशी शब्द: अन्य देश की भाषा से आये हुए शब्द जो हिंदी भाषा में सम्मिलित हुए। इन विदेशी भाषाओं में मुख्यतः अरबी, फारसी, तुर्की, उर्दू, अंग्रेजी व पुर्तगाली शामिल हैं। जैसे - अदालत, ऑफिसर, बुखार, हज़म आदि।

अतः विकल्प (D) सही है।

10. 'नीलिमा' शब्द में 'इमा' प्रत्यय का योग है।

नीलिमा = नी + इमा। इसमें भाववाचक प्रत्यय है।

भाववाचक कृत प्रत्यय - भाववाचक कृत प्रत्यय वे होते हैं जो क्रिया से भाववाचक संज्ञा का निर्माण करते हैं।

'प्रत्यय' दो शब्दों से बना है– प्रति + अय। 'प्रति' का अर्थ है 'साथ में, बाद में; जबकि 'अय' का अर्थ 'चलने वाला' है। इसी कारण से इसका प्रयोग शब्द के अन्त में किया जाता है।

इमा प्रत्यय से बने अन्य शब्द - महिमा ,गरिमा, लघिमा, लालिमा।

अतः विकल्प (A) सही है।

11. 'मुंबई एक स्मार्ट सिटी बन गया है।' में व्यक्तिवाचक संज्ञा है।

जिस वाक्य में विशेष व्यक्ति, वस्तु या स्थान के नाम का बोध होता है वे वाक्य व्यक्तिवाचक संज्ञा के अंतर्गत आते हैं।

उपर्युक्त वाक्य में मुंबई दुनिया के सारे महानगरों का बोध न कराकर कुछ विशेष महानगर का बोध करा रही है, इसलिए ये शब्द व्यक्तिवाचक संज्ञा की श्रेणी में आता है।

अतः विकल्प (B) सही है।

12. 'हो' परसर्ग सम्बोधन कारक का चिह्न है।

संज्ञा या सर्वनाम का क्रिया से संबंध बताने वाले को कारक कहते हैं अर्थात संज्ञा या सर्वनाम के जिस रूप से वाक्य की क्रिया के साथ उनके संबंध का बोध होता है उसे कारक कहते हैं।

अतः विकल्प (D) सही है।

13. उपर्युक्त पंक्ति में रूपक अलंकार का प्रयोग किया गया है, क्योंकि रूपक अलंकार के नियम के अनुसार उक्त पंक्ति में भी 'चन्द्रिका-चादर' अर्थात दोनों भिन्न गुणों को एक समान बताकर प्रदर्शित करना ही, रूपक अलंकार कहलाता है।

रूपक अलंकार की मुख्य परिभाषा:

उपमेय पर उपमान का आरोप या उपमान और उपमेय का अभेद ही 'रूपक' है।

जब उपमेय पर उपमान का निषेध-रहित आरोप करते हैं, तब रूपक अलंकार होता है। उपमेय में उपमान के आरोप का अर्थ है- दोनों में अभिन्नता या अभेद

दिखाना। इस आरोप में निषेध नहीं होता है। जैसे- यह जीवन क्या है? निर्झर है।''

इस उदाहरण में जीवन को निर्झर के समान न बताकर जीवन को ही निर्झर कहा गया है। अतएव, यहाँ रूपक अलंकार हुआ।

अतः विकल्प (B) सही है।

14. 'अस्त' का पर्यायवाची ओझल, छिपना, तिरोहित, लुप्त हैं।

अन्य विकल्प 'अस्त' के पर्यायवाची नहीं हैं।

अतः विकल्प (B) सही है।

15. 'अन्त्याक्षरी' शुद्ध शब्द है।

अन्त्याक्षरी का अर्थ 'कविता के अंतिम अक्षर से शुरू होने वाला अक्षर लेकर छंद बनाना।' होता है।

अतः विकल्प (C) सही है।

16. देवनागरी लिपि अधिकांशत है - 'अशिरोरेखात्मक'

देवनागरी की विशेषता अक्षरों के शीर्ष पर लंबी क्षैतिज रेखा है, जो आधुनिक उपयोग में सामान्य तौर पर जुड़ी हुई होती है, जिससे लेखन के दौरान शब्द के ऊपर अटूट क्षैतिज रेखा का निर्माण होता है। देवनागरी को बाएं से दाहिनी ओर लिखा जाता है।

अतः विकल्प (B) सही है।

17. 'माखनलाल चतुर्वेदी' को 'एक भारतीय आत्मा' कहा जाता है।

माखनलाल चतुर्वेदी भारत के ख्यातिप्राप्त कवि, लेखक और पत्रकार थे जिनकी रचनाएँ अत्यंत लोकप्रिय हुईं। सरल भाषा और ओजपूर्ण भावनाओं के वे अनूठे हिंदी रचनाकार थे।

प्रभा और कर्मवीर जैसे प्रतिष्ठत पत्रों के संपादक के रूप में उन्होंने ब्रिटिश शासन के खिलाफ जोरदार प्रचार किया और नई पीढ़ी का आह्वान किया कि वह गुलामी की जंजीर को तोड़ कर बाहर आए।

इसके लिये उन्हें अनेक बार ब्रिटिश साम्राज्य का कोपभाजन बनना पड़ा। उनकी कविताओं में देशप्रेम के साथ-साथ प्रकृति और प्रेम का भी चित्रण हुआ है।

अतः विकल्प (B) सही है।

18. लोकोक्ति- रस्सी जल गई पर ऐंठन नहीं गई, अर्थ- बरबाद हो जाने पर भी अहंकार बना रहना।

वाक्य- लड़की घर से भाग गई, बेटा स्कूल से निकाल दिया गया, लेकिन मिसेज बक्शी के तेवर अभी भी नहीं बदले। यह तो वही बात हुई – रस्सी जल गयी पर ऐंठन नहीं गयी।

अतः विकल्प (D) सही है।

19. 'मैं अनेक विद्वानों से मिला हूँ' शुद्ध वाक्य है क्योंकि इसमें कोई त्रुटि नहीं है।

अतः विकल्प (B) सही है।

20. 'अम्बुद' 'कमल' का पर्यायवाची नहीं है।

'अम्बुद' का अर्थ होता है - 'जल देने वाला'।

कमल के पर्यायवाची शब्द हैं - सरोज, नीरज, जलज।

'कमल' के अन्य पर्यायवाची शब्द हैं - कंज, राजीव, अरविन्द, शतदल, अम्बुज, सरसिज, नलिन, पुष्कर, पुण्डरीक आदि।

अम्बुद के पर्यायवाची शब्द हैं - धराधर, वारिवाह, वारिधर, बादल, मेघ।

अतः विकल्प (B) सही है।

21. गार्डन रीच शिपबिल्डर्स एंड इंजीनियर्स लिमिटेड (जीआरएसई) को रक्षा मंत्रालय द्वारा प्रतिष्ठित ग्रीन चैनल प्रमाणन से सम्मानित किया गया है।

यह प्रमुख सार्वजनिक क्षेत्र के उपक्रमों और मिनी रत्न श्रेणी 1 शिपयार्ड में से एक है। भारतीय सेना को विभिन्न विन्यासों के पोर्टेबल स्टील ब्रिज (बेली टाइप) की आपूर्ति के लिए प्रमाणीकरण प्रदान किया गया था।

अतः विकल्प (C) सही है।

22. भारत ने 2022 में यूनेस्को की अमूर्त सांस्कृतिक विरासत सूची में अंकित होने के लिए नृत्य रूप गरबा को नामांकित किया है।

2021 में, 'दुर्गा पूजा' को यूनेस्को की अमूर्त सांस्कृतिक विरासत प्रतिनिधि में शामिल किया गया था।

भारत को जुलाई 2022 में अमूर्त सांस्कृतिक विरासत की सुरक्षा के लिए 2003 के कन्वेंशन की विशिष्ट अंतर सरकारी समिति में सेवा देने के लिए यूनेस्को द्वारा चुना गया था।

अत: विकल्प (B) सही है।

23. डेविड मालपास जनवरी 2020 तक विश्व बैंक समूह के अध्यक्ष थे।

डेविड आर. मालपास को 5 अप्रैल 2019 को वर्ल्ड बैंक समूह के कार्यकारी निदेशक मंडल द्वारा 13वें अध्यक्ष के रूप में चुना गया था। उनका पांच वर्ष का कार्यकाल 9 अप्रैल से शुरू हुआ था। श्री मालपास ने पहले संयुक्त राष्ट्र अमेरिका के लिए अंतर्राष्ट्रीय मामलों के लिए ट्रेजरी के अवर सचिव के रूप में कार्य किया।

विश्व बैंक: विश्व बैंक एक विशिष्ट संस्था है इसकी स्थापना 1944 में हुई थी। इसका मुख्य उद्देश्य सदस्य राष्ट्रों को पुनर्निमाण और विकास के कार्यों में आर्थिक सहायता देना है। विश्व बैंक समूह पाँच अन्तर राष्ट्रीय संगठनों का एक ऐसा समूह है जो सदस्य देशों को वित्त और वित्तीय सलाह देता है। इसका मुख्यालय वॉशिंगटन, डी॰ सी॰ में है।

अत: विकल्प (B) सही है।

24. वर्ष 2018 का रमन मैग्सेसे पुरस्कार भरत वाटवानी को प्रदान किया गया है।

भरत वाटवानी मुंबई में एक भारतीय मनोचिकित्सक हैं। उन्हें 2018 में रमन मैग्सेसे पुरस्कार से सम्मानित किया गया था, जो हजारों मानसिक रूप से बीमार सड़क पर रहने वाले गरीबों के इलाज और उनके परिवारों के साथ पुनर्मिलन के लिए बचाव का नेतृत्व कर रहे थे। भरत वाटवानी और उनकी पत्नी ने सड़कों पर रहने वाले मानसिक रूप से बीमार व्यक्तियों को बचाने के उद्देश्य से 1988 में श्रद्धा पुनर्वास फाउंडेशन की स्थापना की; मुफ्त आश्रय, भोजन और मानसिक उपचार प्रदान करना; और उन्हें उनके परिवारों से मिलाना।

अतः विकल्प (A) सही है।

25. लिवैंट एक अनुमानित ऐतिहासिक भौगोलिक शब्द है जो पूर्वी भूमध्यसागरीय तट के पास के क्षेत्र में पश्चिमी एशिया के एक बड़े क्षेत्र का उल्लेख करता है।

अपने सबसे संकीर्ण अर्थ में, जो आज पुरातत्व और अन्य सांस्कृतिक संदर्भों में उपयोग में है, यह दक्षिण-पश्चिमी एशिया में भूमध्यसागरीय सीमा से लगी भूमि के बराबर है, यानी सीरिया का ऐतिहासिक क्षेत्र, जिसमें वर्तमान सीरिया, लेबनान, जॉर्डन, इज़राइल, फिलिस्तीन और मध्य फरात के दक्षिण-पश्चिम में तुर्की का अधिकांश भाग शामिल है।

अत: विकल्प (A) सही है।

26. स्वतंत्र भारत का पहला "निवारक निरोध बिल" 1950 में सरदार पटेल द्वारा पेश किया गया था। पटेल ने कहा था कि विधेयक पेश करना जरूरी है या नहीं, यह तय करने से पहले उनकी कई रातों की नींद उड़ी हुई थी। नतीजतन, निवारक निरोध अधिनियम, 1950 को संसद द्वारा 26 फरवरी 1950 को अधिनियमित किया गया था।

अतः विकल्प (C) सही है।

27. हीमोफीलिया जीन में दोष के कारण होता है।

हीमोफिलिया एक रक्तस्राव विकार है जो रक्त के थक्के बनने की प्रक्रिया को धीमा कर देता है।

हीमोफिलिया कई एक्स-लिंक्ड रिसेसिव इनहेरिटेड जेनेटिक डिसऑर्डर में से एक है, जहां डिसऑर्डर या डिसफंक्शन पैदा करने वाला जीन एक्स-क्रोमोसोम पर स्थित होता है।

हीमोफिलिया पुरुषों में होता है क्योंकि जीन को माँ से बेटे में पारित किया जा सकता है।

अतः विकल्प (A) सही है।

28. खुदाई खिदमतगार की स्थापना खान अब्दुल गफ्फार खान ने की थी।

- खुदाई खिदमतगार भारत में ब्रिटिश राज के विरुद्ध एक अहिंसक प्रतिरोध आंदोलन है।
- यह पश्तूनों के बीच एक शक्तिशाली अहिंसक आंदोलन था।
- इसे "लाल शर्ट" भी कहा जाता है।
- उन्होंने 100,000 से अधिक सदस्यों की भर्ती की और ब्रिटिश-नियंत्रित पुलिस और सेना का विरोध करने से प्रसिद्ध हो गए।
- 1929 में, खान अब्दुल गफ्फार खान और अन्य नेताओं की गिरफ्तारी के बाद खुदाई खिदमतगार संगठन औपचारिक रूप से भारतीय राष्ट्रीय कांग्रेस में शामिल हो गया।
- भारत के विभाजन के बाद खुदाई खिदमतगारों को नई पाकिस्तानी सरकार से समस्याओं का सामना करना पड़ा।
- उन्हें लोकप्रिय रूप से "फ्रंटियर गांधी" कहा जाता है।
- उन्हें 1987 में भारत रत्न पुरस्कार से सम्मानित किया गया था।

अतः विकल्प (C) सही है।

29. भारत के इतिहास में 1206 ई. से 1526 ई. के बीच की अवधि को दिल्ली सल्तनत काल के रूप में जाना जाता है।

तीन सौ से अधिक वर्षों की इस अवधि के दौरान, दिल्ली में पांच राजवंशों ने शासन किया।

अतः विकल्प (B) सही है।

30. मंगोलिया को "नीले आकाश की भूमि" के रूप में भी जाना जाता है।

- मंगोलिया पूर्वी एशिया में एक भूमि से घिरा देश है।
- मंगोलिया उत्तर में रूस और दक्षिण में चीन के बीच स्थित है।
- मंगोलिया को "नीले आकाश की भूमि" कहा जाता है, क्योंकि इसकी शुष्क जलवायु बादल बनने और बरसात के दिनों को बढ़ावा नहीं देती है।
- मंगोलिया में साल में 250 दिन से अधिक धूप होती हैं।
- उलानबटार मंगोलिया की राजधानी है।
- स्टेट ग्रेट खुराल मंगोलियाई संसद का आधिकारिक नाम है।
- तोगरोग मंगोलिया की मुद्रा है।
- मंगोलिया संयुक्त राष्ट्र का सदस्य है।
- मंगोलिया 1997 में विश्व व्यापार संगठन में शामिल हुआ।
- गोबी मरुस्थल, एशिया का दूसरा सबसे बड़ा मरुस्थल मंगोलिया में स्थित है।

अतः विकल्प (C) सही है।

31. फॉर्च्यून की नवीनतम सूची के अनुसार, न्यूज़ीलैंड की प्रधानमंत्री, जैसिंडा अर्डर्न कोविड को देश में फैलने से रोकने के लिए निभाई गयी भूमिका के लिए सूची में सबसे ऊपर हैं।

शीर्ष 10 नामों में सीरम इंस्टीट्यूट ऑफ इंडिया (SII) के CEO आदर पूनावाला, एकमात्र भारतीय हैं।

उन्हें कोविड टीकों की आपूर्ति करके वैश्विक महामारी को समाप्त करने के कार्य के लिए पहचाना जाता है। SII विश्व का सबसे बड़ा वैक्सीन निर्माता है।

अतः विकल्प (C) सही है।

32. कल्कि कोचलिन "एलीफैंट इन द वोम्ब" की लेखक हैं।

अभिनेत्री कल्कि कोचलिन मातृत्व पर एक सचित्र गैर-काल्पनिक किताब के साथ एक लेखक के रूप में अपनी शुरुआत कर रही हैं।

"एलीफैंट इन द वोम्ब" शीर्षक से, वेलेरिया पॉलीनेचको द्वारा सचित्र पुस्तक 2021 में 'पेंगुइन' की छाप के तहत प्रकाशित की जाएगी। पुस्तक माताओं और गर्भवती माताओं के लिए गर्भावस्था और पालन-पोषण के बारे में बात करती है।

अतः विकल्प (B) सही है।

33. उबर कप बैडमिंटन से संबंधित है।

विभिन्न खेलों से संबंधित कप और ट्राफियां नीचे सूचीबद्ध हैं:

खेल	कप/ट्राफीयां
बैडमिंटन	अमृत धवन कप, चड्डा कप, यूरोपीय कप, हरीलेला कप, उबर कप
हॉकी	नेहरू कप, सुल्तान अजलान शाह कप, सिंधिया गोल्ड कप
फुटबॉल	रोवर्स कप, मर्डेका कप, डीसीएम कप, डूरंड कप, बीसी राज ट्रॉफी
टेनिस	डेविस कप, ऑस्ट्रेलियन ओपन, फ्रेंच ओपन, विंबलडन, यूएस ओपन, हेनेकेन कप

अतः विकल्प (D) सही है।

34. हैक्टिविज्म उस व्यक्ति द्वारा किया जाता है जो किसी राजनीतिक या सामाजिक कारण से हैकिंग होने का दावा करता है।

हैक्टिविज्म का उद्देश्य जनता का ध्यान किसी ऐसी चीज़ की ओर आकर्षित करना है जिसे हैक्टिविज्म एक महत्वपूर्ण मुद्दा या कारण मानता है, जैसे कि सूचना की स्वतंत्रता, मानवाधिकार, या धार्मिक दृष्टिकोण।

अतः विकल्प (B) सही है।

35. ई-मेल एड्रेस का उदहारण xyz@gmail.com है।

एक एड्रेस में दो भाग होते हैं। @ चिह्न (स्थानीय भाग) से पहले का भाग मेलबॉक्स के नाम की पहचान करता है। ई-मेल एड्रेस जैसे कि xyz@gmail.com एक स्थानीय भाग एक @ प्रतीक और फिर एक स्थिति-असंवेदनशील डोमेन भाग से बना होता है।

अतः विकल्प (D) सही है।

36. लोडर प्रोग्राम को मेमोरी में रखता है और उन्हें निष्पादन के लिए तैयार करता है।

किसी प्रोग्राम को लोड करने में निष्पादन योग्य फ़ाइल की सामग्री को मेमोरी में पढ़ना और फिर निष्पादन योग्य को चलाने के लिए तैयार करने के लिए अन्य आवश्यक प्रारंभिक कार्य करना शामिल है। एक बार लोडिंग पूरी हो जाने के बाद, ऑपरेटिंग सिस्टम लोडेड प्रोग्राम कोड पर नियंत्रण पास करके प्रोग्राम शुरू करता है।

अतः विकल्प (C) सही है।

37. HTML संस्करण-5 में, <DOCTYPE html> डेक्लरेशन टैग का उपयोग वेब ब्राउज़र द्वारा HTML के संस्करण को समझने के लिए किया जाता है।

HTML वेब डॉक्यूमेंट (वेब पेज) का वर्णन करने के लिए एक मार्कअप भाषा है। HTML का अर्थ हाइपर टेक्स्ट मार्कअप लैंग्वेज है। HTML वह भाषा है जिसमें अधिकांश वेबसाइटें लिखी जाती हैं।

<!DOCTYPE> डेक्लरेशन डॉक्यूमेंट प्रकार का प्रतिनिधित्व करती है और ब्राउज़रों को वेब पेजों को सही ढंग से प्रदर्शित करने में सहायता करती है।

अतः विकल्प (A) सही है।

38. एम. एस. वर्ड डॉक्यूमेंट में कुछ निर्धारित टेक्स्ट का चयन करने के बाद Shift + F3 शॉर्टकट चयनित टेक्स्ट की स्थिति बदलने पर लागू होता है।

उदाहरण: edugorilla EDUGORILLA में बदल जाएगा।

अतः विकल्प (B) सही है।

39. आपूर्ति वक्र के साथ संचलन को आपूर्ति के विस्तार और संकुचन के रूप में जाना जाता है।

- आपूर्ति वक्र एक चित्रात्मक प्रतिनिधित्व है जो उत्पाद की मात्रा के बीच संबंध है जो कि एक विक्रेता चाहता है और आपूर्ति करने और उत्पाद की कीमत देने में सक्षम है।
- किए गए उत्पाद की मात्रा की आपूर्ति क्षैतिज अक्ष (X-अक्ष) पर है और उत्पाद की कीमत ग्राफ के लंबवत अक्ष (Y-अक्ष) पर मापा जाता है।
- आपूर्ति वक्र के साथ संचलन को आपूर्ति के विस्तार और संकुचन के रूप में जाना जाता है। आपूर्ति वक्र के साथ गति तब होती है जब कीमत में परिवर्तन के कारण मांग की मात्रा में परिवर्तन होता है।
- जब आपूर्ति वक्र दाईं ओर बढ़ता है तो इसे आपूर्ति का विस्तार और बाईं ओर आपूर्ति के संकुचन के रूप में जाना जाता है।

अतः विकल्प (D) सही है।

40. रिवर्स रेपो दर वह दर है जिस पर भारतीय रिजर्व बैंक वाणिज्यिक बैंकों से पैसा उधार लेता है।

यह एक मौद्रिक नीति साधन है जिसका उपयोग अर्थव्यवस्था में धन की आपूर्ति को नियंत्रित करने के लिए किया जाता है। मुद्रास्फीति को नियंत्रित करने के लिए एक बढ़ी हुई रिवर्स रेपो दर का उपयोग किया जाता है क्योंकि जब आरबीआई उच्च ब्याज दर प्रदान करता है तो सभी बैंक आरबीआई के साथ अपने मौद्रिक स्टॉक करेंगे और इस प्रकार अर्थव्यवस्था में क्रेडिट आपूर्ति को कम कर देंगे।

फिलहाल रिवर्स रेपो रेट 4.9 फीसदी है।

अतः विकल्प (C) सही है।

41. ब्रिटिश जीवविज्ञानी रॉबर्ट ब्राउन ने वर्ष 1831 में न्यूक्लियस की खोज की थी।

कोशिका शब्द का वर्णन सर्वप्रथम रॉबर्ट हुक ने वर्ष 1665 में अपनी पुस्तक 'माइक्रोग्राफिक' में किया था।

कोशिका सभी जीवित जीवों के जीवन की एक मूलभूत संरचनात्मक और कार्यात्मक इकाई है।

अतः विकल्प (B) सही है।

42. भारतीय संविधान की ग्यारहवीं अनुसूची पंचायतों की शक्ति, अधिकार और जिम्मेदारियों को निर्दिष्ट करती है।

- 1992 में 73 वें संशोधन ने भारतीय संविधान में एक नई ग्यारहवीं अनुसूची जोड़ी।
- भारत में पंचायती राज व्यवस्था का विचार ग्रामीण स्थानीय स्वशासन की प्रणाली को दर्शाता है।
- संविधान की ग्यारहवीं अनुसूची में उनतीस विषयों को सूचीबद्ध किया गया है।
- 73 वें संशोधन अधिनियम को "पंचायती राज अधिनियम" के रूप में भी जाना जाता है।

अतः विकल्प (A) सही है।

43. शिक्षा का अधिकार 2002 के 86वें संशोधन अधिनियम द्वारा मौलिक अधिकार बन गया।

- मुफ्त और अनिवार्य शिक्षा का अधिकार अधिनियम 2009 में अधिनियमित किया गया था।
- शिक्षा का अधिकार अधिनियम 4 अगस्त 2009 को संसद द्वारा पारित किया गया था।
- शिक्षा का अधिकार अधिनियम 1 अप्रैल 2010 को लागू हुआ।
- 86वें संविधान संशोधन ने भारतीय संविधान में अनुच्छेद 21 A को शामिल किया।
- अनुच्छेद 21 A कहता है कि राज्य 6 से 14 वर्ष के आयु वर्ग के सभी बच्चों को मुफ्त और अनिवार्य शिक्षा प्रदान करेगा।

अतः विकल्प (B) सही है।

44. म्यांमार सार्क (SAARC) का सदस्य नहीं है।

- सार्क (SAARC) का का पूरा नाम साउथ एशियन एसोसिएशन फॉर रीजनल कोऑपरेशन (दक्षिण एशियाई क्षेत्रीय सहयोग संगठन) है।
- सार्क (SAARC) में आठ सदस्य देश शामिल हैं: अफगानिस्तान, बांग्लादेश, भूटान, भारत, मालदीव, नेपाल, पाकिस्तान, श्रीलंका
- इसकी स्थापना ढाका में 8 दिसंबर 1985 को हुई थी।
- सार्क (SAARC) का एक मुख्य उद्देश्य दक्षिण एशिया के लोगों के कल्याण को बढ़ावा देना और उनके जीवन स्तर में सुधार लाना है।
- पहला शिखर सम्मेलन वर्ष 1985 में ढाका में आयोजित किया गया था।

अतः विकल्प (C) सही है।

45. 'टोडा जनजाति' का मूल निवास नीलगिरि पहाड़ी है।

- "टोडा" के लोग एक द्रविड़ जनजाति समूह के लोग होते हैं जो तमिलनाडु के नीलगिरि पहाड़ी में रहते हैं।
- उनकी झोपड़ियाँ लकड़ी के ढाँचों पर खड़ी होती हैं और छतें अर्ध-बेलनाकार और लचीली होती हैं।
- टोडा के लोग पारंपरिक दूध का व्यवसाय करते हैं और बारू और बांस की वस्तुओं का व्यापार करते हैं।

अतः विकल्प (B) सही है।

46. कोर्बिवैक्स कोविड-19 वैक्सीन हैदराबाद में स्थित बायोलॉजिकल ई. द्वारा बनाई गयी है। यह भारत में सबसे सस्ती वैक्सीन हो सकती है।

वैक्सीन का चरण III परीक्षण चल रहा है और चरण I और II परीक्षणों के आशाजनक परिणाम मिलते हुए, केंद्र ने 1,500 करोड़ रुपये या प्रति खुराक 50 रुपये के अग्रिम भुगतान के लिए 30 करोड़ खुराक की प्री-बुकिंग की है।

कंपनी	वैक्सीन
सीरम इंस्टीट्यूट ऑफ इंडिया	कोविशील्ड
भारत बायोटेक	कोवैक्सिन
गमलेया नेशनल सेंटर ऑफ एपिडेमियोलॉजी एंड माइक्रोबायोलॉजी	स्पुतनिक वी

अतः विकल्प (C) सही है।

47. फ्रांस ने अंतरिक्ष में अपना पहला सैन्य अभ्यास शुरू किया है, जिसका कोडनेम एस्टरएक्स है, ताकि हमले के खिलाफ अपने उपग्रहों और अन्य रक्षा उपकरणों की रक्षा करने की क्षमता का परीक्षण किया जा सके।

1965 में लॉन्च किए गए पहले फ्रांसीसी उपग्रह, एस्टेरिक्स के सम्मान में अभ्यास को "एस्टर एक्स" नाम दिया गया है।प्रतिद्वंद्वियों चीन और रूस के साथ अंतर को पाटने के लिए, फ्रांस ने उपग्रह-विरोधी लेजर हथियार विकसित करने और निगरानी क्षमताओं को मजबूत करने की योजना बनाई है।

अतः विकल्प (A) सही है।

48. पहला फुटबॉल विश्व कप 1930 में मोंटेवीडियो, उरुग्वे में आयोजित किया गया था।

- इस पहली फुटबॉल कप प्रतियोगिता के विजेता उरुग्वे और उपविजेता अर्जेंटीना थे।
- फीफा (इंटरनेशनल फेडरेशन ऑफ एसोसिएशन फुटबॉल) फुटबॉल का सर्वोच्च शासी निकाय है।
- इसकी स्थापना 1904 में हुई थी और इसका मुख्यालय स्विट्जरलैंड के ज्यूरिख में स्थित है।
- रॉबर्ट गुएरिन पहले अध्यक्ष थे, और जियानी इन्फेंटिनो फीफा एसोसिएशन के वर्तमान अध्यक्ष हैं।
- 2022 का फीफा विश्व कप कतर में आयोजित किया जाएगा।

अतः विकल्प (D) सही है।

49. बुद्ध ने बिहार के बोध गया में एक पीपल के पेड़ के नीचे निर्वाण प्राप्त किया।

- गौतम बुद्ध बौद्ध धर्म के संस्थापक हैं।
- बिहार में बोधगया एक धार्मिक स्थल है।
- निर्वाण शब्द का शाब्दिक अर्थ "बुझा हुआ" है।
- बुद्ध के अनुसार, संतुलित जीवन जीने से मोक्ष और निर्वाण दोनों की प्राप्ति होती है।
- उन्हें 35 वर्ष की आयु में निर्वाण प्राप्त करने के लिए जाना जाता है।
- कहा जाता है कि बुद्ध ने आत्मज्ञान प्राप्त करने के बाद निर्वाण का अनुभव किया।

अतः विकल्प (B) सही है।

50. विजयनगर साम्राज्य के अवशेष कर्नाटक के हम्पी में पाए जाते है।

हम्पी को 1986 में यूनेस्को की विश्व धरोहर स्थल के रूप में नामित किया गया है। विजयनगर मध्य कर्नाटक के पूर्वी भाग में आंध्र प्रदेश की सीमा के करीब है।

अतः विकल्प (C) सही है।

51. मिहिरभोज भारतीय उपमहाद्वीप में गुर्जर-प्रतिहार वंश का शासक था।

- मिहिरभोज को भोज प्रथम कहा जाता था।
- वह गुर्जर-प्रतिहार वंश के छठे शासक थे।
- उन्होंने 836 ईस्वी से 885 ईस्वी के बीच राजवंश पर शासन किया।
- वह रामभद्र के पुत्र थे।
- मिहिरभोज भगवान विष्णु के भक्त थे।
- गुर्जर-प्रतिहार वंश ने 8वीं से 11वीं शताब्दी के मध्य तक भारत पर शासन किया।
- उन्होंने पहले उज्जैन पर शासन किया और बाद में कन्नौज में स्थानांतरित हो गए।
- नागभट्ट प्रथम गुर्जर प्रतिहार वंश का संस्थापक था।

- शासकों ने "प्रतिहार" नामक एक स्व-पदनाम अपनाया।
- 1036 ईस्वी में राजवंश की स्थापना हुई।

अतः विकल्प (B) सही है।

52. नागार्जुनसागर श्रीशैलम क्षेत्रफल की दृष्टि से भारत का सबसे बड़ा बाघ अभयारण्य है।

- नागार्जुनसागर-श्रीशैलम बाघ अभयारण्य को वर्ष 1978 में आधिकारिक तौर पर अधिसूचित किया गया था और यह 1983 में प्रोजेक्ट टाइगर के संरक्षण में आया था।
- प्रोजेक्ट टाइगर वर्ष 1973 में शुरू किया गया एक बाघ संरक्षण कार्यक्रम है।
- इस रिजर्व का नाम बदलकर राजीव गांधी वन्यजीव अभयारण्य के रूप में वर्ष 1992 में रखा गया।
- यह पर्णपाती नल्लमाला जंगलों में स्थित है।

अतः विकल्प (A) सही है।

53. हमें प्रश्न में दी गई आकृति का दर्पण प्रतिरूप ज्ञात करना है। विकल्पों का निरीक्षण करने पर, हम देख सकते हैं कि विकल्प (C) में दी गई आकृति सही उत्तर दर्शाती है।

अतः विकल्प (C) सही है।

54. (A) के अलावा किसी भी विकल्प में त्रिभुज नहीं है।

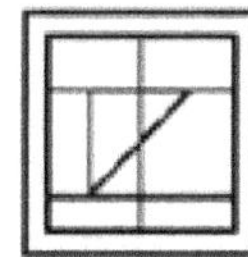

अतः विकल्प (A) सही है।

55. कथन: राकेश, राजेश से वरिष्ठ है और राजेश, राहुल से वरिष्ठ है।

राकेश > राजेश > राहुल

निष्कर्ष:

I. राकेश, राहुल से वरिष्ठ है।

कथन के अनुसार:

राकेश > राहुल

इस प्रकार, निष्कर्ष I. अनुसरण करता है।

II. राहुल, राकेश से वरिष्ठ नहीं है।

कथन के अनुसार:

राकेश > राहुल

तो, निष्कर्ष II. अनुसरण करता है।

इसलिए, निष्कर्ष I. और II. दोनों अनुसरण करते हैं।

अतः विकल्प (C) सही है।

56. यहाँ अनुसरित तर्क इस प्रकार है:

वंश आरेख:

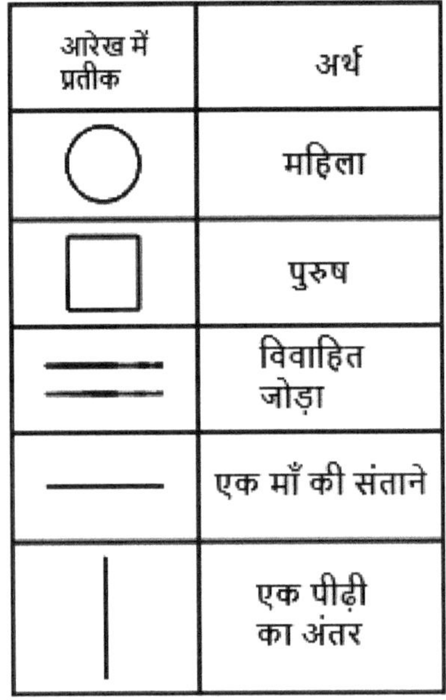

आरेख में प्रतीक	अर्थ
○	महिला
□	पुरुष
═══	विवाहित जोड़ा
—	एक माँ की संताने
|	एक पीढ़ी का अंतर

कथन I:- मयूर जैक के भाई का पुत्र है।

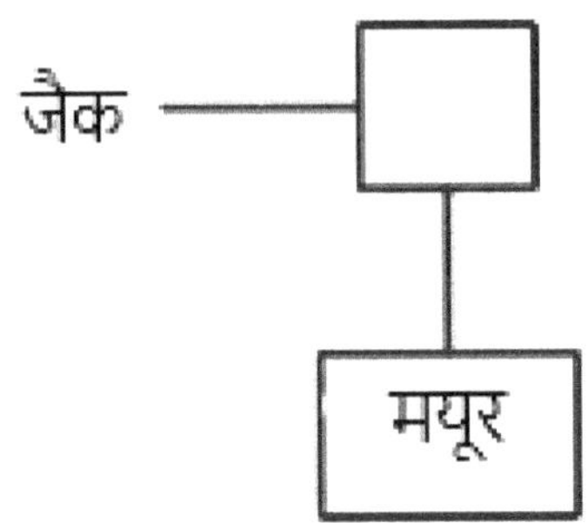

यहां, हमारे पास जॉन के बारे में कोई जानकारी नहीं है।

इस प्रकार, केवल कथन I प्रश्न का उत्तर देने के लिए पर्याप्त नहीं है।

कथन II:- मयूर, जॉन की पत्नी की इकलौती पुत्री का भाई है।

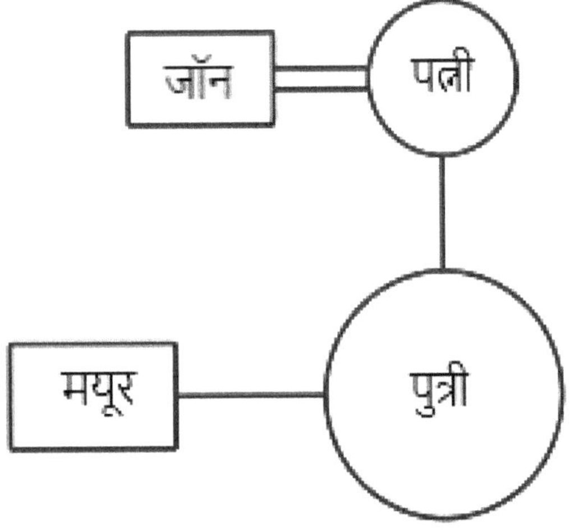

स्पष्ट रूप से, मयूर जॉन का पुत्र है।

इस प्रकार, केवल कथन II प्रश्न का उत्तर देने के लिए पर्याप्त है।

इसलिये, "केवल कथन II ही पर्याप्त है।"

अतः विकल्प (B) सही है।

57. एक अभिनेता या अभिनेत्री दोनों निर्देशक या निर्माता हो सकते हैं, और इसी तरह, एक निर्देशक एक अभिनेता, अभिनेत्री या निर्माता हो सकता है। लेकिन एक अभिनेता अभिनेत्री नहीं हो सकता।

सही वेन आरेख निरूपण इस प्रकार होगा:

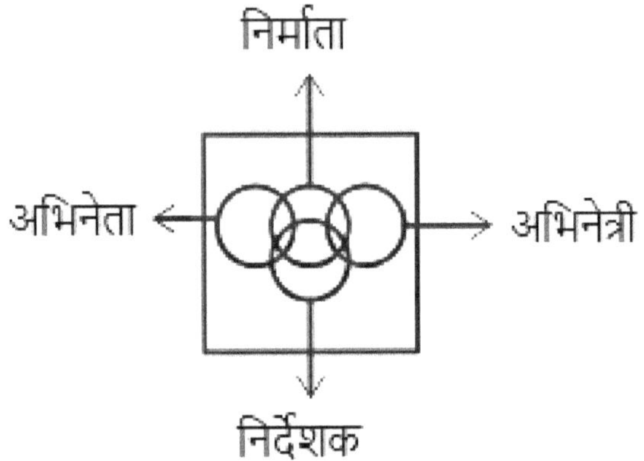

अतः विकल्प (C) सही है।

58. यदि हम दिए गए आरेख को देखें, तो स्पष्ट रूप से हम पा सकते हैं कि विकल्प (A) आकृति में सही बैठेगा और इसे पूरा करेगा।

अतः विकल्प (A) सही है।

59. दी गयी आकृति के अनुसार,

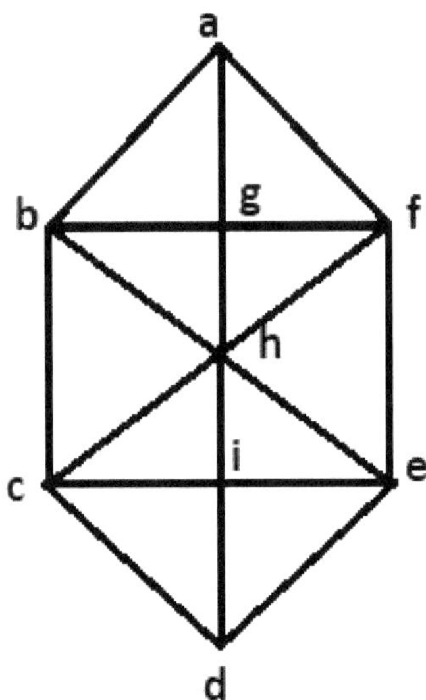

त्रिभुज बनते हैं: abg, agf, bhg, ghf, bhc, fhe, ihe, hic, cdi, ied, abf, ced, che, bhf, bec, fce, bcf, bfe, abh, afh, cdh, hed

इस प्रकार, 22 त्रिभुज होंगे।

अतः विकल्प (B) सही है।

60. दिया गया है,

$4 \times 5 \% 3 = 8000$ और $2 \times 3 \% 2 = 36$

4 ×5 % 3 को इस प्रकार लिख सकते हैं।

4 ×5 = 20

और 20 का तीन बार गुणा कराने पर हमें 8000 प्राप्त होगा।

अर्थात, 20 ×20 ×20 = 8000

इसी प्रकार, 2 ×3 = 6

और 6 ×6 = 36 (2 बार गुणा करने पर)

इस प्रकार, 4 ×3 % 3 के लिए

4 ×3 = 12

12 ×12 ×12 = 1728

इस प्रकार, 4 ×3 % 3 का मान 1728 है।

अतः विकल्प (B) सही है।

61. पीएनएस तैमूर पाकिस्तान को चीन से प्राप्त दूसरा प्रकार 054ए/पी युद्धपोत है। पोत को शंघाई के हुडोंग-झोंगहुआ शिपयार्ड में कमीशन किया गया था। इस साल जनवरी में, पीएनएस तुगरिल पाकिस्तान नेवी फ्लीट का हिस्सा बनने वाला पहला टाइप 054ए/पी फ्रिगेट बना।

अतः विकल्प (B) सही है।

62. एन जे ओझा को महात्मा गांधी राष्ट्रीय ग्रामीण रोजगार गारंटी योजना के तहत दो साल के लिए लोकपाल नियुक्त किया गया है। ओझा के पास मनरेगा कर्मचारियों द्वारा लगाए गए आरोपों की जांच करने, उन पर विचार करने, शिकायत प्राप्त होने के 30 दिनों के भीतर पुरस्कार देने का अधिकार है।

अतः विकल्प (D) सही है।

63. अतिथि देशों को आमंत्रित करने की G-20 परंपरा के अनुसार, भारत ने बांग्लादेश को अपनी अध्यक्षता के दौरान G-20 बैठक में भाग लेने के लिए अतिथि देश के रूप में आमंत्रित करने का निर्णय लिया है। बांग्लादेश के अलावा, भारत मिस्र, मॉरीशस, नीदरलैंड, नाइजीरिया, ओमान, सिंगापुर, स्पेन और यूएई को भी अतिथि देशों के रूप में आमंत्रित करेगा। भारत दिसंबर 2022 से नवंबर 2023 तक एक वर्ष के लिए G-20 की अध्यक्षता ग्रहण करेगा।

अतः विकल्प (A) सही है।

64. केंद्रीय स्वास्थ्य और परिवार कल्याण मंत्रालय ने देश में बड़े पैमाने पर कोविड -19 टीकाकरण अभियान पर दिशानिर्देश जारी किए हैं।

मंत्रालय ने कहा है कि COVID वैक्सीन इंटेलिजेंस नेटवर्क (Co-WIN) सिस्टम का इस्तेमाल COVID टीकाकरण के लिए लाभार्थियों को ट्रैक करने के लिए किया जाएगा। टीकाकरण के पहले चरण में सरकार ने करीब 30 करोड़ लोगों को टीका लगाने का फैसला किया है।

अतः विकल्प (C) सही है।

65. नमक विद्रोह को 'कुमाऊँ के बारडोली' के नाम से जाना जाता है।

- नमक या सुल्त अल्मोड़ा जिले, उत्तराखंड, भारत में एक ब्लॉक है।
- इसे कुमाऊँ की बारडोली के नाम से भी जाना जाता है, इसे महात्मा गांधी ने 1929 में अल्मोड़ा का दौरा किया था।
- खुमार नमक में स्थित एक गाँव है जहाँ शहीद स्मारक है।
- सौलम सालिया सत्याग्रह कुमाऊँ के बारडोली के रूप में जाना जाता है।
- कुमाऊँ के लोगों ने गांधीजी की श्रद्धा की। उनके आह्वान पर, उन्होंने सालम सत्या सत्याग्रह शुरू किया।
- इसका नेतृत्व राम सिंह धोनी ने किया था।

- लेकिन इस विद्रोह के परिणामस्वरूप, कई लोगों ने इसे खो दिया है क्योंकि यह वास्तव में ब्रिटिश सरकार की जड़ को हिला देता है।
- इस विद्रोह के संघर्ष के कारण गांधीजी ने इसे "कुमाऊँ का बारडोली" नाम दिया क्योंकि यह वास्तव में गांधीजी के आह्वान का परिणाम था।
- पुलिस की बर्बरता के कारण इस संघर्ष में लोगों को अपनी जान गंवानी पड़ी।

अतः विकल्प (D) सही है।

66. 1804 ई. में खुर्बुरा के युद्ध में प्रद्युम्न शाह मारा गया।

- गढ़वाल के राजा प्रद्युम्न शाह ने नेपाल के गोरखा आक्रमणकारियों के साथ क्रूर युद्ध किया, 1804 में देहरादून के खुर्बुरा की लड़ाई में मारे गए।
- खुर्बुरा की लड़ाई या खुदबुदा की लड़ाई मई 1804 में देहरादून के आधुनिक गाँव "खुर्बुरा" के पास हुई।
- युद्ध को गढ़वाल साम्राज्य के इतिहास में पहला बड़ा हमला माना जाता है जो गोरखा बलों और महाराजा प्रद्युम्न शाह के बीच शुरू हुआ और 13 दिनों तक जारी रहा जब तक कि गढ़वाल राजा हार नहीं गया।
- यह मुख्य रूप से उनके जीवन की एकमात्र हार और गोरखाओं की जीत के रूप में माना जाता था।
- खुर्बुरा अब खूनी लड़ाई के किसी भी अवशेष के बिना एक छोटी सी कॉलोनी है जिसमें प्रद्युम्न शाह की गोली से मारे गए थे, जबकि गोरखा अपनी तलवार से लड़ रहे थे।

अतः विकल्प (B) सही है।

67. 'खगमारा' का ऐतिहासिक किला अल्मोड़ा शहर के पूर्वी छोर पर कट्टूरियों द्वारा बनाया गया था।

- अल्मोड़ा ज़िला भारत के उत्तराखंड राज्य का एक ज़िला है।
- अल्मोड़ा खगमारा कोट का स्थल था, कत्यूरी राजा द्वारा निर्मित एक किला, अब वहां केवल एक मंदिर बचा है।
- वर्तमान उत्तराखंड के क्षेत्र में वासु देव द्वारा स्थापित कत्यूरी वंश है।
- उन्होंने 7वीं शताब्दी ईस्वी से 18वीं शताब्दी तक शासन किया।

अतः विकल्प (A) सही है।

68. मध्यकालीन काल में उत्तराखंड क्षेत्र को पश्चिम में गढ़वाल साम्राज्य और पूर्व में कुमाऊँ साम्राज्य के तहत समेकित किया गया था।

इस अवधि के दौरान, सीखने और चित्रकला के नए रूपों (पहाड़ी कला विद्यालय) का विकास हुआ। आधुनिक समय के गढ़वाल भी परमारों के शासन में एकीकृत थे, जो कई ब्राह्मणों और राजपूतों के साथ मैदानी इलाकों से भी आए थे। भारत को अंग्रेजों से आजादी मिलने के बाद, गढ़वाल साम्राज्य को उत्तर प्रदेश राज्य में मिला दिया गया, जहां उत्तराखंड ने गढ़वाल और कुमाऊँ डिवीजनों की रचना की।

अतः विकल्प (D) सही है।

69. 'कुमाऊँ क्षेत्र' को 'प्राचीन साहित्य' में 'मानस खंड' या उत्तराखंड के नाम से जाना जाता है।

- 'कुमाऊँ' शब्द की उत्पत्ति कूर्मांचल 'से हुई है जिसका अर्थ है कि यह कूर्म का देश है - जो भगवान विष्णु का कछुआ अवतार' है।
- कुमाऊँ या कुमाऊँ भारतीय राज्य उत्तराखंड के दो क्षेत्रों और प्रशासनिक प्रभागों में से एक है, दूसरा गढ़वाल है।
- कुमाऊँ क्षेत्र राज्य के पूर्वी भाग में फैला है और इसमें अल्मोड़ा, बागेश्वर, चंपावत, नैनीताल, पिथौरागढ़ और उधम सिंह नगर शामिल हैं।

- कुमाऊँ क्षेत्र के उत्तर में तिब्बत है और दक्षिण में उत्तर प्रदेश है। इसके पूर्व में नेपाल और पश्चिम में गढ़वाल क्षेत्र है।

अतः विकल्प (B) सही है।

70. 'चिपको आंदोलन' रेनी में शुरू हुआ था।

- चिपको आंदोलन भारत में वन संरक्षण आंदोलन था।
- उत्तराखंड में गढ़वाल क्षेत्र के चमोली जिले के रेनी गांव में 1973 में आंदोलन शुरू किया गया था, तब उत्तर प्रदेश इसका एक हिस्सा था।
- चिपको आंदोलन को उत्तराखंड की पहाड़ियों में लकड़ी के ठेकेदारों द्वारा बड़े पैमाने पर पेड़ों के काटने के खिलाफ चंडी प्रसाद भट्ट और सुंदर लाल बहुगुणा द्वारा शुरू किया गया था।
- सुंदर लाल बहुगुणा ने अपने जीवन का एक बड़ा हिस्सा हिमालय में जंगलों के संरक्षण के लिए संघर्ष करते हुए बिताया।
- गांवों की स्थानीय पहाड़ी महिलाओं को संगठित किया गया और उन्होंने पहाड़ियों में पारिस्थितिक खतरों के बारे में जागरूक किया। उन्होंने अभियान में सक्रिय रूप से भाग लिया।
- जब लकड़ी के ठेकेदार पहुंचे और उन्हें वहां से जाने के लिए मजबूर किया तो उन्होंने पेड़ों को गले लगा लिया।
- स्थानीय लोगों की भागीदारी के कारण, इन्होने जंगलों के कुशल प्रबंधन का नेतृत्व किया।

अतः विकल्प (B) सही है।

71. उत्तराखंड में सबसे बड़ा खेती योग्य क्षेत्र धान की फसल के बाद गेहूं की फसल से आच्छादित है।

- उत्तराखंड में शुद्ध खेती योग्य क्षेत्र 858.2 टन की उत्पादकता के साथ लगभग 358.1 हेक्टेयर।
- राज्य का अधिकांश क्षेत्र वनों और बंजर भूमि के अधीन है, इस प्रकार केवल 56.72 लाख हेक्टेयर के कुल क्षेत्रफल में से खेती के लिए भूमि की एक छोटी राशि अर्थात 7.41 लाख हेक्टेयर (लगभग 14%) निकलती है।
- भारत में कृषि की संगठनात्मक स्थापना राजस्व, कृषि और वाणिज्य विभाग के साथ 1871 में लॉर्ड मेयो (भारत के गवर्नर-जनरल) की अवधि के दौरान शुरू हुई।

अतः विकल्प (B) सही है।

72. "विष्णुगाड पिपलकोटी जल विद्युत परियोजना" अलकनंदा नदी के तट पर विकसित की गई है।

- अलकनंदा नदी गंगा नदी की एक सहायक नदी है।
- परियोजना उत्तराखंड में चमोली जिले में स्थित है।
- ऑल वेदर रोड से इस पनबिजली परियोजना तक पहुंचा जा सकता है।
- इस परियोजना को THDC इंडिया लिमिटेड (पूर्व में टिहरी हाइड्रो डेवलपमेंट कॉर्पोरेशन लिमिटेड) द्वारा शुरू किया गया था।
- THDC भारत सरकार और उत्तर प्रदेश सरकार के बीच एक संयुक्त उद्यम है।
- व्यपवर्तन टनल की खुदाई अभी पूरी हुई है।
- यह 444 मेगावाट की परियोजना है।
- विश्व बैंक इस परियोजना के लिए मुख्य वित्त पोषण एजेंसी है।

अतः विकल्प (D) सही है।

73. उत्तराखंड का राममन लोक नृत्य 2009 में यूनेस्को की अमूर्त विरासत सूची में शामिल किया गया।

- रमण उत्तराखंड के गढ़वाल क्षेत्र में चमोली जिले के सलूर-डुंगरा के जुड़वां गांवों में धार्मिक और अनुष्ठानिक त्योहारों में से एक है।
- राममन त्योहार मुख्य रूप से वर्ष के अप्रैल महीने में बैसाखी त्योहार (स्थानीय गढ़वाली बोली में बैसाख) के समय मनाया जाता है।
- त्योहार की शुरुआत भगवान गणेश, "विघ्नहर्ता" के आह्वान के साथ की जाती है, जो बाधाओं को दूर करने वाले हैं।
- इस प्रदर्शन का सबसे महत्वपूर्ण पहलू 'जागर' का गायन है, जो स्थानीय किंवदंतियों का एक संगीत संकलन है।

अतः विकल्प (A) सही है।

74. 'मरछास' और 'टोलछास' भोटिया जनजाति से संबंधित हैं।

- भोटिया को बॉट के रूप में भी जाना जाता है, रघुवंशी राजपूत के रूप में पहचाने जाते हैं और उन्हें ठाकुर, राजवंशी या रुंग कहा जाता है।
- उत्तराखंड में भोटिया जनजाति कुमाऊँ और गढ़वाल की ऊपरी हिमालयी घाटियों में निवास करती है, जिसमें कुमाऊँ की शौका जनजाति, टोलछास और गढ़वाल के मरछास शामिल हैं।
- उत्तराखंड के भोटिया लोग कभी भारत और तिब्बत की सीमा पर रहते थे।
- भोटिया नेपाल और भारत के आस-पास के क्षेत्रों में तिब्बती और शेरपा सहित कई अलग-अलग समूहों से संबंधित हैं।
- भोटिया चरवाहे, बकरी चराने वाले और किसान हैं।
- भोटिया नाम का अर्थ भोट शब्द बुद्ध से लिया गया है।
- भोटिया को भोटिया, बुटिया और बॉट भी कहा जाता है।

अतः विकल्प (D) सही है।

75. सूची I और सूची II के लिए सही मिलान (A) - (3), (B) - (1), (C) - (4), (D) - (2) है।

- फॉरवर्ड अखबार की स्थापना सी. आर. दास ने की थी।
- वंदे मातरम अखबार की स्थापना लाला लाजपत राय ने की थी।
- इंडियन यूनियन अखबार की स्थापना मदन मोहन मालवीय ने की थी।
- सांवद कोमुदी अखबार की स्थापना राजा राम मोहन राय ने की थी।

अतः विकल्प (B) सही है।

76. 2011 की जनगणना के अनुसार, उत्तराखंड की साक्षरता दर 79.63% है।

- 2011 में, उत्तराखंड में कुल साक्षर 6,880,953 थे, जिनमें से पुरुष 3,863,708 थे, जबकि महिलाएं 3,017,245 थीं।
- उत्तराखंड में पुरुषों की साक्षरता दर 88.33% है।
- उत्तराखंड में महिलाओं की साक्षरता दर 70.70% है।

अतः विकल्प (D) सही है।

77. मेजर सोमनाथ शर्मा 44वीं बटालियन कुमाऊँ रेजिमेंट से परमवीर चक्र प्राप्त करने वाले पहले व्यक्ति थे।

परमवीर चक्र भारत का सर्वोच्च युद्ध वीरता पुरस्कार है। परमवीर चक्र का पदक सावित्री खानोलकर द्वारा डिजाइन किया गया था। परमवीर चक्र भारत की सर्वोच्च सैन्य सजावट है, जिसे युद्ध के दौरान वीरता के विशिष्ट कार्यों को प्रदर्शित करने के लिए दिया जाता है। परमवीर चक्र 26 जनवरी 1950 को और 15 अगस्त 1947 से लागू किया गया था।

अतः विकल्प (C) सही है।

78. कवि 'गुमानी' का वास्तविक नाम गुमानी पंत था।

गुमानी पंत काशीपुर के दरबार में एक कवि थे, जो संस्कृत और हिंदी कविताओं के जानकार थे। उन्हें कुमाऊँनी और नेपाली के पहले कवि के रूप में भी जाना जाता था। उन्हें खादी बोली में कविताएँ लिखने या लिखने वाले पहले कवि भी माना जाता था। यह वही थे जिन्होंने खादी बोलियों की कविताओं की परंपरा शुरू की थी और केंद्रीय मैदानों में कुमाऊँनी कविता का परिचय देते हुए उन्हें एक प्राचीन कुरमांचल कवि साबित किया था।

अतः विकल्प (D) सही है।

79. शैलेश मटियानी द्वारा लिखे गए उपन्यास कबूतरखाना, कमीने और महाभोज हैं।

- शैलेश मटियानी भारतीय राज्य उत्तराखंड के एक प्रसिद्ध हिंदी लेखक और कवि हैं।
- उनका जन्म उत्तराखंड के अल्मोड़ा जिले में हुआ था।
- उनके नाम पर मध्यप्रदेश में 'शैलेश मटियानी स्मृति कथा पुरस्कार' की शुरुआत की गई।
- शैलेश मटियानी द्वारा लिखे गए उपन्यास कबूतरखाना, कमीने और महाभोज हैं।

अतः विकल्प (C) सही है।

80. उत्तराखंड में शादियों में किया जाने वाला एक विशेष और अनोखा नृत्य छोलिया कहलाता है।

उत्तराखंड में कुमाऊँ एक ऐसी जगह है, जहां शादियों को मनाने का एक अनोखा तरीका है। यह कुमाऊँ में लोकप्रिय लोक नृत्य का एक रूप है और तलवार और ढाल के साथ किया जाता है। कलाकार अपने आप को रंग-बिरंगे परिधानों से सजाते हैं और जोड़ियों में नृत्य करते हैं।

अतः विकल्प (D) सही है।

81. गोंड उत्तराखंड का एक प्रमुख आदिवासी समूह नहीं है। गोंड जनजाति ज्यादातर मध्य भारत में पाई जाती है।

उत्तराखंड की जनजातियों में मुख्य रूप से पांच प्रमुख समूह शामिल हैं, जैसे जौनसारी जनजाति, थारू जनजाति, राजी जनजाति, बुक्सा जनजाति और भोटिया।

- जनसँख्या की दृष्टि से जौनसारी जनजाति राज्य का सबसे बड़ा जनजातीय समूह है।
- उत्तराखंड की जनजातियां राज्य में रहने वाले जातीय समूहों का प्रतिनिधित्व करती हैं।
- उत्तराखंड के हर जिले में जनजातीय जनसंख्या का कमोबेश मध्यम प्रतिशत है।
- उत्तराखंड राज्य में, आदिवासी जनसंख्या का मुख्य केंद्र ग्रामीण क्षेत्रों में है।
- रिकॉर्ड के अनुसार, कुल आदिवासी जनसंख्या का लगभग 94.50 प्रतिशत ग्रामीण क्षेत्रों में रहता है और शेष प्रतिशत आदिवासी जनसंख्या शहरी केंद्रों में रहती है।
- उत्तराखंड की इन जनजातियों को भारत के संविधान में अनुसूचित किया गया है।

अतः विकल्प (D) सही है।

82. नेशनल ब्यूरो ऑफ प्लांट जेनेटिक रिसोर्सेज (NBPGR) नैनीताल में स्थित है।

ब्यूरो भारतीय कृषि अनुसंधान परिषद (आईसीएआर), संस्थान प्रबंधन समिति, अनुसंधान सलाहकार समिति, संस्थान अनुसंधान परिषद और जर्मप्लाज्म सलाहकार समितियों के फसल विज्ञान प्रभाग से दिशानिर्देश तैयार करता है।

अतः विकल्प (A) सही है।

83. भारतीय वन्यजीव संस्थान देहरादून में स्थित है।

भारतीय वन्यजीव संस्थान (WII), पर्यावरण वन और जलवायु परिवर्तन मंत्रालय, भारत सरकार के तहत एक स्वायत्त प्राकृतिक संसाधन सेवा संस्थान, 1982 में स्थापित किया गया था। यह जैव विविधता, लुप्तप्राय प्रजातियों, वन्यजीव जैसे अध्ययन के क्षेत्रों में वन्यजीव अनुसंधान करता है।

अतः विकल्प (C) सही है।

84. उत्तराखंड का पंचायती राज अधिनियम 4 अप्रैल, 2016 को प्रस्तुत किया गया था।

ग्राम पंचायत, क्षेत्र पंचायत और जिला पंचायत के जुड़े मामलों को समेकित करने और उनके प्रासंगिक मामलों को प्रदान करने के लिए यह एक अधिनियम है।

अतः विकल्प (D) सही है।

85. भारतीय वानिकी अनुसंधान और शिक्षा परिषद 1986 में बनाई गई थी।

भारतीय वानिकी अनुसंधान और शिक्षा परिषद पर्यावरण और वन मंत्रालय, भारत सरकार के अधीन एक स्वायत्त संगठन या सरकारी एजेंसी है। देहरादून में मुख्यालय का कार्य वानिकी अनुसंधान करना है, विकसित प्रौद्योगिकियों को भारत के राज्यों और अन्य उपयोगकर्ता एजेंसियों को हस्तांतरित करना और वानिकी शिक्षा प्रदान करना है।

अतः विकल्प (A) सही है।

86. देहरादून में स्थित CWC का पूरा नाम केंद्रीय जल आयोग है।

केंद्रीय जल आयोग जल संसाधन के क्षेत्र में भारत का एक प्रमुख तकनीकी संगठन है और वर्तमान में जल संसाधन, नदी विकास और गंगा संरक्षण मंत्रालय, भारत सरकार के एक संलग्न कार्यालय के रूप में कार्य करता है।

अतः विकल्प (A) सही है।

87. ऑप्टो इलेक्ट्रॉनिक्स फैक्ट्री की स्थापना 1988 में हुई थी।

ऑप्टो इलेक्ट्रॉनिक्स फैक्ट्री भारत सरकार के रक्षा मंत्रालय के तहत आयुध निर्माणी बोर्ड की सबसे उन्नत ऑप्टो इलेक्ट्रॉनिक्स उपकरण निर्माण इकाई है।

अतः विकल्प (B) सही है।

88. कृष्णकांत पॉल उत्तराखंड के छठे राज्यपाल हैं।

कृष्ण कांत पॉल (जन्म 6 फरवरी 1948) एक पूर्व भारतीय पुलिस सेवा अधिकारी हैं, जिन्होंने फरवरी 2004 से जुलाई 2007 तक दिल्ली के पुलिस आयुक्त के रूप में कार्य किया।

अतः विकल्प (B) सही है।

89. मागरिट अल्वा उत्तराखंड की पहली महिला राज्यपाल हैं।

मागरिट अल्वा का जन्म 14 अप्रैल 1942 में हुआ। यह एक भारतीय राजनीतिज्ञ हैं, जो अगस्त 2014 में अपने कार्यकाल के अंत तक भारतीय राज्य राजस्थान की राज्यपाल थीं। वह पहले उत्तराखंड की राज्यपाल रह चुकी हैं।

अतः विकल्प (B) सही है।

90. उत्तराखंड का राजकीय वृक्ष बुरांस है।

- यह भूटान, चीन, भारत, म्यांमार, नेपाल, श्रीलंका, पाकिस्तान और थाईलैंड में पाया जाता है।
- यह नेपाल का राष्ट्रीय फूल है।
- भारत में, यह उत्तराखंड का राज्य वृक्ष और नागालैंड का राज्य फूल है।

अतः विकल्प (D) सही है।

91. उत्तराखंड का राज्य फूल ब्रह्म कमल है।

इसे आमतौर पर रात में खिलने वाले सेरेस, रात की रानी, रात की महिला के रूप में जाना जाता है क्योंकि इसके सुंदर कमल जैसे फूल देर रात खिलते हैं। भारत में इसे ब्रह्म कमल कहा जाता है और इसे एक पवित्र पौधे के रूप में माना जाता है।

अतः विकल्प (C) सही है।

92. उत्तराखंड के राज्य पक्षी का वैज्ञानिक नाम लोफोफोरस इम्पेजेनस है।

हिमालयी मोनाल (लोफोफोरस इम्पेजेनस), जिसे इम्पेयन मोनाल और इम्पेयन तीतर के रूप में भी जाना जाता है, हिमालय के जंगलों और झाड़ियों का मूल निवासी है। यह परिवार फासीनिडे का भाग है और आईयूसीएन लाल सूची पर कम से कम चिंता के रूप में सूचीबद्ध है। यह नेपाल का राष्ट्रीय पक्षी है।

अतः विकल्प (A) सही है।

93. वित्तीय वर्ष 2005 से वित्तीय वर्ष 2012 तक सकल राज्य घरेलू उत्पाद (जीएसडीपी) को दोगुना कर दिया गया था।

उत्तराखंड राज्य भारत का दूसरा सबसे तेजी से विकास करने वाला राज्य है। इसका सकल राज्य घरेलू उत्पाद (जीएसडीपी) (स्थिर कीमतों पर) वित्तीय वर्ष 2005 में ₹24,786 करोड़ से अधिक दोगुना वित्तीय वर्ष 2012 में ₹60,898 करोड़ हो गया।

अतः विकल्प (A) सही है।

94. उत्तराखंड राज्य से भारत के कुल निर्यात में निर्यात 0.48 प्रतिशत है।

राज्य में फलों और कृषि उत्पादों जैसे शहद, मशरूम, चावल, मक्का अनाज, मसाले, बागवानी और फूलों की खेती के लिए विशाल निर्यात क्षमता है। राज्य में उगाई जाने वाली प्रमुख फसलें चावल, गेहूं, गन्ना, मक्का, सोयाबीन, दालें, तिलहन और कई फल और सब्जियां हैं।

अतः विकल्प (A) सही है।

95. उत्तराखंड का राज्य स्तनपायी अल्पाइन कस्तूरी हिरन है।

अल्पाइन कस्तूरी हिरन मोस्किडे परिवार से संबंधित है। यह परिवार एक क्लैड का हिस्सा है जिसमें बोविडे और सर्विडे शामिल हैं, जो कि जिराफिडे के लिए एक बहन समूह है, जो सभी आर्टियोडैक्टिला के आदेश के तहत रुमिनाटिया के साथ मिलकर क्लस्टर किए गए हैं।

अतः विकल्प (A) सही है।

96. उत्तराखंड के दो भागों के नाम गढ़वाल और कुमाऊँ हैं।

राज्य को कुल 13 जिलों के साथ दो भागों, गढ़वाल और कुमाऊँ में विभाजित किया गया है। हालांकि गढ़वाल और कुमाऊँ के पूर्ववर्ती पहाड़ी राज्य पारंपरिक प्रतिद्वंद्वी थे, विभिन्न पड़ोसी जातीय समूहों की निकटता और उनके भूगोल की अविभाज्य और पूरक प्रकृति है।

अतः विकल्प (B) सही है।

97. चम्पावत उत्तराखंड का सबसे छोटा जिला है।

चम्पावत जिला पहले अल्मोड़ा जिले का हिस्सा था। 1972 में यह हिस्सा पिथौरागढ़ जिले के अंतर्गत आया। 15 सितंबर, 1997 में चम्पावत को एक व्यक्तिगत, स्वतंत्र जिला घोषित किया गया था।

अतः विकल्प (A) सही है।

98. जिम कॉर्बेट राष्ट्रीय उद्यान भारत का पहला राष्ट्रीय उद्यान है।

जिम कॉर्बेट नेशनल उद्यान, जो कि बड़े कॉर्बेट टाइगर रिजर्व का एक हिस्सा है, एक प्रोजेक्ट टाइगर रिजर्व उत्तराखंड के नैनीताल जिले में स्थित है। कॉर्बेट का जादुई परिदृश्य बाघों की समृद्धि के लिए प्रसिद्ध है।

अतः विकल्प (A) सही है।

99. जिम कॉर्बेट नेशनल पार्क को पहले हैली नेशनल पार्क के नाम से जाना जाता था।

1936 में हैली नेशनल पार्क के रूप में स्थापित कॉर्बेट को भारत का सबसे पुराना और सबसे प्रतिष्ठित राष्ट्रीय पार्क होने का गौरव प्राप्त है। इसे उस स्थान के रूप में भी सम्मानित किया जाता है जहाँ 1973 में प्रोजेक्ट टाइगर को पहली बार लॉन्च किया गया था। इस अद्वितीय बाघ क्षेत्र को सबसे अधिक लुप्तप्राय प्रजातियों की रक्षा के लिए भारत में प्रोजेक्ट टाइगर को जन्म देने वाले पिता के रूप में जाना जाता है और भारत के रॉयल को टाइगर्स कहा जाता है।

अतः विकल्प (A) सही है।

100. महालक्ष्मी योजना उत्तराखंड सरकार द्वारा नई माताओं और नवजात बालिकाओं के लिए शुरू की गई योजना थी।

उत्तराखंड सरकार की नई माताओं और नवजात बालिकाओं के लिए महत्वाकांक्षी योजना महालक्ष्मी योजना का उद्घाटन मुख्यमंत्री पुष्कर सिंह धामी ने किया।

अतः विकल्प (A) सही है।

Q.1 निम्नलिखित में से देशज शब्द का चयन कीजिए:

A. इनाम   **B.** फुनगी   **C.** पेट्रोल   **D.** पार्सल

Q.2 नीचे दिए गए विकल्पो में से शुद्ध वर्तनी का चयन कीजिए –

A. उन्नतिशील   **B.** उन्नतशील
C. उन्नातिशील   **D.** ऊन्नतिशील

Q.3 'परिवा' का तत्सम रूप क्या है?

A. परवा   **B.** परेवा   **C.** प्रतिपदा   **D.** पड़ीवा

Q.4 निम्नलिखित में कौन सा पद कामदेव का पर्यायवाची शब्द है?

A. नैनू   **B.** मरीचि   **C.** मन्मथ   **D.** अक्षय

Q.5 इनमें से 'वृद्धि' शब्द का विलोम बताइए।

A. अवृद्धि   **B.** ह्रास   **C.** लघु   **D.** छोटा

Q.6 दिए गए विकल्पों में संबंधवाचक सर्वनाम के विकल्प को पहचानिए:

A. यह चाभी मेरी है।
B. किसी ने तुम्हारे लिए ये भेजा है।
C. अपने क्या खाया है?
D. जो जीता वही सिकंदर।

Q.7 'हे!' किस कारक की विभक्ति है?

A. कर्ता   **B.** करण   **C.** कर्म   **D.** संबोधन

Q.8 बेइंसाफी में प्रयुक्त उपसर्ग है:

A. बे   **B.** इन   **C.** बेइ   **D.** बेइन

Q.9 'आ' प्रत्यय से बना शब्द निम्न में से कौन-सा है?

A. बैठा   **B.** बहता   **C.** दौड़ना   **D.** चलता

Q.10 'हर एक सैनिक भारत का रक्षक है।'- इस वाक्य में प्रयुक्त विशेषण कौन सा है?

A. संख्यावाचक विशेषण   **B.** संबंधवाचक विशेषण
C. तुलनाबोधक विशेषण   **D.** सार्वनामिक विशेषण

Q.11 कौन-सा स्त्रीलिंग शब्द है?

A. छाछ   **B.** तिल   **C.** काढ़ा   **D.** टेसू

Q.12 भविष्यत काल की क्रिया को बहुवचन बनाने में ं 'ए' पर क्या होता है?

A. ॅ : ॅ   **B.** चंद्रबिंदू / अनुस्वार
C. ॉं, ॉ ॉंॅं   **D.** अनुस्वार / चंद्रबिंदू / ॅ

Q.13 जिस संज्ञा शब्द से उस सामग्री या पदार्थ का बोध होता है जिससे कोई वस्तु बनी है, वह कौन सी संज्ञा है?

A. व्यक्तिवाचक   **B.** जातिवाचक
C. द्रव्यवाचक   **D.** समूहवाचक

Q.14 पयोधन का संधि-विच्छेद क्या होगा?

A. पयी + धन   **B.** पः + यधन
C. पयो: + धन   **D.** पय: + धन

Q.15 निम्नलिखित में से 'लंबोदर' में कौन सा समास है?

A. अव्ययीभाव समास   **B.** द्विगु समास
C. तत्पुरुष समास   **D.** बहुव्रीहि समास

Q.16 किस विकल्प में मुहावरे का भावार्थ सही नहीं है?

A. अँधा बनना – आगे पीछे कुछ न देखना
B. अँधा बनाना – धोखा देना
C. अँधा होना – विवेक भ्रष्ट हो जाना
D. अंधे की लकड़ी – स्वावलम्बी होना

Q.17 करि विलाप सब रोबहिं रानी, महाविपति किमि जाइ बखानी। सुनि विलाप दुखद दुख लागा, धीरज छूकर धीरज भागा। में कौन सा रस है?

A. भयानक रस   **B.** करूण रस
C. रौद्र रस   **D.** अद्भुत रस

Q.18 निम्नलिखित पंक्तियाँ किस छंद का उदाहरण है?
इहि विधि राम सबहिं समुझावा
गुरु पद पदुम हरषि सिर नावा।

A. कुण्डलिया   **B.** सोरठा   **C.** दोहा   **D.** चौपाई

Q.19 "सोहत ओढ़े पीत पट, स्याम सलोने गात। मनहुँ नीलमनि सैल पर, आतप परयौ प्रभात।।" में अलंकार है।

A. उपमा अलंकार   **B.** मानवीकरण अलंकार
C. उत्प्रेक्षा अलंकार   **D.** इनमें से कोई नहीं

Q.20 निम्नलिखित में से कौन सा वाक्य शुद्ध है?

A. मेरे को उनके साथ जाना है।
B. उनके साथ जाना है मेरे को।
C. मुझे उनके साथ जाना है।
D. जाना है उनके साथ मेरे को।

// स्मार्ट उत्तर पुस्तिका //

सही उत्तर उन छात्रों के प्रतिशत को इंगित करता है जिन्होंने प्रश्नों का सही उत्तर दिया था।

छोड़ दिया उन छात्रों के प्रतिशत को इंगित करता है जिन्होंने प्रश्नों को छोड़ दिया था।

प्रश्न संख्या	उत्तर	सही उत्तर / छोड़ दिया
1	B	51.61 % / 0.0 %
2	B	16.13 % / 22.58 %
3	C	29.03 % / 22.58 %
4	C	48.39 % / 22.58 %

प्रश्न संख्या	उत्तर	सही उत्तर / छोड़ दिया
5	B	48.39 % / 22.58 %
6	D	19.35 % / 22.59 %
7	D	64.52 % / 22.58 %
8	A	54.84 % / 22.58 %

प्रश्न संख्या	उत्तर	सही उत्तर / छोड़ दिया
9	A	45.16 % / 22.58 %
10	A	19.35 % / 22.59 %
11	A	41.94 % / 22.58 %
12	B	25.81 % / 22.58 %

प्रश्न संख्या	उत्तर	सही उत्तर / छोड़ दिया
13	C	58.06 % / 22.59 %
14	D	41.94 % / 22.58 %
15	D	58.06 % / 22.59 %
16	D	48.39 % / 22.58 %

प्रश्न संख्या	उत्तर	सही उत्तर / छोड़ दिया
17	B	54.84 % / 22.58 %
18	D	22.58 % / 22.58 %
19	C	25.81 % / 22.58 %
20	C	74.19 % / 22.58 %

कार्य विश्लेषण	
औसत अंक (%)	40.0%
टॉपर्स स्कोर (%)	100.0%
आपका स्कोर	

//संकेत और समाधान//

1. उपरोक्त विकल्पों में फुनगी देशज शब्द है क्योंकि यह शब्द आम बोल-चाल की भाषा का शब्द है।

फुनगी का अर्थ है, वृक्ष की शाखा या घास का अगला भाग या सिरा या ऊपरी नोक, पर्वत की चोटी।

ऐसे शब्द जो किसी स्थान विशेष के लोगों द्वारा अपनी आवश्यकतानुसार बना लिए जाते है तथा सीमित क्षेत्र में ही प्रयुक्त किए जाते हैं, देशज शब्द कहलाते हैं। इसलिए, स्पष्ट है कि फुनगी ही सटीक विकल्प है। अन्य विकल्प असंगत है।

अत: विकल्प (B) सही है।

2. उन्नतशील में शुद्ध वर्तनी का प्रयोग किया गया है, अन्य विकल्पो में अशुद्ध वर्तनी है।

वर्तनी:

- वर्तनी भाषा में शब्दों को वर्णों से अभिव्यक्त करने की क्रिया को कहते हैं।
- वर्तनी को अंग्रेज़ी में स्पेलिंग और उर्दू में हिज्जे कहते हैं।
- किसी लिपि के प्रतीक-चिन्ह (वर्ण आदि) को उचित क्रम में लिखकर जब कोई शब्द निरूपित किया जाता है, वह उसकी वर्तनी कहलाती है।
- वर्तनी का सीधा सम्बन्ध भाषागत ध्वनियों के उच्चारण से है।

अत: विकल्प (B) सही है।

3. प्रतिपदा ही परिवा का तत्सम रूप है। अन्य सभी विकल्प असंगत है। इसलिए, सही विकल्प प्रतिपदा होगा। प्रतिपदा हिंदू महीने का प्रथम दिन होता है।

अत: विकल्प (C) सही है।

4. दिए गए विकल्पों में 'मन्मथ' शब्द 'कामदेव' का पर्यायवाची शब्द है।

- पर्यायवाची शब्द उन्हें कहते हैं, जब भिन्न-भिन्न शब्दों का अर्थ समान हो, अर्थात एक ही शब्द के स्थान पर समान अर्थ वाले अलग अलग शब्द प्रयोग किये जा सके।
- उदाहरण: काम- मकरकेतु, पुष्पचाप इत्यादि।

अत: विकल्प (C) सही है।

5. 'वृद्धि' शब्द का विलोम 'ह्रास' है।

- वृद्धि का अर्थ- बढ़ने या बढ़ाने की क्रिया
- ह्रास का अर्थ- कम होने की क्रिया
- परिभाषा: विपरीत (उल्टा) अर्थ बताने वाले शब्दों को विलोम शब्द कहते हैं।

अत: विकल्प (B) सही है।

6. 'जो जीता वही सिकंदर।' यह वाक्य संबंधवाचक सर्वनाम का उदाहरण है।

- जिन सर्वनाम शब्दों का प्रयोग किसी वस्तु या व्यक्ति का सम्बन्ध बताने के लिए किया जाए वे शब्द सम्बन्धवाचक सर्वनाम कहलाते हैं।
- जैसे:- जो-सो, जैसा-वैसा आदि।

अत: विकल्प (D) सही है।

7. हे!' संबोधन कारक की विभक्ति है।

जिस संज्ञा पद से किसी को बुलाने, संबोधित करने या किसी को सावधान करने का बोध हो। उसे संबोधन कारक कहते है।

अत: विकल्प (D) सही है।

8. बेइंसाफी में बे उपसर्ग है।

- बेइंसाफी - स्त्रीलिंग
- नीति का अभाव
- अनुचित और नीति विरुद्ध व्यवहार
- दुष्टता

वह शब्दांश या अव्यय, जो किसी शब्द के आरंभ में जुड़कर मूल शब्द के अर्थ में विशेषता ला दे या उसका अर्थ ही बदल दे।

अत: विकल्प (A) सही है।

9. 'बैठा' शब्द 'आ' प्रत्यय से बना है।

- बैठा = बैठ + आ इसमें क्रियावाचक कृदंत प्रत्यय है।
- क्रियावाचक कृदंत प्रत्यय- ऐसे प्रत्यय से बने हुए शब्द जिनसे क्रिया के होने का पता चले तो वह क्रियावाचक कृदंत प्रत्यय कहलाते हैं।
- जैसे- सुखा , भूला आदि।

उपसर्ग उस अक्षर या अक्षर समूह को कहते हैं जो किसी शब्द के पहले जुड़कर उसके अर्थ में परिवर्तन लाता है।

अत: विकल्प (A) सही है।

10. 'हर एक सैनिक भारत का रक्षक है।' वाक्य में 'संख्यावाचक विशेषण' है।

- इस वाक्य में 'हर एक' शब्द संख्यावाचक विशेषण है। इसलिए, इसे संख्यावाचक विशेषणयुक्त वाक्य माना गया है।
- ऐसे शब्द जो संज्ञा या सर्वनाम की संख्या का बोध कराते हैं, संख्या वाचक विशेषण कहलाते हैं।
- जैसे- दो, तीनों, चार गुना, प्रत्येक आदि।

अत: विकल्प (A) सही है।

11. छाछ स्त्रीलिंग शब्द है।

- छाछ का अर्थ है - मट्ठा
- अन्य सभी विकल्प पुल्लिंग शब्द है।
- लिंग (Sex, Gender) से तात्पर्य उन पहचानों या लक्षणों से जिनके द्वारा जीवजगत् में नर को मादा से पृथक् पहचाना जाता है।
- संज्ञा के जिस रूप से किसी व्यक्ति या वस्तु की पुरुष अथवा स्त्री जाति का बोध होता हैं उसे लिंग कहते हैं।

अत: विकल्प (A) सही है।

12. भविष्यत काल की क्रिया को बहुवचन बनाने में 'ए' पर चंद्रबिंदू / अनुस्वार होता है।

- क्रिया के जिस रूप से क्रिया के आने वाले समय में पूरा होने का पता चले उसे भविष्य काल कहते हैं। इससे आगे आने वाले समय का पता चलता है।
- जिन वाक्यों के अंत में गा, गे, गी आदि आते हैं वे भविष्य काल होते हैं।

अत: विकल्प (B) सही है।

13. जिस संज्ञा शब्द से उस सामग्री या पदार्थ का बोध होता है जिससे कोई वस्तु बनी है, वह द्रव्यवाचक संज्ञा है।

जैसे- सोना, चाँदी, पानी

अत: विकल्प (C) सही है।

14. पयोधन का संधि-विच्छेद, पय: + धन होगा।

यदि विसर्ग (:) के पहले 'अ' और बाद में 'अ' अथवा प्रत्येक वर्ग का तीसरा, चौथा, पांचवां, वर्ण अथवा 'य', 'र', 'ल', 'व', 'ह' हो तो विसर्ग (:) का 'ओ' हो जाता है।

जैसे -

- मन: + अनुकूल = मनोनुकूल
- तप: + बल = तपोबल

अत: विकल्प (D) सही है।

15. 'लंबोदर' शब्द में बहुव्रीहि समास है।

शब्द	समास	समास विग्रह
लंबोदर	बहुव्रीहि	लंबा है उदर (पेट) जिसका अर्थात् गणेशजी

समास के नियमों से निर्मित शब्द सामासिक शब्द कहलाता है। इसे समस्तपद भी कहते हैं। समास होने के बाद विभक्तियों के चिह्न (परसर्ग) लुप्त हो जाते हैं।

अत: विकल्प (D) सही है।

16. अंधे की लकड़ी' मुहावरे का अर्थ 'एकमात्र सहारा' है। 'स्वावलम्बी होना' इसका गलत भावार्थ है।

- राहुल अपने माता-पिता के लिए अंधे की लकड़ी है।
- मुहावरा का शाब्दिक अर्थ 'अभ्यास' है। मुहावरा शब्द अरबी भाषा का शब्द है। हिन्दी में ऐसे वाक्यांशों को मुहावरा कहा जाता है, जो अपने साधारण अर्थ को छोड़कर विशेष अर्थ को व्यक्त करते हैं।

अत: विकल्प (D) सही है।

17. 'करि विलाप सब रोवहिं रानी, महाविपति किमि जाइ बखानी।

सुनि विलाप दुखद दुख लागा, धीरज छूकर धीरज भागा।' काव्य पंक्ति में 'करूण रस' है।

- इन पंक्तियों में रानियाँ आश्रय, राजा दशरथ की मृत्यु की सूचना उद्दीपन हैं। आँसू बहाना, रोना, विलाप करना, अनुभाव और विषाद, दैन्य, बेहोशी आदि संचारी भाव हैं। इसलिए, यहाँ करूण रस है।
- प्रिय जन की पीड़ा, मृत्यु, वांछित वस्तु का न मिलना, अनिष्ट होना आदि से शोकभाव परिपुष्ट होता है तब वहाँ करुण रस होता है।

अत: विकल्प (B) सही है।

18. इहि विधि राम सबहिं समुझावा। गुरु पद पदुम हरषि सिर नावा।- पंक्तियों में चौपाई छंद है।

- चौपाई में चार चरण होते हैं, प्रत्येक चरण में 16 मात्राएँ होती हैं।
- चरण के अन्त में जगण (IIS) अथवा तगण (SII) नहीं होना चाहिए, अन्तिम दो वर्ण गुरु-लघु (SI) भी नहीं होने चाहिए।

अत: विकल्प (D) सही है।

19. "सोहत ओढ़े पीत पट, स्याम सलोने गात। मनहुँ नीलमनि सैल पर, आतप परयौ प्रभात।।" पंक्ति में उत्प्रेक्षा अलंकार है।

- उपर्युक्त पंक्तियों में श्रीकृष्ण के सुंदर श्याम शरीर में नीलमणि पर्वत की और शरीर पर शोभायमान पीताम्बर में प्रभात की धूप की मनोरम संभावना की गई है।
- उपर्युक्त पंक्तियों में मनहुँ शब्द का प्रयोग संभावना दर्शाने के लिए किया गया है। इसलिए, यह उदाहरण उत्प्रेक्षा अलंकार के अंतर्गत आएगा।

अत: विकल्प (C) सही है।

20. 'मुझे उनके साथ जाना है' शुद्ध वाक्य है क्योंकि अन्य विकल्पों में सर्वनाम संबंधी त्रुटि है।

- जैसे 'मेरे को' उचित सर्वनाम नहीं है उसके स्थान पर 'मुझे' सर्वनाम प्रयुक्त होगा क्योंकि यह मानक के अनुसार एवं भाषा का शुद्ध रूप है।
- वाक्य क्रम के मुक्त रूप के बावजूद भी सर्वनाम संबंधी दोष दिखाई दे रहा है।

अत: विकल्प (C) सही है।

Q.1 'पैमाना' किस प्रकार का शब्द है?

A. देशज शब्द

B. विदेशज शब्द

C. तत्सम शब्द

D. तद्भव शब्द

Q.2 नीचे दिए गए विकल्पो में से शुद्ध वर्तनी का चयन कीजिए –

A. उद्घोश **B.** उदघोष **C.** उद्घोष **D.** उद्घोस

Q.3 निम्नलिखित में कौन सा शब्द तत्सम है?

A. कुबड़ा **B.** कपर्दिका **C.** किवाड़ **D.** कोढ़

Q.4 निम्नलिखित में से तद्भव शब्द को पहचानिए।

A. चकवा **B.** स्वर्ण **C.** सूचिका **D.** छत्र

Q.5 निम्नलिखित में कौन सा पद क्लिष्ट का पर्यायवाची शब्द है?

A. विश्रुत **B.** दुःसाध्य **C.** पिपासु **D.** व्याध

Q.6 'बिकना' क्रिया से बने भाववाचक संज्ञा शब्द का चयन कीजिये।

A. बिकताऊ **B.** बिकाऊ **C.** बिकने **D.** बिकाना

Q.7 विशेषण शब्द पहचानिए।

A. लाल **B.** पर्वत **C.** लेकिन **D.** ये

Q.8 'नायक' शब्द का लिंग परिवर्तित कीजिए:

A. नायकी **B.** नायिका **C.** नायिकाएँ **D.** नायिके

Q.9 किस वाक्य में वचन का सही प्रयोग हुआ है?

A. तुम्हारा होंठ क्यों नहीं खुलता?

B. तुम्हारे होंठ क्यों नहीं खुलता?

C. तुम्हारा होंठ क्यों नहीं खुलते?

D. तुम्हारे होंठ क्यों नहीं खुलते?

Q.10 इनमें से 'वक्र' शब्द का विलोम क्या होगा?

A. अवक्र **B.** उन्नयन **C.** सरल **D.** कुवक्र

Q.11 'ये पुस्तकें मेरी हैं।' में 'ये' किस सर्वनाम का उदाहरण है?

A. पुरूषवाचक सर्वनाम

B. निजवाचक सर्वनाम

C. निश्चयवाचक सर्वनाम

D. संबंधवाचक सर्वनाम

Q.12 निम्नलिखित में से संप्रदान कारक विभक्ति वाला वाक्य पहचानिए।

A. मेरे लिए पानी ही ले आओ।

B. तुम वहाँ से हट जाओ।

C. मैंने तुमसे कुछ कहा था?

D. मेज पर सब्जी रख दो।

Q.13 कौन सा उपसर्ग आचार शब्द से पूर्व लगने पर उसका अर्थ जुल्म हो जाता है?

A. दुर **B.** अति **C.** निर **D.** अन

Q.14 'अन' प्रत्यय से बना शब्द निम्न में से कौन-सा है?

A. मिलन **B.** बंधन **C.** छलनी **D.** फूंकनी

Q.15 'स्वच्छंद' का उचित संधि-विच्छेद निम्न में से कौन सा है?

A. स् + छेद

B. स्व + छंद

C. सओ+ छेद

D. सवन+ छेद

Q.16 'निर्भय' शब्द में कौन सा समास है?

A. बहुब्रीहि समास

B. अव्ययीभाव समास

C. कर्मधारय समस

D. तत्पुरुष समास

Q.17 'गूंगे को गुड़' मुहावरे का क्या अर्थ है?

A. अवारणीय सुख

B. गूंगे के हाथ में गुड़

C. गूंगे का गुण

D. अवर्णनीय सुख

Q.18 "बिहसि लखन बोले मृदु बानी। अहो मुनीसु महाभर यानी।। पुनि पुनि मोहि देखात कुहारु। चाहत उड़ावन कुंकी पहारू।।" काव्य पंक्ति में कौन सा रस है?

A. श्रृंगार रस

B. वीर रस

C. हास्य रस

D. वीभत्स रस

Q.19 निम्नलिखित में से कौन सा वाक्य शुद्ध है?

A. अंग्रेजों ने अनेक बार भारत के हृदय को चोट पहुंचाई।

B. अंग्रेजों ने अनेकों बार भारत के हृदय को चोट पहुंचाई।

C. अंग्रेजों ने कई अनेक भारत के हृदय को चोट पहुंचाई।

D. अंग्रेजों ने बहुत अनेक बार भारत के हृदय को चोट पहुंचाई।

Q.20 "भूप सहस दस एकहिं बारा। लगे उठावन टरत न टारा।।" में अलंकार है।

A. अतिशयोक्ति अलंकार

B. रूपक अलंकार

C. मानवीकरण अलंकार

D. प्रतीप अलंकार

// स्मार्ट उत्तर पुस्तिका //

सही उत्तर — उन छात्रों के प्रतिशत को इंगित करता है जिन्होंने प्रश्नों का सही उत्तर दिया था।

छोड़ दिया — उन छात्रों के प्रतिशत को इंगित करता है जिन्होंने प्रश्नों को छोड़ दिया था।

प्रश्न संख्या	उत्तर	सही उत्तर / छोड़ दिया
1	B	53.33 % / 1.03 %
2	C	27.9 % / 3.77 %
3	B	81.75 % / 0.0 %
4	A	51.14 % / 2.0 %

प्रश्न संख्या	उत्तर	सही उत्तर / छोड़ दिया
5	B	19.34 % / 3.17 %
6	B	44.47 % / 1.52 %
7	A	51.9 % / 1.79 %
8	B	44.23 % / 1.57 %

प्रश्न संख्या	उत्तर	सही उत्तर / छोड़ दिया
9	D	81.88 % / 0.0 %
10	C	46.86 % / 1.42 %
11	C	86.2 % / 0.0 %
12	A	54.5 % / 1.21 %

प्रश्न संख्या	उत्तर	सही उत्तर / छोड़ दिया
13	B	50.78 % / 1.36 %
14	A	87.9 % / 0.0 %
15	B	45.24 % / 1.19 %
16	B	88.47 % / 0.0 %

प्रश्न संख्या	उत्तर	सही उत्तर / छोड़ दिया
17	D	81.84 % / 0.0 %
18	C	23.75 % / 4.16 %
19	A	32.49 % / 3.76 %
20	A	15.06 % / 3.05 %

कार्य विश्लेषण	
औसत अंक (%)	70.0%
टॉपर्स स्कोर (%)	70.0%
आपका स्कोर	

//संकेत और समाधान//

1. 'पैमाना' विदेशज शब्द है।

- पैमाना फारसी भाषा का शब्द है।
- पैमाना का अर्थ- मानदंड
- अन्य देश की भाषा से आए हुए शब्द जो हिंदी भाषा में सम्मिलित हुए, विदेशज शब्द कहलाते हैं। इन विदेशी भाषाओं में मुख्यतः अरबी, फारसी, तुर्की, उर्दू, अंग्रेजी व पुर्तगाली शामिल हैं।

अत: विकल्प (B) सही है।

2. उद्घोष में शुद्ध वर्तनी का प्रयोग किया गया है, अन्य विकल्पो में अशुद्ध वर्तनी है।

- वर्तनी भाषा में शब्दों को वर्णों से अभिव्यक्त करने की क्रिया को कहते हैं।
- वर्तनी को अंग्रेज़ी में स्पेलिंग और उर्दू में हिज्जे कहते हैं।
- किसी लिपि के प्रतीक-चिन्ह (वर्ण आदि) को उचित क्रम में लिखकर जब कोई शब्द निरूपित किया जाता है, वह उसकी वर्तनी कहलाती है।
- वर्तनी का सीधा सम्बन्ध भाषागत ध्वनियों के उच्चारण से है।

अत: विकल्प (C) सही है।

3. 'कर्पर्दिका' एक तत्सम शब्द है। इसका तद्भव 'कौड़ी' होता है। अन्य विकल्प 'कुबड़ा, किवाड़ और कोढ' तद्भव शब्द हैं। इसलिए, सही विकल्प 'कर्पर्दिका' है।

संस्कृत भाषा के वे शब्द जो हिन्दी में अपने वास्तविक रूप में प्रयुक्त होते है, उन्हें तत्सम शब्द कहते है।

अत: विकल्प (B) सही है।

4. 'चकवा' एक तद्भव शब्द है। इसका तत्सम 'चक्रवाक' होता है। अन्य विकल्प 'स्वर्ण', 'सूचिका' और 'छत्र' तत्सम शब्द हैं। इसलिए, सही विकल्प 'चकवा' है।

ऐसे शब्द, जो संस्कृत और प्राकृत से विकृत होकर हिंदी में आये है, 'तद्भव' कहलाते है।

अत: विकल्प (A) सही है।

5. दिए गए विकल्पों में 'दुःसाध्य' शब्द 'क्लिष्ट' का पर्यायवाची शब्द है।

- क्लिष्ट - दुरूह, संकुल, कठिन इत्यादि।
- किसी शब्द-विशेष के लिए प्रयुक्त समानार्थक शब्दों को पर्यायवाची शब्द कहते हैं।

अत: विकल्प (B) सही है।

6. 'बिकना' क्रिया है और बिकाऊ भाववाचक संज्ञा।

जो संज्ञा किसी भाव, गुण, दशा आदि का बोध कराती है, भाववाचक संज्ञा कहलाती है।

अत: विकल्प (B) सही है।

7. 'लाल' शब्द 'विशेषण' शब्द है क्योंकि ये किसी व्यक्ति, वस्तु, या स्थान की विशेषता बताने के लिए प्रयुक्त किया जाता है।

- जो शब्द संज्ञा या सर्वनाम की विशेषता बताते हैं, विशेषण कहलाते हैं।
- जैसे- बड़ा, काला, लंबा आदि।

अत: विकल्प (A) सही है।

8. 'नायक' पुल्लिंग शब्द है। 'नायक' शब्द का उचित स्त्रीलिंग शब्द 'नायिका' है।

- नायक के पर्यायवाची शब्द हैं - नेता, प्रधान, स्वामी, मालिक।
- नायिका के पर्यायवाची शब्द हैं - अभिनेत्री, अदाकारा, पात्री, तारिका, ऐक्ट्रेस, नटी, नटनी।
- लिंग- संज्ञा के जिस रूप से व्यक्ति, वस्तु की नर या मादा रूप में पहचान हो वह लिंग कहलाता है। जैसे- लड़का, लड़की आदि। लिंग दो प्रकार के होते हैं - स्त्रीलिंग और पुल्लिंग, परंतु संस्कृत में तीसरे प्रकार का भी लिंग होता है - नपुंसक लिंग।

अत: विकल्प (B) सही है।

9. दिए गये वाक्य में 'होंठ' बहुवचन शब्द है। इस आधार पर हम कह सकते हैं कि अन्य शब्द भी बहुवचन होने चाहिए। इसलिए, सही उत्तर 'तुम्हारे होंठ क्यों नहीं खुलते?' होगा।

अत: विकल्प (D) सही है।

10. 'वक्र' शब्द का विलोम सरल होगा।

- वक्र का अर्थ- टेढ़ा या तिरछा
- सरल का अर्थ - सीधा
- विपरीत (उल्टा) अर्थ बताने वाले शब्दों को विलोम शब्द कहते हैं।

अत: विकल्प (C) सही है।

11. 'ये पुस्तकें मेरी हैं।' में 'ये' यह निश्चयवाचक सर्वनाम का उदाहरण है।

जो सर्वनाम निकट या दूर की किसी वस्तु की ओर संकेत करे, उसे निश्चयवाचक सर्वनाम कहते हैं। जैसे- यह लड़की है।

अत: विकल्प (C) सही है।

12. 'मेरे लिए पानी ही ले आओ।' वाक्य में संप्रदान कारक विभक्ति है।

कारक	विभक्ति	परिभाषा	उदाहरण
संप्रदान	के लिए	जिस के लिए क्रिया की जाए।	दुकान से रोहन के लिए बिस्कुट ले आओ।

अत: विकल्प (A) सही है।

13. अति उपसर्ग आचार शब्द से पूर्व लगने पर उसका अर्थ जुल्म हो जाता है।

- अति + आचार = अत्याचार
- अत्याचार- संज्ञा पुलिंग [संस्कृत]
- अत्याचार के पर्यायवाची- अतिक्रमण, विरुद्धाचरण, अन्याय, निठुराई, ज्यादती

अत: विकल्प (B) सही है।

14. मिलन = मिल + अन, इसमें भाववाचक कृदंत प्रत्यय है।

- भाववाचक कृदंत प्रत्यय - ऐसे प्रत्यय जो शब्दों में जुड़ने के बाद उन शब्दों को भाववाचक संज्ञा में बदल देते हैं, वे भाववाचक कृदंत प्रत्यय कहलाते हैं।
- जैसे- लेखन, पठन, गमन आदि।

अत: विकल्प (A) सही है।

15. 'स्वच्छंद' का उचित संधि-विच्छेद 'स्व + छंद' है।

- छ सम्बन्धी नियम यदि छ में आधा च अर्थात् च् जुड़ा हो और उसके पूर्व ह्रस्व अथवा आ हो तब च् विलुप्त हो जाता है। अथवा द् में परिवर्तित हो जाता है।
- संधि - दो शब्दों के मेल से जो विकार (परिवर्तन) होता है, उसे संधि कहते हैं।

- संधि के तीन प्रकार हैं - 1. स्वर, 2. व्यंजन और 3. विसर्ग।

अत: विकल्प (B) सही है।

16. 'निर्भय' शब्द में अव्ययीभाव समास है।

- निर्भय का समास विग्रह 'भय से रहित' होगा। इसमें पूर्व पद अव्यय है।

- अव्ययी भाव समास में प्रथम पद प्रधान होता है, और एक अव्यय होता है, जिसके प्रभाव से समस्त पद अव्यय बन जाता है।

अत: विकल्प (B) सही है।

17. 'गूंगे को गुड़' मुहावरे का अर्थ - अवर्णनीय सुख है।

- वाक्य प्रयोग - दादाजी कहते हैं कि ईश्वर के ध्यान में जो आनंद मिलता है, वह तो गूँगी का गुड़ है।

- मुहावरा का शाब्दिक अर्थ 'अभ्यास' है। मुहावरा शब्द अरबी भाषा का शब्द है। हिन्दी में ऐसे वाक्यांशों को मुहावरा कहा जाता है, जो अपने साधारण अर्थ को छोड़कर विशेष अर्थ को व्यक्त करते हैं।

अत: विकल्प (D) सही है।

18. उपरोक्त काव्य पंक्ति में 'हास्य रस' है।

इन पंक्तियों में लक्ष्मण – परशुराम की मूर्खता को इंगित करते हुए उन पर हंसते हुए कहते हैं,

बिहसि लखन बोले मृदु बानी। अहो मुनीसु महाभर यानी।।

पुनि पुनि मोहि देखात कुहारु। चाहत उड़ावन कुंकी पहारू।।

इसलिए, यहाँ हास्य रस है।

अत: विकल्प (C) सही है।

19. 'अंग्रेजों ने अनेक बार भारत के हृदय को चोट पहुंचाई।' शुद्ध वाक्य है क्योंकि अन्य विकल्पों में 'वचन संबंधी' त्रुटि है।

- जैसे 'अनेकों बार' उचित वचन नहीं है उसके स्थान पर 'अनेक बार' वचन प्रयुक्त होगा क्योंकि 'अनेक' शब्द अपने आप में बहुवचन है।

- 'अनेकों' शब्द वचन के अनुसार गलत है और यह मानक के अनुसार भाषा का अशुद्ध रूप है।

अत: विकल्प (A) सही है।

20. "भूप सहस दस एकहिं बारा। लगे उठावन टरत न टारा।।" पंक्ति में अतिशयोक्ति अलंकार है।

- दिए गए उदाहरण में कहा गया है कि जब धनुर्भंग हो रहा था कोई राजा उस धनुष को उठा नहीं पा रहा था तब दस हज़ार राजा एक साथ उस धनुष को उठाने लगे लेकिन वह अपनी जगह से तनिक भी नहीं हिला।

- यह बात बिलकुल असंभव है क्योंकि दस हज़ार लोग एक साथ धनुष को नहीं उठा सकते। इसलिए यह उदाहरण अतिशयोक्ति अलंकार के अंतर्गत आएगा।

अत: विकल्प (A) सही है।

Q.1 निम्नलिखित में से कौन-सा शब्द देशज है?

A. रेल   B. बारुद   C. पगड़ी   D. पटाखा

Q.2 अशुद्ध वर्तनी का चयन कीजिए -

A. उत्पात   B. अहार   C. आषाढ़   D. कीर्ति

Q.3 'अहेर' शब्द का तत्सम रूप-

A. अरहर   B. अहीर   C. आषाढ़   D. आखेट

Q.4 निम्नलिखित में कौन सा पद 'कृत्रिम' का पर्यायवाची शब्द है?

A. अवास्तविक   B. वास्तविक

C. छाँह   D. प्रज्ञा

Q.5 मेरा परिवार ही मेरी ताकत है- वाक्य में 'परिवार' शब्द कौन सी संज्ञा है?

A. जातिवाचक   B. व्यक्तिवाचक

C. समूहवाचक   D. भाववाचक

Q.6 किसी व्यक्ति, वस्तु आदि के गुण-दोषों की तुलना करें, वे ______ विशेषण होते हैं।

A. संख्यावाचक विशेषण   B. तुलनावाचक विशेषण

C. सार्वनामिक विशेषण   D. गुणवाचक विशेषण

Q.7 'परिचायक' का स्त्रीलिंग शब्द क्या होगा?

A. परिचयिकी   B. परिचाई

C. परिचयिका   D. परिचायिका

Q.8 'चर्खा' का बहुवचन शब्द है:

A. चर्खियाँ   B. चर्खों   C. चर्खे   D. चर्खियों

Q.9 दिये गए विकल्पों में से 'अनुमत' का विलोम शब्द क्या होगा?

A. मत   B. अननुमत   C. विमत   D. सम्मत

Q.10 'तू, वह, हम' किस सर्वनाम के शब्द हैं?

A. निजवाचक सर्वनाम   B. पुरूषवाचक सर्वनाम

C. संबंधवाचक सर्वनाम   D. प्रश्नवाचक सर्वनाम

Q.11 'माँ बच्चे को प्यार करती है।' में कौन सा कारक है?

A. कर्ता कारक   B. संबंध कारक

C. कर्म कारक   D. अपादान कारक

Q.12 किसमें 'परा' उपसर्ग है?

A. पराधीन   B. पराजय   C. परंपरा   D. परादेश

Q.13 निम्नलिखित में 'इया' प्रत्यय से बना कौन सा शब्द है?

A. जयपुरिया   B. कलकतिया

C. सुनहरा   D. तिरहुतिया

Q.14 'यशः + दा' का संधि रूप क्या होगा?

A. यशदा   B. यशोदा   C. यशादा   D. यशौदा

Q.15 'यज्ञशाला' में कौन सा समास है?

A. तत्पुरुष   B. द्वंद्व   C. द्विगु   D. कर्मधारय

Q.16 'दो व्यक्तियों की बातों में तीसरे व्यक्ति का हस्तक्षेप करना' किस मुहावरे का अर्थ है?

A. खूब लाभ होना   B. दाल-भात में मूसलचन्द

C. बिना आहट किए आना   D. उन्मत्त होना

Q.17 "एक ओर अजगरहि लखि, एक ओर मृगराय। विकल बटोही बीच ही परयो मूर्छा खाए।।" में कौन सा रस है?

A. भयानक रस   B. अद्भुत रस

C. वीर रस   D. वात्सल्य रस

Q.18 किस वेद में छंद को सर्वप्रथम उल्लेखित किया गया?

A. यजुर्वेद   B. सामवेद   C. अथर्ववेद   D. ऋग्वेद

Q.19 निम्नलिखित में से कौन सा वाक्य शुद्ध है?

A. मुझे मुझसे कोई शिकायत नहीं है।

B. ऐसा कोई नहीं करता।

C. मैंने अनेकों शादियाँ देखीं हैं।

D. तुम किस लिए आया है?

Q.20 'जे रहीम गति दीप की, कुल कपूत गति सोय। बारे उजियारो करै, बढ़े अँधेरो होय।' में कौन सा अलंकार है।

A. रूपक अलंकार   B. शब्दालंकार

C. अनुप्रास अलंकार   D. श्लेष अलंकार

// स्मार्ट उत्तर पुस्तिका //

सही उत्तर उन छात्रों के प्रतिशत को इंगित करता है जिन्होंने प्रश्नों का सही उत्तर दिया था।

छोड़ दिया उन छात्रों के प्रतिशत को इंगित करता है जिन्होंने प्रश्नों को छोड़ दिया था।

प्रश्न संख्या	उत्तर	सही उत्तर / छोड़ दिया		प्रश्न संख्या	उत्तर	सही उत्तर / छोड़ दिया		प्रश्न संख्या	उत्तर	सही उत्तर / छोड़ दिया		प्रश्न संख्या	उत्तर	सही उत्तर / छोड़ दिया		प्रश्न संख्या	उत्तर	सही उत्तर / छोड़ दिया
1	C	83.6 %	16.35 %	5	C	57.37 %	35.7 %	9	B	78.51 %	11.32 %	13	A	28.58 %	68.88 %	17	A	13.29 %	75.34 %
2	B	50.9 %	35.17 %	6	B	69.59 %	30.14 %	10	B	52.06 %	33.48 %	14	B	78.16 %	20.48 %	18	D	21.72 %	68.34 %
3	D	23.78 %	72.36 %	7	D	20.33 %	76.93 %	11	C	54.5 %	43.55 %	15	A	80.54 %	17.07 %	19	B	64.09 %	33.49 %
4	A	51.43 %	42.22 %	8	C	80.21 %	17.53 %	12	B	49.82 %	45.43 %	16	B	42.71 %	54.08 %	20	D	41.11 %	32.9 %

कार्य विश्लेषण	
औसत अंक (%)	50.0%
टॉपर्स स्कोर (%)	70.0%
आपका स्कोर	

//संकेत और समाधान//

1. उपर्युक्त विकल्पों में से 'पगड़ी' एक देशज शब्द है। अन्य विकल्पों के शब्द विदेशज हैं।

वे शब्द जो क्षेत्रीय भाषा में प्रयुक्त होते है तथा ये देश की विभिन्न बोलियों से लिए जाते है, वे शब्द देशज शब्द कहलाते हैं। इन्हें आवश्यकता अनुसार उपयोग किया जाता है और ये बाद में प्रचलन में आकर हमारी भाषा का हिस्सा बन जाते हैं। उदाहरण - उटपटांग, काका, खटपट।

अतः विकल्प (C) सही है।

2. अहार में अशुद्ध वर्तनी है, अन्य विकल्प शुद्ध है तथा असंगत है। अहार की शुद्ध वर्तनी आहार है।

- वर्तनी भाषा में शब्दों को वर्णों से अभिव्यक्त करने की क्रिया को कहते हैं।
- वर्तनी को अंग्रेज़ी में स्पेलिंग और उर्दू में हिज्जे कहते हैं।
- किसी लिपि के प्रतीक-चिन्ह (वर्ण आदि) को उचित क्रम में लिखकर जब कोई शब्द निरूपित किया जाता है, वह उसकी वर्तनी कहलाती है।
- वर्तनी का सीधा सम्बन्ध भाषागत ध्वनियों के उच्चारण से है।

अतः विकल्प (B) सही है।

3. 'अहेर' तद्भव शब्द है इसका तत्सम 'आखेट' होता है।

संस्कृत भाषा के वे शब्द जो हिन्दी में अपने वास्तविक रूप में प्रयुक्त होते है, उन्हें तत्सम शब्द कहते है।

अतः विकल्प (D) सही है।

4. 'अवास्तविक' शब्द 'कृत्रिम' का पर्यायवाची शब्द है।

- कृत्रिम: नकली, झूठा, दिखावटी इत्यादि।
- एक ही अर्थ में प्रयुक्त होने वाले शब्द, जो बनावट में भले ही अलग हों, पर्यायवाची शब्द कहा जाता है। 'पर्यायवाची-शब्द' को 'समानार्थी शब्द' भी कहा जाता है।
- जैसे – ज्ञान = सूचना, विद्या, बोध; झील = सरोवर, कूल।

अतः विकल्प (A) सही है।

5. परिवार शब्द समूहवाचक संज्ञा है।

जो संज्ञा शब्द किसी एक व्यक्ति का वाचक न होकर पूरे समूह या समुदाय का वाचक हो, समूहवाचक कहलाती है। जैसे - वर्ग, झुंड, सेना।

अतः विकल्प (C) सही है।

6. किसी व्यक्ति, वस्तु आदि के गुण-दोषों की तुलना करें, वे तुलनावाचक विशेषण होते हैं।

जैसे - तुम और मैं सूरज और चाँद के जैसे हैं।

अतः विकल्प (B) सही है।

7. 'परिचायक' का स्त्रीलिंग शब्द परिचायिका होगा।

- परिचयिका का अर्थ- 'सेवा करने वाली' होता है।
- इसका पर्यायवाची- दासी, सेविका, मजदूरनी।

जिस संज्ञा शब्द से व्यक्ति की जाति का पता चलता है, उसे लिंग कहते हैं। इससे यह पता चलता है कि वह पुरुष जाति का है या स्त्री जाति का।

अतः विकल्प (D) सही है।

8. 'चरखा' का बहुवचन शब्द 'चरखे' होगा।

- अन्य विकल्प अनुचित हैं।
- चरखा विदेशज शब्द है। जिससे सूत काता जाता है।
- ऊन, रेशम, सूत आदि कातने का लकड़ी का एक यंत्र।

संज्ञा, सर्वनाम, विशेषण तथा क्रिया के जिस रूप से संख्या का बोध हो, वचन कहलाता है।

अतः विकल्प (C) सही है।

9. 'अनुमत' का विलोम शब्द अननुमत होगा।

- अनुमत का अर्थ- स्वीकृत
- अननुमत का अर्थ- अस्वीकृत
- विपरीत (उल्टा) अर्थ बताने वाले शब्दों को विलोम शब्द कहते हैं।

अतः विकल्प (B) सही है।

10. 'तू, वह, हम' ये सभी शब्द पुरूषवाचक सर्वनाम के हैं।

- पुरुषवाचक सर्वनाम - जिस सर्वनाम का प्रयोग वक्ता द्वारा स्वयं के लिए या अन्य व्यक्ति के लिए किया जाता है, पुरुषवाचक सर्वनाम कहलाते हैं।
- संज्ञा के स्थान पर प्रयुक्त होने वाले शब्दों को सर्वनाम कहते हैं। जैसे - मैं, वह, वे, उन्हें, अपने तुम, हम आदि। हिंदी में सर्वनामों की संख्या 11 है – 'मैं, तू, आप, यह, वह, जो, सो, कोई, कुछ, कौन, क्या।

अतः विकल्प (B) सही है।

11. 'माँ बच्चे को प्यार करती है।' में कर्म कारक है।

- वाक्य-'माँ बच्चे को प्यार करती है।' में 'को' विभक्ति है अर्थात कर्ता द्वारा किया गया कर्म 'को' विभक्ति के द्वारा ही व्याख्यायित होता है।
- इस वाक्य में 'माँ' कर्ता है और 'प्यार' कर्म है तथा बच्चे पर कर्म का प्रभाव पड़ रहा है क्योंकि इनके बीच में 'को' विभक्ति के द्वारा ही कर्म के प्रभाव का बोध हो रहा है। इसलिए यहाँ कर्म कारक होगा।

अतः विकल्प (C) सही है।

12. 'परा' उपसर्ग युक्त शब्द 'पराजय' है।

- पराजय शब्द का विच्छेद - परा + जय = पराजय होगा।
- परा संस्कृत भाषा के 22 उपसर्गों में से एक है। इसलिये इसे संस्कृत भाषा से लिया हुआ उपसर्ग माना जाता है।
- वे शब्दांश जो किसी मूल शब्द के पूर्व में लगकर नये शब्द का निर्माण करते है, उन्हें उपसर्ग कहते है।

अतः विकल्प (B) सही है।

13. 'जयपुरिया' शब्द में 'इया' प्रत्यय का योग है।

- जयपुरिया = जयपुर + इया इसमें स्थानवाचक तद्धित प्रत्यय है।
- स्थानवाचक तद्धित प्रत्यय - ऐसे प्रत्यय जिनसे हमें किसी स्थान का बोध हो, वे प्रत्यय स्थानवाचक तद्धित प्रत्यय कहलाते हैं। जैसे- पटनिया, मुम्बईया आदि।
- शब्द के उपरांत जिस शब्द का प्रयोग किया जाता है, उसे प्रत्यय कहते हैं।

अतः विकल्प (A) सही है।

14. 'यशः + दा' का संधि रूप यशोदा होगा।

- 'यशोदा' का संधि-विच्छेद 'यशः + दा' होगा।
- अगर संधि के समय विसर्ग से पहले 'अ' हो और बाद में घोष व्यंजन या ह हो तो विसर्ग ओ में बदल जाता है।

- संधि - दो शब्दों के मेल से जो विकार (परिवर्तन) होता है, उसे संधि कहते हैं।

अत: विकल्प (B) सही है।

15. 'यज्ञशाला' में तत्पुरुष समास है, तथा इसका समास विग्रह "यज्ञ के लिए शाला" है।

तत्पुरुष समास	जिस समास का उत्तरपद प्रधान हो और पूर्वपद गौण हो, उसे तत्पुरुष समास कहते हैं।	गृहप्रवेश - गृह में प्रवेश।

अत: विकल्प (A) सही है।

16. 'दो व्यक्तियों की बातों में तीसरे व्यक्ति का हस्तक्षेप करना', दाल-भात में मूसलचन्द मुहावरे का अर्थ है।

- वाक्य प्रयोग - लड़ाई चाहे जिसकी भी हो लेकिन दाल-भात में मूसलचंद तो हर बार कंगना ही होती है।

- मुहावरा का शाब्दिक अर्थ 'अभ्यास' है। मुहावरा शब्द अरबी भाषा का शब्द है। हिन्दी में ऐसे वाक्यांशों को मुहावरा कहा जाता है, जो अपने साधारण अर्थ को छोड़कर विशेष अर्थ को व्यक्त करते हैं।

अत: विकल्प (B) सही है।

17. "एक ओर अजगरहि लखि, एक ओर मृगराय। विकल बटोही बीच ही परयो मूर्छा खाए।।" काव्य पंक्ति में 'भयानक रस' है।

- इन पंक्तियों में एक मुसाफिर अजगर और सिंह के मध्य फसने एवं उसके कार्य का वर्णन किया गया है। इसलिए, यहाँ भयानक रस है।

- डरावने दृश्य देखकर मन में भय उत्पन्न होता है। जब भय नामक स्थायीभाव का मेल विभाव, अनुभाव और संचारी भाव से होता है, तब भयानक रस उत्पन्न होता है।

अत: विकल्प (A) सही है।

18. सर्वप्रथम ऋग्वेद में छंद को उल्लेखित किया गया।

- ऋक् अर्थात् स्थिति और ज्ञान। ऋग्वेद सबसे पहला वेद है जो पद्यात्मक है। ऋग्वेद की ऋचाओं में देवताओं की प्रार्थना, स्तुतियां और देवलोक में उनकी स्थिति का वर्णन है। इसमें जल चिकित्सा, वायु चिकित्सा, सौर चिकित्सा, मानस चिकित्सा और हवन द्वारा चिकित्सा आदि की भी जानकारी मिलती है।

- महर्षि पाणिनी के अनुसार जो आह्लादित करे, प्रसन्न करे, वह छंद है (चन्दति हष्यति येन दीप्यते वा तच्छन्द)।

- उनके विचार से छंद 'चदि' धातु से निकला है। यास्क ने निरुक्त में 'छन्द' की व्युत्पत्ति 'छदि' धातु से मानी है जिसका अर्थ है 'संवरण या आच्छादन' (छन्दांसि छादनात्)।

अत: विकल्प (D) सही है।

19. 'ऐसा कोई नहीं करता।' व्याकरणिक रूप से शुद्ध वाक्य है।

- पहले विकल्प में सर्वनाम संबंधी अशुद्धि है। 'मुझसे' की जगह 'अपने आप से' उचित होगा।

- तीसरे विकल्प में वचन संबंधी अशुद्धि है। 'अनेकों' के स्थान पर 'अनेक' उचित होगा।

- चतुर्थ विकल्प में क्रिया संबंधी अशुद्धि है। 'आया है' के स्थान पर 'आए हो' उचित होगा।

अत: विकल्प (B) सही है।

20. 'जे रहीम गति दीप की, कुल कपूत गति सोय। बारे उजियारो करै, बढ़े अँधेरो होय।' पंक्ति में श्लेष अलंकार है।

- उपर्युक्त उदाहरण में रहीम जी ने दोहे के द्वारा दीये एवं कुपुत्र के चरित्र को एक जैसा दर्शनि की कोशिश की है। रहीम जी कहते हैं

कि शुरू में दोनों ही उजाला करते हैं लेकिन बढ़ने पर अँधेरा हो जाता है।

- उपर्युक्त उदाहरण में बढ़े शब्द से दो विभिन्न अर्थ निकल रहे हैं। दीपक के सन्दर्भ में बढ़ने का मतलब है बुझ जाना जिससे अन्धेरा हो जाता है। कुपुत्र के सन्दर्भ में बढ़ने से मतलब है बड़ा हो जाना।

- बड़े होने पर कुपुत्र कुकर्म करता है जिससे परिवार में अँधेरा छा जात है। एक शब्द से ही दो विभिन्न अर्थ निकल रहे हैं, इसलिए, यह उदाहरण श्लेष अलंकार के अंतर्गत आएगा।

अत: विकल्प (D) सही है।

Q.1 अगस्त 2022 में किस देश ने रूसी राज्य द्वारा संचालित परमाणु ऊर्जा कंपनी 'एएसई' के साथ 2.25 बिलियन डॉलर का समझौता किया है?

[RBI Assistant, 2020], [UPSSSC Rajasva Lekhpal, 2015]

A. भारत
B. चीन
C. जापान
D. दक्षिण कोरिया

Q.2 किस देश ने 2 अगस्त 2022 को बर्मिंघम में राष्ट्रमंडल खेलों में पुरुषों की टेबल टेनिस स्पर्धा में स्वर्ण पदक जीता है?

A. मलेशिया
B. कनाडा
C. भारत
D. दक्षिण अफ्रीका

Q.3 जून 2022 में सशस्त्र सीमा बल के नए महानिदेशक के रूप में किसे नियुक्त किया गया है?

A. सुजॉय लाल थाओसेन
B. संजय अरोड़ा
C. संजीव शर्मा
D. रंजीत सिंह राणा

Q.4 29 अप्रैल 2022 को किस मिशन के तहत INS घड़ियाल महत्वपूर्ण जीवन रक्षक दवाएं वितरित के लिए कोलंबो पहुंचा?

A. MAITRI-22
B. DOSTI-IV
C. MISSION DOSTI
D. SAGAR IX

Q.5 मार्च 2022 में किस शहर में भारत के सबसे बड़े तैरते सौर ऊर्जा संयंत्र का उद्घाटन किया गया?

A. श्रीनगर
B. उदयपुर
C. अहमदाबाद
D. तूतिकोरिन

Q.6 निम्नलिखित में से किस शहर में, इंडिया ग्लोबल फोरम (IGF) का पहला संस्करण मार्च 2022 में आयोजित किया गया था?

[Delhi Forest Guard, 2021]

A. बेंगलुरू
B. पणजी
C. मुंबई
D. चेन्नई

Q.7 निम्नलिखित शासकों में से किसके लिए 'एक ब्राह्मण' उपाधि का इस्तेमाल किया गया था?

A. खारवेल
B. सुशर्मन
C. पुष्यमित्र शुंग
D. गौतमीपुत्र शातकर्णी

Q.8 निम्नलिखित में से कौन सा विदेशी यात्री मोरक्को था और रेहला नामक पुस्तक लिखी थी?

A. फा -हियान
B. इब्न बतूता
C. अल-बुरुनी
D. निकोलो कोंटी

Q.9 'ईस्ट इंडिया कंपनी' का गठन किस वर्ष किया गया था?

A. 1602
B. 1605
C. 1600
D. 1596

Q.10 भारत के संविधान को संविधान सभा द्वारा कब अपनाया गया था?

A. 26 जनवरी, 1948
B. 26 नवंबर, 1949
C. 26 जनवरी, 1950
D. 26 नवंबर, 1950

Q.11 निम्नलिखित में से कौन सा हाइड्रोकार्बन अन्वेषण और लाइसेंसिंग नीति (HELP) के घटक हैं?

1. हाइड्रोकार्बन के विभिन्न रूपों की खोज और उत्पादन के लिए विभिन्न लाइसेंस।
2. खुली एकड़ नीति।
3. राजस्व साझाकरण मॉडल का प्रबंधन करना आसान है।

4. कच्चे तेल और उत्पादित प्राकृतिक गैस के लिए विपणन और मूल्य निर्धारण की स्वतंत्रता।

नीचे दिए गए कूट से सही उत्तर का चयन करिए।

A. केवल 1, 2 और 3
B. केवल 2, 3 और 4
C. केवल 1 और 3
D. केवल 2 और 4

Q.12 निम्नलिखित वाक्यों पर विचार करिये:

1. चंद्र ग्रहण केवल अमावस्या के चरण में ही हो सकता है।
2. सूर्य ग्रहण केवल पूर्णिमा के चरण में ही हो सकता है।
3. सौर और चंद्र ग्रहणों के दौरान सूर्य, पृथ्वी और चंद्रमा तालमेल की स्थिति में होते हैं।

उपरोक्त कथनों में से कौन सा सही है/हैं?

A. केवल 1 और 2
B. केवल 2 और 3
C. केवल 3
D. 1, 2 और 3

Q.13 हमारे सौरमंडल में कौन सा ग्रह पृथ्वी जितना बड़ा है?

A. बुध
B. मंगल
C. शुक्र
D. बृहस्पति

Q.14 पंचशील समझौते की घोषणा _________ द्वारा की गई।

A. सरदार वल्लभ भाई पटेल
B. महात्मा गाँधी
C. राजेंद्र प्रसाद
D. जवाहरलाल नेहरु

Q.15 भारत की तटीय रेखा की अनुमानित लंबाई है:

A. 5500 किमी
B. 6000 किमी
C. 6500 किमी
D. 7500 किमी

Q.16 CDMA (सीडीएमए) का पूर्ण रूप है:

A. कोड डिवीजन मल्टीप्लेक्सेड एक्सेस
B. कोड डिवीजन मल्टीपल एक्सेस
C. कोड डिवीजन मोबाइल एक्सेस
D. कोड डिवीजन मोबाइल एडाएर

Q.17 निम्नलिखित में से कौन एक पॉइंटिंग इनपुट डिवाइस नहीं है?

[Rajasthan Police Constable, 2020]

A. ट्रैक बॉल
B. जॉयस्टिक
C. डिजिटाइजिंग टैबलेट
D. स्कैनर

Q.18 ब्लॉग क्या है?

A. ऑनलाइन संगीत
B. इंट्रानेट
C. एक ऑनलाइन पत्रिका के रूप में एक व्यक्तिगत या निगमित वेबसाइट
D. एक व्यक्तिगत या कॉर्पोरेट गूगल खोज

Q.19 निम्न में से कौन सा एक सिस्टम सॉफ्टवेयर है?

A. डिवाइस ड्राइवर
B. टैली
C. स्प्रेडशीट
D. पाठ संपादक

Q.20 नेटवर्क सुरक्षा से कौन-सा जुड़ा हुआ क्षेत्र नहीं है?

A. प्रच्छन्नता
B. प्रमाणीकरण
C. गैर-प्रत्याख्यान
D. उपरोक्त सभी

Q.21 MS एप्लिकेशन किस के उदाहरण हैं?

A. प्लेटफॉर्म सॉफ्टवेयर
B. हार्डवेयर

C. ऑपरेटिंग सिस्टम सॉफ्टवेयर

D. अनुप्रयोग सॉफ्टवेयर

Q.22 एलसीडी, स्कैनर और प्रिंटर ______ डिवाइस हैं।
A. हार्डवेयर
B. सॉफ्टवेयर
C. ह्यूमनवेयर
D. फर्मवेयर

Q.23 निम्नलिखित में से कौन काष्ठ कला के प्रसिद्ध कलाकार हैं?
A. कृपाल सिंह शेखावत
B. देवी लाल समर
C. भानु जी महाराज
D. प्रभात जी सुथार

Q.24 मार्च 2021 में 10 मीटर एयर राइफल मिक्स्ड टीम में स्वर्ण पदक किसने जीता?
A. दिव्यांश सिंह पंवार
B. इलावेनिल वलारिवन
C. हीना सिद्धू
D. दोनों (A) और (B)

Q.25 किस देश में एक सीमेंट संयंत्र द्वारा उपयोग की जाने वाली साइट पर खुदाई में मिली जीवाश्म हड्डी के टुकड़ों का अध्ययन करने के बाद, वैज्ञानिकों ने एक नए प्रकार के प्रारंभिक मानव की खोज की है?
A. यूनाइटेड स्टेट्स
B. इजराइल
C. ईरान
D. सीरिया

Q.26 युद्धकाल में सर्वोच्च वीरता पुरस्कार कौन सा है?
A. अशोक चक्र
B. परम वीर चक्र
C. महा वीर चक्र
D. वीर चक्र

Q.27 किस फिल्म ने ऑस्कर 2021 में सर्वश्रेष्ठ फिल्म का पुरस्कार जीता है?
A. मिनारी
B. द फादर
C. साउंड ऑफ़ मेटल
D. नोमैडलैंड

Q.28 "द स्टोरी ऑफ़ माय एक्सपेरिमेंट्स विद टुथ" के लेखक कौन हैं?
A. पंडित नेहरू
B. महात्मा गांधी
C. रवींद्रनाथ टैगोर
D. सी. राजगोपालाचारी

Q.29 "ए ब्रीफ हिस्ट्री ऑफ टाइम: फ्रॉम द बिग बैंग टू ब्लैक होल्स:" नामक पुस्तक किसके द्वारा लिखी गई थी?
A. सर आइजैक न्यूटन
B. आईंस्टाइन
C. स्टीफन हॉकिंग
D. सर सी. वी. रमन

Q.30 DRDO का मुख्यालय ______ में है।
A. नई दिल्ली
B. लखनऊ
C. धनबाद
D. देहरादून

Q.31 हीमोग्लोबिन में आयरन ______ के रूप में मौजूद होता है।
A. गैर-आयनित लौह परमाणु
B. केवल फेरिक आयन
C. केवल फेरस आयन
D. ऑक्सीजन युक्त अवस्था के आधार पर फेरिक या फेरस आयन

Q.32 इलेक्ट्रॉन की खोज का श्रेय किसे जाता है?
A. ई. गोल्डस्टीन
B. जे. जे. थॉमसन
C. जेम्स चैडविक
D. रदरफोर्ड

Q.33 नेहा एक व्यक्ति की ओर इशारा करते हुए कहती है कि 'वह मेरे पति के पिता की एकमात्र पुत्री है'। वह व्यक्ति नेहा से किस प्रकार संबंधित है?
A. पिता
B. बहन
C. सिस्टर-इन-लॉ
D. माता

Q.34 एक निश्चित कूट भाषा में, 'Tom Kun Sud' का अर्थ 'Dogs are barking', 'Kun Jo Mop' का अर्थ 'Dogs and horses' और 'Mat Tom Ko' का अर्थ 'Donkeys are mad' है। इस कूट भाषा में किस शब्द का अर्थ 'barking' है?

A. Jo
B. Mop
C. Kun
D. Sud

Q.35 निर्देश: नीचे दिए गए प्रत्येक प्रश्न में एक प्रश्न और तीन कथन I, II और III दिए गए हैं। आपको यह तय करना होगा कि कथन में दी गई जानकारी प्रश्न का उत्तर देने के लिए पर्याप्त हैं या नहीं। सभी कथन पढ़ें और उत्तर दें:

दुरंतो एक्सप्रेस किस समय दिल्ली से लखनऊ पहुंचेगी।
कथन I: ट्रेन 200 मीटर की समान लंबाई वाली व विपरीत दिशा में चलने वाली एक अन्य ट्रेन को 15 सेकंड में पार करती है।
कथन II: ट्रेन 560 किलोमीटर की दूरी पर लखनऊ के लिए सुबह 7.15 बजे दिल्ली से रवाना होती है।
कथन III: दुरंतो एक्सप्रेस की लंबाई 300 मीटर है जो 10 सेकंड में एक सिंगल पोल पार करती है।

A. या तो कथन III अकेले या कथन I और II एक साथ पर्याप्त हैं।
B. केवल कथन III पर्याप्त है।
C. कथन II और कथन III एक साथ पर्याप्त हैं।
D. केवल कथन I, II और III एक साथ पर्याप्त हैं।

Q.36 यदि 9 जुलाई को सोमवार था, तो उसी वर्ष 26 जुलाई को क्या था?
A. बुधवार
B. मंगलवार
C. बृहस्पतिवार
D. सोमवार

Q.37 निम्न आकृति में चतुर्भुजों की संख्या की गिनती कीजिए।

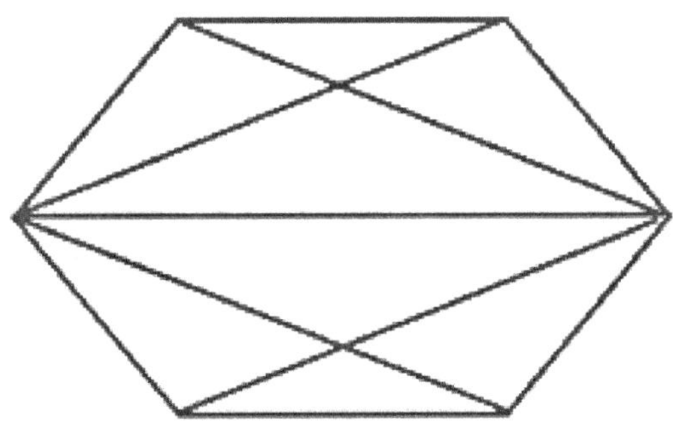

A. 4
B. 6
C. 9
D. 11

Q.38 निम्न विकल्पों में से विषम विकल्प का चयन कीजिए।
A. रोजर फ़ेडरर
B. नोवाक जोकोविच
C. नाओमी ओसाका
D. पी. वी. सिन्धु

Q.39 दी गई उत्तर आकृतियों में से, उस उत्तर आकृति का चयन कीजिये जिसमें प्रश्न आकृति छिपी/निहित है।

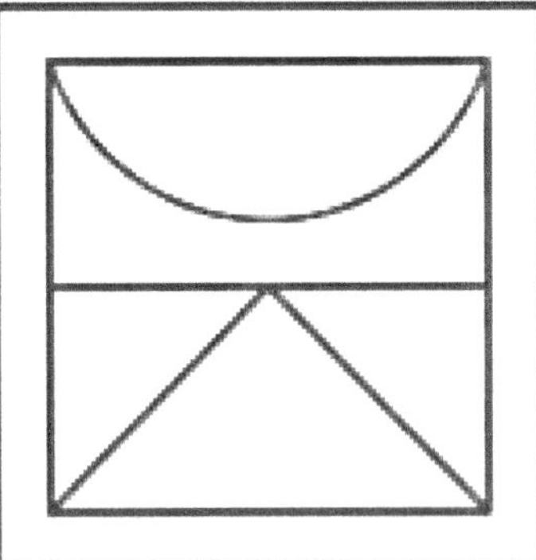

[UP Police Constable, 2019], [SSC Constable (GD), 2019], [SSC Stenographer Grade C & D, 2019]

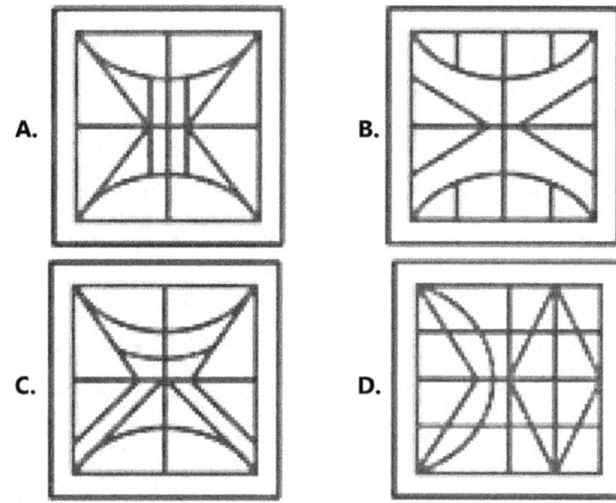

Q.40 दिए गए विकल्पों में से संबंधित आकृति को चुनिए।

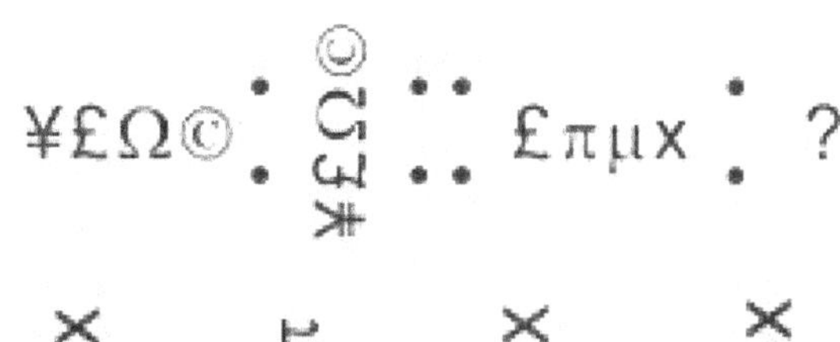

// स्मार्ट उत्तर पुस्तिका //

सही उत्तर — उन छात्रों के प्रतिशत को इंगित करता है जिन्होंने प्रश्नों का सही उत्तर दिया था।

छोड़ दिया — उन छात्रों के प्रतिशत को इंगित करता है जिन्होंने प्रश्नों को छोड़ दिया था।

प्रश्न संख्या	उत्तर	सही उत्तर / छोड़ दिया	प्रश्न संख्या	उत्तर	सही उत्तर / छोड़ दिया	प्रश्न संख्या	उत्तर	सही उत्तर / छोड़ दिया	प्रश्न संख्या	उत्तर	सही उत्तर / छोड़ दिया	प्रश्न संख्या	उत्तर	सही उत्तर / छोड़ दिया
1	D	82.57 % / 12.04 %	9	C	56.82 % / 33.84 %	17	D	87.15 % / 12.85 %	25	B	69.59 % / 30.12 %	33	C	69.68 % / 30.31 %
2	C	82.75 % / 16.01 %	10	B	52.2 % / 36.48 %	18	C	41.79 % / 57.47 %	26	B	61.88 % / 33.88 %	34	D	65.28 % / 30.93 %
3	A	89.9 % / 10.0 %	11	B	12.14 % / 79.94 %	19	A	83.37 % / 14.15 %	27	D	61.3 % / 34.96 %	35	C	84.28 % / 11.16 %
4	D	48.51 % / 49.51 %	12	C	63.75 % / 31.04 %	20	D	42.9 % / 56.8 %	28	B	51.43 % / 35.13 %	36	C	69.54 % / 30.24 %
5	D	65.08 % / 31.86 %	13	C	24.18 % / 72.79 %	21	D	60.76 % / 35.56 %	29	C	57.71 % / 30.7 %	37	D	58.16 % / 36.74 %
6	A	46.3 % / 34.85 %	14	D	84.02 % / 14.43 %	22	A	65.65 % / 30.39 %	30	A	81.23 % / 15.79 %	38	D	81.27 % / 16.28 %
7	D	48.83 % / 34.62 %	15	D	55.39 % / 36.92 %	23	D	76.03 % / 11.69 %	31	B	21.58 % / 71.14 %	39	C	79.23 % / 13.45 %
8	B	67.9 % / 31.96 %	16	B	66.29 % / 30.46 %	24	D	14.06 % / 85.6 %	32	B	40.08 % / 45.73 %	40	A	83.92 % / 14.68 %

कार्य विश्लेषण	
औसत अंक (%)	57.5%
टॉपर्स स्कोर (%)	70.0%
आपका स्कोर	

//संकेत और समाधान//

1. दक्षिण कोरिया ने अगस्त 2022 में एक रूसी राज्य द्वारा संचालित परमाणु ऊर्जा कंपनी 'एएसई' के साथ 2.25 अरब डॉलर के समझौते पर हस्ताक्षर किए हैं।

- मिस के पहले परमाणु ऊर्जा संयंत्र के लिए घटक प्रदान करने के लिए इस पर हस्ताक्षर किए गए हैं।
- एएसई एक सरकारी स्वामित्व वाले रूसी परमाणु समूह रोसाटॉम की सहायक कंपनी है।
- दक्षिण कोरिया ने संयुक्त अरब अमीरात में परमाणु ऊर्जा रिएक्टर बनाने के लिए 20 अरब डॉलर के अनुबंध पर भी हस्ताक्षर किए हैं।

अतः विकल्प (D) सही है।

2. भारतीय पुरुष टेबल टेनिस टीम ने 2022 बर्मिंघम में 2 अगस्त 2022 राष्ट्रमंडल खेलों में स्वर्ण पदक जीता।

- भारत ने फाइनल में सिंगापुर को 3-1 से हराया।
- पुरुषों की टीम स्पर्धा में राष्ट्रमंडल खेलों में भारत का यह तीसरा स्वर्ण पदक है, जो इससे पहले 2010 और 2018 में जीता था।
- 2 अगस्त 2022 को, भारतीय महिला लॉन बॉल टीम ने भी राष्ट्रमंडल खेलों में अपना पहला स्वर्ण पदक जीता।

अतः विकल्प (C) सही है।

3. सुजॉय लाल थाओसेन को हाल ही में सशस्त्र सीमा बल का नया महानिदेशक नियुक्त किया गया है।

नई दिल्ली, जून 2022 (PTI) IPS अधिकारी सुजॉय लाल थाओसेन को सशस्त्र सीमा बल (SSB) के नए महानिदेशक (DG) के रूप में कार्यभार संभाला, जो नेपाल और भूटान के साथ भारतीय सीमाओं की रक्षा करता है। मध्य प्रदेश कैडर के एक 1988-बैच भारतीय पुलिस सेवा (IPS) अधिकारी थाओसेन को आर के पुरम में बल के मुख्यालय में DG और ITBP प्रमुख संजय अरोड़ा को कार्यवाहक सौंपकर बैटन सौंपा गया था।

अत: विकल्प (A) सही है।

4. INS घड़ियाल, मिशन SAGAR IX के हिस्से के रूप में, 29 अप्रैल 2022 को कोलंबो पहुंचा और 107 प्रकार की महत्वपूर्ण जीवनरक्षक दवाओं के 760 किलोग्राम से अधिक का वितरण किया। इसका उद्देश्य चल रहे संकट के दौरान श्रीलंका को महत्वपूर्ण चिकित्सा सहायता प्रदान करना था। मई 2020 से, भारतीय नौसेना ने 18 मित्र देशों में दस जहाजों को तैनात करते हुए, ऐसे आठ मिशन सफलतापूर्वक संपन्न किए हैं।

अत: विकल्प (D) सही है।

5. सदर्न पेट्रोकेमिकल्स इंडस्ट्रीज कॉरपोरेशन लिमिटेड (SPIC) ने मार्च 2022 में भारत के सबसे बड़े तैरते सौर ऊर्जा संयंत्र का उद्घाटन और पूरी तरह से संचालन किया।

तमिलनाडु के तूतिकोरिन में SPIC कारखाने के परिसर में स्थित, यह 48 एकड़ का तैरता हुआ सौर ऊर्जा संयंत्र 62 एकड़ में फैले एक बड़े जलाशय पर स्थापित किया गया है।

यह प्रति वर्ष 42 मिलियन यूनिट बिजली पैदा करने में सक्षम है।

अत: विकल्प (D) सही है।

6. बेंगलुरु में इंडिया ग्लोबल फोरम (IGF) 7 और 8 मार्च 2022 को आयोजित किया किया गया था। IGF अंतर्राष्ट्रीय व्यापार और वैश्विक नेताओं के लिए एजेंडा-सेटिंग फोरम है।

इसमें कौशल विकास एवं उद्यमिता राज्य मंत्री श्री. राजीव चंद्रशेखर भाग लेंगे। यह बेंगलुरु में IGF का पहला संस्करण है। पिछले संस्करणों की मेजबानी दुबई और UK में की गई थी।

अतः विकल्प (A) सही है।

7. गौतमीपुत्र यज्ञ शातकर्णी, सातवाहन साम्राज्य के शासक थे, जिनके लिए 'एक ब्राह्मण' उपाधि का इस्तेमाल किया था।

- नासिक प्रशस्ति शिलालेख उन्हें 'एक ब्राह्मण' के रूप में दर्शाता है।
- 'एक ब्राह्मण' की उपाधि विशिष्ट ब्राह्मण को संदर्भित करती है।
- गौतमीपुत्र शातकर्णी भारत के वर्तमान दक्कन क्षेत्र में सातवाहन साम्राज्य का शासक था।

अत: विकल्प (D) सही है।

8. इब्न बतूता मोरक्को था और रेहला नामक पुस्तक लिखी थी।

इब्न बतूता (1333 ई.-1347 ई.):

- एक मोरक्को यात्री, वह मुहम्मद-बिन-तुगलक के शासनकाल के दौरान भारत आया था।
- इब्न बतूता 1334 ई. में दिल्ली आया और आठ वर्षों तक राजधानी के काजी के रूप में कार्य किया।
- उनकी पुस्तक रेहला 'मुहम्मद-बिन-तुगलक के शासनकाल और भारत में भौगोलिक, आर्थिक और सामाजिक स्थितियों पर प्रकाश डालती है।

अत: विकल्प (B) सही है।

9. 'ईस्ट इंडिया कंपनी' का गठन 1600 में हुआ था।

- गवर्नर और लन्दन के व्यापारियों की कंपनी ईस्ट इंडीज में व्यापार करती है, जिसे अंग्रेजी ईस्ट इंडिया कंपनी के नाम से जाना जाता है, इसका गठन 1600 ईस्वी में हुआ था।
- 1609 ई. में कप्तान विलियम हॉकिन्स सूरत में कारखाना खोलने की अनुमति लेने के लिए जहाँगीर के दरबार में पहुँचे।
- जहांगीर द्वारा एक फरमान जारी किया गया था, जिसमें सूरत में एक कारखाना बनाने के लिए अंग्रेजी की अनुमति दी गई थी।
- 1613 में, सूरत में ईस्ट इंडिया कंपनी का एक स्थायी कारखाना स्थापित किया गया था।
- 1616 में, कंपनी ने दक्षिण में मसूलीपट्टनम में अपना पहला कारखाना स्थापित किया।

अत: विकल्प (C) सही है।

10. भारत के संविधान को संविधान सभा द्वारा 26 नवंबर,1949 को अपनाया गया था।

- भारत एक संसदीय संरचना द्वारा शासित है और एक संप्रभु समाजवादी धर्मनिरपेक्ष लोकतांत्रिक गणराज्य है।
- भारत का संविधान, जो 26 नवंबर, 1949 को संविधान सभा द्वारा अपनाया गया था और 26 जनवरी, 1950 को लागू हुआ, गणतंत्र को नियंत्रित करता है।
- संविधान संघीय ढांचे और कुछ एकात्मक विशेषताओं के साथ सरकार की संसदीय प्रणाली स्थापित करता है। राष्ट्रपति संघ की कार्यकारी शाखा का संवैधानिक प्रमुख होता है।

अत: विकल्प (B) सही है।

11. हाइड्रोकार्बन अन्वेषण और लाइसेंसिंग नीति (सहायता) के चार मुख्य पहलू हैं:

- एक खुली एकड़ नीति - यह कंपनियों को निर्दिष्ट क्षेत्र से ब्लॉक चुनने में सक्षम करेगी। इसलिए, कथन 2 सही है।
- राजस्व साझाकरण मॉडल को आसान बनाना - पहले के अनुबंध लाभ के बंटवारे की अवधारणा पर आधारित थे जहां लागत की वसूली के बाद सरकार और ठेकेदार के बीच लाभ साझा किया

जाता है। लाभ के बंटवारे की कार्यप्रणाली के तहत, सरकार के लिए निजी प्रतिभागियों के लागत विवरणों की जांच करना आवश्यक हो गया और इसके कारण कई देरी और विवाद हुए। नए शासन के तहत, सरकार लागत के साथ चिंतित नहीं होगी और तेल, गैस, आदि की बिक्री से सकल राजस्व का एक हिस्सा प्राप्त करेगी। यह सरकार की "ईज ऑफ डूइंग बिजनेस" की नीति के अनुरूप है। इसलिए, कथन 3 सही है।

- कच्चे तेल और उत्पादित प्राकृतिक गैस के लिए विपणन और मूल्य निर्धारण की स्वतंत्रता। इसलिए, कथन 4 सही है।

- हाइड्रोकार्बन के सभी रूपों की खोज और उत्पादन के लिए एकसमान लाइसेंस - यह ठेकेदार को पारंपरिक और साथ ही गैर-पारंपरिक तेल और गैस संसाधनों का पता लगाने में सक्षम बनाएगा, जिसमें कोल बेड मिथेन, शेल गैस / तेल, तंग गैस और गैस हाइड्रेट्स शामिल हैं। इसलिए, कथन 1 गलत है।

अत: विकल्प (B) सही है।

12. एक गुरुत्वाकर्षण प्रणाली में, तीन या अधिक खगोलीय पिंडों की एक सीधी रेखा विन्यास को सजीव स्थिति कहा जाता है।

- सौर और चंद्र ग्रहणों का तालमेल स्थिति में होता है। इसलिए कथन 3 सही है।

- इस शब्द का उपयोग सूर्य, पृथ्वी, चंद्रमा या किसी अन्य ग्रह को संदर्भित करने के लिए किया जाता है।

- चंद्रमा के चार प्रमुख चरण हैं, जैसे अमावस्या, पहली तिमाही, पूर्णिमा और तीसरी तिमाही।

- सूर्य ग्रहण तब होता है जब चंद्रमा पृथ्वी और सूर्य के बीच एक सीधी रेखा में गुजरता है।

- चंद्र ग्रहण तब होता है जब पृथ्वी की छाया सूर्य की अधिकांश रोशनी को सीधे चंद्रमा की सतह पर छोड़ने से रोकती है।

- पृथ्वी जाति दो शंकु के आकार की छाया:

- उम्ब्रा अंधेरे और भीतरी छाया है

- पेनुम्ब्रा बाहरी और विसरित छाया है।

- पूर्ण चंद्र चरण होने पर ही चंद्रग्रहण होता है।

- इसलिए कथन 1 सही नहीं है।

- चंद्रमा की छाया पृथ्वी की सतह पर गिरती है और सूर्य के प्रकाश को अवरुद्ध करती है।

- चंद्रमा पृथ्वी-सूर्य स्थान के सापेक्ष लगभग 5 डिग्री के कोण पर पृथ्वी की परिक्रमा करता है और वर्ष में दो बार पृथ्वी की कक्षीय तल को पार करता है।

- यह वह समय है जब एक ग्रहण हो सकता है।

- सूर्य ग्रहण के लिए, चंद्रमा एक नए चंद्रमा चरण में होना चाहिए।

- इसलिए कथन 2 सही नहीं है।

अत: विकल्प (C) सही है।

13. हमारे सौरमंडल में शुक्र ग्रह पृथ्वी जितना बड़ा है।

- शुक्र और पृथ्वी लगभग समान आकार के होते हैं, उनका द्रव्यमान लगभग समान है (उनका वजन लगभग समान है), और उनकी रचना बहुत समान है (एक ही सामग्री से बने हैं)।

- शुक्र को पृथ्वी का जुड़वा माना जाता है क्योंकि इसका माप और आकार बहुत हद तक पृथ्वी के समान है।

- शुक्र सूर्य से दूसरा ग्रह है और सौरमंडल का सबसे चमकीला ग्रह है।

- इसके समान द्रव्यमान और आकार के कारण इसे कभी-कभी पृथ्वी का बहन ग्रह कहा जाता है।

- ग्रह का नाम प्रेम और सौंदर्य की रोमन देवी के नाम पर रखा गया है।

- शुक्र सबसे चमकीला ग्रह है और बिना सहायता वाली आंखों से आसानी से देखा जा सकता है।

- सबसे पहले बेबीलोन के खगोलीय दस्तावेजों में से एक शुक्र के बारे में बताता है।

अत: विकल्प (C) सही है।

14. पंचशील समझौते की घोषणा जवाहरलाल नेहरु द्वारा की गई।

पंचशील, या शांतिपूर्ण सह-अस्तित्व के पांच सिद्धांत, पहली बार 29 अप्रैल, 1954 को भारत और चीन के तिब्बत क्षेत्र के बीच औपचारिक रूप से हस्ताक्षर किए गए थे।

तत्कालीन प्रधानमंत्री जवाहरलाल नेहरू और चीन के पहले प्रधानमंत्री चाउ एन-लाई के बीच समझौते पर हस्ताक्षर किए गए थे।

पंचशील शब्द ऐतिहासिक बौद्ध शिलालेखों से लिया गया है, जो पाँच निषेध हैं जो बौद्ध भिक्षुओं के व्यवहार को निर्धारित करते हैं।

शांतिपूर्ण सह-अस्तित्व या पंचशील के पाँच सिद्धांत हैं:

- शांतिपूर्ण सह - अस्तित्व।

- एक दूसरे की क्षेत्रीय अखंडता और संप्रभुता के लिए

- पारस्परिक सम्मान।

- पारस्परिक गैर-हस्तक्षेप।

- पारस्परिक गैर-आक्रामकता।

- समानता और आपसी लाभ।

अत: विकल्प (D) सही है।

15. भारत की तटीय रेखा की अनुमानित लंबाई 7500 किमी है।

- द्वीपों के दो समूहों सहित समुद्र तट की कुल लंबाई, अंडमान और निकोबार और लक्षद्वीप है, 7,516.6 किमी है।

- भारत में 12 राज्यों और केंद्र शासित प्रदेशों (यूटी) को छूने वाली 7,516.6 किलोमीटर (मुख्य भूमि समुद्र तट की 6100 किलोमीटर + 1197 भारतीय द्वीपों की तटरेखा) की तटरेखा है।

- तटीय राज्यों गुजरात, महाराष्ट्र, गोवा, कर्नाटक, केरल, तमिलनाडु, आंध्र प्रदेश, ओडिशा, पश्चिम बंगाल।

- तटीय केंद्र शासित प्रदेशों पुदुचेरी, लक्षद्वीप और अंडमान और निकोबार द्वीप समूह हैं।

- भारत के तटों में पश्चिमी तट, पूर्वी तट और लक्षद्वीप के तट और अंडमान और निकोबार द्वीप समूह शामिल हैं।

अत: विकल्प (D) सही है।

16. CDMA (सीडीएमए) का पूर्ण रूप कोड डिवीजन मल्टीपल एक्सेस है।

- कोड-डिवीजन मल्टीपल एक्सेस (सीडीएमए) एक चैनल एक्सेस विधि है जिसका उपयोग विभिन्न रेडियो संचार प्रौद्योगिकियों द्वारा किया जाता है।

- सीडीएमए मल्टीपल एक्सेस (बहु अभिगम) का एक उदाहरण है, जहां अनेक ट्रांसमीटर एक ही संचार चैनल पर एक साथ जानकारी भेज सकते हैं।

- यह अनेक उपयोगकर्ताओं को आवृत्तियों के एक बैंड को साझा करने की अनुमति देता है।

- उपयोगकर्ताओं के बीच अनुचित हस्तक्षेप के बिना इसे अनुमति देने के लिए, सीडीएमए स्प्रेड-स्पेक्ट्रम तकनीक और एक विशेष कोडिंग योजना (जहां प्रत्येक ट्रांसमीटर को एक कोड दिया जाता है) को नियुक्त करता है।

- सीडीएमए का उपयोग अनेक मोबाइल फोन मानकों में एक्सेस विधि के रूप में किया जाता है।

- IS-95, जिसे "cdmaOne" भी कहा जाता है, और इसके 3G विकास CDMA2000, को प्रायः "CDMA" कहा जाता है, लेकिन UMTS, GSM वाहक द्वारा उपयोग किए जाने वाले 3G मानक,"wideband CDMA", या W-CDMA, और साथ ही TD-CDMA और TD-SCDMA का उपयोग अपने रेडियो प्रौद्योगिकियों के रूप में भी किया जाता है।

अतः विकल्प (B) सही है।

17. स्कैनर एक पॉइंटिंग इनपुट डिवाइस नहीं है।

- स्कैनर एक उपकरण है जो आमतौर पर कंप्यूटर से जुड़ा होता है।

- इसका मुख्य कार्य डॉक्यूमेंट के तस्वीर को स्कैन करना या उसकी छवि लेना है, यह जानकारी को डिजिटल बनाता है और कंप्यूटर स्क्रीन पर प्रस्तुत करना है।

अतः विकल्प (D) सही है।

18. ब्लॉग एक ऑनलाइन पत्रिका के रूप में एक व्यक्तिगत या निगमित वेबसाइट है।

- एक ब्लॉग एक ऑनलाइन पत्रिका या सूचनात्मक वेबसाइट है जो रिवर्स कालानुक्रमिक क्रम में जानकारी प्रदर्शित करती है, जिसमें नवीनतम पोस्ट सबसे पहले सबसे ऊपर दिखाई देती हैं।

- यह एक ऐसा मंच है जहां लेखक या लेखकों का समूह किसी एक विषय पर अपने विचार साझा करता है।

- यह एक ऑनलाइन पत्रिका या एक ऑनलाइन डायरी है जिसे अपडेट किया जा सकता है।

- किस प्रकार के विचारों या अवधारणाओं को प्रकाशित किया जाता है, इस पर निर्भर करते हुए, ये ब्लॉग एक दूसरे से भिन्न होते हैं।

- यह प्रविष्टियों के रूप में अक्सर अनौपचारिक लेखन का एक अनौपचारिक प्रकाशन है जिसे अक्सर पोस्ट कहा जाता है।

- ब्लॉगर वे लोग होते हैं जो ब्लॉग पोस्ट या लिखते हैं।

- व्यक्तिगत, पेशेवर, आला, रिवर्स ब्लॉग आदि जैसे विभिन्न प्रकार के ब्लॉग हैं।

- व्यक्तिगत उपयोग के लिए ब्लॉग शुरू करने के कई कारण हैं और व्यापार ब्लॉगिंग के लिए केवल कुछ ही मजबूत कारण हैं।

- ब्लॉग आमतौर पर एक व्यक्ति या लोगों के एक छोटे समूह द्वारा संवादात्मक शैली में जानकारी प्रस्तुत करने के लिए चलाए जाते हैं।

अतः विकल्प (C) सही है।

19. डिवाइस ड्राइवर एक सिस्टम सॉफ्टवेयर है।

- यह एक कंप्यूटर प्रोग्राम है।

- यह एक विशेष प्रकार के उपकरण को संचालित और नियंत्रित करता है जो कंप्यूटर से जुड़ा होता है।

- यह एक सॉफ्टवेयर इंटरफेस है, जो कंप्यूटर हार्डवेयर से जुड़ता है।

- ये हार्डवेयर-निर्भर और ऑपरेटिंग सिस्टम-विशिष्ट हैं।

अतः विकल्प (A) सही है।

20. नेटवर्क सुरक्षा समस्याओं को लगभग चार निकटतम रूप से जुड़े क्षेत्रों में विभाजित किया जा सकता है: प्रच्छन्नता, प्रमाणीकरण, गैर-प्रत्याख्यान और अविकलता नियंत्रण।

- प्रच्छन्नता, जिसे गोपनीयता भी कहा जाता है, यह जानकारी को अनधिकृत उपयोगकर्ताओं की पहुंच से दूर रखने के लिए कार्य करता है।

- संवेदनशील जानकारी को प्रत्यक्ष करने से पहले उपयोगकर्ता किसके साथ बात कर रहा है, यह निर्धारित करने के कार्य के साथ प्रमाणीकरण संबंधित है।

- गैर-प्रत्याख्यान डिजिटल हस्ताक्षर के साथ संबंधित है जो यह आश्वासन देता है कि कोई व्यक्ति किसी चीज की वैधता को अस्वीकार नहीं कर सकता है।

- अविकलता नियंत्रण को डेटा की अविकलता का प्रबंधन करने के लिए डिज़ाइन किया गया है; डेटा अविकलता एक डेटाबेस, डेटा वेयरहाउस, डेटा मार्ट, आदि में संग्रहीत डेटा की सटीकता और स्थिरता को संदर्भित करता है।

अतः विकल्प (D) सही है।

21. MS एप्लिकेशन अनुप्रयोग सॉफ्टवेयर के उदाहरण हैं।

- माइक्रोसॉफ्ट एप्लिकेशन एप्लीकेशन सॉफ्टवेयर का उदाहरण है।

- एप्लिकेशन सॉफ्टवेयर एक ऐसा सॉफ्टवेयर है जो एंड-यूजर के लिए विशिष्ट कार्य करता है।

- एप्लिकेशन सॉफ्टवेयर एक प्रकार का कंप्यूटर प्रोग्राम है जो एक विशिष्ट व्यक्तिगत, शैक्षिक और व्यावसायिक कार्य करता है।

- एप्लिकेशन सॉफ्टवेयर के उदाहरण हैं - माइक्रोसॉफ्ट वर्ड, एक्सेल, फायरफॉक्स या गूगल क्रोम।

अतः विकल्प (D) सही है।

22. एलसीडी, स्कैनर और प्रिंटर हार्डवेयर डिवाइस हैं।

कंप्यूटर हार्डवेयर में कंप्यूटर के भौतिक भाग, जैसे कि केस, सेंट्रल प्रोसेसिंग यूनिट (सीपीयू), मॉनीटर, माउस, कीबोर्ड, कंप्यूटर डेटा स्टोरेज, ग्राफिक्स कार्ड, साउंड कार्ड, स्पीकर और मदरबोर्ड शामिल हैं।

अतः विकल्प (A) सही है।

23. प्रभात जी सुथार काष्ट कला के प्रसिद्ध कलाकार हैं।

- राजस्थान का बस्सी (चित्तौड़गढ़) शहर काष्ट कला के लिए प्रसिद्ध है।

- प्रभात जी सुथार को इस कला के जनक के रूप में जाना जाता है।

- प्रभात जी ने 350 साल पहले लकड़ी की गणगौर बनायी थी।

- इस कला के प्रयोग से बेवन, कावड़, लकड़ी के खिलौने भी बनाए जाते हैं।

अतः विकल्प (D) सही है।

24. भारत के दिव्यांश सिंह पंवार और इलावेनिल वलारिवन ने 10 मीटर एयर राइफल मिक्स्ड टीम में 22 मार्च 2021 को स्वर्ण पदक जीता।

- विश्व कप, अंतर्राष्ट्रीय शूटिंग स्पोर्ट फेडरेशन (ISSF), दिल्ली में आयोजित किया जा रहा है।

- भारतीय जोड़ी ने शूटिंग का शानदार प्रदर्शन करते हुए इस्तवान पेनी और एज़्टर डेन्स की हंगेरियन टीम को 16-10 से हराकर शीर्ष पुरस्कार जीता।

अतः विकल्प (D) सही है।

25. मध्य इज़राइल में एक सीमेंट संयंत्र द्वारा उपयोग की जाने वाली साइट पर खुदाई में मिली जीवाश्म हड्डी के टुकड़ों का अध्ययन करने के बाद, वैज्ञानिकों ने इज़राइल में एक नए प्रकार के प्रारंभिक मानव की खोज की है।

- तेल अवीव विश्वविद्यालय और जेरूसलम के हिब्रू विश्वविद्यालय के शोधकर्ताओं ने 130,000 साल पुराने दांतों के साथ खोपड़ी और निचले जबड़े के टुकड़े प्राप्त किए।

- खोजे गए जीवाश्म का नाम नेशर रामला होमो रखा गया है।

अतः विकल्प (B) सही है।

26. युद्धकाल में सर्वोच्च वीरता पुरस्कार परम वीर चक्र है।

- परम वीर चक्र भारत की सभी सैन्य शाखाओं के अधिकारियों और अन्य सूचीबद्ध कर्मियों के लिए सर्वोच्च वीरता पुरस्कार है, जो दुश्मन की उपस्थिति में सर्वोच्च स्तर की वीरता के लिए है।
- 26 जनवरी 1950 को पेश किया गया यह पुरस्कार मरणोपरांत दिया जा सकता है। सचमुच, परम वीर चक्र का अर्थ 'परम बहादुर का पहिया' है।
- संस्कृत में, 'परम' का अर्थ सर्वश्रेष्ठ, 'वीर' का अर्थ बहादुर और 'चक्र' का अर्थ पहिया है।

अत: विकल्प (B) सही है।

27. अमेरिकी ड्रामा फिल्म "नोमैडलैंड" ने 2021 में ऑस्कर पुरस्कार जीता।

क्लो झाओ जिन्होंने "नोमैडलैंड" का निर्देशन किया, ने सर्वश्रेष्ठ निर्देशक का पुरस्कार जीता, जिससे वह पुरस्कार प्राप्त करने वाली पहली और एकमात्र महिला बन गईं।

अत: विकल्प (D) सही है।

28. "द स्टोरी ऑफ़ माय एक्सपेरिमेंट्स विद ट्रुथ" के लेखक महात्मा गांधी हैं।

- महात्मा गांधी एक समाज सुधारक और भारतीय स्वतंत्रता आंदोलन के नेता थे जिन्होंने सत्याग्रह नामक अहिंसक प्रतिरोध का विचार पेश किया।
- द स्टोरी ऑफ़ माय एक्सपेरिमेंट्स विद ट्रुथ महात्मा गांधी की आत्मकथा है, जो 1921 के शुरुआती दिनों से उनके जीवन को कवर करती है।
- यह साप्ताहिक किश्तों में लिखा गया था और उनकी पत्रिका नवजीवन में 1925 से 1929 तक प्रकाशित हुआ था।
- इसका अंग्रेजी अनुवाद उनकी अन्य पत्रिका यंग इंडिया में भी किश्तों में दिखाई दिया।
- यह स्वामी आनंद और गांधी के अन्य करीबी सहकर्मियों के आग्रह पर शुरू किया गया था, जिन्होंने उन्हें अपने सार्वजनिक अभियानों की पृष्ठभूमि को समझाने के लिए प्रोत्साहित किया था।
- 1998 में, इस पुस्तक को वैश्विक आध्यात्मिक और धार्मिक अधिकारियों की एक समिति द्वारा "20 वीं शताब्दी के 100 सर्वश्रेष्ठ आध्यात्मिक पुस्तकों" में से एक के रूप में नामित किया गया था।

अत: विकल्प (B) सही है।

29. "ए ब्रीफ़ हिस्ट्री ऑफ़ टाइम: फ्रॉम द बिग बैंग टू ब्लैक होल्स:" नामक पुस्तक स्टीफन हॉकिंग द्वारा लिखी गई थी।

- स्टीफन डब्ल्यू हॉकिंग द्वारा लिखित ए ब्रीफ हिस्ट्री ऑफ टाइम 1988 में प्रकाशित हुई थी।
- पुस्तक 'ब्रह्मांड की उत्पत्ति और प्रकृति' के बारे में है।

स्टीफ़न डब्ल्यू हॉकिंग की अन्य पुस्तकें:

- ब्रीफ आंसर्स टू द बिग क्वेश्चन
- द ग्रैंड डिजाईन
- द थ्योरी ऑफ़ एवरीथिंग
- द यूनिवर्स इन ए नटशेल
- ऑन द शोल्डर्स ऑफ़ जाइंट्स

अत: विकल्प (C) सही है।

30. DRDO का मुख्यालय नई दिल्ली में है।

- DRDO रक्षा मंत्रालय का एक सैन्य अनुसंधान और विकास विंग है, जिसका मुख्यालय नई दिल्ली, भारत में है।

- इसकी स्थापना 1958 में हुई थी।
- इसका मिशन अत्याधुनिक रक्षा प्रौद्योगिकियों के साथ भारत को सशक्त बनाना और महत्वपूर्ण रक्षा प्रौद्योगिकियों और प्रणालियों में आत्मनिर्भरता प्राप्त करना है।
- DRDO ने DIPCOVAN नामक एंटीबॉडी डिटेक्शन-आधारित किट विकसित की है।
- वर्तमान अध्यक्ष: डॉ. जी. सतीश रेड्डी

अत: विकल्प (A) सही है।

31. हीमोग्लोबिन में आयरन केवल फेरिक आयन के रूप में मौजूद होता है।

मेथेमोग्लोबिन ऑक्सीजन ले जाने वाले मेटालोप्रोटीन हीमोग्लोबिन का एक रूप है, जिसमें हीम समूह में लोहा Fe^{3+} (फेरिक) अवस्था में होता है, न कि सामान्य हीमोग्लोबिन का Fe^{2+} (फेरस)। ऑक्सीहीमोग्लोबिन के विपरीत, मेथेमोग्लोबिन ऑक्सीजन को बांध नहीं सकता है।

अत: विकल्प (B) सही है।

32. जे. जे. थॉमसन को व्यापक रूप से इलेक्ट्रॉन के खोजकर्ता का श्रेय दिया जाता है।

- थॉमसन कैम्ब्रिज विश्वविद्यालय में प्रायोगिक भौतिकी के कैवेंडिश प्रोफेसर थे और 1884 से 1919 तक इसकी कैवेंडिश प्रयोगशाला के निदेशक थे।
- जोसेफ जॉन थॉमसन को इलेक्ट्रॉनों की खोज के लिए नोबेल पुरस्कार मिला।
- 1897 में, थॉमसन ने दिखाया कि कैथोड किरणें पहले अज्ञात ऋणात्मक रूप से आवेशित कणों (जिसे अब इलेक्ट्रॉन कहा जाता है) से बनी थीं, जिसकी गणना उन्होंने परमाणुओं की तुलना में बहुत छोटे और बहुत बड़े आवेश-और-द्रव्यमान अनुपात में की थी।

अत: विकल्प (B) सही है।

33. नीचे दी गई सारणी एक वंश वृक्ष को बनाने के लिए उपयोग किए गए प्रतीकों को दर्शाती है,

चित्र में प्रतीक	अर्थ
◯	महिला
▢	पुरुष
—	शादीशुदा जोड़ा
⊓	भाई-बहन
।	एक पीढ़ी का प्रसार

हम ऊपर दी गई जानकारी से निम्नलिखित वंश वृक्ष बना सकते हैं:

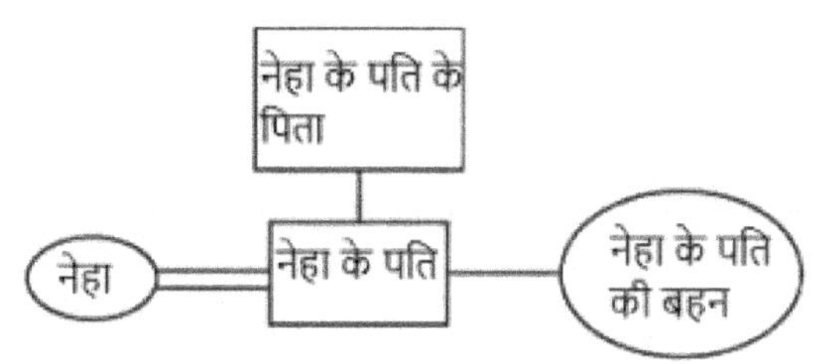

इसलिए, वह व्यक्ति नेहा की सिस्टर-इन-लॉ है।

इसलिए, सही उत्तर सिस्टर-इन-लॉ है।

अत: विकल्प (C) सही है।

34. दी गई जानकारी के अनुसार,

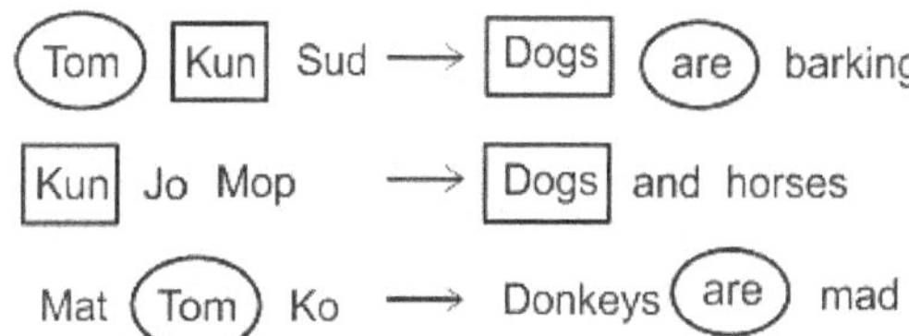

Dogs के लिए कूट - Kun

are के लिए कूट - Tom

इस कूट भाषा में 'Sud' का अर्थ barking है।

इसलिए "Sud" सही उत्तर है।

अत: विकल्प (D) सही है।

35. हम जानते हैं:

चाल = दूरी / समय

कथन III से,

हमें दुरंतो एक्सप्रेस की गति मिलती है:

$$\Rightarrow \frac{300}{10} = 30 \text{ मीटर/सेकंड} = 108 \text{ किमी/घंटा}$$

कथन II से,

हमें दिल्ली और लखनऊ के बीच की दूरी और प्रारम्भिक समय अर्थात 7 : 15 A.M. भी मिलता है।

$$\Rightarrow \text{गंतव्य तक पहुंचने का समय} = \frac{560}{108} = 5.18 \text{ घंटा}$$

तो, कथन II और III प्रश्न का उत्तर देने के लिए पर्याप्त हैं। इसलिए, कथन I निरर्थक है और इसे हटाया जा सकता है।

अत: विकल्प (C) सही है।

36. दिया गया है:

9 जुलाई को सोमवार था।

9 और 26 जुलाई के बीच कुल दिनों की संख्या 17 दिन अर्थात 2 सप्ताह + 3 विषम दिन है।

इसलिए,

2 सप्ताह के बाद, सोमवार ⇒ 9वां + 14 दिन = 23 को होगा।

23 (सोमवार) + 3 विषम दिन = 26 (बृहस्पतिवार)

इसलिए, 26 जुलाई को बृहस्पतिवार होगा।

इसलिए, सही उत्तर "बृहस्पतिवार" है।

अत: विकल्प (C) सही है।

37.

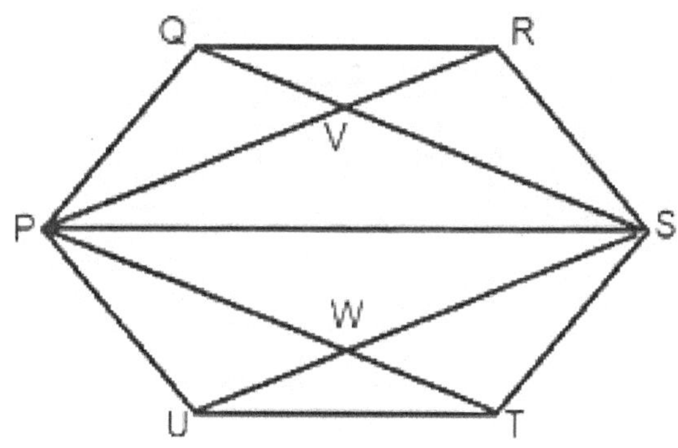

यहाँ 11 चतुर्भुज हैं जिनके नाम इस प्रकार हैं,

PQRS, PQST, PQSU, PQSW,

RSWP, RSTP, RSUP,

STPV, STUP, UPVS and PVSW.

अत: विकल्प (D) सही है।

38. यहाँ अनुसरण किया गया तर्क इस प्रकार है:-

पी. वी. सिन्धु एक बैडमिंटन खिलाड़ी हैं।

जबकि,

रोजर फ़ेडरर एक टेनिस खिलाड़ी हैं।

नोवाक जोकोविच एक टेनिस खिलाड़ी हैं।

नाओमी ओसाका एक टेनिस खिलाड़ी हैं।

इस प्रकार, सही उत्तर 'पी. वी. सिन्धु है।

अत: विकल्प (D) सही है।

39. दी गई उत्तर आकृतियों में से, आकृति (C) में प्रश्न आकृति छिपी/निहित है।

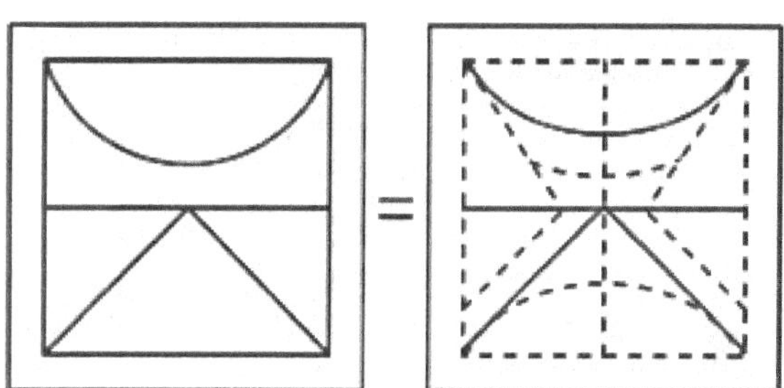

अत: विकल्प (C) सही है।

40. दूसरी आकृति तब निर्मित होती है जब पहली आकृति को 270° के कोण पर घुमाया जाता है। इसलिए, आकृति तीन को उसी कोण पर घुमाने पर हमें विकल्प (A) की आकृति उत्तर के रूप में प्राप्त होगी।

अत: विकल्प (A) सही है।

Q.1 अगस्त 2017 में फिल्म प्रमाणन बोर्ड का नया अध्यक्ष किसे नियुक्त किया गया?

[Super TET Paper - I, 2018]

A. अनुपम खेर
B. शेखर कपूर
C. जावेद अख्तर
D. प्रसून जोशी

Q.2 बिहार के मधुबनी जिले से किस देश के रेलवे लिंक के बीच पहली ट्रेन का सफल परीक्षण किया गया?

A. नेपाल
B. भोपाल
C. बिहार
D. इलाहाबाद

Q.3 अभिजीत सेन, जिनका 29 अगस्त, 2022 को निधन हो गया, किस क्षेत्र से सम्बंधित थे?

A. भूगोल
B. मनोविज्ञान
C. जीव विज्ञान
D. अर्थशास्त्र

Q.4 किस संस्थान ने 'महिलाएं और लड़कियां पीछे छूट गईं: महामारी प्रतिक्रियाओं में स्पष्ट अंतराल' रिपोर्ट जारी की?

[Delhi Forest Guard, 2021]

A. विश्व आर्थिक मंच
B. विश्व बैंक
C. यूएन वुमैन
D. नीति आयोग

Q.5 चैंपियंस लीग 2022 के लिए सेंट पीटर्सबर्ग के प्रतिस्थापन के रूप में यूनियन ऑफ यूरोपियन फुटबॉल एसोसिएशन (यूईएफए) द्वारा किस शहर को चुना गया है?

[Delhi Forest Guard, 2021]

A. पेरिस
B. ब्रसेल्स
C. लंदन
D. म्यूनिख

Q.6 चालुक्य शासक पुलकेसिन ने हर्षवर्धन पर वर्ष ______ में विजय प्राप्त की थी।

A. 612 ईसवी
B. 618 ईसवी
C. 622 ईसवी
D. 634 ईसवी

Q.7 किस शासक ने 'दीन-ए-इलाही' का प्रचार किया था?

A. बाबर
B. अकबर
C. औरंगजेब
D. शाहजहाँ

Q.8 ऐतिहासिक लखनऊ समझौते पर हस्ताक्षर किस वर्ष में किए गए थे?

A. 1910
B. 1916
C. 1920
D. 1919

Q.9 भारतीय संविधान का कौन सा अनुच्छेद भारत के राष्ट्रपति को वित्तीय आपातकाल की घोषणा करने का अधिकार देता है?

A. अनुच्छेद 358
B. अनुच्छेद 359
C. अनुच्छेद 360
D. अनुच्छेद 363

Q.10 कृषि वानिकी के संबंध में निम्नलिखित कथनों पर विचार कीजिये:

1. कृषि वानिकी को भूमि-उपयोग प्रणाली के रूप में परिभाषित किया जाता है, जिसमें वृक्ष और झाड़ियाँ फसलों की तरह उस भूमि में लगाई जाती हैं, जहाँ नियमित फसल संभव नहीं है।

2. भारत में कृषि वानिकी के लिए एक राष्ट्रीय नीति है।

ऊपर दिए गए कथनों में से कौन सा/से सही है/हैं?

A. केवल 1
B. केवल 2
C. दोनों 1 और 2
D. न तो 1 और न ही 2

Q.11 निम्नलिखित कथनों पर विचार कीजिए:

1. भूमि की तुलना में, समुद्र धीरे-धीरे गर्म होता है और जल्दी से उष्मा खो देता है।

2. समुद्रों के ऊपर की हवा सर्दियों में भूभाग की तुलना में अधिक तापमान प्राप्त करती है।

3. घने जंगलों वाले क्षेत्रों में तापमान भिन्नता रेगिस्तानी इलाकों की तुलना में अधिक है।

ऊपर दिए गए कथनों में से कौन सा सही नहीं है/हैं?

A. केवल 1
B. केवल 2
C. केवल 1 और 2
D. केवल 1 और 3

Q.12 आल्प्स ______ में स्थित हैं।

A. यूरोप
B. ब्राजील
C. यूएसए
D. रूस

Q.13 द्वितीय विश्व युद्ध कब शुरू हुआ?

A. 28 जून 1914
B. 11 नवंबर 1918
C. 1 सितंबर 1939
D. 1 जून 1941

Q.14 अव्यवस्थित अक्षरों को सार्थक शब्द बनाने के लिए पुनर्व्यवस्थित कीजिए और फिर भिन्न शब्द का चयन कीजिए।

A. STLIARAAU
B. IAIND
C. AFACIR
D. CAATIARCNT

Q.15 ______ को छोड़कर सभी कंप्यूटर ऑपरेटिंग सिस्टम हैं।

A. माइक्रोसॉफ्ट ऑफिस
B. लिनक्स
C. विंडोज 10
D. आईओएस

Q.16 टीसीपी / आईपी आवश्यक है यदि किसी से जोड़ना है:

A. फोन लाइनों
B. लैन
C. इंटरनेट
D. एक सर्वर

Q.17 एन्क्रिप्शन का उपयोग मुख्य रूप से किसके साथ किया जाता है?

A. ट्रांसेक्शन प्रविष्टि
B. कंप्यूटर प्रोसेसिंग
C. फ़ाइल अवधारणा
D. डेटा संचार

Q.18 MS-एक्सेल में हाइपरलिंक सम्मिलित करने के लिए निम्नलिखित में से किस शॉर्टकट कुंजी का उपयोग किया जाता है? '

A. Ctrl+ K
B. Ctrl+ V
C. Alt+ V
D. Alt+ K

Q.19 श्री देवी लाल समर निम्नलिखित में से किस हस्तशिल्प से संबंधित हैं?

A. मूर्तिकला कला
B. कठपुतली कला
C. नीली मिट्टी के बर्तन
D. पेंचवर्क

Q.20 संस्कृत साहित्य की शुरुआत किस वेद से हुई है?

A. यजुर्वेद
B. अथर्ववेद
C. सामवेद
D. ऋग्वेद

Q.21 निम्नलिखित में से कौन सा देश 2023 महिला टी-20 क्रिकेट विश्व कप की मेजबानी करेगा?

A. भारत
B. बांग्लादेश
C. ऑस्ट्रेलिया
D. दक्षिण अफ्रीका

Q.22 'ई-दृष्टि' सॉफ्टवेयर किसकी सुविधा के लिए शुरू किया गया है?

A. नीतियों के क्रियान्वयन की निगरानी करने में प्रधानमंत्री की मदद करना
B. रेल मंत्री को ट्रेनों के समयपालन पर नज़र रखने में मदद करना
C. कानून व्यवस्था की समस्या देखने में गृह मंत्री की मदद करना
D. रात्रि दृष्टि के लिए सीमा पर सैनिकों की मदद करना

Q.23 निम्नलिखित में से किस देश में सार्क का मुख्यालय स्थित है?

A. पाकिस्तान   **B.** बांग्लादेश   **C.** श्रीलंका   **D.** नेपाल

Q.24 2020 में क्षेत्र अर्थशास्त्र में नोबेल पुरस्कार किसने जीता?

A. रोजर पेनरोज़   **B.** हरगोबिंद खुराना
C. रॉबर्ट विल्सन   **D.** ज्ञानेंद्र बनर्जी

Q.25 द्रोणाचार्य पुरस्कार ________ के लिए एक सम्मान है।

A. सफल प्रशिक्षक   **B.** सफल रेफरी
C. मैन ऑफ द मैच   **D.** सफल बल्लेबाज

Q.26 'माइंड मास्टर: विनिंग लेसन्स फ्रॉम अ चैंपियन्स लाइफ' किसकी आत्मकथा है?

A. पेंटाला हरिकृष्णा   **B.** मैग्रस कार्लसन
C. विश्वनाथन आनंद   **D.** कोनेरू हम्पी

Q.27 "लेसन्स लाइफ टॉट मी अननोइंगली" किस अभिनेता की आत्मकथा है?

A. अनुपम खेर   **B.** बोनी कपूर
C. राकेश रोशन   **D.** ऋषि कपूर

Q.28 RBI का मुख्यालय कहाँ स्थित है?

A. मुंबई   **B.** नासिक   **C.** नई दिल्ली   **D.** पुणे

Q.29 'फ्रंटियर गांधी' के नाम से किसे जाना जाता है?

A. खान अब्दुल गफ्फार खान
B. मोहम्मद अली जिन्ना
C. अब्दुल कलाम आजाद
D. शौकत अली

Q.30 इनमें से कौन सी धमनी/शिरा ऑक्सीजन युक्त रक्त को बाएं आलिंद तक ले जाती है?

A. फुप्फुस-धमनी   **B.** फुप्फुस शिरा
C. महाधमनी   **D.** वृक्क धमनी

Q.31 'वर्ल्ड वाइड वेब' का आविष्कार किसने किया?

A. टिम बर्नर्स-ली
B. मार्टिन कूपर
C. आर. सैमुअल टॉमलिंसन
D. चार्ल्स बैबेज

Q.32 M, R के एकमात्र बच्चे की पत्नी है। O, X का पिता है। X, R का पोता है। O, का M से क्या संबंध है?

A. बेटा   **B.** पिता   **C.** पति   **D.** अंकल

Q.33 यदि CUBE को 11903 के रूप में कूट किया जाता है और LIGHT को 1075618 के रूप में कूट किया जाता है, तो ROCKET का कूट क्या होगा?

A. 162193118   **B.** 161219318
C. 161319318   **D.** 162112293

Q.34 निर्देश: नीचे दिए गए प्रत्येक प्रश्न में एक प्रश्न और तीन कथन I, II और III दिए गए हैं। आपको यह तय करना होगा कि कथन में दी गई जानकारी प्रश्न का उत्तर देने के लिए पर्याप्त हैं या नहीं। सभी कथन पढ़ें और उत्तर दें:

राहुल की वर्तमान आयु क्या है?

I. शादी के समय राहुल की उम्र 25 वर्ष थी।

II. शादी के समय राहुल और राहुल की पत्नी की औसत आयु 24 वर्ष थी।

III. राहुल और उनके बेटे की वर्तमान आयु में 24 वर्ष का अंतर है।

A. कथन I में दी गई जानकारी प्रश्न का उत्तर देने के लिए पर्याप्त है, जबकि कथन II और III में दी गई जानकारी प्रश्न का उत्तर देने के लिए पर्याप्त नहीं है।

B. केवल कथन II में दी गई जानकारी प्रश्न का उत्तर देने के लिए पर्याप्त है, जबकि कथन I और III में दी गई जानकारी प्रश्न का उत्तर देने के लिए पर्याप्त नहीं है।

C. कथन I या कथन II में या केवल कथन III में दी गई जानकारी प्रश्न का उत्तर देने के लिए पर्याप्त है।

D. I, II और III सभी कथनों में दी गई जानकारी प्रश्न का उत्तर देने के लिए पर्याप्त नहीं है।

Q.35 निर्देश: नीचे दिए गए प्रश्न में I और II से अंकित दो तर्कों के बाद एक कथन दिया गया है। आपको निम्नलिखित कथन और तर्क पर विचार करना होगा और यह तय करना होगा कि कौन-सा तर्क कथन में निहित है।

कथन I: वह सरकार सबसे अच्छी होती है जो कम समय के लिए शासन करती है।

तर्क I: वह सरकार जो अधिक समय के लिए शासन करती है, बुरी सरकार होती है।

तर्क II: वह सरकार जो अधिक समय के लिए शासन करती है, सबसे अच्छी सरकार नहीं होती है।

A. केवल तर्क I निहित है।
B. केवल तर्क II निहित है।
C. या तो I या II निहित है।
D. ना तो I और ना ही II निहित है।

Q.36 उस विकल्प का चयन कीजिए जो तीसरे पद से ठीक उसी प्रकार संबंधित है जिस प्रकार दूसरा पद पहले पद से संबंधित है।

हिंदू : भगवत गीता : : ईसाई : ?

A. कुरान   **B.** बाइबल   **C.** रामायण   **D.** अवेस्ता

Q.37 निम्नलिखित प्रश्न में, दिए गए विकल्पों में से विषम शब्द की जोड़ी चुनिए।

A. निष्कर्ष - प्रस्तावना   **B.** विदाई - अभिवादन
C. अलविदा - अभिनंदन   **D.** समापन - समाप्त करना

Q.38 निम्नलिखित व्यंजक को हल कीजिए:

140 × 2 + 100 ÷ 5 - 12

A. 288   **B.** 280   **C.** 272   **D.** 260

Q.39 नूतन ने बाजार से बाहर कदम रखा और पश्चिम दिशा की ओर 8 मीटर चली। वह फिर बाएं मुड़ी और 15 मीटर चलकर दुकान पहुँची। वह फिर बाएं मुड़ी और 67 मीटर चलकर गार्डन पहुँची। दुकान और बाजार के बीच न्यूनतम दूरी क्या है?

A. 23 मीटर   **B.** 17 मीटर   **C.** 25 मीटर   **D.** 18 मीटर

Q.40 दिए गए आरेख में, त्रिभुज उन लोगों के समूह को दर्शाता है जिनके पास कार है; वर्ग उन लोगों के समूह को दर्शाता है जिनके पास घर है; और वृत्त उन लोगों के समूह को दर्शाता है जिनके पास सोना है।

ऐसे कुल कितने लोग हैं जिनके पास कार और सोना है लेकिन घर नहीं है?

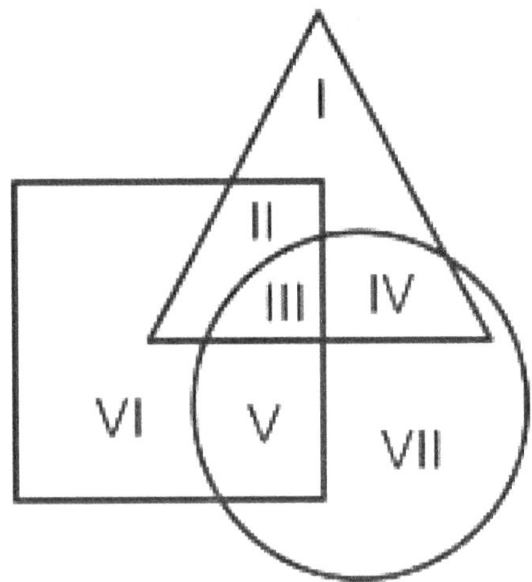

A. I + IV + VII

B. IV + III

C. IV

D. VII + IV

// स्मार्ट उत्तर पुस्तिका //

| सही उत्तर | उन छात्रों के प्रतिशत को इंगित करता है जिन्होंने प्रश्नों का सही उत्तर दिया था। |

| छोड़ दिया | उन छात्रों के प्रतिशत को इंगित करता है जिन्होंने प्रश्नों को छोड़ दिया था। |

प्रश्न संख्या	उत्तर	सही उत्तर / छोड़ दिया	प्रश्न संख्या	उत्तर	सही उत्तर / छोड़ दिया	प्रश्न संख्या	उत्तर	सही उत्तर / छोड़ दिया	प्रश्न संख्या	उत्तर	सही उत्तर / छोड़ दिया	प्रश्न संख्या	उत्तर	सही उत्तर / छोड़ दिया
1	D	69.14 % / 30.55 %	9	C	48.92 % / 43.95 %	17	D	79.42 % / 15.91 %	25	A	76.89 % / 22.57 %	33	C	46.64 % / 34.68 %
2	A	52.36 % / 46.51 %	10	B	46.84 % / 45.81 %	18	A	62.88 % / 36.95 %	26	C	13.67 % / 83.55 %	34	D	24.84 % / 71.62 %
3	D	79.67 % / 19.87 %	11	D	47.44 % / 46.43 %	19	B	55.33 % / 32.11 %	27	A	52.33 % / 36.07 %	35	B	43.19 % / 40.49 %
4	C	61.42 % / 36.51 %	12	A	46.23 % / 49.58 %	20	D	79.29 % / 16.81 %	28	A	57.12 % / 32.42 %	36	B	89.5 % / 10.31 %
5	A	54.94 % / 34.11 %	13	C	41.79 % / 50.82 %	21	D	27.19 % / 67.5 %	29	A	67.51 % / 31.32 %	37	D	56.45 % / 30.86 %
6	B	83.95 % / 10.25 %	14	B	57.28 % / 35.57 %	22	B	67.5 % / 30.35 %	30	B	43.31 % / 43.12 %	38	A	66.55 % / 32.08 %
7	B	66.52 % / 30.98 %	15	A	52.67 % / 44.5 %	23	D	40.2 % / 54.7 %	31	A	46.14 % / 50.38 %	39	B	19.7 % / 70.34 %
8	B	65.7 % / 31.9 %	16	C	26.78 % / 68.86 %	24	C	67.22 % / 32.26 %	32	C	60.66 % / 38.01 %	40	C	46.39 % / 53.49 %

कार्य विश्लेषण	
औसत अंक (%)	57.5%
टॉपर्स स्कोर (%)	57.5%
आपका स्कोर	

//संकेत और समाधान//

1. अगस्त 2017 में फिल्म प्रमाणन बोर्ड का नया अध्यक्ष किसे नियुक्त किया गया?

- केंद्रीय सूचना और प्रसारण मंत्रालय ने प्रसून जोशी को नियुक्त किया है। उन्होंने पहलाज निहलानी की जगह ली और उनका कार्यकाल तीन साल का होगा।
- केंद्रीय फिल्म प्रमाणन बोर्ड फिल्म रेटिंग सिस्टम को सेंसर बोर्ड के नाम से भी जाना जाता है।
- यह भारत सरकार के सूचना और प्रसारण मंत्रालय के तहत एक सांविधिक सेंसरशिप और वर्गीकरण निकाय है।
- इसे सिनेमाटोग्राफी अधिनियम 1952 के प्रावधानों के तहत फिल्मों के विनियमन और सार्वजनिक प्रदर्शनी के साथ स्थापित किया गया है।

अतः विकल्प (D) सही है।

2. बिहार के मधुबनी जिले से नेपाल देश के रेलवे लिंक के बीच पहली ट्रेन का सफल परीक्षण किया गया।

बिहार के जयनगर और नेपाल के कुर्था के बीच ट्रेन का गति परीक्षण होने के बाद इन स्टेशनों के बीच रेलसेवा शीघ्र शुरू होने की उम्मीद है। पूर्व-मध्य रेल (ईसीआर) के मुख्य जनसंपर्क अधिकारी राजेश कुमार ने बताया कि समस्तीपुर मंडल के जयनगर और नेपाल के कुर्था के मध्य 34.50 किलोमीटर लंबे नव-आमान परिवर्तित रेलखंड पर लोकोमोटिव द्वारा 110 किलोमीटर प्रतिघंटा की गति से सफलतापूर्वक स्पीड ट्रायल किया गया। इस दौरान इरकॉन और नेपाल रेलवे के वरिष्ठ उच्च अधिकारी उपस्थित थे।

अतः विकल्प (A) सही है।

3. भारत के प्रमुख कृषि अर्थशास्त्रियों में से एक अभिजीत सेन का 72 वर्ष की आयु में 29 अगस्त, 2022 को निधन हो गया। पूर्व प्रधानमंत्री मनमोहन सिंह के कार्यकाल के दौरान अभिजीत सेन, 2004 से 2014 तक भारत के योजना आयोग के सदस्य थे।

अतः विकल्प (D) सही है।

4. यूएन वुमैन ने हाल ही में 'महिलाएं और लड़कियां पीछे छूट गईं: महामारी प्रतिक्रियाओं में स्पष्ट अंतराल' शीर्षक से एक नई रिपोर्ट जारी की।

रिपोर्ट के अनुसार, महिलाओं को सरकार से कोविड 19 राहत मिलने की संभावना कम थी। बच्चों के साथ रहने वाले 20 प्रतिशत कामकाजी पुरुष की तुलना में बच्चों के साथ रहने वाली 29 प्रतिशत कामकाजी माताओं ने अपनी नौकरी खो दी। रिपोर्ट के अनुसार, बच्चों के साथ रहने वाली एकल महिलाओं को अधिक पीछे छोड़ दिया गया।

अतः विकल्प (C) सही है।

5. रूस को यूईएफए द्वारा चैंपियंस लीग फाइनल की मेजबानी से 25 फरवरी 2022 को हटा दिया गया था और यूक्रेन पर रूस के आक्रमण के बाद सेंट पीटर्सबर्ग की जगह पेरिस ने ले ली थी। फ्रांस ने आखिरी बार 16 साल पहले चैंपियंस लीग फाइनल की मेजबानी की थी, जब बार्सिलोना ने 2006 के फाइनल में आर्सेनल को हराया था।

अतः विकल्प (A) सही है।

6. चालुक्य शासक पुलकेसिन ने हर्षवर्धन पर वर्ष 618 ईसवी में विजय प्राप्त की थी।

- हर्षवर्धन पर पुलकेसिन की बड़ी जीत मुख्य रूप से हाथियों द्वारा नर्मदा के तट पर लड़े गए युद्ध में 618 ईसावी में हुई थी।

- पुलकेसिन ने चालुक्य की राजधानी बदामी से शासन किया जो नर्मदा नदी के दक्षिण में मुख्य शक्ति थी।

अत: विकल्प (B) सही है।

7. दीन-ए-इलाही (एक ईश्वर में दिव्य विश्वास) नामक एक नए धर्म को 1582 में अकबर द्वारा प्रख्यापित किया गया था।

- बीरबल सहित इस नए धर्म में केवल 15 अनुयायी शामिल हुए।

- सभी धर्मों के अच्छे बिंदु दीन-ए-इलाही में शामिल थे। इसका मूल उद्देश्य सभी धर्मों के बीच की दूरी को कम करना था।

अत: विकल्प (B) सही है।

8. ऐतिहासिक लखनऊ समझौते पर हस्ताक्षर वर्ष 1916 में किए गए थे।

- लखनऊ में, कांग्रेस और ऑल इंडिया मुस्लिम लीग ने अपने पुराने मतभेदों को खत्म किया और लखनऊ समझौते के रूप में प्रसिद्ध ऐतिहासिक कांग्रेस-लीग समझौते पर हस्ताक्षर करके सरकार के सामने सामान्य राजनीतिक मांगें रखीं।

- दोनों को एकसाथ लाने में महत्वपूर्ण भूमिका लोकमान्य तिलक और मोहम्मद अली जिन्ना ने निभाई थी, क्योंकि दोनों का मानना था कि भारत केवल हिंदू-मुस्लिम एकता के माध्यम से स्व-सरकार जीत सकता है।

- दिसंबर 1916 का लखनऊ समझौता कांग्रेस और मुस्लिम लीग (उत्तर प्रदेश-आधारित "युवदार" द्वारा नियंत्रित) के बीच एक संधि थी और मध्यस्थों, उग्रवादियों और मुस्लिम लीग के लिए एक संयुक्त राजनीतिक मंच प्रदान किया।

- दोनों संगठनों ने अपने सत्रों में समान प्रस्तावों को पारित किया, अलग-अलग मतदाताओं के आधार पर राजनीतिक सुधारों की एक संयुक्त योजना को आगे बढ़ाया और मांग की कि ब्रिटिश सरकार को यह घोषणा करनी चाहिए कि वह भारत में स्व-शासन को एक सबसे पहली तारीख में प्रदान करेगी।

- लखनऊ समझौते ने हिंदू-मुस्लिम एकता को एक महत्वपूर्ण कदम बताया।

अत: विकल्प (B) सही है।

9. भारतीय संविधान का अनुच्छेद 360 भारत के राष्ट्रपति को वित्तीय आपातकाल की घोषणा करने का अधिकार देता है।

- यदि भारत के राष्ट्रपति का मानना है कि ऐसी स्थिति सामने आई है जो भारत की वित्तीय स्थिरता या ऋण या उसके क्षेत्र के किसी भी हिस्से को खतरे में डालती है। मंत्रिपरिषद की सलाह और सहायता पर, वह वित्तीय आपातकाल की घोषणा कर सकता है।

- भारत के राष्ट्रपति के पास अनुच्छेद 360 के तहत वित्तीय आपातकाल की घोषणा करने की शक्ति है। हालांकि, यह ध्यान में रखें कि राष्ट्रपति का संतोष '1978 के 44 वें संवैधानिक संशोधन अधिनियम के तहत न्यायिक समीक्षा के अधीन है।

- इसका मतलब है कि वित्तीय आपातकाल की घोषणा के लिए सुप्रीम कोर्ट में अपील की जा सकती है।

- जारी होने के दो महीने के भीतर, संसद के दोनों सदनों द्वारा वित्तीय आपातकाल की घोषणा की पुष्टि की जानी चाहिए।

- एक बार संसद के दोनों सदनों द्वारा अनुमोदित वित्तीय आपातकाल निरस्त होने तक अनिश्चित काल तक रहता है।

अत: विकल्प (C) सही है।

10. राष्ट्रीय कृषि वानिकी नीति, जो भूमि के एक ही भूखंड पर वृक्षों, फसलों और पशुधन को एकीकृत करने की प्रथा से संबंधित है, 10 फरवरी, 2014 को दिल्ली में आयोजित कृषि वानिकी पर विश्व कांग्रेस के पहले दिन शुरू की गई थी। इसलिए, कथन 2 सही है।

कृषि वानिकी को एक भूमि-उपयोग प्रणाली के रूप में परिभाषित किया गया है जो उत्पादकता, लाभप्रदता, विविधता और पारिस्थितिकी तंत्र की स्थिरता को बढ़ाने के लिए कृषि भूमि और ग्रामीण परिदृश्य पर वृक्षों और झाड़ियों को एकीकृत करती है। इसलिए, कथन 1 गलत है।

अत: विकल्प (B) सही है।

11. एक ठोस द्रव्यमान होने के कारण भूमि गर्म होती है और जल्दी से ठंडी हो जाती है।

- भूमि की तुलना में, समुद्र धीरे-धीरे गर्म होता है और धीरे-धीरे उष्मा भी खो देता है।
- इस प्रकार, दिन के दौरान भूमि पर तापमान अपेक्षाकृत अधिक होता है और रात के दौरान पानी में अधिक होता है। इसलिए, कथन 1 गलत है।
- भूमि और समुद्र के तापमान में भी मौसमी बदलाव होते हैं।
- गर्मियों के दौरान, भूमि के ऊपर की हवा में महासागरों की तुलना में अधिक तापमान होता है।
- लेकिन समुद्रों के ऊपर की हवा सर्दियों में भूभाग की तुलना में अधिक तापमान प्राप्त करती है। इसलिए, कथन 2 सही है।
- वनस्पति आच्छादन के तहत मिट्टी की तुलना में कम मिट्टी (मिट्टी रहित) वाले वनस्पति आच्छादन अधिक तेजी से उष्मा प्राप्त करता है।
- ऐसा इसलिए है क्योंकि वनस्पति आच्छादन सूरज की उष्मा को बहुत अवशोषित करता है और फिर पृथ्वी से त्वरित विकिरण को रोकता है। मरुस्थलीय मिट्टी रहित क्षेत्र होने के कारण सूरज की उष्मा अधिक तेजी से फैलती है। इसलिए, कथन 3 गलत है।

अत: विकल्प (D) सही है।

12. आल्प्स यूरोप में स्थित हैं।

- आल्प्स मध्य यूरोप की सबसे बड़ी पर्वतमाला हैं।
- ये सबसे ऊंची और सबसे व्यापक पर्वत श्रृंखला प्रणाली हैं जो पूरी तरह से यूरोप में स्थित हैं।
- आठ अल्पाइन देशों (पश्चिम से पूर्व तक) में लगभग 1,200 किमी तक फैला: फ्रांस, स्विट्जरलैंड, मोनाको, इटली, लिकटेंस्टीन, ऑस्ट्रिया, जर्मनी और स्लोवेनिया।
- पहाड़ों का निर्माण अफ्रीकी और यूरेशियन टेक्टोनिक प्लेटों के टकराने से दसियों लाख वर्षों में हुआ।
- माउंट ब्लैंक फ्रेंच-इतालवी सीमा तक फैला है, और 4,809 मीटर (15,778 फीट) पर आल्प्स में सबसे ऊंचा पर्वत है।
- पर्वतमाला की ऊंचाई और आकार यूरोप में जलवायु को प्रभावित करते हैं; पहाड़ों में, वर्षण का स्तर बहुत भिन्न होता है और जलवायु परिस्थितियाँ अलग-अलग क्षेत्र के अनुसार होते हैं।
- यह एक प्रकार का वलित पर्वत है।
- यह अंतर्जत बलों (भूकंप, भूस्खलन, आदि) द्वारा उत्पन्न संपीड़ित बलों के कारण बनता है।
- वलित पर्वतों के अन्य उदाहरण हिमालय, एंडीज, रॉकीज, एटलस हैं।

अत: विकल्प (A) सही है।

13. 1 सितंबर 1939 को, द्वितीय विश्व युद्ध शुरू हुआ।

- द्वितीय विश्व युद्ध 1 सितंबर 1939 से 2 सितंबर 1945 तक चला।
- यह धुरी राष्ट्रों-जर्मनी, इटली और जापान-और मित्र राष्ट्रों-फ्रांस, ग्रेट ब्रिटेन, संयुक्त राज्य अमेरिका, सोवियत संघ, और, कुछ हद तक, चीन के बीच लड़ा गया था।

- लगभग सत्तर देशों के सभी बल इस युद्ध में शामिल थे।
- इस युद्ध के दौरान दुनिया दो हिस्सों में बंट गई थी।
- विभिन्न देशों के लगभग सौ मिलियन सैनिकों ने इस युद्ध में भाग लिया और इस युद्ध में जान-माल का बहुत नुकसान हुआ।

अत: विकल्प (C) सही है।

14. IAIND को INDIA के रूप में लिखा जाता है।

STLIARAAU को AUSTRALIA के रूप में लिखा जाता है।

AFACIR को AFRICA के रूप में लिखा जाता है।

CAATIARCNT को ANTARCTICA के रूप में लिखा जाता है।

INDIA को छोड़कर सभी महाद्वीप के नाम हैं।

इसलिए, IAIND भिन्न है।

अत: विकल्प (B) सही है।

15. माइक्रोसॉफ्ट ऑफिस को छोड़कर सभी कंप्यूटर ऑपरेटिंग सिस्टम हैं।

- ऑपरेटिंग सिस्टम: जैसा कि नाम से ही स्पष्ट है कि ऑपरेटिंग सिस्टम कंप्यूटर को संचालित करने वाला सिस्टम सॉफ्टवेयर है।
- एक ऑपरेटिंग सिस्टम सबसे बुनियादी सिस्टम सॉफ्टवेयर है, जिसके बिना अन्य सॉफ्टवेयर काम नहीं कर सकता है।
- ऑपरेटिंग सिस्टम अन्य एप्लिकेशन प्रोग्राम का प्रबंधन करता है और सिस्टम के उपयोगकर्ताओं तक पहुंच और सुरक्षा प्रदान करता है। कुछ लोकप्रिय ऑपरेटिंग सिस्टम विंडोज, लिनक्स, मैकिंटोश, उबंटू, फेडोरा, एंड्रॉइड, आईओएस आदि हैं।

अत: विकल्प (A) सही है।

16. यदि किसी को इंटरनेट से जुड़ना है तो TCP/IP आवश्यक है।

- TCP/IP का मतलब ट्रांसमिशन कंट्रोल प्रोटोकॉल / इंटरनेट प्रोटोकॉल है।
- यह मानकीकृत नियमों का एक समूह है जो कंप्यूटर द्वारा इंटरनेट जैसे नेटवर्क से जुड़ने के लिए उपयोग किया जाता है।
- यह एप्लिकेशन प्रोग्राम और कंप्यूटिंग डिवाइस को सक्षम करने में मदद करता है जो नेटवर्क पर संदेशों का आदान-प्रदान करने में मदद करते हैं।
- अपने आप में, एक व्यक्तिगत कंप्यूटर किसी भी संख्या में कार्य कर सकता है। लेकिन जब वे एक दूसरे के साथ संवाद करते हैं तो कंप्यूटर की वास्तविक शक्ति चमकती है।
- हमारे द्वारा किए जाने वाले कंप्यूटरों के बारे में बहुत सी बातें - चाहे वह ईमेल संदेश भेजना हो, नेटफ्लिक्स देखना हो, या निर्देश प्राप्त करना हो - कंप्यूटर संवाद को शामिल करना। ये कंप्यूटर विभिन्न कंपनियों से हो सकते हैं, या यहां तक कि दुनिया के विभिन्न हिस्सों में स्थित हो सकते हैं - और इनका उपयोग करने वाले लोग और प्रोग्राम विभिन्न मानव और कंप्यूटर भाषाओं का उपयोग कर सकते हैं।
- किसी भी दिए गए इंटरैक्शन में दो कंप्यूटर सिस्टम हो सकते हैं, या इसमें सैकड़ों सिस्टम शामिल हो सकते हैं। लेकिन, एक पत्र या हाथ से हाथ एक पैकेज पारित करने की तरह, प्रत्येक लेनदेन एक समय में सिर्फ दो कंप्यूटरों के बीच होता है। ऐसा होने के लिए, दो कंप्यूटरों को जानने की जरूरत है, समय से पहले, उनसे कैसे संवाद करने की उम्मीद की जाती है।
- टीसीपी / आईपी डिजिटल नेटवर्क संचार के भीतर सबसे अधिक इस्तेमाल किए जाने वाले प्रोटोकॉलस में से एक है। टीसीपी / आईपी डिवाइस और सर्वर के बीच संबंध स्थापित करने के लिए तीन तरह से हाथ मिलाने का उपयोग करता है, जो यह सुनिश्चित

करता है कि कई टीसीपी सॉकेट कनेक्शन दोनों दिशाओं में समवर्ती रूप से स्थानांतरित किए जा सकते हैं। संचार शुरू होने से पहले डिवाइस और सर्वर दोनों को साथ-साथ होना चाहिए और पैकेट को स्वीकार करना चाहिए, फिर वे बातचीत कर सकते हैं, अलग कर सकते हैं और टीसीपी सॉकेट कनेक्शन स्थानांतरित कर सकते हैं।

- इसलिए, यदि इंटरनेट से जोड़ना है तो टीसीपी / आईपी आवश्यक है।

अत: विकल्प (C) सही है।

17. एन्क्रिप्शन का उपयोग मुख्य रूप से डेटा संचार के साथ किया जाता है।

एन्क्रिप्शन एक संदेश या सूचना को इस प्रकार से कूटबद्ध करने की प्रक्रिया है जिससे केवल अधिकृत पक्ष ही इसे देख सकते हैं और जो अधिकृत नहीं हैं वे इसे नहीं देख सकते हैं। एन्क्रिप्शन स्वयं हस्तक्षेप को रोकता नहीं है, लेकिन संभावित इंटरसेप्टर द्वारा सुगम सामग्री के एक्सेस का अस्वीकार करता है। एन्क्रिप्शन का उपयोग परिगमन में डेटा की सुरक्षा के लिए किया जाता है, उदाहरण के लिए नेटवर्क के माध्यम से डेटा का स्थानांतरण किया जाता है।

अत: विकल्प (D) सही है।

18. MS-एक्सेल में हाइपरलिंक सम्मिलित करने के लिए Ctrl + K शॉर्टकट कुंजी का उपयोग किया जाता है।

- यह डेटा विश्लेषण और प्रलेखन के लिए एक स्प्रेडशीट कार्यक्रम है।
- इसमें कई पंक्तियाँ और स्तंभ शामिल हैं, जहाँ एक स्तंभ और सेल का प्रतिच्छेदन और एक पंक्ति "सेल" है।
- प्रत्येक सेल में एक बिंदु डेटा होता है।
- यह माइक्रोसॉफ्ट द्वारा विकसित किया गया है।
- इसमें गणना, रेखांकन उपकरण, पिवट टेबल शामिल हैं।

अत: विकल्प (A) सही है।

19. श्री देवी लाल समर कठपुतली कला हस्तशिल्प से संबंधित हैं।

- इस कला की उत्पत्ति राजस्थान है।
- कठपुतली नृत्य करने वाले लोग नट या भट जाति के हैं।
- कठपुतली बनाना आमतौर पर उदयपुर और चित्तौड़गढ़ जिलों में किया जाता है।
- कठपुतली नाटक में, नाटक का मुख्य स्तंभ कठपुतली का सूत्रधार होता है।
- कठपुतली आड़ू की लकड़ी से बनती है।
- पद्म श्री देवीलाल समर इस कला को बढ़ावा देने के लिए पूरी दुनिया में मशहूर हैं।

अत: विकल्प (B) सही है।

20. संस्कृत साहित्य की शुरुआत ऋग्वेद से हुई है।

- ऋग्वेद को हिंदू धर्म के सबसे पवित्र ग्रंथों में से एक माना जाता है।
- इसने अपने महत्व और पुरातनता के कारण विद्वानों और इतिहासकारों को आकर्षित किया है।
- यह वैदिक संस्कृत भजनों के प्राचीन भारतीय संग्रह का संग्रह है।
- ऋग्वेद दस पुस्तकों में विभाजित है जिन्हें मंडल के नाम से जाना जाता है।
- यह 10,600 छंदों और 1,028 भजनों का संग्रह है।
- यह किसी भी इंडो-यूरोपीय भाषा का सबसे पुराना पाठ है।
- इसकी उत्पत्ति 1700 ईसा पूर्व में हुई थी।

- अंगिरस (ऋषि परिवार) ने 35% भजनों की रचना की है और कण्व परिवार ने 25% ऋग्वेद की रचना की है।

अत: विकल्प (D) सही है।

21. दक्षिण अफ्रीका 2023 महिला टी-20 क्रिकेट विश्व कप की मेजबानी करेगा।

2023 आईसीसी महिला टी20 विश्व कप, आईसीसी महिला टी20 विश्व कप टूर्नामेंट का आठवां संस्करण होने वाला है। इसका आयोजन दक्षिण अफ्रीका में होना है।

2023 आईसीसी पुरुष क्रिकेट विश्व कप, पुरुष क्रिकेट विश्व कप का 13वां संस्करण होगा, जिसकी मेजबानी अक्टूबर और नवंबर 2023 के दौरान भारत द्वारा की जाएगी।

यह पहली बार होगा जब प्रतियोगिता पूरी तरह से भारत में आयोजित की जाएगी। पिछले तीन संस्करणों को आंशिक रूप से वहां होस्ट किया गया था - 1987, 1996 और 2011।

- आईसीसी के अध्यक्ष: ग्रेग बार्कले।
- आईसीसी के सीईओ: मनु साहनी।
- आईसीसी का मुख्यालय: दुबई, संयुक्त अरब अमीरात।

अत: विकल्प (D) सही है।

22. 'ई-दृष्टि' सॉफ्टवेयर रेल मंत्री को ट्रेनों के समयपालन पर नज़र रखने में मदद करने में सुविधा के लिए शुरू किया गया है।

भारतीय रेलवे ने सेंटर फॉर रेलवे इंफॉर्मेशन सिस्टम (CRIS) के साथ मिलकर ई-दृष्टि नामक एक सॉफ्टवेयर प्रणाली शुरू की है।

उद्देश्य: रेलवे विभाग में पारदर्शिता और सतर्कता बढ़ाना।

सॉफ्टवेयर द्वारा प्रदान की जाने वाली सेवाएं:

- सॉफ्टवेयर दैनिक आधार पर सीधे मंत्रालय को ट्रेन के समय की जानकारी प्रदान करेगा।
- यह विभाग को ट्रेनों के समयपालन प्रदर्शन की बेहतर निगरानी करने और आवश्यक सुधारात्मक कार्रवाई करने में मदद करेगा।
- यह ट्रेनों के माल ढुलाई और यात्री आय से संबंधित जानकारी भी उपलब्ध कराएगा।
- यह मंत्रालय को सुरक्षा और स्वच्छता जैसे पहलुओं पर ध्यान केंद्रित करते हुए रेलवे स्टेशनों पर नजर रखने में मदद करेगा।
- नीति और निर्णय लेने में तेजी लाने के लिए प्रमुख परियोजनाओं के बारे में रियल-टाइम अपडेट प्रणाली के माध्यम से भेजे जाएंगे।
- रेलवे भोजन की गुणवत्ता नियंत्रण सुनिश्चित करने के लिए IRCTC आधारित रसोई के CCTV का सीधा प्रसारण देखा जा सकता है।

अत: विकल्प (B) सही है।

23. दक्षिण एशियाई क्षेत्रीय सहयोग संगठन (सार्क) का मुख्यालय और सचिवालय नेपाल के काठमांडु में है।

कुछ सार्क देशों की राजधानियाँ और मुद्राएँ हैं:

देश	राजधानी	मुद्रा
1.अफ़्गानिस्तान	काबुल	अफ़्गानि
2.भूटान	थिम्पू	नोंगुल्तुम
3.मालदीव	माले	मालदीवियन रूफिया
4.श्री लंका	कोलंबो, श्री जयवर्धनेपुरा कोटे	श्रीलंकाई रुपया

अत: विकल्प (D) सही है।

24. रॉबर्ट विल्सन ने 2020 में अर्थशास्त्र के क्षेत्र में नोबेल पुरस्कार जीता।

पॉल आर. मिलग्रोम और रॉबर्ट बी. विल्सन को संयुक्त रूप से "नीलामी सिद्धांत में सुधार और नए नीलामी प्रारूपों के आविष्कारों के लिए " 2020 के नोबेल पुरस्कार से सम्मानित किया गया।

अत: विकल्प (C) सही है।

25. भारत में, द्रोणाचार्य पुरस्कार प्रशिक्षकों को किसी विशेष खेल में उनके योगदान के लिए या किसी एथलीट के शीर्ष पर पहुंचने में उनकी भूमिका के लिए मान्यता के रूप में दिया जाता है।

- वर्ष 1985 में शुरू किया गया द्रोणाचार्य पुरस्कार खेल और खेल में उत्कृष्ट कोचों को प्रदान किया जाता है।
- इस पुरस्कार का नाम महाभारत के हिंदू महाकाव्य द्रोणाचार्य या गुरु द्रोण के नाम पर रखा गया है।
- द्रोणाचार्य को मुख्य रूप से कौरवों और पांडवों के लिए एक सैन्य कला शिक्षक के रूप में जाना जाता है।
- यह भारत में कोचों को दिया जाने वाला सर्वोच्च खेल सम्मान है।
- द्रोणाचार्य पुरस्कार युवा मामले और खेल मंत्रालय द्वारा प्रतिवर्ष दिया जाता है।
- इस पुरस्कार में द्रोणाचार्य की एक कांस्य प्रतिमा, एक प्रमाण पत्र, एक औपचारिक पोशाक और 15 लाख रूपये का नकद पुरस्कार शामिल है।
- भालचंद्र भास्कर भागवत वर्ष 1985 में द्रोणाचार्य पुरस्कार से सम्मानित होने वाले पहले व्यक्ति थे।
- भागवत राष्ट्रीय खेल संस्थान (NIS), पटियाला में कुश्ती के कोच थे, जब उन्हें पुरस्कार से सम्मानित किया गया था।

अत: विकल्प (A) सही है।

26. 'माइंड मास्टर: विनिंग लेसन्स फ्रॉम अ चैंपियन्स लाइफ' विश्वनाथन आनंद आत्मकथा है।

- विश्वनाथन आनंद एक भारतीय शतरंज मास्टर और पूर्व विश्व शतरंज चैंपियन हैं।
- वह 1988 में भारत के पहले मास्टर बने और 2,800 से अधिक के एलो स्कोर वाले कुछ खिलाड़ियों में से एक थे।
- विश्वनाथन आनंद पांच बार के विश्व शतरंज चैंपियन हैं।
- विश्वनाथन आनंद 1991-92 में राजीव गांधी खेल रत्न पुरस्कार के पहले प्राप्तकर्ता हैं, जो भारत में सर्वोच्च खेल सम्मान है।
- 2007 में, उन्हें भारत का दूसरा सबसे बड़ा नागरिक पुरस्कार, पद्म विभूषण मिला, जिससे वह पुरस्कार जीतने वाले पहले एथलीट बन गए।

अत: विकल्प (C) सही है।

27. 'लेसन्स लाइफ टॉट मी अननोइंगली' अनुपम खेर की आत्मकथा है।

'लेसन्स लाइफ टॉट मी अननोइंगली' के बारे में:

- पद्म भूषण पुरस्कार विजेता की आत्मकथा उनकी असफलताओं, अस्वीकृति और उनके जीवन में सीखे गए सबक और 500 फिल्मों के करियर में विस्तृत विवरण देती है।
- आत्मकथा खेर के जीवन की घटनाओं को साझा करती है जिन्होंने उनके करियर को आकार दिया और एक रोमांचक खाता है क्योंकि यह उनकी सफलताओं के बारे में बात नहीं करता है।
- पुस्तक 5 अगस्त को भारत में जारी की गई थी और 15 अक्टूबर 2019 को अमेरिका में जारी की जाएगी।

अत: विकल्प (A) सही है।

28. RBI का मुख्यालय मुंबई में स्थित है।

- केंद्रीय कार्यालय शुरू में कलकत्ता में स्थापित किया गया था लेकिन 1937 में स्थायी रूप से मुंबई में स्थानांतरित कर दिया गया था।
- भारतीय रिजर्व बैंक की स्थापना 1 अप्रैल 1935 को हुई थी।
- हिल्टन यंग कमीशन की सिफारिश पर स्थापित किया गया था।
- 1 जनवरी 1949 से आरबीआई का राष्ट्रीयकरण किया गया।
- RBI के चार स्थानीय बोर्ड देश के चार क्षेत्रों मुंबई, दिल्ली, चेन्नई और कोलकाता में स्थित हैं।
- RBI की अध्यक्षता गवर्नर करते हैं, आरबीआई के वर्तमान गवर्नर श्री शक्तिकांत दास (25वें गवर्नर) हैं।

अत: विकल्प (A) सही है।

29. खान अब्दुल गफ्फार खान को "फ्रंटियर गांधी", "बच्चा खान" और "बादशाह खान" के नाम से भी जाना जाता है।

- उनका जन्म 6 फरवरी 1890 को चरसद्दा, खैबर, पख्तूनख्वा, पाकिस्तान में हुआ था।
- अब्दुल गफ्फार खान एक राजनीतिक और आध्यात्मिक नेता थे जो महात्मा गांधी की तरह अपने अहिंसक आंदोलन के लिए जाने जाते थे।
- उन्होंने सरहद पर रहने वाले पठानों को अहिंसा का रास्ता दिखाया, जिन्हें इतिहास में हमेशा 'सेनानियों' के रूप में दर्शाया गया है।
- इस महान नेता ने हमेशा मुस्लिम लीग द्वारा देश के विभाजन की मांग का विरोध किया।
- विभाजन के बाद उन्होंने पाकिस्तान के साथ रहने का फैसला किया और पाकिस्तान के भीतर 'पख्तूनिस्तान' नामक एक स्वायत्त प्रशासनिक एकजुट की मांग करते रहे।
- 20 जनवरी, 1988 को पेशावर, पाकिस्तान में उनका निधन हो गया।

अत: विकल्प (A) सही है।

30. फुफ्फुसीय शिरा एकमात्र शिरा है जो ऑक्सीजन युक्त रक्त वहन करती है। यह फेफड़ों से बाएं आलिंद तक ऑक्सीजन युक्त रक्त पहुंचाता है।

मनुष्य में चार फुफ्फुसीय धमनियां होती हैं, प्रत्येक फेफड़े से दो। दाएं फेफड़े से रक्त ले जाने वाली पल्मोनरी नसों को दाएं श्रेष्ठ और दाईं अवर नसें कहा जाता है, जबकि अन्य दो फुफ्फुसीय नसों को बाएं बेहतर और बाईं अवर नसों के रूप में नामित किया जाता है। फुफ्फुसीय नसों की शाखा छोटी नसों में शाखा बन जाती है, जो एल्वियोली में केशिकाओं का एक नेटवर्क बनाती है, जहां गैस विनिमय होता है।

अत: विकल्प (B) सही है।

31. टिम बर्नर्स-ली एक ब्रिटिश कंप्यूटर वैज्ञानिक हैं जिन्होंने 1989 में वर्ल्ड वाइड वेब (WWW) का आविष्कार किया था।

वर्ल्ड वाइड वेब इंटरनेट पर एक सूचना प्रणाली है जो दस्तावेजों को हाइपरटेक्स्ट लिंक द्वारा अन्य दस्तावेजों से जोड़ने की अनुमति देती है, जिससे उपयोगकर्ता एक दस्तावेज़ से दूसरे दस्तावेज़ में जाकर जानकारी की खोज कर सकता है।

अत: विकल्प (A) सही है।

32. निम्नलिखित प्रतीकों का उपयोग कर, हम निम्न प्रकार से वंश वृक्ष खींच सकते हैं:

चित्र में प्रतीक	अर्थ
◯	महिला
▢	पुरुष
═══	शादीशुदा जोड़ा
────	भाई-बहन
│	एक पीढ़ी का प्रसार

(1) M, R के एकमात्र बच्चे की पत्नी है।

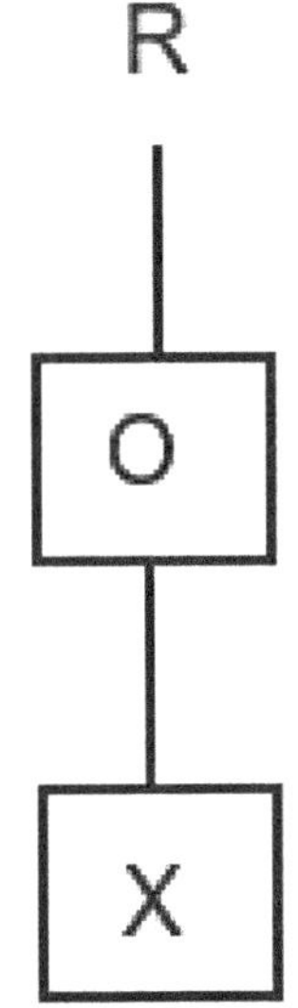

(2) O, X का पिता है। X, R का पोता है।

इसलिए, O, R का पुत्र है।

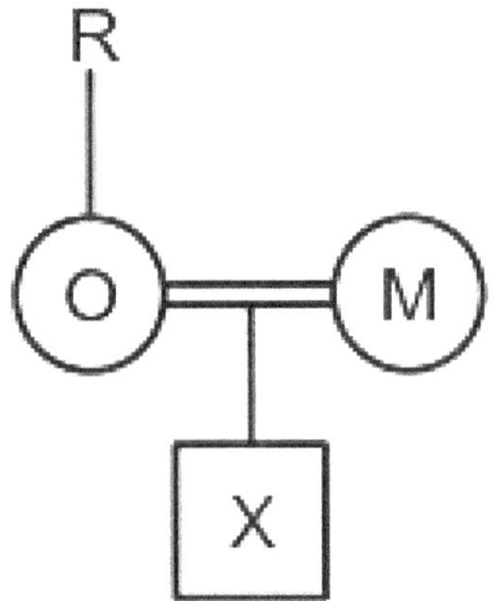

(3) M, R के एकलौते बच्चे की पत्नी है। चूंकि O, R का एकलौता बच्चा है। इसलिए, हमारे पास अंतिम वंश वृक्ष आरेख निम्नप्रकार है:

इसलिए, O, M का पति है।

अत: विकल्प (C) सही है।

33.

अक्षर	A	B	C	D	E	F	G	H	I	J	K	L	M
स्थितीय मान	1	2	3	4	5	6	7	8	9	10	11	12	13
स्थितीय मान	26	25	24	23	22	21	20	19	18	17	16	15	14
अक्षर	Z	Y	X	W	V	U	T	S	R	Q	P	O	N

यहाँ अनुसरित प्रारूप है:

C → 3; 3 − 2 = 1

U → 21; 21 − 2 = 19

B → 2; 2 − 2 = 0

E → 5; 5 − 2 = 3

इसलिए, CUBE = 11903

L → 12; 12 − 2 = 10

I → 9; 9 − 2 = 7

G → 7; 7 − 2 = 5

H → 8; 8 − 2 = 6

T → 20; 20 − 2 = 18

इसलिए, ROCKET = 1075618

इस प्रकार,

R → 18; 18 − 2 = 16

O → 15; 15 − 2 = 13

C → 3; 3 − 2 = 1

K → 11; 11 − 2 = 9

E → 5; 5 – 2 = 3

T → 20; 20 – 2 = 18

इसलिए, ROCKET = 161319318

इसलिए, 161319318 सही उत्तर है।

अत: विकल्प (C) सही है।

34. कथन I:

शादी के समय राहुल की आयु = 25 वर्ष

कथन I प्रश्न का उत्तर देने के लिए पर्याप्त नहीं है।

कथन II:

शादी के समय राहुल और उसकी पत्नी की कुल आयु = 24 × 2 = 48 वर्ष

केवल कथन II प्रश्न का उत्तर देने के लिए पर्याप्त नहीं है।

कथन III:

राहुल और उसके पुत्र की आयु के बीच का अंतर = 24 वर्ष

केवल कथन III प्रश्न का उत्तर देने के लिए पर्याप्त नहीं है।

सभी कथन प्रश्न का उत्तर देने के लिए पर्याप्त नहीं हैं। क्योंकि इन कथनों में यह नहीं दिया गया है कि राहुल की शादी कब हुई थी।

अत: विकल्प (D) सही है।

35. कथन सबसे अच्छी सरकार के बारे में बता रहा है। स्पष्ट है कि, तर्क I निहित नहीं है क्योंकि यह बुरी सरकार के बारे में बात कर रही है। जबकि तर्क II कथन के ठीक समकक्ष बात कहता है और इसे एक निहित तर्क बनाता है।

अत: विकल्प (B) सही है।

36. हिंदुओं की पवित्र पुस्तक भगवत गीता है।

इसी तरह, ईसाइयों की पवित्र पुस्तक बाइबल है।

इसलिए, संबंधित शब्द 'बाइबल' है।

अत: विकल्प (B) सही है।

37. 'समापन और समाप्त करना' दोनों का मतलब किसी चीज के अंत में होता है।

जैसा कि 'निष्कर्ष' अंत में आता है, जबकि 'प्रस्तावना' किसी भी चीज की शुरुआत में होती है।

इसी प्रकार, 'विदाई' अंत में की जाती है जबकि 'अभिवादन' किसी भी समारोह की शुरुआत में किया जाता है।

कुछ भी शुरू होने के अंत में 'अलविदा' किया जाता है, जबकि 'अभिनंदन' शुरुआत में किया जाता है।

इसलिए, "समापन - समाप्त करना" दिए गए विकल्पों में से विषम शब्द की जोड़ी है।

अत: विकल्प (D) सही है।

38. दिया गया समीकरण है:

140 × 2 + 100 ÷ 5 - 12

BODMAS नियम को लागू करने पर,

140 × 2 + 100 ÷ 5 - 12

= 140 × 2 + 20 - 12

= 280 + 20 - 12

= 288

अत: विकल्प (A) सही है।

39. नूतन द्वारा अनुसरित रास्ता है,

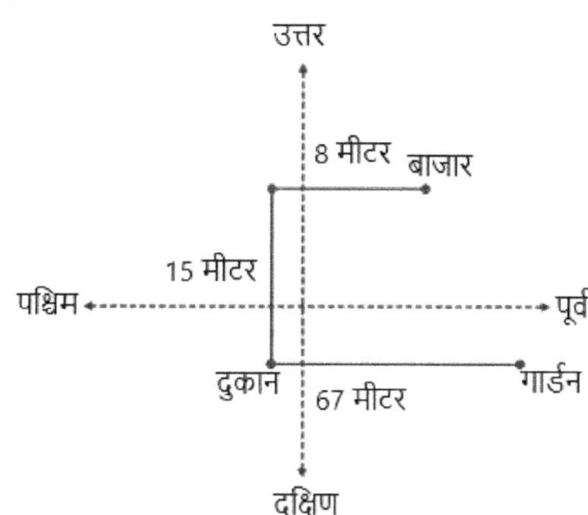

न्यूनतम दूरी ज्ञात करने के लिए पाइथागोरस प्रमेय का उपयोग करने पर:

(कर्ण)^2 = (आधार)^2 + (ऊंचाई)^2

बाजार और दुकान के बीच न्यूनतम दूरी $= \sqrt{(8)^2 + (15)^2}$

$$= \sqrt{64 + 225}$$

$$= \sqrt{289}$$

$$= 17 \text{ मीटर}$$

अत: विकल्प (B) सही है।

40. लोगों की कुल संख्या जिनके पास कार और सोना है लेकिन जिनके पास घर नहीं है उन्हें वृत्त और त्रिभुज के बीच के उभयनिष्ठ क्षेत्र द्वारा दिखाया जा सकता है।

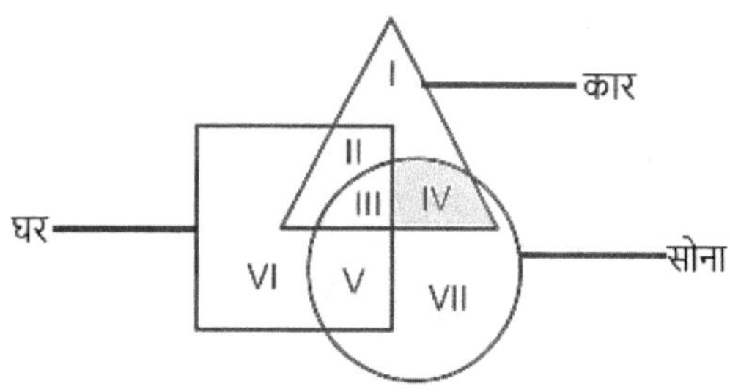

इसलिए, लोगों की कुल संख्या जिनके पास कार और सोना है लेकिन जिनके पास घर नहीं है, वह 'IV' हैं।

अत: विकल्प (C) सही है।

Q.1 चार्टर्ड एकाउंटेंट्स दिवस का कौन सा संस्करण 1 जुलाई 2022 को मनाया गया था?

A. 70वां **B.** 72वां **C.** 74वां **D.** 76वां

Q.2 महिला और बाल विकास मंत्रालय ने पीएम केयर्स फॉर चिल्ड्रन योजना को 28 _________ तक बढ़ा दिया था।

A. फरवरी 2022 **B.** मार्च 2022
C. फरवरी 2022 **D.** दिसंबर 2022

Q.3 विश्व पैरा एथलेटिक्स ग्रां प्री 2022 में देवेंद्र झाझरिया ने कौन सा पदक जीता?

A. स्वर्ण **B.** रजत
C. कांस्य **D.** इनमें से कोई नहीं

Q.4 तरकारी एक्सप्रेस बिहार के निम्नलिखित में से किस शहर से शुरू की गई थी?

A. दरभंगा **B.** पटना **C.** गया **D.** मुंगेर

Q.5 बिहार के किस वैज्ञानिक और उनकी टीम ने बैक्टीरिया की पहचान करने के लिए एक नई तकनीक का आविष्कार किया है?

[UPSSSC Rajasva Lekhpal, 2015]

A. डॉ. अमर त्रिपाठी **B.** रवि भूषण पांडेय
C. डॉ. उज्ज्वल वर्मा **D.** डॉ. राधाकृष्ण प्रसाद

Q.6 बिहार में एकमात्र जीनोम सीक्वेंसिंग लैब कहाँ से शुरू हुई है?

[Delhi Forest Guard, 2021]

A. पटना **B.** दरभंगा **C.** गया **D.** वैशाली

Q.7 पत्थर के औजार किस काल में पाए गए थे?

A. नवपाषाण **B.** पुरापाषाण
C. लघुपाषाण **D.** मध्यपाषाण

Q.8 विजयनगर साम्राज्य के किस सम्राट ने 'कन्नड़ राज्य रामा रमाना' की उपाधि अर्जित की थी?

A. नरसिम्हा राय II **B.** सदाशिव राय
C. कृष्णदेवराय **D.** अच्युत देव राय

Q.9 स्थानीय स्वशासन के जनक के रूप में किसे जाना जाता है?

A. लॉर्ड डलहौजी **B.** लॉर्ड माउंटबेटन
C. लॉर्ड रिपन **D.** लॉर्ड बेंटिक

Q.10 निम्नलिखित में से भारत के राष्ट्रपति कौन थे, जब राजीव गांधी ने प्रधानमंत्री के रूप में शपथ ली थी?

A. आर वेंकटरमन **B.** शंकर दयाल शर्मा
C. ज्ञानी जैल सिंह **D.** एन संजीवा रेड्डी

Q.11 राजकोषीय उत्तरदायित्व और बजट प्रबंधन (एफआरबीएम) अधिनियम के संबंध में निम्नलिखित कथनों पर विचार करें:

1. इसका उद्देश्य अर्थव्यवस्था में वित्तीय अनुशासन स्थापित करना है।

2. एफआरबीएम अधिनियम ने सरकार के लिए एक राजकोषीय नीति रणनीति विवरण रखना अनिवार्य कर दिया।

3. यह कुछ शर्तों के तहत वार्षिक राजकोषीय घाटे के लक्ष्य से विचलन के लिए जगह प्रदान करता है।

उपरोक्त दिए गए कौन से कथन सही हैं?

A. केवल 1 और 2 **B.** केवल 2 और 3
C. केवल 1 और 3 **D.** 1, 2 और 3

Q.12 मध्य प्रशांत और ऑस्ट्रेलिया में दाब की स्थिति में परिवर्तन को निम्न रूप में जाना जाता है:

A. दक्षिणी दोलन **B.** उत्तरी दोलन
C. दक्षिणी-पूर्वी दोलन **D.** उत्तर-पूर्वी दोलन

Q.13 राष्ट्रीय राजमार्ग 44 भारत के कितने राज्यों को जोड़ता है?

A. 11 राज्य और 2 केंद्र शासित प्रदेश
B. 10 राज्य और 1 केंद्र शासित प्रदेश
C. 10 राज्य और 2 केंद्र शासित प्रदेश
D. 11 राज्य और 1 केंद्र शासित प्रदेश

Q.14 दक्षिण भारत में "नमक सत्याग्रह" के एक अनुभवी राष्ट्रवादी नेता निम्नलिखित में से कौन थे?

A. महात्मा गांधी **B.** सी. राजगोपालाचारी
C. सरदार वल्लुभभाई पटेल **D.** पोट्टी श्रीरामुलु

Q.15 हिटलर किस देश का तानाशाह था?

[Allahabad High Court Clerk (Group C & D), 2019]

A. रूस **B.** मिस्र **C.** फ्रांस **D.** जर्मनी

Q.16 निम्नलिखित में से कौन सा कथन गलत है?

A. सीखने के लिए सूचना और संचार प्रौद्योगिकी (आईसीटी) का उपयोग तेजी से संचार को बढ़ावा देता है

B. सूचना और संचार प्रौद्योगिकी (आईसीटी) छात्रों के लिए सहकारी शिक्षण को बढ़ावा देता है

C. सूचना और संचार प्रौद्योगिकी (आईसीटी) छात्र की गोपनीयता को बढ़ावा देता है

D. आईसीटी के उपयोग के माध्यम से साहित्यिक चोरी को रोका नहीं जा सकता है

Q.17 निम्न में से किस पर रोम, सीपीयू रैम और एक्सपेंशन कार्ड्स लगे होते हैं?

A. हार्ड डिस्क **B.** फ्लॉपी डिस्क
C. मदर बोर्ड **D.** उपरोक्त में से कोई नहीं

Q.18 'इंटरनेट' शब्द किसका संयोजन है?

A. इंटर-कम्युनिकेशन और नेटवर्क का
B. इंटरनेशनल और नेटवर्क का
C. इंटर-कनेक्शन और नेटवर्क का
D. इंटरएक्टिव और नेटवर्क का

Q.19 क्रिप्टोग्राफी में, एक साईफर अर्थात बीजलेख एन्क्रिप्शन या डिक्रिप्शन करने के लिए एक _________ है।

A. प्रणाली **B.** मशीन
C. एल्गोरिदम **D.** एन्क्रिप्टेड टेक्स्ट

Q.20 माइक्रोसॉफ्ट एक्सेल में एक सूत्र ______ से शुरू होता है।

A. < **B.** = **C.** " **D.** </>

Q.21 निम्नलिखित में से कौन सा आभूषण टखनियों में पहना जाता है?

A. पुंगपन **B.** बिछुए **C.** झाँझर **D.** सुरलिया

Q.22 जून 2021 में, अंतर्राष्ट्रीय मुक्केबाजी संघ (AIBA) की कोच समिति के सदस्य के रूप में नियुक्त होने वाली भारत की पहली महिला कौन बनी?

A. डॉ. तडांग मीनू
B. मैरी कोम
C. लैशराम सरिता देवी
D. पूजा रानी

Q.23 21 मई, 2021 को हाल ही में डीआरडीओ द्वारा कोविड -19 एंटीबॉडी डिटेक्शन किट के रूप में घोषित किट का नाम क्या है?

A. को-विन (CO-VIN)
B. कोवैन (COVAN)
C. को-एड (CO-AID)
D. डिपकोवैन (DIPCOVAN)

Q.24 ______ मिस वर्ल्ड ब्यूटी पेजेंट जीतने वाली पहली भारतीय महिला थीं।

A. रीता फारिया
B. डायना हेडेन
C. सुष्मिता सेन
D. ऐश्वर्या राॅय

Q.25 'भारत रत्न' की पहली भारतीय महिला पुरस्कार विजेता कौन थी?

A. सुषमा स्वराज
B. इंदिरा गांधी
C. सरोजिनी नायडू
D. प्रतिमा पुरी

Q.26 निम्नलिखित में से कौन सी पुस्तक रवीन्द्रनाथ टैगोर द्वारा नहीं लिखी गई थी?

A. दि पोस्ट ऑफिस
B. गार्डेनर
C. मैजिक सीड्स
D. गोरा

Q.27 'अग्नि की उड़ान' पुस्तक के लेखक कौन हैं?

A. ए पी जे अब्दुल कलाम
B. एम.के. गांधी
C. जे एल नेहरू
D. महादेवी

Q.28 केंद्रीय औद्योगिक सुरक्षा बल (CISF) का मुख्यालय कहाँ स्थित है?

A. नई दिल्ली
B. कानपुर
C. लखनऊ
D. पश्चिम बंगाल

Q.29 मानव शरीर में सबसे बड़ी रक्त वाहिका कौन सी है?

A. वेना कावा
B. महाधमनी
C. फुफ्फुसीय नसें
D. इनमें से कोई भी नहीं

Q.30 संयुक्त राज्य अमेरिका के प्रथम राष्ट्रपति कौन थे?

A. अब्राहम लिंकन
B. जॉर्ज बुश
C. जॉर्ज वाशिंगटन
D. थॉमस जेफर्सन

Q.31 रेडियोधर्मिता की खोज किसने की थी?

A. मैडम क्यूरी
B. पियरे क्यूरी
C. हेनरी बेकेरल
D. रदरफोर्ड

Q.32 कुछ महिलाओं में, कुछ समस्या के कारण निषेचन नहीं हो पाता है। ऐसे मामलों में, शरीर से बाहर निषेचन होने के लिए ताजे जारी अंडे और शुक्राणुओं को कुछ घंटों के लिए एक साथ रखा जाता है। इसे क्या कहा जाता है?

A. पुनर्जनन
B. अलैंगिक प्रजनन
C. इन विट्रो निषेचन
D. निषेचन

Q.33 समीर, सलमान का पिता है, जो ज़मीर का पिता है, जो पुरुष है। ज़ीनत, सलमान की पुत्री है। तो ज़ीनत, समीर से किस प्रकार संबंधित है?

A. पुत्री
B. पौत्र
C. पौत्री
D. पत्नी

Q.34 निर्देश: उस विकल्प का चयन कीजिए जो दिए गए कथन और निष्कर्षों पर सबसे उपर्युक्त है।

कथन:
भारत में निर्मित सभी टेलीविजन सेटों में 'सोलर' ब्रांड की सबसे अधिक बिक्री होती है।

निष्कर्ष:
I. भारत में निर्मित टेलीविजन सेटों के सभी ब्रांडों की बिक्री की मात्रा ज्ञात है।
II. भारत में किसी अन्य टेलीविजन सेट का उत्पादन 'सोलर' जितना बड़ा नहीं है।

A. यदि केवल I अनुसरण करता है
B. यदि केवल II अनुसरण करता है
C. यदि न तो I और न ही II अनुसरण करता है
D. यदि I और II दोनों अनुसरण करते हैं

Q.35 निर्देश: प्रत्येक प्रश्न के नीचे एक कथन दिया गया है उसके बाद I और II अंकित दो धारणाएं दिये दिए गये हैं। आपको दिए गये कथनों और धारणाओं को ध्यान में रखते हुए निर्णय करना हैं कि कौन सा/कौन से धारणा कथन में निहित हैं।

कथन: "प्राथमिक स्कूलों को स्वंय से कम्प्यूटर शिक्षा शुरु कर देना चाहिए"
धारणा:
I. कम्प्यूटर सीखना आसान है।
II. कम्प्यूटर शिक्षा से रोजगार का अवसर आसानी से मिलता है।

A. केवल धारणा I निहित है।
B. केवल धारणा II निहित है।
C. या तो धारणा I या II निहित है।
D. ना तो धारणा I ना ही II निहित है।

Q.36 निर्देश: नीचे दिए गए प्रश्न में एक कथन है, जिसके बाद तर्क संख्या I और II है। आपको यह तय करना होगा कि कौन-सा/से तर्क 'मजबूत' तर्क हैं और कौन से/से 'कमजोर' तर्क हैं और तदनुसार प्रत्येक प्रश्न के नीचे दिए गए विकल्पों में से अपना उत्तर चुनें।

कथन: गणित एक कठिन विषय है। गणित में हर कोई अच्छा नहीं कर सकता।
तर्क I: हाँ। ऐसे छात्र जो विषय के बारे में डरते हैं और उसी के लिए उचित व्यक्तिगत सहायता प्राप्त किए बिना प्रदर्शन नहीं कर सकते हैं।
तर्क II: नहीं। गणित एक ऐसा विषय है जिसे आसानी से संभाला जा सकता है यदि पर्याप्त एकाग्रता और प्रयास किया जाए। किसी भी अन्य विषय की तरह, गणित को भी बिना किसी तनाव के निपटाया जा सकता है। विकल्पों में से अपना उत्तर चुनिए।

A. केवल तर्क I मजबूत है।
B. केवल तर्क II मजबूत है।
C. न तो तर्क I और न ही तर्क II मजबूत है।
D. तर्क I और II दोनों मजबूत हैं।

Q.37 कौन सी उत्तर आकृति, प्रश्न आकृति के स्वरूप को पूरा करेगी?

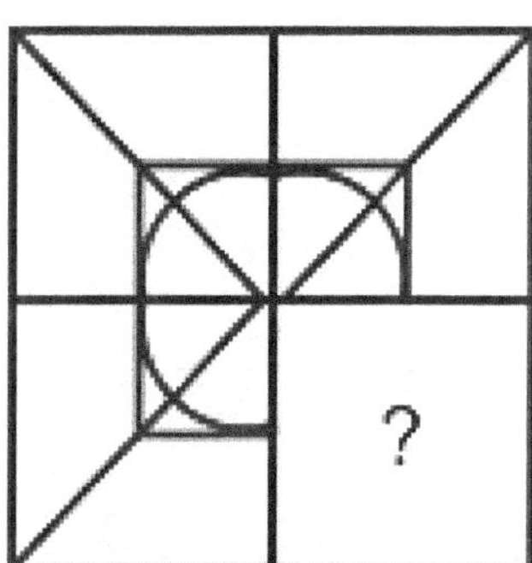

[UP Police Constable, 2019]

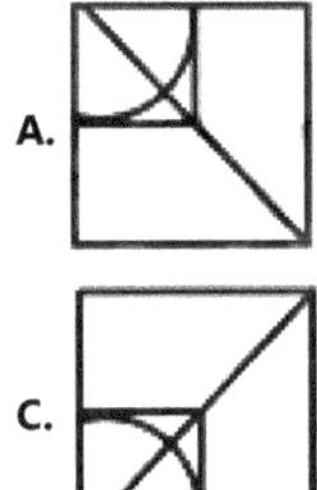

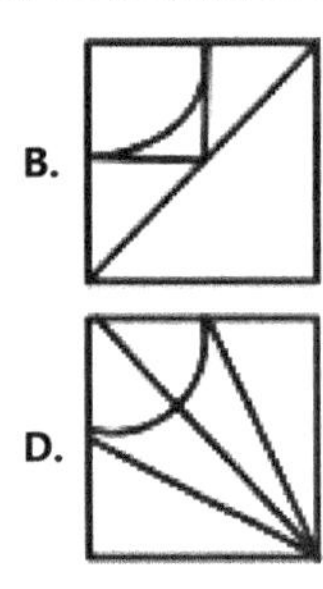

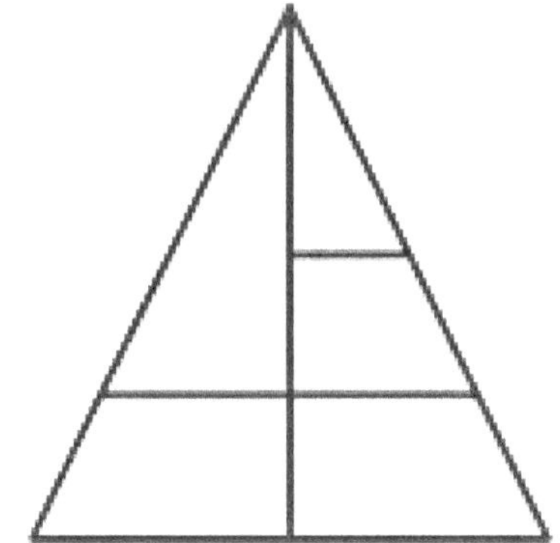

A. 5   **B.** 6   **C.** 7   **D.** 7

Q.38 उस विकल्प का चयन कीजिए, जो दिए गए शब्द की दर्पण छवि से सबसे निकटम रूप से मेल खाता हो, जब दर्पण को दाईं ओर रखा जाता है।

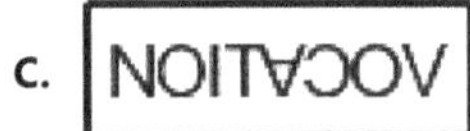

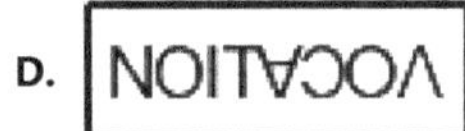

Q.39 दी गई उत्तर आकृतियों में से, उसका चयन कीजिए जिसमें प्रश्न आकृति छिपी/निहित है। (घुमाने की अनुमति नहीं है)

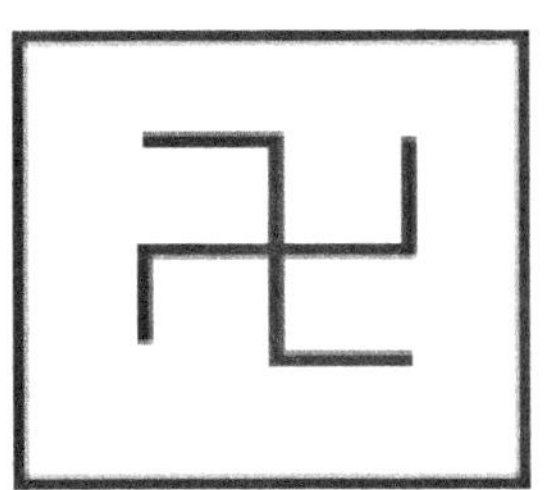

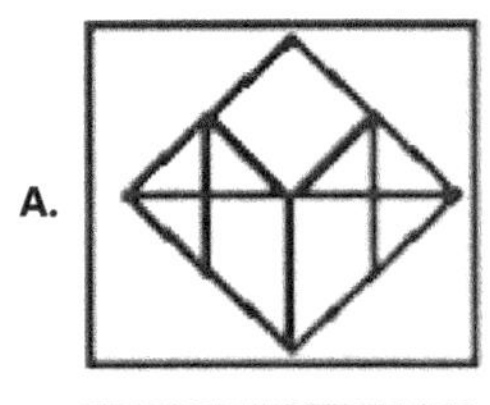

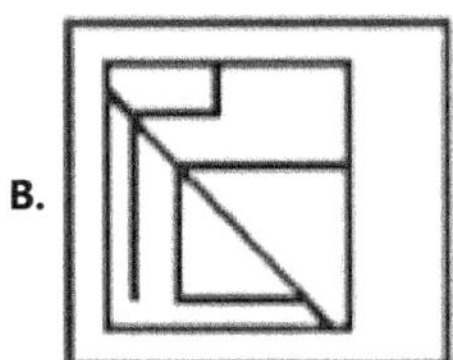

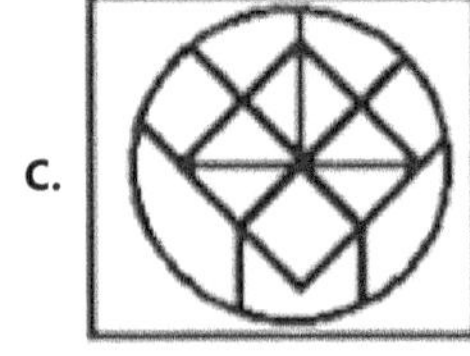

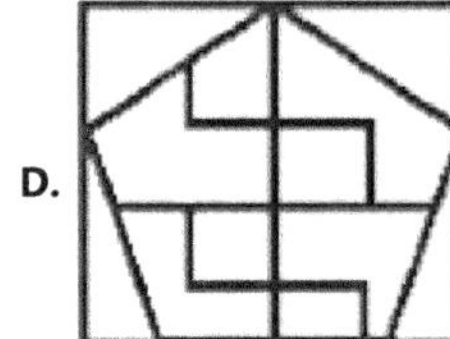

Q.40 दी गयी आकृति में कितने त्रिभुज हैं?

// स्मार्ट उत्तर पुस्तिका //

सही उत्तर — उन छात्रों के प्रतिशत को इंगित करता है जिन्होंने प्रश्नों का सही उत्तर दिया था।

छोड़ दिया — उन छात्रों के प्रतिशत को इंगित करता है जिन्होंने प्रश्नों को छोड़ दिया था।

प्रश्न संख्या	उत्तर	सही उत्तर / छोड़ दिया	प्रश्न संख्या	उत्तर	सही उत्तर / छोड़ दिया	प्रश्न संख्या	उत्तर	सही उत्तर / छोड़ दिया	प्रश्न संख्या	उत्तर	सही उत्तर / छोड़ दिया	प्रश्न संख्या	उत्तर	सही उत्तर / छोड़ दिया
1	C	81.71 % / 10.36 %	9	C	45.02 % / 33.03 %	17	C	62.1 % / 36.68 %	25	B	85.18 % / 12.07 %	33	C	58.97 % / 34.8 %
2	A	69.83 % / 30.04 %	10	C	41.48 % / 35.8 %	18	C	68.73 % / 30.01 %	26	C	58.94 % / 34.22 %	34	A	81.12 % / 10.22 %
3	B	77.28 % / 11.51 %	11	D	47.73 % / 43.13 %	19	C	63.66 % / 30.26 %	27	A	66.96 % / 32.21 %	35	A	54.59 % / 37.9 %
4	B	68.75 % / 31.01 %	12	A	52.96 % / 32.2 %	20	B	89.88 % / 10.07 %	28	A	64.77 % / 35.14 %	36	D	65.82 % / 30.45 %
5	C	66.59 % / 30.95 %	13	C	64.15 % / 33.06 %	21	C	65.08 % / 32.51 %	29	B	60.91 % / 30.02 %	37	A	50.67 % / 36.07 %
6	A	66.42 % / 31.8 %	14	B	28.81 % / 69.0 %	22	A	67.03 % / 31.35 %	30	C	24.96 % / 73.59 %	38	B	62.43 % / 34.86 %
7	B	79.11 % / 18.53 %	15	D	45.1 % / 33.23 %	23	D	30.49 % / 68.83 %	31	C	86.0 % / 13.32 %	39	D	54.97 % / 35.43 %
8	C	65.17 % / 31.38 %	16	D	26.56 % / 73.23 %	24	A	62.82 % / 35.03 %	32	C	58.44 % / 34.12 %	40	C	41.41 % / 35.09 %

कार्य विश्लेषण

औसत अंक (%)	37.5%
टॉपर्स स्कोर (%)	62.5%
आपका स्कोर	

//संकेत और समाधान//

1. 74वां चार्टर्ड एकाउंटेंट दिवस का संस्करण 1 जुलाई 2022 को मनाया गया।

यह दिन इंस्टीट्यूट ऑफ चार्टर्ड अकाउंटेंट्स ऑफ इंडिया (ICAI) द्वारा मनाया जाता है। ICAI की स्थापना भारत की संसद द्वारा 1949 में की गई थी। यह दुनिया भर में दूसरा सबसे बड़ा लेखा और वैधानिक निकाय है। भारत में, ICAI वित्तीय लेखा परीक्षा और लेखा पेशे के लिए एकमात्र लाइसेंसिंग और नियामक निकाय है।

अत: विकल्प (C) सही है।

2. महिला और बाल विकास मंत्रालय ने 28 फरवरी 2022 तक पीएम केयर्स फॉर चिल्ड्रन योजना को बढ़ा दिया था। पहले यह योजना 31 दिसंबर 2021 तक वैध थी। यह योजना उन सभी बच्चों को कवर करती है, जिन्होंने 11 मार्च 2020 से कोविड- 19 महामारी के कारण माता-पिता, जीवित माता-पिता, या कानूनी अभिभावक/दत्तक माता-पिता/एकल दत्तक माता-पिता दोनों को खो दिया है।

अत: विकल्प (A) सही है।

3. भारतीय भाला फेंक खिलाड़ी, देवेंद्र झाझरिया ने मोरक्को में विश्व पैरा एथलेटिक्स ग्रां प्री 2022 में रजत पदक जीता है।

पैरालिंपिक के स्वर्ण पदक विजेता देवेंद्र झाझरिया ने रजत पर कब्जा करने के लिए 60.97 मीटर की दूरी तक भाला फेंका। वह तीन बार के पैरालिंपिक पदक विजेता हैं।

अत: विकल्प (B) सही है।

4. बिहार के सहकारिता मंत्री सुभाष सिंह ने 24 अगस्त, 2021 को तरकारी एक्सप्रेस का शुभारंभ किया। यह पटना के निवासियों को उनके दरवाजे पर आधी कीमत पर सब्जियां पहुंचाने की सेवा है। सब्जियां सीधे किसानों के खेतों से प्राप्त होती हैं और पटना के सभी मोहल्लों में ई-रिक्शा से पहुंचती हैं।

अत: विकल्प (B) सही है।

5. बिहार के युवा वैज्ञानिक डॉ. उज्ज्वल वर्मा और उनकी टीम ने बैक्टीरिया की पहचान के लिए एक नई तकनीक का आविष्कार किया है। कदमकुआं पटना के रहने वाले और कर्नाटक के मणिपाल इंस्टीट्यूट ऑफ टेक्नोलॉजी में इलेक्ट्रॉनिक्स एंड कम्युनिकेशन इंजीनियरिंग के प्रोफेसर डॉ. उज्ज्वल वर्मा ने चीनी को धागों में डालकर और बैक्टीरिया को खिलाने के लिए कल्चर डिश में डालकर चीनी के रासायनिक परिवर्तन को देखा है।

अत: विकल्प (C) सही है।

6. पटना के पास राज्य की एकमात्र जीनोम सीक्वेंसिंग लैब है। पटना स्थित इंदिरा गांधी इंस्टीट्यूट ऑफ मेडिकल साइंसेज (आईजीआईएमएस) में बिहार की पहली और एकमात्र जीनोम-अनुक्रमण सुविधा अभिकर्मकों की कमी के कारण पिछले सप्ताह से गैर-संचालन हो गई है। कोविड - 19 के ओमिक्रॉन संस्करण का पता लगाने के लिए इस समय राज्य में किसी भी नमूने का परीक्षण नहीं किया जा रहा है।

अत: विकल्प (A) सही है।

7. पत्थर के औजार पुरापाषाण में पाए गए थे।

- पुरापाषाण युग के दौरान मनुष्य पशुओं का शिकार करने और भोजन इकट्ठा करने के लिए पत्थरों के औजारों का इस्तेमाल करने लगे।
- पुरापाषाण युग की अवधि 2.6 मिलियन वर्ष पहले से और 12,000 वर्ष पहले तक थी।

अत: विकल्प (B) सही है।

8. विजयनगर साम्राज्य के सम्राट कृष्णदेवराय ने 'कन्नड़ राज्य रामा रमाना' की उपाधि अर्जित की थी।

- श्री कृष्णदेवराय (1509-1529 ईस्वी) का शासन विजयनगर साम्राज्य के इतिहास में उच्च बिंदु के रूप में है।
- सम्राट कृष्णदेवराय ने भी कन्नड़ राज्य राम रामायण, मूर्यूरगंधा (जिसका अर्थ है "तीन राजाओं का राजा"), और आंध्र भोज का खिताब अर्जित किया।
- उन्होंने साम्राज्य को अपनी विशाल सेना के सूक्ष्म उपयोग के माध्यम से समेकित और विस्तारित किया, सफलतापूर्वक अपने उत्तर में राज्यों के खिलाफ अभियान चलाया।
- कृष्णदेवराय ने भारत के पश्चिमी तट पर पहुंचे पुर्तगालियों के साथ कूटनीतिक चतुराई का इस्तेमाल किया, घोड़ों और तकनीकी ज्ञान प्राप्त करते हुए पुर्तगाल के दुश्मनों के खिलाफ लड़ाई के लिए किसी भी अनुरोध को दरकिनार करते हुए, विशेष रूप से विजयनगर शहर में जल लाए।

अत: विकल्प (C) सही है।

9. भारत में स्थानीय स्वशासन का जनक लॉर्ड रिपन को कहा जाता है। लॉर्ड रिपन के कार्यकाल में प्रस्तुत स्थानीय स्वशासन प्रस्ताव 1882 ई. में भारत में आधुनिक स्थानीय स्वशासन का प्रारंभ माना जाता है। लॉर्ड रिपन ने प्रांतीय सरकारों को यह आज्ञा दी कि वे प्रांतीय तथा स्थानीय नागरिक वित्तीय साधनों का एक सर्वेक्षण करे, जिससे यह निश्चित किया जा सके कि किन-किन मदों का आय-व्यय स्थानीय प्रशासन के सुपुर्द किया जा सकता है।

अत: विकल्प (C) सही है।

10. ज्ञानी जैल सिंह भारत के राष्ट्रपति कौन थे जब राजीव गांधी ने प्रधानमंत्री के रूप में शपथ ली थी।

- ज्ञानी जैल सिंह भारत के राष्ट्रपति (1982-87) के रूप में सेवा करने वाले पहले सिख थे।
- 1956–62 में राज्य सभा (भारतीय संसद का ऊपरी कक्ष) और 1972-77 में पंजाब के मुख्यमंत्री थे।
- ज्ञानी जैल सिंह ने 1987 के बिल को निजी डाक के आधिकारिक अभिवेचन की अनुमति देने वाले कानून में हस्ताक्षर करने से इनकार करके सरकार को और भड़का दिया।

अत: विकल्प (C) सही है।

11. राजकोषीय उत्तरदायित्व और बजट प्रबंधन (एफआरबीएम) अधिनियम-

- राजकोषीय उत्तरदायित्व और बजट प्रबंधन अधिनियम (एफआरबीएम अधिनियम), 2003 वित्तीय घाटे को कम करने के लिए वित्तीय अनुशासन स्थापित करता है। इसलिए, कथन 1 सही है।
- यह सरकार के राजकोषीय और मौद्रिक कार्यों के संचालन में पारदर्शिता और जवाबदेही लाने का इरादा रखता है।
- इसके लिए सरकार को 31 मार्च 2021 तक राजकोषीय घाटे को जीडीपी के 3% तक सीमित करने की आवश्यकता है और केंद्र सरकार के ऋण को जीडीपी के 40% को 2024-25 तक दूसरों के बीच में सीमित करना होगा।
- एफआरबीएम अधिनियम ने सरकार के लिए यह अनिवार्य कर दिया है कि वह संसद में केंद्रीय बजट दस्तावेजों के साथ प्रतिवर्ष निम्नलिखित स्थान पर रखे:
- मध्यम अवधि की राजकोषीय नीति विवरण
- मैक्रोइकॉनॉमिक फ्रेमवर्क स्टेटमेंट
- राजकोषीय नीति रणनीति विवरण। इसलिए, कथन 2 सही है।

- एफआरबीएम अधिनियम ने प्रस्ताव किया कि राजस्व घाटा, राजकोषीय घाटा, कर राजस्व और कुल बकाया देनदारियों को मध्यम अवधि के राजकोषीय नीति बयान में सकल घरेलू उत्पाद (जीडीपी) के प्रतिशत के रूप में पेश किया जाना चाहिए।
- राष्ट्रीय सुरक्षा, आपदा, आदि के आधार पर, राजकोषीय घाटे और राजस्व के निर्धारित लक्ष्यों को पार किया जा सकता है। इसलिए, कथन 3 सही है।

अत: विकल्प (D) सही है।

12. मध्य प्रशांत और ऑस्ट्रेलिया में दाब की स्थिति में परिवर्तन को दक्षिणी दोलन के रूप में जाना जाता है।

- प्रशांत महासागर का गर्म होना और ठंडा होना सामान्य वायुमंडलीय परिसंचरण की दृष्टि से सबसे महत्वपूर्ण है।
- मध्य प्रशांत महासागर का गर्म पानी धीरे-धीरे दक्षिण अमेरिकी तट की ओर बढ़ता है और शांत पेरू धारा की जगह लेता है।
- पेरू के तट पर गर्म पानी की ऐसी उपस्थिति को अल नीनो के रूप में जाना जाता है।
- अल नीनो घटना केंद्रीय प्रशांत और ऑस्ट्रेलिया में दाब में बदलाव के साथ निकटता से जुड़ी हुई है।
- प्रशांत पर दाब की स्थिति में यह परिवर्तन दक्षिणी दोलन के रूप में जाना जाता है।
- दक्षिणी दोलन और अल नीनो की संयुक्त घटना को एन्सो (ENSO) के रूप में जाना जाता है।

अत: विकल्प (A) सही है।

13. राष्ट्रीय राजमार्ग 44 भारत के 10 राज्य और 2 केंद्र शासित प्रदेश को जोड़ता है।

- राष्ट्रीय राजमार्ग 44 (NH 44) भारत का सबसे लंबा मुख्य राष्ट्रीय राजमार्ग है।
- पंजाब, हरियाणा, उत्तर प्रदेश, राजस्थान, मध्य प्रदेश, महाराष्ट्र, तेलंगाना, आंध्र प्रदेश, कर्नाटक और तमिलनाडु राज्यों के अलावा, यह केंद्र शासित प्रदेश दिल्ली, जम्मू और कश्मीर से होकर गुजरता है।
- इसका निर्माण और रखरखाव केंद्रीय लोक निर्माण विभाग (CPWD) द्वारा किया जाता है।
- इसी राजमार्ग पर चेनानी-नाशरी सुरंग भी बनी है।
- राष्ट्रीय राजमार्ग 44 (NH 44) बनाने के लिए सात राष्ट्रीय राजमार्गों को जोड़ा गया है।
- इसका सबसे बड़ा खंड तमिलनाडु में स्थित है: 627 किमी (390 मील)
- और सबसे छोटा खंड हिमाचल प्रदेश में स्थित है: 11 किमी (6.8 मील)

अत: विकल्प (C) सही है।

14. सी. राजगोपालाचारी, दक्षिण भारत में "नमक सत्याग्रह" के एक अनुभवी राष्ट्रवादी नेता थे।

- चक्रवर्ती राजगोपालाचारी एक भारतीय राजनेता, लेखक, वकील और स्वतंत्रता कार्यकर्ता थे।
- वेदारण्यम यात्रा ब्रिटिश भारत में अहिंसक सविनय अवज्ञा आंदोलन की एक रूपरेखा थी।
- यह दांडी यात्रा की तर्ज पर बनाया गया, जिसका नेतृत्व महात्मा गांधी ने एक महीने पहले भारत के पश्चिमी तट पर किया था, यह औपनिवेशिक भारत में ब्रिटिश राज द्वारा लगाए गए नमक कर का विरोध करने के लिए आयोजित किया गया था।

- गांधी के एक करीबी सहयोगी सी. राजगोपालाचारी ने यात्रा का नेतृत्व किया जिसमें करीब 150 स्वयंसेवक थे, जिनमें से अधिकांश भारतीय राष्ट्रीय कांग्रेस के थे।
- यह 13 अप्रैल 1930 को तिरुचिरापल्ली में शुरू हुआ और तत्कालीन तंजौर जिले के एक छोटे से तटीय शहर वेदारण्यम में समाप्त होने से पहले पूर्व की ओर लगभग 150 मील तक चला।
- समुद्र से सीधे नमक इकट्ठा करके प्रदर्शन करने वालों ने नमक कानून तोड़ा।
- प्रदर्शन के एक भाग के रूप में, राजगोपालाचारी ने खादी के महत्व के साथ-साथ जातिगत भेदभाव जैसे सामाजिक मुद्दों पर प्रकाश डालकर लोगों में जागरूकता पैदा की।
- यह अभियान 28 अप्रैल 1930 को समाप्त हुआ जब प्रतिभागियों को पुलिस ने गिरफ्तार कर लिया।

अत: विकल्प (B) सही है।

15. हिटलर जर्मनी का तानाशाह था।

- एडॉल्फ हिटलर
- जन्म- 20 अप्रैल, 1889
- मृत्यु- 30 अप्रैल, 1945
- उन्हें जर्मनी में डेर फ्यूहरर ("द लीडर") के रूप में जाना जाता था।
- वह 1933 में तानाशाह बन गया और 1945 में जब जर्मनी ने मित्र राष्ट्रों के सामने आत्मसमर्पण कर दिया तो उसने आत्महत्या कर ली।
- वह नाजी पार्टी के नेता थे।
- उन्होंने 1925 में में कम्फ (माय स्ट्रगल) नामक एक आत्मकथात्मक पुस्तक लिखी।

अत: विकल्प (D) सही है।

16. सूचना और संचार प्रौद्योगिकी (आईसीटी):

- सूचना और संचार प्रौद्योगिकी को केवल इसके सरलतम रूप में एक इलेक्ट्रॉनिक माध्यम के रूप में परिभाषित किया जा सकता है, जो एक जगह से दूसरी जगह सूचनाओं को बनाने, संग्रहीत करने, हेरफेर करने और भेजने के लिए है।
- यह संदेश वितरण को अधिक तेज़, अधिक सुविधाजनक, एक्सेस करने, समझने और व्याख्या करने में आसान बनाता है।
- यह सेल फोन, इंटरनेट, वायरलेस नेटवर्क, कंप्यूटर, रेडियो, टेलीविजन, सैटेलाइट, बेस स्टेशन आदि जैसे गैजेट्स का उपयोग करता है। इन संसाधनों का उपयोग सूचना बनाने, संचय करने, संचार करने और प्रबंधन करने के लिए किया जाता है.

सूचना और संचार प्रौद्योगिकी का महत्व (ICT):

- यह छात्रों के एक विश्लेषणात्मक दिमाग का निर्माण करता है जो उन्हें अध्ययन करने में मदद करता है और सभी संबंधित क्षेत्रों से उत्पन्न समस्याओं का समाधान करता है जो इसे सीखने के उपकरण के रूप में नियोजित करते हैं।
- यह छात्रों के लिए सहकारी शिक्षा को बढ़ावा देता है।
- अध्ययन का एक उभरता हुआ अकादमिक क्षेत्र होने के नाते, यह छात्रों को प्रगतिशील करता है और वैज्ञानिक रूप से समस्याओं को हल करने के नए तरीके विकसित करता है।
- यह सूचना भंडारण और पुनर्प्राप्ति को आसान बनाता है।
- यह आज विश्व स्तर पर इंटरनेट और इंट्रानेट के रूप में ज्ञात कंप्यूटर नेटवर्किंग को बढ़ाता है।
- यह तेज संचार को बढ़ावा देता है।

- यह राष्ट्रीय रूप से आर्थिक विकास को गति देता है क्योंकि यह सभी देशों के लिए राष्ट्रीय आय का एक प्रमुख स्रोत है जिन्होंने इसकी उपयोगिता को पूरी तरह से अपनाया है।
- यह लाभप्रद रोजगार बनाता है, इसलिए आजीविका का एक व्यावहारिक स्रोत है।
- यह पूर्ण नाम, टेलीफोन नंबर, पते और छवियों सहित व्यक्तिगत विवरण न देकर उपयोगकर्ताओं और अन्य छात्रों के गोपनीयता अधिकारों की रक्षा करता है।

अत: विकल्प (D) सही है।

17. मदर बोर्ड पर रोम, सीपीयू रैम और एक्सपेंशन कार्ड्स लगे होते हैं।

- मदरबोर्ड एक प्रिंटेड सर्किट बोर्ड और एक कंप्यूटर की नींव है यह एक कंप्यूटर चेसिस में सबसे बड़ा बोर्ड है।
- यह पावर आवंटित करता है और सीपीयू, रैम और अन्य सभी कंप्यूटर हार्डवेयर घटकों के बीच संचार की अनुमति देता है।
- एक मदरबोर्ड एक प्रोसेसर (सीपीयू), मेमोरी (रैम), हार्ड ड्राइव और वीडियो कार्ड की तरह, कंप्यूटर के हार्डवेयर घटकों के बीच कनेक्टिविटी प्रदान करता है।
- एक कंप्यूटर मदरबोर्ड कंप्यूटर केस के अंदर स्थित होता है और यह वह जगह है जहां अधिकांश भाग और कंप्यूटर बाह्य उपकरणों को जोड़ते हैं।

अत: विकल्प (C) सही है।

18. 'इंटरनेट' शब्द इंटर-कनेक्शन और नेटवर्क का एक संयोजन है।

- इंटरनेट परस्पर सम्बन्धित कंप्यूटर नेटवर्क की वैश्विक प्रणाली है जो नेटवर्क और उपकरणों के बीच संचार करने के लिए इंटरनेट प्रोटोकॉल सूट (TCP/IP) का उपयोग करता है।
- यह उन नेटवर्कों का एक नेटवर्क है जो इलेक्ट्रॉनिक, तार रहित और ऑप्टिकल नेटवर्किंग तकनीकों की एक विस्तृत श्रृंखला से जुड़ा हुआ है, जो स्थानीय, वैश्विक दायरे में निजी, सार्वजनिक, शैक्षणिक, व्यवसाय और सरकारी नेटवर्क से युक्त है।
- इंटरनेट सूचना संसाधनों और सेवाओं की एक विशाल श्रृंखला को वहन करता है, जैसे कि अन्तः सम्बन्धित हाइपरटेक्स्ट दस्तावेज़ और वर्ल्ड वाइड वेब (WWW), इलेक्ट्रॉनिक मेल, टेलीफोनी और फ़ाइल शेयरिंग के अनुप्रयोग।

अत: विकल्प (C) सही है।

19. क्रिप्टोग्राफी में, एक साईफर अर्थात बीजलेख एन्क्रिप्शन या डिक्रिप्शन करने के लिए एक एल्गोरिदम है।

- क्रिप्टोग्राफी में, एन्क्रिप्शन एक संदेश या सूचना को इस प्रकार कूटबद्ध करने की प्रक्रिया है जिससे केवल अधिकृत पक्ष ही इसे एक्सेस कर सकते हैं और जो अधिकृत नहीं हैं वे इसे एक्सेस नहीं कर सकते हैं।
- क्रिप्टोग्राफी में, आमतौर पर एन्क्रिप्शन एल्गोरिदम में इनपुट के रूप में लंबित अनएन्क्रिप्टेड जानकारी को प्लेनटेक्स्ट कहा जाता है।
- क्रिप्टोग्राफी में, बीजलिखितटेक्स्ट एक एल्गोरिदम का उपयोग करके प्लेनटेक्स्ट पर किए गए एन्क्रिप्शन का परिणाम होता है, जिसे साईफर अर्थात बीजलेख कहा जाता है।

अत: विकल्प (C) सही है।

20. माइक्रोसॉफ्ट एक्सेल में एक सूत्र = से शुरू होता है।

- माइक्रोसॉफ्ट एक्सेल में फ़ार्मुलों का उपयोग कार्यपत्रकों में विभिन्न गणना/संचालन करने के लिए किया जाता है।

- एमएस-एक्सेल में सभी सूत्र एक बराबर चिह्न (=) से शुरू होते हैं। गणना या कार्य के लिए इसका सिंटैक्स है।
- एमएस-एक्सेल में उपयोग किए गए सभी फॉर्मूले एक परिणाम देते हैं, भले ही परिणाम एक त्रुटि हो। (उदाहरण #DIV/0!)
- एमएस एक्सेल में आमतौर पर इस्तेमाल किए जाने वाले फॉर्मूले के योग हैं, अन्य लोगों में सम, मिन, मैक्स, काउंट और वूडअप।
- सम फॉर्मूला का उदाहरण: = योग (A1: A7)

अत: विकल्प (B) सही है।

21. झाँझर आभूषण टखनियों में पहना जाता है।

आभूषण	शरीर का अंग
पुंगपन	पैर में पहना जाता है
बिछुआ	पैर की उंगलियों में पहना जाता है
झाँझर	**टखनियों में पहना जाता है।**
सुरलिया	कान में पहना जाता है।

अत: विकल्प (C) सही है।

22. डॉ तडांग मीनू देश की पहली महिला और अंतरराष्ट्रीय मुक्केबाजी संघ (AIBA) की कोच समिति के सदस्य के रूप में नियुक्त होने वाली दूसरी भारतीय बन गई हैं।

- राजीव गांधी विश्वविद्यालय (RGU) में सहायक प्रोफेसर डॉ. मीनू को 20 जून 2021 को AIBA द्वारा इस पद पर नियुक्त किया गया था।
- वह RGU के शारीरिक शिक्षा विभाग की HoD (प्रभारी) हैं।
- उन्हें अगले दो वर्ष के लिए भारतीय मुक्केबाजी संघ के महिला आयोग की अध्यक्ष के रूप में भी बरकरार रखा गया है।
- BFI ने अरुणाचल के तेली कही को भी अपना युवा आयोग सचिव नियुक्त किया है।
- AIBA ने हाल ही में कही को 1-स्टार कोच सर्टिफिकेट दिया था।

अत: विकल्प (A) सही है।

23. 21 मई, 2021 को हाल ही में डीआरडीओ द्वारा कोविड -19 एंटीबॉडी डिटेक्शन किट के रूप में घोषित किट का नाम डिपकोवैन है।

- रक्षा अनुसंधान और विकास संगठन (डीआरडीओ) की अनुसंधान प्रयोगशाला, डिफेंस इंस्टीट्यूट ऑफ फिजियोलॉजी एंड अलाइड साइंसेज (डीआईपीएएस) ने 'डिपकोवैन' नामक एक एंटीबॉडी डिटेक्शन-आधारित किट विकसित की है।
- किट लोगों को यह पता लगाने में मदद करेगी कि क्या वे पहले कोविड-19 वायरस के संपर्क में आ चुके हैं और क्या उनके शरीर ने इससे निपटने के लिए एंटीबॉडी का उत्पादन किया था।
- इस किट को मानव सीरम या प्लाज्मा में एलजीजी एंटीबॉडी के गुणात्मक पता लगाने के लिए विकसित किया गया है, जो सार्स-कोव-2 वायरस पैदा करने वाले कोविड-19 से संबंधित एंटीजन को लक्षित करता है।
- डिपकोवैन को डीआरडीओ के वैज्ञानिकों ने दिल्ली स्थित वेंगार्ड डायग्नोस्टिक्स प्राइवेट लिमिटेड के सहयोग से विकसित किया है।
- दिल्ली स्थित फर्म जून के पहले सप्ताह में डिपकोवैन की वाणिज्यिक बिक्री शुरू करेगी।
- डीआरडीओ के एक आधिकारिक बयान में बताया गया है कि डिपकोवैन का टर्न-अराउंड समय तेजी से होता है क्योंकि अन्य बीमारियों के साथ किसी भी क्रॉस-रिएक्टिविटी के बिना आवश्यक परीक्षण करने के लिए केवल 75 मिनट की आवश्यकता होती है।
- एंटीबॉडी डिटेक्शन-आधारित किट की शेल्फ लाइफ 18 महीने है।

- ड्रग कंट्रोलर जनरल ऑफ़ इंडिया (डीसीजीआई) ने मई 2021 में डिपकोवैन के निर्माण और बिक्री के लिए नियामकीय मंजूरी दी थी।

अत: विकल्प (D) सही है।

24. रीता फारिया मिस वर्ल्ड ब्यूटी पेजेंट जीतने वाली पहली भारतीय महिला थीं।

- उन्हें 1966 में विश्व सुंदरी का खिताब मिला था।
- वह एक भारतीय चिकित्सक हैं, एक पूर्व मॉडल हैं, और वह मुंबई शहर से संबंधित हैं।
- वह प्रतियोगिता (मिस वर्ल्ड) जीतने वाली पहली एशियाई महिला हैं।
- वह एक चिकित्सक के रूप में योग्यता प्राप्त करने वाली पहली विश्व सुंदरी विजेता भी हैं।

अत: विकल्प (A) सही है।

25. 'भारत रत्न' की पहली भारतीय महिला पुरस्कार विजेता इंदिरा गांधी थी।

- वह भारत की पहली महिला प्रधान मंत्री थीं और उन्हें 1971 में भारत रत्न से सम्मानित किया गया था।
- 1959 में वे कांग्रेस पार्टी की अध्यक्ष चुनी गई थी।
- 1966 में, वह भारत के प्रधान मंत्री के रूप में चुनी गई थी।

अत: विकल्प (B) सही है।

26. मैजिक सीड्स पुस्तक रवींद्रनाथ टैगोर द्वारा नहीं लिखी गई थी।

- मैजिक सीड्स 2004 में नोबेल पुरस्कार विजेता वी.एस. नायपॉल का उपन्यास है, जिसे नोपफ ने अमेरिका में और पिकाडोर ने यूके में प्रकाशित किया है।
- उपन्यास भारत और यूरोप पर आधारित है।
- मैजिक सीड्स उच्चतम स्तर के पेड़ पैच बीज हैं।
- 75 के स्तर पर खेती में जादुई बीजों को ट्रॉवेल के साथ पौधों के गमलों में लगाया जा सकता है और जादुई पौधे बनने के लिए पानी दिया जा सकता है।
- जादू के लट्ठों (और वुडकटिंग का अनुभव प्रदान करने) के लिए एक पूर्ण विकसित जादू के पेड़ को काटा जा सकता है।

अत: विकल्प (C) सही है।

27. 'अग्नि की उड़ान' या 'विंग्स ऑफ फायर' पुस्तक ए.पी.जे. अब्दुल कलाम द्वारा लिखी गई थी।

यह पुस्तक न केवल डॉ एपीजे अब्दुल कलाम के जीवन की कहानी है बल्कि यह डॉ कलाम के स्वयं के उदय और कृषि, पृथ्वी, त्रिशूल और नाग मिसाइलों के विकास के साथ-साथ उनके व्यक्तित्व और पेशेवर संघर्ष की कहानी भी है। जिसने भारत को मिसाइल संपन्न देश के रूप में अंतरराष्ट्रीय स्तर पर स्थान दिलाया। यह स्वतंत्र भारत की तकनीक और रक्षा के क्षेत्र में आत्मनिर्भरता हासिल करने की कहानी भी है।

अत: विकल्प (A) सही है।

28. केंद्रीय औद्योगिक सुरक्षा बल (CISF) का मुख्यालय नई दिल्ली में है।

- केंद्रीय औद्योगिक सुरक्षा बल (CISF) केंद्रीय गृह मंत्रालय द्वारा शासित होता है।
- केंद्रीय औद्योगिक सुरक्षा बल (CISF) की स्थापना 10 मार्च 1969 को भारत की संसद के एक अधिनियम के तहत की गई थी।
- केंद्रीय औद्योगिक सुरक्षा बल (CISF) परमाणु प्रतिष्ठानों, अंतरिक्ष प्रतिष्ठानों, हवाई अड्डों, बंदरगाहों, बिजली संयंत्रों, संवेदनशील

सरकारी भवनों और हमेशा के लिए विरासत स्मारकों को सुरक्षा कवर प्रदान करता है।

अत: विकल्प (A) सही है।

29. मानव शरीर में सबसे बड़ी रक्त वाहिका महाधमनी है, जो हृदय के बाईं ओर स्थित होती है।

- यह हृदय से रक्त को मानव शरीर के अन्य भागों में पहुँचाती है।
- एक वयस्क में महाधमनी का व्यास लगभग 3 सेंटीमीटर होता है।
- फुफ्फुसीय नसें वे नसें होती हैं जो फेफड़ों से हृदय तक ऑक्सीजन युक्त रक्त को स्थानांतरित करती हैं।
- सुपीरियर वेना कावा एक बड़ी शिरा होती है जो सिर, गर्दन और दोनों ऊपरी अंगों से रक्तहत को हृदय तक पहुंचाती है।
- इन्फीरियर वेना कावा शरीर के निचले हिस्से से हृदय में रक्त पहुँचाती है।

अत: विकल्प (B) सही है।

30. जॉर्ज वाशिंगटन वर्ष 1789 में संयुक्त राज्य अमेरिका के पहले राष्ट्रपति के रूप में चुने गए थे।

- 4 जुलाई 1776 को, महाद्वीपीय कांग्रेस द्वारा अपनाई गई स्वतंत्रता की घोषणा जारी करके संयुक्त राज्य अमेरिका एक स्वतंत्र देश बन गया।
- संयुक्त राज्य अमेरिका 1776 से पहले एक देश नहीं था।

अत: विकल्प (C) सही है।

31. रेडियोधर्मिता की खोज हेनरी बेकेरल ने 1896 में की थी।

- रेडियोधर्मिता का SI मात्रक बेकरेल (Bq) है।
- हेनरी बेकेरल ने रेडियोधर्मिता की खोज की जिससे यह साबित होता है कि यूरेनियम ऊर्जा के बाहरी स्रोत जैसे सूर्य के बिना विकिरण उत्सर्जित करता है।
- मैरी क्यूरी, जिन्होंने अपने पति पियरे क्यूरी के साथ मिलकर वास्तव में रेडियोधर्मिता शब्द गढ़ा और बेकरेल द्वारा हाल ही में खोजी गई घटना की जांच शुरू की।
- 1903 में हेनरी बेकेरल ने पियरे और मैरी क्यूरी के साथ भौतिकी का नोबेल पुरस्कार साझा किया।

अत: विकल्प (C) सही है।

32. कुछ महिलाओं में, कुछ समस्या के कारण निषेचन नहीं हो पाता है। ऐसे मामलों में, शरीर के बाहर निषेचन होने के लिए ताजे जारी अंडे और शुक्राणुओं को कुछ घंटों के लिए एक साथ रखा जाता है। इसे इन विट्रो निषेचन कहा जाता है।

- शब्द "इन विट्रो" का अर्थ "ग्लास में" होता है, शरीर के बाहर एक ग्लास टेस्ट-ट्यूब में होने वाले कृत्रिम निषेचन को इन विट्रो निषेचन के रूप में जाना जाता है।
- इस प्रक्रिया में, महिला के अंडोत्सर्ग चक्र को प्रशासित किया जाता है और अंडे को महिला के शरीर से निकाल लिया जाता है और इसे कृत्रिम वातावरण में पुरुष के शुक्राणु के साथ निषेचित किया जाता है।

अत: विकल्प (C) सही है।

33. निम्नलिखित प्रतीकों का उपयोग करके वंश वृक्ष तैयार करते है-

चित्र में प्रतीक	अर्थ
○	महिला
□	पुरुष
━━━	शादीशुदा जोड़ा
──	भाई-बहन
│	एक पीढ़ी का प्रसार

संभावित वृक्ष आरेख होगा-

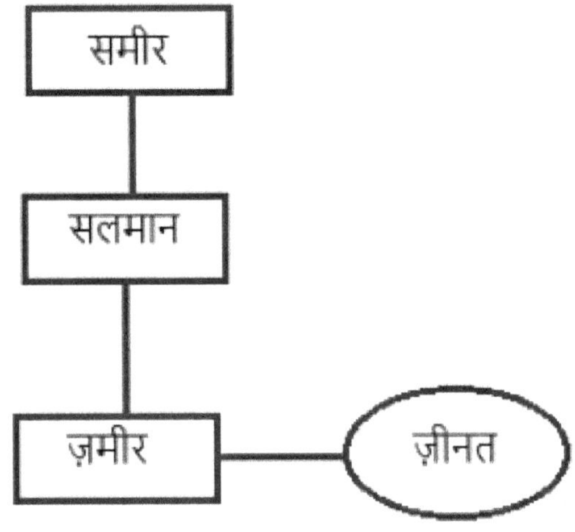

इसलिए, ज़ीनत, समीर की पौत्री है।

अत: विकल्प (C) सही है।

34. अनुगमित तर्क है:

कथन 'सोलर' ब्रांड के टेलीविजन सेटों की बिक्री की बात करता है। इसलिए यहाँ यह निष्कर्ष निकलता है कि भारत में निर्मित सभी टीवी सेटों की बिक्री ज्ञात है।

इस प्रकार निष्कर्ष I अनुसरण करता है।

दूसरा, उत्पादन बिक्री के सीधे आनुपातिक नहीं है।

इस प्रकार निष्कर्ष II अनुसरण नहीं करता है।

अत: विकल्प (A) सही है।

35. चूँकि दिये गये कथन में प्राथमिक स्कूलों को स्वंय से कम्प्यूटर शिक्षा शुरु करने की बात कही गई है, यह अनुमान लगाया जा सकता है कि यह कम उम्र में सीखने के लिए काफी आसान है। इसलिए I निहित है। इसके अलावा, चूँकि कथन में नौकरी के बारे में और कम्प्यूटर शिक्षा से इसके संबंध के बारे में नहीं दिया गया है। इसलिए, II निहित नहीं है।

अत: विकल्प (A) सही है।

36. हमें पहले कथन को ध्यान से पढ़ना चाहिए और फिर देखना चाहिए कि हमारे पहले पढ़ने के आधार पर तत्काल क्या निष्कर्ष निकाले जा सकते हैं। अगला कदम विकल्पों में दिए गए तर्कों को देखना, उनका विश्लेषण करना और यह देखना है कि क्या वे हमें प्रदान की गई जानकारी/डेटा के संबंध में प्रासंगिक लगते हैं।

कथन गणित विषय के संबंध में है और यह सभी के लिए एक कठिन विषय है। सामने रखे गए तर्क दोनों अपने-अपने तरीके से अधिकार हैं। पहला तर्क इस कथन के समर्थन में जाता है कि यदि कोई व्यक्तिगत सहायता नहीं है तो गणित को संभाला नहीं जा सकता है। जबकि दूसरा तर्क इस बारे में बात करता है कि अगर सही मात्रा में काम और समर्पण किया जाए तो गणित को बिना किसी चिंता के आसानी से कैसे संभाला जा सकता है।

तो, दोनों तर्क मजबूत हैं।

अत: सही विकल्प (D) है।

37.

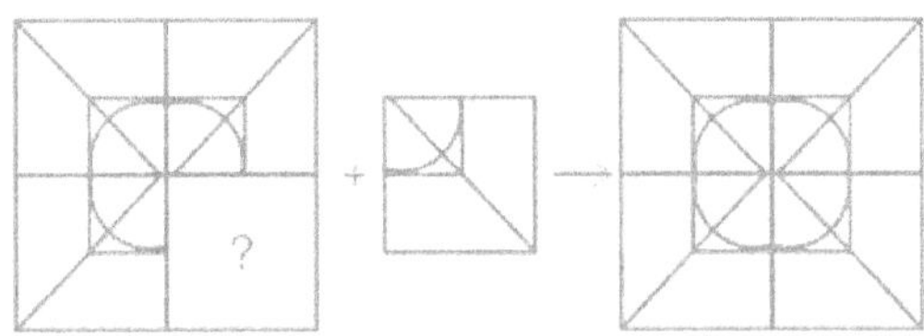

इसलिए, विकल्प (A) में दी गयी आकृति, स्वरूप को पूरा करेगी।

अत: विकल्प (A) सही है।

38. शब्द की दर्पण छवि, जब दर्पण को दाई ओर रखा जाता है, निम्न प्रकार है,

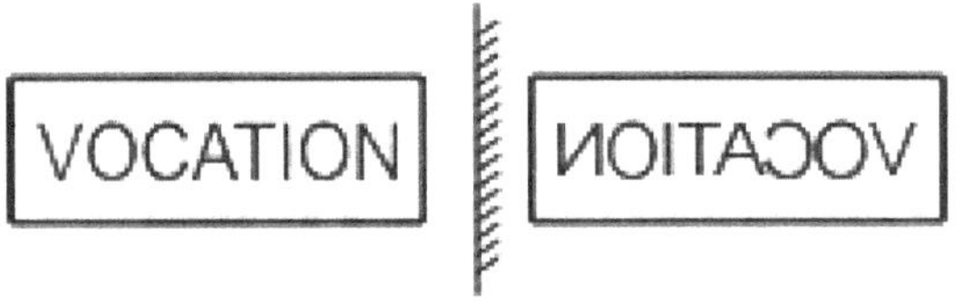

इसलिए, विकल्प (B) सही उत्तर है।

अत: विकल्प (B) सही है।

39. प्रश्न आकृति निम्न आकृति में निहित है,

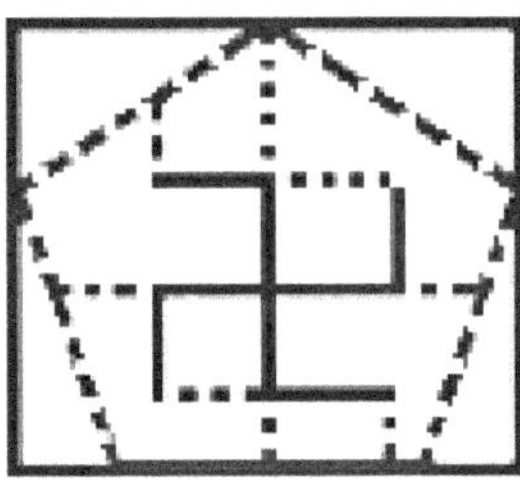

अत: विकल्प (D) सही है।

40.

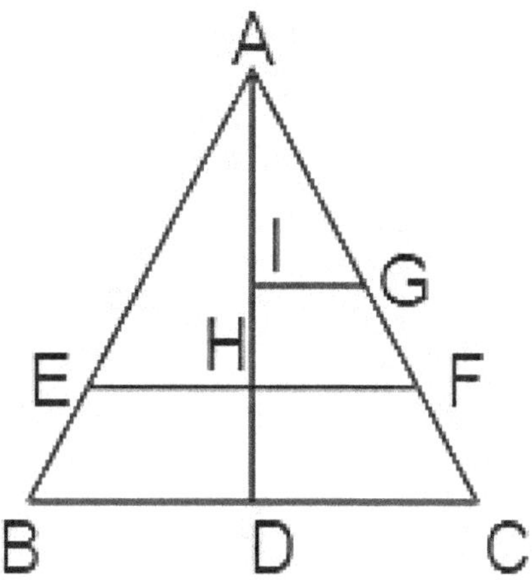

दी गई आकृति में त्रिभुज AEH, ABD, AIG, AHF, ADC, AEF and ABC हैं।

इसलिए, दी गई आकृति में 7 त्रिभुज हैं।

अत: विकल्प (C) सही है।

// टिप्पणियाँ //